传承人类法治薪火
启蒙现代法治精神
探索中国法治之路

我的法律人生 | MY LIFE IN THE LAW

一辩到底

北京大学出版社
PEKING UNIVERSITY PRESS

TAKING THE STAND

Copyright © 2013, 2019 by Alan Dershowitz
This translation published by arrangement with Crown, an imprint of
Random House, a division of Penguin Random House, LLC.

本书谨献给我的挚爱家人

——过去、现在和未来

代代相传

序
人生无常

自传作家就像站上被告席的被告。我们都有沉默权,不管是在生活中还是在法律上。但一旦某人选择作为证人,他必须原原本本地讲出实情,全部的事实,别无其他,仅在少数情况下保有例外,比如律师和当事人之间,或夫妻之间。

托克维尔两百多年前对我们这个国家的观察,即许多重大问题都能通过法律途径解决[1],在今天看来,有过之而无不及。同样,我的自传也是对过去半个世纪的历史记录,出自一位有幸参与我们这个时代最有意思、最重要案件和争议的律师之手。同样,这本自传也是在世界、美国以及犹太历史发生剧烈变化时期,对我个人认知和意识形态发展过程的记录。我的个人生活和我遭遇的各色人等的趣事及幕后秘闻,让这一记录充满趣味。

法律在过去的半个世纪发生了极大的变化。我不仅是这些变化的亲历者,也是记录者,而且我还有幸通过参与诉讼、著书立说及教学,亲自促成了其中的一些变化。本书就是这些变化,以及我亲自参与的导致这些变化的若干真实案例的忠实记录。我将承诺毫无保留地全部披露,这要求我彻底抛却伪谦逊筑起的扭曲戒备——精心算计,压制批评——这会使读者无法获知作者对真实事件形成影响的准确信息。[2]（我很喜欢的一个关于伪谦逊的笑话是这样的：道貌岸然的拉比在赎罪日向上帝跪拜，高喊道："和您相比，我一无是处。"同样虚伪的唱诗班领唱马上亦步亦趋，模仿拉比，以更大的嗓门喊道："和您相比，我连一无是处都算不上。"级别更低的教堂司事看到拉比和领唱如此作践自己，也马上跪倒在地，高喊道："我也一无是处。"拉比轻蔑地看着司事，低声对领唱说："看看那个说自己一无是处的人。"）我也不会为了迎合现在的政治正确改写我的经历。相反，我会尽力如实展示我在法律发展进程中所扮演的角色，不管是好还是坏。

大家可能见过我在公众面前的形象——对抗，从不认错，狂妄，顽固，善辩，从不妥协。这些特点引发了公众对我的强烈反应，褒贬不一，很少中立。但熟知我的家人、朋友和同事很难认同我在电视上的"形象"。生活中，我尽力回避对抗，常常随大流。我儿子埃隆说，当人们把我拉入谈话，他立即就能判断出这些人仅仅是熟知电视上的我（他总结为"德式风格"），还是生活中的我（"真实的艾伦"）。

一部关于克劳斯·冯·布劳（Claus von Bülow）案的电影《命运的逆转》（*Reversal of Fortune*，又译《豪门孽债》）[3]让我生动认识到了我的公共形象和个人性格之间尖锐对立的"两面性"。片中扮演我的是托尼奖得主罗恩·西尔弗（Ron Silver）。

开场一幕就是影片中的"我"一个人在篮球场上打球——够真实。当一个来电告诉"我"，一个"我"代理的案件败诉，当事人两兄弟被判死刑[4]，"我"摔了电话。当我向作为制片人之一的儿子抱怨我从不摔电话时，儿子说："爸爸，电影里的那个人不是你，是'德式风格'。"他解释道，电影里的角色特点需要在影片开始时"进行铺垫"，这一情节的设计是为了表现我对刑事被告权利的重视。"如果我们有足够的时间，我们会讲述你在其他案件中的表现，但我们只有一分钟，因此选择了'摔电话'。"

我说:"这一幕并未表现出我的重视,只表现出了发脾气。"儿子的解释是,角色的设计都有缺陷,这样角色才能在片中"克服"这些缺陷。"观众会看到你的进步。"

片中,我被塑造成一个全部激情都用于职业生活的人。我希望那不是我,尽管我不得不承认,工作中熟知我的人认为我全部的精力都用在了工作上。他们仅仅看到我忙于各种不同工作——教授、作家、诉讼人、教师,以及电视评论员——他们觉得要么我从不睡觉,要么我分身有术。事实是我关爱我的家人朋友。我甚至还有时间打球,听音乐会,海滩散步,参加聚会,讲笑话和闲聊。

我希望借由本书探究我生活的各个方面,相互的交集,以及我早年成长环境和生活经历对我的人格塑造。因此,如果你认为通过传播渠道对我早已熟识,可能你会大跌眼镜。

这本自传是我首次尝试全面记录我的生活,当然,我先前出版的一些书籍已对我的公共生活有所述及。

《最好的辩护》(*The Best Defense*)[5]讲的是我代理的第一个案件。《命运的逆转》[6]和《合理怀疑》(*Reasonable Doubts*)[7]各涉及一个具体案件[冯·布劳案和辛普森(O. J. Simpson)案]。《厚颜无耻》(*Chutzpah*)[8]讲述我的犹太背景。我将尽量避免在本书中重复上述书籍的内容。[9]本书力图将我整个职业生涯置于过去五十年法律变迁的宏大历史背景下,并讲述我的个人生活经历如何使我能在这一宏大变迁中发挥微薄之力。

我试图赋予这一意图由我个人经历塑造的强烈生动的世界观。回溯过往,我的视角不可避免地会打上指引我行为的意识形态烙印。

我坚信,意识形态**就是**最真实的传记。我们之所以有所代表(哪些人我们不能代表,哪些事我们不支持)取决于我们身处何处,与谁携手同行,以及如何面对我们的过往。哲学家笛卡尔说过:"我思故我在。"[10] 我认为反之亦然。

我在——不管是过去还是未来——故我思我所思。[11] 正是我们与他人的交往、身边的世界、所受的教育、爱恨苦痛、生老病死，形成了我们的世界观。还有我们与生俱来的天性——脾气、精力和智识。

当然还有运气！正如一句意第绪古谚所言："人算不如天算。"

影响人一生的很多重要决定都是由他人作出的，完全不受我们左右。也许，对我最重要的决定就是我祖先作出的：离开波兰的小村庄，来到纽约。如果他们和我的诸多亲戚一样仍待在欧洲，我可能早就在大屠杀中死于非命，那场可怕的系统性种族屠杀开始时，我刚好三岁。[12] 我那些留在波兰的亲戚几乎都被纳粹杀害。这可能就是为何大屠杀对我们这代犹太人影响深远。感谢上帝和我祖先的远见，我们才得以存活。[13]

我的生活与我祖父母和父母都大不一样。祖父母早前生活在波兰加利西亚的犹太小村庄，父母生活的地方包括曼哈顿下东区、威廉斯堡、皇冠高地和布鲁克林的博罗正统犹太社区。他们没受什么正规教育，除上班外，也没去过什么地方。[14] 我祖父母二十世纪七八十年代去世，但他们也从未坐过飞机。我父母几乎从不听音乐会，从不去百老汇剧院或观看舞蹈表演。他们没什么艺术品，没什么书籍，也没有什么古典唱片。他们从不光顾博物馆和艺术画廊。他们的文化给养都和犹太人有关——唱诗班的颂唱、意第绪剧院、正统犹太拉比的演讲、犹太博物馆、卡茨基尔山和迈阿密海滩。

我的成年生活则大不相同。我环游世界，与各国领导人会面，收藏艺术品，热爱音乐会、戏剧表演，以及其他文艺活动，我过着世俗生活（尽管我也喜欢唱诗班的音乐、犹太人特有的幽默、迈阿密海滩和牛肉三明治——后者迈阿密海滩可没有）。

但我仍是一个犹太家庭的子孙。尽管我的生活轨迹有所不同，但是我也不可能在没有讲述我的背景和家庭传统的情况下,说清楚我是谁,以及我的发展历程。正是这些过去塑造了我,形成了我对这些过去的态度,最重要的是给予我需要的工具选择哪些传统应该接受,哪些应该放弃。

我出生在一个对宗教、道德、政治和社区活动极为看重的家庭。我们生活的社区邻里关系相当紧密。每个人都各得其所。地位很重要,家族脉络也是。但是我成长的时代已开始出现些许变化、发展和机遇。

尽管现实中仍随处可见对犹太人的歧视——大学入学、就业、生活区和社交场合——但是我们这一辈坚信我们会无往不胜。既然杰基·罗宾森(Jackie Robinson)能在布鲁克林道奇队担任二垒手,就没什么我们做不成的事。可能这正是第二次世界大战后布鲁克林走出这么多成功人士的原因。(1971年,我获选成为四十位优秀年轻学者之一。当我们在加州帕洛阿尔托聚在一起时,发现近一半人与布鲁克林有渊源!)我们是冲出藩篱的一代,站立在我们移民祖辈和工人阶层父母的肩上。[15]我们并不比我们的先辈更聪慧,只是有幸生在了一个受教育机会更多、职业选择机会更广、经济蓬勃发展的好时代而已。就像我在哈佛大学商学院附近看到的一个汽车贴纸所言:牛市不用动脑筋。我父母成长时正值大萧条,而我却赶上了牛市。

不讲清楚我站在谁的肩上,我不可能说清楚我的世界观。因此,我将从头开始讲起,让我最早的记忆登场。

当然,塑造品行的个人经历不会在儿童期或青春期结束。学习永不停歇,至少对那些拥有开放心态和胸怀的人而言。据说丘吉尔有这样一句妙语:"给我介绍一个年轻的保守派,我就可以给你介绍一个缺心眼的人。给我介绍一个年老的开明人士,我就可以给你找到一个没头脑的人。"[16]一些年轻的自由派随着年龄增长、经济安稳和家庭重负变得愈发保守,的确是事实。同样,一些年轻的保守派人士在和他们的子女寻找共同点时,也会变得愈发开明。另一些人会坚守他们早期形成的世界观,这取决于他们选择何种生活道路。

我有幸过了一种不断变化的生活。尽管我对一些特定问题的看法早已成形,我的根本价值取向仍保持开明不变,原因可能是我的成长历程,也可能是由于我常年和学生在一起,他们将年轻人的想法带到了课堂。如一句古老的中国谚语所说,宁为太平犬,莫作乱离人。我有幸一直生活在太平盛世,虽然生活也时常充斥着矛盾和冲突。

成年后,我参与了为罗森堡夫妇呼吁正义、废除死刑和终结麦卡锡主义等活动。在大学本科和法学院学习期间,我对公民权利、公民自由和政治产生了浓厚的兴趣。

成为法官助理后,我有幸在美国司法史上最动荡的时代,参与了沃伦任最高法院首席大法官时期一些最重要的宪法案件。我亲耳聆听了马丁·路德·金的《我有一个梦想》演讲,亲历了古巴导弹危机,参与了肯尼迪遇刺后的若干重要事件。

作为一位年轻律师,我介入了五角大楼文件案、尼克松下野风波,以及斯波克博士反战案、芝加哥七君子案、左翼组织"地下气象员"案,以及帕特里夏·赫斯特(Patricia Hearst)案。我代理了瑞典电影《我好奇(黄)》[*I Am Curious (Yellow)*]审查起诉案、《深喉》(*Deep Throat*)案和《头发》(*Hair*)案。我在泰德·肯尼迪(Ted Kennedy)"查帕奎迪克事件"调查、驱逐约翰·列侬(John Lennon)事件,以及"拳王"阿里(Muhammad Ali)拒服兵役案中提供了咨询意见。我协助设计了旨在确认死刑违宪的策略。我代理了涉及宪法第一修正案扩大表达自由和涉及第六修正案导致狂热辩护权利的各类案件。

在职业生涯后期,我是克林顿弹劾案及布什诉戈尔案的律师,并为曼德拉(Nelson Mandela)、纳坦·夏兰斯基(Natan Sharansky)及其他政治犯重获自由献计献策。我参与了参议院对加州参议员艾伦·克兰斯顿(Alan Cranston)的审查、弗兰克·斯奈普(Frank Snepp)的中情局审查案、在海牙前南斯拉夫问题国际刑事法庭的指控、为以色列免遭国际战争罪的指控辩护、"维基解密"和朱利安·阿桑奇(Julian Assange)的调查。我还参与了乔纳森·波拉德(Jonathan Pollard)的上诉,作为观察员参与了对纳粹战犯约翰·德米扬鲁克(John Demjanjuk)的审判,后来又就该案向以色列政府提供了咨询意见。我为导演约翰·兰迪斯(John Landis)和O.J.辛普森进行了辩护,并参与了巴基(Bakke)的"平权法案"诉讼。我对斯坦福大学剥夺信奉毛泽东思想的布鲁斯·富兰克林(Bruce Franklin)终身教职的决定,以及哈佛大学对撰文描写人类与外星人接触的约翰·麦克(John Mack)博士进行的调查提出了质疑。我代理了克劳斯·冯·布劳蓄意谋杀定罪判决、利昂娜·赫尔姆斯利(Leona Helmsley)逃税案、"拳王"泰森(Mike Tyson)强奸案、康拉德·布莱克(Conrad Black)欺诈定罪判决、戴维·克罗斯比(David Crosby)吸毒案,以及蒂森(Tison)兄弟系列谋杀案的上诉。我参与了伍迪·艾伦(Woody Allen)和米亚·法罗(Mia Farrow)的子女监护权诉讼,并为迈克尔·米尔肯(Michael Milken)进行了辩护,还涉入针对烟草行业的诉讼、斯蒂芬·J.古尔德(Stephen J. Gould)过失致死诉讼,以及约翰·德洛雷安(John DeLorean)案。

我也在世界的其他地方参与诉讼或提供咨询意见,包括苏联、俄罗斯、乌克兰、格鲁吉亚、意大利、以色列、中国、新西兰、澳大利亚、英国、波兰、梵蒂冈、法国、利比亚、挪威、瑞典、瑞士、德国、南非、巴基斯坦和马其顿等国家以及海牙国际法庭。

我赢得了一百多个案件的胜诉,因此被人们称为"史上胜诉最多的上诉刑事辩护律师",可能稍显夸张。在我参与的三十多起谋杀和蓄意谋杀案中,只有屈指可数的案件败诉。我所代理的被判死刑的当事人,没有一个被执行死刑。

我将在本书描述这些案件并加以分析,进而透露这些年来帮助我在这些案件中胜诉的"不二法门"。

我还为下面这些人提供过法律、政治及其他事务的咨询意见:巴拉克·奥巴马(Barack Obama)总统、比尔·克林顿(Bill Clinton)总统、以色列总理本杰明·内塔尼亚胡(Benjamin Netanyahu)、加拿大总理皮埃尔·特鲁多(Pierre Trudeau)、联合国副秘书长露易丝·玛利亚·戈麦斯(Luis Maria Gomez)、参议员泰德·肯尼迪、马龙·白兰度(Marlon Brando)、弗兰克·辛纳屈(Frank Sinatra)、伍迪·哈里森(Woody Harrelson)、迈克尔·杰克逊(Michael Jackson)、娜塔丽·波特曼(Natalie Portman)、本·阿弗莱克(Ben Affleck)和卡西·阿弗莱克(Casey Affleck)、戴维·梅里克(David Merrick)、比尔·贝利奇克(Bill Belichick)、伊莎贝拉·罗西里尼(Isabella Rossellini)、阿德南·哈肖吉(Adnan Khashoggi)、卡莉·西蒙(Carly Simon)、哈基姆·奥拉朱旺(Hakeem Olajuwon)、凯文·尤克里斯(Kevin Youkilis)、斯坦·盖茨(Stan Getz)、彼得·马克斯(Peter Max)、马友友(Yo‑Yo Ma)、史蒂夫·赖特(Steven Wright)、小罗伯特·唐尼(Robert Downey, Jr.)、几个亿万富翁[比如谢尔登·阿德尔森(Sheldon Adelson)和马克·里奇(Mark Rich)]、几位作家[比如索尔·贝娄(Saul Bellow)、戴维·马梅特(David Mamet)和埃利·威塞尔(Elie Wiesel)],以及一些法官、国会议员、州长和其他政府官员。最近,我就中东问题给特朗普总统提供了咨询意见。

此外,我还参与了一些虽未涉及知名人士,但案件离奇、引人入胜的诉讼,诸如:是否能以企图谋杀起诉一个向尸体开枪的人,此人认为人没死[17];是否能以蓄奴罪起诉一个对妻子被控虐待家政服务人员不闻不问的丈夫[18];丈夫能否被迫收养孩子[19];律师事务所是否能以种族因素为由在决定提拔合伙人时进行区别对待[20];以及一位已获终身教职的精神病理学教授出版专著讲述其病人可能真的曾被外星人绑架,他是否会因此而接受调查[21]。

在作为律师和法学院教师的职业生涯中,我遇到了下面一些宪法和法律问题:

- 政府有权审查危及国家安全,诋毁或冒犯个人,歪曲历史或煽动暴力的言论吗?
- 一个并未意图导致受害人死亡的人能被判死刑吗?
- 政府部门、大学或雇主为了多元化、补偿或代表,能在决策时考虑种族因素吗?
- 可以确定证明刑事案件被告——甚至是被控系列谋杀的被告——有罪的证据如果以侵犯其宪法权利的方式获取,能被法庭采信吗?
- 总统能因对其性生活提供不实证词而受到弹劾吗?
- 法院能指令一个争议极大的总统选举进行重新计票吗?
- 为防止可能导致大范围死伤的恐怖主义袭击,总统是否有权签署命令授权进行非致命酷刑?
- 政府能够获准锁定并杀死他们无法逮捕的恐怖分子嫌疑人吗?
- 巴勒斯坦政府是否有权在国际刑事法院对以色列官员提起刑事指控?

一家意大利杂志在研究了我参与的案件后,以夸张的言辞将我的法律职业生涯描述为"地球上最有意思的事情",克拉伦斯·丹诺(Clarence Darrow)的一个传记作者在被全国公共广播电台问及"当代是否有律师最像丹诺"时,提及了我的名字,认为我办理的案件"可以媲美丹诺曾参加的一些审判"。[22]

我办理的案件之所以如此有趣,是因为我将法学院的课堂搬进了法庭;同理,我的课堂之所以受人欢迎,也是因为我把法庭搬进了教室。我从我的学生那里学到了很多东西,希望他们也和我有同感。我对"理论"和"实践"之间的区别始终心怀疑惑,特别是涉及法律这样与现实密不可分的学科时。理论帮助我赢得诉讼,实践帮助我教导学生。两者都是我所有著述的源泉。我最初的工作就是教书和著书立说。在哈佛任教的一百个学期里,我给成千上万的学生上过课。其中一些人毕业后成为各界翘楚,有人从政,有人成为法官,有人从教,有人从商,还有人从事艺术行业。很多学生都还和我保持联系。

在我学术生涯的第一个阶段,我专注于为法学学术期刊撰写学术文章,发表了二十多篇有关法律和精神分析,以及预测和预防暴力犯罪的论文。

第二个阶段,我转向为普通大众撰写法律文章,成为第一个固定为《纽约时报》(*New York Times*)[23]的"周评""书评"及专栏就法律问题供稿的法学教授。我在电视上频繁出镜,登上过《夜线》(*Nightline*)、《麦克尼尔—莱勒新闻报道》(*MacNeil-Lehrer Report*)、《拉里·金直播》(*Larry King Live*)、《今日秀》(*The Today Show*),以及《早安美国》(*Good Morning America*)等节目。我还从《纽约书评》(*New York Review*)到《阁楼》(*Penthouse*)的各类流行杂志撰写法律类文章。[24]

到第三个阶段,我开始为大众写书,出版了六本全国畅销书,其中《厚颜无耻》一书登上了美国畅销书榜首。我已出版三十本书,包括三本小说。我仍坚持每天写作,主题涵盖体育运动、艺术、政治、文学,甚至美食。[25]

我至今仍坚持手写,我的一个秘书专门负责将我潦草的手稿输入电脑,她一年输入的字数估计高达百万。我大胆地猜测,我极有可能是哈佛法学院历史上发表文章、出版书籍最多的教授(并非字字珠玑)。

我还可能是讲授最多不同课程的教授。这些课程包括:刑法,宪法诉讼,家事法,精神病学和法律,有害行为的预测和预防,比较刑法理论,种族和暴力,正义的早期起源,体育法,莎士比亚悲剧中的法律、道德和心理寓意,刑事案件审判伦理及策略,人权,恐怖主义和法律,概率论和法律,《塔木德》和普通法的比较分析,维基解密和宪法第一修正案,文学中的阿以冲突,黑人权力及其涵义,托马斯·杰斐逊手稿,以及限制起诉中的错误行为等。

除了在法学院授课,我还为哈佛的本科生讲授诸多课程,包括与罗伯特·诺齐克(Robert Nozick)和斯蒂芬·J.古尔德共同开设的一门宏大课程:对思考的思考;与斯蒂芬·考斯林(Stephen Kosslyn)教授共同开设的研讨课:神经生物学与法律;与史蒂夫·平克尔(Steve Pinker)教授合开的禁忌课,以及一系列为新生开设的研讨课,比如,名为"你的道德感来自何处?"的课程。

我卷入过与这个时代最好争论的大人物的公开辩论和争议,这些人包括:威廉·巴克利(William F. Buckley)、乔姆斯基(Noam Chomsky)、梅厄·卡赫纳(Meir Kahane)拉比、亚丁·斯坦撒尔兹(Adin Steinsaltz)拉比、安东宁·斯卡利亚(Antonin Scalia)大法官、肯·斯塔尔(Ken Starr)、埃利·威塞尔、瓦茨拉夫·哈维尔(Václav Havel)、果尔达·梅厄(Golda Meir)、红衣主教奥尔巴赫(Auerbach)、威廉·孔斯特勒(William Kunstler)、罗伊·科恩(Roy Cohn)、诺曼·梅勒(Norman Mailer)、帕特里克·布坎南(Patrick Buchanan)、诺曼·波德霍雷茨(Norman Podhoretz)、比尔·奥雷利(Bill O'Reilly)、肖恩·汉尼提(Sean Hannity)、斯基普·盖茨(Skip Gates)、艾伦·凯斯(Alan Keyes)、丹尼斯·普拉格(Dennis Prager)、杰瑞米·本-阿米(Jeremy Ben-Ami)、皮特·贝纳特(Peter Beinart)、麦克·哈克比(Mike Huckabee)、威廉·巴格(William Bulger)、汉娜·阿伦特(Hannah Arendt)、韦恩·拉·皮埃

尔（Wayne La Pierre）、詹姆斯·佐格比（James Zogby）、吉米·卡特（Jimmy Carter）、理查德·戈德斯通（Richard Goldstone）、诺曼·芬克尔斯坦（Norman Finkelstein）等。

我还曾被选为美国代表队的一员，在苏联压制被拒绝移民的顶峰时期与苏联辩手进行全国直播的电视辩论。威廉·巴克利建议为美国队颁发自由勋章。我还是全国播出的获皮博迪奖的节目《代理人》（*The Advocates*）中经常出镜的"代理人"。我曾接受全国各大电视台、电台和新闻节目的采访。

近几年，我的主要精力倾注在为以色列辩护上，尽管仍对其施行的一些政策持批评态度。《前进》（*Forward*）节目称我是"全美最知名的犹太人捍卫者"[26]和"最显眼的以色列捍卫者——公共舆论场中犹太国家首席辩护律师"[27]。2010年，《耶路撒冷邮报》（*Jerusalem Post*）对读者和编辑进行了一次调查，问题为"谁是当今世界最具影响力的犹太人"。读者将我排在第五位，编辑将我排在第九位。[28]同年，以色列总理请求我出任以色列驻联合国大使——我礼貌地拒绝了这一邀请，因为我是美国公民，不是以色列公民。

我对我经手的案件和涉及的争议保留了相当完整的记录。我的档案存放在布鲁克林学院图书馆。我的职业生涯无所隐晦，我的个人档案——各类书信、文稿和其他未出版的材料更是任由感兴趣的人查阅。

但这些书面记录背后潜藏的是五味杂陈的记忆、灵光一现的思想、梦想、与各色人等的对话、作为、不作为、激情、欢愉和情感的宝藏。幸运的是，我记忆力极佳，而且我准备在本书中与你们分享我的记忆宝库，因为我坚信促使我形成现有意识形态和作出人生选择的记录不应仅限于我的职业外表。必须深挖促使我作出各种行为、不作出某种行为和进行人生选择的思想过程。我不知道我能挖掘多少，但我会尽力。我也不能确保我的所有记忆都绝对准确、分毫不差,因为我的孩子们总取笑我——故事每讲一次,都变得"更好"。

我所实践和讲授的法律在过去的半个世纪发生了许多改变。如果过去是未来的最好预言,那么法律在后五十年将会出现更大的变化。我将斗胆作出些许预测。

小奥利弗·温德尔·霍姆斯(Oliver Wendell Holmes, Jr.)曾对他的年轻同事训斥道:"即使冒着不被人们相信的风险,也要将你所处时代的激情和行为记录下来。"[29]

我是这个时代的亲历者,现在,我想要和我的读者们分享我的人生经历。

目 录

第一部分 从布鲁克林到坎布里奇
途经纽黑文和华盛顿两地短驻

第一章 布鲁克林出生，接受宗教教育　　003

第二章 我的世俗教育　　043

第三章 法官助理　　053

第四章 学术生涯　　086

第二部分 言论自由的变调
从"五角大楼文件案"到"维基解密案"

第五章 宪法第一修正案的变迁　　109

第六章 色情作品导致的直接和代受"侵扰"　　124

第七章 泄　密　　150

第八章 挑起暴力并打断演说者的言论　　167

第九章 篡改历史和科学的权利　　177

第十章 诽谤和隐私　　188

第十一章 "支持"恐怖主义分子的言论　　197

第十二章 介入法律事业的生活　　203

第三部分　刑事司法
从福尔摩斯到《犯罪现场调查》(*CSI*)

第十三章　"死刑不一样"	219
第十四章　未杀人者获死刑	230
第十五章　运用科学、法律、逻辑和经验证伪谋杀	247
第十六章　死刑、政治、宗教与国际阴谋	300
第十七章　从课堂走上法庭,以及从法庭走进课堂的死亡案件	337
第十八章　强奸罪政策的转变	351
第十九章　媒体对法律影响的变化	387
第二十章　无端被告	422

第四部分　追求平等与公正：永不止步

第二十一章　改头换面的种族问题	443
第二十二章　坍塌的政教分离之墙	455
第二十三章　从"人之权"到"人之过"	475
结语　总结陈词	506
致　谢	545
注　释	547
索　引	585

第一部分

从布鲁克林到坎布里奇

途经纽黑文和华盛顿两地短驻

第一章
布鲁克林出生,接受宗教教育

威廉斯堡和博罗公园

我于1938年9月1日出生在一家医院——我是家族中第一个不在家里出生的人。我父母生活在布鲁克林附近的威廉斯堡地区,他们年轻时从曼哈顿下东区搬来。他们的父母都是十九世纪末、二十世纪初来自波兰的正统犹太移民。[1]我母亲怀着比我小四岁的弟弟内森(Nathan)时,我们全家搬到了布鲁克林的博罗公园附近,我在那里长大成人,父母也在那里一直居住到离世。我青年时代的博罗公园是二代犹太人为主的现代正统犹太社区。第二次世界大战结束后,一些欧洲大屠杀的幸存者移居此地。现在那里的居民以来自威廉斯堡的想要重塑东欧犹太小镇的采施地犹太人(Chasidic Jews)为主。[我女儿埃拉(Ella)和她的同龄人现在将威廉斯堡视为一个很酷的社区——与操着浓重犹太口音的我的祖父母们生活和我成长的"老地方"大相径庭。]

我父母成长于大萧条的顶峰时期。母亲克莱尔(Claire)曾是东区高中的优等生,十五岁半就以优异成绩毕业。1929年秋,她被城市学院录取,成为她家族中第一个上大学的人。但第一学期期末时,她就因外祖父恶化的经济状况不得不退学。退学后,她找了份记账员的工作,每周周薪十二美元。

我父亲不是优等生,去了威廉斯堡的"犹太圣经知识学校"(Torah V'Daas Yeshiva)。他高中时就半工半读,从未上过大学。

我的祖父母可说是青梅竹马。祖父辈的很多人都是小型犹太教堂的唱诗班成员,他们同时也建立很多犹太人互助组织,包括借款会、丧葬会、青年以色列教堂以及犹太学校。[2]他们的日常工作与当时的移民并无二致。路易斯·德肖维茨(Louis Dershowitz)售卖瓦楞纸箱。纳夫塔利·瑞杰尔(Naphtali Ringel)是一位珠宝商。我的祖母艾达(Ida)和外祖母布里玛养育子女。每人都有八个子女,但布里玛的两个孩子在一场流行性白喉症中夭折。我母亲是布里玛存活下来的第二个孩子,1917年也差点死于流感,但根据家族传说,她能活下来全靠"放血疗法"。

我生于大萧条末期,而且恰恰在第二次世界大战爆发之日的前一年出生,在我父母双方家庭的三十多个孙辈中,我排行老大。

我的外祖父曾与我外祖母的姐姐结婚,不幸的是,她因难产去世,留下两个孩子。根据犹太传统,他娶了妹妹布里玛,当时她十五岁。二十世纪三十年代,他乘船去了巴勒斯坦。他找了份有收入的工作(工作内容是按犹太洁食标准来验收食物)。安顿下来后,他买了一小块地,期望有朝一日能建房安家,但他很快就意识到,在那儿很难谋生,只能回到布鲁克林。几年后,他突然离世。由于我还是个蹒跚学步的孩子,仅仅通过家族回忆和黑白照片对他保有点滴记忆。我的外祖母不得不养育仍未出嫁的三个女儿和两个儿子(一个在当兵,另一个在加州)。[3]她无法维持公寓的开销,我们家遂决定搬来与她同住,由我父亲支付房租。我们还接纳了一位租客以贴补家用,我与这个租客同住。一年多后,我们搬到了自己的小公寓,然后又搬到了那栋"两家半"房子,我在那里长大成人。

我的曾祖父泽恰尔贾(Zecharja)是我们家族中第一个到美国的人,那是1888年。他1921年过世,享年六十二岁。曾祖母莉亚(Lea)1941年去世,享年八十二岁,我对她没什么印象。

我的家族在美国生活的时间已达到这个国家历史的一半多。泽恰尔贾后代的多数都极为笃信宗教,生活相对贫困,家族中时常嘲笑德肖维茨家当时是美国犹太家庭中最穷的家族。[4]我祖父路易斯·德肖维茨在我十五岁时去世(享年七十一岁),因此我对他极为熟悉。尽管家境不好,他因在大屠杀期间救助许多亲戚而备受尊敬。他为这些亲戚编了很多"工作",诸如拉比、唱诗班成员、洁食屠夫及其他宗教职位。他费尽心思"编造"的这些工作在法庭宣誓时漏洞百出,但正是这些工作为二十八位欧洲亲戚获得了签证,在第二次世界大战爆发前一年到了美国。第二十九位亲戚——一位在波兰学习小提琴的年轻女孩——却遇到了麻烦。我祖父不愿就此放弃,让他还未成婚的长子——我大伯梅纳什(Menash)——去到战火四起的欧洲找寻这个女孩,并与她"成婚",这样她就可以顺利来到美国。虽然这个婚姻原本是个"幌子",但却持续了五十年,两人一年之内先后离世。

我的祖母艾达和外祖母布里玛都属高寿(布里玛活到九十多岁,艾达活到八十多岁),我对二老印象深刻。由于我母亲外出工作,布里玛承担了养育我的"重任",而且放学回家,"瑞杰尔奶奶"总是给我送来牛奶和她自制的饼干。

儿时的早期记忆充斥着关于第二次世界大战的片断,战事结束时,我差不多七岁。我记得父亲总在门上贴报纸刊载的盟军进攻的地图。我记得收音机里来自战时广播[WOR,我一度认为就是"战争"(war)]低沉洪亮的宣告一个又一个军事胜利的声音。到现在,我还记得一首根据迪斯尼动画片《白雪公主》(*Snow White*)主题曲填词的一首小曲:

> 边工作,边吹口哨
> 希特勒是个混蛋
> 墨索里尼是个吝啬鬼
> 日本鬼子更坏[5]

儿时读的漫画书主要人物都是战争中抗击纳粹和"日本鬼子"的大英雄,我当时也想干点什么。我觉得,如果比利·贝特森(Billy Batson)仅仅喊了声"沙赞"就能变成神奇队长,我也能。因此,我用一条红毛巾做了顶帽子,从窗户里跳出去,大喊:"沙赞!"幸运的是,我住在一楼,醒悟的代价仅仅是膝盖擦破了点皮。[6]

16　我四岁时,德国间谍乘坐潜艇在长岛登陆。尽管这些间谍很快就被抓获,但关于他们还有同伙在其他地方登陆的谣言四处散播。如果我不能变成超级英雄帮点忙的话,我想至少我可以帮着找这些间谍。后来的几个夏天,我们家都是在洛克威海滩的一个出租房度过。当地的一个警官每天给我们这些孩子一分钱,随时向他报告"德国潜艇"的消息。我们信以为真,确实也发现了一些可疑物品,后来证明都是鸟儿,或漂浮物以及过往船只的弃物。

我对"欧洲胜利日"(VE,Victory in Europe)和"战胜日本日"(VJ,Victory Over Japan)记忆犹新。人们载歌载舞,欢庆胜利,祈祷和平。我们的战士,也包括我的几个叔伯,也从战场回家。(我父亲因患有溃疡而未被征兵,母亲认为父亲的病都是因为我的调皮捣蛋。)[7]

没人跟我们讲大屠杀或浩劫,希特勒让我们失去了许多在欧洲的亲戚。希特勒的死讯让我们大快人心。一个犹太人中流传的笑话认为他会在一个犹太节日死亡,其实,不管他哪天死,那一天都会成为犹太人的节日![8]

那些从安置所搬到博罗公园的新移民们闭口不谈"那里"发生了什么。没人解释他们手臂上刻着的数字,但我们也隐约知道这些数字是可怕过往留下的印记。就连我祖父也很少提及他拯救我们欧洲亲戚于水火的义举,因为他心里清楚许多朋友都失去了他们在欧洲的亲戚。我外祖父母的家人所剩无几,只有一对战前移居巴勒斯坦的夫妻幸免于难。

我成长于一个完全没有任何种族歧视的家庭。我的父母景仰那些黑人领袖(我们称他们为"黑人"或"有色人")。我父亲售卖男性工装和内衣,顾客中不乏黑人,他对他们一视同仁。我最喜欢的大学教授是黑人。每隔两周,我母亲都会雇用一位"清洁女工"帮助她做清扫和其他家务。其中既有黑人,也有白人。还有一些是犹太移民。我记忆中唯一的例外来自我外祖母对匈牙利犹太人的成见。显然,她的成见来自波兰。第二次世界大战结束后,我们的社区来了几个匈牙利犹太家庭。我外祖母立即对他们表现出反感。我记得她常取笑匈牙利人煎蛋卷的菜谱是:"先偷两枚鸡蛋!"

记忆深刻的还有以色列建国的艰苦历程。我的家庭成员都是虔诚的犹太复国主义者。我们家有蓝白相间的犹太民族基金捐款箱,我们每次打电话,都要往箱里投一分钱。我们还在学校集会时高唱"犹太国歌"。我仍对歌词(诞生于以色列建国之前)记忆犹新:"回到我们祖先的土地。"

有一件事时至今日仍给我们留下痛苦的回忆。帕莱斯特(Perlestein)夫人是我母亲的朋友,她儿子摩什(Moshe)决定参加以色列独立战争。人们聚会为他送别。几个月后,我看到母亲在暗自哭泣。摩什与另外三十四名犹太士兵和平民在为耶路撒冷附近的一个犹太据点运送给养时被杀害。母亲哭诉道:"她儿子死时,她还在电影院里。"以色列的战争从未如此逼近过我的家庭。左邻右舍都认识摩什,他和我上的同一所小学,和我一起玩棍球,他是个英雄。摩什的死对大家都是一个悲剧,他的死和母亲的反应对我影响深远。

我和朋友们搞了个小团体,其实就是一群常常一起玩球的小伙伴。我们给这个团体取名为"帕玛奇"(Palmach)——即以色列武装力量的名字。我们仍记得"帕玛奇"的军歌:"我们是无往不胜的帕玛奇。"

> **维达·沙宣**
>
> 几年前,我受邀在洛杉矶的一个犹太团体发表演讲,来宾中有喜剧演员戴维·斯坦伯格(David Steinberg)和"时尚教主"维达·沙宣(Vidal Sassoon)。斯坦伯格跟我说到,沙宣年轻时曾参加帕玛奇作战。[如果你觉得这不可能的话,想想"露丝医生"韦斯特海默(Ruth Westheimer)也曾作为狙击手参战吧。]我想考考沙宣会不会唱帕玛奇军歌,结果,我们两人在众多宾客的诧异眼神中突然用希伯来语高歌了起来。

以色列1948年5月正式建国,当年我九岁。经历两千多年颠沛流离,在联合国、美国、苏联和多数西方国家的支持下,一个犹太国家终于出现在了以色列的土地上。这个崭新的国家立即遭到周边阿拉伯国家的围攻。为了捍卫这个新兴国家,百分之一的以色列人付出了生命的代价——一些在投降后仍遭血腥杀害。他们中的多数曾躲过了大屠杀的劫难。那年夏天,我参加了一个称为"马萨德"(Massad)的希伯来语犹太复国主义夏令营(边上一个营地的指导老师就是乔姆斯基,当时他还是一个狂热的左派犹太复国主义者)。我们每天都会听取独立战争的战况,我们高唱以色列歌曲,跳霍拉舞,即使进行体育运动时,也高喊着希伯来语。

就在以色列击败阿拉伯人进攻后不久,我们得知了一个对犹太人的新威胁:斯大林正针对犹太作家、政治家和犹太复国主义者发起一场斗争运动。我们从苏联的"宣传式"审判、各种运动和对犹太人的迫害中发现,斯大林成了新的"希特勒"。我们对苏联的痛恨与我们对纳粹的痛恨并无二致。我们恐惧苏联核武器对我们造成的威胁。学校开始让我们练习遭受核打击时快速跑向"掩体"。小学快毕业时,我写下了下面这首诗:

> 身边机器轰鸣,蒸汽冲天
> 空中的轰炸机投下炸弹,战斗机飞速掠过,战车隆隆
> 我们生在一个核能环绕的世界
> 医学奇迹,科学进步,请不要止步
> 但有朝一日,核能变成了炸弹,撕裂大地,毁坏家园
> 有朝一日,我们终将回到过去
> 电灯不再给我们带来温暖,壁炉不再发光

这些孩童时期的记忆对我正在成型的意识形态和世界观产生了重要影响。家庭的政治观点是开明、反共的犹太复国主义。罗斯福总统、杜鲁门总统和拉瓜迪亚(La Guardia)市长是我们心目中的英雄。

尽管当时随处可见对时事、政治和宗教的议论,但我们家却根本没什么书籍、音乐、艺术品和世俗文化。父母虽然并非愚钝之人,但他们没时间,也没闲工夫享受这些"奢侈品"。我们居住的公寓位于"两家半"房子的底层。楼上的房间租给了我的叔叔、婶婶和他们的两个孩子,地下室则租给了我的表妹和她刚从军队退役的丈夫。我们生活在两间小卧室里,我和弟弟住在较小的一间。我们在厨房吃饭,母亲的梦想就是拥有一个"真正的餐厅",可惜从未实现。客厅里的沙发盖着塑料布,是专为招待客人用的(几乎没有什么客人来访)。我们一家四人共用一个狭小的卫生间。走廊也作为安息日的用餐场所。屋子总面积大约一千平方英尺。但我们拥有一个院子——有个院子真是太棒了!院前有一个小花园和门廊,屋后还有一个小小的后院、一块空地和一个车库。我们家没有车,车库就租给了我另一个表亲,他将车库用来堆放他批发的玩具。

我们家并不算穷,衣食无忧,但我们无法负担更多的奢望,诸如到餐厅吃饭。我们的衣服都来自上一辈,饭菜都是"剩菜剩饭"。(记得一个喜剧演员说过:"我们总吃剩饭剩菜,没人知道'原菜原饭'是什么味道。")母亲总对我们说,生活已很"舒服"了。(还是那个喜剧演员,他曾讲过一个犹太男人被车撞倒在地的故事。救护车来了后,救护人员问他:"你哪里不舒服?"他回答道:"还能活着。")从上小学开始,我就开始打零工,直到高中和大学。我当过送货员、切菜工、保姆、受诫礼指导、营地服务生和指导老师。

厨 童

我的第一份工作是在纽约下东区的一家犹太餐厅作厨童。我的工作是为热狗打包并将酸菜从桶里拿出来。有一天,我和另一个年长的工人被锁在冷冻室里,幸运的是,他发现能从里面把门打开。我也骑着单车送外卖。我只有十四岁,没法开车。一次送外卖时,发现点外卖的是我的一个老师,他郑重建议我以后就干这份餐厅工作。

大概五十年后,我与几个朋友合伙在哈佛广场开了家犹太餐厅,取名"马文犹太餐厅"。客人对餐厅评价不错,总有人排队等位,但我们每卖一个三明治就会亏两美元。由于牛肉进价太高,而且我们会在周五晚间和周六歇业,餐厅几乎赚不到钱。在勉强维持近一年后,我们付清了所有的欠账,关闭了这家餐厅。看来我还是不怎么适合在餐饮业工作。

我们家的社交中心是前门廊。我们在那儿闲聊、玩球、跳上跳下、从两边的扶手滑下,那儿简直就成了我们的私人游乐场。天气好时,全家人都会聚在那里。我们一起听收音机——布鲁克林道奇队的比赛直播、《独行侠》(The Lone Ranger)、《等你来战》(Can You Top This?)、《影子》(The Shadow)、《午夜上尉》(Captain Midnight),以及阿瑟·戈弗雷(Arthur Godfrey)的节目(当时我们对他是反犹人士一无所知),收音机后面那根长长的电源线一直延伸到房间里的插座。我们还在前门廊吃午餐,放学回家也在那儿喝牛奶、吃饼干、讲着刚听来的笑话,甚至作业都在那儿完成。多数时候,我们就坐在那里,有一搭没一搭地聊天,也和经过的邻居搭讪,他们都知道能在那儿找到我们。那个年代,客人来之前不会打电话,因为太贵。人们想来就来。

门廊前就是街道,车辆稀少,因此街道也成了我们的游乐场。我们在街道上玩沙包、玩棒球,车库前打篮球,篮板是固定在车库顶上的一个旧乒乓球台,篮筐就是自己做的一个圆环。

由于有门廊,有篮筐,还临街,也没什么树遮挡,便于玩掷沙包游戏,我家成了我那些朋友们的聚会地。(如果沙包掷到树,则出局。)

第二次世界大战后布鲁克林典型的犹太家庭通常都有很多书,喜欢音乐,谈论艺术,有学识的父母不断给他们的儿子们灌输知识,期望他们出人头地,成为医生、教授、律师和商人。[9](女儿们也会严加管教,通过嫁给医生、律师等光鲜职业人士而出人头地。)

我家则大不一样。我的全部音乐学习就是一年的手风琴课程(我们买不起钢琴),之所以终止也是由于住在楼上的亲戚实在难以忍受我制造的"噪音",把我价值二十美元的手风琴扔出了窗外。客厅里的书架上都是廉价的摆件,唯一的书就是父母订杂志时免费赠送的一本有着黄色仿皮封面的字典。我上大学时,他们订过一段时间的《读者文摘》(Reader's Digest)合集。当然,希伯来圣经和几本祷告书还是有的。直到上大学,在我印象中,父母除了看看报纸[《纽约邮报》(New York Post)],根本就没看过什么书。他们成天忙于生计,操持家务,根本没有闲暇工夫。

博罗公园附近没什么书店,只有一家很小的二手书店,卖的还都是"反动"书籍(煽动人们颠覆国家的书)。店主长得有点像他崇拜的托洛茨基,全身上下都是一股老旧书籍的霉味。父母警告我们别进这家书店,否则我们会上"反动分子名单"。

我父母,特别是母亲,对"上黑名单"和"不良记录"噤若寒蝉。毕竟,当时是"黑名单""红色恐怖"大行其道,随时有可能让他们失去工作的时代。母亲常警告我"他们会让你上黑名单的"或者"这会成为你终身不良记录的"。我十四岁时确实做了件可能会让我上"黑名单"的事情。

当时正值麦卡锡主义大行其道的时期,就在朱利叶斯·罗森堡(Julius Rosenberg)和埃塞尔·罗森堡(Ethel Rosenberg)被判死刑不久。罗森堡的一位亲戚请求人们签署请愿书挽救二人的性命。我认真读了请愿书,觉得有道理,就签了名。一位邻居看到了这一幕,马上告诉了我母亲。她坚信我这辈子完了,职业生涯将毁于一旦,而且主动在煽动共产主义的请愿书上签名将成为我永远的污点。我母亲决定是时候给我点教训了。她把此事告诉了我父亲。我能看出,父亲对我的做法感到骄傲,但母亲让父亲揍我一顿。父亲长期对母亲言听计从,不情愿地屈从了母亲,我怀疑他比挨揍的我更痛苦。[10]

除了那家出售"反动"书籍的书店,我家附近还有一个小小的、破烂的图书馆。高中快毕业时,一家宽敞明亮的图书馆建成开放。那里成了我们每周五下午都会去的地方,因为很多女孩也会去,而且我们一次可以借出四本书。后来,当阿提·埃德尔曼(Artie Edelman)意识到我们可以通过借出一些大部头书籍来吸引女孩时,这两个原因合二为一了。直到那时,我的文学阅读兴趣都仅限于经典漫画。

别笑！经典漫画奇妙无穷。我们不仅能读到艾凡赫（Ivanhoe）的冒险经历，还能看到他的相貌！书中黑头发的"犹太女孩"丽贝卡（Rebecca）激起了我人生中第一次对异性的渴望。（我曾寻遍跳蚤市场，想要买到这本经典漫画，重温我当时无法安放的青春欲望。）

最近，我偶得《罪与罚》（*Crime and Punishment*）的经典漫画。在读了这部伟大作品的三个不同译本后，我惊奇地发现，漫画居然保留了原著的气韵，甚至语言风格。我试着将这部漫画作品推荐给我孙女，这部作品正好是她的阅读作业。她以一种孙辈对爷爷的不冷不热的态度礼貌地拒绝了我的好意。

我最初读过的真正书籍都来自我曾读过的经典漫画：《基督山伯爵》（*The Count of Monte Cristo*）、《红色英勇勋章》（*The Red Badge of Courage*）、《白鲸记》（*Moby Dick*），以及《误闯亚瑟王宫》（*A Connecticut Yankee in King Authur's Court*）。（前三本原著显然比经典漫画好看，第四本则比不上漫画！）

高中快毕业时，我如饥似渴地读书，并因此遭到一些家人的鄙视。我叔叔赫吉（Hedgie，小名哈利）只要看到我坐在家里看书，而不是干活或运动时，就会大声呵斥："你还是个男人吗？快给我起来！"但我从不理会，继续待在我的小房间里，听着录音机里播放的我从《纽约时报》古典音乐频道 WQXR 电台转录的古典音乐，或图书馆借来的唱片，以及从我朋友阿提处转录的音乐。我还用打零工节余的钱买了套二手的《大美百科全书》（*Encyclopedia Americana*）。我朋友诺曼·索恩（Norman Sohn）在曼哈顿第四大道发现了一家出售二手百科全书的旧书店，《大美百科全书》仅卖七十五美元，而《大英百科全书》要卖两百美元。

我小时候家里只有一台微型收音机，只要没拿到门廊，就都放在厨房。我十岁那年，家里买了台十英寸的落地式电视机，包括一部顶开式的留声机。但母亲把她"贵重"的台灯放在了电视机顶上，使我没办法动留声机的唱盘。我用在餐馆打零工挣的钱买了台笨重的威洛克盘式磁带录音机,体积为一立方英尺。我根本搬不动这个家伙,尽管经常绞带或断带,但已经比上一代产品好多了。

我热爱古典音乐,特别是歌剧。十几岁时,我就在犹太教堂唱诗班唱男中音,我的嗓音相当好。对音乐的热爱将我引向大都会歌剧院,学生只要带着歌剧乐谱,只需五十美分,就可以有单独桌椅和台灯。我们从图书馆借出乐谱,坐地铁到时代广场,就可以听理查德·塔克(Richard Tucker)、罗伯特·梅里尔(Robert Merrill)、简·皮尔斯(Jan Peerce)、莱斯·史蒂文斯(Risë Stevens)和罗伯塔·彼得斯(Roberta Peters)演唱《卡门》(*Carmen*)、《波希米亚人》(*La Bohème*)和《茶花女》(*La Traviata*)等经典歌剧。[我们不能听瓦格纳(Wagner),因为他是希特勒敬重的反犹人士。]

我对艺术品也产生了热情,各式各样的艺术品,从埃及和罗马的雕塑,到毕加索(Picasso)的《格尔尼卡》(*Guernica*)和罗丹(Rodin)的《思想者》(*The Thinker*)。我们家里没有任何艺术招贴画或印刷品。墙壁上挂的是镜子(可以使房间看起来更大)。但我们附近有许多免费的博物馆,图书馆也有大量艺术类书籍——而且有裸体女性的照片!我热爱戈雅(Goya)的《裸体的玛哈》(*Nude Maja*),与有衣服的版本相比,我更喜欢裸体版本,而且我曾想象玛哈就是为我脱的衣服!

女孩子们喜欢在博物馆约会,我们也乐于邀请她们去博物馆,因为不要钱,还能显得我们"有文化"。

至今我都搞不明白怎么会迷上文学、音乐和艺术。我从未接触过古典音乐或艺术品,即便在学校也知之甚少。学校的音乐老师教我们一些异国风情的歌曲,还有斯蒂芬·福斯特(Stephen Foster)唱的美国歌曲,以及若干宗教歌曲和犹太复国歌曲。艺术老师则教我们画一些"有用"的物体,如汽车、火车和马。

朋友们的家和我家一样,都是"文化沙漠"。只有阿提·埃德尔曼和伯尼·贝克(Bernie Beck)家除外,他们的父母比我的父母受教育多,更有文化。我对音乐和艺术的爱好,一定部分来源于他俩。当我成了野外露营地的初级指导老师后,我有机会通过那些出手大方的曼哈顿"富家"子弟接触音乐和艺术。

这些点滴接触无法完全解释我如何从一个没有书籍、唱片和艺术品的家庭的孩子转变为一个现在坐拥各类书籍、音乐、绘画、雕塑和历史物件的成年人。[11]

我也没法解释为何我的三个孩子对古典艺术毫无兴趣。他们无论如何也不算没文化,他们喜欢流行音乐、电影、畅销小说、戏剧和美食,但他们不像我和我妻子那样钟情于古典音乐和精美的艺术品。对那些笃信后天成长环境、个人经历和接触的人士而言,我们家的这种代际差别实在说不通。我的喜好可能正是我父母的反面,而我的孩子们对我钟爱的事物没有兴趣可能也是这个原因,那就随它吧。

成长过程中,对我产生塑造作用的家庭价值观主要是现代正统犹太主义、犹太民族复国主义宗教思想、富兰克林·德拉诺·罗斯福(Franklin D. Roosevelt, FDR)等代表的政治开明主义、反纳粹、反对一切形式的歧视、支持言论自由、憎恶麦卡锡主义、强烈的爱国主义,以及成为一个未抛弃犹太传统的真正美国人的强烈渴求。

我父亲虽体格健壮,但性情温顺,常常教导我成为一个"强悍的犹太人",随时准备"反击"。他鼓励我永远别让"那些人""溜之大吉"。"那些人"指反犹人士,"溜之大吉"指欺负犹太人后扬长而去。他教我拳击和摔跤,并告诫我永远不要"背叛"朋友,不管我会因此遭受什么后果。

我父亲的一个兄弟叫伊兹查克(Yitzchak),我们叫他伊奇(Itchie)。一天,他带我去看布鲁克林道奇队的比赛。比赛进行到一半时,下起了大雨。我们跑到地铁站,发现进站口无人值守。我叔叔只有一个硬币,所以我俩挤在一起穿过了入口的旋转铁门。我们一到家,他就找出一个十美分的硬币,装进信封,寄给地铁公司,并对逃票一事表示歉意。一年后,他又"如法炮制",但这次逃的票额大得多。他混上了一艘开往巴勒斯坦的船,准备参加以色列的建国战争。由于没有足够的钱购买全程船票,近一个月的旅程他都在东躲西藏,连吃饭都靠一个朋友付钱。快到终点时,为躲避检查,他居然从船上跳水,游泳上岸。攒够钱后,他给轮船公司邮寄了最低等舱位的全价票款。这就是我小时候受到的言传身教。先想办法达到目的,但事后一定要记得偿还。

宗教在我们家不是信仰问题或广为接受的神学。直到今天,我都搞不懂我父母对上帝、圣经、天堂和地狱,或其他一些对多数宗教而言极为核心的问题相信多少。我们从未讨论这些神学问题。我们的宗教就意味着规则:什么可为,什么不可为。我曾看过的一幅漫画能充分说明我父母的宗教观。漫画上一位父亲一边生拉硬拽地将自己的小儿子拖向犹太教堂,一边说:"管你信不信,只要你给我进去。"

犹太教对我们而言就是受各种各样规则的约束。不管干什么,都需要祷告。"受主恩宠",接着是提及上帝的创造,"赐我面包",或"赐我美酒",或"赐我果实"或"赐我各种物产"。然后是一段无所不包的颂词。我祖母瑞杰尔监督所有人的祷告,如果她看到我在喝水,她会说:"你祷告了吗?"祖母不会说希伯来语,可能也搞不清楚祷告词是啥意思,但她知道,而且也要求我们知道,喝水前必须把那段话背一遍(甚至咕哝一下都行)。

规矩无处不在。如果你不小心把用于奶制品的叉子用在了肉制品上,这把叉子必须在地下埋七天才能继续用。吃完肉后,我们必须等六个小时才能吃奶制品。但吃完奶制品后,只需间隔半个小时就可以吃肉,但如果"奶制品"里有鱼类食物,则必须间隔一个小时。当我父母告诉我饭后游泳的规则时,即饱食两小时后,半饱一小时后,吃水果半小时后,吃巧克力十五分钟后游泳,我认为这些也是宗教规则。

从我记事起,我就处处受到这些高度机械、规则为主的宗教教义管教。让我服从规则,即便我对这么做的原因不甚了了,也比让我全盘接受对我的理性思维而言不知所云的神学容易得多。(我对我父母是否想到过这一点深表怀疑。)生活在当代正统社会的每个人都要服从规则。在我看来,认可包括圣经所载的故事,死而复生,天堂地狱(犹太圣经没有)以及上帝精神实质等全部神学架构的人可能寥寥无几。我们真正关心的是一块糖里的准确成分(不能有过多脂肪或明胶),亚莫克帽掉了后能走几步,是否能为了不违反在安息日不得携带任何东西的规则而戴着挂着钥匙的别针,是否可以使用自动计时器打开电视观看周六下午的职棒总决赛,以及是否可以在安息日乘坐电梯,而电梯会在每一层楼都自动停下。拉比们负责回答这些疑问,但他们并不总赞成这么做。我母亲对附近多数拉比都没什么耐心,因为她父亲"懂得比拉比们多得多",而且总能通过找到最"便捷"、最适合现代生活方式的方法解决教规争议。我母亲还会不屑地认为,就是我外祖母也比这些"冒牌拉比"懂得多。我母亲常说:"尊重人,而不是他的头衔。"当我冒犯那些我的无能老师时,她还是会感到惊讶!

我们必须遵守的诸多规则都是禁止性的:食用非犹太食物,在安息日驾车或工作,斋戒日饮食,与非犹太人通婚,吃完热狗后吃冰淇淋,在犹太赎罪日穿戴任何皮制品,洗完手后说话但在此之前做"motzie",吃白面包,前述种种,均不可为之。

负责监督规则执行的外祖母有句意第绪语的口头禅——"可不能这么做!"(meturnished)——只要意识到可能的违规之举,她就会大声喊出这句口头禅。如果她看到你正准备吃一块纳贝斯克公司生产的饼干(因为没有标注犹太人食品字母"U"),她就会大喊出那个M开头的意第绪语口头禅。如果安息日她看到你口袋里有条手帕,如果你只是想要把亚莫克帽子放进口袋,耳旁就会传来她的声音。一次我随意地吹了会儿口哨,美妙的哨音就被她的"M"词打断。我会哀求她"为什么不能这样?"圣经里没有说不让吹口哨啊!她会说:"犹太人都不吹口哨,只有异教徒才这么做。"外祖母去世已有三十多年了,但直到现在,每当我大嚼特嚼"禁食"或想做点"非犹太人"做的事情时(比如欣赏一部瓦格纳的歌剧),耳旁仍会响起那个"M"开头的意第绪语口头禅。弗洛伊德将此种情形称为"超我"。他也有一个犹太祖母。

当然,我们都会想办法规避这些禁忌——半数犹太律法似乎就是技术性禁忌,而另一半似乎就是规避这些禁忌的方法,与《国内税收法》(Internal Revenue Code)极为类似。难怪如此多的犹太人成了律师和会计师,这和我们的DNA没有关系,而是我们的宗教训练所致。

儿时早期的一个故事充分说明了宗教——对宗教义务的严格遵循——对我们的特殊意义。

我弟弟出生前几个月,我和父母外出购物,母亲忙着买东西,父亲在繁忙的街上紧紧牵着我的手。母亲刚给我买了双新的高帮皮靴,高至我脚踝。不知何故,我挣脱了父亲,跑上了街。我被一辆有十八个轮子的大卡车撞倒,车轮从我脚上碾过。如果不是父亲及时把我从卡车下拉出,情况会更糟。幸运的是,那双新皮靴保护了我的脚,但仍造成几个地方骨折。我被送至最近的医院,一家天主教医院。

我父母把我独自留在医院回家了。晚上八点左右,一个护士给我母亲打电话,说我不吃东西,还闹着要去佛罗里达。母亲说:"他从没听说过佛罗里达。"护士让母亲尽快到医院来。母亲来后看到我坐在盛满各式食物的餐盘前,大喊:"迈阿密,迈阿密!"对护士来说,这就是佛罗里达的一个城市。我母亲明白了我的意思,我说的是"yami",即亚莫克帽——犹太男人在吃东西时头上戴的小帽——的简称。尽管当时我只有三岁,但如果没有戴亚莫克帽,我是不会吃东西的。母亲马上用手帕做了个小帽戴在我头上,我这才开始吃东西(天主教医院也会为犹太病人准备犹太食物)。我肯定在吃每样东西前还做了祷告。

我们先是在家里学习这些规则,然后是在犹太学校,每个人都会去犹太学校学习。正统犹太社区典型的情况是,都存在两家互为竞争的犹太学校,一家教授意第绪语,一家教授希伯来语。

我首先上的是更传统的说意第绪语的学校,校名为"真实圣经",我祖母瑞杰尔希望我能学到"母语"。但两年后,我父母将我转到了更现代的说希伯来语的学校,校名是"生命树"。我在这个学校一直读到八年级,然后又转到一家犹太高中,直到我完成全部十二年级的学习。

犹太学校教育对我而言喜忧参半。小学从早上八点半到下午四点半,高中从早上九点到下午六点十分。我们只有星期六一天休息,但其实也无法休息,我们要去犹太教堂。从早上九点到十二点,然后参加下午和晚上的教堂活动,结束的时间取决于何时天黑(要能看到两颗星星)。每周五,学校下午一点放学,让我们有时间准备包括当天晚上在内的安息日。安息日我们也要去教堂,然后回家吃安息日晚餐。周日也只有半天,即使这个半天也遭到老派拉比的埋怨,他们认为我们应该像宗教意味更浓的犹太学校要求的那样,在基督教的礼拜日全天待在教室。

学校上午的课程都与宗教有关:圣经、塔木德、礼仪规则和伦理。下午的课程与通常的学校没有区别:数学、科学、历史、英语、法语(专为想要成为医生的聪明孩子开设)或西班牙语(为剩下的我们开设)(没有德语或拉丁语课)、公民课程、体育、艺术、音乐欣赏,以及一些

"犹太世俗"课程,诸如希伯来语、犹太历史、犹太复国主义和犹太文学。学校还会举行辩论,成立学生自治组织,举行篮球赛和其他"课外"活动。午餐"时间"将我们的宗教课程和世俗课程分开,这也是我们唯一讨论上午的课程内容(诸如创世故事)和下午的课程内容(诸如进化论和基因科学)的时间。没有人协调两者之间的冲突。二者只是两种完全不同的世界观而已(或者如我的同事斯蒂芬·杰伊·古尔德常用的华丽辞藻所言,"不同的权威")。[12]我们遵循教会和世俗严格分开的原则,学校里的大多数学生都不会出现认知错乱的问题。上午,他们会像拉比一样思考;到了下午,他们就会像科学家一样思考;没有必要在两者之间进行协调。就像被一部精彩的科幻小说或电影吸引,只管接受预设的前提,后面的一切都会顺理成章。

对我们中的一些人而言,这还不够。我清晰地记得我们曾努力寻求,或想方设法地找到二者的共同点。此种探询导致这些人想知道创世纪的上帝能否创设进化论。他们深信宗教和科学有可能**都是**正确的。对我而言,二者的共同点就是:我坚信二者都可能不对,或至少都无法完整解释我们如何来到这个世界。我对宗教和科学都持怀疑态度。虽然华丽且富有诗意,但创世纪学说似乎过于简单。进化论也不例外,至少从我们学习进化论的方式来看也是如此。

宗教和科学间显而易见的冲突促使我探究由此产生的疑问、漏洞和瑕疵,不是在宗教和科学**之间**探究,那太容易,而是在宗教理论**里**探究,在科学"真理"**里**探究。我痴迷于这样的困难问题,我讨厌我的宗教老师和世俗老师带着得意的自满给出的简单答案。

我记得我曾编了一首新的《布拉查》(*bracha*),表达我的怀疑态度。这首小曲以传统语句开头,但后面改成了我对上帝的疑问。已过六十年,我对这首小曲仍记忆犹新。

  我不明白

我否认

我不确定

告诉我为何

可能如你所说

为何不试着质疑

还是不确定

我没有在这首小曲里表达对老师的祝福,只是按照传统调子随便哼了出来。

我们就读的现代正统犹太学校的任务就是使我们在保有犹太教信仰的同时,让我们融入美国主流生活。圣经教义和科学知识都是学校教育的主题。前者代表宗教知识,后者代表世俗知识。人们认为二者可以相互协调,但没有人真正花功夫调和二者之间完全相异的世界观,一个是相对封闭的正统犹太教体系,另一个要求保有开放心态学习世俗知识。

然而,文化知识方面,学校的冲突较少,因为成为良好的美国公民,包括融入美国主流文化,也是学校的目标。我们接受了爱国主义教育,热爱美国这个"对犹太人如此友好的国家"。我们也被教育憎恨美国的敌人,他们"对犹太人不好"。作为十几岁的孩子,有时我会在犹太教堂演讲,对当周的圣经部分进行评论。我母亲保留了一份我当时的讲稿,其中我对圣经里面三个表达"法律"的词进行了比对,以此说明美国民主制度比苏联共产主义制度优越。下面是我的讲稿:

> 许多国家政治发展的过程中,三个关键词都曾起过重要作用:"神法""公平规则"和"专制法"。"专制法"的理念曾作为古代绝对君主制和当今极权主义体制的基础,而"公平规则"则是民主制度的要义。然而,"专制法"如缺少人为强化,难以持久。十五世纪的人们就认识到,只有神,而非世俗的国王,才有权宣布法

令,而无需显著理由。因此,为了使君主的专制行为合理化,他们往往会利用"神法"的理念,即"上帝之法",进而得出"君权神授"的理论,声称一切世俗法都是"神的旨意",而君主毫无疑问就是神的化身,传递其旨意,执行其指令。这样,君主执行的是"神法",而非"专制法"。共产主义也试图通过"神法"而非"专制法"使其执行的极权制度合理化。因此,他们也造出了自己的"神",即列宁、斯大林,以俄国人民之"神"的身份执行其专制制度。

然而,美国的政治始终在上帝的帮助下,基于公平的理念演进,我们称之为"民主"。我们……要求,一切法律都需经得起"公平规则"的审查和检验。

我的老师和拉比们并不认可我在圣经中寻找美国民主制度依据的做法,他们认为我离经叛道,怀疑一切,而非对拉比们讲述的"神法"全盘接受。

我极为厌恶拉比们灌输给我们的观念,因为他们几乎完全照本宣科,要求我们死记硬背。尽管我记忆力很好,但我对宗教教育中无处不在的不容置疑的权威主义作出了抗争。

我反感我的老师们,老师们对我更是恨之入骨。我热爱冲突、质疑、疑问、辩论和一切没有确定答案的问题。我毫不隐晦自己的态度,随时发表自己的观点[13],因此屡屡因为"态度不好"遭到训斥。我仍保存着我的六年级成绩单,在"行为举止"和"与他人相处"一栏上的评价是"不佳"。"努力程度"一栏上是"D","行为"——"D","成绩"——"D",拼写——"C","尊重他人权利"——"D","理解能力"——"D",地理——"C+","清晰表达"——"A"。一个老师甚至对我的"个人卫生"评价为"欠佳"。我母亲大为不满,因为她很爱干净,每天上学前都会把我收拾得干干净净才出门。老师的回复是:"他的身体很干净,但他思想肮脏,他根本不把拉比放在眼里。"

我绝对只能算是一个中等的犹太学校学生。其实我有所夸张,我应该连中等都算不上,我曾得到过一个"中等偏下"的成绩。我居然连中等标准都没达到。至少我还有远大的抱负啊!

六年级时,学校要求所有学生接受智商测试。学校告诉我母亲,我的得分很高。起初校长认为我的高分是作弊得来的。但当他确信我真的智商很高后,他决定把我转到优等班。当时的学校将学生分在三个不同等级的班里学习。我一直在差生班。我母亲担心我竞争不过优等班里的那些聪明孩子,央求校长将我安排在中等班。我就这么一直在中等班学习到小学毕业,成绩为"C"。

小学毕业后,我很想进精英犹太中学——福莱特布什犹太高中——但他们拒绝了我的申请,我只有去距埃贝茨棒球场几个街区的犹太大学附属中学。我在这个学校的"垃圾班"待了四年,那里重纪律管教,远胜学习知识。

不管在小学还是中学,我都以"坏孩子"闻名。我成绩不好(除全州统考外)。我的"行为举止"不佳。我总是因为胡闹,跟老师"顶嘴",对老师"不恭",质疑一切,没有"毕恭毕敬",甚至仅仅因为我是个"聪明孩子",而惹麻烦。

一天,我向奥瑞斯基(Oretsky)拉比问了一个特别挑衅性的问题。他没有回答我,而是说我是"*shtik drek*"。我搞不清楚这个意第绪语的意思,回家问我外祖母,她说我讲脏话,要打我。我才知道这个词的意思不好。从那以后,我朋友和我也给这个拉比起了个难听的绰号。

父母总是对我在学校的不敬行为感到震惊,因为我在家里和他们以及祖父母们在一起时行为良好。我对他们相当尊敬,尽管他们没受到什么正规教育。我的老师和拉比们,特别是拉比们从不尊重我,或不把我放在眼里,或对我这样那样的问题置之不理,因此我对他们也不理不睬。

这就是我的犹太学校教育给予我的最大收获,或者甚至可以说"赏赐",即学习质疑一切事、所有人。可能这并非犹太学校教学方法的真实意图,但我肯定不是此种方法的唯一受益者,或用拉比们的话来说,不是唯一的"废品"。犹太人喜欢质疑的性格绝非偶然,而是经历的产物,当然犹太教育将宗教和科学并置,却几乎不对两种截然不同的追求真理方法进行调和,这种教育,至少对一些年轻犹太人而言,也是经历的一个重要部分。对我而言就是如此,就为这一点,我终身感激。

那么我从犹太学校学到了什么呢?对我个人来说,就是确定了终生质疑的信仰。而我的多数同学从中学到的却是终生确信不疑。有何区别呢?当然基因上的些微差距无法解释如此迥异的世界观。智力水平的差别也解释不了,因为许多"确信不疑"的同学都相当优秀。我觉得起作用的是生养我们的家庭环境。我在**去**犹太学校之前就已习惯怀疑了。尽管我父母都是严格遵循现代正统的犹太人,但他们也是怀疑主义者,特别是我母亲。尽管她没受什么正规教育,没啥文化,但她从不轻信,总是怀疑,总是提出质疑。虽然随着年岁增长,表现不那么明显,而且她很后悔把这个习惯传给了她的孩子们。她一边遵循着所有的仪轨,一边表示着怀疑。这就是犹太人对仪式和新知识的常用处理方法。我和我弟弟也是如此,但最终我们的质疑导致我们采取了行动,或更准确地说,拒绝了一些做法。二十四五岁时,我们就不再遵循任何宗教禁忌了。我母亲无法接受,她坚持认为:"我不在乎你们信不信,只要你们还去教堂,吃犹太食物,安息日不工作(包括不开车,不看电视,不看球赛)就行。这个要求不过分吧!"

在我们开始无视规则时,我母亲开始对她长期质疑一切的习惯表示了怀疑。质疑只有在不导致破坏仪轨的情况下才是好习惯,在她看来,质疑已不是什么好事。她对质疑的习惯深信不疑,直到她亲眼看到这一习惯在自己孩子身上的"报应"。这使她越来越相信一切均有定数。她当然不会完全放弃其质疑的本性,但她不再相信质疑一切不需要付出任何代价。代价就是她自己的孩子对一切"过于怀疑",以及基于此种怀疑所采取的**行动**带来的罪恶。当然,我的意思不是母亲"失去"了我们,只不过是我们不再遵循仪轨让她感到不安,而仪轨对她极为重要。尽管我们兄弟二人和母亲一直保持紧密联系,我们每天都会和她交谈,直到她以九十五岁高龄辞世。但自从我们离开这个"注重仪轨的群体",遵循我们自身的规则,而她仍坚守犹太行为准则时,我们的关系就大不如前了。

我母亲可能不会乐意看到我如何利用她传给我的质疑习惯,但对我而言,这是我人生中最重要的财富,也是我之所以能有所成就的最重要因素。这个习惯当然对我的人生选择产生了重大影响,使我成为一位言论自由捍卫者,为被告辩护,以及从事其他一些不为人理解的事业。谢谢您,母亲!对我曾就读的犹太学校,我也要表示感激,谢谢你们让我成为一个怀疑主义者、质疑者和生活中的斗士。

我母亲的怀疑主义在诸多方面都对我影响不浅,并不仅仅在她为我在学校的"不良"行为声辩的时候。有一件事情我至今记忆犹新。在一个结冰的日子,我和同学们在学校操场玩游戏,我在追一个叫维克托·博特尼克(Victor Botnick)的同学。他滑倒了,脚卡在了门下,试图站起来时把脚扭断了。我被认为是"罪魁祸首",被叫到校长办公室。我母亲也来到了学校。母亲当起了我的辩护人,又是画图,又是讲解,证明博特尼克的脚不是我故意扭断的,而是他自己摔倒后,脚卡在门下,而他又试图站起来,才把脚扭断了。我被宣布"无罪",尽管校长仍对母亲的讲解半信半疑。这是我第一次和"辩护律师"经历对抗程序。当然,我母亲并不是律师。但她对我日后走上辩护律师之路给予了重要启示。对我来说,无罪推定不仅仅是一个理论,我知道我没犯错，但校长却假定我有错。全靠母亲的"代理"才使我免遭开除。

我决定成为刑事辩护律师当然不是因为我长期接触真实犯罪。我们生活的社区，家家夜不闭户，从没听说过暴力犯罪。虽然时有打架，我也参加过，但博罗公园是布鲁克林地区非常安全的社区。

在我搬出父母的公寓几年后，我父母家就遭到入室盗窃。窃贼偷走了犹太人举行仪式的一些物件，比如光明节烛台、安息日用的蜡烛等。母亲给我打电话告诉我家里遭窃时，我的反应是："看吧，犹太人也有当小偷的。"母亲马上反驳道："他们肯定不是犹太人，是以色列人。"在她眼里，真正的犹太人都是正统人士，而以色列人已完全世俗化，属于另一类人。

父亲虽常不在家，但也对我影响颇大。他在下东区有家小店，平时批发一些男士内衣、袜子、工作服，周日零售（周六歇业）。周日我下午一点放学后，有时会去店里帮忙。这是我和他唯一相处沟通的时候，因为他每周工作六天，而周五晚上和周六我们会去教堂，在教堂里我们不能说话。一个星期天，父亲因违反当地的周日歇业法被开罚单。几天后，我和他一起出庭，主审法官是海曼·巴夏（Hyman Barshay）。这是我第一次去真正的法庭。法官问父亲为什么周日仍营业，父亲的回答是，由于他是正统犹太人，周六必须歇业，如果周日也歇业，损失太大，承受不起。法官问道："你周六去教堂？"父亲回答："当然。"法官继续问道："《旧约》里的一周都有哪几天？"父亲准确地回答后，法官撕掉了罚单。如果父亲回答错误，法官可能会加倍罚款。政教分离到此为止。

这不是我唯一的有关宪法第一修正案的经历。我和朋友组建了一个运动社团，其实就是一个犹太人帮派，但我们不干坏事。我们把这个社团命名为"盾牌会"，我们还设计了自己的会服，因为成员之一的朋友父亲开了家运动品店，我们可以从店里批发运动装。这个朋友的名字是"鼻涕虫"切特曼（Chaitman），你们自己猜这个诨名的由来。社团的头儿怀特（Whitey）想让我们看起来更有型，而不是一眼就能看出是犹太人（不管这样好还是不好）。我们选的会服是淡绿色和黑色。我们很想让自己看起来像街头"混混"，尽管其实我们很"尿"。犹太学校发现后，立即禁止我们的着装，因为这与学校倡导的犹太价值观完全相左。好在我们一个成员的家就在学校对面，因此我们上学时穿着学校认可的衣服，一离开学校，我们就跑到这个朋友家，集体换装。我们觉得自己就是超级英雄，但我再也不会跳窗户了。

二十世纪四五十年代的博罗公园不仅是一个宗教社区，也是一个很有意思的地方。与我家相隔两栋房子的地方住着杰克·梅森（Jackie Mason），街角住着埃利奥特·古尔德（Elliott Gould），相隔几个街区，巴迪·哈克特（Buddy Hackett）和我叔叔住同一栋楼。伍迪·艾伦，拉里·戴维（Larry David）和梅尔·布鲁克斯（Mel Brooks）也在邻近的地方长大。

讲笑话成了朋友间一较高下的活动。我们从不知道有谁能真正编一个笑话。每个笑话都是这样开头："我听过一个好笑的笑话"或"你们听过那个关于拉比和农民女儿的笑话吗？"（拉比总会是笑话里取笑的对象！）

我记得听到的第一个笑话就是嘲弄苏联的。当时，苏联想通过向美国大量订购十四英寸的避孕套显示他们比美国人有"长处"。美国给他们按时交付了十四英寸的避孕套，只不过在包装上标注了"中等尺寸"的字样。随着我们长大，讲笑话的本事也越来越大！

我们喜欢的广播节目是《等你来战》（Can You Top This?），职业谐星以笑话比试，听众也可以提供素材。节目中还有专门评判谁的笑话最有趣的"笑度"指数。如果听众提供的笑话把职业谐星比下去，还有现金奖励。同台竞技讲笑话的选手，比如哈里·赫什菲尔德（Harry

Hershfield)和小乔·劳里(Joe Laurie),必须临场发挥,还不能偏离最初的笑话。这些人号称肚中藏有一万五千个笑话,完全可以信手拈来。

我们围着收音机,想要打败这些职业谐星。我们也会把自己编的笑话寄给电台,但从没被选上。[14]

从小在这样一个有趣的环境中长大让我受益匪浅。我将幽默运用在法庭、课堂以及生活的方方面面。整个夏天,最有趣的就是和我朋友哈罗德·拉米斯(Harold Ramis)坐在玛莎葡萄园的奇尔马克商店门廊上,模仿《等你来战》比试笑话。哈罗德随随便便就能讲出一万五千个关于犹太人的笑话!有时,拉里·戴维、泰德·丹森(Ted Danson)、克莱德·菲利普斯(Clyde Phillips)、盖里·佛斯特(Gary Foster)、尼克·史蒂文斯(Nick Stevens)、塞思·迈耶斯(Seth Meyers)或托尼·沙霍布(Tony Shalhoub)也会加入,我从没"打败"过哈罗德,但我的表现也不错。

我的笑话主要是在犹太节日时,在卡茨基尔山度假区打杂时听来的。唯一雇用我的酒店就是大卫王酒店。这个酒店破败不堪,犹太节日刚过,恰好被一把火烧毁了。(我们称之为"犹太闪电"!)对面就是富丽堂皇的布朗酒店,因杰瑞·刘易斯(Jerry Lewis)常常驻场表演而名气很大。附近还有格罗辛格酒店、康科德酒店、库谢尔酒店、总统酒店、内弗勒酒店、塔玛拉克酒店、松景酒店和先锋酒店。我在那儿打棒球,看棒球赛,与卢·戈尔茨坦(Lou Goldstein)玩"西蒙说"的游戏,卢声称发明了这个游戏的成人版。我母亲是这个游戏的高手,因为她找到了击败戈尔茨坦的方法。戈尔茨坦很会通过口头指令愚弄其他玩家。"西蒙说,举起右手",而他同时却举起左手。我母亲的秘诀就是:闭上眼睛,不要被听到的和看到的迷惑。我还偷偷溜进剧院看过艾伦·金(Alan King)、弗雷迪·罗曼(Freddie Roman)、谢琪·格林(Shecky Greene)以及红纽扣(Red Buttons)的表演。这就是能激发荷尔蒙的《等你来战》。另外，那里还有很多女孩。

我要感谢我家附近的犹太教堂帮助我发现了"性"这个奇妙的东西。我深信，一定有神力把教堂的凳子刚好设计到可以在恰当的时机感受到性快感的高度。正统犹太人祷告时，他们会站着前后晃动。当我达到一定身高时，我前面凳子顶部的一道弧形弯曲刚好和我的下体平行。正是在犹太教堂里前后摇晃着祷告使我平生第一次感觉到性的美妙。

虽然我们是正统犹太人，但没人遵守关于性的戒律。我们和别人一样青春萌动，但问题是我们找不到萌动的对象，因为女孩子们简直都完美无缺。快毕业时，我们发现可以乘公共汽车到联合城去看脱衣舞表演，至少看看我们还触摸不到的东西。一天，我们和一个坚持要把亚莫克帽戴在头上的同学去看表演。我们都把帽子塞进了口袋。当然，我们都挤在前排，以获得最佳视角。这时，我们后面一个家伙开始高喊："脱了！脱了！"那个戴帽子的同学以为是让他把帽子摘掉，他冲到那个家伙面前，对他喊道："我就是不脱！"至今，我只要一见到这个同学，就会高喊："脱了！脱了！"他一辈子都忘不了这件事。

我们就读的犹太学校强烈支持犹太复国主义，支持以色列谋求独立，但一些拉比不喜欢戴维·本-古里安（David Ben-Gurion）——以色列的首位领袖，致力于将以色列建设成一个世俗的社会主义民主国家。而这些拉比们想建立一个正统犹太神权政治国家。幸好本-古里安获得了成功。[最近，我得到了他1963年写的一封信，信中坦言以色列社会的宗教因素和世俗因素对每个人的信仰都极为敏感：

> 毫无疑问，笃信宗教人士的感受应该得到尊重，但他们也必须尊重同胞的自由选择，对任何宗教行为的支持或反对都不能强人所难。[15]

这简直就是与杰斐逊或麦迪逊(Madison)的口气如出一辙!]

一天,本-古里安在曼哈顿向一大群支持者发表演讲。我决定逃学去听。当我们被学校发现时,我们告诉拉比,我们要去看布鲁克林道奇队的比赛。如果我们承认是去听无神论者本-古里安演讲,学校对我们的处罚会重得多。

我母亲由于常被老师召到学校,同学们都觉得她在校长办公室工作。一天,我又惹事了。老师将我赶出了我所在的班级,在威胁老师我要跳楼后,我把一个和我衣着类似的假人从楼上扔了下去。[16]校长问我母亲:"我们该怎么处置你儿子?"母亲毫不犹豫地回答道:"我不知道你们会怎么处置他,但他永远都是我儿子。"最终,我因"缺乏尊重"被学校处以停课数周。这几周我都泡在图书馆和博物馆里,发现学到的东西比在校上课多得多。

这不是我最后一次和校长——祖洛夫(Zuroff)拉比打交道。快毕业时,他把我叫到他办公室,给我提出了一些未来的职业建议。"你口才很好,但没有意第绪人的头脑。"其实就是指我没有"犹太人的头脑"——这是一个稍显狭隘的说法,指犹太人天生具有某种特质或能力。[17]他继续说道:"你以后的工作应该充分发挥你的口才,而不是动脑筋。"我问他有没有什么具体的工作可以建议。他回答道:"要么当律师,要么当一个保守的拉比。"(他本人是一个正统拉比,常常看不起那些保守的同事。)为了让我接受他的后一个建议,他敦促培养正统拉比的犹太大学拒绝我的申请,我也确实未被录取。

同学们也认可我的口才,而不是我的头脑。我的第一本中学年鉴起初对我的描写是"拥有韦伯斯特的口才,克莱①的头脑"。(我母亲强烈要求他们删去这句话!)

---

① clay 既可做人名,也指泥土。——译者注

母亲实在没办法,前往纽约市就业局咨询我能干什么工作。祖洛夫拉比的职业建议比纽约市就业局给我的选择好多了。在了解了我高中成绩并给我作了能力倾向测试后,咨询师告诉我母亲,由于我口才不错,可以考虑在广告公司或丧葬服务中心找个工作。母亲问他,我能否做律师,他回答道:"德肖维茨夫人,当律师需要上大学,你儿子根本不是那块料。"

多年后,我在洛杉矶的一次演讲结束后,一位和我差不多年纪的男士问我是否和他的一个叫阿维·德肖维茨(Avi Dershowitz)的中学同学是亲戚。"阿维"是我在中学时用的希伯来小名。上大学后,我就不用这个小名,用我的"真"名——艾伦——但我的老朋友和家人仍叫我"阿维"。

我决定跟这位男士聊聊。我说:"对对对,我们有点关系。"

他问我:"阿维后来怎么样?"

我继续跟他聊道:"我们家族很少谈到他,他混得不好。"

这位男士对我的话毫不惊奇:"我知道他不可能混得好。上学时,他就是个坏孩子。"

对我持批评态度的人肯定会同意我"混得不好",但至少按照客观标准,我已远远超过了我中学老师和校长对我的期望。他们当时都认为我不是"上大学的料"。

除辩论外,中学期间的另一个成功之处是我在初中时进了校篮球队。尽管我从来没进入过首发阵容(除非首发队员生病),但我随全队参加了在麦迪逊花园广场举行的犹太学校联赛的决赛。我和雪城国民队的多尔夫·谢伊斯(Dolph Schayes)共用一个衣柜。当天我们的比赛属于暖场赛,重头戏是他所在的球队和纽约尼克斯队的比赛。和我们对阵的球队中有个比我矮的叫拉尔夫·利夫谢兹(Ralph Lifshitz)的孩子。后来,他想要在时尚行业发展,必须改个姓,利夫谢兹就变成了劳伦(Ralph Lauren)。

我希望能在快毕业时成为首发阵容里的防守队员,但我先在学习"赛场"败下阵来。我的平均成绩没有达到参加校队的 75 分最低要求。

联赛中我们对阵的所有球队都来自犹太中学,但有些学校比我们正统得多。我们打球时都不戴亚莫克帽,但有些对手会戴。他们认为,不戴亚莫克帽,走四步以上都是不恰当的。一次比赛中,对方的一个队员断球成功,直奔篮筐。我一把将他的帽子摘掉,扔在地上,高喊:"你没戴帽子,不能动。"他真的停了下来,直接投篮,没中。我被判一次技术犯规,很值。

篮球不是我们唯一的爱好。我们也喜欢棒球,因为我们学校距埃贝茨棒球场仅数步之遥。上午的课间休息,我们刚好能看到一些棒球球员经过学校前往球场。这些球员待遇不高,往返球场通常都是乘坐公共交通。我们会等着这些球员经过学校前往埃贝茨棒球场。我因此得以认识卡尔·福瑞罗(Carl Furillo)、皮·韦·里斯(Pee Wee Reese)、基尼·赫曼斯基(Gene Hermanski)、吉尔·霍奇斯(Gil Hodges)和拉尔夫·布兰卡(Ralph Branca,他母亲也是犹太人)。[18] 我们心目中的英雄——杰基·罗宾森出于安全考虑,通常乘专车出入球场。

我永远都忘不了杰基·罗宾森在道奇队打的第一场比赛。我们说服了一位在欧洲出生的拉比为他祷告,但没告诉他杰基·罗宾森是谁,否则他绝不会同意为一个棒球运动员祷告。我们甚至给他取了个犹太名。看到他的第一次击球,我们确信祷告起了作用。我有一个活页本,收集了整个中学时期布鲁克林道奇队每个球员的签名。我母亲在我搬出去后,将这个本子连同我收集的签名棒球卡和我的漫画书扔进了垃圾桶。

有个人的签名我当时没拿到,直到多年以后才到手,他就是加盟道奇队后不久便搬到我家附近的桑迪·科法克斯(Sandy Koufax)。他的父亲埃文(Irving)在我家附近的街角开了间小型律师事务所。桑迪是博罗公园最知名的人物。多年后,我妻子卡罗琳(Carolyn)安排已退休在家的科法克斯及其家人到访我在坎布里奇的家,作为我生日的惊喜礼物。我和他一起追忆在博罗公园的日子,但他对我们讲述的他青年时期的辉煌经典故事已没什么反应了。看来记忆需要随时间流逝不断追忆。

中学给我留下的记忆更多的是体育运动,而不是学习,因为我的学习成绩糟糕透了。毕业前那个学期的期中成绩是这样的(我至今保留着成绩单):英语,80;数学,60(F);希伯来语,65;历史,65;物理,60(F)。由于只要两门功课不及格,我就无法毕业,因此最后半学期,我将物理提高到了 65 分的及格成绩(在全州考试得到 89 分);数学提高到 75 分;历史提高到 70 分(其他课程分数没变)。

尽管成绩不好,我仍清楚地记得老师们教的东西,虽然他们教得很差。在完成宗教教育五十年后,我写了本名为《正义之源》(*The Genesis of Justice*)的书[19],以一个世俗律师的视角对《旧约全书》进行了分析。当我把这本书的清样给我叔叔查奇(Zacky)——一位正统拉比——审阅时,他对书中的知识内容赞许有加,但对书中的异教徒观点不敢苟同。他请求我"只改一个词"。我问他:"哪个词?"他说:"封面上的'德肖维茨'。"

在我家,直截了当与其说是礼貌,更是一种德行。打断他人是尊重的表现,意味着:"我懂了,你没必要再讲了。"打断他人的人也不介意自己的讲话被人打断。没有人能完整地说完他想说的话。[20]

我母亲从来信不过那些"过于礼貌"的人。她总说:"你永远搞不清穆里尔(Muriel)在想什么。"穆里尔是住在我家楼上,嫁给我有点粗鲁的赫吉叔叔,对人特别有礼貌的婶婶。赫吉叔叔从来都认为他的想法绝对正确。

在我开始教书后,一些较"正常"的学生对我时不时打断他人感到不适,直到我让他们明白,被人打断其实是一种表扬,说明打断你的人已明白了你想表达的意思。一些电视观众也就我喜好打断电视上反对我的人写信给我。其实,这只是我的个人行事风格,并非粗鲁不恭,可总有人分不清两者的区别。

早年宗教学校的学习经历给我的另一个好处是记忆力,让我在后来的职业生涯受益匪浅。我母亲记性极好,几乎过目不忘。(可能纯属天性,而非后天养成。)她对年轻时的事情如数家珍。即便年逾八旬,她还能在地铁上看到某人后,走过去问:"你是米尔德丽德·科恩(Mildred Cohen)吗?我们好像读六年级时同班。"她没弄错。至今她都记得三四年级老师教她的每个字。只要她学过的曲子,她就不会忘,即便她从没听过音乐会,成年后也从不听唱片。她还能全文背诵小学时学过的长诗。更令人惊奇的是,她能记得一整场拉丁弥撒,那是她上学时一位天主教公立学校老师为使移民的孩子归化美国而强迫她们背诵的。母亲对这个弥撒的意思一无所知,但一边哼着教堂学来的小曲,一边重复着拉丁语的几个词,成了她最放松的活动。她记得听过、读过或见闻过的每样东西。有这样一个记性绝佳的妈妈对我而言不是什么好事,因为我干过太多希望她忘掉的事情。

除了记性好,我母亲在很多方面都是厉害角色。她看人很准,如果能多活几年,一定会成为优秀的律师或商界精英。然而,由于时运欠佳,缺少机会,她的才华被完全湮没。她只有把生活的希望完全寄托在子女身上,子女们总算有了她没有的机会。

> **科林·鲍威尔(Colin Powell)会说意第绪语吗?**
>
> 我母亲曾陪我参加过科林·鲍威尔和我同时被授予荣誉的一个典礼。她走向将军说:"有人说你会说意第绪语。"鲍威尔很正式地回答道:"夫人,很抱歉,我不会说意第绪语。"然后他伸出手臂,搂着我母亲,对着她耳朵小声说了句意第绪语"*Epis a bissle*",意思是"只会一点"。然后,他向母亲解释,年轻时他曾在哈莱姆的一家犹太人开的家具店工作,老板教了他一些简单的词汇,以应对说意第绪语的客人。母亲很惊讶,认为他是"一位真君子"。

尽管我母亲生不逢时,但她和当时的很多犹太母亲一样,撑起了整个家庭。有个犹太笑话,一个孩子告诉他的犹太母亲,他要在学校参演一个剧,扮演的角色是一位犹太父亲。孩子的母亲失望地说:"真糟糕,他们给了你一个不说话的角色。"左邻右舍的女人们比起他们在外打拼的丈夫来,更直率,更自信,通常更有文化。我母亲在家里也是这样,尽管父亲总是更积极主动。母亲的记性简直太好了!

我的记性也很好,在我参加大学辩论赛时,我发现我从母亲那儿遗传了这一特别的"才能"。辩论赛总在周六举行。我求父母让我参加,并保证一定会进行祷告。在我答应安息日不动笔后,他们才勉强同意。母亲告诉我,你根本用不着动笔,因为你不用动笔记录也比那些动笔记录的人记得多。("我们家的人记性都好。")我半信半疑,结果确实如此。我成了最佳辩手,队友们惊奇地发现,我手无纸笔,却能在回应对方时完整地背出对方说的每一句话。我这才发现记性好是多么重要的天赋。后来在大学和法学院学习时我从不做笔记,这使我全身心听讲,而且比那些忙着记笔记的同学学得更快。他们好像认为只要记下来就能弄懂似的。今天我也很少记笔记，即使在法庭也是如此，但对新信息的记忆明显远不如从前了。

> **记性**
>
> 　　最近，我妻子在看了电影《成事在人》（Invictus）后，问我影片名是否取自某首诗的名字。她认为应该是某位著名诗人的作品，比如拜伦（Byron）或雪莱（Shelley）。我不假思索地说了个名字"亨里"（Henley）。她问："亨里是谁？"我说："我也想不起来了，但'Invictus'是英国诗人亨里的作品。"她在谷歌上查询，这首诗确实出自一位维多利亚时期名为威廉·厄内斯特·亨里（1849—1903 年）的诗人之手。他的名字进入我脑海还是六十年前。读中学时，英语课老师要求我们记住读过的所有诗歌作品和诗人的名字。
>
> 　　几年前，我在坎布里奇的史蒂夫冰淇淋店着实让孩子们吃了一惊。这家店规定，谁能回答出"打破砂锅问到底"（一种问答游戏）的问题，就可免费享用该店的冰淇淋。有一个问题很多人都没回答上，"独行侠姓什么？"我毫不犹豫地回答"里德"（Reed）。我还补充道，里德也是青蜂侠的姓，而且根据我五十多年前读过的漫画"原著"，独行侠和青蜂侠还是表亲。

上初中时，由于记性好，我参加了一档电视节目的面试，节目名是《答对问题赢大奖》（The ＄64,000 Question）。但我没通过性格测试环节，未能真正参加这个节目。这反倒是件好事，后来发现这档节目有"黑幕"。[21]遗传自"母亲的记性"在我做律师、当老师，以及讲笑话时用处极大。（牢记每个我听过的笑话也有不好的一面，我很少能真正听到一个"新"笑话。）我还清楚地记得我读过的每一个案例，案例中的每个事实,以及我学过的每个法律原则。我试图让我的学生也拥有好的记性,而非完全依靠笔记,鼓励他们学会边听边记,因为这个能力不管是在法庭上,还是在其他职业场合都至关重要。

年少时,我的好记性多半都毫无用武之地,没什么东西值得记住。如果我们能记住宗教典籍中的文章,就可以得到二十五美分的奖励;如果能(用心)背诵圣经中的整个章节,就可以得到一美元的奖励(什么叫"用心"?)。我的好记性在我年少时只有一次给我带来了好处,那就是在我参加受诫礼的时候。"成人"之前,我几乎没什么长处。体育可以,但不出色;社交可以,但朋友也不多;学习和举止更是糟透了。但我的受诫礼却非常完美。我一字不落地朗诵了犹太圣经里的"法官和治安官"[22]部分,一时引起左邻右舍议论纷纷。但一个月后,我朋友杰瑞(Jerry,现在是一位出色的拉比)在同一个教堂也朗诵了犹太圣经。他表现差极了,接二连三地出错,颂唱时也走调了。然后拉比开始训话。他觉得杰瑞表现不好,为了表达安慰,他提到了"另一个参加受诫礼的男孩",虽然朗诵得很好,但一定不会成为像杰瑞一样好的学生或大人。"我们不凭哪个男孩的声音或他的记性评判,更重要的是理解朗诵的内容并贯彻到日常生活之中。"这样说无异于打我的脸,而且参加受诫礼的人们也这么认为。拉比的话深深刺激了我,使我坚信我在宗教人士眼中一无是处。即便我能做好什么事,他们也不会对我表示丝毫赞许。

几年后读高中时,我又一次有了类似的经历。我特别感兴趣的一门课是历史,老师年轻有活力。我少见地努力学习,在全州统考中得了88分。然而,熟知我"中等名声"的老师在告诉我分数时说:"别太在意这个分数。你就是个只能考75分的学生,不管你多努力,你也只是一个75分的学生。"(他给我的分数是70分,而不是州统考的88分。)两个原因导致他预言成真。第一,所有老师都这么认为。第二,我也深信不疑,因而不再学习,因为我不用怎么努力就能考到70多分,如果努力也没什么提高,何不把更多的时间花在我喜欢的事情上呢?比如打球、讲笑话、追女孩子和到处惹事。

44 我还喜欢辩论和公共演讲。上初中时我就参加了全美演讲锦标赛。我演讲的主题是亚伯拉罕·林肯(Abraham Lincoln),我在公共图书馆查阅了他的生平。我自己写了篇十分钟的讲稿,并牢记在心。我母亲带我去了一个邻居开的小型录音棚,将我的演讲制作成一张唱片,最近我在母亲的遗物中发现了这张唱片。邻居是一位半身不遂的伤兵,靠这间小录音棚谋生。当我再次听到这篇演讲,我发现尽管我有浓重的布鲁克林口音,但这应该算是十五岁初中生所能写出的调查全面且有一定深度的演讲稿。部分摘录如下:

> 当我们遥望历史,掩卷沉思,发现许多先辈为我们的民主制度和强国地位付出了代价。有一位语调温和的绅士为我们确立并维护了至今彪炳自由世界信条的基本原则……众多先贤也难掩其夺目光辉。这个人就是亚伯拉罕·林肯。他向全世界宣布,任何人,无论种族、肤色或信仰,都不应受他人的臆想左右。
>
> 在前往葛底斯堡的路上……尽显林肯对其国民的爱戴。卡尔·桑德伯格曾忆及,林肯在与一位高级官员谈论重要事务时,一位老者礼貌地上前,告诉总统他唯一的儿子最近牺牲在了葛底斯堡。亚伯拉罕·林肯马上转身,努力让这位面露困惑的父亲明白,他儿子的伟大牺牲不会白费。他告诉这位普通人,在这场可怕的内乱结束前,还会有人牺牲,还会有人失去家园。说到此处,亚伯拉罕·林肯掩面哭泣,为他深爱的国民为国捐躯而泣,为面前这位老者及他牺牲的儿子而泣。堂堂美国总统,当时最具影响力的政治人物,为他从未谋面的阵亡普通士兵而大放悲声。

> 最终,他的努力没有白费。南方溃败。但仅仅过了七天,伟人不再……是的,亚伯拉罕·林肯已逝,但在他挽救的联邦人民心中,永垂不朽。

尽管我最终荣获全纽约市犹太中学演讲比赛第二名,但没有一个老师表扬我。在他们眼中,我永远是一个"只能考75分,夸夸其谈的学生"。

直到初中的某一年夏天,一位权威人士——营地戏剧指导伊兹·格林伯格(Yitz Greenberg,现在也是一名出色的拉比)——终于告诉我,我不是"只能考75分的学生"。他安排我在营地出演一个复杂的角色:西哈诺·德·贝热拉克(Cyrano de Bergerac,大鼻子情圣)。我把台词记得滚瓜烂熟,演得很好(可能我的大鼻子也有所帮助)。演出结束后,伊兹搂着我说:"你真聪明。"我回答道:"不,我只不过记性好而已。"他坚持认为,我可不只是记性好,还告诉我以后可以当一名出色的律师。出于对他的尊重,我相信了他的话。这是我人生中的重要时刻,我终身心存感激。父母虽然对我疼爱有加,但从没说我聪明,因为他们对老师的话深信不疑,而且对我的成绩也心知肚明。我的八年级老师基安(Kien)先生曾说过我很聪明,但他三十年前也是我父亲的老师,因此我觉得他的话不可信。我需要一位和我家没有任何关系的权威人士说我聪明,伊兹就是这个人。他鼓励我看喜欢的书,扩展兴趣面。上高中后,我就按他说的做了。

尽管我的中学生涯不甚"光彩",伊兹的话让我考虑继续上大学。父亲认为我应该找份工作,利用晚上的时间学习,而母亲认为我应该上大学,因为她没这样的机会。她想让我像我的高中同学们那样申请犹太大学,但我的成绩和表现使我未被录取。母亲帮我填了布鲁克林学院的申请表,虽然她后来后悔让我上了所世俗学校,她认为这是我不再严格遵循犹太规则的始作俑者。而我想申请曼哈顿城市大学,因为我最好的朋友诺曼·索恩(Norman Sohn)要上这个学校,但我父母不同意我上一所"外地大学"。

布鲁克林学院属于纽约城市大学体系,学术专业很强,但社会活动和体育运动方面一般。该校对所有纽约市民免费,而且只要高中平均分达到一定标准,即可自动被该校录取。申请该校的分数男女有别。男生只要达到82分或83分的平均分就可被录取,而女生需要达到86分或87分。放在今天一定会吃官司!之所以会有区别是由于校方想要维持"性别平衡",如果对男女生要求一致,学校肯定会是女生的天下。[23]

我的平均分远未达到82分,幸运的是,学校也给未达到这一标准的申请者准备了一场考试。我顺利通过了考试,被该校录取。

我还得到了纽约州的大学奖学金一千四百美元资助我上大学。(我将奖学金存在一个有利息的银行账户,靠这笔钱付了法学院的第一年学费。)州奖学金完全按照一次竞争激烈的考试成绩评定。各个中学都以本校获得该奖学金的人数为荣。学校之间的比拼就看获得奖学金的学生人数和参加考试的学生人数的比率。我所在的中学极想获得好成绩,因此学校将参加该考试的学生限制在了平均分80分以上的学生。我当然达不到这个标准,但我知道如果参加这个非本校教师阅卷的全州统考,我的成绩不会很差。因此,我请求校长同意我参加考试。校长断然拒绝,认为我不可能赢得奖学金,而且我参加考试会拉低学校的平均成绩。对校长的回答,我非常不满,向考试的主办机构提出了请求,这成为我人生中提出的诸多请求中的头一个。让人们吃惊的是,主办机构同意了我的请求,下令学校同意我和所有其他同学一道参加考试。结果,在四十五个获得奖学金的同学中,只有我和另一个同学平时的平均成绩在80分以下。校长的第一反应就是我作弊了,但在查验了座位安排后,发现我身边的同学没有一个获得奖学金。我成功地进入了布鲁克林学院,还获得了奖学金。不管是在学业上、职业上、宗教上,还是在人生上,这都是一个转折点。

几年前,《纽约时报杂志》(New York Times Magazine)请我为该杂志《关于男人》栏目撰稿,回忆我的青春年华。[24]文中我对二十世纪五十年代是这样怀旧的:

> 老式雪佛兰和雷鸟的拙劣模仿,昂贵的小型自动点唱机播放着"整夜摇滚",任何使人回想到1955年布鲁克林道奇队荣获世界冠军的东西,情景电视剧反复重播,我讨厌的表演再一次流行起来。

然后,我发现不对劲,十五岁以前我的生活一团糟,充满着疑惑迷茫和难以启齿的经历。比如:

> 正值毕业季,女生们组织了一个三人小组,男生想和女生约会,需向这个小组提出申请。我看上了一位来自邻近街区的漂亮金发女孩(我希望我俩的距离能让她对我在家长们心目中的"形象"一无所知)。当我向三人小组怯生生地说出"凯伦",三个女生大笑起来,其中一个对我进行了残酷的训斥。"你难道不知道凯伦属于成绩为A的女生,而你只有C吗?你只能从成绩为C或D的女生中选。"知道还有人成绩在我之下让我长舒一口气,但也让我对我的成绩带给我的影响感到尤为震惊。

二十世纪五十年代早期——我的中学时代——并不是我最美好的回忆。但这段时间和其他阶段一样对我影响颇大,尽管我的变化都是在被动的情况下发生的。我常常忆及这段日子。我妻子是位心理学家。她认为我之所以对青春年少如此怀旧是由于我很想"重活"一遍那段时光,重新获得青春活力,并以更有效的方式加以利用。或者也许是由于我现在能够"重回"那段岁月,但不会再像当时那样痛苦不堪,迷茫无助。我也说不清。但我可以确定,十岁至十五岁的经历为我十六岁至二十岁的大学生活打下了坚实的基础。

我要证明我自己,而且是改头换面地证明自己。

我父母希望我的大学平均成绩能到B,这个成绩在"分数虚高"之前已经相当不错了。他们不想让我的成绩到A,因为那样的话,会被留校任教。他们也不想我的成绩像中学一样保持在C。但我总无法让他们满意。我的成绩全部是A,几乎没得到过B。我在大学如鱼得水,而且我所做的和在中学读书时几乎没什么区别。我在犹太中学被处罚的原因在布鲁克林学院却得到人们的赞许和欣赏。每次只要我在中学宗教课上"突发奇想",拉比们都会说:"如果你的想法很好,那些比你聪明得多的古代拉比早就会提出来了。如果那些比你聪明得多的拉比们没有提出这个想法,这个想法一定没什么用。"到此为止。大学可就大不一样。

第二章
我的世俗教育

布鲁克林和耶鲁

最近,一本传记以略带夸张的笔触对我大学生活的开始进行了如下描述:"就像地震一样,毫无预兆但威力巨大,艾伦·德肖维茨……跌跌撞撞地进了布鲁克林学院。这位最受尊敬的律师似乎在进入大学的那天获得了重生。"[1]有一定道理。我对布鲁克林学院的一切都爱不释手。学校位于内城的校园就是福莱特布什"沙漠"中的一片绿意盎然的"绿洲"。虽然从博罗公园到学校只有一小时路程,但对我而言,不管是学识上还是感情上,这个距离与坎布里奇、纽黑文或帕洛阿尔托一样遥远。学校的老师们个个都非等闲之辈,许多后来都去了著名大学任教。虽然多数学生是犹太人,但正统人士很少,让我看到了各式各样的同学。从教室到餐厅,随处可以听到人们的辩论声。没人在乎犹太禁忌。人们思想开放,百花争鸣(除了共产主义思想;空气中仍能嗅到麦卡锡主义的味道)。

我可以尽情地大胆思考并将所思所想付诸文字。但行为举止上,我仍是一个正统犹太人,我不沾毒品和酒精。

我和朋友们为仍和父母共住的学生组建了一个团体,我们称之为"骑士之家",我们还有拉丁口号——"*Semil equis satis*",意思是"生为骑士,别无所求"。由于我们都是正统犹太人,我们不能参加周五晚上的聚会,我们"骑士之家"就在周六晚举行聚会。我们极力扭转人们对正统犹太人软弱可欺的成见,注重体育锻炼,在多项体育比赛中都名列前茅。(我至今仍保留报道我们团体赢得比赛的新闻剪报:骑士队夺冠——艾伦·德肖维茨率骑士队胜出,净胜两分。)

大一时,我们"骑士之家"的成员集体去了趟首都华盛顿。当时正值沙特阿拉伯国王对美国进行国事访问,首都重要地段都挂着沙特阿拉伯的绿色国旗。当我看到林肯纪念堂居然也挂着这个施行奴隶制的独裁国家国旗,我将一面国旗撕了下来,公园警察立即控制了我。然而,那个控制我的警察的上司对我表示了同情,释放了我,但警告我道:"下次你把这些讨厌的旗子撕下来时,别让人看见。"

快毕业时,我们决定是时候成为"男人"了。我们打听到,圣诞节期间去哈瓦那旅游有折扣。我们一起驾车到了佛罗里达,花了五十九美元买了张去哈瓦那的往返票。我们手头有一家专门将男孩变成男人的旅馆名字。我们本计划1959年新年前奔赴哈瓦那,但一个叫菲德尔(Fidel)的满脸胡须的男人先"攻占"了哈瓦那,我们没有成行。[2]

多数时候我学习都很努力,平均成绩都是A,还进了优等生协会,获得了辩论赛冠军,当选为学生会主席和辩论队队长。我如饥似渴地饱览群书:文学类(陀思妥耶夫斯基、莎士比亚、贝娄);哲学类(康德、亚里士多德、柏拉图、尼采);历史类(丘吉尔、伍德沃德、施莱辛格)。我喜欢和老师们争论。我喜欢的老师之一约翰·霍普·富兰克林(John Hope Franklin)是第一位被历史上非黑人大学任命为系主任的非洲裔美国人。我们结下了深厚的友谊,并一起共事,直到他去世。

另一位我喜欢的老师是教哲学的约翰·霍斯珀斯(John Hospers),他极为擅长使用苏格拉底教学法。他是个自由主义者,钟爱的作家是安·兰德(Ayn Rand)。在离开布鲁克林学院前往西海岸任教后,霍斯珀斯帮助创建了自由党,并成为该党提名的候选人参选美国总统。

在担任学生会主席期间,我与学校校长哈里·吉迪恩斯(Harry Gideonse)发生了一次冲突。哈里·吉迪恩斯是一位来自中西部的保守人士,出任校长的任务就是"清理"这所已变成"小型红色学校"的大学。已有好几位教授因其"红色"倾向而遭解聘,我则极力抗争这种后麦卡锡时代的清洗。另一边的领头者是研究罗曼语的尤金·斯卡利亚(Eugene Scalia)教授,一位优雅聪明的保守人士,他儿子安东宁·斯卡利亚继承了他的意识形态传统。

尽管我和校长发生了冲突,学校仍提名我为罗德奖学金获得者。[3]但当时,来自布鲁克林的犹太男孩(只有男生才可获提名)都选不上,尽管我成绩优异,体育比赛获奖,还是学生领袖,但我连面试机会都没得到。三十多年后,布鲁克林学院才出现了一位荣获罗德奖学金的学生。[4]

由于大学各方面表现优异,我申请的所有法学院都录取了我。我选择了耶鲁,很让母亲遗憾。[5]当人们问她我去了哪个法学院,她的回答是:"哈佛录取了他,可他去了耶鲁。"

从布鲁克林学院毕业后不久,我就和我女朋友结婚了。我和她在犹太夏令营相遇,这个夏令营成就了很多夫妻。我还没满二十一岁。(我父母必须在我的结婚申请上签字。)苏(Sue)只有十九岁。只有我结婚后,母亲才同意我就读"外地"的法学院,因为她担心我会遇到"不合适的女孩"。虽然我已成婚,但我们住的地方仍由父母选择,确保我们住在正统犹太区,拉比"可以看着我们"。婚后一年,苏怀上了我们的第一个孩子埃隆(Elon)。

由于我已有家室,所以很少参加耶鲁的社交活动。我和其他已婚同学一起吃我们的妻子为我们准备的三明治午餐。[一位同学的妻子是玛莎·斯图尔特(Martha Stewart),她做的三明治棒极了。]然而,耶鲁法学院的学术优势也让我深深折服。第一学期,我就遇到了圭多·

卡拉布雷西（Guido Calabresi）教授。当时他也是初执教鞭，看起来更像个学生，但他是位出色的老师。我的第一个书面作业只得了个D，这让老师认为我可能不适合学习法律。我失望至极。但当晚卡拉布雷西教授给我打电话，跟我说我的文章虽然写得不好，但却是全班最有特点的文章。"你写的东西读起来就像是你在和布鲁克林的朋友们聊天。"整个学期他都在帮我提高写作。

当我告诉母亲学校里最出色的老师叫圭多·卡拉布雷西，她立即问道："他是不是意大利裔犹太人？"我回答道："妈妈，不是所有的聪明人都是犹太人。"她看着我的表情似乎在说："你等着瞧吧。"后来，当我得知他事实上是意大利著名的费尼兹-康提尼犹太家族后裔时[6]，我没有告诉母亲，让她对自己的断言得意——至少她对卡拉布雷西的断言是正确的。

冻舌

一次，我从布鲁克林父母家返回纽黑文的学校。母亲和往常一样给我准备些食物。那天母亲让我带回学校的是一根冻舌。我下了地铁走向火车站时，一个男子一把抓走我的箱子，并开始对我拳打脚踢。我用冻舌猛击他的膝盖，将他打倒在地，抓起箱子，夺路而逃。如果没有那根冻得硬邦邦的舌头，还不知道会发生什么呢。

这件事是我在看希区柯克（Alfred Hitchcock）的一部电影时想起来的。片中一个妻子用一根冰冻的羊腿猛击丈夫头部，致其死亡。警察到她家寻找凶器，这个妻子用羊腿招待了这位警察，警察就这么把关键证物吃掉了。我也把我的"武器"吃掉了。

我的一位老师叫阿贝·戈尔茨坦(Abe Goldstein),他在我家附近的威廉斯堡长大。我们班有很多名人之后:小威廉·布伦南(William Brennan, Jr.,法官之子);首席大法官沃伦(Warren)的一个孙子;塔夫脱(Taft)总统的一位后人;约翰·马歇尔(John Marshall)的后人等。当阿贝·戈尔茨坦叫这些人的名字时,他有意不提这些人的显耀家世。但当他走到我面前时,他说:"德肖维茨,来自著名的德肖维茨家族?"全班大笑。起初,我以为他在取笑我,但他解释道,德肖维茨这个名字在威廉斯堡响当当。

这可不是我被耶鲁同学取笑的唯一时刻。在我第一次被叫起来背诵一个案例时,我可以听到有人对我浓重的布鲁克林口音窃笑,就像他们嘲笑我没穿过私立高中校服,没有裤兜挂着优等生印章的百慕大短裤一样。

不修边幅使我在申请第一份教职时就碰了壁。在耶鲁法学院读一年级时,我申请了一份纽黑文师范学院政治学课程教学助理的工作。该校校长有权决定是否录用我。我记得面试那天在下雨,校长一看到我鞋上的泥浆,就说我不适合这份工作。这是我申请教职被拒的第一次,也是最后一次。

所有耶鲁大学法学院的一年级学生都要参加模拟法庭竞赛。我的对手是塔夫脱,最显赫的美国名字之一。我母亲深信我不可能与塔夫脱竞争。为了表示支持,她和我父亲专程到学校给我加油。当母亲告诉我祖母我战胜了塔夫脱时,祖母说:"塔夫脱?这个名字真有意思。我想知道这个名字怎么改过来的。"在我生活的地方,许多看起来很短的名字,就像很多短鼻子一样,曾经很长。

就读法学院二年级时,我当选《耶鲁法学杂志》(*Yale Law Journal*)主编。我是第一个就任这一职位的正统犹太人,因此有人怀疑我这个一周只工作六天的人如何胜任这个一周工作七天的工作。年底时,我的编辑同仁们送给我一本他们仿制的法学杂志,每六页就有一页空白。

耶鲁法学院是一家以能力为衡量标准的机构,只要有才华,无论家族背景如何,都能脱颖而出。我在班上排名第一,但这还不够赢得华尔街那些律师事务所的垂青。二年级时,我向三十几个那样的律所投了申请,希望获得一份暑期工作,但没有一家录用我。沙利文和克伦威尔律师事务所(Sullivan & Cromwell)的人事总监看了我的成绩单,除了合同法是 C 外,全是 A。(我对合同法教授非常不满,立即选修了他讲授的高级合同法课程,得到 A。)那位总监将我的成绩单扔到一边,"我们不录用成绩为 C 的学生"。多年后,在一次耶鲁同学会上,他走过来告诉我,当年他没录用我,其实是让我免受了一次糟糕经历。他其实也是犹太人,只不过律所里没人知道。他觉得我肯定不习惯律所里的"文化"。然而,没过几年,那家律所和许多华尔街律所一样聘用了大量犹太律师和合伙人。[7](二十世纪七十年代末,我控告了一家曾拒绝聘用我的律师事务所,理由是该所拒绝将一位意大利裔美国律师提升为合伙人。我赢得了这场官司,判决明确规定法律禁止升职歧视。)[8]

在遭到华尔街律所的拒绝后,我去见了耶鲁法学院院长尤金·罗斯托(Eugene Rostow)。罗斯托院长也是犹太人,但他却曾在一家华尔街律所工作过。因此,人们称他为"杰出的犹太院长"。他向我解释,东欧犹太人被华尔街律所录用并非完全不可能,他们很重视"外表"。他还告诉我要"像犹太人一样思考,但穿戴要像英国绅士"。他从院长基金中给了我一百美元让我买身"像样的面试西装"。我买了一件有铜扣的蓝色上装、一根条纹领带和一双皮鞋。但我祖母却说:"照样没用。"确实如此,不管我穿什么衣服,还是没有华尔街律所录用我。

我收到的两份录用通知,都来自犹太人开办的律所,但其中一家甚至因我的宗教信仰歧视我。保罗、韦斯、里夫金、沃顿和加里森律师事务所(Paul, Weiss, Rifkin, Wharton, and Garrison)同意给我这份暑期工作,周薪一百美元。(至今我仍留着这封信!)我接受了这份工作,但回信告诉他们周六我不能工作。他们告诉我回纽约时跟几位合伙人面谈。我见到了这家律所的主力"造雨人"西蒙·里夫金(Simon Rifkin),一位优秀的犹太人,在众多犹太组织中极为活跃。他告诉我,他很高兴能与我在律所共事,但问我为何周六无法工作。当我告诉他,我要遵守犹太人的周六安息日习惯时,他说:"那可不行,我们这里不兴这一套。我还以为是因为你这个暑期不方便。我需要的是一周七天都可以连轴转的律师。"随后,我又接受了另一家犹太律所的工作,凯、肖勒、法尔曼、海斯和汉德勒律师事务所(Kaye, Scholer, Fierman, Hays, and Handler)。他们完全接受我遵守周六安息日的要求。这家律所的大牌"造雨人"是米尔顿·汉德勒(Milton Handler),他成天忙着见当事人,要么就是叫律师开车送他回家,要么就是和他一起去哥伦比亚大学,他要在那儿讲课。一天,他秘书给我电话,说他想和我在一个地方会面。我到了那个地方后,他的私人理发师正在为他理发。我坐在他身边,他一边理发,一边向我口述工作安排。这比让助理和他一起边洗澡边谈工作的林登·约翰逊(Lyndon Johnson)总统好多了。

在这家律所工作时,我曾和两位合伙人在一家高档私人会所共进午餐。尽管我已二十二岁,但在外吃饭都是在小食店。当服务生在我膝盖上放餐巾时,我都不知道这是干什么用的。我把餐巾卷起来塞进领子保护我的新领带。一位合伙人一把拽了下来:"年轻人,这儿可不是理发店。"

在法学院就读时,我养成了写学术论文的喜好。在布鲁克林学院时,我曾写过一篇关于宪法第五修正案规定的不得自证其罪的论文。文中,我探究了这一权利的历史、政策和具体适用,特别是在立法调查的背景下。当时,关于第五修正案的范围争议极大,证人被迫供认,否则就会被打上"第五修正案共产主义者"的标签。我指出,这一权利已"因时过境迁、需求变化而有所改变",并得出结论:尽管我们"援引的仍是同一个宪法条款,但我们面对的是一个全新的因而也是不为我们所知的权利"。[9](我在后来的写作中重提宪法变化这一主题,并最终写了一本关于宪法第五修正案的专著。[10])

我在《耶鲁法学杂志》发表了两篇论文,一篇涉及谋杀未遂[11],一篇涉及公司犯罪[12]。这两篇文章引起了耶鲁法学院和哈佛法学院的关注。两所学校都将我视为他们招募教师的对象。

对我的法律思想影响最大的是讲授刑法的约瑟夫·戈尔茨坦(Joseph Goldstein)教授。但他并没教什么法律,他的角色是让学生们质疑一切,并对每一项法律原则进行反思。有些学生不喜欢他的课,因为他并不讲授法律。戈尔茨坦教授没有通过律师考试,从未执业,但我很喜欢他的课,并深受他的影响。他的法律思想与犹太宗教学校里的拉比老师们截然不同,后者只要求全盘接受前人论述。

另一位对我影响颇大的是讲授宪法的亚历山大·比克尔(Alexander Bickel)。他使用政治视角和整体结构视角看待我们的宪法,而且还有一套虽不完美但前后一致的宪法解释理论。这些良师都拒绝对法律打上开明或保守的常规标签。

对我职业选择影响最大的是特尔福德·泰勒(Telford Taylor)教授,他将鲜活的宪法法律实践与教学和著述进行了有机结合。尽管我和他的成长背景完全不同,他是高大优雅的白种盎格鲁-撒克逊新教徒,曾在军队服役,官至将军,曾是纽伦堡审判的主控官,永远西装革履,笑容可掬。但我们又有很多共同点,并成了亲密朋友和同事。我曾有意将他作为我的职业典范(除了军队经历)。

肯尼迪当选总统后不久,传言泰勒将出任中情局局长。他曾私下悄悄问我,如果他被任命,我是否愿意跟他一同前往华盛顿,出任他的行政助理。我告诉他会考虑这一机会。后来,考虑到泰勒太过开明,肯尼迪总统任命了其他人。多年后,泰勒和我谈到,当初我们如果都去了中情局,命运将会大不一样。

特尔福德·泰勒在我二年级时给了我另一个机会。有人请他去耶路撒冷参加对阿道夫·艾希曼(Adolf Eichmann)的审判直播。他想让我作为他的研究助理和翻译一同前往。但我刚当选《耶鲁法学杂志》的主编,不便前往。我拒绝了他的邀请,但始终对错过这一重要历史事件感到遗憾。(多年后,我旁听了对纳粹战犯约翰·德米扬鲁克的审判。[13])

法学院的学习也使我对法律和其他学科的关系产生了浓厚的兴趣,比如经济学和科学,既包括自然科学,也包括社会科学。我曾作为研究助理参与了卡拉布雷西教授划时代意义的法律与经济学论文的撰写[14],以及戈尔茨坦教授和卡茨(Jay Katz)教授对法律和精神病学的著述。[15]后来,我与两位教授合著了一本名为《精神分析、精神病学和法律》(*Psychoanalysis, Psychiatry and the Law*)的著作。[16]我还与特尔福德·泰勒教授合著了一本书,并与他共同完成了几个人权项目[17],与比克尔教授合办了一些宪法案件。

在法学院学习期间,我对民权的兴趣也与日俱增。老师中有几位积极参与了一些案件的诉讼,试图质疑吉姆·克劳法①。大学读书时我就加入了全美有色人种协进会(NAACP),并参与了前往华盛顿的公车抗议。法学院二年级时,路易斯·波拉克(Louis Pollak)教授安排我前往华盛顿的霍华德大学,接受南方民权观察员培训。全家对我去南方担心不已,而我毫发无损地回来,但从此对种族隔离深恶痛绝。

---

① 吉姆·克劳法(Jim Crow laws),泛指1876年至1965年间美国南部各州以及边境各州对有色人种(主要针对非洲裔美国人,但同时也包含其他族群)实行种族隔离制度的法律。——译者注

肯尼迪总统出席了我们的法学院毕业典礼并致辞。他借此机会发表了著名的论断,充分利用两个重要资源:哈佛的教育和耶鲁的学位。[18]我一岁的儿子埃隆也参加了我的毕业典礼。肯尼迪讲话时,他突然大哭起来。纽黑文当地的一家电视台拍下了他大哭的画面,画外音配的是:耶鲁永远都是一个支持共和党的学校。(我相信埃隆从未投票支持过共和党。)

在以优异的成绩完成耶鲁法学院的学业后,我蓄势待发,跃跃欲试,将要进入我人生的下一个阶段——首都的法官助理。

第三章
法官助理
贝兹伦法官和戈德堡法官

上诉法院法官助理,特别是最高法院大法官助理,是法学院毕业生梦寐以求的职位。今天的一些律所纷纷开出高额签约奖金——甚至高达二十八万美元——招聘最高法院大法官助理。[1]我们那个时候担任最高法院大法官助理更看重的是名望。1962年,最高法院有十八位助理为九位大法官服务。首席大法官有三位助理,其他大法官每人两位助理,但道格拉斯(Douglas)大法官很少使用助理,他只有一位助理。现在的最高法院每位大法官都有四位助理,首席大法官可以有五位助理。

对这些梦寐以求职位的竞争从来都极为激烈。虽然所有法学院毕业生都可申请,但其实只有一小部分精英法学院的毕业生才能最后胜出。(可能是由于这些大法官本人就出自这些顶尖法学院。今天的最高法院大法官中有五位毕业于哈佛,三位毕业于耶鲁,还有一位在哈佛学习了两年,最终却从哥伦比亚大学法学院毕业。)一些法官助理的职位只为那些达到某些标准的人保留。布伦南(Brennan)大法官和法兰克福特(Frankfurter)大法官只从哈佛遴选法官助理。哈伦(Harlan)大法官通常仅在哈佛和哥伦比亚大学遴选。道格拉斯大法官喜欢来自西海岸的毕业生。布莱克大法官则青睐会打网球的南方"帅哥",但也会接受耶鲁某些教授的推荐。首席大法官沃伦喜欢的则是"见面熟"的运动员！克拉克(Clark)大法官倾向于选得州人。戈德堡(Goldberg)大法官(我毕业后不久,他接替法兰克福特大法官)希望有一个法官助理跟芝加哥有联系。

这些条件我一个都不符合,除了我是白人男性——所有助理都是白人男性。这意味着我必须和三到四拨人竞争。最有可能聘用我的是布莱克大法官,因为圭多·卡拉布雷西曾是他上一任助理,而且推荐了我。但有一个问题,我曾与一位和布莱克大法官亲近的耶鲁法学院教授不和。弗雷德·罗德尔(Fred Rodell)可称得上是位离经叛道者。(有传言称,他曾向法院起诉请求法院同意他的婚外性行为,因为他妻子残疾。)他坚持在法学院附近的一家私人俱乐部"莫瑞家"(Mory's)讲授他的最高法院研讨课。(该俱乐部的"台面"因一首《威芬普夫之歌》名声大噪,有句歌词是这样的——"从莫瑞俱乐部的台面直到路易住的地方"。)而且"莫瑞家"是一家男士俱乐部[2],因此以左翼极端分子自称的罗德尔拒绝所有女性听他的课。我一得知这个情况就退选了该门研讨课。更让他愤怒的是,我将他的课替换为比克尔教授的研讨课。比克尔的宪法立场持"法兰克福特派"观点而非"布莱克派"观点,罗德尔对此颇有非议。虽然我个人也很赞同布莱克大法官对《权利法案》持有的"绝对主义"观点,但我同样景仰比克尔教授的著述,喜欢上他的课。[3]这足以使我不遭罗德尔待见了。

比克尔教授给了我一个很重要的建议:"艾伦,我会推荐你担任最高法院大法官助理,但你要答应我,工作时一定不要口无遮拦。法官们都不习惯与人直接对抗,你要彬彬有礼,心存敬意。如果你实在要发表不同意见,以书面形式提出。千万不要当面批评,更不要当着另一位助理的面批评。"他给我上了很好的一节助理礼仪课,因为我在法学院对待老师们的态度与我当年对待那些拉比们如出一辙。在耶鲁，这种直言快语的风格恰恰能获得人们的赞许。但不管是拉比们，还是大法官和其他法官，肯定难以接受。

比克尔教授本人就喜欢与人争论。上高级宪法研讨课时，他会直接走到学生面前，盯着学生来一场激烈的交叉质询。我就喜欢这种风格，而且他同样也喜欢我对他的观点提出质疑。

即便在耶鲁，也不是所有人都喜欢我这种"天不怕，地不怕"的个性。弗里德里克·凯斯勒（Friedrich Kessler）教授是一位老派欧洲学者，讲授法理学。一天，他正在讲弗洛伊德对德国法的影响，而且对弗洛伊德的某个理论产生了误解。我举手纠正了他。课后，一位曾在海军陆战队服役并已成婚的年长学生一把抓住我说道："你居然当众羞辱我钟爱的人。再这样，小心我收拾你。"我吃惊地回答道："我怎么会羞辱你妻子呢？"他说："不是我妻子，蠢货，是凯斯勒教授，不准再当众纠正他的错误！"这就是所谓的学术自由！比克尔教授非常明智地提醒了我，要想获任大法官助理，必须收起我的"锋芒"。

罗德尔教授非常担心我会"玷污"老布莱克大法官，专程乘火车前往华盛顿，劝他拒绝其前任助理对我的推荐。最后，布莱克告诉卡拉布雷西，他这次会听从他朋友的否决意见，但来年他会考虑我。对我来说，这是能得到的最好结果，因为这样我就可以出任哥伦比亚特区联邦上诉法院戴维·贝兹伦（David Bazelon）法官的助理了。

贝兹伦法官是我做法官助理的第一个选择，但为了获得我想要的工作，我希望——事实上我觉得也需要——这一机会出现在最高法院大法官助理之前。两位堪称我的良师益友的法学院教授都曾为贝兹伦法官当过助理，一位是约瑟夫·戈尔茨坦教授，另一位是亚伯拉罕·戈尔茨坦教授（两人并非亲戚）。我在法学院最早感兴趣的问题一个是法律与精神病学,另一个是刑法,而这两个领域都是贝兹伦法官的专长。

担任贝兹伦法官助理的一年

1962年夏天我抵达华盛顿,时任总统是肯尼迪。初出茅庐的年轻法律人来到首都难免有点飘飘然。戴维·贝兹伦法官是华盛顿政治生活和社交生活的中心人物,他结交甚广,从国会议员、内阁成员、白宫幕僚、最高法院大法官、外交官到一些神通广大的捐客,都与他"称兄道弟",谈笑风生。

贝兹伦法官社交生活的重要活动,是在一家名为米尔顿·克龙海姆(Milton Kronheim)的当地酒商办公室举行每周一次的午餐会。米尔顿的私人厨师会为"米尔顿的朋友们"准备简单但上佳的午餐。我见到克龙海姆时,他已年过七十五。(他活到了九十七岁,快九十岁时还每周参加公司的垒球赛并担任投球手。)他的常客除了贝兹伦法官,还有首席大法官厄尔·沃伦、大法官威廉·布伦南、大法官威廉·道格拉斯、后来的大法官瑟古德·马歇尔(Thurgood Marshall)、J.斯凯利·赖特(J. Skelly Wright)法官和西蒙·所博罗夫(Simon Soboloff)法官、参议员阿贝·里比科夫(Abe Ribicoff)和雅各布·贾维茨(Jacob Javits),以及诸多开明的司法界和政界著名人士。米尔顿不大的午餐厅挂满了他和曾款待的历任总统的合影,最早的一个是哈定(Harding)。满墙都是他和二十世纪政界、商界、体育界重要人物的照片。[1983年,伍迪·艾伦的电影《西力传》(Zelig)上映时,贝兹伦法官笑称克龙海姆就是现实生活中的西力。该片主角西力几乎和他生活的时代所有重要历史人物均有交集。]

> ### 贝兹伦的克龙海姆笑话
>
> 贝兹伦法官曾给我讲过一个关于克龙海姆的笑话,但他把克龙海姆的名字改成了卡茨。这个笑话成为犹太笑话经典。
>
> 有个叫克龙海姆的家伙吹嘘自己名气很大,可以和"世界上的任何人"合影。一位半信半疑的朋友叫板道:"你不可能和总统合影!"没过几天,摄影师就拍到了克龙海姆和肯尼迪总统站在白宫阳台上的照片。
>
> "好吧,"朋友勉强认可了他的名气,"可能你在美国行,但并非全世界任何地方吧!你就不可能和以色列总理本-古里安一起合影。"第二天,他们一同乘机前往以色列,当天下午就拍到了他和本-古里安在首相官邸阳台的照片。
>
> "好吧,你不过是在犹太人和美国人中有点名气,但你绝不可能和教皇合影。"第二天,他们一起去了罗马,克龙海姆下午就和教皇一起出现在圣彼得大教堂的阳台上。人群中的一位修女扭头向克龙海姆的朋友问道:"那个和克龙海姆站在一起的老头是谁?"

任职法官助理期间,我有幸参加了多次他们的午餐会,多数时候只是个安静的旁观者。(在我任教以后,只要我到访华盛顿,贝兹伦法官就会邀请我参加,直到这时我才算是真正的参与者。)

我第一次参加克龙海姆午餐会时遇到两位大法官:威廉·道格拉斯和威廉·布伦南。布伦南大法官是我遇到的最和蔼、最谦逊的重要人物。道格拉斯大法官则完全不同。从没有人说过他与人和善,待人友好。他脾气不好,趾高气扬,一副高高在上的姿态。他对他的助理极为刻薄,称他们为"低等生物"。[4]那次午餐会的几周后,我发现他还是个伪君子。一天,贝兹伦法官将我召到他办公室,指了指一部电话分机,示意我接听。我听到一个熟悉的声音正在对贝兹伦法官发火,因为他取消了一个事先安排好的发言。贝兹伦转向我,做了一个"比尔·道格拉斯"的口型,并指了指电话机。贝兹伦不停地解释:"比尔,我实在没办法,这是原则问题。"道格拉斯回应道:"我们没让你加入,只是去发个言。"贝兹伦说:"比尔,这才是关键。他们不会让我加入的,他们将犹太人和黑人拒之门外。"

原来,两位法官在为一家拒绝接受犹太人和黑人的私人俱乐部争个不停。道格拉斯是该俱乐部会员,想邀请贝兹伦发表一个午餐讲话。贝兹伦起先同意讲话,后来得知该俱乐部的"会员限制"政策,收回了承诺。道格拉斯大为光火,贝兹伦寸步不让。我简直无法相信一位最高法院的开明大法官不仅是一家限制犹太人和黑人的俱乐部会员,而且对贝兹伦坚持原则拒绝在这样的俱乐部讲话居然无动于衷。当时正值民权运动如火如荼,道格拉斯大法官撰写了一个又一个判决意见驳斥公共场所的隔离政策。但他本人却积极参与施行隔离限制的私人俱乐部活动,还对贝兹伦拒绝参与活动耿耿于怀。

这个电话对我后来的行为产生了深远影响。我从此拒绝在实施歧视性政策的私人俱乐部发表任何演讲,也不再对他们的所作所为保持沉默,不管是多年来拒绝女性的纽约哈佛俱乐部[5],还是仅限于共同宗教信仰教友的犹太俱乐部。

贝兹伦法官会玩,更会工作。当他的法官助理就意味着只有工作。我们必须在他来办公室之前到达,而且必须在他离开之后才能走,而他通常都工作到很晚。他从不考虑给助理们放假:"这就是个一年的工作,也就是说三百六十五天。"没有个人因私请假(除了我周六可以不上班)。刚上班时,我向他请几天假以准备哥伦比亚特区的律师考试。他安慰我,认为我根本无需请假准备!"我之所以要你,是因为你在法学院成绩排名第一。你完全没必要花时间准备那个考试。"

而我告诉他,我之所以能拿第一都是**因为**我准备充分,但他仍拒绝了我的要求。我只有熬夜准备,但备考材料干瘪乏味,我常常看着看着就睡着了。我着急地告诉他:"我可能通不过这次考试,这会让你难堪。"最终,在我告诉他我真的没法将注意力集中在那些荒谬的律师资格考试问题上后,他同意我考前一周提前下班,参加一个晚上七点到九点的强化班。

考完几周后,贝兹伦拿着一张纸,面有愠色地冲出他的办公室。我知道,他肯定事先拿到了考试结果,我觉得他一定是来告诉我"挂"了的消息。可他大声喊道:"你根本用不着请假复习,你考了全市最高分,你这个骗子。"根本没有任何祝贺我的意思。

几个月后,我的第二个儿子嘉明(Jamin)快出生时,我向他请一天假,好在医院陪伴妻子。他问道:"苏的母亲不在吗?"其实她在苏的身边。"你已完成了你该完成的任务,你可以等孩子出生后去看看,又不是第一个孩子,你没必要待在那儿等他出生。"

好在孩子出生那天他正好出差在外,我及时赶到了医院。

依照贝兹伦法官对其助理们的工作要求,很难想象十月中旬的一天,听到他在白宫午餐后回办公室对大家说"都回家和家人待在一起吧"时,我们有多震惊。他表情严肃,面色苍白。我们都在问:"为什么?"他一本正经地说:"我们可能遭到核攻击。我刚被告知,美国和苏联在古巴进行核导弹对峙,双方都不让步。没人愿意打仗,但双方都想吓唬对方,让对方先让步。没人知道会发生什么,还是和家人待在一起吧。"

我们慌乱地离开办公室。贝兹伦当天晚些时候在家里给我打了个电话。他对肯尼迪家族嗤之以鼻:"我信不过肯尼迪兄弟。他们都是纨绔子弟,成不了大器。看看他们如何在猪湾搞砸的吧,简直就是一群狂妄自大的外行。"

第二天一大早,他又给我打了电话:"我跟阿贝·蔡斯(Abe Chayes)谈了,他乐观地认为冷静会占上风。回来上班吧。"蔡斯是哈佛大学法学院教授,当时任国务院法律顾问。

我立即收拾东西来到法院,贝兹伦法官每隔一个小时就给我们所有人传达古巴导弹危机的最新进展,直到危机结束。后来他告诉我:"我对肯尼迪兄弟看走了眼。阿贝告诉我,他们表现很不错,比处理猪湾事件强多了。他们老练多了,学得很快,干得不错。"

担任法官助理几周后,费利克斯·法兰克福特大法官从最高法院辞职,留下了所谓"犹太人席位"的空缺。贝兹伦法官、参议员亚伯拉罕·里比科夫(Abraham Ribicoff)和劳工部长阿瑟·戈德堡都是有力人选。而且后两人都是贝兹伦的好朋友。三人都想获得这个职位,但贝兹伦被认为太过开明,特别是在刑事司法问题上,并遭到司法部官员们的强烈反对。我清楚地记得戈德堡被提名的那天,贝兹伦告诉我:"阿瑟会是位出色的大法官,只要他屁股上的肉够多够厚就能坐稳那个位子。他已习惯了劳工律师的忙碌生活,总在忙东忙西。他要习惯与人保持距离,不过他太聪明了,早就想着最高法院的这个位子了。"

贝兹伦很失望,但他清楚,要克服司法部的反对简直是奇迹,而且他和肯尼迪家族的关系也不深。

关于这个任命,他向我总结道:"对你是好消息,但对我不是,可对国家好。"之所以对我是好消息,是因为新任大法官肯定会在来年选择法官助理时,考虑他的芝加哥老友推荐的人选。

贝兹伦法官在我为他工作后不久就被任命为联邦上诉法院的首席法官,并在其长久的任职期间内,在这一仅次于最高法院的重要法院发挥了主导作用。他的对手是沃伦·伯格法官(后来的首席大法官)。贝兹伦致力于在刑事司法系统内实现平等,不管是穷人和富人之间、白人和黑人之间,还是精神正常者和精神病人之间。

这一使命让他不断与行政部门及立法机关发生冲突,特别是和检察官发生冲突。他深知,依靠公众舆论永远无法达到他的目标,因为公众舆论根本不会同情受到指控的罪犯。他的"武器"是教育和学术精英的观点。他想通过他起草的法庭意见、发表的讲话、出版的文章改变人们的观念。他遴选法官助理,也是基于候选人是否有能力协助他完成这一任务。他曾说:"每个案件都是改变人们观念、教育大众、影响大众的好机会。法庭就是一个强势的布道平台,我们必须充分加以利用。"他喜欢的一个故事是关于纽约法官抱怨"为什么卡多佐(Benjamin Cardozo)总能接到有意思的案件",指的是纽约上诉法院首席法官(后来的大法官)卡多佐通过他精到的法庭意见对侵权法及其他诸多法律产生了深远影响。当然,这个故事的关键在于只有本杰明·卡多佐经手,或亲自执笔撰写判决,一个普通的案件才会变得有趣起来。他通过一些诸如铁路事故或普通合同纠纷这样的寻常法律争议,奉献了彪炳法律史册的判决。

贝兹伦法官在刑事案件领域也做到了这一点,特别是那些涉及没有能力聘请辩护律师的被告以及患有精神疾病的被告。他会让我疏理所有案件记录(包括不是他审理的案件),寻找处理不公的证据。他曾告诉我,多数赤贫被告都未获律师充分辩护,而且首都的多数被告确实也是一贫如洗。"你就是他们的救命律师,仔细查记录,看看有没有任何不公正。"他常这样对我说。

我会辩驳道,"有些案件根本不是你处理的"或"没有任何反对意见,涉案问题也没有好好保留以用于上诉"。

"没关系。我们会找到办法确保公正。你的任务是找到不公正,我的任务是想办法伸张正义。"

他曾对我讲过小奥利弗·温德尔·霍姆斯大法官和一位助理间的对话。在大法官形成了一份法律意见,拒绝为一位道义上应该得到救济的被告提供救济后,助理感到不解:"大法官先生,这个判决结果很不公正。"对此,霍姆斯回应道:"年轻人,我们处理的是法律问题,不是公正问题。"[6]

戴维·贝兹伦处理的就是公正问题,尽管他运用法律实现了他认为的公正结果,有时也会违背现存先例形成的规则。他是一位"司法激进分子",至少在为穷人、无地位之人和病人谋求正义时相当激进,而且他以此为荣。"激进分子"的称号在当时还没像今天这样成为一个"污名"。

由于贝兹伦也是犹太人,但并没接受多少犹太宗教传统,我记得曾告诉他,犹太圣经不仅指示我们要**为人**公正,或公正**行事**,还要求我们要**积极**追求公正,因为不公从未消失。《旧约·申命记》的原文是:"公正,公正,你必须积极追求。"[7] 我之所以记得,是因为这句话就是我参加受诫礼背诵的部分。

贝兹伦让我将这句话挂在他办公室墙上,而且他还常常将其挂在嘴边为他的事业辩护。这句话成了他的信条,也是我的信条。这句话现在也挂在我的办公室墙上。这也算是我从不是那么好的犹太教育里学到的好东西吧!

贝兹伦以身作则教给我的另一个原则,是公正需要某种程度的同情。在我告诉贝兹伦犹太圣经里提到过公正时,他问我为什么"公正"一词要重复两遍。难道说"你必须积极追求公正"还不够吗?为什么要重复"公正,公正"?犹太圣经里没有一个词或音节是多余的。我告诉他,拉比们在解释这一重复时可是大显了身手。我参加受诫礼时背诵的段落中,我觉得比较好的解释是,第一个意指法律公正,第二个指同情意义上的公正。[8] 贝兹伦法官纠正我道:"同情必须放在法律之前。"不管哪一个在贝兹伦的法庭更重要,他作出或参与的每个判决都包含二者。他的同情心并不总受人待见,甚至连接受同情的对象也不尽然完全接受。贝兹伦法官曾给我看过一封来自他审理过案件的最著名被告写给他的信。这个被告叫蒙特·德拉姆（Monte Durham）。正是在德拉姆案中，贝兹伦创立了他极具开创性的精神不正常辩护策略，即著名的"德拉姆规则"。根据该规则，如果某人的精神疾病或缺陷导致其实施犯罪行为，此人可因精神不正常被宣告无罪。[9]这一备受争议的规则彻底改变了法律和精神病学的关系。德拉姆在信中抱怨其名字被用于命名这个规则。"现在，人人都叫我'傻子德拉姆'。"他还说，医生发现某个新的疾病后，都以其名字命名这一疾病。凭什么法律上的这个新规则不叫"贝兹伦规则"，而叫"德拉姆规则"！贝兹伦向他道歉并说明，如果法律上的新规则都以法官的名字命名，那新规则就会多如牛毛了。

贝兹伦法官和我即便不能说是"天作之合"，也可算法律世界的"绝佳搭档"。我受益匪浅，甚至也教了他一些东西。我们成了终身朋友，尽管当法官助理的那年完全算不上"美妙时光"，至少就工作条件而言。

永远无法完全让贝兹伦满意，他从不说我起草的文件好，而总是觉得"还可以更好一点"，"快达到我想要的效果了"或"接近了"，这就算他能作出的最高评价了。[10]但一旦公布，同事们对他夸赞，他总会表扬我，但从不当面表扬。他很清楚，他起草的法律意见将会面对一代又一代的法学院学生、法学教授、下级法院法官和形形色色的评论家。他从事的是一项没有止境的事业，没有什么无可挑剔。尽管由于时限问题，不得不交付的文稿或进行的演讲已足够好了，但对他而言永远都不够好。长时间的工作、要求很高的上司和不佳的工作条件都值得为此付出。经受过此般煎熬考验的法官助理都会成就一番事业。哈佛和耶鲁法学院的院长、纽约大学校长、一位出色的改革派拉比和数不胜数的法学教授、律师以及政商界领袖都曾担任过贝兹伦的助理。

我们都或多或少受到了他的影响,而且颇为深远。哥伦比亚大学法学教授皮特·斯特劳斯(Peter Strauss)曾巧妙地将贝兹伦和助理的关系概括为"君为卵石,吾为涟漪"。[11]

法官助理的首要工作都与哥伦比亚特区联邦上诉法院受理的案件有关。我任助理时期,该法院不仅是联邦上诉法院,还是哥伦比亚特区这一多种族混居、暴力犯罪率较高城市的最高法院。[12]我们处理的很多案件都是与联邦行政机构有关的上诉案件,即俗称的"字母机构",诸如联邦通信委员会(FCC)、联邦动力委员会(FPC)、联邦证券交易委员会(SEC)和联邦食品药品管理局(FDA)等。其他案件就是普通刑事案件——谋杀、抢劫、强奸、伤害和一些街头犯罪。对一位初出茅庐且对宪法和刑法颇感兴趣的法学老师来说,这样的案件可说是"最佳"组合。

我们的工作从查阅案卷开始,包括双方律师提交的上诉状及包含庭审记录节选的"附件"。一些案卷比较少,如果庭审仅持续一天的话可能有三百多页。有一些案件的案卷多达五千多页。还有一种案卷包含完整的庭审记录、审前及审后程序时各方说的每一个字所作的详细记录。贝兹伦法官通常都会让我通读全部案卷,找寻任何失误或他关注的特定问题。

完成阅卷后,我们会和法官讨论案情,法官已看过简报并熟读了附件以备讨论。有时,我们可以获准旁听法庭辩论,特别是当首席律师参加辩论或争议的问题在法官兴趣范围内时。但通常情况下,我们需要在法官主持法庭辩论时待在办公室工作。

由于贝兹伦是首席法官,他会将他的意见交给三人法官小组的其中一人(极少情况下,整个法院的九名法官都会出席庭审)。法庭辩论后,法官们会开会讨论初步结果并安排案件归谁主审。贝兹伦常将最有意思的案件"归为己有",或交给一位他想对判决施加影响的法官。

然后,我们会和贝兹伦会面,他会告诉我们谁负责协助起草法官意见。我也总能接到有意思的案件(至少是法官感兴趣的案件)。

经过几易其稿,以及小组中其他法官施加的压力,法官意见可以向公众发布。通常,这些意见属于多数意见,有时也有一致同意的意见,但常常出现异议。这是一个意见分歧很大的法院,而且持异议意见者在批评多数意见时毫不保留,反之亦然。

年底时,助理们会将所有我们参与过的法官意见汇编成册。我在写作本书时,面前就放着一大本这样的册子,上面印着下列文字:

首席法官 戴维·L.贝兹伦

法官意见 1962—1963

艾伦·M.德肖维茨,法官助理

这确实是宝贵的珍藏。

我接手的第一个案件涉及一位名为"丹尼尔·杰克逊·奥利弗·温德尔·霍姆斯·摩根"的人。[13]所有律师都会以名为丹尼尔·韦伯斯特、安德鲁·杰克逊和奥利弗·温德尔·霍姆斯为荣。但问题是此人并不是律师,这个长名也不是他的真名! 其实,此人是一个胸无点墨之徒,但奸诈狡猾,父母都是非洲裔美国人,以帮别人种地为生。他流窜到哥伦比亚特区,在一家旧货店买了个已故律师的证件。他摇身一变,成为律师,而且表现极好,在多起涉及街头犯罪的案件中打败了真正的检察官。随着他不断赢得一些复杂案件,此人在城区声名鹊起。最终引起了联邦人员的关注,调查后发现他并非律师,便以欺诈、伪造证件、冒充法庭工作人员及冒充他人等多项罪名予以起诉。庭审中,他自己充当辩护律师,最终被定罪,获刑三到十年。

法庭指定了一位名为门罗·弗里德曼(Monroe Freedman)的律师负责他的上诉。贝兹伦法官让我旁听法庭辩论。我完全被弗里德曼的口才、博闻强识、在回应困难问题时仍不忘表达自己观点的能力折服。在法学院时,我也参加过模拟上诉,而且表现不错,还因此获得了一份曾在一家犹太人律所担任合伙人的法官提供的工作。但门罗纯属另类。我记得当时心中的想法只有一个:"我想成为他那样的人",我要怎么做才能像他一样。控方也非等闲之辈,但仍未达到弗里德曼的水准。控方是一位名为查尔斯·邓肯(Charles Duncan)的非洲裔美国人。后来得知,他是歌唱家托德·邓肯(Todd Duncan)的儿子。托德曾在百老汇格什温的歌剧《波吉和贝丝》(*Porgy and Bess*)中扮演波吉。

法庭辩论后,法官们决定维持定罪裁决。我很失望,因为弗里德曼显然"赢了"辩论,而且确实说服了我,他的当事人应该获得重新审判。我请求贝兹伦让我来起草一份意见来推翻定罪裁决。他说:"写吧。"因为他对被告也有点同情。"但你必须找到一个有效的法律依据来推翻定罪裁决。被告律师的表现好于政府律师还不够,我们认为被告应该获得救济也不够。必须要有法律依据,必要时可以对法律作些扩大解释。去写吧,争取找到这个法律依据。"

我花了很大力气找寻法律依据,但弗里德曼隐藏了每一个可能翻盘的细节,完全没办法找到令人信服的推翻一审判决的法律依据。这次的无用实践教会了我几个重要的教训:赢得上诉辩论和推翻定罪裁决相去甚远;想要看到一项定罪裁决被推翻和找到推翻的有效法律依据也相去甚远;如果缺乏事实和法律支撑,再多的辛劳都没法达成心中的结果。

后来,我又学到了一系列和上面的教训类似的相关教训。即便能找到推翻一审裁决的依据,律师表现不佳也无法实现;决定维持定罪裁决的法院,不管是出于对被告的反感还是其他意识形态原因,无论辩护观点多么精彩,都不会为其所动;没有辛苦的付出,推翻一审裁决的理由再有说服力也无法达到目的。我之所以能学到这些,是由于在贝兹伦的法院,法官和助理们的通常工作其实就是律师们该做的事情。但在丹尼尔·杰克逊·奥利弗·温德尔·霍姆斯·摩根这个案子中,由于其律师门罗·弗里德曼准备充分,表现出色,我们却无事可做。

后来,弗里德曼和我成了朋友,我们还一起共事。他后来成了霍夫斯特拉法学院院长和全美法律伦理方面的顶尖专家之一。我一直以他为我的榜样,但我不确定我所作的口头辩护能否达到他1962年的高度。

我任法官助理后处理的很多案件都代表了沃伦任首席大法官时将处理的案件。许多都涉及贫穷被告的权利,这一问题在最高法院审理的吉迪恩诉温赖特案(*Gideon v. Wainright*)[14]判决中显露出来,该案在我快结束贝兹伦法官助理任期时判决。最高法院对该案的判决规定,每位贫穷刑事被告都有权获得律师辩护。

贝兹伦法官多年来的观点为这一最高法院的判决奠定了基础,其中一些还被他的朋友阿贝·福塔斯(Abe Fortas)和阿贝·克拉希(Abe Krash)——被指定为吉迪恩辩护律师——在提交的诉状中直接引用。[我的朋友约翰·哈特·伊莱(John Hart Ely)当时在福塔斯所在的阿诺德和波特律师事务所工作。在为福塔斯准备诉状的那个夏天[15],我和约翰一起参与了诉状的起草工作。]贝兹伦的意见常常是异议意见,而非多数意见,但这些异议意见构成了刑事司法制度中广泛平等主张的理念框架。在为贫穷被告获得与富有被告相同权利方面,他的贡献甚至比最高法院还大。我任法官助理那一年处理的许多案件都涉及这个问题。

一个有意思的案件,是由一件普通的钱包失窃案开始,钱包里有十四美元。[16]根据一些零星证据,"陪审团推论出,钱包要么是从[据称的受害人]兜里扒窃,要么不小心掉在地上……被跑过的路人捡起"。[17]法官指示陪审团,法律上存在这样一种推定,即被告的"逃跑行为可被陪审团视为有罪证据"。[18]

被告在听到据称的受害人高喊"喂,那是我的钱包,还给我"时,确实有逃跑行为。当然,被告如果是从地上捡起钱包,而且不愿意归还失主时,也一定会跑。这一举动虽有违道德,但够不上犯罪。陪审团裁定他抢劫罪成立,法官判他入狱服刑二至六年。

当该案到我手头时,我将其视作一个机会,正好运用我在法学院研究精神病学和法律的知识背景——当时我正在和两位法学院教授合编一本名为《精神分析、精神病学和法律》的案例集[19]——来推翻这一看起来不公正的定罪裁决。伟大的法律评论家威格摩尔(Wigmore)就犯罪感的证据作出了如下论述:

> 实施犯罪行为通常会给行为人的意识留下独具特点的道德印记。无辜之人没有此种印记,而在有罪之人身上却常能发现。其证据价值毋庸置疑。[20]

这一观点被律师、法官和法学教授广为接受,并常作为审判法官向陪审团的指示依据。我却觉得这个观点相当值得怀疑,特别是在本案的事实情况下。

为了验证我的结论,即本案中被告的逃跑行为既可合法解释为不想归还捡到的钱包这一无辜举动,也可解释为实施扒窃钱包后的有罪行为,我引用了弗洛伊德的一段论述:

> 即便完全无辜,一个行为貌似有罪的神经质的人……也可能迷惑你,因为在此情形下,他表现出的那种潜藏的犯罪感刚好暗合了对他的指控。……这种人通常难逃指控,而且人们是否有技术成功将此种表象有罪之人与真正有罪之徒区分开来,仍是一个难题。[21]

除了引用弗洛伊德和其他的心理学论述,我还援引了我钟爱的小说家陀思妥耶夫斯基的《卡拉马佐夫兄弟》(*The Brothers Karamazov*)：

> 作者描述那个想要父亲死但并未采取任何行为的伊万如何表现出有罪的种种迹象，正如威格摩尔所描述的那样，而真凶却表现冷静，行为如常，在威格摩尔看来就是一副无辜的样子。[22]

贝兹伦法官认可了我貌似高深的旁征博引，一审的定罪裁定被推翻，该案被发回重审并接受我们的指导。沃伦·伯格法官撰写了一份言辞激烈的异议，认为我们提出的指导意见"可能适合法官、律师和心理学专家间进行哲学探讨……但对陪审团毫无用处"。[23] 贝兹伦法官安慰我道，伯格的异议恰恰"证明了我们的正确"。

其他案件涉及广泛存在的警方伪证问题，今天称为"当庭伪证"。[24] 如果警方的某个搜查或讯问行为违宪，其成果通常会被法庭排除，即便该成果可证明被告有罪。[25] 许多警官（也包括检察官）痛恨这些"证据排除规则"并尽全力规避这些规则就毫不令人感到意外了。一些警官不惜作伪证，有时还是在检察官的协助下作出"当庭伪证"以迎合相关法律规定。贝兹伦法官第一次告诉我这一现象时，我震惊不已。我们在耶鲁法学院可没学过这些法律的阴暗面，因此起先我持半信半疑的态度。但后来我不断读到一个又一个案例，警官——通常都是来自同一个扫毒部门的同一位警官——在法庭上的证词基本如出一辙。而且，嫌疑人总是在警官实施逮捕之前适时地"扔下了"毒品。贝兹伦将其称为"扔下型证据"。或者，嫌疑人会在被正式讯问前"脱口而出"一份供认。贝兹伦将这种证据称为"脱口型证据"。

贝兹伦可没耐心听这些"当庭伪证"，也没耐心听一手编造这些"证据"的检察官，或假装相信这些漏洞百出的谎言的法官胡诌。他会毫不犹豫地揭穿这些谎言，招来其他法官的忌恨，特别是沃伦·伯格。争议开始，贝兹伦通常都会是那个异议者，但他会表明他的观点。

多年后，在我的第一本畅销书《最好的辩护》中，我总结了在贝兹伦法官办公室和后来我亲自参与诉讼的一些经验,并将其命名为"公正博弈规则"。[26]下面的这些"规则"和书中列举的相比有所修订:

规则1:多数刑事被告事实上确实有罪。

规则2:所有刑事辩护律师、检察官和法官都对规则1心知肚明并深信不疑。

规则3:通常而言,通过违反宪法给有罪被告定罪比遵守宪法更简单,而且在某些案件中,要想既给有罪被告定罪,又不违反宪法,几乎不可能做到。

规则4:为了给有罪被告定罪,许多出庭作证的警方人员都会对他们是否违反宪法撒谎。

规则5:所有检察官、法官和辩护律师对规则4心知肚明。

规则6:为了给有罪被告定罪,许多检察官私下鼓励警方在是否违宪的问题上说谎。

规则7:所有法官都清楚规则6。

规则8:许多主审法官都假装相信他们明知在说谎的警官。

规则9:所有上诉法官都对规则8心知肚明,但都假装相信那些假装相信说谎警官的初审法官。

规则10:许多法官都会声称不相信被告的宪法权利遭到侵犯,即便实情如此。

规则11:多数法官和检控官不会故意给他们认为遭受不实指控(或相近罪行指控)的清白被告定罪。

规则12:规则11不适用于有组织犯罪成员、毒贩、职业罪犯、恐怖主义者或潜在的线人。

规则13:几乎没人真正关心公正。

总之,一年的贝兹伦法官助理工作成了一个转折点。贝兹伦法官为我未来的成长道路指明了方向。不管我后来做律师,当教师,著书立说,还是成为公共知识分子和一位开明的犹太人,他都对我影响极大。他对任何人的最高评价就是他是"一个公正之人"。我曾为之努力。贝兹伦法官1985年退休时,我用下面的文字向他对国家的贡献致敬:

> 戴维·贝兹伦绝对不是一个美国家喻户晓的名字。但刚刚在联邦上诉法院完成三十六年杰出服务后退休的贝兹伦法官绝对算得上1949年以来华盛顿的良心卫士。
>
> 没有哪个法官,不管是最高法院,还是联邦各级法院或州法院,比他对法律响应人们需求的影响更深远……
>
> 作为一位法官,他深知富人和穷人在法院天壤之别的待遇。尽管他还没法找到最终的解决方案,但他深深刺痛了国家的良心,并促使联邦最高法院在数起案件中对此有所作为。[27]

没有哪个法学院的学生可以不用研究戴维·贝兹伦的职业生平就能完成三年课程学习。贝兹伦之所以能对我们产生持久影响在于,在他眼中,他的主要工作不是提供临时应景的解决方案,而是不断提出引人深思的问题。他将供职的中级上诉法院视为独一无二的发现问题并将问题指向最高法院、各级地区法院、立法机关和行政部门的机构。

在我的职业生涯中,我绝对不是那种夸张地吹嘘法官之人。事实上,我之所以对很多的法官如此挑剔,恰恰是由于我曾耳濡目染一位为法官职位设立了常人难以达到之标准的伟大法官的作为。可能在这方面,贝兹伦让我成为一个对他人批评过于严厉的人。我深知,他会以自己曾引发诸多重大问题而自豪,即便这些问题指向他深爱的法官群体。

戴维·贝兹伦退休几年后告诉我,他患上了早期的阿尔茨海默症,我父亲也深受此病之苦。他患病期间,我常和他最亲密的朋友比尔·布伦南(Bill Brennan)前去看望。我们会陪他散步,和他一起追忆往事，给他讲故事。直到他八十三岁去世，我始终都是他的助理。

在我担任戴维·贝兹伦法官助理半年后，我获得了一个为阿瑟·戈德堡大法官担任助理的机会。同时，我也接到出任雨果·布莱克（Hugo Black）大法官助理的通知，但我强烈希望担任新任大法官助理，因为新任大法官的观点还未完全成型。正式接受之前，我请求与戈德堡大法官见一面。我想当面告诉他，我无法在周六或周五晚上工作，看他还会不会给我这个机会。他气愤地回复道："就凭你问的这个问题，我就该收回这个机会。你以为我是谁？我怎么可能因为某人是正统犹太人，就将他拒之门外？"我向他道歉，并告诉他之前曾因此被保罗、韦斯、里夫金、沃顿和加里森律师事务所拒绝过。他说："这家律所因为你是正统犹太人就拒绝录用你？我要给我朋友西蒙·里夫金打电话，他不会饶了他们的。"我怯生生地告诉他，拒绝我的正是西蒙·里夫金。（多年后，阿瑟·戈德堡成为这家律所的合伙人，在出任合伙人前，他要求律所确保发生在他的助理身上的事情不再发生在任何正统犹太人身上。这家律所现在有很多正统犹太律师。）戈德堡告诉我，他的另一位助理是基督教徒，周日不工作，这样他一周七天都会有助理协助他工作。[28]一切都很顺利，除了戈德堡在一个周六遇到一起紧急死刑请求，而我擅长处理死刑方面的问题。戈德堡大法官让他的司机开车来到我在马里兰海厄茨维尔的家，他知道我会在家，我们一起对案件进行了讨论，他也作出了他的决定。

在我开始担任最高法院大法官助理的几个月前，我外祖母来了华盛顿，我带着她和当时两岁的儿子埃隆参观最高法院。我们获准参观戈德堡大法官的办公室，但他不在。他的秘书弗兰·吉尔伯特（Fran Gilbert）邀请我们参观大法官私人办公室里出自大法官妻子多萝西（Dorothy）之手的画作。大法官的办公室刚刚完成装修，秘书告诉我，大法官对装修风格很满意。可我儿子却对新地毯完全没有兴趣，而且还在上面留下了一大摊黄色印记。大法官进来时,我正用刷子和肥皂清洗他的新地毯。他差点就当场"炒了我的鱿鱼",但看到我外祖母在场,可能不便如此不讲情面。我外祖母确实和他有过一段对话。她告诉大法官,当天早上她发现我只祷告了二十分钟。"至少要祷告半个小时,"她说,"他在偷懒,告诉他下次要祷告半小时。"戈德堡大法官指着我说:"听你外祖母的话。"

得知我会被戈德堡大法官选定为助理之前,我采访了其他几个最高法院大法官,包括约翰·哈伦,一位优雅的贵族,其祖父曾是最高法院大法官。他对我的法学院成绩极为赞许,但还是礼貌地问我为何没在那年夏天在"华尔街的大牌律所"谋得职位。我简直无法相信,他居然不知道那些"华尔街的大牌律所"根本不聘用来自布鲁克林的犹太孩子。哈伦本人曾是这些律所之一的高级合伙人,我觉得他应该很清楚律所的聘用政策。后来,我从他的一位犹太助理处得知——他做法官时聘用了很多犹太人为他工作——哈伦大法官可能对其所在律所的聘用政策一无所知,或至少从未真正放在心上。可能如此吧!

我于1963年8月1日开始为戈德堡大法官工作,刚好在马丁·路德·金在林肯纪念堂前的台阶上发表《我有一个梦想》演说的前一个月。当时筹备了一个大型集会,我也很想参加。但戈德堡大法官告诉我,首席大法官厄尔·沃伦不想法院人士当天前往集会地,包括法官助理,因为他担心可能会发生暴力事件,而且因暴力事件导致的案件可能会由法院审理。我向贝兹伦法官请教该如何做。他建议道:"跟我去。"他和另一位法官当天会前往集会地,并在后台听演讲,没有人知道他们的身份。我跟着他们一起亲耳聆听了那个伟大的演讲。我从未将此事告诉戈德堡大法官。

担任阿瑟·戈德堡大法官的助理在很多方面比当贝兹伦法官的助理更有意思。毕竟,最高法院审理的每一起案件都会成为报纸头条。在我任戈德堡大法官助理期间,肯尼迪总统遇刺,李·哈维·奥斯瓦尔德(Lee Harvey Oswald)被人杀害,林登·约翰逊入主白宫椭圆形办公室。最高法院作出了许多有关种族隔离、出版自由、刑事被告权利、立法机构中席位的重新分配、淫秽色情法、死刑和陪审团审判等领域的重要判决。然而,从个人角度看,我的第二个法官助理经历却大不如前。我在上诉法院学到的东西比在最高法院学到的多得多,可能由于贝兹伦法官是一位出色的老师,也可能由于那是我第一次接触法官这一行。这样说并无任何贬损戈德堡大法官对我人生重要影响的意思。他对我的影响也是深远且持续终身的。主要的不同在于戈德堡大法官把我视为他的"人",为我设定了具体的人生规划:他想让我跟随他的脚步,让我的职业生涯在他之后亦步亦趋。他想让我为肯尼迪政府工作。事实上,他已安排我出任总检察长罗伯特·肯尼迪的助理,而且事先根本没有征求我的意见!当然,他的初衷很好,而且这也是法官助理之后的一个很好的职业选择,但这是**他的**选择,不是我的选择。他还想我未来能当法官,甚至出任最高法院大法官,但我从没想过要当法官。(后来证明,当法官也不是他的追求,在任职最高法院大法官三年后,他辞去了这一职位。)

但贝兹伦法官却鼓励我走出一条自己独特的职业道路,避免重蹈许多出色的年轻法律人孜孜以求的"俗套"覆辙。"不要跟随任何人的脚步。"他曾这样告诫我。"你的脚不适合任何前人留下的足印。开创你自己的世界吧。你是独一无二的,要过与众不同的生活。勇于冒险,潇洒人生。"听起来狂放不羁,但却正合我意。

担任戈德堡大法官助理的一年

阿瑟·戈德堡大法官是一个行动派。五十四岁被肯尼迪总统提名为最高法院大法官之前,戈德堡已成就斐然。与许多现任大法官不同,即便没有出任最高法院大法官,他也会名垂青史。

阿瑟·戈德堡创立了劳工法这一法律职业。他曾任许多重要劳工组织的代表,促成了美国劳工联合会(AFL)和产业工会联合会(CIO)的合并,祛除了左翼组织对工会的渗透,在最高法院审理的最重要的劳工案件中出庭辩护,包括质疑总统是否有权为应对罢工而控制整个行业的1952年钢铁业案。[29]他可称得上美国历史上最成功的劳工部长,处理了一起又一起罢工,被公认为"传奇和解大师"。[30]

最高法院不是一个采取行动的地方,而是一个研究如何应对的机构,应对他人提起的案件和争议。这是一个需要远离公众,深思熟虑,绞尽脑汁,皓首穷经的地方。戈德堡过去习惯和许多人共事,习惯面对危机。在出任最高法院大法官后,他曾将工作状态总结为"我的电话从来不响"。最高法院确实是最"门可罗雀"的机构。正如布伦南大法官所言,"在这儿,我们各干各的活儿"。[31]大法官们要么在开庭时,要么在每周一次的正式会议上,要么在一对一的非正式会面上才有交流机会。一对一的非正式会面在当时就不多见,今天更是几乎没有。[32]二十世纪六十年代,最高法院大法官从不在电视上露面或接受采访。(今天,有几位大法官却乐此不疲。)完全可以这样说,戈德堡大法官感到形单影只,坐立不安,非常渴求他任职前的充实生活。

但这样说并非指戈德堡大法官不是一位严肃的知识分子。他其实就是,而且还是美国历史上最聪明的大法官。他热爱最高法院,钟爱法律事业,热衷与他的助理们激烈争论法理问题。但他不仅仅需要沉思默想和激烈争论。比克尔教授曾将最高法院不作出裁决的作用总结为"谨言慎行",而这恰恰是阿瑟·戈德堡的反面。[33]他想把事情办成,也是一位无可辩驳的司法激进主义者。他带着使命出任最高法院大法官,力求作出一系列重大变革。

我永远忘不了1963年的那个夏天,我前往最高法院与我的新上司第一次会面时的情形。他隔着桌子扔给我一份上诉申请——一位服刑犯提交给最高法院的复议申请——并要我当场读一读。然后,他问我:"你看出什么了?"我说:"这是一份死刑案的自我辩护上诉申请。"他说:"不对,你手里拿着的是我们可以在美国废除死刑的工具。"废除死刑是他作为大法官"要做"的第一件事。

我任最高法院法官助理后的第一项工作,就是起草一份支持戈德堡大法官认为死刑属于残酷且异常刑罚的备忘录。他深知,我们没有机会让最高法院的多数法官支持这一观点,至少还没到时候,但他想发起一个最终会导致司法废除死刑的对话。他决定从涉及黑人被告和白人受害者的跨种族强奸案入手,因为白人从未因强奸黑人而被处死,但许多黑人却因强奸白人女性而被判死刑。他知道起关键作用的大法官是威廉·布伦南,如果开明的布伦南不支持他,他就没机会发起任何有意义的对话。由于我负责了所有的前期调查工作,他把劝说布伦南大法官支持我们的重要任务安排给了我。对一位二十四岁的年轻助理来说,向大法官劝说任何事情都不是一项简单的任务,但我斗胆求见了布伦南大法官,而且他礼貌地倾听了我的观点,并没有当场表态。后来,他确实加入了戈德堡大法官的异议意见,对话得以启动。不到十年时间,死刑的司法废除得以实现,但之后很快又获得恢复。前进两步后退一步的"游戏"不断出现。

戈德堡大法官总是试图找到一个法律依据拯救被判死刑的犯人。多数情况下他都能成功。在一起案件中,有人请求他暂缓执行死刑,而他只需要再增加一位法官同意就可以形成多数意见。他给哈伦大法官打了电话,获得了后者的口头同意。随后,他让我立即驾车前往哈伦大法官的家,让其在暂缓执行决定上签字。他告诉我,务必要等到大法官和夫人用完晚餐之后。因此,当晚九点左右,我驾车前往哈伦大法官家,管家领着我进了房子。大法官坐在一张有点长的餐桌一端,大法官夫人坐在另一端,两人都穿着正式的晚餐礼服,简直就是十九世纪场景再现。哈伦大法官让我在书房等候,他进来时,管家给我送上一杯咖啡,我们礼节性地进行了简短交谈,然后签署了那份文件。那一晚让我难以忘怀,不仅因为我们挽救了一个生命,而且我还因此看到了一个我认为早已不存在的场面。

戈德堡大法官将他的"一年助理"看作"终身助理"。在我完成一年的助理工作后,戈德堡大法官仍不断给我安排工作:从帮他甄选新助理[现任大法官斯蒂芬·布雷耶(Stephen Breyer)],到修改他的讲话稿和文章;从帮助他起草联合国决议案(最著名的就是1967年以色列赢得六日战争后通过的安理会242号决议)[34],到协助他实现政治抱负。他常给我打电话寻求帮助,倾听我的意见,或者只是"闲扯"一些国际局势,直到他八十一岁去世。

即便在任职最高法院期间,他仍兴致勃勃地和他的助理们(包括我们)举行周五午餐会或与一些名人举行茶会。得知我对以色列感兴趣后,他邀请我和以色列驻美国大使阿佛拉汉姆·哈曼(Avraham Harman)以及来美国访问的其他以色列官员见面。1970年我去以色列时,他让我偷偷带了一条"好彩"(Lucky Strike)香烟给当时的总理戈尔达·梅厄(Golda Meir),两人早年在中西部参与犹太复国运动时相识。

我开始为戈德堡大法官工作三个月后的一天,我在他秘书的办公室,秘书正与她在美国空军服役的丈夫通电话。她丈夫说当天达拉斯发生了枪击事件。我们马上打开了几个月前我带来准备看职棒总决赛的一部小电视。新闻还未播报这一事件。几分钟后,全世界都知道肯尼迪总统在达拉斯遭到暗杀。当天正值周五,大法官们正召开不允许任何他人参加的每周例会。我曾被告诫绝对不能打断戈德堡大法官的此类会议,但我知道这是一次例外情况。我走向会议室,敲了敲门。由于戈德堡是新近任命的大法官,他开门后满脸不悦:"我告诉过你别来打岔。"我说:"法官大人,总统在达拉斯遇刺了。"其他几位大法官很快聚集在我的电视机前,后来我得知这是整个最高法院唯一的一台电视机。我们看着电视上播报着一条比一条更坏的消息,直到宣布总统身亡。首席大法官让其他大法官分头安抚大家,因为人们担心随后可能会出现像林肯总统遇刺后那样袭击其他政府机构的阴谋。所有助理都留了下来。

第二天晚上,安息日一结束,戈德堡大法官就让我驾车送他去白宫。他与肯尼迪家族以及林登·约翰逊交往甚密,新任总统也想听取他的建议。我开着我的那辆到处都是孩子玩具的老标志车,接上大法官,直奔白宫大门。戈德堡让我在外面等他,他不会进去太久,出来后还让我送他回家。当白宫警卫望向车里时,他立即拉开后门抓出一把玩具枪,气氛顿时紧张起来。后来,我也开着这辆车送大法官参加总统的葬礼,而且当收音机里传出李·哈维·奥斯瓦尔德被人枪杀的消息时,他也在我车上。戈德堡气愤地大喊:"我们怎么生活在这样一个国家!"

不久后,首席大法官厄尔·沃伦告诉最高法院全体职员,他被任命为新成立的沃伦委员会主席。戈德堡告诉我,总统让首席大法官尽到爱国责任即可,并让美国人民相信这一行为纯属个人行为,并非共产党实施的阴谋。沃伦接受了这个建议,因为他既不想给予麦卡锡主义卷土重来任何借口,也不想美苏之间发生军事对立。后来我得知,林登·约翰逊本人相信肯尼迪遇刺存在幕后阴谋,但他指示沃伦委员会,即便证据指向这一方向,为了国家安全,也必须掩盖。

我任法官助理期间的一个争议问题就是淫秽物品。我记得,戈德堡大法官在审查完一部据称是淫秽影片的电影《爱人们》(The Lovers)[35]后说:"这部可恶的电影就该禁止上映,不是因其淫秽,而是由于欺诈。根本没有什么'出彩'的片段。"另一起案件涉及一部名为《芬尼·希尔》(Fanny Hill)的回忆录。[36]此书并不在案卷材料内,但戈德堡大法官很想"一读为快"。他不好意思亲自去书店买,就让我去买一本,但他让我别读。呵呵!

一次,有个人敲了敲戈德堡大法官办公室的门(当时,任何人都可以进大法官办公室,放在今天根本不可能)。他告诉我,他曾见过大法官,而且他在为供职最高法院的大法官们提供经济补偿。他设立了一个基金,专门帮助那些从收入颇丰的行业转入低收入政府职位的人,而且他也想给人法官薪酬补助。我告诉大法官后,他让我"把这个混蛋赶出去"。这个"混蛋"结果是正面临股票欺诈指控的路易斯·沃尔夫森(Louis Wolfson)。此人后来对福塔斯大法官也如法炮制,结果福塔斯大法官接受了他的"补助",因此丢了大法官职位。[37]戈德堡大法官其实还有比这更为一丝不苟的故事。一天,他收到了一个生日果篮,卡片上的落款是《华盛顿邮报》(Washington Post)发行人凯瑟琳·格兰拉姆(Katherine Graham)。当时"《纽约时报》诉沙利文案"还未判决[38],戈德堡坚持让我将果篮送回。我告诉他,我已吃了果篮里的一根香蕉。他让我去水果店买根一样的香蕉,再把果篮送回去。

戈德堡大法官在道德上严于律己,但不那么遵循宗教教规。他不是每周都去犹太教堂,但他积极参与很多其他犹太活动。每年,他都会举办一个逾越节家宴,邀请华盛顿的杰出人士参加。我当他助理那年,他邀请了我,我也欣然接受了邀请。得知我仅吃犹太洁食后,他安排一家昂贵的洁食餐厅准备所有家宴的食物。结果,我母亲在我出门前拦下我,不准我参加大法官的逾越节家宴,只能在家吃她准备的食物。我不得不在这两个重要人物之间作出决定,一个是最高法院大法官,一个是我的犹太母亲。我不用告诉你们谁最终胜出,我只想说,戈德堡大法官在之后几个月都愤愤不已,"所有客人都是因为你才吃餐厅准备的洁食,而你却吃着你母亲亲手准备的食物"。

一次,他正在出庭,我收到一张纸条,问我犹太法是否要求正统犹太妇女戴帽子,即使在最高法院出庭也要戴着。最高法院禁止在出庭时头上戴任何东西。[39]但戈德堡认为,如果确实有宗教义务,可以网开一面。我在纸条上告诉他只有严格遵循正统犹太规则的女性才会戴帽子。[40]他让我到法庭看看,我进去后正在看那顶帽子时,他又写了张纸条给我,问我犹太法是否要求女性戴这么一顶又大又丑的帽子。我确定地回答没有。法庭最后网开一面,但戈德堡大法官让我告诉那位女士,下次她出庭时必须戴一顶小一点的帽子。

戈德堡大法官也曾问我他是否应在法院开放日待在法院,因为那天刚好是犹太历上最重要的赎罪日[41],当天不能工作。我查看了开庭计划,发现那天正好有个死刑案件需要裁决。我告诉大法官,如果关涉人的生命,几乎所有的犹太规矩都可让步。[42]他听取了我的建议,挽救了一个鲜活的生命。

在我开始最高法院的工作几周后的一天,我穿过大厅准备去卫生间。我走向离我最近的卫生间,突然有人轻轻在我肩膀上拍了拍,是大法官的一个信使。他说:"这个卫生间是我们用的,你们用的在那边。"他指了指另一个卫生间。我立即明白了怎么回事。**所有的**警卫人员、秘书、助理和大法官都是白人,而**所有的**信使都是黑人。最高法院的卫生间居然还在实施隔离使用,而这竟然发生在布朗诉教育委员会案(*Brown v. Board of Education*)发生近十年后。我立即跑去告诉了戈德堡大法官。

他不仅对我发现的"秘密"震惊不已,还惊诧于自己居然对此浑然不知。他将他的信使喊来,信使确认了这个事实,并安慰大法官他们这些黑人信使觉得使用自己的卫生间没什么,他们还可以在休息的时候一起闲聊。但戈德堡不这么认为。他让我查查最高法院聘用名单上除了信使是否还有非白人雇员。我发现还有一位：法院的理发师是一位黑人（后来发现，此人拒绝为任何黑人理发，因为他自豪地宣称，他受训成为"白人理发师"，从不知道怎么剪黑人"奇奇怪怪"的头发）。

戈德堡大法官很快就雇用了最高法院第一位黑人秘书。他还向首席大法官汇报了最高法院存在的种族隔离事实，并敦促他结束这一隔离政策。他的行动遭到一些白人警卫和黑人信使的抱怨，但所有人很快就习惯了新的政策。[那位理发师直到瑟古德·马歇尔获任大法官才开始为黑人理发，而且还是在戈德堡告诉他，比起马歇尔的头发，他自己的头发更绞缠之后。]

最高法院屋顶上有一个小型篮球场。我们称其为"最高篮球场"①，因为这个球场正好在法庭顶上。我们通常在天黑后不久打球，有时怀特大法官也会加入，他曾是职业橄榄球运动员。他在篮球场上大大发挥了一名橄榄球运动员的长处，没什么技术，全靠胳膊肘。我参加的不多，但一次他和我一起争抢篮板球，直接用胳膊肘撞到我的脸上。我本能地喊道，"犯规"，然后立即加了句，"法官大人"。当然，我的请求遭到了法官大人的驳回。

研究最高法院历史的学者认为，1963—1964年度的最高法院是美国历史上最重要、最具开创性的一届最高法院，戈德堡大法官在其中发挥了核心作用。[43]他安排我起草著名的埃斯科贝多案（Escobedo）判决意见[44]，并因此改变了有关供述的法律规定，最终导致了更著名的米兰达判决，确立了广为人知的"米兰达警示"[45]（"你有权保持沉默……"）。埃斯科贝多涉嫌杀害他的一位亲戚，他在没有律师在场的情况下接受了警方的讯问，而且他的律师当时就在警察局，正准备告知他有权保

---

① "球场"一词和"法院"一词都是court。——译者注

持沉默。我在起草判决意见时写下了下面的话，后来成为我整个职业生涯中法律哲学的重要组成部分：

> 历史经验告诉我们，任何刑事司法制度，只要其效度的持续基于公民在不知情的情况下放弃拥有的宪法权利，该制度无法也不应该得以延续。任何制度只要害怕被告获准与律师商议后，知晓并行使其拥有的权利，该制度就应毫不犹豫地摒弃。如果行使宪法权利会妨碍执法的效度，那么一定是执法出了问题。[46]

从这以后，获知个人权利的权利，也就是上面这段话的主要思想，贯穿了我全部的思考和教学。[47]

担任法官助理的一年中，我还就陪审团审判、言论自由、废除隔离、重新分配立法机关席位、豁免以及其他重要的法律变革领域起草了意见书，一些是多数意见，一些是协同意见，还有一些是异议意见。这一经历为我下一个职业生涯阶段（在全美规模最大、最具声望的法学院——哈佛法学院——为学生讲授法律课程）打下了良好的基础。

当时，所有开明人士眼中共同的"恶棍"就是联邦调查局局长 J. 埃德加·胡佛（J. Edgar Hoover）。我好几次有意向戈德堡表露对胡佛的厌恶，但他都不发一言。我搞不清楚原因为何。数年后，我就此询问贝兹伦法官，他笑着对我说："我可能不该告诉你，但让你知道没有哪个英雄是完美无瑕的也很重要。"他继续说道："胡佛和戈德堡关系很好，因为戈德堡在劳工运动中担任律师代表时，为肃清左翼组织对产业工会联合会的影响立下了汗马功劳。"我好奇地想知道，他是否向胡佛举报了劳工组织中的左翼人士。贝兹伦回答道："我不想用'举报'一词，但他确实和胡佛为了同一个目标——肃清左翼组织对产业工会联合会的影响——紧密合作。"[48]

贝兹伦还告诉我，瑟古德·马歇尔在全美有色人种协进会中也扮演了类似角色：肃清左翼组织影响。

"这就是为何瑟古德和阿瑟能进最高法院。如果胡佛反对,他们就可能得不到任命。"

我很惊讶。坚持道:"但也有其他开明法官获得了任命啊。"

"是的,道格拉斯,但他是乔·肯尼迪(Joe Kennedy)的人,胡佛喜欢乔·肯尼迪,至少在道格拉斯被任命时两人关系还不错。对胡佛来说,你喜不喜欢他根本无所谓,关键看他手里有没有什么东西可以作为和你交易的筹码。"

"那布伦南大法官呢?"我问道。

"比尔纯属意外,是艾森豪威尔(Eisenhower)犯的一个错误。他们根本不知道他会如此开明。艾森豪威尔认为,任命沃伦和布伦南是他犯下的两个最糟糕的错误。"[49]

在我结束担任戈德堡大法官助理一年多后,我接到他妻子的电话。电话中,她在抽泣。"艾伦,你想想办法让他改变主意。"原来,戈德堡大法官在结束三个任期后决定辞职,担任美国驻联合国大使。戈德堡夫人不同意丈夫的决定,但我也没办法让他改变主意。他大谈爱国主义以及结束越南战争的必要性,并坚称他的决定是正确的。

我提醒他,在很多关键问题上,他手里都握着重要的"摇摆票"。如果他辞职,有可能被一位更加保守的法官取代,将最高法院引向另一个方向。他安慰我道,约翰逊总统会选择他的朋友——阿贝·福塔斯律师——填补他的空缺。"他会和我一样投票,最高法院不少我一人,但我可以在结束越南战争上有所作为。"

我俩当时都没意识到,约翰逊总统希望戈德堡给他的好朋友阿贝·福塔斯腾位子。一旦围绕总统的腐败调查——涉及波比·贝克(Bobby Baker)和第一夫人名下的电台和电视台——交由最高法院裁定,福塔斯会是总统可以依靠的人。福塔斯在涉及越南战争的问题上,确实在最高法院成了总统的"人",但不久就卷入腐败丑闻,放弃了他的席位。

戈德堡大法官在从最高法院辞职五年后,决定参选纽约州州长。他邀请之前的助理们,包括现任最高法院大法官斯蒂芬·布雷耶和我协助他的竞选活动。他是一位刻板的参选者,而且对纽约州不甚了了。一次,他在曼哈顿下东区休斯敦街的一家餐厅吃犹太馅饼,他告诉在场的媒体,回到布鲁克林的感觉很好。几天后,一位《每日新闻》(*Daily News*)的记者朋友给我打电话,让我评论他正写的一篇关于戈德堡大法官多么严厉、多么一本正经的报道,文中提到他要求以前的助理们仍称他为"法官大人"。这是事实。我告诉了戈德堡大法官这篇即将上报的文章内容。他说:"是这么回事。你怎么不向他证实呢?"我说:"法官大人,难道我们不能做点改变吗?"他说:"不,我想让你们继续称我为法官大人。"我退一步说:"那我们私下继续称您为法官大人,但公开场合叫你阿瑟,或阿特,或阿提,如何?"他不情愿地同意我们在公开场合以阿瑟称呼他,只要私下继续称他为"法官大人"就行。我一直称呼他为"法官大人",直到他去世。当然,那次竞选他败给了尼尔森·洛克菲勒(Nelson Rockefeller)。

戈德堡大法官一直想让我成为一名法官,甚至最高法院的大法官。我从未想过穿上法官袍,因为法官这一工作的被动性不适合我的脾性。我对戈德堡大法官的坚持感到吃惊,他自己在法官这一席位也只干了三年而已。我可能连三个月都干不下去。不管怎样,我的生活绝不能使我有可能获得某项需要得到他人确认的提名。我曾有幸被一篇文章选为全美最有才华、可胜任任何公职的人之一。而我的朋友斯蒂芬·布雷耶就很适合担任法官,我在幕后全力支持他出任法官。我帮助他获任上诉法院法官,并游说克林顿总统任命他为最高法院大法官。获提名最高法院大法官当晚,他们夫妇来我家,我们一起为他"继承"戈德堡大法官在最高法院的席位举行了一场私密的庆祝会。

事实证明,他是一位杰出的法官,是我认识的最公正的人之一。

戈德堡大法官在天有灵的话,一定会为他的助理之一能跟随他的脚步而感到欣慰和自豪。

一些律师将他们曾经的法官助理经历描述为职业提升的"良机"。我的法官助理经历改变了我的人生,直到今天仍影响着我。担任法官助理期间,我获邀赴哈佛法学院任教,法官助理的工作经历为我后来的教学工作奠定了良好的基础。

完成两年的法官助理工作后,我开始了作为法学助理教授的全新职业生涯。我也完成了年轻时期最重要的十年转型,从过去可能一直持续到未来。1955年春天,我还是一家不那么好的中学里的C等学生。到1964年秋天,我已是全球最著名大学法学院历史上最年轻的助理教授。在驾车从华盛顿到坎布里奇的路上,我不断回想着这一变化以及背后的原因,思绪万千。

第四章
学术生涯

哈佛法学院

1964年夏天,我和妻子还有两个儿子到达了波士顿地区,先在布鲁克莱恩租了间公寓,一年后搬到了坎布里奇。

二十五岁那年,我开始了在哈佛的教学生涯。还在担任大法官助理时,我就因法学院的学习成绩和在学校时发表的几篇文章被哈佛法学院聘用。我班上的一些学生比我年纪大,也比我老练。他们叫我"小教授"[1],让我很不舒服。但站在一百七十五名从那些我想都不敢想的名校刚毕业的杰出青年面前,给**他们**上课,让我兴奋不已。讲台上,我畅所欲言,不用担心冒犯哪个老师或法官。我**就是**老师,我的学生们担心会冒犯我!

为我从未讲授过的课程备课成了我的全天候工作。我开始任教时,克拉克·拜舍(Clark Byse)和本·卡普兰(Ben Kaplan)被人们认为是"最棒"的两位老师。我想向他们学习,遂询问是否能让我听听他们的课。两人都拒绝了。卡普兰教授夸张地问我,我是否"允许别人观看我和妻子做爱?"我回答道:"当然不行。"他笑着说:"那么,我和学生'做爱'也不想让任何人看。"我很想这样回应:如果我有一百七十五个妻子,同时和她们做爱,我根本不会留意有没有人在旁边看。因此,我只有自己摸索,不断尝试着学习如何教书。在哈佛的前几年,我除了教书,就是写作,我没有时间代理案件或从事校外活动。

我的第一个教学任务是讲授一年级的刑法必修课。[2]男学生们穿着衬衣,打着领带,一些女学生穿着裙子。当时的教学风格,是教师根据真实案例向学生提出假设性问题的苏格拉底式教学法。由于我熟读《塔木德》,而且生来好辩,我对这种教学法驾轻就熟。刚开始,我就感觉传统的案例教材没有让学生在法律理论和实践操作之间找到恰当的平衡。我决定和我在耶鲁的刑法老师约瑟夫·戈尔茨坦一起动手编案例。[3]我还想每周为我的教案增补案件的最新进展情况。我的想法是让学生们了解最新情况,并帮助他们在毕业后近五十年的职业生涯中办案、教学、裁判或立法。我还想引导学生们关注其他可以丰富他们作为法律人人生的学科——心理学、社会学、经济学、生物学、文学。我拒绝将任何教学方法严格区分为"理论"和"实践",坚信理论必须经得起实践的考验,而实践必须受到理论的指导。

从第一天讲课开始,我就喜欢上跟学生进行苏格拉底式的论辩。但我注意到,尽管有些学生年龄比我还大[比如威廉·本内特(William Bennett),当时甚至是一位聪明、能言善辩、不怯场的保守派,还有戴维·葛根(David Gergen)],但都比较敬畏我这个老师。影片《力争上游》(*The Paper Chase*)里描绘的老师形象当时仍是哈佛的规则,学生们都害怕犯错。我想让他们放松,因此想了一个办法。大概开始上课一周后,我有意在讲述某个案例时犯了个小错误,然后问学生们,法官会怎样给陪审团指示?一位学生怯生生地举手说:"老师,此案没有陪审团指示,由法官直接审理。"我说:"噢!是我的错,你对了。"然后继续上课。这次"错误"后,学生们放松了许多,愿意大胆回答问题了。

但也有我真正犯错误的时候,而且让我难堪不已。[4]

在讨论加拿大的平权法案时,我讲到,只有"一眼就能看出的少数族裔"才能享受优惠政策,班上的犹太学生对此颇为不满。一个学生问我,犹太人算不算"一眼就能看出的少数族裔"。我回答道:"不算,我们一开口,别人就知道我们是少数族裔。"一些学生指责我在强化成见。我立即意识到,幽默固然对教学很重要,但基于种族、性别或宗教成见的幽默,可能会引起人们的反感。

因此,当我问一位一年级学生他会如何应对某一个特定的辩诉交易时,他的回答是"我会像犹太人一样讨价还价一番"。这时,我对这位学生心怀同情。全班对他的这种说法则大为惊讶。但我明白,他可能只是照搬晚餐时听到的俏皮话而已。课后,我和他聊了聊。他懊悔不已,我敢确定他再也不会这么说了。

一次,上刑法课时,有个特别讨厌的学生总想通过提及他学过哲学来显得比其他学生高明。他总喜欢这样开始他的发言"康德认为……"或"黑格尔说过……"我们准备学习一篇当代哲学家罗伯特·诺齐克的文章。当时正值《安妮·霍尔》(Annie Hall)上映不久,片中伍迪·艾伦正在排队买票看电影,听到一个家伙装腔作势地大聊他与马歇尔·麦克卢汉(Marshall McLuhan)约会的事。伍迪把麦克卢汉从一块标志牌后拽出来,对那个人说:"你根本不懂我的作品。"[5]诺齐克是我的好朋友,我跟他提到那个学生。上课那天,诺齐克坐在教室后排,戴着一顶帽子。当那个学生又开始说:"正如诺齐克教授所言……"诺齐克摘下帽子,快步走到那个学生面前,大声说:"你根本不明白我的哲学。"然后,他又对我说:"你也不懂。"全班哄堂大笑,诺齐克和我一起共同完成了那节课。

由于是"新手",我总是花大量时间准备每一节课。我熬夜准备课上提的问题和讲授的方法,早上七点就到学校,总是第一个到停车场的人。一段时间后,克拉克·拜舍教授一次午餐时提到,格里斯沃尔德(Griswold)院长非常气愤,因为总有人占了他的停车位。没有人跟我说,我常停的那个车位是为院长预留的。

格里斯沃尔德院长对我的不成熟非常担心。我从未出过国,连美国东北部以外的地方都没去过。我说话还带着浓重的布鲁克林口音,时不时还会夹杂意第绪语。格里斯沃尔德院长决定让我参加一些活动。在我任教的第一年春天,他告诉我,想让我去英国和法国考察一下刑法学研究机构。学校承担所有费用,当地的校友会接待我。到巴黎后,我很激动,但也惊奇地发现根本没有什么刑法学研究机构。在伦敦,我获邀代表哈佛法学院参加在威斯敏斯特大教堂举行的《大宪章》颁布750周年纪念活动,座位就在女王后面几排。几年后,格里斯沃尔德院长才承认,刑法学研究机构只是一个让我出国旅行、接触不同文化的借口。这个做法确实起了作用。在巴黎我花了二十五美元购买了平生第一件艺术品:一幅康定斯基的版画。[6]巴黎的朋友还给我安排更多节目:聆听一场巴黎歌剧,或观看一支新近英国流行乐队的演唱会。因为院长让我学习文化,我选择了歌剧,因此错过了现场观看披头士乐队表演的机会。我的孩子们至今还在拿这件事取笑我。[7]

任教不久后,《哈佛法学院报告》(*Harvard Law Record*)发表了一篇题为《精神与法律》("The Psyche and the Law")[8]的文章,报道了我有些不寻常的教学方法。

> 他的刑法课看起来根本不像一堂法律课程。那些未来的法律职业人本该研读晦涩艰深的上诉法院判决,然而,他们手里捧着的却是玛格丽特·米德(Margaret Mead)的书。一个简单刑事程序就能解决的问题,他却要就此发表一通关于医学研究和道德的长篇大论。他的学生们对阿尔弗雷德·金赛(Alfred Kinsey)的《美国男性性生活报告》兴致盎然,而不是钻研罪行的分类。[9]

文章将我描述为"可能是哈佛法学院最年轻的教师,二十四岁即获得这一教职"。[10]还引用了我的话:"其实根本没有法律这回事……所谓法律就是我们让社会有序的众多手段之一。你无法将这一手段视为一个严谨工整的事物,必须以全面的视角将其看作一个不断演进的体系。"[11]

该文还提到,我并不将我的工作视为仅仅讲授"任何法律体系的细枝末节,任何人都可以靠自学对之了如指掌",而是教会学生如何"提出恰当的问题,并出于正确的目的为这一问题找到正确的信息"。[12] 换言之,如何在不断进行批判性思维的同时获得长进。

一些固守传统的人士震惊不已,一位校友在学校报纸上发表了如下文字:

> 德肖维茨教授似乎就是法学院远离现实的典型……只要我们的处罚制度彻底改头换面,法学院的学生们将来就会按他的"法子"从事法律职业。没人质疑德肖维茨教授的天分,但我对他在法学院运用他的"天分"是否会让哈佛法律学子成为出色法律人深表怀疑。[13]

阿瑟·戈德堡大法官给报社写了封信,为我的教学方法辩护,并对批评我的人告慰道:"德肖维茨先生的学生们将会深深受益于他的张扬个性和对所讲授课程的独到见解,就像我当年一样。"[14]

《哈佛法学院报告》也发表了如下社论:

> 哈佛的许多法律课程正被年轻的艾伦·德肖维茨教授注入全新的内容。毫无疑问,即便我们拥有文科背景,我们也从这种教学方法中获益匪浅。

不久后,《纽约时报杂志》一篇比较哈佛法学院和耶鲁法学院的文章将我描述为"吹进哈佛的一股清风",一位极受欢迎的教师。[15] 这篇报道对我的首肯甚至改变了对我持怀疑态度的人们的观点。在我任教的第一年年底,我获得了全院教师评分中的最高分。该杂志后来的另一篇文章写道:"他的学生们将他敬称为'假想大师,你答对了一个问题,他还会有另一个一定会让你瞠目结舌的问题等着你'。"很快,一些年轻教师纷纷要求听我的课,我来者不拒。

我对每一堂课都有相同的目标,现在回想起来,这一目标确实太高。我必须在课堂上讲前人所未讲,教前人所未教。这当然是我的期望,我对此不懈追求。当然,法律基于先例。如果你所说的话是前人所言,特别是法官所言,你就得分了。我对此非常厌恶,它让我想起了我曾受过的犹太宗教学校教育。我想自创一套。我知道,学生们不会感兴趣,因为他们不会知道我所说的是前人从未说过的,但只有这样才能让我自己满意。年底时,我会把所有笔记全部撕掉,来年全部从"新"开始。我精力充沛,毫无保留地将全部心血投入每一堂课。

由于讲授刑法课,我拥有了许多自由。哈佛没人真正在乎刑法课。我们的学生也几乎不会成为刑事律师。事实上,我在一个班上的开场白是这样说的:"根据统计,你们未来成为刑事被告的可能性比成为刑事律师的可能性大得多,所以,认真点。"我讲授的法学院一年级刑法课绝不会像公司法或税法课那样受学生重视。但如果让我讲授合同法或物权法,我可能不会拥有这些自由。

从我在哈佛任教开始,我就讲授各种课程。如果我想学习一门新课,最好的办法就是开设该门课程的研讨课,和学生们一起学习,真正是教学相长。每一堂课的成功不仅在于我教了学生多少,还在于我从学生那里学到了多少。我常讲授的课程是刑法和刑事诉讼法,还有法律与精神病学。我每年都会讲授这几门课,但内容年年不同。我还会开设一门我从未讲授过的课程或研讨课,通常都会和时事相关,如越南战争、种族暴力、水门事件等。每年都开设新课确实是一个不小的挑战,但这样可以使我接触新的知识,并避免出现其他老师不断简单重复同样观念的情况。

许多教师的言论沦为陈词滥调的原因之一,就是学生们的上课时间都花在了记笔记上。许多学生对一字不落地运用各种速记法记笔记驾轻就熟。(当然,今天电脑已成为记笔记的主要工具。)我不想看到我的学生就像法庭速记员那样,在我或其他同学发言时埋头记笔记。为了消除这一现象,我会在教室走廊来回走动,随时对他们提问,模仿比克尔教授曾用过的教学方法。我非常喜欢比克尔的教学风格,因为我从不记笔记,但这也让班上其他记笔记的同学极为紧张,生怕漏掉老师精彩的只言片语。我的方法也让我的学生们郁闷不已,因此,我采用了另一种方法。

在我的一年级刑法课上,前两周我会禁止学生记笔记,不准使用任何笔和笔记本。我坚持让学生认真听讲,边听边记忆,不假思索地回答我提出的任何问题。作为不准记笔记的交换,我承诺,任何导论阶段的内容都不会出现在考试试卷范围内。这让他们大大松了口气。到第三周时,他们可以开始记笔记,但像法庭速记员那样记笔记的学生已寥寥无几了,多数都积极参与课堂讨论。

尽管我一到哈佛法学院,我的开明自由就路人皆知。但我仍尽力避免利用课堂对别无选择的学生宣传灌输我的观点。我的目标不是将保守派转变为自由派,而是让保守派人士成为深思熟虑的保守派,能更清晰地捍卫其立场。对自由派人士和其他人亦是如此。我总是扮演"魔鬼代言人"的角色,对一切观点和成见提出质疑和挑战。

在哈佛的马尔科姆·X

开始任教不久,组织"哈佛法律论坛"的学生们问我是否愿意出席备受争议的马尔科姆·X的讲座。他受邀发表演讲,但没有资深学院教师愿意在讲座上出席并介绍他,而讲座的规则要求学院必须有人出面介绍主讲人。尽管我对他的多数观点都持异议,但还是同意出席。他刚从麦加回来,而且信奉了伊斯兰教,并对以色列、犹太复国主义和犹太人发表了一些不友善的言论。但基于对言论自由的信念,我还是同意在讲座上担任介绍嘉宾。

当我在讲座上介绍他时，我注意到，他肩膀上随身挎着一个看起来像是相机盒的东西。后来，我得知里面装着一把枪，没有其他学院教师愿意和他同台的原因，就是他的备受争议的观点让他常常受到生命威胁。

整个活动还算进展顺利。阿奇·埃普斯（Archie Epps）这位哈佛杰出的非洲裔美国院长发表了开场演讲，但与马尔科姆·X的观点划清了严格界限。接着我发表了略带批评性的介绍演讲。随后，马尔科姆·X向到场听众讲解了他备受争议的有关黑人解放的观点。

活动结束后，我们一起共进晚餐。我坐在马尔科姆·X边上，整个晚餐我们都在就中东问题争个不停。我问他是否愿意前往以色列看看。他说不，因为他认为以色列是被占领的穆斯林土地，但他随后说："我在以色列可比在我去过的阿拉伯国家安全多了，比在美国还安全。"没过几个月，马尔科姆·X在哈莱姆被人枪杀。

数年后，埃普斯院长主编了一本名为《马尔科姆·X：哈佛演讲录》（Malcolm X: Speeches at Harvard）的书。[16]书中收录了马尔科姆在哈佛的演讲，以及我当时发表的批评言论。但他并未收录他自己的演讲内容。马尔科姆已成为烈士，我对他的批评言论显得极不知趣，因此我询问埃普斯为何决定收录我的讲话，而不是他自己的。他回应道："这就是当主编的好处，我可以决定编什么，不编什么。"

没读过我在校外发表的文章的学生通常对我的政治观点一无所知。比如，课堂上我通常**支持**死刑，因为学生们多数不同意这一观点。我也有意支持其他"魔鬼代言人"的立场观点。我还故意安排学生们阅读我完全反对的文章，目的是培养他们合理分析的能力，并为他们呈现现实社会遇到的不同视角。

成为全职教授几年后,当时的法学院院长德里克·博克(Derek Bok)把我叫到他办公室,告诉我,我是一位身价不菲的教授。由于哈佛的薪酬标准划一,我不明白他的意思。他拿出一封哈佛校友的信给我看。信中说,如果哈佛法学院解聘我,他将会捐一大笔钱给法学院。许多古板的哈佛校友对我讲授诸如精神病学和法律这样的课程感到不满,但这位校友对我存有个人成见。我曾免费成功代理过一位在布鲁克林长大的年轻人,他被控为犹太捍卫团制造炸弹,导致索尔·胡洛克(Sol Hurok)的一位年轻女性雇员死亡。[17]死者恰巧是这位富有校友妻子的妹妹。如果我被解聘,他将捐赠一栋价值数百万美元的大楼给法学院。我向德里克·博克建议,可能我可以和学院达成一个解雇补偿协议。我们都大笑起来,深知一所哈佛这样伟大(富有)的大学绝不会因他人威胁不捐赠一大笔钱,就解聘其已获终身教职的教授。

任教第二学期,我被安排讲授家事法,一门深受女生欢迎的选修课。女性律师被认为适合从事离婚和子女监护方面等"软法"事务。我班上的学生包括当时一些最杰出的哈佛法学院女性毕业生,有后来成为联邦参议员的莉迪·多尔(Liddy Dole),后来成为国会议员和布鲁克林地区检察官的伊丽莎白·霍尔兹曼(Elizabeth Holtzman)以及后来入职哈佛法学院,成为法学教授的伊丽莎白·巴托莱特(Elizabeth Bartholet)等杰出人物。

我开始任教时,哈佛法学院接收女性学生刚满十年,而且当时一些教授仍坚信女性不可能成为优秀的法律人。[18]我到哈佛工作的第一年便见识到了这种成见。

我的班上有个明星女学生来自纽约,后来成了一名出色的法官。期末考试她的成绩是 A。另外三位给她上课的一年级教师也给了她 A,但她的合同法老师却只给了她 D。她给我看了她的试卷,显然应该得 A。我确信她的合同法老师可能登分有误,就前往他办公室跟他商量。他看了看试卷,说:"噢,我记得她。她不像法律人一样思考,所以我给了她 D。"后来我得知,就是这位教授极力反对哈佛法学院录取女生。

这件事让我确信,必须采取行动消除法学院对女性挥之不去的成见。我随即提议对所有考试试卷进行"盲评",教授们只有在提交成绩**后**才能知道学生性别。

几十年后,我和妻子及儿子埃隆,与时任总统克林顿及第一夫人共进晚餐。我们邀请他们到玛莎葡萄园我们的犹太教堂参加犹太新年仪式,他们则邀请我们仪式后共进晚餐。我问希拉里为什么选择耶鲁法学院,而不是哈佛法学院。她笑着说:"哈佛不要我。"我对哈佛拒绝她表示遗憾。她回答道:"别这样说,两所学校的录取通知我都收到了。"她解释道,她当时的男友邀请她参加哈佛法学院的圣诞舞会,一些哈佛法学院的教授也会出席。她当时问了一位教授,应该选择哪所学校。那个教授看着她说:"我们的女生已经够多了,你应该去耶鲁。那儿的教学更适合女生。"我问她是哪位教授,她告诉我不记得他的名字了,但好像他的名字第一个字母是 B。几天后,我们在一次聚会上遇到克林顿夫妇。我事先准备了所有名字以 B 开头的教授当年年鉴的照片。她一眼就认出了那位教授。他就是给我那个优秀学生 D 成绩,并认为她没有"像法律人一样思考"的那个教授。结果证明,恰恰是这位教授,而不是两位(毫无疑问还有更多)杰出但遭受成见的女性,没有像法律人一样思考。法律人都应该凭证据行事,而不是他们的主观判断。那位歧视女生的教授最后成了国际刑事法院的一名法官。

我告诉希拉里,我当时真该去参加那年的圣诞舞会,因为我会鼓励她选择哈佛。她笑着转向她丈夫说:"但那样的话,我就不会遇见他了,他也不会成为总统了。"

"B"教授并不是唯一一个对女性法律人持否定观点的人。一名教师拒绝让女生做事,除了在每年他称为"女士日"的那天。他会在这一天专门针对女生进行言语攻击,以致一些女生会故意"敬而远之"。欧文·格里斯沃尔德当时是法学院院长,一位公民自由和公民权利的坚定捍卫者,可他也是一位厌恶女性的人。在我刚入职哈佛法学院时,他曾邀请我和所有刚入学的女生(只有几个)到他家晚餐。他警告那些女生,如果她们想在哈佛法学院找到"另一半",他们会大失所望。"哈佛法学院的男生不会约会哈佛法学院的女生。他们只和莱斯利学院的女生约会。"(莱斯利是哈佛附近的一所女子学院。)说完后,他围着桌子,逐个问在场的女生,为什么她会取代一位结婚后将真正从事法律职业以养家糊口的男人。

格里斯沃尔德院长对犹太人也看不顺眼。那次晚餐上,他注意到我没吃肉食,问我为何不吃。我告诉他,我只吃犹太洁食。他回应道:"连天主教徒都取消了周五不能吃肉的戒规,难道你们不觉得也该和其他人吃一样的东西吗?"我以为他在开玩笑,就说道:"我问问其他犹太人吧。"事实上,他并非在开玩笑。再见到他时,我说:"我问了其他犹太人,他们说洁食传统已保持了几千年,再保持几百年也没什么大碍。"他没笑。我觉得,这次"交锋"让我又多当了几年洁食者!

大概有一年多,格里斯沃尔德都叫我"夏皮罗"——另一位名字听起来像犹太人的助理教授。格里斯沃尔德要求我周六上课,我直接拒绝了他的要求。他说,他不会仅仅因为我遵循犹太传统就给我一个人破例。我还是不依不从。最后,他取消了周六的课程安排。

在我正式入职哈佛法学院后不久,我接到贝利·奥尔德里奇(Bailey Aldrich)法官的电话,邀请我在他参加的一个私人俱乐部对会员讲话,俱乐部的名字叫"奇声会"(Club of Odd Volumes)。他告诉我,会员都是波士顿法律界一些顶级头面人物,包括几个最高法院大法官和其他法官。"我们会邀请所有'新手'讲讲他们的工作情况。"他给了我这样的建议。

想起贝兹伦法官曾拒绝在道格拉斯大法官的俱乐部发表演讲,我礼貌地告诉奥尔德里奇法官,我会尽快回复。然后,我给反诽谤联盟的负责人打电话询问"奇声会"的情况。这位负责人的回应是"他们不接纳犹太人、天主教徒、黑人和女性"。我立即给奥尔德里奇法官打电话,告诉他我严格坚持不在任何"限制性"机构组织发表讲话的原则,因此我只有拒绝他的好心邀请。(其实我从那天才开始接受这一"原则",因为之前从没有人邀请我在一个限制性会所或任何其他会所讲话。)他感谢我考虑了他的邀请。不到一个小时,我就被突然召到了院长办公室。

格里斯沃尔德院长告诉我,我已冒犯了法学院的一位极其重要的校友,我是第一个拒绝在那个会所发言的助理教授,而且未获终身教职的学院老师在那里汇报工作很重要,因为会员中有几个是负责决定终身教职的哈佛校务监督委员会成员。他责备我道:"你亲手毁了你自己的机会。为什么要拒绝他们的邀请?如果我让他们再邀请你一次,你会考虑去吗?"

我还是说不,并陈述了我的理由。尽管来自美国中西部,但格里斯沃尔德自视为一位体面的高雅之士,一位民权和公民自由的谨慎倡导者,所以我认为他能理解我的理由。他停下来,盯着我说:"尽管我仍不同意你的理由,但考虑到你的背景,我能理解你为什么不愿意去那个会所。我会给贝利打电话解释你不去的原因。我希望你别因此耽误你的前程。"这就是我最后听到的意见,直到几年后,格里斯沃尔德院长告诉我,校务监督委员会负责审查并批准学院推荐我获得终身教职的一位主席就是"那个会所"的活跃会员。我做好了拼力一搏的准备。但委员会批准了我的终身教职,院长后来告诉我,全票通过。

任教几年后,有人邀请我在一所大学举办讲座。讲座后,学校安排在当地的大学俱乐部用餐。我到那儿后发现,有几个女性在抗议,因为那个俱乐部不对女性开放。我拒绝进入,晚餐不得不改到另一个地点。这一举动遭到该州首席法官的强烈反对,他资助了那次晚餐。同样的事情还发生在俄亥俄州的哥伦布市,在我代表该市一家律师事务所参与了一场重要案件的开庭之后。他们邀请我和我的女同事在当地大学俱乐部用餐。到那儿后,他们问我的女同事是否介意从后门进去,因为只有男性才能从前门进入。由于女同事很年轻,她不情愿地同意从后门进入,但我拒绝让她这么做。我们在当地另一家餐厅用了晚餐。数年后,我被邀请到澳大利亚举行系列讲座,悉尼的哈佛校友会请我发表一个午餐讲话。我同意了。当我告诉朋友我将在悉尼的哈佛校友会讲话时,他提醒我,那个组织不向犹太人、女性和黑人开放。我给了校友会两个选择:我信守承诺,但我会讲讲为何哈佛的任何组织在限制性俱乐部举行活动是错误的;或者邀请方换个地点,我讲讲哈佛的生活。他们选择了第二个选项。回校后,我给院长写了个备忘录,并要求全院传阅,哈佛教授从此以后不得以哈佛名义在任何限制性场所发表演讲。波士顿的一家犹太乡村俱乐部邀请我讲话,我予以拒绝。他们解释,俱乐部的成立是为了应对当地其他乡村俱乐部不愿接受犹太会员的规定。但我告诉他们,即使出于这个目的,也没理由继续扩大区别对待的做法。俱乐部主席打电话告诉我,其实俱乐部还是有六位非犹太人会员。我这才同意讲话。一位年轻会员走到我身边说我上当了,"我们是有六位非犹太人会员,但他们都是犹太会员的女婿"。

我成为哈佛法学院教师的时候,教师不多,可能只有三十几个全职教授。(现在这个数字已超过一百,但学生规模却变化不大。)全院教师会在一间小型餐厅围着一张大桌举行午餐会,由院长主持。大家会讨论一些法律问题。判断一个问题是否值得讨论的标准是其"合适性"。这个词仍萦绕在我耳畔,就像我祖母对我的训斥一样。所有教师都必须作出"合适"判断,所有作品都必须"合适",而非具有开创性、思辨性、趣味性或挑战性。我很担心,因为我的观点一点都不"合适",至少在一些相对传统的法学院同仁看来。

在我为就职哈佛还是耶鲁举棋不定时,我在耶鲁的良师益友比克尔教授建议我不要选择哈佛。他警告我道:"你不会融入那里的。"比克尔教授曾因其宪法观点不够"合适",遭到哈佛法学院的拒绝,但他后来成为耶鲁最杰出的法学教授之一。最近,我把这个故事讲给一位已在哈佛任教五十年的同事听,他说:"亚历山大说得对,你根本融不进这里。"我也从未就此努力过。

为了获得终身教职,每位助理教授都必须发表一篇"终身教职文章"。我写了一篇关于法律和精神病学关系的文章,文中我批判了在判断精神不正常罪犯是否应为所犯罪行承担责任,以及在判断被认为具备危险性的精神不正常人士是否应被预防性羁押在精神病院时,法律过分依赖精神病学的观点。[19]由于文章坚称,这些决定应基于明确陈述的法律标准,而非模糊不定、高度主观的精神病学标准,况且文章也对贝兹伦法官——一位被哈佛法学院认为持"不合适"观点的代表人物——的观点进行了批判,我的文章被认为比较"合适"。

当法学院还在考虑是否给我终身教职时,我开始接到一些顶尖法学院的入职通知,有哥伦比亚大学法学院、芝加哥大学法学院、斯坦福大学法学院、耶鲁大学法学院和纽约大学法学院。当时,我在哈佛的年薪是12000美元,如果获得终身教职会涨到14000美元。斯坦福开出了年薪20000美元聘用我,当时是法学院历史上助理教授能获得的最高年薪,甚至比许多哈佛的全职教授年薪还高。我找到格里斯沃尔德院长,告诉他我无法拒绝比现在收入高6000美元的机会,而且我有两个在读私立学校的孩子,银行也没存款。他板着脸对我说,不可能给我开出比老教授更高的年薪。后来,他将包括我在内的**所有人**的年薪提高到21000美元。我成了最受年轻同事欢迎的教授,他们都从后来戏称的"德肖维茨加薪"中分到了一杯羹。

在我任教早期,我是唯一一位明确宣扬公民自由的年轻法学院教师,不管是教学还是撰写学术文章都涉及这一领域。整个教师团队倾向保守,尽管有几位年长教师积极从事自由事业,主要是争取种族平等。但言论自由和刑事被告的权利从来就不在多数教授的考虑范围之内。因此,我积极参与美国公民自由联盟(ACLU)的活动引起了他们的怀疑,因为该组织的某些立场显然被他们视为"不合适"。一位名为马克·德沃尔夫·豪(Mark DeWolf Howe)的教师极力鼓励我应更加活跃,他还提名我加入ACLU全国委员会。我接受了这一工作。开始任职时,该委员会都是纯粹的公民自由人士,除为保护所有人的言论自由和正当程序权利外,没有任何政治或意识形态目的。我个人的工作方法可以用托马斯·潘恩(Thomas Paine)名篇《政府首义》("First Principles of Government")最后一段概括(我藏有此文初版):

> 一个保证自身自由不受侵犯的人,也必须确保其敌人不受压迫;如果他不这么做的话,就会设立一个最终会使其自食其果的先例。[20]

正是出于这一原因,我支持ACLU捍卫纳粹、三K党和共产党表达令人厌恶甚至危险观点的权利。

1974年,当时任总统尼克松面临弹劾时,我这种中立的公民自由策略也面临了挑战。尼克松其实敌视公民自由,当然也与ACLU为敌。(由于我在他任期内不断受到国内税务署的盘查,显然他也把我视为眼中钉。我从未被查出半点问题,一分钱也未被罚。)但当尼克松被大陪审团依照特别检察官的指令定为"未受指控的共谋犯"时,我大喊"犯规了"。这让我的学院同事感到不安,因为特别检察官办公室起初由哈佛教授阿奇博尔德·考克斯(Archibald Cox)主事,虽然他后来被解雇,但该机构一些身居要职的人都与哈佛有干系。但我认为,将总统指认为一位未受指控的共谋犯显然不公,这样的话,他就没有权利为自己辩护,因为他永远不会接受审判。我敦促ACLU对大陪审团的这一错误提出质疑,并保护这个与我们为敌之人的公民自由。ACLU拒绝了我的请求。相反,他们打破了其长期坚持的不对政治事务发表立场的原则,极力主张弹劾总统。我提出了异议。我认为,ACLU在如此政治性的问题上表明立场并不恰当。在我看来,ACLU应挺身而出,捍卫尼克松的公民自由免遭不公正的法律策略践踏。

尽管从个人角度来说,我非常赞同对尼克松弹劾,但ACLU在尼克松弹劾案上的决定标志着其开始背离长期坚持的对言论自由和正当程序的中立立场,转向更政治化、党派化、意识形态化的策略。这个组织开始基于种族、性别和性取向选择其委员会成员,而非对中立公民自由立场的坚持。如此选出来的委员会成员将自己视为选民的"代表",将这一组织引领向强调诸如堕胎权利和平权行动群体的政治日标,我个人虽支持这些事业,但这并非该组织关于公民自由的核心考量。不久后,我辞去了ACLU委员会委员的职务,但我仍支持其以公民自由名义采取的任何行动。我继续将公民自由作为我教学和写作的主题,将尼克松面临的处境作为一个例证,证明捍卫那些剥夺他人公民自由者的公民自由多么不易。

除教学外,作为教授,我的主要工作就是发表学术文章。在哈佛的前十年,几乎我所有的文章都发表在法律评论上,主要关注我们法律制度的预防作用。针对具备危险性人士的预防性羁押,我写了几篇长文,试图从历史、实证和法理角度证明我所称的"正在形成的预防状态"。[21]这不仅是一个重要的理论问题,也具有现实效果,因为基于**未来**可能行为的预测,而非过去行为的确定,越来越多的人遭到限制自由。[22]这些"假定的囚犯"包括数十万精神病人、审前被羁押者、潜在性侵犯者、"需要严格监管者"、身患传染疾病者、关键证人,以及其他被认为极度危险、不能自由行动者。通过我起初在耶鲁对精神病学和法律的研究,加上担任贝兹伦法官助理的经历,我开始对这些没有任何权利的遭羁押者的苦难——我们法律制度的"黑洞"——感同身受。我看到一个既能在实践层面发挥作用,又能为法学理论作出贡献的机会。

在我的一篇文章中,我从早期的圣经法,经由英国普通法,到当前的美国法,梳理了预防行为的历史脉络。另一篇文章中,我对那些声称能准确预测他人未来不当行为的人进行了分析。我提出了一个新的法律观点,旨在政府对预防性行为的需求和预防性状态所带来的危险之间谋求平衡。在我那篇名为《英美法预防性自由限制的起源》[23]的长文中,我向学术同仁提出请求,为正在形成的预防性状态共建一个新的法理依据:

> 尽管预防性自由限制自古有之,且会持续下去,但还未出现关于预防性干预的法理依据。如此断言,貌似惊人,甚至不恭,但却是事实。依笔者所知,没有任何哲学家、法学家,或政治理论家曾针对政府何时可以恰当实施预防性自由限制构建一套系统理论。[24]

接着,我给出了缺少法理依据规范预防性措施的几个原因:

> 多数情况下,预防性措施的实施机制都缺乏正式性,相应的,这些措施也无需精确的辩护或合理的理由。而且,许多学者直接

否认预防性干预措施,特别是预防性自由限制措施的存在;或者即便他们承认其存在,他们也否认其合法性,进而规避为其构建法理依据的需求。最后,构建一套能与现行刑法理论和民主制度无缝对接的预防性自由限制理论难度极大。[25]

不管出于何种原因,最后的结果都是:

> 现实中这样的做法无处不在,在没有详尽法理依据监督限制的情况下,随意限制剥夺人们的自由。在没有系统性决断何种伤害应实施预防性自由限制,或多大可能会发生的情况下,仅凭防止预想中可能发生的伤害,便实施限制人身自由的行为,既没有任何实施期限,也没人关心伤害本身、发生的可能性及实施期限之间的关系。[26]

最后,我将防止未发生之不当行为法理依据的缺失,与惩罚已发生之不当行为法理依据的存在进行了对比。

> 本文并非认为,现存对过去行为实施惩罚的法理依据或理论无懈可击。但至少对其提出了诸多恰当的问题,而且一些学者也尝试进行有益的回答。即便是布莱克斯通的名言"十个有罪之人逍遥法外也比冤枉一个无辜之人好",也告诉我们,设计证据规则和诉讼程序的重要性。针对预防性自由限制,可没有这样的良言警句:X个"误判之人"被错误羁押(关多久呢?)是不是比Y个可预防的伤害(具体哪种?)实际发生更好?X和Y之间的关系怎样才算公正?我们甚至还没开始问这些问题,更没研究出回答这些问题的分析模式。[27]

从我写下上述文字开始,"预防性状态"扩大了规模和范围,特别是在针对预防恐怖主义的情况下。许多既在宪法上,也在道义上站不住脚的措施,从关塔那摩到水刑,再到大规模电子监听,都以预防恐怖主义袭击的名义合理实施。然而,我们仍未找到令人信服的法理依据,既能恰当地平衡政府预防恐怖主义的合法考量,又能顾及维持法治的迫切需求。

1968年到1976年间,我就此写了二十多篇学术文章,成为第一个系统性关注预防性措施法律问题的学者。我的研究使我成为斯坦福大学行为科学高级研究中心的杰出学者,得到古根海姆基金会、福特基金会和富布莱特基金会资助,也获得了其他学术机构的认可。更重要的是,我的研究改变了针对精神病人和被视为危险人物的被告进行审前羁押的法律规定。

我发表在法律评论上的文章技术性很强,完全以法律专业术语写就。但从教十年后,我开始为公众写作。《纽约时报》邀请我为其《每周一评》栏目撰写专栏文章。这些专栏文章详细分析了最高法院判决和其他领域的法律发展。我很快发现自己具备为广大公众写作通俗易懂法律文章的能力。我想起卡拉布雷西教授对我早期文章的批评:"你写的东西读起来就像是你在和布鲁克林的朋友们聊天。"我决定将这一法学院学生的不足转化为法律教授的长处:我将以和那些虽聪明透顶,但从未受过法律教育的布鲁克林朋友们聊天的方式为公众写作。结果证明效果奇佳。不久后,我就赢得了"公众教授"的名声,但凡需要以公众可以理解的方式解释复杂的法律技术问题时,我是不二人选。

很快,我就开始写作书评并为大众杂志撰稿,同时也为法律评论撰写学术文章。我钟爱写作,笔耕不辍。在这方面,我模仿的是我的良师益友亚历山大·比克尔教授。他曾告诉我,如果没有每天写够"三千字美文",绝不出门。我也为自己确立了类似目标。我习惯在我的法律笔记本上手书,因为我从未学会打字。(我母亲曾跟我说:"打字是女孩干的事。"连我的学年论文都是她为我打印的。)

在哈佛任教几年后,我已成为全国最知名的法学教授之一。我的课堂座无虚席,我的学术文章受到学界高度关注,作为公共知识分子,尽管一些学院同事对我有异议,但是我已发挥了足够的作用。然而我的职业生涯仍缺少某些东西。我还不是一个"真正的法律人"。

二十四岁接受哈佛教职时,我深知我能胜任讲授任何法律理论课程,同时我也深感自己缺乏实践经验,毕竟我从未有过实践法律的经历。(就读耶鲁法学院第二年和第三年间的暑期律师事务所经历完全不足以成就一位法律实践者。)布鲁克林的成长环境使我拥有了一种实践思维——所谓的"街头智慧"——但我仍相当渴望能有实践经历。我不断寻觅可以让我从理论顺利转向实践的介入实际案件的机会。除了当好法学教授,我想成为一名真正的律师。

成为真正律师的决定在哈佛法学院同仁中引起不小争议。一位同事在听说我开始接案子后,对我说:"在哈佛法学院,我们从不代理当事人。"说出"当事人"一词时,他语含轻蔑。许多顶尖法学院都以讲授纯粹理论问题为荣。同事中也确实有来自实务背景的人,但一旦开始在法学院进行教学,他们都不再执业,尽管学院明确规定,在某些限制前提下,可以执业。由于我从法官助理直接开始教学,我极为渴求法庭的实践经历。我不满足于仅仅成为一名法学教师和法学论文作者。我想在法律史上留下我的印记,而不是仅仅跟随他人的脚步。与戈德堡大法官一样,我也是一个"行动派",绝不是一个满足于坐在办公桌后或站在讲台上的人。我需要出现在法庭上。我需要成为一名真正的律师。我需要了解法律如何影响有血有肉的当事人的生活,而不仅仅研读那些满是陌生名字的案例。我需要亲身体验赢得和输掉一场官司的感受。

我没有小奥利弗·温德尔·霍姆斯的感受,他在哈佛短暂任教后

第四章 学术生涯

的体会是"学术生活只不过是生活的一半……远离'实战',只是为了'闭门造车',冥思苦想出惊人之语"。但我真切地感受到,如果参与重大疑难案件的诉讼,我的人生会更趋完整,更有成就感。

刚入律师这一行时,几乎所有的案子我都是无偿代理——不收取律师费——许多都与 ACLU 有关,涉及依据宪法第一修正案的审查违宪和依据宪法第八修正案的错判死刑。由于这些问题属于我的学术专长,这些案件让我能顺畅地从理论转向实践。下面的章节我将为大家讲述其中的一些案件。

第二部分

言论自由的变调

从"五角大楼文件案"到"维基解密案"

第五章
宪法第一修正案的变迁

经典名言的新含义

一直以来,我都想成为一名捍卫宪法第一修正案的律师。我的成长经历让我无时无刻不以捍卫言论自由为己任。我总是人群中的异议者——我成长时的当局可没用这么礼貌的称呼,当时的说法是"捣乱者"和"刁民"。我与很多人争论不休,也为其他"捣乱者"辩护。我几乎对一切事、一切人提出质疑。我很少行使宪法第五修正案赋予我的"沉默权"。对我而言,自由言论、自由写作、自由发表异议、纠正不公、集会与质疑一直以来不仅是民主善治的核心,也是生活本应有的要义,既是手段,也是目的。

我一直都极为看重宪法第一修正案,不是因为其位列第一——在最初的版本中,这一条的内容是第三修正案[1]——而是因为没有该条的保护,所有的权利都得不到保障。

并非所有人均赞同我的观点。演员查尔顿·赫斯顿(Charlton Heston)曾认为:

> 第二修正案在重要性上应位列第一,应是美国首屈一指的自由权利,可以保护所有其他权利。与言论自由、出版自由、宗教信仰自由、集会自由、请愿自由相比,宪法第二修正条款确立的权利

应在这些自由之上。该条款给予人们免受恐惧的能力,持有并携带武器的权利才是确保其他"权利"得以实施的根基。[2]

美国的历史和自然地理环境证明赫斯顿大错特错。几乎所有热爱自由的国家都对持枪有所限制,却对自由表达限制不多。过往的经验告诉我们,少了拥枪权利,自由恰恰可以蓬勃发展,但如果没有言论自由,其他一切自由概不存在。从武力对决到言辞辩论是文明进步的标志。正如弗洛伊德所言:"第一个发出语言攻击,而非掷石块的人奠定了文明的基础。"这就是为何我们的宪法第一修正案保护人们"相互言语攻击"而非"互掷石块"。

宪法第一修正案令人振奋的内容——"国会不得立法……限制言论自由或出版自由"——从我处理的第一个捍卫表达自由案件的二十世纪六十年代到当下,始终没什么变化,但含义却在过去的半个世纪发生了极大的转变。主要原因就是人们语言交流方式发生的剧变。技术进步已从里到外彻底改变了表达自由。

我当法官助理时,传递信息的方式就是一张手书的信签纸。我们需要将备忘录传阅至所有法官,我们的做法是用打字机将备忘录打印在复写纸上,再复制九份"副本"。就是到了二十世纪七十年代,当我第一次到苏联时,那里的持不同政见者和被拒绝移民者让我给他们带复写纸,这样他们就能大规模印制被当局封禁的"地下出版物"。"五角大楼文件案"中的文件系由人亲手在早期复制机上复制的。今天,借助传真和互联网,只需鼠标点击就可将"维基解密"爆料的文件传遍全世界。

过去五十年,我为各式各样、种类繁多的表达手段和方式——电影、戏剧、书籍、杂志、报纸、涂鸦、照片、传单、小册子、扩音器、墙贴、网站、网帖、言论、质问、卡通、传真、声像底片、噪音、威胁、教唆、录像、广告、祷告书、讲课、直播和录影的裸露(身体前部、侧面、后部)、诽谤、亵渎,以及侮辱性手势(我指的是"竖中指")——进行了辩护。

我也曾为新纳粹和种族主义言论、斯大林主义、反以色列言论、软色情、直白色情、儿童裸照、兽行录像进行过辩护。我还为主流报纸和出版社、匿名及非匿名博主、推特用户、网站运营商,以及披露机密信息、国家机密和其他政府不愿他人知晓的材料的人进行过辩护。

我代理的当事人有我钟爱之人,也有我憎恨之人,还有些我完全看不上眼的人——好人、坏人、不好不坏的人。H. L. 门肯(H. L. Mencken)曾哀叹道:

> 捍卫人类自由的麻烦在于你不得不将生命中的宝贵时光花在一些"恶棍"身上。压制自由的法律首先就会冲着这些人,如果要彻底终止压制自由的做法,首先就要杜绝对这些人自由的压制。[3]

一些我敬重的国家即便审查那些我鄙视的人,也曾受到我毫不留情的批评,比如美国、加拿大、以色列、英国、意大利和法国。一些攻击我所敬重的国家、机构和个人的人,即便我对他们鄙视,但我也会为他们辩护。

每起案件中,我坚守一个重要原则:个人权利,而非政府权力是决定我所言、所展示、所听取、所见、所教、所学的唯一标准。我极力反对政府(以及其他政府机构)审查、惩罚、威胁,或对表达自由附加任何条件的权力,即便这些表达是我个人极不赞同、鄙视或认为属于散布仇恨、伤害他人或危险的言论。

我自己曾深受不实无端诋毁之害[4],也曾错误地遭人指控诬蔑。曾有人非正式地控告我煽动战争[5],以及正式控告我诋毁法官[6],而我自己均选择无罪辩护!我甚至还为对手散布关于我的不实谎言、发起诘难、抵制甚至试图使我失业的做法进行辩护。在捍卫对方无所不言**权利**的同时,我也会坚持我自己享有的对他们所选择的**错误言论**提出批

第五章 宪法第一修正案的变迁

评、指责的权利。表达的自由应包括接受他人的误解，但并不包括免受言词反击的权利。

我并非宪法第一修正案意义上的绝对言论自由主义者，至少理论上不是。但实践中，我几乎会自觉地站在言论自由一边，而不是审查权力一边。

这并非我对公民深信不疑，而是出于我对政府的深度不信任。这也不是由于我始终坚信言论自由权利的行使总会带来好结果，而是由于我深信审查权力的行使一定会带来坏结果。这也不是由于我相信自由的思想总会产生真理，而是由于我坚信政府对自由思想的钳制一定会阻碍真理的产生。[7]

我的家庭和教育背景，特别是我养成的时常与拉比、老师、邻居和朋友们争论的习惯，使我成为一个几乎怀疑一切的人。我确信，确定性会阻碍真理、自由和进步。历史证明，霍布斯（Thomas Hobbes）认为应将所有"有违真理"或不利于和平的书籍出版前审查的权力囊括进"君主权力"的观点是错误的。[8]

我发现我永远无法接近"真理"，没人能做到。我能做的就是提出疑问，不断挑战、质疑，不断学习新知识，掌握新信息，确保我和其他人都有权改变自己的观点。对我而言，真理不是一个含义确定的名词，而是一个活跃的动词，应理解为"永不停歇对真理的追求（或了解、学习、体验）"。[9]

我钟爱的圣经和其他文学作品中的人物都是勇于挑战权威的角色：违背上帝意志偷尝禁果的亚当和夏娃；因上帝威胁将有罪之人和无辜民众一并消灭而对其大加挞伐的亚伯拉罕；哀求上帝不要消灭"冥顽不化"的犹太人的摩西；无惧与法利赛人（标榜教义者）争论并无惧罗马权威的耶稣；勇往直前冲向风车的堂吉诃德；挑战人们常识的伊万·卡拉马佐夫；以及那个高喊"皇上没穿衣服"的孩子。

我最敬重的最高法院大法官是那些勇于提出异议的法官们。同样,我钟爱的历史人物也是那些著名的政治异见者和宗教异见者。我最亲近的朋友都极力反对偶像崇拜。一些我心目中的优秀老师被学校辞退。

没有这些政治异见者和勇敢的司法异见者赋予生命,宪法第一修正案无异于一纸空文。由于他们的存在,宪法第一修正案才没有湮没于岁月之中,随着时代的变迁而演变,时而变得更好,时而变得更糟。

尽管宪法第一修正案的文字两百多年来保持不变,但其中两个最重要的词已变得面目全非,一个是"国会",一个是"不得"。("国会不得制定法律……")一个小故事可以说明这些词汇备具争议的角色。这个事关两位持相反意见的大法官的故事出处不详,但能反映现实。一位是自称绝对忠实于宪法第一修正案文本的大法官雨果·布莱克,另一位是菲利克斯·法兰克福特,他主张即便条款存在表面上意义清楚明确的用词,也应采用符合现实的功能主义平衡法进行理解("较好"观点)。在涉及某个州审查制度的案件中,布莱克拿出破旧的宪法,开始向代表州政府的律师大声宣读宪法第一修正案。"该条款规定,国会不得制定限制言论自由的法律。"他还一边敲着法官席的桌面,一边大声重复"不得制定"。"你们对'不得'词还有什么不清楚的吗?"他一字一顿地问道。法兰克福特法官打断他,说道:"你把这个条款念错了。"接着他的解释着实让律师大吃一惊。"这一条款不是说'国会**不得**制定法律',而是'**国会**不得制定法律'。"同样,他也敲着桌子大声重复着"国会"一词。然后,他继续说道:"本案所涉及的法律并非由国会通过,而是由州立法机关通过。你对'国会'一词还有什么不明白的地方?"他以嘲讽的口气质问他的同僚。

法官们通过强调不同的用词,对第一修正案的同一句话赋予了不同的意义。

第五章　宪法第一修正案的变迁

事实上,这两个词——"国会"和"不得"——随着时间流逝都被其他含义所取代。首先,"国会"在《权利法案》的历史上占据核心地位,起草者们将《权利法案》视为**限制联邦**立法机关权力的一项法案。当时的人们对取代《邦联条例》的《美国宪法》赋予联邦立法机关过多权力,并减少各州为其人民立法的权利(其实应该是权力)而忧心忡忡。[10]起草者们并不想让宪法第一修正案对**各州**带来更多限制。事实上,《权利法案》颁布实施之时及随后的多年里,好几个州都通过了严重限制言论自由和出版自由的法律。[11](一些州甚至公然动用公共权力设立教会,并在法律上歧视天主教徒、犹太人、土耳其人及"其他"异教徒。)[12]如果起草者们想要限制各州权力,他们可以起草一个保护言论自由、禁止**任何**政府进行限制的更宽泛的条款。诸如:"联邦国会**或各州**均不得限制言论自由。"事实上,许多学者[13]和法官都认为,七十五年后通过的宪法第十四修正案达到了这一目的,该条款内容如下:

> 各州均不得未经正当法律程序剥夺任何人的生命、自由或财产,也不得在其管辖范围内剥夺任何人享有的法律平等保护。[14]

当前司法界认为宪法第十四修正案中"各州均不得"的表述"吸收"了宪法第一修正案(以及多数但非所有其他修正案)[15]并适用于各州。[16]根据这一观点,事实上,我们可以对宪法第一修正案作如下解读:

> 联邦国会及各州立法机关均不得制定任何法律限制言论自由。

实际情况是,由于法院并未将该条款的禁止性规定仅限于**立法**分支,而是扩展至**行政**分支和**司法**分支,也就是所有的政府行为,该条款还可作更宽泛的如下解读:

> 联邦**国会**及各州立法机关,**以及**行政机关、司法机关和联邦

及各州政府部门**均不得制定任何法律,采取任何行政或司法行为限制言论自由**。

因而,第一个重要变化——从"国会"到"政府"——扩大了宪法第一修正案的含义,进而扩大了言论自由权利。第二个变化,至少从字面上看,通过去除原文中"no law"中的"no"而缩减了权利。

"no law"一语是对一切限制言论立法的绝对禁止,如果仅限于联邦国会,也可理解。只有**联邦**立法机构无权限制任何形式言论,不管其多么危险或有害,民主制度就可得以延续。只要**各州**立法机关能填补空白,颁行一些理性人民认为的对某些形式表达的基本限制,诸如向敌对国泄露情报人员姓名、战舰方位、作战计划,秘密武器及其他不宜向敌方公开的事项。但"no law"从字面上理解为适用于联邦和各州立法机关,事实上适用于所有政府部门时,意义不大。因为彻底全面禁止所有政府机关限制一切言论缺乏理性依据,特别是那些直接危害国家安全的言论,诸如泄露情报人员姓名和卫星位置。

有意思的是,恰恰是**联邦**立法机关——联邦国会——而非各州在保护国家安全免遭未经许可的信息泄露威胁方面具有强烈的立法利益。宪法第一修正案如规定为"各州不得立法限制言论自由",而不是联邦国会颁行细致的保护国家安全的法律,这样既杜绝了联邦权力过大的担忧,又更能说得通。事实上,这正是一些法院将宪法第一修正案和第十四修正案合并解读为允许联邦国会在认为绝对有必要维护各州立法秘密的情况下,有权制定法律限制言论自由,同时限制各州审查色情作品、毁谤和亵渎的权力(这在宪法第一修正案得以批准时,归属各州权力范围之内)。法院认为,现代社会保护国家安全免遭真正威胁的权力远比保护个人免遭攻击性言论伤害的权力重要。这一对古老法律重新解读以适应新形势的做法,表明了宪法各条款之间的相关性。牵一发而动全身。

即便如雨果·布莱克大法官这样有意将所有言论保护绝对化的人也可以想出办法"偷梁换柱"。"科恩诉加州案"(Cohen v. California)[17]中,反对越战人士科恩穿着一件写有"去他的征兵"(FUCK THE DRAFT)字样的夹克出庭。绝对保护主义者——布莱克大法官支持了一份给科恩定罪的异议意见,理由是"科恩作出的荒谬、滑稽、轻率举动"是"行为而非言论"。[18]布莱克对其助理们坚称,任何人都不应该"看到这句话",将这句话写在衣服上四处展示属于行为,而非言论。他的助理们根本无法说服他。[19]依循这一逻辑,宪法保护"所有"言论,但如果你不喜欢某个言论的内容——比如写在衣服上的"去他的征兵"——只需将其称为"行为",巧使花招(或玩弄语言),宪法的保护立马消失得无影无踪。换言之,那些所谓信奉宪法第一修正案的绝对保护主义者,那些严格按照字面理解并不折不扣适用"不得立法限制言论自由"的人们,只需将他们不想保护的言论归为"非言论"一类就万事大吉了。[20]据报道,布莱克大法官在告诉其助理(在处理"五角大楼文件案"过程中)时对此毫不避讳。他说:"无论怎样,我都会想方设法将其认定为行为,而非言论。"[21]

根据绝对保护主义者的观点,污言秽语[22]——包括政治抗议时使用的侮辱性语言[23]——并非言论。同样,至少某些绝对保护主义者认为,其他的一些表达种类也在宪法第一修正案保护范围之外。据我所知,没有任何一个绝对保护主义者会认为任何表达——包括胁迫下的言论、剧院里误喊失火,以及披露各种形式的秘密——都应在宪法第一修正案的保护之下。

非绝对保护主义者认为上述形式的口头表达虽属"言论",但宪法第一修正案的文字不应作字面解读。一些人认为应根据该条款制定时的情况理解,他们还指出1793年被广泛认为的限制言论的措施。依据这一思路,我们今天认为一定会受到保护的言论都不在宪法第一修正案的保护范围之内,诸如亵渎、对法官的真实批评,以及严肃的涉及性的文学和艺术作品。

另一些人拒绝采纳"原旨主义"路径,倾向于一种针对宪法第一修正案的"鲜活的""发展的"和"适应时代"的观点(对宪法亦是如此)。这一观点明确承认,法院应有权重新解读古老法律条文,以适应时代变化的需求。[24]

不管采用什么思路,可以明确的是,并非所有言论和其他形式的表达都会受到宪法第一修正案的保护。针对何为适当例外的分歧甚大,法官们分歧不断的投票结果和学者们缺乏共识充分反映了这一状况。但所有人都同意小奥利弗·温德尔·霍姆斯大法官的观点,"即便最完备的自由言论保护也不会保护在剧院里误喊失火的人"。[25]

从"误喊失火"这一例子,我们可以总结下面一些因会带来伤害而不会得到保护的言论类别:

1. 冒犯性言论:直接或导致他人代受冒犯的言论,诸如性别歧视言论、污言秽语、种族歧视言论、反犹、反穆斯林、反基督教、反同性恋及其他贬损或招致他人厌恶的言论。

2. 挑衅性言论:挑衅性极强且可能导致听者作出暴力反应的言论,包括指向少数族裔的种族或宗教歧视言论。

3. 犯罪性言论:可能直接或间接引发诸如强奸或性骚扰侵害的强烈性意味的画面的言论。

4. 可能对国家或个人导致伤害的信息披露,包括军事和外交秘密信息,以及其他政府或个人有权保守的秘密信息,也包括可能会使个人难堪的个人信息披露。

5. 诽谤:以传播不实或嘲讽信息对他人造成中伤、诬蔑或骚扰。

6. 煽动性信息:有意煽动他人进行暴力犯罪或采取其他非法行为的信息。

第五章 宪法第一修正案的变迁

7. 打断他人言论：旨在打断他人或阻止反对意见表达或传播的言论。

8. 支持恐怖主义的言论：为被认定的外国恐怖主义组织提供"实质性支持"的言论或书面材料。[26]

言论的危害时有重叠，比如污言秽语既可冒犯女性，也可能引发针对女性的暴力行为；还有种族主义言论，既冒犯他人，也会引发暴力行为。

宪法第一修正案在过去的五十年间发生了巨大的变化，我有幸直接参与并促成了其中若干变化。某些情况下，第一修正案的例外情形遭到缩减，而另一些情形下得到扩大。我将首先着手分析第一修正案所有例外情形中最根本的一种，探寻其根源和理性。这种情形就是"剧院误喊失火"。这一情形暗含的逻辑几乎在我处理过的所有案件中得以援引来为审查行为提供合理性：色情、披露国家机密、诽谤、嘲讽、刺激他人、挑衅言论、打断他人言论以及支持恐怖主义。那些支持审查行为的人认为，这些例外就像"剧院误喊失火"一样。因此，应对这一例子进行充分分析，判断其是否足以成为支持这些表达自由例外的有力依据。

高喊失火：第一修正案所有例外情形之"源"

小奥利弗·温德尔·霍姆斯大法官认为保护言论自由不应包括在剧院误喊失火之人的论断常被人在不同情形下援引，以至于已成为我们的全民俗语。而且真有人曾在剧院的某部剧中喊过。汤姆·斯托帕德（Tom Stoppard）的《君臣人子小命呜呼》（Rosencrantz and Guildenstern Are Dead）一剧中，一位演员对着观众大喊："失火了！"然后他立即解释道："我在展示言论自由的不当使用。"[27]

剧院中大喊"失火"可能成为民间争论的唯一法理例证。一位杰出的历史学家曾将其界定为"出自霍姆斯之手最具说服力的表达"。[28]但尽管其在宪法第一修正案的法理上和政治话语中具备如此神圣的地位,这也是一个极不恰当的例证,即便在其产生的原初语境亦是如此。近期,这一例证已沦为逻辑辩论的笑话。从我早期职业生涯开始,不管是我的论文著作,还是我经手代理的案件,我都将这一例证视作为审查言论进行辩护最无说服力的论据,无论出自何人之手,影响有多大。

最近,我得知霍姆斯的"名言"系未注明出处地转引自一位不知名的二流法律人士,此人在导致"高喊失火"广为人知的一个案件中担任控方。该检察官向陪审团说明了如下理由:

> 一人在拥挤的剧场或任何剧院高喊"失火了",事实上并未有任何火情,随后导致人群混乱,有人遭到踩踏致死。此人完全应被以谋杀罪提起指控。

霍姆斯仅仅改了几个字,就将这位检察官的生动例证为己所用,这成了法官们惯用的"观点盗用"伎俩。[29]

"施内克诉美国案"(*Schenck v. United States*)[30]涉及指控费城社会主义党总书记查尔斯·施内克(Charles Schenck)。1917年,一个陪审团认定施内克试图在第一次世界大战期间在军人中煽动拒服兵役。他散发传单,鼓励被征召入伍者不要"屈从威胁",参加以"华尔街少数人"名义发动的战争。施内克承认他的意图就是"影响"被征召入伍者抵制服役,但他散发的传单根本没有暗示被征召入伍者采用非法手段对抗征兵制度。霍姆斯大法官认为:"从形式上看,[传单]仅限于使用和平手段,比如请求撤销服役令",以及劝告人们行使"提出反对征兵意见的权利"。传单上的很多语句都直接引自宪法。很难想出一个比请求自己的政府纠正不公更清楚明确的理由了,而且宪法第一修正案还保护此种权利。

第五章 宪法第一修正案的变迁

霍姆斯承认:"在许多日常情况下,被告宣传其在传单中表述的内容都在宪法规定的权利范围内。但是,每一个具体行为的性质取决于行为发生时的具体情况。"为了进一步说明,他继续说道:"对言论自由最严格的保护也不会包括在剧院误喊失火而给公众造成恐慌的行为。"

他支持了定罪裁定,认为传单造成了阻碍战争动员的"明确而现实的危险"。这一结论在审判史上前无古人,既荒谬不堪又有违事实。

"高喊失火"的例子显然与这一案件的事实毫不相干。施内克的传单是包含一系列观点和意见的政治信息,鼓励读到传单的被征召入伍者认真**思考**,如果同意的话,采取相应合法行动。剧院里高喊失火的人既没有传递任何政治信息,也没有促使听者以理性方式思考及作出决策。正相反,这一行为传递的信息恰恰是**未经**深思熟虑的草率举动。"失火了"的高喊声与听者的思想和良知毫无关系,仅仅会刺激其肾上腺素,拔腿就跑,完全是应激**反应**的表现,而非深刻的思考或辩论。

事实上,从这个意义上看,高喊"失火了",甚至连言论都算不上,与这一概念毫不相干。顶多算是**叮当作响**的警报。[31] 如果霍姆斯大法官对他的举例稍作思考,他可能会这样说:言论自由并不保护一个在剧院没有失火时,拉响火警警报,因此造成人们恐慌的人。但如果他这样说,显然与施内克案没有关系,因为拉响警报属于行为而非言论,且是没有任何实质性政治信息的行为。从言论自由不保护拉响警报的人当然可以得出言论自由也不保护高喊"失火"的人,但这一逻辑并不能支持一个散发饱含思想传单的人也不受言论自由保护的结论。

这一类推不仅毫无逻辑,而且纯属强词夺理。多数美国人并不会像小学生听到火警演习警报即作出规定动作那样自动全盘接受印刷品上宣扬的政治主张。施内克的传单没有使任何一个读到的人改变主意。事实上,当一位被征召入伍者被问及,如果他读到一个声称征兵法不公平的传单,是否会使他认为"这个法律应被立即废除"时,毫无意外,他的证词是:"我有自己的想法。"一个常去剧院的人如被问到,如果在剧院听到有人高喊"失火了",他可能不会这样回答吧。

这一类比之所以毫无逻辑的另一个重要原因是,霍姆斯过于看重高喊"失火了"的事实错误。然而,施内克的传单内容并非事实错误,其包含的是对于战争原因的政治见解以及对征兵应采取的适当合法反应。正如最高法院反复强调的那样,"宪法第一修正案并不认可'错误'观点"。[32]当然,最高法院也不会将战争原因的某种见解认可为错误。

有一个例子与施内克案事实更接近。一个人在一家剧院外向观众散发传单,提醒观众他认为剧院存在失火危险,并劝告观众不要进去,并向建筑督查员报告这一险情。但这一例子并不支持霍姆斯大法官惩罚施内克的观点,因为散发传单显然应在宪法第一修正案保护的范围内。霍姆斯需要一个看起来与施内克的政治言论相关,并能有助于得出对其审查完全合情合理的例子。他对"高喊失火"的援引构成盗用他人观点,导致其无法自圆其说。

从施内克案开始,这一逻辑得以延续,该案判决形成的规则也不再是善法。任何在该案判决后,发生战争时散发导致施内克获刑的类似传单之举都遭到了处罚。霍姆斯开创的这一错误"推理"是否会在我们当前进行的反恐战争中重新启用以支持一项法律,还不得而知。该法律将被视为向恐怖组织提供"实际支持"的政治言论列为犯罪。[33]

多年来,我从我自己经手的案例、我听过的言论、我读过的文章中收集了很多事例。这些事例中,言论审查的支持人士认为,涉事的表达和在剧院误喊失火"一模一样"。他们一般都会援引这一推理,通常带着自满,不容置疑地中止对方的辩解。而且,他们都会提到伟大的霍姆斯大法官的权威。我很少听到令人信服甚或极为相关的援引。但这也与"伟大的"霍姆斯脱不了干系。

我将用下面的几个篇幅描述我参与诉讼的几起色情案件。支持审查的人们在其中一些案件引用某个州最高法院的观点:"霍姆斯的名言可同样适用于色情案。"另一家法院将"吹口哨以支持抵制行为"与"高喊失火"相类比,因为两种情况中的"言论和行为都一样"。一位民权律师在《纽约时报》发表文章,将一位棒球运动员关于黑人、同性恋和外国人的偏激言论类比为"高喊失火"。[34]我也写了篇文章对这种类比提出异议。[35]杰瑞·福尔韦尔(Jerry Falwell)牧师在证明宪法第一修正案并不保护一首描写他酒后与其母亲乱性的打油诗时,也援引了霍姆斯的"名言","正如人们不能在拥挤的剧院高喊'失火了'一样,像拉里·弗林特(Larry Flynt)这样的奸商也不能将宪法第一修正案当作保护伞,经常随便恶意攻击公共人物"。在著名的斯科基案中,我支持了新纳粹分子在芝加哥城郊犹太聚居区游行的权利,一位法官认为,允许纳粹分子在众多大屠杀幸存者聚居的地方游行"可能与有人'有权'在拥挤的剧院高喊失火一样"。[36]还有一些巴勒斯坦的学生想要让大学里的一位以色列发言人噤声,他们也提出了这一错误的类比,"为以色列的战争罪辩护无异于高喊失火"。

当然,也有一些情况与高喊"失火了"或故意拉响警报类似,比如:虚假炸弹警报、拨打911报警电话谎报警情、在总统出现的场合模仿枪声、通过大喊"失火了"(或任何其他声音或话语)触发声控自动喷淋系统,或在民航客机上高喊"炸弹"。[37]

类比推理在性质上看属于程度问题。一些类比比另一些更接近实际事例。但任何意图将传单里的政治观点、杂志上令人不爽的打油诗、电影院里的一部让人不适的电影、有争议的报纸文章,或前文提到的任何表述和行为,跟与之性质完全不同的在拥挤剧院高喊"失火了"

类比,要么是自欺欺人,要么是追逐私利。

在芝加哥阴谋案中和我共事的阿比·霍夫曼(Abbie Hoffman)曾描述过一个他亲身经历的场景。他站在靠近火灾现场的人群中,高喊"好戏,好戏"[38],引来身边人们对他的不满。我觉得,这是对霍姆斯严重错误的类比最聪明的一次使用。这也是霍姆斯的愚蠢观点应得的逻辑报应。

正如我1989年写的一篇批评霍姆斯观点的文章所言:

> 不要再听到更多与在拥挤剧院高喊失火进行的荒谬类比了。那些想要审查言论的人们总会找出一个更切合的例证,一个至少与真正的言论有点关系的例证。[39]

下一章中,我们将探讨是否存在比霍姆斯的错误观点更靠谱的为审查行为进行辩护的观点、类比或例证。

第六章
色情作品导致的直接和代受"侵扰"

《我好奇(黄)》和《深喉》

言论自由来之不易,常常要付出沉重的代价。孩童时代,我们常唱这样一首小曲:"棍棒和石块只会伤我筋骨,但不管你叫我什么,我绝不低头。"很快,痛苦的经历就让我们明白完全不是这回事。诸如"kike"(对犹太人的蔑称)、"fag"(对下苦力之人的蔑称)、"wop"(对南欧移民的蔑称)、"nigger"(对黑人的蔑称)、"retard"(对智力低下者的蔑称)、"sissy"(娘娘腔)、"fatso"(对胖子的蔑称)这类称谓,对我们造成的伤害与棍棒和石块相比有过之而无不及。谎言、谣言、流言蜚语、诋毁、诬蔑和嘲讽也会让我们痛苦不堪。霸凌和语言嘲弄可以使人崩溃,甚至自杀。真相也会让人痛心。[1]这就是为什么我们需要学习"礼貌",即检点自己的行为举止。这就是为什么家庭、学校、团体和其他组织都有或显或隐的规则规范言论。"我们这儿不能这样说"是一种常见的、非正式的对表达自由的限制。

然而,针对限制表达的非正式家庭规则,与正式的政府立法和法律上可执行的限制措施大相径庭。我个人绝不会使用上面列举的蔑称,但我也不希望政府以刑事处罚为威胁,禁止人们在公开场合为表达个人观点使用这些词汇。[2]

人们可能记得,二十世纪七十年代,谐星乔治·卡林(George Carlin)列举了七个在广播和电视上禁用的词语,包括"小便"(piss)和"奶头"(tits)这样无伤大雅的词。(猜猜其他五个是什么!)

尽管这个建议没有被联邦通信委员会正式采纳,但卡林在太平洋电台一档定期栏目中使用这些禁词还是导致了最高法院对白天和晚上特定时段的广播内容规定了标准。[3]

卡林的节目马上就成了其他谐星的笑料,并对任何针对广播内容进行规定的企图大肆嘲笑。

但是,政府保护成年公民[4]免受其他公民的言论或表达"冒犯"的初衷可以理解。天体主义者不能随便在公共场合裸露,由于多数人认为或声称,看到别人的裸体感到不适,尽管天体主义者可以在专为那些不会感到不适的人规定的特别地区尽情裸露。我曾为骨瘦如柴者在科德角国家海滩一处单独区域进行日光浴的权利进行辩护。[5]审理该案的联邦法官认可了裸体日光浴者的有限权利,前提是不得与其他人的权利相冲突。[6]此案判决被称为"天体主义者的大宪章"。但是我拒绝为一位主张在非规定裸体区域裸体游行的极端女权主义者辩护。[7]

色情作品,与裸体一样,会让许多美国人感到不适,但有人不仅想要禁止色情作品的公开展示,还想将色情作品的私下使用也一并禁止。他们认为,色情作品导致了三种明显的伤害。第一,与裸体一样,对许多不情愿接触到色情作品的人造成了"侵扰"。无需实证证据证明此种伤害。如果人们说受到了"冒犯",就是如此。第二,一些人**仅仅获知**有人私下观看色情作品,即便观者并不认为有何不适,也会觉得遭到了"冒犯"。H. L. 门肯对清教主义的定义,即"有人在某地寻开心就给他们带来挥之不去的担忧",嘲讽了这一自称的伤害。此种我称为"代受侵扰"的类型是否构成宪法第一修正案的例外情况,引起了一系列复杂的法律问题。第三,认为色情作品会引发对女性的强奸和其他暴力行为。对这一经验主义论断——如果成立将获得法律保护——的争议激烈却未经证实,如果可以证实的话。[8]

《我好奇(黄)》:代受侵扰

职业生涯中,我首次接触宪法第一修正案,是关于一部名为《我好奇(黄)》的瑞典反战电影的案件,涉及对"代受侵扰"这一概念的直接质疑。代受侵扰是我自己根据门肯对清教主义的描述而造出来的一个词。电影的背景是越南战争,讲述一位即将政治成熟和生理成熟的女孩的故事,片中有一些这个女孩的性描写。依照今天的标准,该片完全可以定为"限制级",并在有线电视和艺术电影院放映,事实上,现在任何人都可以在YouTube上下载该片。但在二十世纪六十年代晚期,这部电影引起轩然大波。[9]

美国海关没收了电影胶片,并在全国禁止放映。纽约的一家激进出版社——格罗夫出版公司(Grove Press)——拥有该片版权并聘请我出面捍卫其宪法第一修正案的权利。我不记得是收了律师费还是直接提供了免费法律服务,但我全身心地投入了我的新角色——兼职律师——捍卫我钟爱的宪法第一修正案。

我决定采取大胆策略,直接挑战政府审查淫秽物品的传统权力,事实上应该是审查仅向不认为被侵扰的人展示的**任何"侵扰性"**物品的权力。我没有证明该片没有淫秽情节,我决定提出这样一个观点:宪法没有规定政府有权审查,告诉其成年公民在禁止儿童入内的影院可以看什么电影,不能看什么电影,而且影院也没有大肆宣传,导致影院外的人受到侵扰。法律上对质疑作为审查制度基础的"代受侵扰"概念没有任何先例可循。事实上,最高法院最近再次确认了政府指控淫秽物品的权力,但需属于言论自由的例外情况。我这次无先例可循的质疑与我协助戈德堡大法官起草反对死刑的意见书极为相似,区别只是他是最高法院大法官,而我是首次接手宪法案件的初出茅庐的律师。完成这两件事情都需要同样的东西:无所畏惧的勇气。

确定政府有权审查色情作品的主要案例是"罗思诉美国案"(*Roth v. United States*)。[10]但近期的"斯坦利诉佐治亚州案"(*Stanley v. Georgia*)[11]中,法院又形成了例外情况的有限例外原则。无法达成一致意见的法院作出了如下裁决,由瑟古德·马歇尔执笔的法庭意见认为政府无权仅因成人在其家中私下拥有淫秽物品而对其提出指控,本案中所指淫秽物品就是一些老的色情影片。这一裁决将宪法第四修正案规定的权利(家中拥有的隐私权)和宪法第一修正案的原则合二为一,但又未明确规定范围,因为裁决仍然再次确定了罗思案关于宪法第一修正案不保护淫秽作品的判决。

我决定将斯坦利案作为反驳政府有权规定成年人可以在影院看什么电影的"有力武器"。我的策略是,提出马萨诸塞州淫秽物品法违宪。依据该法,一家艺术影院的老板因放映《我好奇(黄)》而被起诉——该影院对面就是著名的波士顿交响音乐厅。[12]

当时,如果质疑某个州法违宪,案件可由地区法院组成三个法官的合议庭审理,而且还可对该法庭裁决直接上诉至最高法院。[13]该案合议庭的三个法官对我而言可不是什么好消息。

当我得知贝利·奥尔德里奇将作为主审法官时,我担心他是否还记得多年前我拒绝他邀请我在一家私人俱乐部演讲的事情。其他两个法官我不熟悉,都是意大利裔美国人。一个是安东尼·朱利安(Anthony Julian)法官,虽然他的名字改得更像英国名,但他的严格天主教背景和世界观在审判中表露无遗。另一个是雷蒙德·佩提尼(Raymond Pettine),来自罗得岛州普罗维登斯,他的自由主义观点让我惊讶不已。

三次开庭我都进行了持续数小时的辩护。首先,我对政府基于担

心侵害到选择不看这些影片的人的权利,进而规范成人影院影片内容的权力发起挑战:

> 如果宪法第一修正案真正管用的话,那就在于公民独自在其家中看什么书、什么电影,政府无权干预。我们的宪法传统就是不给予政府控制人们思想的权力。

我进一步说明,斯坦利案可以与本案类比:

> 不管是在法律上、逻辑上,还是常识上,人们[在家里看电影]和出门[花2.5美元]在电影院看电影都不存在任何区别。

当我承认"最高法院对斯坦利案的判决仅指[家庭]拥有"时,我可以看到法官们脸上的疑惑,他们似乎并不认为斯坦利案与本案有任何关系。然而,我继续推论道,家庭拥有和有限的控制性展示之间不存在真正的区别。

> 依照马歇尔大法官的判决,如果斯坦利将影片放进8毫米放映机,在他家地下室独自观看或和朋友们一起观看,他就不会受到任何指控。

奥尔德里奇法官对我的推论表达了怀疑,认为斯坦利案判决与电影院不相干。他提到了他的祖母,"一次她去电影院看一部名为《巴黎之旅》(*Sur Les Troits de Paris*)的电影。她以为是一部旅游风光片。进了电影院才明白当然不是什么风光片,我对此片内容也有所耳闻"。我告诉他,电影院可以通过正片开始放映前,播放一个"告知",让观众明白他们将要看到的影片内容。[14]

奥尔德里奇法官仍用他祖母的例子向我施压,我却想到了一个古老的犹太笑话。一个人的钟坏了,他走进了一家橱窗挂着钟的商店,问店主是否可以修钟。店主说:"我们不修钟,我们做包皮切除手术。"

顾客反问道:"那你们为什么在橱窗里挂钟呢?"店主也反问顾客:"那你觉得我们应该在橱窗里挂什么?"

我一边向奥尔德里奇法官陈述下面的观点,一边想着这个笑话:

> 如果波士顿开了一家有显著标识的色情用品商店,橱窗里什么都没有,也没有广告,只是一个像斯坦利这样的人可以光顾并随意购买他们喜欢的 8 毫米"小电影"的店,那么我就可以认为,"斯坦利诉佐治亚州案"的判决不得用于起诉店家。如果人们拥有观看影片的自由,那么同样他们也有购买该影片的自由。

法官继续强调,即便在限制性影院放映,淫秽电影是否会直接诱发观众犯下强奸罪行?我的回应是,如果真是如此的话,那么**独自在**自家地下室观看淫秽电影的人也可能——甚至更可能——受到影片诱导。斯坦利案判决含蓄地驳斥了这一推论。

质询继续,朱利安法官继续和我深究奥尔德里奇法官祖母的例子是否典型:

> 朱利安法官:从常识角度看,除非我们纯真到一无所知,走进影院的普罗大众能明白即将放映的影片内容吗?
>
> 我:绝对能。
>
> 朱利安法官:那么,这个"告示"就毫无意义,只是一个姿态,试图排除——
>
> 奥尔德里奇法官:他考虑的是如何保护像我祖母一样进到影院却看到《巴黎之旅》的人们。
>
> 我:惩罚淫秽物品的唯一合理依据就是保护[像奥尔德里奇法官祖母]这样的人免受侵扰,保护他们在不知情的情况下突然看到令他们不适的内容,还有保护未成年的孩子。

随后,我向法庭建议不要向法官们放映涉案的影片,奥尔德里奇法官马上大笑:"你是想让我们不看涉案影片就仓促作出裁决吗?不得不承认,这是我遇到的最有意思的讨好法官方式了。"

朱利安法官似乎并未明白我的观点。他不断问我,是否想让法庭认定《我好奇(黄)》并非"色情影片"。

我试着解释道:

> 正好相反。我并不要求你们裁决这部影片是否包含色情内容。我希望你们裁决的是,一部影片以非强迫他人观看的方式放映,广告自始至终如一,没有任何暗示片中含有淫秽色情内容,如果你们希望,也可以在片头加上"提示",那么这样的影片,不管内容如何,就应该受到宪法第一修正案的保护。

奥尔德里奇法官继续问我此案是否真正关涉金钱,而非言论自由,因为格罗夫出版公司靠发行影片谋取商业利益。我回答道,《纽约时报》也追求商业利益,如果宪法第一修正案仅限于非盈利媒体,那么在我们今天这种利益驱动的经济社会早已成为"一纸空文"。

随后,我继续讲解封闭的剧院和公开展示之间的区别:

> 我:如果格罗夫出版公司在人员密集的公共场合安装一块广告牌……广告牌内容涉嫌淫秽,政府一定会设法禁止。在此种情况下,我会勉强认为公司的这一行为可能会对不想看到淫秽内容的人们造成些许伤害。

> 朱利安法官:这样的观点没错。

> 我:但本案中……没人看到他不愿看到的任何东西。人们唯一知晓的就是有部电影在波士顿放映……这一事实如果让人受到侵扰,只要人们能避免直接接触影片内容,觉得自己受到侵扰的人就不应在宪法保护范围内。

奥尔德里奇法官对我最后的观点产生了兴趣,继续追问道:

我想就你刚才提出的观点说两句。我是一个老派人士。每次我走在哈佛广场,看到有电影放映,我不用进电影院就知道是部色情电影。我会保护我自己。但看到二十一二岁的学生成群结队进电影院,我感到很不舒服。我们努力维护的地方,我们引以为豪的地方,我们努力维护的"大家庭"(我特意用"大家庭"一词)却在展示污秽不堪的画面。我却对此无动于衷,这与我毫不相干吗?

奥尔德里奇法官的话直指审查的"代受侵扰"标准。我需要作出回应,而且还不能让他的(和他祖母的)担忧"流于形式":

在我看来,您刚才提到的现象与您有关,但您没有权利……我完全理解您的不满。但在一个自由的复杂社会生活的代价之一就是,您需要包容那些作出您不认可行为的人。这就是康涅狄格州在"计划生育[诊所]案"中的观点。[15]他们认为,州政府知道该州有人,而且是已婚夫妇,作出了这种不道德的行为,政府因此感到不满。最高法院则认为,这正是社会成员在多元社会生活必须容忍的现象。很多人家里发生的很多事情都让我不满,我不认为这些事情和我毫不相干,但我也不认为我有宪法赋予的权利免受其侵扰。

朱利安法官问我"这种利益诉求是否应受到法律保护"。我回答道:

有很多方法可以保护我的这种利益诉求,比如通过规划条例……

但如果涉及是否应该全面禁止的问题,以保护明知这些事情发生的人免遭"代受侵扰",我觉得宪法已给出了明确的答案。宪法应允许放映此类影片,但应一方面尽最大努力不让您接触,另一方面也要允许他人观看,而影片内容又不会出现在您眼前。

因此,我认为,法官大人确实对此存在利益诉求,我充分理解。但我觉得,您要认识到为了平衡您的利益诉求,美国人民应该享有的很多自由将受到威胁。

我的观点似乎引起了奥尔德里奇法官的兴趣,他继续就我观点的含义进行质问。显然,他理解了我对**直接**侵扰和**代受**侵扰的区分。前者指非自愿观众直接接触对他(就像他祖母一样)造成侵扰的内容,而后者指某人在得知其他人竟然选择观看会对他造成侵扰的内容,即觉得自己受到了侵扰,而实际上他并未受到任何侵扰。这个区分让他耳目一新,但似乎他对此有所反应。奥尔德里奇法官问我,如果最高法院拒绝接受我的理论,"是不是就没有其他办法了……"

我的回答是:"作为一名律师,我会继续推动法院接受我的原则,因为我认为这才是规范淫秽物品的正确做法。"

经过三天激烈的争论和质询,法院宣布了由奥尔德里奇法官执笔的判决。他完全接受了我的观点,以及我对直接侵扰和代受侵扰的区分。判决从认可我对影片性质的界定开始:

> 依照本案情况,根据马萨诸塞州法院确立的标准,我们认可此片为淫秽电影。[16]

随后,他继续讨论斯坦利案判决的意义。控方认为斯坦利案与本案"无关",在我开始陈述观点之前,奥尔德里奇法官也认为斯坦利案与本案涉及的影院没有关系。

> 最高法院在斯坦利案判决中认为,某些情况下,拥有按照当前标准可被界定为淫秽电影的影片,可受宪法保护。我们并不认为这一认定与本案无关。[17]

奥尔德里奇法官用颇具文采的笔触写道,问题在于斯坦利案判决

"是上次洪水留下的高水位标记,还是新的一次洪水的征兆"。[18]为回答这一问题,判决提到了控方的观点,即淫秽电影即便在限制性影院观看,也可能诱发观众实施强奸。

> 斯坦利案判决认为,淫秽内容对成年观众不会造成明显直接的危害,而且公众也不会因为有人观看而受到危害。淫秽内容可能让人不适,但其本身并不具备危害性。如果最高法院认为淫秽物品危害极大,那么被告在家中私下拥有这些东西就不会完全没有危害结果。

最后,法院裁定,淫秽物品法只有在适用于"完整意义上的公开发行"方可受到宪法保护,"充分控制的有限发行不再违法"。[19]

法院得出如下结论:

> 如果有钱的斯坦利可以在家中看一部电影或读一本书,那么没钱的斯坦利应有权到一家受法律保护的影院或图书馆做同样的事。没有理由禁止他人这么做。[20]

这是历史上第一次由一家法院作出这样的裁定,即政府无权以可以选择不进影院的人可能受到代受侵扰为由,禁止或起诉在影院向公众放映"淫秽"电影的行为。我不仅为我的当事人赢得了法律胜利,也为我根据宪法第一修正案开创的全新侵扰认定方法赢得了胜利。对于一个三十岁的律师来说,可算职业生涯的"开门红"。然而,好景不长,如果不是在实践上的话,至少在理论上如此。

地区检察官将此案上诉至最高法院并获得受理。我获邀为格罗夫出版公司辩护。因此,我在三十一岁时,首次在最高法院出庭辩护。

我为口头辩论环节进行了充分准备,期待迎接新近任命的首席大法官沃伦·伯格咄咄逼人的质询。伯格和贝兹伦不管在观念上还是私下都嫌隙颇大。伯格清楚我和贝兹伦的关系,因此我对于直面他可能出现的紧张气氛早有所料。但等待我的还是大大出乎我的意料。我还没走上辩护席,伯格就问我,是否可以"打断"一下,让我回答是否认为政府有权禁止"设诱饵捕熊的竞赛"。尽管我对"设诱饵捕熊的竞赛"一无所知,我想这个一定和残忍做法有关。我回应道,宪法并不保护残忍折磨对待熊的任何行为,因为政府有权保护动物免受伤害。

我试图将争论带回本案:"我觉得一部设诱饵捕熊的电影应是更贴合的例子。"但首席大法官根本不为所动,他说:"还是以鲜活的动物为例好。"我进一步厘清了伤害其他生物的行为和一部并未强人所难的你情我愿的做爱电影之间的区别。首席大法官回应道:

> 你是说拍电影的过程中杀死一头熊、五条狗没有任何问题,但现场表演时杀死更多动物就不行了,是这个区别吗?

我对他显然事先准备好的问题究竟要达到什么目的一头雾水,因此,我再次强调:

> 不对,我说的是政府有权禁止任何杀害狗和熊的行为,不管是为了拍电影还是出于其他目的。

首席大法官仍死死抓住"熊"不放!

> 那么,如果有十四个州没有任何法律制止诱饵捕熊,还有四百五十万人观看了诱饵捕熊或诱饵捕熊的影片。你觉得这跟是否应制止在马萨诸塞州波士顿展示诱饵捕熊一点关系都没有吗?

我试图通过我的回应从诱饵捕熊引向宪法是否允许成年人自愿在限制性影院私下观看淫秽电影的问题。

> 不。宪法第一修正案保护个人获取满足其情感和智力需求之信息的权利。我方立场的要点在于将检方从影院带出——进去的人都属自愿——将他们置于影院之外,保护你我这样的人在

> 影院向非自愿观众……放映令其不适影片时,感官免受侵扰。

但首席大法官仍不为我所动,尽管我的回应中根本没提到"熊",他继续问道:

> 你的意思是,所有人都会因诱饵捕熊而感到不适是一条普遍规则吗?

当然,我的确切观点应该是:那些不觉得有何不妥的人应可自由观看一部没有任何人受到伤害的影片。

在我的时间即将结束的前一分钟,首席大法官问道,我是否认可诱饵捕熊的类推"有效"。我礼貌地告诉了他我的想法:

> 我认为,诱饵捕熊的例子无效,因为它是一个非法行为,伤害了动物。这个例子与在大银幕上向自愿选择观看的公众展示做爱完全不同。

这时,我的时间已所剩无几。我快速总结了我的观点,根据隐私的功能定义:

> 一个窗帘紧闭的影院至少应与窗户紧闭的家享有同样的宪法保护。

首席大法官用他的诱饵捕熊例子主导了整个言词辩论环节。他本人或他的助理们显然为我准备了一系列关于诱饵捕熊的问题,伯格只是"照本宣科",根本不顾我的回答。其他八位大法官未能提问,尽管有几个似乎急于就某些问题深究。个别大法官还对首席大法官的表现感到难堪。直到言词辩论环节尾声,我才最终明白提出诱饵捕熊的目的何在——熊的感受。这是我参加的言词辩论中被问到的最愚蠢的问题,也可能是我与他人就宪法第一修正案进行过的最愚蠢的对话。与下级法院进行的言词辩论,特别是奥尔德里奇法官提出的那些发人深省的问题,以及我的回答最终说服他改变观点相比,显得特别没有技术含量。但没人认为智力水平应是首席大法官的遴选标准。对沃伦·伯格来说,重要的是他的满头银发,峻峭面容**看起来**就是一个首席大法官应有的样子!他深沉洪亮的嗓音听起来也与首席大法官这一席位相当,只是没人关注说的是什么内容。

几个月后,最高法院就《我好奇(黄)》一案作出 5:3 的判决,并未涉及地区法院裁决的宏大问题(也只字未提诱饵捕熊),相反,判决依据的是狭义的程序理由。[21]最终,我们达成了对被告有利的和解。该片得以在全国放映,没人因此被判入监。奥尔德里奇法官的观点,即所有对仅在特定场合向成年人放映的影片内容进行的任何审查均违宪,直到 1973 年 6 月都是就该问题作出的唯一法院判决。最高法院于 1973 年 6 月在"米勒诉加州案"[22]中改变了淫秽的定义,以及一系列相关法院判决[23](我没有介入此案)。

在这些案件中,首席大法官伯格均撰写了多数意见,特别推翻了我在《我好奇(黄)》一案中采用的策略。然而,他却全盘接受了奥尔德里奇法官反对的代受侵扰逻辑:

> 我们绝对反对这一理论……淫秽色情影片仅因向自愿观看的成年人放映便获得不受政府管制的宪法豁免[24]……政府在保证生活质量和社区环境、城市中心的商业氛围,以及公共安全方面拥有早被认可的合法利益。[25]

但正如我向奥尔德里奇法官承诺的一样,我在接下来的几十年里,在公共舆论场合和一系列其他涉及淫秽的案件持续不断地传播我的原则。我的观点最终会成为主流,即便不在法律上体现,也一定会在实践中被采纳。首席大法官伯格可能在法庭上取得了胜利,但我们却赢得了全国的影院和电视台,因为明显包含性内容的影片,甚至与《我好奇(黄)》相比有过之而无不及的影片,事实上得以广泛放映而且获得事实上的"合法"地位,如果不是法律上的话。[26]这一最高法院理论上确立的法律和在全国普遍存在的实践中的"法律"之差异,本身就是一个有趣的现象。[27]

《深喉》:我为何选择不看

我在《我好奇(黄)》一案的初战告捷——让三名法官组成的合议庭宣告所有适用于成人影院涉及淫秽电影的法律均违宪——使我在"成人电影"行业名声大噪,但却成了视此类电影为赤裸裸性歧视的激进女权主义者的"眼中钉"。许多"淫秽行业"当事人纷纷"慕名而来",包括"在波士顿遭禁"的音乐剧《头发》的制作人,以及诸如非常难以记住的"软色情"影片《贝琳达》(Belinda)[28]和非常令人难忘的"硬色情"影片《深喉》。[29]

我知道,《深喉》是纯粹的"硬色情"影片,是一部很"坏"的电影。我个人无法证实这些判断,因为直到今天我也没看过。[30]我不看这部电影不是因为我恪守传统——我和其他人一样也可以欣赏好的色情影片——而是我想借此表达我对淫秽物品法的一个观点:是否观看一部影片的决定应是每位成年公民的个人选择。正如我在《我好奇(黄)》一案对法官所言,他们不必为了裁定成年人有宪法权利在成人影院观看成人影片而亲自观看成人影片一样,我也有权主张这一立场:我自己不必亲自观看《深喉》。我还坚信,我不看此类影片的决定就是一个有助于表述我观点的良策,即代受侵扰不是审查影片或起诉演员的恰当依据。

在两起涉及《深喉》影片的案件中,我都使用了这一策略。第一起案件涉及对片中演员哈里·雷恩斯(Harry Reems)的指控。雷恩斯是历史上第一位因出演淫秽电影而遭指控的演员。他被控参与在跨州商事活动中共谋参与在全国传播淫秽影片。联邦政府之所以指控他

共谋参与,是因为雷恩斯并未实际参与该片的发行。控方承认:

> [雷恩斯]出演了该片,获得了片酬,并于1972年退出,也就是说,他并未参与共谋,他没有更多的公开举动,没有更深入地介入,为何[在行为发生]四年后,突然出现遭到控告的问题呢?

他的回答是"一旦某人参与某个谋划,他就应对该谋划后来发生的一切承担责任,直至结束"。(雷恩斯问我,如果发行该片时采用的"铁腕"手段在影片制作完成后多年导致某人死亡,他是否会被控谋杀。我告诉他,根据控方的逻辑,完全有可能。)

依据控方观点,为了从这一共谋中脱身,雷恩斯应有义务"采取断然行动挫败并破坏这一共谋"。但雷恩斯能做什么呢?他不可能就像有些人揭露秘密阴谋那样,将犯罪行为"公之于众",因为谁参与了电影的制作和发行一目了然。他也不可能阻止该片的发行和放映,因为他无权这么做。

来自孟菲斯市居民的陪审团——该市被称为"圣经带上的扣子"——裁定雷恩斯和他的共谋者罪行成立,他只有寻求上诉律师的帮助。由于我曾代理《我好奇(黄)》一案,他给我打了电话。

我们见面时,雷恩斯将自己描述为"一位靠做其他人花钱才能做的事为生的良好犹太男生"。他出生在纽约的斯卡斯戴尔,出生时名叫赫伯特·施特赖歇尔(Herbert Streicher),从大学辍学后,加入海军陆战队,退役后成为一名舞台剧演员,参与了La Mama艺术团、纽约剧院剧团和纽约市的全国莎士比亚剧团的演出。1969年圣诞期间,"演出机会锐减,无事可做……一个朋友告诉他,有个地方可以通过出演色情影片挣七十五美元"。他的两位女搭档都是纽约大学社会学系的学生,这让他放松下来,完成了几部片子。施特赖歇尔大获成功,并非由于他的长相或"身怀长物",而是由于他在导演提示下反复"表演"的超常能力。

1972年1月,施特赖歇尔被一部在佛罗里达州迈阿密拍摄的色情电影雇为音响和灯光师。在男主角未能到场的情况下,导演杰勒德·达米亚诺(Gerard Damiano)让施特赖歇尔出镜。由于色情场景的拍摄只花了一天完成,他得到了一百美元演出费,没有票房分红,也未参与影片后期剪辑和发行,甚至他的艺名"哈里·雷恩斯"也是导演临时取的。他用这个艺名参演了其他几部色情电影。但他在《深喉》一片的角色到此为止,或他认为仅此而已,直到两年后在纽约被捕并被带至他从未到过的孟菲斯市。

检察官是一位来自"圣经地带"的基督教原教旨主义者,名为拉里·帕里什(Larry Parrish),媒体戏称他为"干净先生""孟菲斯正能量"和"孟菲斯罪恶克星"。作为一名"重生"的基督徒,帕里什坚信色情是现代美国的祸根。他告诉记者,他"宁愿看到街头的瘾君子,也不愿看到这些色情电影",并解释道,毒品可以从身体里清除,而色情的危害则"长久存在"。作为色情作品的检察官,他已在四十起控告中成功获得定罪裁定。

决定将雷恩斯"绳之以法"就是帕里什独具创造力的例证。正如一位孟菲斯律师所言:"帕里什认为,将一位男演员送上审判席是进行宣传的好办法,而且与女士相比,男士不那么容易获得公众同情。"帕里什本人也承认,起诉雷恩斯的目的就是让公众明白参与色情电影的任何人都会受到刑事惩罚。

一旦被定罪,雷恩斯将面临数年监禁。没有钱请律师,他请我免费代理他上诉。我同意了,但我告诉他,我不会看那部涉案影片,并向他解释了我对代受侵扰的观点,即"选择"和"外在性",但我也向他保证,我会为他获得自由全力辩护。

有句谚语是:"如果法律对你有利,以法律猛击。如果事实对你有利,以事实猛击。如果什么都没有,猛击桌子。"我从不相信这套,但确信稍作改动后的版本：如果法律和事实都对你不利，那就在公众舆论"法庭"陈述你的观点。在雷恩斯案中，孟菲斯陪审团拒绝听取他的事实辩护，法官则拒绝听取他的法律辩护。最高法院拒绝接受我的"选择"和"外在性"辩护策略。然而，我仍相信广大公众，特别是其中最具影响力的那部分，会对我就淫秽物品提出的自由主义观点表示同情，特别是在一位演员被起诉的背景下。可以确定，雷恩斯绝对无法和海伦·海斯（Helen Hayes）媲美，但为了表示原则无异，我们采用了这个口号："哈里·雷恩斯的今天就是海伦·海斯的明天。"我们发起主流娱乐行业的声援，并受到诸如麦克·尼克斯（Mike Nichols）、格里高利·派克（Gregory Peck）、斯蒂芬·桑德海姆（Stephen Sondheim）、杰克·尼克尔森（Jack Nicholson）和科琳·杜赫斯特（Colleen Dewhurst）等重量级人物的支持。

我们还成功使《纽约时报》对该案进行了报道。该报起初的报道将雷恩斯被诉称为"一个笑话"，但现在明白了该案"是一个很严重的问题"。

> 正如德肖维茨先生对《深喉》案的解读，"任何参与明显带有性内容的影片、报纸、书籍、绘画或杂志的构想、制作、编辑或发行的人都可以被拽进任何一家美国联邦法庭，并被指控参与全国阴谋"。[31]

不久后，奈特·亨托夫（Nat Hentoff）在《村之声》（*Village Voice*）上撰写长篇分析文章，他写道：

> 雷恩斯被诉的意义远超淫秽物品。如果类似的阴谋指控获得上诉法院支持，政府就可以将该案形成的危险先例用于诸如涉及反战人士的政治案件。
>
> 此案中的演员，仅用一天参与《深喉》的拍摄，对成片内容一无所知。他知道这是一部性影片，但他之前从未看到任何剧本。

他根本没有办法事先获知,此片会是一部"软色情"或"硬色情"影片。事实上,哈里在影片公映之前根本没看过成片。然而,他却因阴谋跨州传播该片遭到定罪。[32]

亨托夫的文章发表后,成百上千的读者蜂拥而至,自愿为该案提供协助。[33]

雷恩斯和我走遍全国,在大学、市政厅和其他场合频繁发声。我们的足迹也得到媒体的广泛报道。[34]

并非所有的报道都"一边倒"地表示支持。麦克·罗伊科(Mike Royko)在一系列文章中表达了他的不满,两百年来,见证了杰斐逊、潘恩、德布兹和丹诺这样的伟人前赴后继,"我们现在居然要为哈里·雷恩斯之徒进行辩护"。罗伊科最后总结,"任何为他的辩护基金捐款的人脑子都有问题"。[35]

但人们继续踊跃捐款,雷恩斯和我则继续不断在公共舆论上表达我们的观点,持续不断的造势终于产生了对公众,以及司法部和法院的预期效果。我们开始获得消息,给雷恩斯定罪是件令人难堪之事。

最终,司法部决定放弃指控。在孟菲斯检察官和法官的强烈反对下,对雷恩斯的定罪落空,指控被撤销。法律规定对我们不利,但我们赢得了公众舆论。我们可能会在法庭上落败(或者即便胜利,也不会基于我的"选择"和"外在性"策略),但我们显然在公众舆论的"法庭"获得胜利。[36]哈里·雷恩斯重获自由,退出色情行业,成为一名"重生"基督徒,搬到犹他州居住,以销售不动产为生。作为我使他重获自由的"律师费",他给我寄了一张他的照片,背后写着"致艾伦·德肖维茨,一个教会我认识世界的人"。宪法第一修正案也得以免受拉里·帕里什这类人的挑战,至少安全一时。赫伯特·施特赖歇尔2013年死于胰腺癌,享年六十五岁。[37]

与《深喉》的第二次遭遇,对我的"选择"法律理论提出了更具威慑力的挑战。此案发生在我熟悉的哈佛,强烈要求指控的人不是来自"圣经地带"的基督教原教旨主义者,而是哈佛的学生。这些学生希望看到被起诉的人其实是另一些学生,其中的一个后来成了微软的创始人之一。

事情的缘起是一些醉酒的哈佛本科生在观看电影《动物家园》(Animal House)时,向屏幕掷啤酒瓶,使屏幕受到破坏。"昆西宿舍电影协会"负责修缮屏幕。为了筹集维修所需的几百美元,他们决定放映《深喉》。

一些在昆西宿舍居住的女生提出抗议。其中一位认为:"这是我们的家园,我们不应在自家起居室受到虐待和羞辱。"

这些女生的过激反应使电影协会措手不及。放映《深喉》是许多学院考试前的传统。我的侄儿在麻省理工学院也资助过该片放映。[38]这一活动被认为可以缓解考前的紧张气氛。但女权主义者开始将这些色情影片,特别是《深喉》,视为"洪水猛兽"。

在预计的放映日期前,格洛丽亚·斯泰纳姆(Gloria Steinem)在《女士》(Ms.)杂志上发表了一篇关于《深喉》及其对女性影响的文章。文中写道:"无数女性被她们的男友或丈夫带去看《深喉》(更别说被皮条客带去的妓女),让她们学习如何取悦男性。"[39]

而且,琳达·洛夫莱斯(Linda Lovelace)也开始声称,她清纯的外表下其实是一个惨遭丈夫虐待的妻子。在拍摄完《深喉》几年后,洛夫莱斯写了一本自传,书名是《苦难》(Ordeal)[40],书中她讲述了自己当时如何在威逼胁迫下表演片中那些镜头的凄惨故事。

我给雷恩斯打电话询问她被迫出演该片是否属实。哈里当时在外百老汇参演一部舞台剧,他的回应是:"开玩笑吧?当然,她的丈夫也不是什么好人,但拍摄时他根本不在场。导演之所以把他支开,是因为担心他看到自己妻子如此投入会醋意大发。她真的是全情投入出演。我俩在拍片期间关系还不错。"

我追问雷恩斯,洛夫莱斯"享受"的表情有没有可能纯属表演。

哈里惊叹道:"琳达·洛夫莱斯会表演?你看了她在片中的样子吗?她连假装表演都不会。"

洛夫莱斯的描述不管真实与否都在女权主义者中引起强烈反响。(2013年,一部以她为原型的电影在圣丹斯电影节首映。)[41]斯泰纳姆的文章将洛夫莱斯描绘为受到"奸猾色情业者"盘剥的受害者,惹人同情。《深喉》也成为色情业反女性的罪恶象征。而我则成了"色情大亨的专属律师",靠遭盘剥女性的痛苦挣得盘满钵满(尽管我代理很多此类案件分文未取)。

格洛丽亚·斯泰纳姆代为发声的组织是"反色情女性",极力抵制色情剧院和书店,以及以宪法第一修正案为依据为这些机构辩护的律师。当我和几个朋友在哈佛广场经营一家洁食店时,店面被一些标语围绕,诸如:"一个热衷色情的混蛋怎么可能向大家销售洁食?"一家地方报纸的头条是这样的:注意!艾伦·德肖维茨教授支持女权主义者称他为"猪"的权利。这一标题来自我在洁食店外贴的一张告示:如果有人试图阻止你骂我,我也会捍卫你自由言论的权利。

一些极端女权主义者的激进行为不止于抵制,她们在哈佛广场向一家书店开枪,抗议其销售《花花公子》(*Playboy*)杂志。一些放映《深喉》的影院也受到暴力抗议的威胁,至少一家在观众离开后遭到燃烧弹袭击。

昆西宿舍里反对《深喉》的部分女士并不满足于简单抗议。她们试图通过号召学生投票取消该片的放映,但却以3比1的投票结果失败。女士中也出现了分裂。接着,昆西宿舍的女士们想让大学校方禁止播放该片。学生会主席给"昆西宿舍电影协会"去信,敦促其不要放映《深喉》,但他不会要求禁止该片。电影协会会员面对这一情况,投票决定播放。

昆西宿舍的女士们决定抗议播放，并利用这一机会向学生宣传色情的罪恶。我支持他们抗议影片的权利。

宪法第一修正案似乎在哈佛"遍地开花"。任何人都可以表达其观点。"昆西宿舍电影协会"即将播放《深喉》，哈佛校方作出了表态但并未强制要求接受其观点，女权主义者则忙着准备传单、幻灯片和高音喇叭，每个人都能自由地选择是否倾听这些观点。

女权主义者们似乎可以更加有效地传播其观点，因为看热闹的学生可能会比看电影的学生还多。在哈佛社区生活的许多人虽然支持"昆西宿舍电影协会"播放《深喉》的权利，现在也开始相信协会坚持在大家的宿舍播放一部可能冒犯他人的影片，完全是对女权主义舍友的感受不管不顾。我支持这一观点。

就在计划放映的前几天，事情出现了剧变。两位住在昆西宿舍的女士并不满足于抗议和抵制，给地区检察官办公室打了电话，要求警方阻止该片放映，并逮捕计划播放该片的学生。

地区检察官是约翰·德罗尼（John Droney），一个政坛"老油条"。当他得知淫秽物品和哈佛这两个"眼中钉"会在某个晚上合二为一时，派助手去法院申请禁令。

就在预计放映时间之前数小时，"昆西宿舍电影协会"的联合主席卡尔·斯托克（Carl Stork）和内森·J. 海根（Nathan J. Hagen）接到地区检察官办公室的电话，命令他们两点到法庭参加听审。他们试图给我打电话，但我在吃午餐。两点十五分时我回了电话，才得知我应该陪他们出庭，而且是在十五分钟之前！

我赶紧借了件同事的外套，从办公室抽屉找了根老旧的褐色领带，开车直奔坎布里奇市中心的法庭。

没过几分钟，我就开始发表反对禁令的观点，手边什么也没有，没有法律著作、判例或法规,我必须临场发挥。

我建议法官不要观看该片,不管内容如何,他发出禁令禁止放映该片均违宪。法官则坚持要求观看《深喉》。我告诉他,我不愿意看。

不管参加什么陪审团审判,我都坚持一个观点,学生们未来参加审判时可能会用上。我会告诉陪审员,我从未看过《深喉》,因为我选择不看。陪审员也从未看过《深喉》,也是由于他们选择不看。我会表述这样一个观点:选择不看某部影片的权利和选择看某部影片的权利同样重要。事实上,那些**禁止**其国民观看某些影片的国家,都会**要求**其国民观看其他影片。我会提醒陪审员,正是地区检察官让他们观看一部他们选择不看的影片,目的是让他们裁定其他选择不看该片的人是否会因为看了该片后感到不适。通过这一观点,我希望指出陪审员在涉及淫秽物品案件中基于代受侵扰的职责之荒谬本质,并希望他们能关注真正的重要问题,即影院外部——不愿观看影片的公众唯一不得不忍受的内容——是否对无法回避的人们构成侵扰。

法官同意了我不看《深喉》的请求,而他和六位地区检察官助理,以及一些法庭工作人员在一台小型录影机上观看了琳达·洛夫莱斯和哈里·雷恩斯的"表演"。

过了大概四十分钟,法官下令停止播放并将我们召回法庭。"我看得够多了。"说这话时他面色阴郁。然后,他转向我说:"你很幸运,可我不得不忍受这部烂片。"法官拒绝发出禁止《深喉》放映的禁令,裁定该片依据马萨诸塞州法律不属于淫秽作品。

当我快八点回到昆西宿舍时,整个场面混乱不堪。几百位示威者在外面要求观众离开。[42]人们开始相互推搡。有人高喊口号:"表达自由不是猥亵自由!""色情导致暴力!"

我穿过示威人群,向聚集的观众和示威者讲话:

> 不管你们愿不愿意,你们都亲身参与了一个相当重要的政治

事件……我既不会鼓励,也不会阻止想要观看这部影片的学生……如果我没有参与此次诉讼,我会与你们一道捍卫示威者的权利,并劝说你们不要看这部影片。

尽管法官裁定影片并非淫秽作品,地区检察官仍决定逮捕斯托克和海根。[43]

在一片"释放昆西宿舍二人!"的口号声中,斯托克和海根被带到警察局,以被控明知淫秽物品仍进行传播的罪名登记入册,尽管事实是警方明知该片不属于淫秽物品,因为法官已作出裁定。一群学生紧随警察,在警察局门口的台阶上抗议逮捕行为。抗议人群中也有几个起初组织女权主义者示威的女士。她们对一些试图将她们行使表达自由的同学送进监狱的那些人愤怒不已。使事情变得更复杂的是,被捕学生之一不是美国公民,而是德国人。一旦被定罪,将面临被驱逐出境。后来,我这样描述这一事件的反转:

> 从学生被捕的那一刻起……一切都变了——打电话报警的女士们成了替罪羊,被捕的学生成了英雄。我们从中吸取的一个教训就是,使此类言论表达非法化效果最差的手段就是诉诸法律,结果会适得其反。

学生被捕几天后,我们提起了一起民权诉讼,控告地区检察官德罗尼侵犯斯托克和海根的权利,以及准备观看事先计划进行三场放映的观众的权利,因为影片被没收,放映被取消。

我们发起的诉讼迫使地区检察官宣誓承认,他有意违背《深喉》非淫秽电影的司法裁决是为了扮演一名"审查官",而无视法律。最后,针对斯托克和海根的所有指控都被撤销,被捕的两人重获自由,哈佛的生活恢复如常。

我与极端宗教人士、女权主义者和色情业者的接触,让我愈发明白法庭和公众舆论场之间常被低估却极为重要的关系。

我曾教过的一位欧洲学生想研究为何在美国对色情作品存在如此多的审查。他的错误结论来自研读联邦最高法院的判决书。我告诉他,在开始进行研究之前,他应该去录影带商店(这已是几年前的事了)和成人影院看看。他去后惊奇地对我说:"他们完全不理会联邦最高法院。"我回答道:"这才是值得研究的主题。"

我们需要牢记的是,在一个民主国家,即便是一个像美国这样最高法院扮演核心地位的民主国家,最终还是人民决定。在诸如淫秽物品领域尤为如此,这一领域中恰恰是"社会标准"确定法律内容。[44] 人们的价值观不断变化,也极易受到左右。尽管最高法院坚称政府有权惩罚在成人影院(有线电视和"点播频道")放映"淫秽"影片的行为,人们用他们的脚(和手里的遥控器)作出了选择。当今适用的法律与首席大法官伯格的论断,即"绝对反对这一理论:淫秽色情影片仅因向自愿观看的成年人放映便获得不受政府管制的宪法豁免",已相去甚远。[45] 现行法律恰恰与1969年我初次接触淫秽物品法律时极力提出的观点极为类似。我曾向奥尔德里奇法官承诺,如果我们在最高法院败诉,我会继续努力促成人们接受我的观点,即政府无权告诉自愿作出选择的成年人可以在少儿禁入的影院(录像店或电视上)看什么或不看什么,只要影院外面的公众可以看到的画面——"外在性"——不涉及淫秽内容即可。

我信守承诺,尽管最高法院苦苦坚持——最近的案例是暴力电子游戏案[46]——"淫秽物品"不受宪法第一修正案保护,对自愿观看的成年人来说色情作品仍唾手可得,只要不强制让非自愿观众看到。这就是现实中的"法律"。正如法院反复强调,法律应与现实同步,否则法律就会沦为毫不相干的过时之物或公开的虚伪摆设。有人说过,虚伪是罪恶向德行的致敬。[47] 在淫秽物品领域,虚伪的作用就是让法院在一个色情泛滥的世界维持道德至上的假象。T. B. 麦考利(T. B. Macaulay)曾断言"清教徒之所以厌恶诱饵捕熊,不是因为熊痛苦不堪,而是因为观者乐在其中"。[48]也许这就是为何我们"严格自律"的前首席大法官坚持将成人电影与诱饵捕熊进行比较的原因。有些成人喜欢观看淫秽影片,尽管有些"严格自律"者和女权主义者恨之入骨,但没有证据显示一些成人自愿观看成人影片的活动造成的某种伤害(或给他们带来的愉悦),可以使政府有权通过严格审查来予以限制。[49]

多数美国人都明白,色情虽然让有些人感到不适,但并未证实对他人有害。这就是为何对淫秽作品的指控相对而言成功率较低的原因。我本人在过去多年介入过几十起类似案件,没有一起败诉。[50]

除了在许多涉及淫秽作品的案件中参与诉讼,我还就这一主题撰写了大量文章。我的《色情为何存在?》("Why Pornography?")[51]一文旨在确定"硬色情"和针对女性的暴力之间究竟是否存在必然关系。[52]

现有的证据足以证明,明显带有性内容的影片和导致观者实施暴力之间不存在任何联系(更别说因果关系了)。[53]事实上,两者之间可能还存在负相关关系——明显带有性内容影片普遍存在的社区,强奸率反而大幅下降,坚持严格审查色情电影的地方,强奸率却没有下降的迹象。

因此,我提出"色情作品纯属转移人们注意力的话题"这一观点,在有力证据证明——目前还没有——其不仅对选择不看的人们造成代受侵扰,还造成其他实际伤害的情况下,政府应立即停止对电影和其他媒体的审查。[54]

其他一些类型的言论会带来更大的潜在危险。这类表达包括泄露国家机密、散布机密信息、出版危害国家利益和国民的出版物。问题在于,对此类表达的审查,可能也会对民主自由造成比审查淫秽作品更大的威胁。换句话说,尽管对"硬色情"的审查可能会从色情转变为政治和艺术(或从指控哈里·雷恩斯到指控海伦·海斯),民主制度仍不会受到大的影响。一个禁止色情的社会也许会比不设禁的社会少一些活力、包容、多元和选择。而且这也可能一不小心"滑向"对其他艺术形式的审查。但只要核心政治话语仍坚持自由和开放,民主制度就不会有大碍。不过,政府对涉及国家机密、机密信息和"危险"报道等表达的大规模审查就另当别论了。这直指制衡民主制度的核心要义,终极制约在于掌握信息的公众。正如詹姆斯·麦迪逊两百多年前的警示:"一个没有信息自由或获取信息手段的人民政府,只不过是一幕闹剧或悲剧的前奏,也可能既是闹剧也是悲剧。"[55]

第七章
泄 密

"五角大楼文件案"和朱利安·阿桑奇

国家安全和自由表达之间的冲突切实存在。致力于既要维护公民自由又需关注社会安全的任何社会都会面对这一问题,并努力加以解决。这个问题与促使对淫秽物品进行审查的冲突大不一样,因为一个多元社会存在足够的空间,既包容那些从色情作品中获得愉悦的人,也关注那些希望受到保护以免因此感到不适的人。"你挥动拳头的权利最终会让我的鼻尖受伤"[1]这一指导原则暗含了对令人不适的作品进行管制的可操作做法。但调和自由表达和国家安全可没这么简单,因为某些表达可能会对我们的安全产生真正的威胁。

具备理性的人都不会对存在一些"必要的机密",比如间谍的名字、军队的动向、密码的内容、卫星的方位和秘密武器的特性等表示异议。任何学过历史的学生也不会对存在一些不必要的秘密,比如由于官僚惰性而使一些老信息仍保持密级表示质疑。也有一些信息在国家安全的"幌子"下,行保护政府官员名誉或确保其当选之实,秘不示人。还有一个最有意思的秘密类别,即短期看确实能起到保护国家安全的目的,但长远来看,公之于众更符合国家利益。最具争议的秘密类别就是那些以政府的理性眼光来看,公布后会威胁国家安全的信息,而以媒体同样理性的眼光来看,这些信息其实公布后最终会有利于维护国家利益。

真正的问题不是这些秘密**是否**应该公之于众,因为这个问题通常接近具有良好初衷的人们会反对的问题。在一个民主国家,真正的问题在于我们应该将决定权交给**谁**。

另一个复杂的问题不是**是否**能够公开,而是**何时**公开。民主国家不应该存在永远的秘密,因为只有历史和责任才高于一切。公众最终必须获知政府以其名义进行的全部所作所为。但有时有必要延迟公开,直至直接的危险消除,因为现代社会没有办法在向朋友透露秘密的时候,不被敌人知道。

没有"放之四海而皆准"的办法解决这个令人头疼的冲突,但存在一些有用的指导原则可以达致平衡。首先,多数**声称**自由表达会危及国家安全的言论其实都不正确,甚至连政府官员都不相信这回事。"国家安全"这一唬人的提法常被用于为不法勾当、政治利益,以及保护个人免受尴尬或政治上暗度陈仓掩人耳目。任何举起"国家安全""企业安全""大学安全"或任何机构安全大旗的人都应该接受严格的质疑,以区分真伪,但这还无法完全平息所有争议,总会有一些真实的安全和自由之间的棘手案例出现。我们的宪法旨在为自由消除人们的疑问,但仍存在一些案件,即便这一推断也无法解决问题:即事关国家安全的真实主张似乎会超越倾向于自由表达的有力推断。

在这些案件中,我们需要研究解决争议的机制。争议的解决不能全靠负责安全的人,比如行政官员或军方人员。我们曾经在危机时将决策权交予这些机构的经历让人不堪回首。

我们的自由能有幸得以保全,完全仰赖于那些即便在危机时刻仍不忘挑战政府专横权威的人们。[2]依据我们的宪政制度,只要有人质疑政府行为,诉至法院,就可以形成司法判例。

这并非指我们的司法系统对真正威胁国家安危的情形不管不顾。

阿瑟·戈德堡曾写道："尽管宪法保护个人权利免受侵犯,但也不会自掘坟墓。"[3]恰恰在危机时刻,当短期便利与长远保障之间失衡时,法院应该行使其最关键的职能:维持或恢复不同视角。

在自由和安全的永恒角力中,我们曾期望行政机关和立法机关看重后者。司法机关因其终身任职、独立传统及其人民权利捍卫者的独特性,成为最能抵制危险时刻带来的恐惧的机构。

然而,自由不是一旦获得,即可终身享用的某种商品。ACLU创始人罗杰·鲍德温(Roger Baldwin)喜欢说,争取自由的斗争永远不会"一蹴而就"。[4](正如正义也需不懈追求,因为正义也永远不会"一蹴而就"。)[5]每一代都应在每一个新出现的危机中据理力争。托马斯·潘恩在美国革命前夜所言同样适合今天:"希望享用自由的人们同样……也应经受支持自由的苦难。"[6]

政府希望对仅仅令人不适或恼人的言论进行审查,比起审查那些造成危险的"信息泄露"对双方而言具有更大的利害关系。公开发表带来的危险和压制公开发表带来的危险同样大。不进行审查存在严重风险,而进行审查同样会有严重风险。在二者之间谋求宪法上的平衡是一个艰巨的挑战。不幸的是,很少有民主国家能从容应对,我们也无法做到。[7]

在我职业生涯早期,我在几个事关国家安全和宪法第一修正案的重要案件中直面了这个挑战。这些早期案例都产生自美国在越南的惨痛经历,我亲眼目睹了战争对我们的自由留下的创伤。

首先接手的关于越南战争的案件,是针对本杰明·斯波克(Benjamin Spock)医生、威廉·斯隆·科芬(William Sloane Coffin)牧师和其他几位反战领袖的指控。我为斯波克医生的辩护、科芬牧师的上诉提供了咨询意见,在定罪裁决遭上诉推翻后,我就该案为《纽约时报》撰写了文章。[8]

反对越南战争示威导致的案例中报道最多,最广为人知的是1968年民主党全国大会期间的游行示威导致的对"芝加哥七君子"进行的指控。该案审判后,首席辩护律师威廉·孔斯特勒(William Kunstler)被判蔑视法庭,以及四年监禁。我参与了对蔑视法庭罪判决的上诉,最后我们胜诉。

另一起案件涉及对贝里根兄弟及其他几个激进抵制征兵的领头人进行的指控。我受邀在该案中担任辩护律师,但在一位好斗的被告得知我是犹太复国主义者后,被"炒了鱿鱼"。

越南战争带来的苦难很快就在大学校园弥漫。开始的和平讨论和示威很快演化成对抗和暴力行为。1969年发生在哈佛的一场反战示威最终导致暴力事件,多年后仍让这个令人景仰的校园记忆犹新。这一事件促使哈佛决定开除一些学生。我代表了其中几个学生对抗学校的决定。一位学生被控向一位演说者"竖中指"。另一位学生被控在演说者号召为阵亡士兵默哀时,高喊:"面对死亡,不要沉默!"我们在这两起案件中都胜诉。

随着战争接近尾声,美国决定从越南撤军,中央情报局负责监督美军撤离。负责这一行动的一位中情局特工弗兰克·斯奈普将其亲身经历写了出来,未经审查,但极为小心谨慎,避免泄露任何机密材料。他拒绝将手稿交中情局进行事先"审核",而这却是他雇佣合同的要求。当他的书《体面的休战》(Decent Interval)[9]出版时,中情局将他诉至法院,官司最后一直打到最高法院。[10]我在此案中为他提供全程免费法律服务。[11]

1971年"五角大楼文件"的出版发布可能是促使美国公众舆论反对越战的最重要事件。当《纽约时报》和《华盛顿邮报》还在法庭为继续发布文件争论不休时,阿拉斯加州参议员迈克·格拉韦尔(Mike Gravel)采取了更直接的行动:他连夜召集他所在的建筑和土地小组委员会——很难想象是这么一个与"五角大楼文件"没什么关系的委员会——召开紧急会议,将文件向全体公众公布。接着,波士顿灯塔出版公司(Beacon Press)出版发行了"格拉韦尔版"的"五角大楼文件"。[12]我代表灯塔出版公司,后来也代表格拉韦尔参议员,将官司一直打到最高法院。[13]

我还与"五角大楼文件案"中代表《时代》杂志的首席律师、我的老师和亲爱的朋友亚历山大·比克尔共同讨论。[14]因为我们各自代理的案件都涉及共同的宪法问题,我们常就观点和起草的法律文书进行相互讨论。

从最高法院言辞辩论阶段波特·斯图尔特(Potter Stewart)大法官与比克尔教授之间的对话,可以管窥捍卫宪法第一修正案绝对论观点的难度。斯图尔特问了比克尔"一个虚构的案例":

> 假设法庭工作人员退庭打开这一密封的记录,从中发现绝对可以让我们信服的事实,即披露这些秘密会导致一百位年轻人白白送死,而他们的唯一罪过就是他们正值十九岁,而且必须服兵役。我们该怎么办?

比克尔支支吾吾地说:"我希望能有相关法规涉及这一问题。"

斯图尔特大法官追问道:"你的意思是,宪法要求公布这些文件,让他们去送死吗?"

最后,比克尔直接回答了这个假设的问题:"不,恐怕在这类案件中,我对人性的重视超越了对宪法第一修正案略显抽象的遵循。"

政府一方的律师,首席检察官格里斯沃尔德(哈佛法学院前院长)并不认为斯图尔特大法官的问题是假设的。

"我本人完全相信,已经发表的这些材料以及公开其他材料会影响美国人的生活,造成严重的后果。"[15]

法庭裁定,政府不得阻止公开"五角大楼文件"。

格里斯沃尔德在这次法庭辩论结束多年后,表达了不一样的观点:

> 我从未发现公开文件会对国家安全造成什么威胁。其实,我也没发现实际威胁的存在。[当然,他在言辞辩论时的观点恰恰与此相反。]显然,对任何曾接触过保密材料的人而言,确实存在过度保密的情况,保密者的主要担忧不是国家安全,而是[秘密公开后]政府的窘态。短期保密可能有一定道理,但应制订公开计划,或进行公开秘密的谈判,除了涉及武器系统的细节问题,公开涉过去交易,甚至近期交易的事实,不会对当前国家安全造成任何真实威胁。这就是"五角大楼文件案"给我们的经验教训。[16]

宪法第一修正案最终在"五角大楼文件案"和二十世纪七十年代的多数反战案件中胜出。但这一切都发生在互联网彻底改变声音图像表达,同时因为眨眼之间就可向全世界传播大量机密材料而导致人们对其利害关系争议不断的时代来临之前。

朱利安·阿桑奇和"维基解密"

尽管作为涉及宪法第一修正案的先例极为重要,但"五角大楼文件案"跟"维基解密案"和其他由现代电脑技术对国家安全造成的威胁相比,纯属"小儿科"。毕竟,"五角大楼文件"由诸如《纽约时报》《华盛顿邮报》和灯塔出版公司这类"主流""负责任的""爱国的"媒体对外发布[17],它们对自身在公众中的形象极为"在意",绝不会公开特工人员、警方线人或其他如公开会危及其生命的人们的名字。(它们甚至连声称遭受强奸的受害人名字都不会公开,尽管在某些案件中有充分的理由这么做。[18])

这些"早已存在"的媒体都有自己的长期"地址"。就像最高法院在"五角大楼文件案"中所言,如果它们触犯法律,一定会被找到并绳之以法。它们同样也是需要公众支持的"营生",因此不可能采取一些会导致付费阅读的读者、广告商和股东抛弃的行为。这些制约因素可以确保拥有"第四权力"(the Fourth Estate)的新闻从业人员不会对我们的国家安全造成威胁,他们其实通过过度的新闻自由成了非正式的"权力制衡者"。[19]

当谈到近期威胁披露我们保守最深、最危险、最有价值"秘密"的"黑客""网络窃贼""无政府主义者"和其他"体制外之人"——通常"匿名"——这些保障或制约尽数失效。

当然,历史上也存在许多与当前高科技带来的威胁类似的低技术含量先例。在美国革命之前、革命过程中和革命刚刚结束的时代,存在许多"激进分子""不负责任之徒""无政府主义者"和"匿名者""煽风点火者",甚至"揭发者""道听途说者"和"泄密者",人们相信他们威胁到了政府的"安全"。"专门泄密的出版社"发表了大量"匿名"或"准匿名"长文,其中一些文章披露了"机密"或其他"危险"信息。

宪法第一修正案的内容似乎保护这些异见者的表达自由不受侵犯——至少不受美国政府侵犯。但我们在这方面的历史却极尽变化多端之能事,特别是在受到战争威胁的情况下。

宪法第一修正案获批准不到十年,国会(就是那个声称"不得制定任何法律"限制言论自由的国会)颁布了《处置外侨和煽动叛乱法》,极大限制了批评亚当斯行政分支的言论自由。这一立法的理由是担心与法国开战。[20]从此之后,只要有战争或战争威胁,都会有人努力限制"不够忠诚""不爱国"和"不负责任"异见者的言论自由[21],比如在霍姆斯大法官"纯洁"的眼中,那些抗议第一次世界大战的"高喊失火者"的自由。

这些由单个捣乱者(或即便形成群体)造成的威胁与诸如朱利

安·阿桑奇和"维基解密"等"网络捣乱者"造成的"大规模"威胁相比,纯属"零敲碎打"。其实,即便是阿桑奇及其"维基解密"网站,某种程度上也比其他我们一无所知的人们更接近确定的媒体。毕竟,"维基解密"与《纽约时报》及其他主流媒体紧密合作。任何东西公之于众之前通常都会经过几个层面的严密审查。可以认为,"维基解密"充当了一个直接在互联网上发布没有任何编辑删减信息的"过滤器"。

一些黑客将阿桑奇视为随意删改信息以"篡改事实"的"叛徒"。他们则会将窃取的任何信息公之于众,如果他们能做到的话。这就是为何针对泄露秘密的辩护首先应是通过采取预防措施,保护最重要的秘密不被黑客窃取或以其他方式得到。阿桑奇曾告诉我:"最好的保密方法就是不要知道这个秘密。"美国政府的保密工作可算糟透了,经常将机密信息置于最不稳定、最不负责任或泄露风险最大者之手[比如布拉德利·曼宁(Bradley Manning)和爱德华·斯诺登(Edward Snowden)],却对忠心耿耿的谨慎者关上大门。不可避免,一些机密信息被那些和保密没有利害关系的人公之于众,他们的利害关系在于公开这些秘密。这就是为何法治而非政府官员的一时兴起才是达致恰当平衡的必需。

2011年,朱利安·阿桑奇找到我,要求我介入一个可能会破坏此种平衡的案件。他邀请我就美国政府针对他和其他人可能提出的控告出谋划策。

同年三月,我前往伦敦与阿桑奇及其代理人——他的英国律师——会面。他面临因性侵害指控而被立即引渡到瑞典的情况,也可能被引渡到美国接受严重得多的指控。他就是想和我谈谈美国可能对他提出的指控。

动身前往伦敦前,我花了几个小时和阿桑奇本人及其律师团队以电话和电子邮件的方式进行了充分沟通。我们都担心我们之间的交流被人窃听,考虑到阿桑奇不断"爆料"他人秘密交流,这看起来有点荒谬。但他没有其他选择,必须谈到法律问题。我们遂决定,有必要在其英国律师的伦敦办公室会面。

我发现,阿桑奇为人诚恳,全身心致力于政府行为的最大限度透明。然而,他对需要保守一些秘密极为敏感,如果不是对他保密的话,至少应对公众保密,这些秘密当然包括一些"坏家伙"下定决心要对无辜民众或不那么无辜的民众干点"坏事"。

阿桑奇坚称[22]自己是一名新闻工作者,具备新闻工作者的全部素养。他将他人匿名提供给他的重要材料直接公之于众,有时也交由他人公布。他和他的同事们研发了一个技术,可以使"告密者"匿名为维基解密"投递"材料,维基解密或其他任何人都不可能追查材料来源。这个"投递箱"技术就是"最好的保密方法是不要知道这个秘密"这一观点的网络宣言。

作为新闻工作者,他的工作就是核实原始材料,以新闻工作者的素养审查材料中提到的人名和其他会威胁生命安全的信息,进而作出不宜公开的判断(比如安全屋的具体地点),然后安排全球主流媒体向全世界公布其他信息,它们还会以其自身标准作进一步审核。

在解释完他的新闻操作规程后,我头脑里立即出现了两个名字:《纽约客》(New Yorker)的西摩·赫什(Seymour Hersh)和《华盛顿邮报》的鲍勃·伍德沃德(Bob Woodward)。二人都是新闻行业的翘楚,都以公开发表政府或政府中的某些人不愿看到其遭公开的机密而闻名。

赫什的专长是公开关于国家安全的机密信息,这些信息都由不赞同某个政府政策的政府内部人士爆料,而且还希望经由对他们的异议持同情观点的人之手公之于众。其中的一些告密者通过披露机密材料触犯了法律。赫什和他的上司在消息面世之前都明白,他们即将发表的是机密信息。但他和他的上司都没有因此而遭到起诉。

更有甚者,赫什极有可能至少鼓励了几个不是那么情愿的线人成为告密者,或者如果他们初次见面,赫什会鼓励他继续提供机密材料。我不知道这是否属实,但好几个经验丰富的调查记者告诉我,这就是"标准"做法。如果没有鼓励、保密承诺和对消息源正面报道的承诺,线索会"很快断掉"。当我拜读这些作者的书时,我通常都能推测出谁是消息来源:通常他们在书里的其他部分都获得了正面描写——真正的两不相欠!

换句话说,像西摩·赫什这样的作者并不仅仅**报道**线人提供给他的机密信息,他们还**主动"出击"**,**鼓励他人**,**提供便利**使信息不断供应。他们明知这些是机密信息,而且通过不法手段获得,给他们提供信息的线人们也难逃罪责。赫什和阿桑奇的一个重要区别在于,前者有政治抱负,希望通过公布这些机密信息实现其政治目的。而阿桑奇似乎更愿意公布对所有政府都同样关键的材料。结果就是,赫什荣获普利策奖,获邀参加白宫晚宴,在全国各地的新闻学院巡回演讲。

伍德沃德在某些方面有所不同,其他方面则大同小异。赫什的消息源多为持异议的政府人员,伍德沃德则仰赖行政分支的高层官员,希望伍德沃德报道中他们的"观点"能被更多公众获知。其中一些人有可能获准有意披露这些材料,但肯定有些并未获准,这些人披露的材料当然都属机密(尽管这些材料根本不应被列为机密)。

两位作者都承认,许多所谓的"国家"秘密都不是为了保护国家安全,而是保护(并提升)在位官员的声望。这使我想起二十世纪七十年代代理一些苏联异见者时,听到的一个在他们中间广为流传的笑话。背景是斯大林大搞"宣传式审判"时期,一名异议者因称斯大林是"傻瓜"而被捕。他想通过证明斯大林事实上就是一个傻瓜为自己辩护,但法官很快就打断了他,法官说:"如果你被控诽谤,真相可能会是辩护理由。但你所说的并不是对指控的辩护。"异议者问法官:"如果我不是因为称斯大林为傻瓜而遭诽谤指控,那指控我的罪名是什么?"

法官严肃地回应道:"你被控泄露国家机密!"

许多当前的国家机密确实属于秘密,一旦披露会使当政者难堪。即使是代表尼克松行政分支在"五角大楼文件案"中阻止文件公布的总检察官后来也承认这一现实。[23] 这就是选择性披露和选择性维持机密材料对真相、责任和史实准确性破坏极大的原因。这也是每一届政府"乐此不疲"的原因。

比如2013年5月13日的《时代》杂志公开宣称将发布"仍被列为机密"但"已被《时代》杂志获取"的信息。可以推断,信息的提供者来自政府内部,而且希望将该信息公之于众。

"维基解密"完全不同。阿桑奇不是为迎合某个群体而进行选择性公布。他没有明显的政治动机。他的目标就是以责任的名义增进透明度。"维基解密"让披露出来的文件说明一切,仅仅隐去一些人名和具体地址。阿桑奇的策略是顺其自然,结果就是让全球当权者"头疼不已"。

2013年2月28日,布拉德利·曼宁承认向"维基解密"提供了大量军事和外交文件,将阿桑奇置于一个主流记者的位置,同时也将"维基解密"视为主流媒体。曼宁说,他只是将数据上传至"维基解密",并未受到阿桑奇的任何鼓励:"没有任何与'维基解密'有关的人对我施压,要求我发送更多信息。"由于暴风雪导致他留宿的姐姐家断网,他使用的是一家巴诺书店(Barnes & Noble)的宽带连接。[24] 他先将材料发至"维基解密"的网站,然后又发到了一个"云存储服务器"上。他还说曾与"维基解密"的某人进行过"网上交谈",他认为应该是像阿桑奇[25]那样的高层人物,并依此认为与其构成"某种"联系。他并未就此解释,但他的声明缺乏证据证明阿桑奇强迫他提供数据或告诉他如何下载。正相反,曼宁的声明恰恰说明,阿桑奇和"维基解密"都是此类数据的被动接受者，收到后才进行审核和发布，与《纽约时报》和《华盛顿邮报》在"五角大楼文件案"中的做法一样。

对"维基解密"或其创始人发布机密信息的"犯罪行为"起诉，同时却对作出同样行为的"著名"记者和报纸给予颁奖、晋升、会见和地位等嘉奖，会构成选择性指控。美国法与德国法不同，由于资源有限，检察官必须有权裁定如何利用有限资源，通常允许选择性指控。[26]为了"达到最佳效果"，检察官们通常可以随意从那些违反有争议的刑事法规（比如税法、监管规则和过失犯罪法律）者中挑选。他们不会以党派之争的方式随意行使此种选择权，比如像尼克松总统对待那些上了"敌人名单"的人那样对政治对手咬住不放。他们也不会基于种族、宗教或其他受保护的类别"下手"。但他们会选择最显眼或众所周知的违法者指控，由于此类指控极有可能对其他潜在违法者形成最大震慑效应。[27]比如，美国最著名的女性之一利昂娜·赫尔姆斯利（Leona Helmsley）就在4月15日当天被控逃税！

对媒体发布机密信息进行选择性起诉是一个危险且错误的做法。如果政府可以从诸多发布机密信息的个人或机构中挑选若干起诉至法院，那么政府对媒体报道的内容就拥有了过大的决定权。[28]宪法第一修正案并未在爱国媒体和不爱国媒体、负责任媒体和不负责任媒体、受人欢迎的媒体和不受人欢迎的媒体间进行区别。正是约翰·亚当斯领导的行政分支针对"杰斐逊主义者""雅各宾派人士"及其他被视为联邦主义之敌的人们选择性适用《处置外侨和煽动叛乱法》，为不恰当的区别待遇做法开了一个坏头。最高法院在一百五十多年后才宣布，尽管"《处置外侨和煽动叛乱法》从未在本法院受到挑战，但对其效力的质疑在历史的法庭上从未中断"，"该法与宪法第一修正案南辕北辙已是广泛共识"。[29]（1964年最高法院发布上述法庭意见时，我正在最高法院担任大法官助理。）

第七章 泄 密

历史的判决并不仅仅针对《处置外侨和煽动叛乱法》的内容,同样也针对适用于某些记者和报纸而非其他的选择性做法。如果存在对新闻自由的任何限制,那么应该一视同仁。如果公布机密材料应遭起诉,那么所有这么做的人和机构都应被起诉,而不是仅仅针对政府眼中的那些边缘媒体、弱小媒体、"不负责任"的媒体和不爱国的媒体。如果一视同仁,则有可能通过仅将泄露真正威胁国家安全的机密信息行为入罪,启动民主制度的自我修复机能,改变法律。如果检控机关的裁量权不受约束,那么法律就会像现在一样范围广泛,无所不包,也无需担心《纽约时报》会被绳之以法。只要弱小媒体和小众媒体仍被列为检控的目标,就不存在任何变法的压力。

而且,仅针对违反广泛法规的某些记者进行选择性指控,将纵容某些媒体对政府"投之以桃",政府则"报之以李"。这会在民主制度中形成不健康且危险的"勾结"关系,而媒体本应监督政府,不受政府左右。

在当前将公布机密信息入罪的法律框架下,可能有必要行使选择性裁量权。如果发布任何机密材料的所有记者都被起诉,"漏网之鱼"将所剩无几。《纽约时报》及其发行人、编辑和报道国家安全方面的新闻记者都将被定为犯有重罪,由于现行法律含义广泛,容易导致选择性裁量权的行使,而这曾被用于让主流媒体免予被诉。

一些学者信任检控机关的裁量和陪审团的常识,不会出现对过于宽泛法律的不公正适用。[30]历史经验并未证明此种信任有效,特别是在国家陷入动荡和恐惧的时期。在我看来,法院较民主的解决办法是要求立法机关颁布清晰、准确的规定,仅对泄露最有必要存在的秘密进行有限禁止。这些法规既不能过于宽泛,也不能有所遗漏(如现行法律),而且还要能统一适用,限制政府挑选适用的权力。精准立法不是对这一棘手困境的完美解决之道,但会极大改善现行乱象。

在我写作本书时,美国政府正试图逮捕并审判前国家安全局技术承包商爱德华·斯诺登,此人将机密信息透露给《卫报》(*The Guardian*)并公之于众。公众对被控间谍罪和盗窃罪的斯诺登究竟是英雄还是叛徒分歧极大。

具有活力的民主制度总会在政府保密的需求和新闻媒体揭秘的需求间存在紧张关系。其实本该如此。政府和媒体之间始终存在的紧张关系恰恰是二者相互制衡的根本要求。

言论规则

一直以来,我都是审查的坚定反对者。在我的《发现杰斐逊》(*Finding Jefferson*)一书中,我提出:"一切言论都应得到宪法保护,主张对言论进行审查的人应负有完全责任证明涉事言论如不经审查将会立即导致无可补救的严重伤害。"[31]

我特别反对对于大学校园里以"政治正确"之名进行的言论审查。[32] 大学应是开放言论的典范,学生们应学会与异议观点进行争论、反驳,而不是审查后"一禁了之"。

然而,尽管我强烈反对任何审查,我还是呼吁在校园里形成准确具体的"言论规则",这让我的支持者和反对者吃惊不已。我的推理很简单:在极端情况下,审查在所有大学校园都不可避免。如果一位教授上课时使用"N"开头的词①称呼班上的非洲裔美国学生,或任何类似的禁词称呼女性、犹太人、同性恋者、拉丁裔或亚裔,可以对该老师予以解聘(或至少给予纪律处分)。还有其他一些表达形式不管哪个大学都不会容忍,不管公开还是私下。我们也不清楚到底哪些表达形式属于这一类(还记得卡林的七个永远不能说的脏词吗),但如果这些

---

① 指对黑人的蔑称 Nigger。——译者注

表达形式出现在我们眼前,我们可能会一眼认出(还记得斯图尔特大法官对"硬色情"作品的讲述吗)。可见,对言论进行审查的"普通法"事实上已经存在于每个大学了。

因此,问题不是大学是否存在或应该有言论审查制度。我们对这个问题的答案已了然于胸:在一些极端情况下,存在也必须应该有。据我所知,不会有负责任的人或组织出面捍卫一位老师使用"N"开头的词称呼或指称非洲裔美国学生的权利。剩下的问题,就是将哪些词在哪些场合不得使用的决定权交由大学行政管理者事后裁定好呢,还是事先规定禁用语清单或类别好?换言之,究竟由大学院长事实上适用一套"审查普通法"能更好保护表达自由,还是事先由学校立法机构(如学生委员会或教师委员会或其他类似代表机构)经过充分讨论后制定一套一致同意的"审查规则"能更好地保护表达自由?

与可能会失于宽泛的普通法相比,我赞同制定一套详细规则,因为可以通过这套规则事先发出警示,还有机会在执行该规则前对其条款进行充分质证。(基于同样的道理,我也赞同制定一套详细具体的规则,认定发布最危险的国家秘密的行为违法。)

这一关于言论备受争议的观点,在很多方面与我另一个同样备受争议的关于"获准酷刑"的观点类似。我对审查和酷刑都持反对意见,但我也认识到,在极端情况下,二者都会被用上(在言论方面用于应对"N"开头词汇的使用,在酷刑方面用于应对安放炸弹的恐怖主义行为)。我倾向于明确细致的限制条件,事先公告,两种情况下都能显而易见,因为这样可以促进透明和民主责任。[33]

几年前,哈佛法学院发生了一起恶劣的种族事件,导致一些主张审查伤害性言论的学生团体发起一场运动。院长指定成立一个委员会提出处理这一棘手问题的方法。由于我向来支持言论自由,院长把我也列入其中。当我提出起草一个言论规则的建议时,其他委员们都惊讶不已。

一位自由派学生成员沮丧地说:"我以为你反对任何审查。"

我回答道:"我确实反对。所以我才想要制定一个规则。我不信任院长,也不信任任何人来决定何种言论应该禁止。"

学生回应道:"所有言论都不应被禁止。"

我讲出了使用"N"开头词汇的那个教授的例子。

学生坚称道:"那不一样。"

我的回答是:"那么就让我们一起来商量究竟哪些言论'不一样'。"

委员会花了一年多时间制定禁言规则。但我们仍不满意。即便是"N"开头的这个词也不得禁止使用,因为一位黑人教授曾写过一本杰出的著作,题目就是《黑鬼:一个惹祸词汇的奇怪历程》(*Nigger: The Strange Career of a Troublesome Word*)。[34]我们还试图界定哪些情形下可以使用该词,哪些不能。有人建议,这个词只能黑人使用,白人不能用。有人认为,只能用于书中,不能用于口头。还有人觉得,可以在学术讨论中使用,但不得用于特指某一个具体的个人。对很多争议性表达,我们都无法达成一致意见,比如涉及某一特定群体负面特性的观点。

最终,我们无法就规则达成一致,但这是一次有益的民主和责任的尝试。我本该促成大家接受一个仅限于某些情况下的表达规则,比如教师不得以负面种族言论指称少数族裔,所有人都同意应在教室予以禁止。这会传递出一个有力信号,即不管其他类型的言论可能给他人带来多大伤害,都不会被禁止。如果某个并未收入规则的特别不当的表达被人使用,委员会可考虑未来将其纳入规则,但在规则未包含这一表达之前,无法对使用者进行纪律处分。

规则的好处就在于不给"违反普通法的行为"或宽泛裁量留下任何余地。当然,负面效应就是任何规则都不可能无所不包,总会有一

第七章 泄 密

些新出现或未被规则制定者考虑在内的行为(或此处指的言论)。在表达自由领域,好处大于弊端。即便规范言论的规则无法做到无所不包,也好于适用过度宽泛的规则。[35]

开放言论的需求和对极端伤害和危险性言论的审查之间永远无法达致平衡。在二者之间力求微妙平衡的努力也不可能一蹴而就。历史似乎告诉我们,应更致力于言论方面,而非审查,即使事关国家安全,亦是如此。在大学校园内对一些人发布伤害性言论,更应禁止。

第八章
挑起暴力并打断演说者的言论

布鲁斯・弗兰克林和穆斯林学生会

挑起暴力或打断演说者的言论同样也要求在打断别人者的权利、暴力受害者权利和被打断的演说者权利之间艰难地寻求平衡。

挑起暴力的言论至少可以分为两类。第一类为反应型,即发言者让听众极为不满或语出不恭,导致听众以暴力手段回应发言者的言论。法律上将其归为"挑衅性言论",即导致听众进行暴力反击的言论。[1]第二类为鼓动型,即发言者怂恿其听众实施暴力,听众因此对第三人或机构造成伤害。法律上将其归为"明确且现实的危险"。[2]

我一从事法律职业就接触了这两类案件。

挑衅性言论

新纳粹分子在伊利诺伊州斯科基市进行的那场著名游行中,纳粹暴徒决定唱着反犹歌曲,举着反犹标语,身穿纳粹制服穿过有大量大屠杀幸存者居住的犹太社区。该市以此举会引发幸存者暴力举动为由予以禁止。纳粹分子诉至法院。让许多人大吃一惊,而且也让我母亲大失所望的是,我敦促 ACLU 捍卫纳粹分子穿越斯科基市游行的权利,而且我还劝说犹太人不要理会他们,不给予纳粹分子想要的宣传效果。我不相信宪法第一修正案存在针对"挑衅性言论"的例外。法律不应通过认可这一例外使暴力行为合法或合理。经验表明,一旦受害者以暴力行动或审查手段针对此类伤害性挑衅行为,挑衅者就会赢得公众舆论。斯科基市就出现了这样的结果。纳粹暴徒成为人们关注的焦点,因为他们的游行在斯科基市遭禁。他们频繁接受媒体采访,影响力飙升,并且获得了之前一直没有的某种程度的合法性。

我深知大屠杀幸存者为何会感到遭受极大冒犯,甚至精神可能遭受重创,因为他们不得不再次经历大群身穿褐色纳粹军装,胸前佩戴纳粹标志的人呼啸而过的恐怖场面,但我也为批准禁令的司法判决带来的影响捏一把汗。这一先例可用于为禁止马丁·路德·金及其支持者在南方某个种族隔离地区游行提供合理依据,而当地居民也会因一群黑白混合的队伍穿过他们的街道而深感不适。强调马丁·路德·金是好人,从事的事业正确,而纳粹分子是坏人,干的是坏事,这根本无济于事,因为宪法第一修正案与所保护的言论内容无关,不会倾向于好的正确言论,而禁止不当的错误言论。是非对错由公众决定,但政府应毫不干涉地让公众了解各方观点。这也是各种观点想法在民主国家应有的存在状态。政府必须保护不当、错误和冒犯性言论者免遭暴力对待。即使针对某些言论的暴力行为完全可以理解,可以预期,宪法第一修正案保护的仍是言论,而非暴力行为。[3]

此外,如果对言论的暴力回应被视为可以进行审查的合理理由,那么行使暴力行为的威胁就赋予挑衅性言论的"受害者"作为审查者的权利。因此,此举会激发人们对不良言论采取暴力回应。(而且还可能无意识地鼓励一些受害人夸大他们感受到的不满,因为法律会对夸大的情绪赋予审查权。)法律不应鼓励此种"暴力否决权"。尽管与居心叵测的挑衅者相比,善良的"受害者"更难识别,但宪法第一修正案要求政府站在"不良"言论者一边,而不是"善良"的威胁使用暴力者一边。

最终,纳粹分子在斯科基市获得了"胜利",因为当地"善良正直"的人们决定通过审查手段禁止他们的行动,而不是当众嘲笑他们。

明确且现实的危险

我所经历的"明确且现实的危险"导致的暴力同样也发生于一个小社区——斯坦福大学校园。1971年秋,我去了斯坦福大学,本来期望作为该校行为科学高级研究中心研究员进行为期一年的学术研究。到达斯坦福后不久,我受邀代表一位名为布鲁斯·富兰克林(Bruce Franklin)的英国教授,此人因煽动学生遭到学校解聘。富兰克林生于布鲁克林,成为毛泽东和胡志明的信徒,还曾编辑一本斯大林的著作。他相信应该对斯坦福和其他为越南战争提供帮助的机构发动"人民战争"。富兰克林曾在一次反战集会上发表演讲,将矛头指向进行过一些与越战相关研究的斯坦福计算中心。他在那次集会上的演讲包括以下内容:"我们的要求是,人们作出些许姿态,表明我们愿意作出些许牺牲,关闭最直接的战争机器,比如计算中心,我认为这是一个极好的靶子。"人群中高喊"立即关闭",然后一群听众行进到计算中心,"动手"将其关闭,造成了一些损失。富兰克林远远地目睹了这一切。警方下令驱散示威者。此时,富兰克林加入人群,抗议警方的行动。他直面警察,高声与其争论,认为驱散令不合法,号召人群抵制。许多人留了下来,警方使用武力强行驱散,造成一些示威人士受到轻伤。

当天晚些时候,校园里出现了集会,富兰克林发表了演讲,号召使用"人民战争的方法"。至于他是否讲清楚了"人民战争"的含义,存在争议。他声称,他告诉示威者的是:"人民战争就是回到宿舍,组建小团体,传播思想,或打球,或干点别的,直至深夜。"不管他初衷为何,他的一番演讲导致更多暴力,数人因此严重受伤。

次日,理查德·莱曼(Richard Lyman)校长宣布,富兰克林教授因"严重失职及严重有违大学教师职责"遭到取消终身教职的处罚。(看看这个使用如此模糊宽泛语言的言论规则!)

富兰克林要求举行听证会,召集教师委员会参加。很难找到七个有合理理由不鄙视富兰克林的教授。富兰克林是一个"死不悔改"的斯大林主义者,完全容不下他人的自由言论。有人认为,他还应对校园里发生的其他暴力事件负责。作为我代理他的"费用",他送了我一本红色封面的《林彪语录》,当时林彪还是中国主要领袖之一。不久后,林彪就死于飞机坠毁,随后遭到中国当局的批判。富兰克林来我家,要求我把书还给他,因为他接到"党"的命令销毁该书。我拒绝归还,他竟威胁,如有必要会使用武力夺回。他竟如此为自己争取言论自由!

我说服当地 ACLU 组织介入富兰克林的辩护,但我和我的研究助理乔尔·克雷(Joel Klein)仍主要负责为他辩护。

我让 ACLU 介入此案一事很快就在斯坦福校园传开。有人批评我干预接受我进行研究的大学的内部事务。莱曼校长则在校园广播上公然对我攻击:

> 宪法保护所有言论毫无依据。美国没有哪个宪法律师——没有,甚至从哈佛到斯坦福来拯救我们灵魂的法学教授德肖维茨——甚至德肖维茨先生也不会作出这样的绝对断言。

我通过在《斯坦福日报》(*Stanford Daily*)发表声明予以了回应:

> 在开除富兰克林一事上,重要的公民自由问题处在了危急关头。如果莱曼博士想要质疑我的宪法或公民自由观点,以及 ACLU 的观点,我接受质疑,是非自有公断。

莱曼拒绝与我争辩,但继续对我个人攻击不止,要么亲自上阵,要么通过手下。学校教师也对我和 ACLU 产生了敌意。

我们以 ACLU 的名义发布了一个简要声明,敦促作为私立大学的斯坦福在富兰克林案中适用宪法第一修正案的精神。教师委员会予以赞成,并认为他们一直在适用宪法第一修正案的标准,但他们最后以悬殊的投票结果裁定,富兰克林的言论违反了这些标准。他们认定,富兰克林"确实有意通过作品鼓动"学生和其他人"以非法手段占领计算中心","公然违抗警方的驱散令","参与扰乱大学正常秩序的活动并威胁伤害他人和破坏财产"。

富兰克林遭解聘后不久,我就该案的意义作了一个讲座,预言富兰克林很快就会被人遗忘,因为他的观点不会有很多人赞同。但委员会的解聘决定却会作为一个重要先例在大学里被人们记住,原因就是斯坦福大学针对一位向学生发表挑动性言论的终身教员适用了"煽动"一词的宽泛定义。

最后,我将矛头指向那些假装富兰克林案并未引起严重公民自由问题的教师:

> 我不断听到一个荒谬言论,富兰克林因其"所为"而遭解聘,而非因其"所言",完全无视这一诡辩无法掩盖的一个事实,即他的"所为"就是发表言论。我还不断听到有人说,此案与"学术自由"毫无干涉,只不过是雇主开除了一个不忠诚的雇员,似乎要求忠诚和学术自由互不矛盾。一个真正信奉公民自由的人面临的切实考验在于他如何应对眼前的危机。

富兰克林后来去了罗格斯大学,基本从公众视野中消失,尽管他仍继续赞美斯大林和其他言论自由的压制者。

因不同意其观点故意打断发言者的行为

布鲁斯·富兰克林案还涉及宪法第一修正案的第二个例外:即尽

管人们拥有质问发言者(至少在某些场合下)的宪法权利,但无权赶其下台,让其噤声。[4]

1971年1月,当亨利·卡伯特·洛奇(Henry Cabot Lodge)来斯坦福发表演讲时,他被一片"猪头"和"战争犯"的呼声赶下台,淹没在持续不断的口号和倒彩之中。最后,活动不得不临时取消。富兰克林教授也参与了哄他下台,但否认参与导致活动提前结束的呼喊口号和喝倒彩行为。

我们不同意富兰克林的观点,即有"权"让一个被认为是"战争犯"的发言者噤声:

> 如果委员会认为富兰克林教授有意参与让洛奇大使噤声的集体活动,即不让他发言,那么ACLU认为,对他采取纪律处分是恰当的。

然而,富兰克林对发言者或其观点进行质问,发出嘘声,表达实质性不赞同的权利应该得到捍卫。如果听众可以通过欢呼和鼓掌表达认可,他们也应拥有同样的权利表达不满:

> 首要规则是,发言者应能够完成整个发言,虽然可能会被频频打断,只要在中断后允许他继续发言即可。这一规则虽没法让发言者完成一个令人满意或效果较好的发言,但ACLU相信,这应是宪法要求的必要平衡。

我们的观点获得了支持。斯坦福委员会采纳了ACLU的建议,得出了富兰克林并未试图阻止洛奇发言的结论。

四十年后,我试图让ACLU南加州分部在一起涉及打断大学邀请的发言者案件中适用同样的观点,这次的大学是一所公立大学——加州大学尔湾(Irvine)分校。但此时ACLU已变得过于政治化,极端政治已压过了言论自由的原则。

迈克尔·奥伦（Michael Oren），一位杰出学者、作家，一位"巴以分治"解决方案的温和支持者，当时是以色列驻美国大使，获邀演讲。穆斯林学生联合会着手阻止他进行演讲。该校法学院院长欧文·凯莫林斯基（Erwin Chemerinksy）这样描述学生们的行为：

> 穆斯林学生联合会精心策划了一场阻止演讲的集体行动。一个接一个的学生站起来大声说话，让大使的声音根本听不见。带走一个学生，马上会有另一个学生如法炮制。[5]

凯莫林斯基的叙述还有所保留，人们可以从现场录像看到整个过程。[6] 这可不仅仅是"一切阻止演讲的集体行动"。应该是集体行动彻底让活动停止，限制奥伦的讲话权以及听众倾听他演讲的权利。毋庸置疑的证据表明，这是一场事先精心策划的有组织阻止奥伦演讲的行动。打断演讲的目的达到了，但彻底阻止演讲的目的并未达到，仅仅因为打断者被一个一个地强行带离现场。

涉事学生遭到学校的纪律处分，但处分的性质和程度保密。学校有人将处分形象地描述为"拦腰一击"。由于为了避免演讲中断，学生们遭到逮捕，地区检察官当然启动了刑事调查程序。在得知这个事件属于精心策划，阻止奥伦演讲的集体行动后，检察官对涉事学生提起了轻罪指控。

这一决定遭到支持对亲以色列演说者进行审查的人们的强烈反对。在一封多位著名反以色列激进人士和两位当地 ACLU 领导联署致地区检察官的信中，这一事件被谎称为仅仅是一场抗议："学生们非暴力地对大学邀请的一位演说者进行了言语抗议，然后和平离开了演讲现场。"[7]

接着，为了指责受害者，信件将矛头指向想要倾听奥伦演讲的亲以色列学生，并错误地声称，穆斯林学生联合会的学生们"采取的行动还比不上一些反示威学生的行为对演讲者构成的干扰大"。[8]

第八章　挑起暴力并打断演说者的言论　　173

与ACLU的领导相比,穆斯林学生们倒是对他们的意图毫不避讳。一位学生领袖打断演讲并高喊"宣传谋杀并不是自由言论表达",拒绝承认奥伦先生拥有宪法第一修正案的权利。(简直就是布鲁斯·富兰克林的翻版!)另一位学生在场外告诉集会人群"我们已成功阻止了活动"的过程被录像记录下来。9

激进的反以色列人士支持对亲以色列演讲者进行审查毫不令人意外,但由两位ACLU领导,以ACLU名义联署的支持信确实令人震惊。(一位是当地ACLU的主席,另一位是执行主任。)近半个世纪以来,我都是ACLU的支持者,并是其全国委员会委员。除了支持纳粹分子在斯科基市游行的权利,我还捍卫了最恶毒的反以色列演讲者参与思想交流的权利。正如富兰克林案件的材料证明,ACLU的政策一直以来都是反对阻止演讲者发表言论的集体行动,同时支持针对演讲内容表达反对的零星责难和喝倒彩行为。ACLU也一直谴责发生在尔湾分校的对受邀演讲者采取集体抵制行动的做法。在富兰克林案中,ACLU也承认,如果富兰克林参与了让演讲者噤声的行动,对他进行处分毫不为过。

然而,ACLU的信件只字不提对穆斯林联合会学生们的批评,反而谴责那些仅仅想要倾听演讲的学生。

凯莫林斯基院长虽然反对针对学生提起刑事指控,但也对积极参与"噤声"的学生表达了如下看法:

> 学生们的行为不当,应接受处罚。声称打断演讲者的学生们仅仅是行使其宪法第一修正案权利毫无根据。宪法并未规定破坏一场演讲活动,让演讲者闭嘴的权利。否则,任何演讲者都可能因刁难者的诘问而遭噤声。穆斯林学生们可以通过许多其他方式表达自己的观点:奥伦大使在演讲时,他们可以在礼堂外组织示威,散发传单;问答环节时表达观点;在校园里组织自己的活

动等。[10]

在因支持审查行为遭到批评后,ACLU的执行主任以下面的"逻辑"解释他签署那封信件的理由:

> 地区检察官的举动无疑会对奥兰治县和全州的学生们构成威胁,并以刑事指控阻止他们发表任何有争议的言论或参加抗议活动。[11]

真实情况恰恰相反。如果这些学生不受到大学"拦腰一击"的处罚,全国其他学生将受到鼓舞,继续阻止亲以色列和其他"政治不正确"演讲者发表演讲。事实上,即便这些学生遭受了纪律处分,其他学生仍试图阻止学校邀请的曾在以色列军队服役的学生讲述其经历的活动。[12]

该案中的检察官请我作为专家证人帮他们就校园自由表达出庭作证。我有点动心,但最后仍建议他们最好使用与该事件没什么个人牵连的证人。我自己也曾在那个学校和其他学校被反以色列群体轰下台过。陪审团认定学生们的罪行成立,他们被判缓刑和罚款。[13]

也有人批评提出指控的检察官,但我支持他的指控,理由是:对这些审查别人的学生提出指控是他保护宪法第一修正条款的职责:

> 一位公共检察官对这些学生适用相关法律……极有必要,因为如果不这么做的话就是容忍他们削弱获邀演讲者宪法权利的行为,如果不是鼓励的话。此外,这些学生还应该明白,他们的行为不仅在道义上站不住脚,而且还是犯罪行为。[14]

同理,如果犹太学生试图阻止反以色列的演讲者发表反对以色列的演讲,也会是同样的结果。

对尔湾分校十名学生的成功指控并未"吓退"刁难者的自由言论权利。没有人应该仅仅因表达对演讲内容的不满、散发对演讲者不利的传单、在礼堂后面举标语牌、实施反对活动的行为或示威而受到指控。这些年轻的穆斯林学生试图"吓退"演讲者，事实上剥夺演讲者和听众的宪法权利。任何热爱自由，支持宪法第一修正案的人都不应将他们视为英雄，ACLU的官员们更不应如此。

当地检察官决定对学生们的行为适用法律对宪法第一修正案而言是一件好事。陪审团对他们定罪也非坏事。有时，为了贯彻宪法第一修正案，反对那些相信只有他们才拥有"真理"，并希望通过将他人轰下台而让其噤声的人，必须采用一些断然措施。

第九章
篡改历史和科学的权利

否定大屠杀,外星人和学术自由

并非所有热爱自由的国家都效仿美国宪法第一修正案。在一些欧洲国家(特别是德国[1]、奥地利[2]和法国[3]),否定大屠杀是一项罪行。在法国,有人提出立法建议,将否定亚美尼亚种族屠杀定为犯罪。而在土耳其,认为土耳其人参与了针对亚美尼亚人的种族屠杀的则构成犯罪[4],尽管全世界的学者都承认这一历史事实。

根据美国宪法第一修正案,没有人会因为否定某个历史事件或宣称该事件确实发生过而遭到惩罚。

几年前,我与乔姆斯基教授就否定大屠杀的问题,以及公民自由主义者在捍卫大屠杀否定者权利,而非捍卫其实质性主张方面应扮演的适当角色,展开了一场激烈争论。

二十世纪七十年代,一位名为罗伯特·弗里松(Robert Faurisson)的名不见经传的里昂大学法国文学教师,开始四处宣扬否定大屠杀的观点。他还为此写了一本书,并发表演讲,将大屠杀受害者和幸存者嘲讽为一场骗局的制造者。在他看来,大屠杀"从未发生过",根本不存在"希特勒的毒气室"。"犹太人"应对第二次世界大战承担"责任"。希特勒将犹太人集中起来,送至"劳改营",而非死亡集中营,纯属合理做法和自卫。有关种族灭绝的"天大谎言"出自"美国犹太复国主义者"——

也就是犹太人——的故意编造。主要受益者就是"极力鼓吹这一政治和经济骗局"的"以色列"。而这一"骗局"的主要受害者就是"德国人"和"巴勒斯坦人"。弗里松还将安妮·弗兰克(Anne Frank)的日记称为"伪造品"。[5]

弗里松的书出版后,受到来自愤怒幸存者的威胁。里昂大学声称无法保证他的安全,将他停职一个学期。

乔姆斯基跳出来为弗里松辩护,不仅就言论自由问题,也涉及他的"学术研究"和"品行"等**实质**问题。乔姆斯基签署了一份请求,将弗里松捏造历史的行为视为基于"广泛历史研究"的"学术发现"。

我也捍卫弗里松表达其观点的**权利**。但我也花了点时间查了查他的"历史研究",发现完全属于瞎编乱造。他捏造日记条目,对不赞同其"研究"的人只字不提,歪曲历史记录。[6]弗里松的专著并非基于"广泛的历史研究"。连研究都算不上,只不过是错误反历史观点的凭空炮制。任何地方的教授只要有此种公然造假行为即会遭到解聘,不是因其争议观点,而是因为他们违反了历史学术研究最基本的规范。我专门著述揭露弗里松的欺骗行径,同时也继续捍卫其改写历史的**权利**。

乔姆斯基也撰文为弗里松辩护,并同意将文章用于弗里松下一本书的序言,书的内容竟是弗里松作为大屠杀否定者的个人经历![7]弗里松在书中再次将毒气室称为谎言,并再次重申了大屠杀是"骗局"的观点。

几年后,在弗里松有意识地将自己的名字与各类反犹太组织和新纳粹组织联系起来之后,乔姆斯基再次提及他的品行,这次更甚,直接为其反犹作品和言论遭到的指控进行辩护:

> 我不认为否定毒气室的存在,甚或否定大屠杀的存在,有任何反犹含义。声称大屠杀(不管人们是否相信其真正发生过)遭

到以色列压迫和暴力政策辩护者的恶意利用本身也没什么反犹含义。我在弗里松的书中没有发现任何反犹迹象。[8]

当这一论断被《波士顿环球报》(Boston Globe)援引,用来赞美乔姆斯基为诸如弗里松这样的"遭受压制之人"辩护时,我给编辑写了一封包含下面内容的信:

> 即便有人认为乔姆斯基是一名著名的语言学家,他也没搞清楚一些具体语境中语言的最明显意义。在弗里松将犹太人整体谴责为"骗子"的观点中看不到任何"反犹迹象"的人,不是笨蛋,就是无赖……乔姆斯基为捍卫弗里松偏狭观点的实质内容——针对有效反犹指控——的所作所为让其不配作为令人敬佩的"遭受压制之人"的捍卫者,他捍卫的其实是弗里松发表恶言恶语的权利。大屠杀的受害者,而非其捍卫者或否定者,才是真正的遭受压制之人。[9]

这次"交锋"之后,我向乔姆斯基发出邀请,与他就否定大屠杀究竟算不算反犹进行一场公开辩论。他的回复是:"显而易见,辩论毫无意义。因为**没人**相信否定大屠杀有任何反犹含义。"

好吧,我相信有,而且多数对这一语境中语言意义心知肚明的理性人也相信有。我还相信,捍卫新纳粹分子言论自由权的公民自由主义者们不应通过让他们基于"广泛历史研究"的错误"发现"合法化,以及通过与资料翔实的反犹指控针锋相对,与他们同流合污。此外,为一本书作序就是与作者和出版商共同推销该书,其初衷不仅在于开放的思想交流,还意在通过为作者观点背书,达到实质性影响的目的。这已完全背离言论自由,公然宣扬对大屠杀的否认。

在和乔姆斯基"交锋"几年后,我受邀为一位名为马修·黑尔(Matthew Hale)的新纳粹分子辩护。此人是一个名为"创世教会"(the

Church of the Creation)的反犹组织头目。伊利诺伊州律师协会因其新纳粹观点拒绝为他颁发律师执照。

黑尔受邀上《今日秀》节目接受凯蒂·库里克(Katie Couric)的采访。我也要解释为何愿意考虑代理一个种族主义者和反犹人士。节目一开始,库里克就让黑尔"概括性"描述他的观点。他解释了非欧洲人——他指黑人和犹太人——如何破坏"白人种族",以及如果他能获准执业,如何改变这一现状。

随后,库里克问我,为何我坚信应该允许一个持有黑尔观点的人成为律师。

> 我:首先,我并非黑尔先生的支持者。你刚才让他概括自己的观点,其实那正是他观点的源头。而且都是些拙劣的、让人不悦的观点。但我担心的是,给予品行委员会基于意识形态和信仰决定某人是否应该有权执业的权利所形成的示范效果。别忘了,品行委员会当年成立的初衷就是将黑人、犹太人、同性恋、女性和左翼人士拒之门外……我只是不想看到品行委员会探究像黑尔先生这样的人们的意识形态死灰复燃。如果我接手此案,他也请我为他代理,我对他明说了我的观点,他也明白。所有律师费将捐给反种族歧视组织,作为反对像他这样持有偏执意识形态者的资金。我希望倾听他观点的美国公众在开放的思想交流过程中自觉抵制,而非通过品行委员会对他实施审查,让他噤声。
>
> 库里克:但支持这些观点会不会招致他人的暴力行为呢?
>
> 我:毫无疑问,我们的宪法会起平衡作用。况且,读马克思的书也可能引发暴力,读圣经也有可能导致暴力行为。但我们不会就支持何种观点简单划出界线。我们应在引发暴力或实施暴力行为本身之间划出界线,而且我们也不愿对种族主义者划出与其他人不一样的界线。

随后,库里克转向黑尔:

> 库里克:你自己仇恨犹太人,但你却向德肖维茨先生寻求帮助,你不认为这会遭人讥讽吗?
>
> 黑尔:请一位"德肖维茨先生"助阵可以给我们的教会带来难以想象的宣传效应。
>
> 我:我深信美国人民在开放的思想交流过程中会抛弃你们的观点,而且你们也不应"沾审查的光",可以利用这一机会名正言顺地宣扬你们的观点。你知道吗,如果品行委员会没有将他拒之门外,也不会有人了解这个卑劣之人。一审查就尽人皆知。我们所做的就是希望给予你们"充分展示自我丑陋"一面的机会,让人民看清后作出正确选择。[10]

最终,我没有代理黑尔,因为他不同意将他付给我的律师费捐给 ADL、NAACP 和其他致力于与种族主义作斗争的组织。他最终败诉。[11]因谋划"袭击"一位作出对他不利判决的法官,他正在监狱服刑。[12]

黑尔服刑后,我接到联邦调查局的电话,告诉我黑尔可能也会策划对我进行袭击。联邦调查局暗中监控并保护了我几个星期。这就是马修·黑尔信奉的言论自由!这不是我因坚持我的信条所遭受到的第一次安全威胁,当然也不会是最后一次。在遍布情绪高涨和脾气火爆之徒的世界里,言论自由从来都来之不易。

我们这些捍卫偏执之徒表达可怕观点的人,极有必要竭尽全力在思想交锋的"舞台"正面质疑这些有害观点。与乔姆斯基不同,我始终认为责无旁贷。对不良言论的最佳回应就是正确言论,而非一禁了之。我们捍卫发表不良言论的权利的同时,必须主动发出正面言论。

1982 年,我的机会来了。当时波士顿交响乐团准备聘请范妮莎·雷德格雷夫(Vanessa Redgrave)在斯特拉文斯基(Stravinsky)的独白剧

《俄狄浦斯王》(Oedipus Rex)中表演几段独白时,有人提出异议,质疑她之所以获邀,仅仅是因为她毋庸置疑的表演才能,还是由于她的政治"勇气"？聘请决定一宣布,乐团的一些乐手、固定观众和管理委员会成员即表达了不满。一些乐手提议,他们会行使其结社自由,拒绝与一个认为谋杀艺术家合情合理的恐怖主义勾结者同台演出。

我为她的演出权辩护,但也想和她就其引发众怒的政治观点进行争辩。她拒绝了我的请求,因为她是英国共产党组织——工人革命党——中央委员会委员,该党要求她公开发表的任何言论都需经过事先批准。随后,我向她解释,**她**一方面对因其政治观点和政治活动而被列入"黑名单"愤愤不平,但自己和她所在的政党却要求英国演员联合会将以色列艺术家列入"黑名单"并抵制以色列观众,难道这不是虚伪之举吗？几年后,她认为,在英国大学将犹太复国主义演讲者列入"黑名单""完全正确"。而且,她还对审查抵制的最终形式——对以色列艺术家的政治暗杀——大唱赞歌,因为这些艺术家"可能已应召……从事犹太复国主义事业"。

1977年,雷德格雷夫拍摄了一部电影,号召以武装斗争彻底摧毁犹太国家。她还亲自参加恐怖主义训练营,接受进行恐怖主义袭击的训练。她还鼓吹暗杀诺贝尔和平奖获得者安瓦尔·萨达特(Anwar Sadat)。在出演阿瑟·米勒(Arthur Miller)1980年的电视剧《集中营血泪》(Playing for Time)中备受争议的集中营幸存者后,她周游世界,到处宣称她对这一角色的选择就是对以色列的宣传胜利。

最终,波士顿交响乐团决定取消《俄狄浦斯王》的演出,这在我看来纯属错误决定。乐团还向雷德格雷夫支付了如演出举行她应获得的酬劳,雷德格雷夫拒绝接受并起诉乐团违约,索赔五百万美元。

在雷德格雷夫的支持者为她四处募捐时,我也散发了一个传单,披露她亲自参与将以色列艺术家列入黑名单的事实。几个之前对她的虚伪行径浑然不知的支持者拒绝对她的诉讼表示支持。

最后,案件以和解了结。我也为自己在捍卫她权利的同时揭露她的错误行径而感到宽慰。

当然,不是所有人都能理解二者的区别。乔姆斯基肯定不明白。我母亲也不明白,在我一边谴责他们的言论,一边支持他们发表观点的权利时,她一直认为我在"帮"纳粹分子和恐怖主义分子。比我母亲受教育程度高得多的人同样也声称无法理解。[13]

但一群哈佛的巴勒斯坦学生真正理解了其中深意。

2004年阿拉法特(Yasser Arafat)去世时,哈佛的巴勒斯坦学生未能在哈佛广场旗杆升起巴勒斯坦国旗后,请求我代理他们。他们知道我对他们的英雄持负面看法——我曾称阿拉法特死的"不是时候",因为如果他早死五年,巴勒斯坦当局可能就会接受克林顿—巴拉克和平建议[14]——但他们也深知我对言论自由的观点。我同意为他们代理,只要他们理解我会继续批评阿拉法特和那些将他视为烈士的人。他们表示同意,我们成功使哈佛同意他们升起自己的旗帜。[15]这是言论自由在哈佛极为重要的一天,因为各方都能充分表达各自完全不同的观点。

学术自由也是宪法第　修正案的一个重要方面,不管对师生而言,还是课堂内外。但教室内,任何教授都无权对课堂里的学生进行宣传,或给不同意其政治观点的学生打低分。有时,很难在可接受的教学和不可接受的思想灌输间进行区分。这也是权利会发生冲突的一个领域,但微妙的平衡需要向言论倾斜。

学术自由包括一个教授有权出版专著,声称"被外星人绑架"是真事吗?

多年来,总有一些否认大屠杀者要求与我就大屠杀是否真正发生

进行辩论。我有一个标准回应:

> 如果可以对下列问题同时辩论,我就会接受针对大屠杀是否真正发生的辩论:猫王还活着,而且活得很好;宇宙飞船从未登陆月球;地球是方的;外星人与很多美国人进行过接触。

我认为,大屠杀的可辩性与上面这些荒谬结论的可辩性没有区别。但 1995 年,我确实参与了一起案件,有人声称外星人可能真正造访过一位著名哈佛医学研究者的病人。这一案件挑战了学术自由的底线。

案件的起因是一位杰出的哈佛医学院教授、精神病理学家、普利策奖得主约翰·麦克医生写作的一本书,书名为《绑架:人类与外星人的接触》(Abduction: Human Encounters with Aliens)。[16] 书中描述了麦克医生对多名精神病人的治疗,这些病人都声称曾遭外星人绑架。在对病人进行检查后,麦克医生认为许多病人都没有表现出可能产生绑架幻觉的精神疾病典型症状。相反,他们表现出的症状与真正遭到绑架后出现的典型症状类似。这些发现可以有多种可能的解释,包括诊断类别出错或不完整。并不存在任何争议!但根据麦克医生的观点,这些结果也没有排除这些病人并未出现幻觉——真正经历了外星人绑架——的可能性!虽然麦克医生小心谨慎地避免得出个人结论,承认"我们还不清楚这些现象是否真正存在于纯粹物质现实层面"[17],但他拒绝完全排除其病人所述为事实的可能性。

麦克医生的书很快就成了畅销书,他本人也成了一位脱口秀名人。哈佛对此不置可否。哈佛医学院院长召见了麦克医生,并指定一个教师委员会调查外星人绑架这一"惊人"论断的可能性。

麦克医生给我打电话,问道:"你愿意代理一个当代伽利略吗?"我告诉他,他需要一个哈佛以外的律师,并推荐了埃里克·麦克利什(Eric MacLeish),一位曾与我共同参与过学术纪律案件的杰出律师。

我决定将我的作用仅限于在哈佛推进学术自由,并对组建调查委员会进行批评。

由于哈佛是私立大学,法律上不受宪法第一修正案约束,但多年来,通过我代理的涉及师生的案件,我一直在劝说哈佛接受宪法第一修正案的原则并将其施行于哈佛的各项举措中。

哈佛的立场是,仅对麦克医生的"研究方法"和"学术质量"进行调查,而非其"惊人"结论。但现实是,如果一位已获终身教职的教授得出结论,其病人产生了关于外星人的幻觉,哈佛绝不会对其研究方法和学术质量提出质问。正是他的惊人结论才引发了调查。

我在《哈佛深红报》(*Harvard Crimson*)上撰文提出下列问题:

> 一位杰出的哈佛精神病理学教授,仅因研究是否有人可能真正被外星人绑架,就应接受正式调查和可能的纪律处分吗?
>
> ……其他考虑进行非常规研究项目的教授们是否应停止研究,聘请一位律师为其想法进行辩护?[18]

这些问题使包括哈佛在内的全球学术界出现严重分歧。一些学者认为,哈佛医学院教授不应为外星人绑架的故事背书。还有一些人认为,名校不应猜疑已获终身教职教师的科研或著作,除非有人指控存在欺诈、抄袭或违反病人或学生权利的情形,没有人对麦克医生提出这些指控。

我指出,纽约城市学院从未调查过伦纳德·杰弗里斯(Leonard Jeffries)教授的"研究",该教授声称黑色素会影响种族特性,使黑人比白人优秀;也未调查认为黑人比白人智商低的教授。

如果麦克医生在一所神学院任教,可能对其不会有任何调查,因为主导神学院的并非科学法则。事实上,神学院认为外星人存在的可能性与上帝存在的可能性一样高。然而,前者是科学可以验证的假想(至少在理论上),而后者,至少对多数神学家而言,则不可验证。后者属于信念问题,不是证明问题,而信念无需经科学方法验证。但科学方法的架构——能经受可重复双盲检测的命题——并不是评估学术研究的唯一标准。这在一个想法发展过程中的形成和探索阶段,尤为如此。如果要求弗洛伊德、马克思或马丁·布伯(Martin Buber)在推进其研究之前满足某个委员会的要求,我们这个世界将会失去他们的真知灼见。

让人不安的是院长召集一个调查委员会背后的**原则**,而且此举还缺乏清晰明确的方针或标准。除非直接挑战这一决定,否则,指定一个调查委员会形成的先例效应,将会成为悬在每一个游离于主流之外的学者头上的达摩克利斯之剑,特别是研究政治性敏感领域的学者。值得指出的是,外星人问题还不算一个分歧巨大的政治性、种族性或两性问题。想象一下,如果对于触碰这些热点问题的争议研究都召集一个委员会进行审查,那该多么可怕!学生们会抗议示威,校友们会威胁停止捐赠,甚至政府都可能会施加压力。我敦促院长收回其指定一个调查委员会的决定,在其形成危险先例之前,消除负面影响。任何名校都不应对其教学科研人员的想法进行任何调查。

然后,我回应了那些认为哈佛仅对麦克医生的"研究方法"感兴趣的人们:

> 毋庸置疑,大学关注其教学科研人员的研究合情合理。关注的焦点也存在广泛接受的标准:研究成果不得造假;引用资料必须注明出处;研究对象需获知研究详情,并同意参与研究;偏见必须无保留地披露等。但这些都不是指向麦克医生研究的批评意见。接受"审判"的是他的观点,即他认为,可能许多对外星人绑架的描述并非精神不正常者的幻觉。他当然没有说服我,但他的这一观点不应成为被关注并遭评判的标准。[19]

最后,我号召那些不赞同麦克医生研究的人们通过公开辩论、撰写评论、反驳文章和著作予以回应。学术思想交流的通道应始终保持畅通。麦克医生表达自己观点的"通道"更不应被关闭,也不应接受特别"调查"。批评者们应通过该"通道"发表自己的观点,与其竞争,最终会真相大白。这才是一个大学应有的样子。

经过一年多的"调查"和三十次闭门会议和听证会,在麦克医生支付了近十万美元律师费用后,哈佛委员会决定不采取任何行动。[20]

麦克医生打电话感谢我介入此案,并告诉我,在我的文章发表之前,没人认为这是一个学术自由问题,我的支持扭转了事态的发展。"如果整个哈佛与我作对,我没有任何获胜的机会,但你的出现改变了一切。"我告诉他,我之所以介入是为了捍卫学术自由,但我完全无法被他的著作说服,或被事实上的"外星人绑架"可以解释其病人症状的可能性说服。他回应道:"这才是安全策略。"

第十章
诽谤和隐私

"他让我声名扫地"[1]

每当有人否认大屠杀或诽谤犹太人,不管是乔姆斯基、黑尔、雷德格雷夫,还是弗里松,我都会接到电话和电子邮件,要求我以诽谤犹太人或"恶意诽谤"起诉这些人。但根据宪法第一修正案,只有个人才能遭到诽谤,不存在群体被诽谤的现象。[2] 换句话说,你可以对"犹太人""民主党""黑人""同性恋"和"女性"畅所欲言,只要不针对个人,说什么都可以。一位反犹人士拥有宪法上的自由,可以对犹太人或犹太教随意诋毁,只要不针对具体个人就行。比如,他可以说犹太人杀害信仰基督教的孩子以获取他们的血液。但在其他法律规定有禁止群体诽谤的国家就不能这样了。

根据美国法律,诽谤言论必须针对具体个人,对其造成负面影响。与现在相比,过去比较容易进行认定。比如,一份在实行种族隔离的美国南方发行的报纸,如果出现一个印刷错误,将一位白人描述为一个"有色先生",而不是一个"有教养的绅士",这一错误就被视为诽谤,由于将白人描述为有色人种显然会影响他的职业和社会地位。今天,没有哪家法院会将错误报道某人的种族视为诽谤。涉及性取向问题时要复杂一点。如果一份报纸将一位异性恋政客报道为同性恋,可能会影响其当选的机会,但今天的法院不愿裁定被误称为同性恋可构成侮辱。³同样,随着时间流逝,其他一些曾经被视为侮辱性的词语也失去或减少了负面意义。

除了造成负面影响,诽谤还需具有不真实性。但也不总是如此。托马斯·杰斐逊曾力争将诽谤限于针对个人的不实言论。⁴

如果遭到诽谤的是位公众人物,比如一位政客、名人,或任何"热点人物",则需要消除另一个障碍。1964年,最高法院在"《纽约时报》诉沙利文案"(*New York Times v. Sullivan*)中裁定,公众人物可以提起诽谤诉讼,但针对的不实言论必须"出于恶意,即明知不实或完全不管不顾内容是否真实"。⁵

最高法院作出这一颠覆性先例判决的时候,我在担任戈德堡大法官的助理。他告诉我,他担心该案形成的要求会让公众人物屡遭诽谤,并可能会降低新闻界职业道德的标准。他本人作为一位公众人物也曾在不同场合被诽谤,这让他深感不快。然而,他还是参与了协同意见,并就批评的自由撰写了以下动人心魄的文字:

> 我们的宪法理论就是每位公民都能表达其所思所想,每份报纸都能就公众关注的事务发表观点,并不因政府认为公众所言或报纸所写不明智、不公正、不真实或不怀好意而遭禁言或禁止出版发行。在一个民主社会,任何人出于其行政、立法或司法职能为公民所做的任何事情都会有人评头论足,发表批评意见。我认为,法院不应对此种针对公共官员的批评标上诽谤的标签,一禁了之。⁶

由于法律上我也是一位公众人物,我也曾在诸多场合被诽谤,特别是在互联网上。对我的诬蔑和诽谤既有针对我个人的,也有纯粹政治性的。尽管这些诽谤带有实际的恶意,而且也让我屡屡大发雷霆,但我从未起诉。(我曾威胁起诉一位记者,此人编造了一些不实的种族主义和性别歧视言论,并归在我头上。报社进行了调查,同意了我的观点,并对我指定的慈善基金进行了捐赠。[7])

"《纽约时报》诉沙利文案"发生多年后,我因行使言论自由批评一位法官起草的法律意见,被控刑事诽谤。[8]

一天,我在办公室打开一个信封,发现一位意大利检察官给我寄了一份通知,对我发起一项刑事调查。我对此事一无所知。信中说,我于2005年1月27日在意大利都灵市有违法行为。我立即查看了我的日程表,发现那天我在哈佛法学院上课,然后参加了一位著名联邦法官的演讲活动。完美的不在犯罪现场证明!我不可能那天出现在都灵,犯下任何刑事罪行。但我很快发现,我因接受一位意大利记者的电话采访时的言论被控刑事诽谤。那位记者当时在纽约,我在坎布里奇。但采访内容发表在2005年1月27日的都灵《新闻报》(*La Stampa*)上。[9]因此,我被控的刑事罪行就发生在意大利都灵,尽管我从未到过那里。我的行为也只不过是在回答记者提问时,对一位撰写了一份愚蠢且危险法律意见的法官表达了我的真实感受。该法律意见认为,三位涉嫌招募自杀炸弹袭击者的人属于"游击队员",而非恐怖主义分子,因此无罪。

我将该法官的法律意见称为"恐怖主义大宪章"[10],而她并未对我进行任何回应(也未对我的评论置之不理),而是直接让都灵检察官提起刑事指控,对我进行调查。

据我所知,该项指控在意大利至今有效,我倒是乐意奉陪。都灵的指控让我倍加珍惜我们的宪法第一修正案。

有一种古老的诽谤方式是嘲讽。长久以来,漫画和简笔画都被用来嘲讽位高权重之人。现代通过电脑修图软件将公众人物的头像与他人身体拼接以达到嘲讽或侮辱的目的。1988年,最高法院裁定,杰里·法尔维尔(Jerry Falwell)牧师不得因登载一篇著名的金巴利开胃酒广告文章而起诉《皮条客》(*Hustler*)杂志。广告中一位名人描述他的"第一次",显然广告妙用了第一次性经验和第一次饮酒的双关。但在杂志的诙谐文章配图中,法尔维尔一边饮酒,一边和其母亲性交,确实相当令人作呕! 但最高法院却作出了下面的论断:

> 尽管有时显得尖酸刻薄,从早期将乔治·华盛顿(George Washington)描绘为一头驴的漫画到今天,图画和讽刺漫画在公共政治领域扮演了一个重要角色。纳斯特对特威德团伙的批评,沃尔特·麦克杜格尔(Walt McDougall)将总统候选人詹姆斯·G.布莱恩(James G. Blaine)在德尔莫尼科与百万富翁们举行的宴会称为"伯沙撒最后的盛宴",以及数不胜数的例子无疑对当时的时事产生了深远影响。林肯瘦高的身材,泰迪·罗斯福的眼镜和牙齿,以及富兰克林·罗斯福突出的下巴和烟斗都借由政治漫画深入人心,达到了摄影师或肖像画师无法达到的动人效果。从历史的眼光看,缺少这些政治漫画,我们的政治话语将变得索然无味。[11]

法院裁定,打油诗和讽刺画,即便大逆不道,也应受宪法第一修正案保护,特别是涉及公众人物时。

法尔维尔案判决几年后,一位叫戴维·赫勒(David Heller)的年轻人给我打电话。他被一位六十岁的同事——正竞选他们当地工会领导人的西尔维亚·史密斯·鲍曼(Sylvia Smith Bowman)——起诉。下面就是法院描述的赫勒的所作所为:

> 在原告获准请假参加工会竞选活动期间,原告办公室的一名雇员,即支持现任工会主席的被告戴维·赫勒,将原告的头部照片与两张淫秽色情照片拼接成两张照片。原告脸部照片取自其散发给工会会员的竞选卡片,合成照片的其他部分来自色情杂志。一张照片中的模特腰部以下几乎全裸,仅穿吊袜带,面对镜

头两腿分开,手里拿着一根香蕉指向其裸露的乳房。另一张照片中的模特一丝不挂,正对着镜头自慰。被告在工作时间,使用办公用复印机拼接了这两张照片,并将其散发给五位在沃切斯特办公室工作的同事。随后,同事们复印了这些照片并传播给了更多人。[12]

赫勒声称他之所以决定合成照片,是由于鲍曼曾针对男性发表过露骨的性别歧视言论,包括称男性为"大蠢蛋"。

马萨诸塞州最高法院在存在强烈异议的情况下裁定,鲍曼不是"公众人物",因为工会选举不是"一个公共争议事件"。异议法官持不同意见,认为"选举就是一个公共争议事件的绝佳范例"。[13]我相信,多数人,特别是起草裁决的女性深受涉案图片伤害,以至于使其无视一项有争议的工会选举所具有的明显公共性质,参选各方均以美国选举传统方式相互"抹黑"。这一判决纯系基于一个疑难案件形成的不良法律。有幸的是,该案形成的这一不良法律并未适用于涉及不是那么令人反感的图画或更多公共人物的案件。

数年后,当我本人也成为一幅与该案类似漫画的受害人时,我明白了鲍曼当时的感受。该漫画出自臭名昭著的以色列攻击者诺曼·芬克尔斯坦(Norman Finkelstein)[14]之手,是他撰写的号召暗杀我的文章中的插图。[15]一位否认大屠杀存在的南美新纳粹分子画的这幅彩色漫画,将我描绘为一个冷眼旁观以色列士兵屠杀黎巴嫩平民的人。画中我坐在电视前"兴致勃勃地"对着地上躺着的平民尸体自慰。[16]由于我显然属于公众人物,而这幅画纯属诙谐之作,因此应受宪法第一修正案例保护。有时,作为一位捍卫宪法第一修正案的律师,需要"厚脸皮"。

不受打扰的权利

媒体发布纯属隐私但真实信息的权利是一百多年前路易斯·布

兰代斯(Louis Brandeis)与他人共同撰写的一篇经典法律评论文章的主题。布兰代斯后来成为宪法第一修正案在二十世纪得以重塑的"奠基人"之一。作为一名年轻律师,布兰代斯非常关注地方小报报道包括其合伙人家庭成员等杰出人士"花边新闻"的情况。他和合伙人共同撰写了《隐私权》("The Right to Privacy")[17]一文,发表于《哈佛法律评论》,文中他们创设了这一新兴的"不受打扰"的权利[18],并与涉及诽谤的法律至少在表面上进行了类比。值得注意的是,在后续的发展中,布兰代斯似乎并未特别在意这一新兴隐私权可能会与已确立的媒体发表丑闻权利之间的冲突。

隐私权和发表权之间的冲突在涉及未成年人隐私时特别引人注目。我曾参与过几个此类案件。其中一个案件,涉及波姬小丝(Brooke Shields)阻止发表其十岁时拍摄的裸体照片的权利,与"拥有"该照片者发表照片的权利之间的冲突。

波姬小丝十岁时,其"出名心切"的母亲泰瑞(Teri)与一位同样"急于成功"的摄影师签下一份协议,拍摄波姬小丝洗澡时的裸照。花花公子出版公司支付给波姬小丝四百五十美元拍摄费,她母亲签下协议,给予摄影师在任何地方、任何时间发表照片的毫无限制的权利。

七年后,当波姬小丝准备前往普林斯顿大学就读时,摄影师决定利用其名声出品一个以十岁孩子裸照为主题的日历。波姬小丝很伤心,因为此种日历会在其普林斯顿大学同学间传播,这让她倍感难堪。

她聘请我之前的一个学生出面与摄影师谈判,想要回购照片的所有权。若未能如愿,就阻止照片的发布。我的学生向我寻求建议。我告诉他,禁止照片发布犹如"逆水行舟",因为照片并非淫秽图片,而且法律通常也不支持事先限制。

我认为她可能成功的唯一"法宝"在于,波姬小丝的母亲无权放弃女儿的隐私权,而且接近成年的波姬小丝应对自己的图片拥有控制权。

最后,法院出具了一份奇怪的意见书,认为波姬小丝为追求以"色相"成名已放弃其隐私权。法院作出了如下表述:

> 原告近期从事的商业活动为其带来的知名度,主要源自比展示给法庭的照片更具性含义的图片。本案所涉照片并无任何性含义,不具挑逗性或色情意味,也不暗含轻佻。这些照片只不过是一个未成年女孩洗澡时的纯真记录。相反,被告律师提交了大量涉及原告的以性为主题的宣传照片。特别值得一提的是其为蓝色牛仔裤所拍摄的极具性暗示的电视广告。原告最近出演的电影也极具性挑逗(比如:《青春珊瑚岛》《无尽的爱》)。因此,原告后来以性挑逗形象进入演艺界发展事业的经历,极大程度地削弱了其所受伤害的主张。[19]

法院的逻辑推理未能区分一位十七岁女孩和一位十岁女孩的权利。早前的照片拍摄的是一位十岁女孩,其母亲左右了她的所作所为。她长大后的决定是一位接近成年的人所作的,完全属于不受他人控制的自主决定。法院完全无视这一观点:一位十七岁女孩不应受其"成名心切"的母亲在其年幼无知、无法拒绝的时候所作的愚蠢决定约束。

我相信,如果此案放在今天审理,根据人们对利用儿童的敏感度,案件的判决会对波姬小丝有利。对于该案结果,当时我的感受是五味杂陈,这是宪法第一修正案的胜利,但让一位即将进入大学的年轻女孩付出了沉重代价。最后,该案以和解结案,日历也没有散布给波姬小丝的普林斯顿同学。波姬小丝后来成为一名成功的跨界女星。

另一个冲突来自一位博客写手在其博客上贴了一张一位著名运动员两岁儿子的裸照。照片的说明文字让观者的注意力集中在男孩阴茎的长度上。我需要回答的问题是,该博文是否达到儿童色情的标准,而儿童色情不受宪法第一修正案保护。这一请求非比寻常,因为我先前介入的儿童色情指控案件,我都是为被指控者辩护。其中一个此类案件中,一位担任营地指导老师的医学院学生拍摄了数千张露营者的照片,其中包括一些"裸泳照"。照片的焦点并非器官,我们认为这些照片在法律上与那些诸如罗伯特·梅普尔索普(Robert Mapplethorpe)、莎莉·曼恩(Sally Mann)和戴维·汉密尔顿(David Hamilton)等知名艺术家所拍且在艺术馆展出的裸体照片并无二致。我们赢了这场官司以及其他几个类似官司。

但博文中的这幅照片不一样,因为发布这个孩子照片的唯一目的就是吸引人们关注他的阴茎。此外,孩子的父母并未同意狗仔队在一个荒凉海滩拍摄孩子的照片,因此这个家庭的隐私权受到了侵犯。最后,这一事件由公众舆论和自由发表的观点解决。博客的观众异常愤怒,贴出该照片的人遭到严厉谴责,最后从博文中将照片移除。

另一个宪法第一修正案和《权利法案》其他条款之间发生冲突的领域,是刑事审判,因为媒体往往希望公布一些可能会影响被告获得公正审判的信息,诸如已被法庭排除的供认。另一个此类冲突的变体,就是媒体拒绝公布被控强奸的受害人姓名,却公开被告的姓名和警察局登记的面部照片。这一做法不会直接与宪法第一修正案发生冲突,因为不公布的决定由媒体作出,而非政府。事实上,最高法院曾驳回一项阻止媒体公布被控犯罪受害人姓名的法律。[20]

我曾介入几起涉及宪法第一修正案规定的媒体所享有的言论自由权和宪法第六修正案规定的刑事被告所享有的公正审判权之间的冲突。总的来说,我偏向宪法第一修正案,同时也对想要看到媒体对其案情不发表评论的被告所面临的情形表示同情。

我在查帕奎迪克案中站在了公众人物隐私权一边,而非媒体的信息发布权一边。(此案详情见后面谋杀章节。)我是参议员肯尼迪幕僚组织的辩护团队成员之一。我的部分工作就是确保涉及玛丽·乔·科佩奇尼(Mary Jo Kopechne)死亡的证词保密。被传召来进行秘密作证的证人,特别是与科佩奇尼周末同住一屋的年轻女性,并未行使其在公开程序应有的律师代表权或其他权利。我们成功地提出这一观点:由于询问秘密进行,缺乏公开审理通常应有的法律保障,证人保密的权利与媒体即时发布信息的权利形成了冲突。

宪法第一修正案要求媒体和异议者都需要一定的自由度,这一推论应始终倾向言论自由。但这一推论并非完全不存在严重风险,即本该享有的良好声誉被诽谤性或嘲讽性言论破坏。对于其他可能导致伤害的表达,诽谤和嘲讽会带来沉重代价,为了保持宪法第一修正案的活力,我们必须准备付出这一代价。但并非每个人都心甘情愿。

第十一章
"支持"恐怖主义分子的言论

MEK 案

　　我们正卷入一场针对恐怖主义的战争。我们生活在担心发生另一场恐怖袭击的恐惧中,可能是导致近三千人死亡的另一场"9·11",或导致三人死亡、两百多观众和参与者受伤的 2013 年波士顿马拉松恐怖袭击。这种恐惧的第一个受害者通常都是言论自由。即便在"9·11"袭击发生前,可以理解的对恐怖主义的恐惧就已开始对我们的宪法第一修正案构成威胁。这方面急需达成微妙的平衡,但我们恰恰显得"手忙脚乱,不知所措"。

　　国会已通过法律严惩在知情情况下仍向任何外国恐怖组织提供"物质支持或资源"的任何人。[1] 在政府看来,此种"支持"可能采用一些受宪法保护的言论、书籍或其他表达形式。国务院编制了一份恐怖组织"黑名单",包括基地组织和哈马斯,但同样也包括了一些值得怀疑的组织,比如 MEK(伊朗人民圣战组织)。MEK 是一个强烈反对伊朗现政权的持不同政见组织。成立早期,据称该组织曾参与了一些恐怖活动,因此被国务院列入名单。但 2001 年,该组织谴责了恐怖主义,并向美国军方交出了所有武器,以换取美方承诺保护其免受伊朗暴力对待。该组织在伊拉克的剩余成员,约三千四百名男人、女人和儿童,获准在一个名为阿什拉夫营地的地方建设一个小镇,美军提供安全保护。但当2009年美军从伊拉克撤军,将该营地移交给伊拉克政府后,对这一脆弱群体的保护落入了愈发对伊朗毛拉们感恩戴德的伊拉克政府之手。结果就是阿什拉夫营地遭到数次袭击,造成几十人死亡,数百人受伤。而且营地还收到更多袭击威胁,伊拉克政府要求关闭该营地,并将居民迁往一个更小、更易受攻击的居然名为"自由营地"的地方。人道主义危机尽显,MEK领导人奔走四方,接触人权人士,包括埃利·威塞尔、欧文·科特勒(Irwin Cotler)、约翰·博尔顿(John Bolton)、韦斯利·克拉克(Wesley Clark)及其他人士。他们还向美国的一些公众人物寻求帮助,包括鲁迪·朱利安尼(Rudy Giuliani)、埃德·伦德尔(Ed Rendell)、霍华德·迪恩(Howard Dean)、帕特里克·肯尼迪(Patrick Kennedy)、路易斯·弗里(Louis Freeh)、迈克尔·穆凯西(Michael Mukasey)、鲍勃·托里切利(Bob Torcelli)和汤姆·里奇(Tom Ridge)。还有一些曾在伊拉克驻扎过且与MEK共事过的前美军军官也提供了支持。

这些人以及其他公众人物在国会大厦、巴黎及其他地方召开多次会议,纷纷号召对阿什拉夫营地的居民提供人道主义援助。他们还积极呼吁将MEK从国务院无政府主义或恐怖组织黑名单中去除,以使阿什拉夫营地的和平非武装居民能被重新安置到那些制定有拒绝接收"恐怖分子"政策的国家。

2012年,我受邀在他们的一次大会上发言。在此之前,我从未听说过MEK,但被告知埃利·威塞尔曾在之前的一次会议上发言。我上网找到了他的发言稿。因为我赞同他所说的,所以接受了邀请。后来的几年里,我多次在此类会议上发言,主要观点如下:

> 今天,我以我们宪法的名义:
> - 请求国会伸张正义;
> - 行使我的言论自由权利,而我们的政府正试图对我的这一权利进行限制;

- 请求媒体行使其言论自由权利公布这一人道主义危机;
- 进行和平集会敦促我们的政府信守其承诺。

我们的政府以我们的名义与阿什拉夫营地的居民订立了神圣契约,他们已完全履行了契约义务。

现在该是我们政府履行其契约义务的时候了。

我继续演讲:

我已与国务院代表和白宫高级官员进行了接触,他们要求我们提供协助,帮助阿什拉夫的居民转移到伊拉克以外的安全地方。我们已尽到我们的努力,现在该政府和联合国出面了。我们必须通力合作。

我们还不能失败。否则将会出现人道灾难,而这一灾难完全可以轻易阻止。居民们命悬一线,美国的荣耀也危在旦夕。如果我们无所作为,整个世界将对我们国家予以指责。

通常,我们这些致力于保护人权的人们只有在人权受到践踏后才会采取行动。今天,我们手握拯救这些生命的权力,而不仅仅是对夺去生命的人进行追责的权力。[2]

很难想出比政府请求伸张正义更合适的话语来作为宪法第一修正案保护政治言论的范例了。

但是,在我发表完上述讲话后,得知安排我讲话的机构及其他演说者收到一张传票,要求提供所有发表的"支持"MEK 的讲话稿。我只有聘请一位律师捍卫我"以宪法名义"发表演讲的权利。同时,我也被前纽约市长朱利安尼,前司法部长穆凯西,前联邦调查局局长弗里以及数位想要提交"法院之友"意见书,呼吁基于人道主义理由将 MEK 从恐怖组织黑名单中去除的知名人士聘请为律师。

2012 年 9 月,时任国务卿希拉里宣布,将 MEK 从国务院的恐怖主义组织名单中去除。³这样任何人都可以畅言支持该组织,不再担心因向恐怖组织提供"物质支持"而遭起诉。

然而,法律仍规定,向被列为恐怖组织的机构提供"物质支持"属于犯罪,而且一些政府官员将这一法律规定解释为囊括受宪法第一修正案保护的言论。法院是否会在天平倾向预防恐怖主义时支持言论自由,还有待观察。

结论:自我审查的危险

宪法第一修正案在过去五十年发生的变化,比其自诞生以来一百七十年的变化还要多。多数属于好的变化,比如对侵扰,特别是代受侵扰,作为审查合理依据的实际废除,以及对公众人物的诽谤行为进行严格限制的废除。我有幸促成了这些积极变化。

强化宪法第一修正案从来就非易事,因为多数美国人只是抽象地支持言论自由,对可能对**他们**造成伤害、威胁或深度冒犯的言论支持更少。与布莱克大法官的观点类似,许多美国人将他们不认可的言论称为"非言论",或归为"高喊失火"一类的言论。

两百年前,法国哲学家伏尔泰生动地阐释了真正支持言论自由的根本前提:"我不赞同你所说的,但我会誓死捍卫你发言的权利。"⁴ "誓死"捍卫可能有点言过其实,而且"不赞同"也不是那么坚决,但伏尔泰观点的核心极为关键。因为自己景仰或中意的言论汇聚在第一修正案的大旗下比较容易做到,也符合自己的诉求。但除非随时准备捍卫那些使你血脉偾张的言论自由,否则你都算不上精挑细选的表达自由真实信徒群体中的一员。

我之所以用"精挑细选",是因为即便多数口口声声支持宪法第一修正案的人也会赞同进行一些言论审查。

当前正在进行的与极端伊斯兰恐怖主义的战争,可能会成为对是否支持宪法第一修正案的新考验。而且这一问题已成为新的争议"战场",不仅因为政府不断致力于审查其认为支持恐怖主义的言论,还因为担心极端穆斯林暴力回应受宪法保护的言论而自觉进行审查的行为。尽管"挑衅性言论"规则总会对言论自由施加限制,但在理论和实践上受到大幅削弱,直至近期极端伊斯兰势力兴起,威胁杀死任何诋毁其宗教信仰和先知的人。这些威胁导致全球多个地方谋杀频发,将"挑衅性言论"的概念陡然提升至更致命的"招来杀身之祸的言论"。结果,出版机构纷纷拒绝在其出版物中包含可能导致暴力威胁的内容。几家斯堪的纳维亚报纸发表了有关穆罕默德的漫画后,纷纷收到死亡和暴力行动的威胁。这一情况导致耶鲁大学出版社决定在其一部学术著作中去除此类漫画。此种行为并非源自政府压力——因为宪法第一修正案显然会保护这些漫画的发表——而是源于出版机构的自我审查,以及对出版后招致暴力行动的合理担心。这一现象赋予了以暴力相威胁之徒针对什么可以在美国公开发表有效的否决权。[5]

近些年出现了一种对被视为冒犯伊斯兰和其他宗教的材料进行审查的国际化趋势。联合国的诸多机构以"多元文化"为名,建议严格限制针对一些有争议的文化和宗教行为进行批评的权利,一些人将此类行为视为神圣,而另一些人却觉得受到冒犯。[6]提出这些建议的背后动机是限制亵渎伊斯兰教或其先知的权利,同时使那些仍坚持将此类亵渎行为入罪的政府合法化。

然而,对宗教和宗教行为进行批评,不管是批评伊斯兰教、犹太教还是基督教,恰恰是表达自由的核心要义所在。事实上,纵观历史,宗教异见者不是被钉在十字架上,上断头台、绞架,就是被以其他残忍方式杀害。针对萨尔曼·拉什迪(Salman Rushdie)及那些发布亵渎先知穆罕默德漫画的人发出的刺杀教令,说明这一问题存在至今。除非批评宗教的自由——也就是实施亵渎行为——受到完全保护,否则表达自由都将大打折扣。

历史上看,大多数审查的动力都来自集权权力,比如专制政府、拒绝包容的教会、法西斯运动。尽管右翼审查仍存在,今天审查的压力来自强硬左派:拒绝接受开放思想交流优势并将其视为西方偏见的多元文化主义者、力图清算反映性别主义形象和态度的极端女权主义者、坚定向学生灌输其政治正确理念的学术人士,以及其他一些自认为"获知"了"真理"而完全不包容相反观点的极端分子。

对左翼和右翼发起的审查常怀戒备,对维护美国人民认为理所当然的自由极为关键。对表达自由以及其他权利的争取从未获得全胜。

为了起到平衡效果,美国宪法第一修正案仍相对健康地运行着,活力依旧,并继续成为许多(但非全部)新兴民主国家竞相模仿的典范。但我们的刑事司法制度,以及我长期讲授和执业的一些法律领域,情况可没这么乐观。

第十二章
介入法律事业的生活

疾病和其他命悬一线的时刻

到二十世纪七十年代早期,我已成了一位小有成就的年轻学者、"小荷才露尖尖角"的专注于宪法第一修正案的律师和一位父亲。生活一帆风顺。突然,一切都发生了改变。

我的大儿子埃隆在打冰球时摔倒,头部摔在冰面上,被送至圣伊丽莎白医院时已昏迷。没人知道他昏迷后摔倒,还是摔倒导致昏迷。初步诊断认为是青春期癫痫,通过药物进行了治疗。

1971年夏,我们全家驾车前往加州帕洛阿尔托,我将在那里的行为科学高级研究中心进行为期一年的研究,完成一部长篇学术著作,书名是《预防性正义:走向伤害预防的法理》(*Predictive Justice: Toward a Jurisprudence of Harm Prevention*)。对于一位三十出头的学者而言,这是一项雄心勃勃的研究计划,但我感觉有责任为我认为正形成的"预防性状态"构建一个全新的法律框架。

该中心紧靠斯坦福大学校园,是全国唯一的此类研究机构,将会邀请全球四十多个与行为科学相关的不同学科门类的学者。我是当年获邀的唯一一位法学教授,受邀学者还包括哲学家罗伯特·诺齐克、政治理论学者迈克尔·沃尔泽(Michael Walzer)、语言学家罗宾·莱考夫(Robin Lakoff)和乔治·莱考夫(George Lakoff)、心理学家菲利普·津巴多(Philip Zimbardo)和阿莫斯·特沃斯基(Amos Tversky)、社会学家内森·格莱泽(Nathan Glazer)、精神病理学家阿尔伯特·斯顿卡德(Albert Stunkard)、罗马尼亚经济学家迈克尔·塞尼(Michael Cernea),以及精神分析学家布鲁诺·贝特尔海姆(Bruno Bettelheim)。

我们每人都有一个小房间用于写作,但我们也会举行午餐会和研讨会。跨学科的合作研究得以顺利进行,许多佳作诞生于帕洛阿尔托的宁静山谷中。

然而,我却无法置身其中。十一月初,在我完成了历史研究和写作后,埃隆被确诊为患有恶性脑肿瘤,在CT扫描诞生前的时代,波士顿的医生们没有作出这一诊断。第一位提到这一可怕诊断的是布鲁诺·贝特尔海姆,他的办公室与我相邻,常邀请我共品其维也纳出生的妻子每天下午给他带来的"下午茶"。布鲁诺不是医生,事实上由于纳粹主义在德国和奥地利的兴起,他未能完成大学学业,但他曾与弗洛伊德共事。虽然饱受争议,但他被认为是当时最杰出的精神分析学家。

当我向他提及儿子常犯头疼和痉挛,他的第一个反应是"记得乔治·格什温(George Gershwin)吗?"我深爱格什温的音乐,而且我们可能还有亲戚关系,由于他的原名为格肖维茨,早期移民在登记时常将G、D和H混淆。但我不明白布鲁诺提到格什温指什么。他解释道:"格什温常年头疼,还进行过长期精神分析,分析师认为每一种疼痛都由儿时经历引起,可以通过谈话疗法治愈。最后发现,他脑部有肿瘤,而且因此在三十八岁便英年早逝。"

这次让我背脊发凉的谈话后,我把埃隆带到斯坦福大学医院做了一次脑部扫描,发现了一个肿瘤。我们立即带他去了波士顿儿童医院,找到著名神经科医生约翰·希利托(John Shilito),实施了肿瘤切除手术。然后我们回到斯坦福,找到另一位著名医生亨利·卡普兰

(Henry Kaplan)进行了为期数月的放疗。

我无法承担昂贵的医疗费用,埃隆的教父——戴维·贝兹伦法官——"雪中送炭",借了些钱给我。他还借给我钱,跟他在华盛顿的一个朋友查尔斯·E. 史密斯(Charles E. Smith)一起投资房地产。几年后,这一投资的收益让我还清了欠贝兹伦的钱,我也暗下决心,绝不再为家庭成员的医疗开支向他人求助。从那以后,我开始向有能力请我提供法律服务的当事人收费。没过几年,我已攒够一笔钱,足以应付任何医疗开支或其他家庭紧急情况。

当我回到斯坦福后,已物是人非。我无法再专注于我的学术著作。我的婚姻,甚至在我们前往加州前几年就已出现问题,现在更是陷入危机。我唯一在乎和努力的事情就是改变埃隆的状况。毕竟时不我待。医生们告诉我,如果他能挺过一年,他的生存机会就会上升,如果他能挺过两年,机会就会更大。那几年简直是度日如年,虽然出现过几次惊险,但还好没有复发。

这一时期,我长时间泡在图书馆,了解一些有关埃隆疾病的信息。医生们的话让我宽慰,但研究结果却不是这样。(所有研究都缺乏临床经验!)

尽管我没有向宗教寻求安慰,但我确实把《约伯之书》一读再读,这真是一本讲述人类如何面对悲剧的杰出著作。当上帝决定试试约伯的信念时,第一个遭殃的就是他的孩子。作者明白,正如每一个子女曾经历严重疾病的人深知的一样,父母面对的考验没有什么比孩子面对死神更甚。

一切都变了模样,生活戛然而止。塞缪尔·约翰逊(Samuel Johnson)曾说,只有面对刽子手,人们才能清楚地思考。[1]他显然没有一个身患绝症的孩子。没有什么比子女身患绝症更能使父母专注于任何问题,不惜一切代价,采取任何行动来拯救孩子的生命。

第十二章　介入法律事业的生活

我曾与有过类似经历的朋友谈到这一问题。一些人像我一样，期望成为无所不知的人，试图了解一切信息，与每一位专家探讨，参与每一个医疗决定。还有一些人将这些问题交由医生处理，自己全身心给予孩子爱和支持。也有一些人两样都做不到。父母千差万别，正如孩子的需求不一而足。面对子女患病并没有"放之四海而皆准"的操作指令。当然，首要的问题是孩子的生命，紧跟着的是给战胜疾病的孩子进行长期和短期的心态调整。

家有身患重疾子女的父母在挺过了早期治疗阶段后，一个通常反应是尽力隐藏这些痛苦记忆，只字不提伤痛过往。这样的态度对癌症患者而言特别成问题，由于复发的威胁无时不在，过去可能重来。健康的警醒必须要与不健康的对每一个可能症状的大惊小怪达成平衡。挣扎从不会停歇，留下的伤疤虽然时隐时现，但一直在那儿。

家中有身患重疾的子女对每一位家庭成员和成员间的关系都是一个考验。有些能够挺过去，甚至还会愈发紧密，而有些可能会逐渐弱化，甚至分崩离析。没有任何办法提前做好准备，因为每个家庭穿越死亡阴影的经历几乎都毫无任何征兆。

孩子确诊患有重病以及治疗期间，父母通常都会经历几个阶段。首先就是直接导致的恐慌，"天塌下来"一样的沮丧以及强烈的无助感。接着就是积极介入治疗过程，然后就是治疗本身，通常手术后都要接受放疗和化疗。最后就是焦急的等待，一年、五年、十年，直到相对确信治疗手段有效。在这个等候期内，父母很难专注其他事情，尽管孩子似乎治好了，但你很清楚，复发的担忧始终挥之不去。我完全无法专注长期项目。我需要短期的工作压力让我不走神。但我仍会走神，想到孩子的未来，想到我是否因为他身患疾病而对他的态度有细微变化，想到每一个可能预示着复发的小症状。

埃隆在这一过程中的表现堪称强者。医生告知他手术可能会影响他的手部动作。他的爱好是要求动作灵敏的近距离魔术表演。他决心以反复练习动作证明医生的判断不对。手术前,他曾为友人和一些斯坦福的铁杆兄弟表演魔术。他给自己取的"艺名"是"棒棒的埃隆"。手术后,至少在我看来,他很快就成了"超级棒的埃隆",在波士顿凯尔特人队圣诞晚会、帕特里克·肯尼迪的生日聚会以及波士顿著名的 Legal 海鲜餐厅表演。

更重要的是,他还在医院和放疗中心为患有脑肿瘤和其他神经系统疾病的孩子表演,即使在他自己接受放疗时也是如此。对我们而言,这是一个困难时期,但埃隆的决心极大地提升了我们的"士气"。

埃隆的朋友们(以及他们的父母们)也让埃隆不好受。他在加州最亲密的朋友被父母告知和埃隆保持距离。当我就此与他们争论时,他们说不想让孩子与一个随时会死的男孩过从甚密。学校的同学取笑他的假发,叫他"肿瘤小子"。但埃隆扛住了这一切,甚至在手术后一年内就开始打球。

我唯一的"罪行"

我能想到平生可能犯下的唯一罪行,而且我知道如果我真有此举,不仅会被宣布无罪,陪审员们可能还会表示赞许。

埃隆手术后不久,他回到哈佛广场的地铁站卖报纸。一天,两个来自萨默维尔的年轻"混混"揍了他一顿,打掉了他的牙齿,抢了他卖报纸挣的几块钱。对哈佛广场了如指掌的当地警察弗兰克·伯恩斯(Frank Burns)很快就从画像中认出了两人,并逮捕了他们。

194

第十二章 介入法律事业的生活

> 几天后,这两个"混混"又回到哈佛广场,再次打劫我儿子,并告诉他如果再向警方报案,就把他扔到铁轨上。儿子给我打了电话,我跑到广场,看到他们正庆祝自己的"胜利"。我走近他们说:"我就跟你们说两个字。"然后,我提到了一个我正参与咨询的案件当事人的名字。虽然对这个当事人的指控是参与大麻交易,此人是波士顿恶名昭彰的一个暴力团伙中的"打手"。我告诉两人,如果他们再找我儿子的麻烦,我会告诉我的当事人,让他出面"摆平"。两个"混混"立即服服帖帖,求我千万别告诉我的当事人。自此,他们再未出现。我从未告诉我的当事人这个事情,事实上我从未与此人谋面。我只是给接手该案的另一个律师就该案涉及的一个宪法问题提了点咨询意见。仅仅报出此人名字就吓退了两个"小混混"。我不知道我的所作所为是否构成犯罪,但如果还有人威胁我的孩子,我还会如法炮制。四十年后,埃隆因儿时接受放疗导致视力受损再次入院治疗。几天后出院,我们在纽约叫了一辆出租车。埃隆拉开车门时,车上一位女乘客手里的一瓶葡萄酒掉在了地上。埃隆马上道歉,并决定给予赔偿,但车上的另一个乘客,一位四十多岁的男子动手打了埃隆。我不假思索地也动手,把他的眼镜打落在地。这是我六十年来第一次动手打人,如果有人对我孩子动手,我还是会毫不犹豫地"以牙还牙"。

我妻子和我在帕洛阿尔托短暂分居,但我们决定再次和好如初,看看回归坎布里奇的正常生活能否挽救我们的婚姻。

1973年夏,在开车回东部的路上,我接到一个将会改变我职业生涯和个人生活的电话。电话来自当年我在博罗公园生活时的一位老邻居,与我家隔两个门。他名叫艾莱芬特(Elefant,音似"大象"一词),

小时候常被人取笑,但现在也是一名律师。他的当事人包括犹太捍卫团(JDL),由性情暴烈、极具个人魅力的梅尔·卡哈尼(Meir Kahane)拉比领导的一个备受争议的组织。

JDL案把我扔回那个我早已远离的"世界"。该案的主要案情发生在博罗公园,其实与我曾生活的地方就隔几个街区。艾莱芬特问我是否愿意代理一位名为谢尔登·西格尔(Sheldon Siegel)的年轻人。此人因制造烟雾炸弹,并由他人安放于索尔·胡洛克办公室而面临死刑判决。索尔·胡洛克是将苏联音乐家引入美国的一位全球知名的经纪人。炸弹导致索尔办公室前台一位名为艾丽斯·孔尼斯(Iris Kones)的年轻犹太女孩身亡。胡洛克的办公室之所以成为JDL攻击的目标,是由于只要苏联不允许犹太人移民,且犹太人还屡屡因此遭到监禁,JDL就反对与苏联进行任何文化交流。

我从小就与西格尔熟识,他大姐是我朋友,我还在他家地下室上过舞蹈课。艾莱芬特告诉我,我并非他们的首选律师,因为当时我没有参与谋杀案的经验,但没有律师愿意接手此案,免费辩护。尽管我急需挣钱,我还是很快答应了下来,并快速组建了一个团队挽救西格尔的生命。

JDL案会在位于纽约弗利广场的纽约联邦法院审理,这样每周我都会离开坎布里奇几天。好在我的课都集中在三个上午,这样我就可以周三下午前往纽约,一直待到周末。我的婚姻已濒临破裂,在发现我更喜欢外出而不是待在家里时,我知道这段婚姻已不可挽回,尽管我不在家时仍很想念我的孩子们。

在我的第一本书《最好的辩护》中,我已用较长的篇幅讲述了JDL案的细节。[2]本书下面涉及谋杀案的章节,我也会简单提及该案。可以说,尽管最后我们大获全胜,但此案完全扭转了我对法律的态度,动摇了我对司法体系的信心。

第十二章　介入法律事业的生活

后来得知，我的当事人不仅是 JDL 的炸弹专家，也是向警方提供该组织活动情报的秘密线人。政府想要给予他豁免，以利用他作为关键证人指控其他被告。我直到介入此案很久后才获悉这一情况，得知后，我很想退出此案，因为我的当事人并未跟我说实话。但我很快意识到，一直以来我的当事人都受到一位纽约警察的人身威胁，迫不得已才当了警方的线人。而且这位警察也来自我儿时生活成长的社区。我能利用我熟悉像他这样的人的背景在交叉质询中给他"设套"。西格尔暗中把这位警察对他的威胁进行了录音，我则使用这些录音揭露了警察的不当行为，并证明他曾承诺绝不让西格尔出庭作证。上诉法院最后裁定，西格尔可以不用出庭作证。由于缺乏他的指证，对其他人的指控只有不了了之，所有人重获自由。

庭审结束，大家离开后，我独自一人在法庭待了一个小时。我完全没心思参加任何庆祝活动。我想到了死者艾丽斯·孔尼斯。这是我第一次使用我的法律智慧帮助有罪的凶手逍遥法外，而且不会是最后一次。

我与之前的一个学生哈维·西尔弗格雷特（Harvey Silverglate），以及他所在律所的一位年轻律师詹妮·贝克（Jeanne Baker）一起接手该案。与这两位后来都成为我好友的杰出年轻律师共事，愈发衬托出我的婚姻带给我的不快。很快我便与妻子正式分居，然后离婚。我的第一段婚姻以失败告终，而且我还开始怀疑我能否继续专注于学术研究。我的血压也开始升高，成年后我首次感到无能为力，缺乏自信。

对我的犹太背景，我也生出五味杂陈的感受。介入 JDL 案，以及回到博罗公园开展调查，促使我面对我过去作为一位正统犹太人的复杂感受。我厌恶 JDL 为达成其目的采取的暴力行动，但我又同情他们致力于解放苏联犹太人的目标。几年前，埃利·威塞尔就曾向我介绍过苏联犹太人的苦难,但卡哈尼拉比和他的追随者们迫使我在情感深处直面苏联这些犹太兄弟姐妹。拜上帝所赐,我的祖辈们离乡背井,远离东欧,才有了我。我决心让JDL明白,与杀害美国犹太人和其他无辜者、威胁其生命安全相比,有更好的方法帮助苏联的犹太人。

接手JDL案也使我明白我的犹太血统已成为我不可分离的部分,但我必须加上我的定义,并以我的方式生活。我不是一个笃信宗教的犹太人,或者可以说,不再是一个完全按照宗教仪轨生活的犹太人。我也不会是一个激进或崇尚暴力的犹太人。我决定成为一位犹太律师。但这对我究竟意味着什么呢?我在博罗公园的邻居桑迪·科法克斯是一位犹太棒球运动员,但他打棒球根本与他的犹太血统没有任何关系。事实上,他最出名的犹太做法就恰恰是不做某事——**拒绝在犹太赎罪日出场打球**。我在犹太赎罪日也不会工作娱乐,可能也是出于同样影响桑迪作出不打球决定的文化和感情原因。我并不充分理解我与这样一个我不接受的神学理论基础派生出的宗教文化之间的感情联系,但我决定,我的绝大部分法律生涯都会致力于捍卫犹太价值和帮助全球各地处于麻烦境地的犹太人。JDL案结案后不久,我前往苏联,免费为许多申请移民被拒者和犹太囚犯辩护。[3]

JDL案的出奇获胜使我声名大噪,许多被控重罪,特别是谋杀的人纷纷慕名而来,有犹太人,也有非犹太人。

JDL案结束后,我已正式离婚,我的两个儿子都已十几岁,和我一起生活。接下来的几年,我花了大量时间尽力当一个称职的父亲。我们租下了坎布里奇的一栋大房子,搬到了那里,孩子们将那里称为"德肖维茨营"。房子后院有个篮筐,地下室有一个弹球游戏机、一张乒乓球桌和很多体育器材。这个房子成了孩子们的朋友和同学聚会的地方,也成了我朋友的暂居之处。曾经有一位我帮助移民过来的苏联犹太人跟我们共住了几个月,后来还有一个我曾帮过的罗马尼亚犹太人

第十二章 介入法律事业的生活

也短住过。(这位罗马尼亚犹太人是我在行为科学高级研究中心认识的经济学家迈克尔·塞尼的女儿。)到二十世纪七十年代末,我的两个孩子都安定下来。埃隆被科罗拉多大学录取,嘉明即将高中毕业。一切顺利。

198 　　1979年9月初,我带着埃隆前往科罗拉多大学报到,那是我生命中最幸福的一天。他已平稳度过关键的五年观察期,十年观察期也快结束。我开心地和埃隆忙着收拾他的宿舍,购买日常生活用品。然后,我前往斯泰普尔顿机场,准备乘机返回纽约,跟我弟弟、弟媳共进晚餐。

　　航班按时起飞,到达一万英尺高空后,飞机开始摇晃。机长通过机舱广播说出了让每一位乘客担心的话:"我们遇到了一个严重问题。"他解释到,飞机的副翼仍处在起飞位置,无论自动还是手动都无法使其恢复。我们将在副翼处于起飞状态下紧急降落。机长安慰大家,他接受过处理此种状况的训练,但我边上一位曾在空军服役的乘客告诉我,这样的紧急降落极为危险。当机长询问飞机上是否有乘客经历过此种情况时,我身边这位乘客的观点得到了证实。有几位乘客自愿协助,乘务人员将他们安排在靠近紧急出口的座位,并向他们讲述了如何帮助其他乘客在飞机紧急着陆时离开飞机的注意事项。然后,乘务人员让我们几个人换了座位。我被安排在一位孕妇边上,负责帮助她离开飞机。机长告诉我们,他将在农田上空释放燃油,减轻飞机重量,一旦油箱放空,他就会在覆盖有灭火泡沫的跑道上降落,边上还会有消防车。他还告诉我们,在尝试降落之前,大概有一个小时的时间。

　　身边的乘客们都在祈祷,没有人惊慌失措。乘务人员让我们取下眼镜,还教我们在降落时身体应保持的姿势。女乘客被要求脱掉高跟鞋。我们还被要求将头顶行李里的衣物等较软物品拿出,做成垫子以应对可能会遇到的冲击。

这时,距离我们降落或坠毁还有半个小时。我有点紧张,但却出奇地镇定,努力记住离开飞机的路线和增加生还机会的方法。这一刻,我确信无疑地得知,我不相信上帝会伸出"援助之手",我没花一秒钟祷告或乞求上帝。我根本就没想到这一点。我决定给我的孩子们写点什么,我此时头脑里想的只有他们。我从未给他们看我写的东西,此处我节选了几段,也算我面对生命结束时的所思所想,尽管后来证明我"大难不死"。

> 大概十一点五十分时,机长告诉我们飞机副翼出了问题,他正试图与 S. F.(他没说这是什么)取得联系,我们可能返航丹佛……已有十五分钟没有任何消息了……机长只是告诉我们,可能紧急降落,让大家做好预防措施和疏散准备。
>
> 没想到,会以这种方式结束我送大儿子上大学的旅程。
>
> 我很紧张,身体微颤。
>
> 我唯一想到的就是我的孩子们。他们真的已准备好面对没有父亲的世界了吗?我认为他们可以。但我还是期望能和他们有更多相处时间。他们是我的骄傲。埃隆在战胜病魔方面表现出惊人的毅力。他自学魔术的能力超强。我觉得对他的赞赏不够,因为有时我自己也不愿鼓励他在魔术上花费过多时间精力。但我无法体会他如何在如此短的时间内成为一位出色的——真正出色的——魔术师。他付出的个人努力,以及即便备尝痛苦仍对爱好不离不弃的毅力,令人钦佩。
>
> 嘉明就是一个"开心果"。我深信,他只要努力,一定会有成就。
>
> 大家都不要因我的离去而伤心,我过完了精彩的一生,我一生的四十一年比很多较我年长的人过得更精彩。我无怨无悔。

我希望我的家人能继续对我而言意义非凡的工作。但不要让我的过去成为你们的标尺,过好自己的一生。

机长操控飞机进行紧急降落时,我正把这封信放进装有剃须刀的塑料袋里。这是我一生中过得最慢的五分钟。飞机以一个极大的角度触地,并猛烈滑向左边。机舱里有几个人被从座位上弹起,但好在没有人受伤。当机长从驾驶舱出来时,乘客们报之以雷鸣般的掌声和欢呼声,此时他已全身湿透。他向我们宣布:"我们刚刚避开了一颗子弹,享受余生吧。"

我把这一经历视为我人生的转折点。我不算"空巢人士",当然我也不再是过去几年"扮演"的那种事无巨细关心孩子的父母。我要重新开始我的生活和事业。

这件事发生十年后,嘉明前往宾夕法尼亚大学读书后不久,我遇到了我的第二任妻子卡罗琳·科恩。我们搬到了坎布里奇的一栋小房子,再次开始了我的家庭生活。

遇到卡罗琳,并在我们的女儿埃拉(Ella)出生后不久最终和她喜结连理,标志着我生活态度的另一个重要转变。在我遇到她之前(我们家将这一时期称为"前卡罗琳"时期),我从未真正拥有过自己的房子,一直居住在出租的公寓,也没什么家产,只有几张版画。我的家庭生活缺乏稳定性,也无法置办家产或收藏艺术品。孩子们说我有"大屠杀思维方式",埃隆将其解释为"随时准备'卷铺盖走人',别让那些大件物品拖累你"。

遇到卡罗琳后,我开始畅想未来稳定的生活,购置一栋房子,将里面填满——真正填满——油画、雕塑、古董、犹太文物和充满情趣的小饰品。埃拉出生后不久,我们购置的新家真的成了一个小型博物馆,我们常邀请学生来家里聚会,也会在家里举办慈善性和政治性筹款会。这个家充满生机。除了这一生活态度的具象变化,我的内心深处也悄然发生了改变。和卡罗琳在一起共同生活后，我重拾信心，开始写作，代理更多案件，更平衡地协调了我的生活和工作。

初识卡罗琳时，她发现我常常周末也在工作。当她问我为何周末工作时，我的回答是："对我来说，是不是周末没有区别，都一样，只不过是一周中的一天。"她改变了我的想法，促使我将周末定为"无工作日"。我们还在玛莎葡萄园购置了一处夏季度假房。我的大部分作品就是在那栋俯瞰大西洋的房子里写就的。我们在那里还有一大帮朋友，我的家人也会与我们共度假期。卡罗琳在我最需要她的时候适时出现在我的生活里，给我带来爱、信心和稳定的家庭生活。接下来的日子里，我将会面临职业生涯中最具挑战、最具争议的热点案件，件件都关乎生死性命。经历了儿子埃隆的生死考验，加上卡罗琳给我的爱和支持，我已信心满满，整装待发，直面生活和事业的新阶段。

第三部分

刑事司法

从福尔摩斯到《犯罪现场调查》(*CSI*)

第十三章
"死刑不一样"[1]

驳斥死刑

学术生涯伊始,我便讲授刑事司法的相关课程,但我却没有多少作为刑事律师的实践经验。对于刑法,我也不曾有对言论自由那般的热情。和大多数布鲁克林长大的孩子一样,我一直支持好人。我支持美军,支持本地的警察(我们在警察体育联盟赞助的活动上碰了面),同时我也支持大银幕上那些戴着白帽子的牛仔和我深爱的布鲁克林道奇队。

当我考虑成为一名律师时,我幻想着自己只为无辜者辩护,帮他们争取应得的自由。我不认识任何罪犯,所以这件事在我看来很抽象,解决方法也很简单——事实上是我头脑简单——有罪的应当被定罪惩罚,无辜的都应该无罪释放,非黑即白,不存在什么情理纠葛或是道德上的灰色地带。

我知道有无辜者错被定罪,尤其是共产主义者和黑人这类被歧视群体。我曾想成为那些英勇的辩护律师的一员,为错被定罪者争取正义,就像罗森博格案和斯科茨伯勒男孩案一样。

我从未设想过自己某一天也会帮有罪者开脱。我对这种情形并不熟悉——毕竟在现实生活中、电影里或电视上,被宣告无罪者总是清白之人,被定罪者也总是罪有应得。事实上,决定影片表现内容的

《海斯法典》(Hays Code)明确要求犯罪者必须受到惩罚,而佩里·梅森(Perry Mason)代理的当事人一定清白无辜,他也总能查出真凶,伸张正义。

这才是我梦想成为的那种刑事律师!

但我很快发现,唯一的问题在于佩里·梅森只是个虚构角色。尽管有些人自称只代理无辜的人,但现实中没有哪个律师真的如此。之后我又进一步发现,没有哪个刑事辩护律师能打赢所有官司。最后,我明白有罪和无罪并非像"非黑即白"那样简单极端,而仅仅是个程度问题。

我初次接触刑事司法系统,是在担任法官助理期间关注死刑问题以及法律和科学结合的案件。因此当我打算去获取一些实践经验时,我选择从此类诉因和案件入手也就不是什么奇怪的事。因为涉及死刑的案件极具挑战性,我即刻就被吸引了。

涉及死刑的案件真的很不一样。[2]

一名被告可能丧失自由时已是利害攸关,但当他可能失去生命——可能被判死刑时——则是生死攸关了。即使在可能不会判处死刑的谋杀或谋杀未遂案件中,其关乎生死的本质也使之有别于其他案件。

尽管不常发生,但通常当被告已被定罪,正申请上诉或人身保护令而希望渺茫时,我才接到求助电话。即使如此我也打赢了绝大多数死刑官司,并在这些官司中起了关键作用。我的当事人没有一个被执行死刑。

我打赢这么多死刑官司更多应归功于科学而不是法律。这些死刑官司中的大部分都将争议聚焦于法医鉴定。在《犯罪现场调查》《识骨寻踪》(Bones)、《嗜血法医》(Dexter)这类电视剧风靡之前,我已成为谋杀案科学鉴定方面的专家。我的研究重点是法律与科学的交互作用,在法庭上发挥我的专长也是自然而然。我经手的许多死刑案件成了电影、电视剧和小说的原型。[3]死刑案件不仅与其他刑事案件大不一样,它也成了许多影视作品的素材。

除了我参与的涉及死刑的个案,我也积极致力于废除或限制死刑的运动。这始于五十多年前担任大法官助理时期,我负责起草第一份对死刑是否合宪提出质疑的司法意见书。[4]

我在质疑死刑合宪性中的作用

像我之前所说,我作为戈德堡大法官助理的第一项工作,就是起草一份关于死刑违宪的备忘录。戈德堡大法官告诉我,他打算用宪法第八修正案——禁止"残酷且异常刑罚"——废除死刑。[5]"有什么能比国家蓄意夺取人命更惨无人道呢?"他这样反问。

我也认为死刑很残酷,但我提醒大法官,要使用宪法第八修正案证明一种刑罚违宪,那么该刑罚**不仅**要残酷,**还得**异常,但死刑纯属"家常便饭"——宪法第八修正案通过时如此,现在也一样。"殖民者可是到处处决人呢",我说道,而且"即便今天,得克萨斯、亚拉巴马和佛罗里达这样的州不仅处死杀人犯,还处死强奸犯和武装抢劫犯"。

戈德堡大法官严肃地看着我,说道:"《权利法案》的妙处正在于此。这是一部与时俱进的法律文件。它在今天的含义可与1792年不同。"[6]他又接着说道:"死刑的确**还**未成为异常,但我们可以推它一把。我不指望能一举废除死刑,但我们必须使之走上一条**通往**不寻常乃至过时的道路。"

他派我在法院未决的死刑申请中寻找一些有说服力的案件,让他能够在针对这些案件事实适用死刑的问题上提出质疑,写一份质疑其违宪的意见书。他已经选出了一个强奸案,该案中亚拉巴马一个男子因强奸一位白人妇女而被判处死刑。我也找到了一些,涉及武装抢劫犯和精神不正常的杀人犯被判处死刑的案例。

由于我一直反对死刑,对这项工作充满了热情。高中参加辩论时,我的观点就是反对死刑。我还留着自己第一次辩论的手写提词卡,上面写着我支持"废除死刑",因为"大多数杀人犯系环境造就"。[7] 在法学院读书时,我曾给以色列总理写信,据理力争即使是阿道夫·艾希曼也不该上绞架。埃文·曼德利(Evan Mandery)的书《野性裁判》(*A Wild Justice*)细述了死刑违宪化运动的历程,其中写道:

> 戈德堡选择德肖维茨起草死刑意见书绝非偶然。任最高法院大法官的第一年,戈德堡略过了这个问题,部分原因是他没找到适合的助手。他的第一拨助手是菲利克斯·法兰克福特留下的。尽管他尊重前任大法官的选择,他仍不觉得这班人马足以胜任这份工作……从艾伦·德肖维茨身上,无论是志趣还是生活历程,戈德堡在很多方面都找到了自己芝加哥童年的纽约翻版……和戈德堡一样,德肖维茨也厌恶死刑,这在他的童年就可寻到踪迹。[8]

戈德堡大法官声称将我看作自己在这场"鏖战"中的"完美"搭档。[9]

我着手废除死刑,却未能在判例法中找到任何法院质疑死刑合宪性的点滴迹象,就连ACLU都不曾质疑。就在五年前,首席大法官厄尔·沃伦在"特罗普诉杜勒斯案"(*Trop v. Dulles*)判决中写道:"无论反对死刑的争论如何,无论是基于道德层面的原因还是出于达到刑罚目的的考虑——这些论证确实有力,死刑从古施行至今,而且只要它还被广泛采纳,就不能说它违反了宪法中对于残酷的定义。"[10]

我如实向戈德堡大法官作了汇报,暗示如果自由派的首席大法官都坚信死刑合宪,他能够召开一次真正的听证会,要求现在重新解释"残酷且异常刑罚"条款以禁止死刑适用的机会又有多大呢?戈德堡大法官让我去找布伦南大法官谈谈,了解一下他的见地。除非布伦南大法官答应"入伙",否则整个计划都将功亏一篑,因为戈德堡大法官初来乍到,不想独自对抗首席大法官和整个最高法院,从而使自己陷于"孤立无援"的境地。

我在担任法官助理之前的几年里和布伦南大法官见过几面,他的儿子比尔是我在耶鲁法学院的同学和模拟法庭搭档。我也跟他以及他的朋友戴维·贝兹伦法官一起吃过几次午餐。但我们没进行过什么实质性的讨论。我期盼着跟自己崇拜的司法楷模就这一重大问题展开讨论,同时又有些惴惴不安。

布伦南大法官

我和布伦南大法官的交谈标志着我们终身友谊和相互敬仰的开端。我最珍惜的物品之一是一封1982年大法官亲笔手书的信件,信中写道:

近来狂风肆虐,少有人能抵挡——知晓在外仍有坚定不移的战士英勇卓绝地抗争无疑是一种宽慰。你是他们中的先锋,对于我们这些关注着你的事业并日渐欣慰满足的人来说,实为殊荣。

会面时,我带了一份正起草的备忘录初稿[11],但是布伦南大法官并不想看。他让我介绍一下调查的成果并允诺之后会读一读备忘录。我尽力描述了刚起步的死刑违宪案的情况。我告诉他1910年的旧案——"威姆斯诉美利坚合众国案"(*Weems v. United States*)[12]——可以看作是检验"残酷且异常"刑罚的方法,该检验法如下:(1)另一种较轻的刑罚能否同样有效地达到刑罚的目的(即威慑、隔离、改造);(2)是否违背当下对尊严的定义(比如,折磨);(3)该刑罚造成的恶果是否不成比例地多于其欲阻止的恶行(对经济类犯罪适用死刑)。

除了这些抽象的构想,我还告诉布伦南大法官,我的调查揭露了基于种族差异适用死刑不平衡的规律。我引用了国家监狱的统计数据,过去十五年间,美国有二百三十三名黑人因强奸被处死刑,同时期只有二十六名白人因同样的罪名被处死,尽管白人犯下的强奸罪比黑人多得多。

布伦南大法官鼓励我接着调查,但没作出任何许诺。几周后,戈德堡大法官告诉我,布伦南大法官同意加入"鲁道夫诉亚拉巴马州案"(*Rudolph v. Alabama*, 1963)[13]拒绝调卷异议意见阵营——此案涉及对一名因强奸白人女性而被定罪的黑人男性适用死刑。威廉·O.道格拉斯大法官也签字加入。异议者邀请律师界讨论以下他们认为"密切相关且值得考虑与争辩"的问题:

1. 根据国内以及全球反对判强奸者死刑的趋势,保留强奸罪死刑的那些州是否违反了"不断发展的象征成熟社会进步的文明标准"或"几乎被普遍接受的文明标准"?

2. 为保护生命权之外的权利而夺取生命是否违反了宪法中禁止"刑罚不成比例地……重于罪责"的规定?

3. 用另一种比死刑轻的刑罚惩治强奸能否同样有效地达到刑罚的目的(即威慑、隔离、改造)……如果可以,对强奸罪适用死刑是否构成"不必要的残忍行为"?[14]

根据我的研究和同戈德堡大法官以及布伦南大法官的谈话内容,我草拟了这些问题。

异议意见一发布就引起了轩然大波。保守派的新闻记者抓住机会大做文章,对一个法庭欲废除一种宪法明确规定的、源远流长的刑罚的妄想狂轰滥炸。

《新罕布什尔工会领袖报》(*New Hampshire Union Leader*)头版的一篇文章尤为极端,标题是"最高法院'三人帮'鼓励强奸":

> 戈德堡、布伦南和道格拉斯这三位最高法院大法官联名质疑：如果受害者没有生命危险，判强奸者死刑合适吗？显而易见，这种奇思妙想只会起到鼓励潜在强奸犯的作用。一旦这群恶魔不再担忧要为自身的恶行付出生命代价……没准他们就想碰碰运气呢。
>
> 看来，他们还不满足于禁止学生在校祷告，取消圣经学习课程，允许各类淫秽书籍出版，现在至少已有最高法院"三人帮"公开鼓励强奸了。[15]

这篇社论只字未提新罕布什尔几十年前就取消了死刑，而且是全国强奸案发生率最低的州之一——比那些还在处死强奸犯的州低得多。

好几个州法院挺身而出表示了他们对该异议意见的反对。佐治亚州最高法院质问道：

> 仅仅因为众多国家和州已经取消了强奸罪死刑，任何美国法官就能运用司法权，不顾宪法明明白白的含义，不顾条文中蕴含的美国历史，不顾美国各个法院的解释而随意阐释宪法吗？起初我们坚信历史能够证明，美国将女性的美德与纯洁看得比任何一个国家都重。如果某天这个热爱自由的国家仅仅因为很多乃至别的所有国家都这么做了，将对尊重女性和对女性的法律保护标准降低，这该多么令人沮丧啊。女性本该拥有对自己的身体、尊严、纯洁和名声享有一切法律保护的权利。[16]

该法院接着又反对减少对下述内容保护的意图：

> 全人类的母亲，文明社会的基石，上帝创造的最高杰作，却要遭受比死亡更可怕的恶行，即对她的灵魂圣殿——对她身体——的暴力性侵，由此永远地玷污她的纯洁，而纯洁恰是全人类最宝

贵的特质。[17]

那时的佐治亚州在女性权益保护方面有着全国最糟纪录。

学术性批判也渐次登场。在《哈佛法律评论》中，斯坦福大学的赫伯特·帕克（Herbert Packer）教授准确指出了戈德堡大法官的终极目标，接着又批评了他为达成目标选择的手段：

> 戈德堡大法官真正想废除的恐怕不是强奸罪判死刑，而是死刑本身。问题的关键可能不在于刑罚的程度，而是刑罚的模式，这也是困扰宪法第八修正案起草者的问题，第八修正案的条文也与之密切相关。最高法院显然不会简单声称死刑过于残酷异常以致违宪，其他的社会力量要加把劲改变现状，使法庭的一锤定音不再是一纸空文。与此同时，可能存在合法的死刑执行的司法管制手段……（但）戈德堡大法官提出的方案并非其中一种。[18]

这只是短期反响。更重要的则是律师界的长期反应，特别是ACLU和NAACP这两个组织联手启动了一个反对死刑的诉讼计划，直面针对鲁道夫案异议意见提出的挑战。迈克尔·迈斯纳（Michael Meltsner）教授的书《残酷异常》（*Cruel and Unusual*）[19]中精彩地描绘了该计划的进程，我没法在此为其增色了。但是结果具有十足的戏剧性。法律辩护基金，一个拥有众多才华横溢、鞠躬尽瘁律师的组织，迈斯纳和该组织的其他成员代理被判死刑的被告打了几百场官司，他们成功将许多案件的死刑执行拖到了最高法院打算考量死刑合宪性的时候。我也为这类案子出谋划策，作为起草鲁道夫案异议意见的大法官助理，根据自身经验提供了个人见解。

概括起来策略很简单：最高法院不应当决定作为一个抽象概念的死刑去留，相反，应迫使它面对具体的责任，使它必须同时决定数百有罪者的生死。只有这样法庭才无法回避这个问题或是轻易地拒绝裁判,因为法庭的拒绝可能造成处决数百名罪犯的大屠杀阴影。如果能找到别的法子保住大量被判死刑等候执行者的性命,法庭倒是可以拒绝回答死刑合宪性的终极问题。而律师团队总是会为法庭想出一些别的法子——让它处理一个更具体的问题,通常是死刑判决或执行程序中存在不符合规定的做法。

按照这一策略,最高法院裁决了一些涉及死刑执行的案件;每一个案件法庭都拒绝考虑终极问题,但裁决总是偏向死刑犯,从而饶他们一命。年复一年,被判死刑的犯人越来越多,压力也越来越大。

到了1971年,最高法院出现了首次倒行逆施:它认为"在没有控制标准的情况下允许陪审团处以死刑"并不侵犯罪犯的宪法权利。[20] 看来终于到了没法顾左右而言他的时候:再没有什么"具体的"程序性问题了。但与策略刚提出时相比,现在的最高法院已物是人非。有四名大法官是尼克松总统任命的,而且很显然他们中的一些坚信死刑合宪。"游戏"策略实施后,"裁判员"却换了人。

事情变得越来越有趣。最高法院昭示天下,准备处理终极问题。无所不知的律师们稍加估算,纷纷预测死刑将以微弱多数得以保留。一些人认为将取消强奸罪死刑但保留谋杀罪死刑。另一些则觉得最高法院会再次找出,或者编出一个理由,避开终极问题。一小部分坚定的乐观者,仍然坚信并声称最高法院——即使是现在这个最高法院——不会随意处死数百人。

接着出现了意料之外的重大转折。加利福尼亚州最高法院——它可能是全美最具影响力的州法院了,裁定其本州宪法(该州宪法与联邦宪法措辞异曲同工)禁止死刑。[21] 在1971年开庭期的最后一天,联邦最高法院在"弗曼诉佐治亚州案"(*Furman v. Georgia*[22])中作出了裁决。法庭裁决在美国执行的死刑违宪。我成为戈德堡大法官助理的第一天由他提出来的这一观点,现在终于被九位大法官中的多数接受了。戈德堡兴高采烈地给我打了电话,我们彼此道贺,他将自己想法的实现归功于我,令我激动万分。

但这不是最高法院在这一问题上的最终意见。首席大法官伯格在他的异议意见中为各州指出了明路,展示怎样起草死刑法规以通过合宪性检验。[23]接踵而来的是在死刑的拥护者和反对者间展开的"拉锯战";支持死刑者起草新法案,然后反对者就在法庭上提出质疑。我和重操旧业做回律师的前大法官戈德堡为报纸和法律评论撰写联名文章,继续在这场生死攸关的战争中"冲锋陷阵"。[24]

在一篇文章中我提到,在研究了虐待杀害无数犹太人的乌克兰死亡集中营守卫约翰·德米扬鲁克的庭审和判决之后,我提出了"反对处决他的理由",不管他是臭名昭著的特雷布林卡的恐怖伊万,或仅仅是索比堡的坏伊万。我通过承认以下事实开始我的论述:

> 如果说有谁罪大恶极,判死刑都死有余辜的话,那就是约翰·德米扬鲁克。毋庸置疑,他是一名党卫军训练出的死亡集中营守卫,参与了对犹太人的大屠杀。他一再对自己的过去说谎,而且还毫无悔恨之心。[25]

我接着又写道:如果有谁的死刑是罪有应得,那就是约翰·德米扬鲁克,这样的主张是推论得出的必然结果。同理,如果约翰·德米扬鲁克都没被处死,那就没人应该被处死。宽恕约翰·德米扬鲁克的生命可能加强世界范围内反对死刑的声音,从而拯救更多人的生命。只要以色列让一个无可非议的应死之人脱离绞索,以色列便会成为世界的指路明灯。[26]

2013年,我发表了类似的观点,反对判处制造了波士顿马拉松爆炸案的罪犯死刑。[27]

最终，因为新证据使得"德米扬鲁克是'特雷布林卡的恐怖伊万'"存疑，以色列最高法院推翻了先前的判决。[28]他接下来又以"索比堡的坏伊万"的身份被德国法院判刑。[29]他于九十一岁过世，那时他已保释出狱，正申请对定罪的上诉。[30]

差不多在审判德米扬鲁克的同时，我得到了直接参与一场反对死刑的法庭辩论的机会，那是一个跌宕起伏且颇具争议的案件——"蒂森诉亚利桑那州案"（*Tison v. Arizona*）。

第十四章
未杀人者获死刑

里基·蒂森和雷蒙德·蒂森

蒂森案的故事是电影和电视剧的好素材。[1]两个家庭牵涉其中。凶手的家庭包括父亲、母亲和三个儿子。受害者的家庭则由父亲、母亲、小婴儿和侄女组成。出于某种可怖的巧合,他们在亚利桑那州一条黑暗偏僻的路上相遇了。

撇开案件的悲剧事实,更重要的是案子呈现的法律问题,因为里基·蒂森(Ricky Tison)和他的兄弟雷蒙德·蒂森(Raymond Tison)实际上都没有杀人。当他们帮助父亲加里(Gary)和加里的狱友兰迪·格林沃尔特(Randy Greenawalt)越狱时,也没想杀害任何人。然而,至少四名无辜人士——包括一个婴儿和一个十五岁的少女——被蒂森兄弟协助越狱的犯人们残忍杀害。因其协助越狱行为,彼时还是青少年的里基·蒂森和雷蒙德·蒂森,被判送进亚利桑那州的毒气室执行死刑。

作为驳斥死刑总体计划的一部分,倡议废除死刑的人们将目光集中在了数量可观且没有杀人的死囚们身上。大多数没有杀人者被定谋杀罪是基于两种法律假说。第一种是共谋规则,即就促成某一共谋犯罪而言,每一共谋者都被视为犯下了其所有同伙犯下的全部罪行。[2](想一想哈里·雷恩斯。)第二个假说是"重罪谋杀"规则,即当某人故意犯下重罪——比如协助他人越狱,即使此人实际上并不想害死任何人,也默认他对该重罪造成的死亡具有"故意"。[3]这两个假说结合的效果就是里基和雷蒙德被认为同加里·蒂森、兰迪·格林沃尔特一样犯下了蓄意谋杀罪,而后两者才是事实上扣下扳机,蓄意杀死被害者的人。

由此可见,蒂森案赤裸裸地暴露了最高法院自弗曼案以来一直没有明确解决的一个问题[4]:如果共谋者自己既没有杀人也没有想着杀人,他们应当为自己协助越狱的谋杀犯犯下的蓄意谋杀被判死刑吗?

1979年,一个就此案写书的记者找上我,希望我帮助蒂森兄弟[该书最终被改编成一部电影,片名为《家中的杀人犯》(*A Killer in the Family*),由罗伯特·米彻姆(Robert Mitchum)出演父亲一角,詹姆斯·斯派德(James Spader)扮演其中一个兄弟——这是他第一个重要的银幕角色]。[5]他请我就兄弟俩的死刑判决上诉。因为兄弟俩没钱,我同意为其上诉,并且不收取律师费。

我知道上诉将会困难重重——谋杀情节耸人听闻而最高法院的成员正在向右转。对我们最有利的论点是和蒂森兄弟直接相关的事实情况。他们的经历扣人心弦。

蒂森兄弟——原本是三个人——在没有父亲养育的环境下长大。他们称加里为"监狱里的父亲",后者因犯武装抢劫和其他掠夺性犯罪,大部分时光都在监狱里度过。在一次出庭后返回监狱的路上,加里杀死了狱警,抢了他的枪后逃走。之后加里被逮捕归案并被判终身监禁。他开始计划下一次越狱——这次准备穿越边境逃到墨西哥,那里距监狱只有两小时车程。

加里首先得让自己脱离"可能越狱"名单和最严监禁措施。当一些年轻的犯人引起骚乱时,加里帮助控制了局面。他在多个监狱委员会任职,获得了一个在户外放风区和家人会面的机会。在这些会面中,加里说服他的孩子们帮助他越狱。孩子们起先并不乐意,但加里向他们保证没人会受到伤害。

"我们告诉老爸,"雷蒙德事后说道,"让我们帮忙有个条件——不得有任何人因此受到伤害。"

"手里武器的火力越强,使用它们的可能性就会越小,"加里向男孩们保证,"我们会不开一枪、不挨一弹地逃出来。只要能出去,就高枕无忧了。我知道怎么做,我以前干过。"他以前干过但并没有成功。

对兄弟仨来说,他们的父亲并不是一个杀人犯。狱警是在混战中意外中弹死亡的,而他们的父亲没有犯下冷血的谋杀。加里告诉他们,他的犯罪行为都是"服役"期间接受的秘密训练的结果,声称这是"最高机密"。兄弟仨相信了这个谎言,他们也相信了父亲告诉他们的所有事情。"没人会中枪。"他们的父亲信誓旦旦。

1978年7月,蒂森兄弟三人带着野餐篮来到弗洛伦斯州立监狱,炸鸡下藏着手枪和霰弹枪。

趁着雷蒙德去野餐区和他们的父亲见面,雷蒙德的兄弟里基和东尼(Donny)带着篮子进了等候室。加里的一个同是谋杀犯的朋友兰迪·格林沃尔特正在隔壁的控制室里。别的访客离开之后,兄弟俩拿出霰弹枪,控制了狱警。雷蒙德和加里很快跟他们会合,并拿起了武器。

电力被切断。五人不开一枪便轻松地走出了监狱大门。加里·蒂森说对了——起码对越狱的开始阶段而言。

短短几分钟内,警报拉响,追捕开始。借助一辆事先停在附近医院停车场的车,逃犯们专挑乡野小路开始了逃亡之路。他们的车是一辆老旧的白色林肯,由兄弟们的叔叔乔(Joe)——一个大麻贩子——提供。第二天,一个轮胎爆了,他们换了个备胎。结果,晚上又爆了一个车胎,他们已没有多余的备胎了。

几乎同一时间,一名叫约翰·莱昂斯(John Lyons)的年轻海军陆战队员正驾车带着家人度假。约翰看见一个年轻人站在路边的一辆白色林肯旁挥手寻求帮助。起先约翰开过了寻求帮助的男人,但之后他改了主意,把他的马自达倒回了林肯车旁。突然,另外四个端着枪的男人出现,他们命令莱昂斯一家从马自达里出来并把他们赶进了林肯的后座。两个男人和他们一起坐进林肯,剩下的坐进了马自达。

两辆车在石子路上一路颠簸,直至抵达一个偏僻沙漠的边缘。逃犯们清空了马自达,把枪放在里面,然后把莱昂斯一家的行李箱装进林肯。之后加里和兰迪将林肯开进沙漠深处。他们开枪打坏引擎使其报废。加里转向里基说道:"小子们,回马自达那儿把水壶拿来。"兄弟三人知道莱昂斯一家会有足够的水撑到救援抵达后,都松了口气。

东尼、里基和雷蒙德走回马自达取水时,加里和兰迪商量着怎么处置莱昂斯一家。争论片刻后,他们作出了左右他们命运的决定:他们不想冒险让这家人有机会回到大路上去通知警方。莱昂斯一家恳求他们放过自己并保证什么都不说。蒂森兄弟带着水壶回林肯的路上,听见了霰弹枪的枪声。一片黑暗中,他们看见了几道闪光,之后便一片死寂。

他们走近后才看清父亲和兰迪犯下的罪行。

这两名逃犯冷血地杀死了莱昂斯一家——父亲、母亲、小婴儿和侄女。兰迪·格林沃尔特开着马自达带着他们逃走的路上,三兄弟都僵坐着,惊恐得说不出话。

亚利桑那州警方很快找到了莱昂斯一家。约翰、他的妻子和婴儿已经死亡。侄女不见了,警方怀疑蒂森兄弟绑架了她。几天后侄女被找到了:她臀部中了一枪,奋力爬向大路,直到失血过多而亡。家养的狗躺在边上,脱水而死。

惨案公开后,民众哗然。他们起初关注着这场搜捕的消息,有几分畏惧又有几分崇拜这些大胆越狱者,此时,憎恶取代了崇拜。媒体

第十四章　未杀人者获死刑

将这场犯罪形容为"疯狗般的杀戮"和"死亡盛宴",杀手们则是"疯狂的"和"铤而走险的"。一些人拒绝深夜开车,直到蒂森父子们和格林沃尔特被逮捕归案。桑德拉·戴·奥康纳(Sandra Day O'Connor)也是为家人夙夜忧心的一位母亲,当时她是马里科帕县的主审法官。

亚利桑那州历史上最声势浩大的搜捕开始了,巡逻车、直升机、警犬、路障以及一套高级通讯系统都被启用。

蒂森父子们精疲力竭,而且钱也快用完了。他们的计划中没有爆胎导致的绕弯路,也没有预料到杀死莱昂斯一家。加里决定,尽管顶着大范围搜捕的风险,也要尽快赶到美墨边境。

217 1978年8月11日凌晨2点58分,蒂森开着车驶向一个警方路障,并冲了过去。警方展开追捕,时速接近一百英里,并且召来了直升机。有那么一会儿,握着枪探出后窗的加里以为他们成功了。随后,开着车的东尼——三兄弟中的老大——看见了第二个路障。他再次冲过路障,但从守着的警车里射出的几发子弹击中了他的头部,车撞毁了。加里大喊"各自逃命吧",接着跑了出去。里基、雷蒙德和兰迪从车里滚到路上。

警察在驾驶座找到了昏迷的东尼,他因为头部受伤已失去知觉。他们给他戴上手铐,叫了救护车,从车中收走枪支后就把他留在了那里。凌晨3点40分,救护车抵达现场。但是医护人员却被要求在一旁等待,他们等了五个多小时,这期间东尼离死亡越来越近。

警察用霰弹枪抵着里基的后脑勺,把手枪枪管塞进他嘴里。他们剪开并撕下他的衣服。他被拽着头发塞进一辆三名警察围着的警车,接着浑身赤裸颤抖地被讯问了五个小时。当他不愿意开口时,有人问他:"你想见见你快死的兄弟吗?"

警方告诉里基和雷蒙德,东尼正昏迷失血,但除非他俩招供,东尼将不会得到任何医疗救助。最终,两兄弟承认了他们在越狱等一系列事件中扮演的角色。当医护人员终于获准来到东尼身边时,他已因失血过多死亡。

警方有一周多时间没有发现加里·蒂森的任何踪迹,他们彻底搜查了沙漠。一队特警进入了废弃的煤矿和洞穴,还动用了警犬。关于这名逃犯所在何处的谣言满天乱飞。人们声称在数十个地方见过他,范围从大峡谷延伸到墨西哥南部。

几天后,一位当地印第安人在灌木丛中闻到了某种味道——那是加里·蒂森正在腐烂的尸体。他一直藏在沙漠里,就在路障正北一英里处。他在一个印第安人保留地里脱水而死,躺在灌木丛中,身旁放着一只装满仙人掌浆果的袜子,已经挤干了。尸体下面发现了约翰·莱昂斯的手枪。

两个罪犯都已死亡,公众的怒火便转移到了还活着的人身上。媒体将目光聚焦于被杀害的婴儿,认为"如果加里·蒂森和格林沃尔特没有(在蒂森兄弟的帮助下)出逃,这一切都不会发生"。政客们要求把蒂森兄弟送进毒气室处死。

活下来的两兄弟经审判后被定为谋杀罪。根据谋杀和共谋两项重罪的规定,兄弟二人和扣下扳机的人一样对杀害莱昂斯一家负有罪责。法官也适用了这一法律假说,判二人死刑并在亚利桑那州的毒气室里执行。我的任务是尽力挽救他们的生命。别的律师可能会主张二人的供认是在非自愿情况下作出的。

在亚利桑那州法院进行了几次失败的上诉后,我们决定向最高法院要求复审。这一决定本身在反死刑团体中就颇具争议。自最高法院通过弗曼案和别的几个案子限制死刑适用以来,法律环境已然改变。1982 年,大法官们裁决了"恩芒德诉佛罗里达州案"(*Enmund v. Florida*)[6],撤销了被告的死刑判决。此案中,被告恩芒德在一场武装抢劫中驾驶逃亡用车,而他的同伙则杀害了他们洗劫的人家中的一对老年夫妇。恩芒德本人没有扣下扳机,但他可能给扣下扳机的人提供了枪。最高法院认定这一理由不足以判恩芒德死刑。以五比四作出多数判决后,法庭又接着说明:

> 如果一次抢劫过程中杀人的可能性很大的话,情况会大为不同,这种情况下一人只要以某种形式参与到犯罪中,他对造成的死亡后果就难辞其咎。[7]

蒂森案的事实直接引出了这一问题:本案犯罪过程中杀人的可能性是否足够大,达到兄弟二人应当共担罪责被处死刑的地步?我们坚信答案是否定的。但在恩芒德案裁决到我们提出复审申请期间,最高法院的人员组成已经发生了重大改变。安东尼·斯卡利亚大法官上任后迅速成为最高法院内对废除死刑运动最直率的批评者。威廉·伦奎斯特是死刑的坚定支持者,住在亚利桑那州,了解蒂森惨案,现在当上了首席大法官。桑德拉·戴·奥康纳大法官在案发时也住在亚利桑那州,对恩芒德案的裁决持异议,而且现在有可能把她的异议转变成多数决议——因为在恩芒德案中起草多数意见的拜伦·怀特大法官在随后的案件中似乎改变主意了。

在我们决定申请复审令之前——即申请大法官们复审此案——我接到了反对死刑的律师们的几通电话,这些人之前跟我合作过,现在恳请我不要申请最高法院复审蒂森案。"点点人头吧,"其中一人告诫道,"你可能不再有五人多数的优势了。"他规劝我适可而止:"我们已经取得了恩芒德案的胜利。大多数法院会遵循恩芒德案确立的先例,撤销对谋杀这一重罪的死刑判决。但如果最高法院受理你的申请,推翻恩芒德案裁决或限制其适用,有人会因你而死。你必须看着人数行事。"[8]

我知道他所说的"人数"意味着两件事:第一是最高法院的法官,现在可能是五比四赞成死刑而对我们不利;第二是面临着死刑执行的大量囚犯,他们被判死刑的理由和亚利桑那州法官判蒂森兄弟死刑的理由类似,即便蒂森兄弟既没有动手杀死莱昂斯一家,也没有杀死他们的意图。

我尊重来电者的见解和判断,但我有两个实实在在可能被处死的当事人。我是**他们的**律师,而不是千千万万命运可能受到本案的否定裁决不利影响的死囚的律师。我深切关心着每一个死刑犯的生命,正如我关注着死刑这个问题本身,但我不能让这些强烈的感情影响我在自己当事人问题上的决定。我是挡在他们和随时准备结束两个年轻生命的死亡毒气罐之间唯一的那个人。在那一刻,我不是什么"死刑"律师,也不是什么"公益"律师。我仅仅是里基和雷蒙德的律师。在死囚牢房会面时,他们流着泪对我说,他们不顾一切地想要活下去。这次会面后,我常做噩梦,梦里我眼睁睁地看着这两个男孩被扯出我的臂弯,被绑上椅子,然后被致命的毒气夺去生命。我也做过这样的噩梦:莱昂斯一家绝望而徒劳地乞求放过他们,而加里和兰迪用霰弹枪指着他们。然而,即便是在梦中,我也无法救下莱昂斯一家。但在现实里,我可以尽力去拯救里基·蒂森和雷蒙德·蒂森。

我必须将案件置于公益之上,将当事人置于运动之上,将蒂森兄弟置于其他死刑犯之上。这是令人痛苦万分的情感冲突,但并非艰难的法律或道德抉择。

我决定向最高法院申请复审令。我们的希望寄托在大法官们不会就最近才深思熟虑过的问题再听一场完整的辩论:即被害人死亡的案件中,对没有杀人的被告判死刑是否合宪的问题。我们希望大法官们只是"依照恩芒德案,将案子发回以便重新审议"。换句话说,他们会把案子退回亚利桑那州法院重审,这样一来,州法院的法官就会将恩芒德案的先例适用于蒂森案的案件事实——那将会是最好的结果。最高法院会重申恩芒德案作为判例的法律约束力,向各州法院强调遵循这一判例的重要性,这样便能挽救数十个境况相似的死刑犯的生命,同时也将挽救里基和雷蒙德的生命。但事情的发展不尽如人意。令我们失望和担忧的是,大法官们批准了复审,开始了此案的案情摘要和论辩。

通常,如果最高法院批准了自己某一个案子的复审申请,律师们都会欣喜若狂。这意味着在最高法院辩论的特权——少有律师能获此殊荣。这同样也意味着他们获得了影响宪法发展的机会——鉴于影响可能好也可能坏,这是一把双刃剑。

就此案而言,我的心情正相反。在恩芒德案作出分歧裁决后不久就通过复审,标志着起码有一部分大法官希望推翻或限制恩芒德案裁决的适用。斯卡利亚大法官已明确表示他不在乎过去尤其是那些近期的判例。他坚称,他宣誓维护的是宪法,而不是最高法院曾形成的错误判例。大法官们如果想将现在限制死刑的趋势改为扩张死刑的适用,那么我不想成为他们借以扭转趋势的工具。而我最不想成为的是一名不仅导致死刑适用范围扩大,还使自己当事人被处死的律师。对蒂森兄弟来说,赌注太高而风险不可估量,对其他众多没杀人的死刑犯以及反对死刑运动来说也是如此。

准备口头辩论的过程中,我不仅阅读了蒂森案审判和判决书的副本,也阅读了恩芒德案的卷宗——我知道这些会是大法官们提问的来源。[9]

我以一个自认为毋庸置辩的简单陈述开始我的观点陈述:"亚利桑那州想处死两个年轻人,尽管法院承认这两人没有杀人的特定故意,而且事实上也没有杀人。"

怀特大法官立即打断了我。他是恩芒德案多数意见书的起草者,而这一意见书恰恰是我论辩的依据。大法官问道:"你说亚利桑那州承认了什么?"

我重申了我的观点:"亚利桑那州承认不存在杀人的特定故意,事实上也没有杀人。"

怀特大法官步步紧逼:"你这么说是什么意思?"

我解释道,没有人提到过蒂森兄弟有杀死莱昂斯一家的特定故意。恰恰相反,从记录中来看,很明显,兄弟俩明确表示过不想杀人,加里和兰迪开枪前还得用取水的借口将兄弟俩支开。我同时指出,亚利桑那州最高法院的一项调查显示,谋杀莱昂斯一家并不是最初计划的一部分,对于越狱逃亡也完全"没有必要"。我告诉法庭:"没有证据支撑存在特定故意。"

大法官立刻反驳道:"如果真像你说的这样,那案子自然早结了。"

我对他的评价很满意,立即表示了赞同:"案子的确结了。法官阁下,我们认为讨论到这儿就可以结案了。"

但在某些大法官看来,离结案还远着呢。新近就任的安东尼·斯卡利亚大法官用一种假定情况向我展开了攻势,此种策略我一清二楚,这是法学教授常常运用的,而斯卡利亚在成为大法官之前就是一名法学教授。

斯卡利亚问我,如果两名银行劫匪一个有枪一个没有,在"警察逼近他"时,持枪者将枪"扔给了最后开枪的人",那你的观点又是什么呢?

我对大法官们可能问到的每一种问题都做了准备,但我从没想到一个劫匪把枪扔给另一个劫匪的情况。课堂上,对教授千奇百怪的"假设"问题作出糟糕的回答可能导致成绩不佳,但在法庭上则是事关生死。我迅速回想起恩芒德案的案件事实,并提醒大法官们,恩芒德同样给他的同伙们提供了一把枪,而他的同伙杀死了那对夫妻。斯卡利亚假设中的"扔"一把枪和恩芒德案事实中的"提供"一把枪并没有区别。

第十四章 未杀人者获死刑

斯卡利亚重述了他的假设:"等等,等下,我没弄懂你对……我给你的假设的回答。别管开枪的人了,只看扔枪给开枪者的那个人。在宪法条文的规定下,他不可能具有杀人的故意,对吧……而他并不关心警察的死活。"

斯卡利亚接着说道:"开枪的人想要一把枪。'把枪扔给我。'他就把枪扔给他了……这难道还不够吗?"

我想起首席大法官伯格在"《我好奇(黄)》案"中的诱饵捕熊假说,但这次严重多了。我这样回答大法官的提问:"不,这不够。而且此种假设在任何情况下都不能等同于本案。本案是在一致同意不开枪的前提下才把枪交过去。恩芒德案中也有提供枪支的情节。斯卡利亚大法官阁下,您想要的,在某种意义上是对重罪—谋杀规则中提供枪支情况的回答。"

斯卡利亚大法官看上去对我的回答并不满意,所以我回敬了另一个假设——法学教授间的对决。"那我回问一个假设,当然我没有权利这么做,就当我在问自己好了……如果有法条规定,任何一个在造成死亡的武装抢劫过程中,向武装抢劫犯提供枪支的人都犯下了一级谋杀罪呢?这很明显符合恩芒德案的情况,这也同样是该案的裁决,因为恩芒德案的案件事实正是如此。"

对话继续,斯卡利亚大法官问我恩芒德本人是否向实际开枪的人"提供了枪"。

我阅读恩芒德案的副本就是预料会被问到这个问题,因此我是有备而来的。上诉案件中律师相较法官来说的唯一优势,就是对案件事实有更深入的了解——这就是为什么我会在开庭前埋头苦读这些材料。我准备周全,正面迎上斯卡利亚大法官的挑战:"州法院当然声称恩芒德先生在恩芒德案中提供了枪支。枪支属于他事实婚姻妻子。他之后把枪处理掉了。诚然,一个理性的法官和陪审团会推断出他提供了枪。"

接着我比较了恩芒德案和蒂森案的案件事实:"恩芒德策划了抢劫。本案中,这些年轻的男孩儿们是被牵连进来的……在最后一刻。共同被告之一格林沃尔特策划了监狱中的行动。他们的父亲策划了之后的全部。他们不可能有离开父亲身边——只要父亲放着他们不管,这三个男孩就可以离开——的机会。这些年轻的孩子一直处于他们父亲的控制之下。"

我的开场论辩进入收尾。我承认蒂森兄弟对越狱负有责任,但坚持他们不应当为了不可预见的谋杀被处死:"没人否认他们在绑架、越狱这些严重犯罪中的责任。但在犯罪结束,车辆被劫持后,他们的父亲,在不必要的情况下——经法庭调查,没有任何必要——完全可以轻易地丢下他们(莱昂斯一家)……这名父亲和另一个被告,在支走了男孩儿们之后,擅自作出了这一令人震惊、出乎意料的决定,冷血谋杀了一家人。这就像恩芒德案,恩芒德案中也有临时起意,偏离原本计划的情况。在共同被告丢下恩芒德进入房子后,不可预料的事发生了。在本案中是父亲做了意料之外的事,在恩芒德案中则是枪手。两起案件中都发生了一家人被谋杀的惨剧。这一亚利桑那州的案子是适用恩芒德案所确定原则的一次尝试。"

接着我针对本法庭过多的待审案件进行了最后一次切合实际的呼吁——好几个大法官时常抱怨:"如果本法庭允许各州按照自己的想法随意对故意进行定义,那么接下来我们在每个州都要一而再,再而三地重新审理案件了。"

落座后,我对自己尽可能为当事人做了最好的辩护感到满意。现在轮到亚利桑那州检方发言了。总检察长在论述过程中几乎没有被打断。过了一会儿,他也被问到一个假设,这个假设和案件事实极为相近:"假设在他们拦下了那家人坐的车之后,两个男孩没有像他们真正做的那样遵循指示,而是选择徒步离开,走了半英里之后他们的父亲……杀死了那家人,情况又会怎样?"

总检察长看上去对这个问题措手不及,他作出了重要的让步,承认这种情况"会有所不同",兄弟俩的"在场"十分"关键"。然而他强调,即便兄弟俩可能不在枪击发生的车辆旁,他们也确实"在场"。同时他也承认"我没法现在站在法庭上告诉你们(兄弟俩)知道……当时枪击会发生"。

我只剩寥寥几分钟抗辩时间。针对总检察长作出的让步,我决定向法庭指出,根据书面证据,兄弟俩当时并不在犯罪现场,他们也未预见他们的父亲和兰迪会杀死莱昂斯一家:"首先,在第336页,(下级法院)特别指出对于被告们持续逃避逮捕的行为而言,这些人被谋杀并不重要。其次……档案中的证言前后一致地指出,这三个男孩儿都被遣走取水去了。"

我又进一步说明,从案件的证据可以得出压倒性结论,那就是他们并不在场且被故意支开取水——他们被诱骗相信这家人可以活下去——正是因为他们的父亲知道他们不想让任何人死。我顺着总检察长出乎意料的让步讲下去,指出:"控方承认他们在犯罪时在场对本案来说至关重要。为什么在场如此重要呢?[因为它]关系到被告们的动机[而被告们的动机是确保莱昂斯一家能活下去]。"

我对自己很满意,觉得在法律和事实方面自己都竭尽了全力。如果法庭重申恩芒德案的原则,并将它们公平地适用于本案的事实,我们就赢了。大法官们似乎也同意如果没有证据表明里基和雷蒙德有杀死莱昂斯一家的"特定动机","案子就结了"。我满怀信心,觉得只要大法官们审查了全部记录(显然他们之前没这么做过),他们就会发现没有这样的证据。

我说对了——起码就这一点说对了!

辩论后过了几个月,我在早晨接到了一通来自美国广播公司新闻网法律记者的电话。

"他们刚对蒂森案作出了裁决。"他对我说。

我紧张地问道:"我们赢了还是输了?"

"不好说,挺令人费解。结果是五比四。我把意见书传真给你,你看看吧。"

传真机吐出一页,我就读一页。

多数意见书从承认以下观点入手进行分析:

> 上诉方竭力论证,就普通法中一般理解的词义来说,他们并没有"杀人的动机"。我们认为这是正确的……正如上诉方指出的那样,没有任何证据表明里基或雷蒙德采取了任何故意,或极有可能造成死亡的行为。[10]

读到这里,我觉得我们肯定取得了全面胜利,因为这正是我论证的观点。法庭完全接受了我的观点。从承认这个观点开始,接下来的发展就应当如大法官之一所说,"到这儿就可以结案了"。然而这仅仅是个开始。

当我发现在恩芒德案中提出异议的桑德拉·戴·奥康纳大法官是蒂森案多数意见书的起草者时,我就觉得可能麻烦大了。就"故意"一词在法律中一直以来的解读来说,我对于蒂森兄弟没有杀人故意的观点是正确的。承认这一点后,桑德拉·戴·奥康纳大法官接着来了招釜底抽薪,对恩芒德案中确立的规则表达了不满:

> 然而,只关注一个被告是否存在杀人故意太狭隘了,作为最应受惩罚的、最危险的杀人犯的决定性区分标准来说也十分令人不满。许多有杀人故意,事实上也杀了人的人根本不负刑事责任,例如正当防卫或是有其他免责事由的情况。另有一些故意杀

人者,虽然要负刑事责任,却通常不至于判死刑——例如激情杀人。另外,某些缺乏故意的杀人犯却可能是最危险、最无人性的——折磨他人而不顾受害者死活的——虐待者;抢劫过程中开枪,而对抢劫除了掠夺被害人财产还可能造成被害人意外死亡的结果漠不关心的抢劫犯。这种对人的生命价值满不在乎的态度,在道德层面和"杀人的故意"同样可怕。[11]

她接着创造了一种全新的犯罪种类,按其说法,就算没有特定的杀人故意,也可以判处死刑:

> 本法庭认为,故意参与极有可能造成死亡的犯罪活动,暗含对人命漠不关心的态度,象征着一种有罪的心理状态。当犯罪活动自然而然但并非不可避免地造成了死亡结果,此种心理状态就可能被纳入死刑判决的考量范围。[12]

这个新种类犯罪——由实行者的杀人反映出非实行者对生命的"漠视"——并不是亚利桑那州法庭判决的根据,它没有被亚利桑那州总检察长论证,我们也没得到反驳它的机会。因为大法官们看上去同意如果没有杀人的故意——现在他们也裁定确实**没有**——"案子就结束了"。多数意见书仅仅凭空捏造了一个新规则,且在事后才将其适用于这个案子。看上去他们铁了心要推翻恩芒德案的裁定,而且费尽心思掩饰。这显然是极端的司法能动主义。

但是最高法院不能简单地将这条新规则套用到蒂森案的事实中去。亚利桑那州的法院从未判决被定罪的兄弟俩表现出对人命的漠视[13],因为在最高法院宣布它的新规则前,那并非主要的规范。读到多数意见书的最后几行时,我发现他们取消了我当事人的死刑,将案子发回亚利桑那州法院"重新审议",让州法院判断蒂森兄弟是否符合这个新标准。假如他们单纯地确认了判决——死刑判决——那案子就结束了,蒂森兄弟会被送进毒气室处死,但"取消"死刑,意味着大法官们给了我们一个新的起点。

我们还有一线生机。更重要的是,里基和雷蒙德还活着。亚利桑那州法院现在掌握着他们的命运,除非它能够查证兄弟俩对人命展现出了"漠不关心"或"漠视",法院便不能下令处决兄弟俩。总检察长回应大法官提问时作出的让步,可以帮助我们证明蒂森兄弟并不符合这个新标准。对于反死刑运动来说这是糟糕的一天,但对于我的当事人里基和雷蒙德来说却充满希望,他们不再被笼罩于死刑的阴影之下——起码目前如此。

亚利桑那州仍然要求死刑,并请求审判法庭查明蒂森兄弟确实"对人命漠不关心"。在没有进行证据听证的情况下,审判法庭就再次作出了死刑判决,并得出结论,即法庭记录本身便足以证明他们对人命的漠不关心。法官拒绝我们呈上任何和他"查明"情况相反的证据。新的行刑日被定了下来。

我们向亚利桑那州最高法院提起上诉,该法院确认过之前的死刑判决。这次法庭一致同意撤销初审法官的判决,取消死刑,将案子发回初审法官,指令其允许我们呈上关系到兄弟俩是否对人命漠不关心的"额外证据"。我们把握住了机会,坚信对案件事实的一次彻底调查会得出一个必然的结论,那就是里基和雷蒙德对莱昂斯一家的命运绝对没漠不关心。他们曾极度希望这家人能够活下去。

最终,在亚利桑那州的法院审理中度过一段漫长而痛苦的过程后,里基·蒂森和雷蒙德·蒂森的死刑判决被撤销。他们不会被处死,尽管最高法院其实为死刑判决开了绿灯。再一次,就像判决封禁淫秽作品时一样,最高法院没能强辩到底。我们拒绝放弃,最终胜利了。里基和雷蒙德符合假释的条件,在监狱中度过一段漫长的时光后,他们终将自由。由其他律师辩护的格林沃尔特,这个实际扣下扳机的人,最终被处死。

  在他们的死刑被撤销后,兄弟俩之一在监狱里给我写了一封信,信中写道,牧师曾告诉过他,犹太人是不能上天堂的。我的当事人恳求我,让我皈依基督教,这样我们就能在同一个地方永生了。我友好地回信说明,犹太人是相信死后可以上天堂的。他又回信告诉我,他决定成为一个犹太人,这样他就能确保自己和救过他命的人去的是同一个天堂。我回复时向他保证,犹太人和基督教徒去的是同一个天堂,这样他就不用改变信仰了。[14]

第十五章
运用科学、法律、逻辑和经验证伪谋杀

冯·布劳、辛普森、赛博思、墨菲和麦克唐纳案

引 言

1881年,小奥利弗·温德尔·霍姆斯教导我们,法律的生命并不在于逻辑,而在于经验。[1]近期的实践经验已经急剧改变了谋杀案的起诉和辩护方式。

谋杀与人类存在的历史一样悠久。几乎每一本重要的小说和非小说著作都有关于谋杀、谋杀审判和未侦破的谋杀案的描写。圣经上费了不少笔墨描写该隐(Cain)杀死亚伯(Abel)。[2]这桩谋杀案被上帝解决了,耶和华问该隐:"你兄弟亚伯在何处?"该隐闪烁其词:"我岂是我兄弟的看守?"这使上帝和读者都确信该隐犯了罪。[3]莎士比亚笔下的"完美"谋杀由哈姆雷特的叔叔犯下,他将毒药倒进国王的耳中杀死了他。[4]这起谋杀也是通过刺激凶手,使其难掩内疚解决的。圣经和莎士比亚都描写了无辜者被栽赃陷害的案件:波提乏(Potaphor)的妻子陷害了约瑟夫(Joseph)[5],埃古(Iago)陷害了苔丝狄蒙娜(Desdemona)。[6]陀思妥耶夫斯基塑造了一个如此巧妙的审问者形象,以至于拉斯柯尔尼科夫(Raskolnikov)不得不坦白。[7]夏洛克·福尔摩斯通过观察、推理和基础科学侦破谋杀案。之后出现了测谎仪、弹道测试、指纹比对、声纹分析和其他以科学为基础的技术。[8]长久以来,我们依赖目击证人、告密者和从犯。现在我们有了DNA技术。

DNA和其他近期的科学发展使人们对之前解决谋杀案的手段产生了怀疑。基于供认、目击者证词、弹道、纤维、头发、指纹、声纹分析、共犯证词和别的"可靠"犯罪证明被定罪的被告,现在因为DNA技术和其他科学突破得以脱罪。以前不是嫌犯的人因为这样的新科学技术而被定罪量刑。

无处不在的监控摄像头、社交媒体和其他记录手段,以及愈发精密的法医学测试和更好的犯罪实验室,提高了侦破谋杀案和其他重大犯罪的精准度。没有这些新技术,可能就没法这么快锁定制造了波士顿马拉松爆炸案的凶手。

每一种谋杀案的破案技术,同样可以用于反驳错误的谋杀指控。检方手握的每一把利剑,在一个精明的刑事辩护律师手里都能成为一面盾牌。

我处理的大部分谋杀和谋杀未遂案,都是定罪后的上诉案。我参与过一些初审,但我希望自己能参与更多——我热爱将证据条分缕析,对陪审团慷慨陈词。但我的教职责任只允许我参与数小时的上诉庭审,而非长达数月的初审。

在很多我经手的案件中,科学既是我保护当事人的盾牌,也是我证明检方、警方和化验员失职的利剑。

我对科学证据的重视使我在职业生涯的早期就意识到,传统的上诉论辩方式并不能使成功的概率最大化。上诉规则规定,只有初审中出现了适用法律的错误才能进行上诉申辩。别的理由,诸如初审后发现的新证据、无效辩护、检方失职,只能作为"附带攻击"提出——通过人身保护令或是其他不受法院欢迎的程序。我逐渐意识到上诉法院法官就和所有人一样,与初审中是否出现了技术性错误相比,他们更关心被告有罪与否。许多法官[例如备受尊敬的亨利·弗兰德利(Henry Jacob Friendly)]支持的某种观点强化了我的看法:在复审中,有罪无罪应当比所谓的"条文程序"更重要。[9]这种观点造成了"无害过错"这一概念的扩大化——无论初审中出现了多么严重的错误,只要不影响陪审团的裁决,定罪就不会被推翻——当然,这是在有罪证据确凿的情况下。[10]这种概念扩大造成的结果就是,律师如果想赢得刑事案件的上诉,必须使人对其当事人有罪这一点产生怀疑。

我为此发展了一套策略,即将上诉和案子的人身保护方面合为一体,发起对有罪判决的质疑,这种方法现在已被其他律师采用。我接手一个上诉案件后,会立即组建一个法律团队,其中有调查员、法学院学生,以及医学、法医学等各领域的专家。(我的学生把这支队伍称为我的"碟中谍"小队,因为在电影中,"碟中谍"系列的队长召集了一支由各领域专家组成的小队,去完成与国家安全相关的"不可能完成的任务"。)我带领团队从头开始调查案件。如果调查中发现了可能证明无罪的信息,我便不顾上诉结果,迅速申请人身保护令。如果申请保护令被拒——主审法官经常驳回请愿书,我便将这一信息带到上诉中,这样受理上诉的法院便能对事实有个更全面的了解。我在克劳斯·冯·布劳案中就是这么做的。上诉法庭撤销了有罪判决,不仅仅是因为初审中存在错误,更因为我们在初审后发现了新证据证明被告无罪。我在经手的许多上诉案中使用了这一策略,通常都很成功,尤其是那些新证据常常浮现的谋杀案。

我怀疑我的某些当事人其实是有罪的,包括那些我胜诉的案件。我也知道有的是无辜的。至于哪种占多数,我也不确定。有种谬论认为刑事辩护律师总能知道他们的当事人是否有罪,因为有罪的当事人总会私下坦白。起码就我的经历来说不是这样。在我处理过的三十多起谋杀案中,只有一个当事人向我坦白了他的罪行。因为宪法上的原因,那个案件胜诉了。[11]我从未帮助一个之后再次犯下谋杀罪行的有罪当事人重获自由。我告诉我的当事人,我绝不会再次代理他们的案件。[12]

我最常被学生、朋友、家人和陌生人问到的问题是:你为什么,你怎么能,在明知或怀疑他们犯下了可怖的罪行,尤其是谋杀时,为这些坏人辩护?(几乎每个人都能理解我为有罪的死囚辩护的理由,因为我毕生致力于反对死刑,为了挽救死囚的生命我当然会这么做。)

我最初的回答——这个答案并不特别令人满意——是"这是我的工作"。所有的刑事辩护律师都会代理一些有罪的被告,因为显然大部分的刑事被告都有罪。这其实是件好事。会有人想住在一个大多数刑事被告都无辜的国家吗?斯大林统治下的苏联可能是这样,秘密警察头子拉夫连季·贝利亚曾经告诉斯大林:"随便给我指一个人,我都能找出他的罪证。"今天的伊朗也许仍是如此,异见者被毫无正当理由地处死。还有一些别的国家,辩护律师不允许满怀热忱地为他们的当事人辩护。美国则不同,因为自从约翰·亚当斯(John Adams)为被控参与波士顿大屠杀的英国士兵辩护以来,这样的传统便扎下了根:就算是为被告中最为人唾弃的罪犯辩护,律师们也应竭尽所能。

在案件的不同阶段,只要是一位热诚尽职的美国辩护律师,就会有机会质疑政府对他的当事人提出的控告,因为在一名被告被关押或处决之前,有罪证据必须通过数道"关卡"。这其中包括实施逮捕的警员、作出最初起诉决定的检察官助理、批准该决定的高级检察官、大陪审团(在需要大陪审团起诉的情况下)[13]、决定是否撤销案件的预审法官、决定被告是否有罪的小陪审团、决定是否准予无罪释放的初审法官以及各种复核定罪判决的上诉法院。

因此最高法院的统计结果一点儿都不奇怪:将近97%的联邦定罪和94%的各州定罪来自于认罪答辩[14],而受审的被告中有93%被定罪。[15]想一想吧,这意味着被控告或被以某种罪名正式起诉的美国人中只有一小部分被无罪释放。这和媒体的观念天差地别,佩里·梅森式律师总能使当事人脱罪的虚构情节,以及现实中对偶尔为大众认为有罪的被告打赢官司的律师进行的批判,助长了这种观念。观念与现实存在差距的一大原因是,被控犯罪的美国人中绝大多数确实有罪。但另一个原因是现行制度——鼓励认罪而惩罚无罪抗辩——给被告和他们的律师施加了巨大压力,迫使其主动认罪以求轻判。我知道起码有些可能被证明无罪的被告"选择"承认有罪以确保较短的刑期,而不是去冒被定罪后刑罚加重的风险。我甚至曾向一个当事人建议过这种策略,他拒绝了,之后他被定罪,被判有期徒刑十一年。如果他承认犯下了他并未实施的"罪行",他本可以只被判一年缓刑。

因为我首先是一名上诉律师,所以当我接一个案子的时候,它已经通过了上诉法院之外的所有"关卡"筛查。明显无辜的那部分被告极少有人能通过这些筛查,所以来到我面前的这些人——从统计学上来说——很可能是有罪者。即便如此,我仍然尽力去推翻他们的有罪判决。这样的抗争从来就是艰苦卓绝的,因为上诉案件中只有很少一部分刑事判决被撤销。在联邦法院系统中,这个数字在5%到6%之间徘徊[16],州法院系统中甚至更低。[17]在某些州上诉法院中,刑事案件的翻案率甚至低至2%或1%。

一位出色的律师能扭转乾坤,倒不是因为杰出的律师更可能为无罪的被告辩护,而是因为如果得到一位优秀律师的帮助,意味着无论当事人有罪还是无辜,打赢官司的概率都会大大增加。热心的辩护律师一有机会就会质疑检方,比糟糕的律师更可能打赢困难的案子。这样的律师给检方施加了巨大的压力,迫使他们只对可能被定罪的被告提起公诉,即便这样的被告也获得了积极的辩护。如果刑事辩护律师只愿意代理明显无辜的被告,这种制约检方的力量便会削弱。保护可能无辜的人不被诬告,这便是我积极为潜在的罪犯辩护的一个重要原因。

然而,在这样一个体制下,尽职的律师愿意一视同仁地为有罪者、无辜者以及处于两者之间灰色地带的人辩护,就肯定会出现一些有罪的被告和坏人被宣告无罪的情况,这是自然的结果。我也曾为坏人的无罪释放出过力,所以我对此心知肚明。但我同时也在几乎所有人都坚信无辜者有罪时,帮助这些无辜的人重获自由。

值得夸耀的是,尽管在历史的长河中存在无辜者被诬告甚至处决的案例,但我们的体制仍能产生高比例的公正结果——有罪者被定罪,无辜者被释放。显而易见没人能准确计算出我们的体制出错的概率,但有罪者错被释放的案例恐怕比无辜者误被定罪的案例多。在一个鼓吹"宁可错放十个也不错判一个"的体制中,这也理所应当。然而,在大众以为有罪的被告获释时,公众的抱怨却比可能无辜者被监禁时更大声。

过去有段时间里,律师们对某些特定当事人避之唯恐不及——实行吉姆·克劳法时期南方的黑人、麦卡锡时代被指控的共产党人、后"9·11"时期的恐怖分子嫌疑人。这些时期并不光彩,在这些时期里,无辜的被告被定罪判刑的比例大大增加也不足为奇(尤其是那些被歧视群体中的被告)。

没有律师能接下每一个找上门的案子。我们有权在一定限度内,对摆在我们面前的案子挑挑拣拣,我们同样有权决定无偿代理某些案子而对另一些收取律师费,当然,今天在一些州有强制律师接受一定数量无偿案件的运动。在我的职业生涯中,我努力寻求平衡,对一半案件收取律师费,同时无偿代理另一半。我对无偿和有偿案件的当事人一视同仁,在这两种案子中,我打赢官司和输掉官司的比例也差不多。

在马萨诸塞州的一个案件中,一名专门在离婚案件中代理女方的女权律师拒绝向一名男护士提供帮助,他想向他富有的医生妻子寻求经济支援。这名律师告诉男护士,她只是从不在离婚案中代理男性当事人,即便为男性打赢官司有助于女权运动。[18]马萨诸塞州反歧视委员会选定的陪审团裁定:"作为一名[让自己]向公众提供服务的律师,不应当基于性别或其他受保护的类别而拒绝一名潜在的当事人。"[19] 换句话说,一名律师可以是**女权主义者**,但不能是**性别歧视者**。两者之间的区别虽然微小,但却实实在在。

归根结底,我希望律师们不用法律告诉他们,应该为最需要有力辩护的人提供服务,不论当事人的性别、种族、意识形态、经济状况和声望。这样的做法将使法律制度更完善,造就一个更自由的美国。

律师绝不能做的一件事,就是接了一个案子,对待它却既缺热情又欠准备。尽管并没有既定的标准去衡量这些特质,大致的参考标准总是有的。成为某人的律师,跟做他的朋友不同。为了朋友和亲人,你愿意牺牲生命,抛弃自由,视金钱如粪土。为了一个当事人,你不需要也不应当这么做。再积极的辩护也被法律、道德和常识划定了界限。我们都知道欠缺热情的辩护是什么样的。看看得克萨斯州几个死刑案件中律师的表现吧!好几个在庭审中居然睡着了。(在一个我上诉了的死刑案中,律师在审理过程中睡着了,**这还算他好的表现——此人一醒,就告诉陪审团他不相信自己当事人的证词!这可把当事人害惨了。**)[20](还是这个律师——一个前3K党徒——为一名被控杀死一个白人州警的黑人辩护,竟拒绝在黑人居住区开展调查。)许多法官,相比积极得过分的律师,更喜欢那些漠不关心者。后者致力于使被告被判死刑,越多越好,这也是为什么法官会委派这类律师——他们使法官的工作更轻松。对某些法官来说,那些热情似火的律师则是个大麻烦。我知道。我就是其中一个。我们给法官的工作设置重重障碍,就每一个问题争论不休,要求每一项权利,辩驳每一项检方指控,只要这么做能给当事人带来好处。这么做并不是为了感觉良好或站上道德制高点,而是为了帮助当事人——无论有罪或无辜——运用每一种道德或法律手段打赢官司(或者说,取得最好的结果)。

作为一名刑辩律师与公权力正面对抗,不顾人们是无辜还是可能有罪而为他们辩护,我很自豪,尽管有时为作恶多端的罪人打赢官司也令我痛苦。我不会庆祝这样的胜利,尽管从理智角度我明白,为了坚守"宁愿错放不可错判"的原则,偶尔错放有罪之人是我们必须付出的代价。而偶尔错判无辜之人,是因为我们的司法系统永远无法十全十美,系统中的人也不会永不出错,这也是代价之一,但这代价过于高昂,因此我们应当尽量避免或至少使错误最小化。[21]

"你不问问你的当事人是否有罪吗?"这是另一个常见问题。我不问,至少不会直接问。因为犯了罪的肯定会撒谎,而我又没有足够的信息去相信那些真正无辜的人。我与当事人初次对话的性质基于案件发展到的阶段,如果一名当事人在开庭前寻求我的帮助,那么对我来说知道他有罪与否(或处于灰色地带)就很重要了。如果不知道实际上发生过什么,我就没法建议我的当事人要不要和执法机关合作、同意搜查、作证或尝试达成辩诉交易。如果一名当事人在他已被定罪后聘请我,那我知不知道他有罪与否就没那么重要了,因为上诉会根据初审记录进行,而初审记录无法改变。我仍然会想知道,因为事实会使我决定要不要进一步调查、提出额外的动议或申请人身保护令。

我处理有罪与否这个问题的方式通常是问我的当事人,询问他的死敌会怎么说他,或是对他最不利的证据是什么。这种方式很有效,当事人在不承认自己罪行的前提下会告诉我可能发生过的事。

被告经常对自己的律师说谎的一大原因是,他们认为律师对觉得无辜的当事人会比对知道有罪的当事人更上心。对某些律师来说,这可能是事实。我认为我不是这样,但我也不能十分肯定。即便被告这样做,有经验的律师也会对利己的无罪宣言保持警惕。

本着小心为上的原则,我会在一开始假定**所有**当事人都可能有罪。我知道这违反了"无罪推定"原则,但这对保护当事人的权益至关重要。如果律师过早地推断他的当事人无罪,他就更可能犯错,比如允许警方或检察官与当事人谈话或允许搜查当事人的住所和办公室。就跟一名谨慎的医生应当以病人有病为前提一样——将高龄患者的胸部疼痛作为冠心病的表征而不是消化不良——一名谨慎的律师也应当假设他的当事人"犯了罪",而不是他被"陷害了"。根据这样的有罪推定,被告不应当和执法机关人员谈话,也不能允许他们进行搜查,除非有确凿的证据能推翻有罪假定,证明无罪,或是与执法机关合作明显利大于弊。

我认为我的工作就是尽力推翻有罪假设——检察官、法官以及陪审员都默认了这一假设,即便根据宪法的规定理论上陪审员应当进行无罪推定。一旦起诉了被告,实际上证明责任就落到了他的肩上,即便法官会告诉陪审团检方承担了更重的证明责任,因为他们要在排除合理性怀疑的前提下证明被告有罪。一点共识是如果被告真的无辜,他一开始就不会被逮捕、起诉乃至送上法庭。这就是所谓"苍蝇不叮无缝蛋"。

在被告被陪审团定罪,就判决上诉或以一纸人身保护令对抗判决时,这样的观念便更加根深蒂固。在这个节点他已失去了宪法无罪推定的保护,无论从法律还是事实角度来看,体制里的每个人都认为他有罪。通常这就是我接手案件的时候了。

推翻刑事判决总是难于登天,因为绝大多数已被定罪的人事实上确实有罪,上诉法院也不愿意因为一点"法律术语问题"就释放有罪的被告,即便规定这些技术性问题的是宪法。

举个例子,1982年我接手克劳斯·冯·布劳案时,媒体一片质疑之声,这倒在情理之中。《纽约》(*New York*)杂志引了一句"全国最著名刑辩律师"的话,预测我会输掉上诉:"他会加进些有用的东西,将初审报告条分缕析,但他打不赢。对于某些被告你只能说:'这是个救不活的病人,你只能让他死前好受点。'"[22]《绅士》(Esquire)杂志评论冯·布劳上诉案"看上去像公民自由主义教条下的仪式性程序","这案子之所以在庭上搅得天翻地覆,纯粹是因为有利可图,有一套论点可辩,而不是因为律师意识到正义已经陷入迷途"。[23]更有一个评论员恶毒地评价道:"冯·布劳在被定罪后迅速聘请了哈佛大学法学教授艾伦·德肖维茨,印证了他已不再试图证明自己的清白,只想抗议抓住他的方式……德肖维茨作为已被定罪犯人的最后一根稻草可谓久负盛名,他尤其热衷于利用法律漏洞证明自己当事人的判决违宪。"[24]

正是因为觉得被告有罪的看法根深蒂固,我才尽可能向上诉法院呈上证明无罪的论辩,同时还有宪法和别的法律上的论辩。一般法庭会顺着法律问题论辩的"台阶"下,撤销之前的判决,但如果法官们对被告的实际罪行产生怀疑,法庭寻找那个"台阶"就会更积极。我的工作就是基于科学和法医的证据,一有机会,就寻找并埋下怀疑的种子。

辛普森案和布劳案

我的两个最著名,或者说最臭名昭著的案子,都和谋杀相关:O. J. 辛普森双重谋杀起诉和克劳斯·冯·布劳故意杀人(谋杀未遂)起诉。就这两件案子我都写了书[25],这里不再赘述,但我要强调,对于律师,尤其是那些处理复杂谋杀案的律师来说,能够掌握科学手段,质疑对手的科学结论且不因表面价值先入为主可谓至关重要。

虽然之前我曾公开声明,既有证据表明他可能就是凶手,我还是同意加入辛普森的辩护团队[26],因为辛普森可能被判死刑,而尽量不拒绝死刑案件是我的原则。

检察官最终决定不要求死刑。这挺出人意料的,因为如果辛普森确实杀了他的妻子和同他妻子在一起的男人,就其通常的适用标准来说,死刑似乎很合适。杀人的行径不仅冷血还尤为残酷,何况有两名受害人,其中的男性可能仅仅因为目击了事件便被杀害。检察官放弃死刑再次展示了当涉及判谁死刑不判谁死刑时,决策过程完全是随意武断的。不对辛普森要求死刑的决定如此令人意外,是因为在审判判定有罪无罪的阶段,检方往往要求死刑判决以获得战略优势。死刑案件中,检察官的这种优势源于其有权召唤"死刑案件适格的"十二人陪审团,这十二人良心上不排斥死刑,甚至愿意判处被告死刑。在陪审团专家看来,这样的陪审员大体上偏向检方且更可能裁决有罪。检察官知道这一点,所以为了提高定罪率,就算在罪不至死的案子中也会要求死刑。一旦倾向于定罪的陪审团到手,有时检察官就放弃死刑了。在我职业生涯的早期,F.李·贝利聘用我准备一份驳斥这一做法的调卷令申请递交最高法院。最高法院通过了审查申请,但在贝利进行了口头辩论之后,大法官们持强烈异议,拒绝了审查。[27]

不管怎样,既然已经同意加入辛普森的辩护团队,我便不会对我的当事人弃之不顾。尽管现在已经排除了死刑的可能,辛普森仍要面对不得假释的终身监禁——对某些人来说,牢狱之灾比死刑更可怕。

此案中我的任务是准备并提出繁复的法律申请,以及协助从科学或法医学角度构建辩护根据。如果不幸定罪,我还要在上诉中辩护。辛普森把我叫作他的"上帝保佑"律师。我推荐了巴里·舍克(Barry Scheck)和彼得·诺伊费尔德(Peter Neufeld)加入团队,这两人在DNA这一较新的科学领域颇有建树。

辛普森的手套

我在去澳大利亚做讲座途中正好停留洛杉矶,于是我决定去看看辛普森的庭审。平时我坐在坎布里奇的办公室里提供案情摘要,有那么两三次我也上庭就动议辩论,但这种情况很少,也不定期。当天我去法庭其实并无要事,但我儿子埃隆在机场接了我后,我便建议顺便去一趟,打个招呼,和律师团队一起吃个午饭。我儿子打开收音机,频道正好在直播庭审。证人席上站着的是个手套专家,他絮叨地说着手套的针脚缝线,证词乏味得很。我们听着都快睡着了。埃隆求我别去法庭了,但我心意已决。一进法庭我就坐在了律师们旁边,我儿子则坐在旁听席。我们刚进去不到五分钟,达登(Darden)检察官就站起来,要求辛普森戴上手套。这真是检察官能使的计谋里蠢得最没边儿的,因为根据加利福尼亚州法律,他本可以要求辛普森先在陪审团看不见的地方戴上手套,再决定要不要在陪审团面前进行这个试验。可惜达登在这方面并不精明。辛普森从我身边走过,戴上手套,在这冗长庭审中最戏剧性的一刻,他站在陪审团面前,向他们展示这手套并不合适。他甚至作证道:"它太小了。"

这一戏剧性时刻过后不久,午餐休息时间到了,我来到法庭后面辛普森的拘留室,告诉他,检方可能要求他脱掉在法庭试验时戴的乳胶手套,再戴上那只手套。辛普森向我保证那只手套还是戴不上。

我祖母要是在的话,肯定会说"这是天意"——命中注定——我于这个时刻坐在法庭上,目睹造就了那句经典结案陈词的一幕:"如果它不合适,那你一定无罪。"[28]

经过大量调查,我们便能够通过复杂的科学证据论证出,警方故意将辛普森的血与他被控伤害者的血粘到一只袜子上,罪行发生后又在辛普森的卧室里搜出了这只袜子。袜子上的血液含有高浓度的人类血液中没有的化学成分,这种成分在瓶装血中起着防止凝血的作用。袜子上的血迹也能够证明血液是在袜子平摊时从试管滴下,而非在犯罪现场被人穿着时溅上的。袜子的四个面上都有镜像血迹,这意味着血液渗过了平摊的袜子,证明血液接触袜子时并没有人穿着它。如果有人穿着袜子溅上了血,那么镜像血迹只会出现在袜子的两个面上——溅上血液部分的表面和里侧——而不会出现在被人腿挡住的袜子另两个面。(我们在《嗜血法医》这部流行电视剧向观众普及"血迹形态分析"前就发现了这一规律。)陪审员们被这一分析和其他证据说服,认为警方从小瓶里滴血到袜子上,使辛普森在谋杀发生时穿的袜子看上去像在犯罪现场溅上了血。这又使陪审团相信,警方认为辛普森犯下了谋杀于是进行构陷,因此警方的证词和其他证据的真实性存疑。就谋杀案而言,陪审团宣告辛普森无罪,但随后的民事陪审团(律师和证据都不同)裁定他要承担经济责任。

没穿内裤的玛莎·克拉克

玛莎·克拉克(Marsha Clark)也许不是我认识的最有经验的检察官,但她绝对是最足智多谋的检察官之一,只要于己有利,她可以无所不用其极。就在约翰尼·科克伦(Johnnie Cochran)做结案陈词前,玛莎·克拉克走到他那儿悄声说:"当你站在陪审团前,我希望你只想着一件事:我底下什么都没穿。"当约翰尼·科克伦告诉我这件事时,我还不太相信,所以我打电话给玛莎·克拉克求证。她回答:"千真万确。"我问:"哪部分千真万确?是你确实对他说过你没穿内裤,还是你真的底下什么都没穿?"她回答:"这你就永远不会知道了。"

我运用科学推翻谋杀指控的专长,是我早年接手的克劳斯·冯·布劳案这一著名案件的核心。冯·布劳的初审律师们没能有力反驳检方的证据,检方提出,桑尼·冯·布劳(Sunny von Bülow)因注射胰岛素而昏迷,她的血液中发现了大量胰岛素,在她丈夫克劳斯的包里发现了一根有胰岛素残留的针头,桑尼的女仆在克劳斯的包里还发现了一瓶注射用胰岛素。上诉时,基于新的证据,我们申请再审,并且一一推翻了上述检方立案的支柱。我方专家演示了桑尼的昏迷不是由注射胰岛素,而是由口服巴比妥酸盐引起的;桑尼的血液中并没有大量胰岛素;所谓的针头上有胰岛素残留是因为检测出错;而那名女仆根本就不可能在克劳斯的包里发现一瓶胰岛素。罗得岛州最高法院撤销了定罪判决并指令再审[29],再审中陪审团了解了新科学证据后,迅速裁决将冯·布劳无罪释放。

> **克劳斯·冯·布劳**
>
> 我们赢了官司后,克劳斯决定举办一场晚宴。我告诉他,如果这是庆功宴的话我是不会去的,因为我从不参加刑事被告的庆功宴。他向我保证这只是为几个有趣的人举办的宴会,他还邀请了作家诺曼·梅勒(Norman Mailer)。晚宴开场,克劳斯便和所有人分享了庭审中的趣事,我则解释了证据是如何证明他无罪的。晚宴过半,梅勒拽住他妻子的胳膊说:"我们走吧,我觉得这家伙是无辜的。我以为我们要和一个真的试图杀妻的人共进晚餐呢,现在这样太无聊了。"
>
> 事实上,我的许多惊天大案牵涉的人都很无趣,但克劳斯不是其中之一。当影片《命运的逆转》上映时,克劳斯拒绝去看,坚称他才不想看杰瑞米·艾恩斯演自己。几个月后,我同克劳斯以及一位女性朋友共进午餐。和我聊了一小时后,他的

> 朋友向他说道:"真的见到艾伦本人,我觉得罗恩·西尔弗(Ron Silver)确实没把他演好,他的表演太夸张了。"克劳斯当即点头表示赞同:"一点儿没错,亲爱的,我也觉得他表演过头了。"

《命运的逆转》这本书及其同名电影使科学辩护的方法进入了大众视野,同时也让我在接下来的几个案件中成了首选律师。

这些案件中,有的当事人的名声也造就了我的声誉,但有的人则使我声名狼藉。从二十世纪八十年代到九十年代,我接过许多引人注目的案件,好几个甚至是同时接的。埃隆评价说:"每次我在报纸上读到一个案子,就知道有人要给你打电话了。"事实和他说的八九不离十,但我回绝了大多数想请我辩护的当事人,其中不乏家财万贯、位高权重的男男女女。我出现在电视和广播里的机会也多了,时而在公众舆论上为我的当事人辩护,时而对我没有参与的高知名度案件作一番评论。

走在街上有人能认出我了。我收到的邮件堆积如山,有的赞扬我,有的则诅咒我和我的当事人下地狱,对我为被告辩护的方法骂声不绝。记者开始写到我——我成了"有新闻价值的人"(同时还有八卦价值)。我的名字出现在小说[30]、电视剧、《纽约客》漫画、《纽约时报》的填字游戏和棋盘问答,以及其他多种多样的流行文化中。有人想让我签一份"鞋子合同",付钱让我穿着某个牌子的鞋出庭,该公司称这鞋"穿着舒适又显正式",我拒绝了。我甚至进了《波士顿》(Boston)杂志"最佳着装波士顿人"榜单,尽管我对在"法林的地下室"这一折扣店购置衣物情有独钟。我对自己的出名有喜有忧,一方面我享受着它带来的好处,例如受邀参加各类文化体育活动,另一方面又为别人能认出我而让我没了隐私倍感惋惜。

名声带给我的第一个负面经历始于一张账单,一家叫"克拉默—德肖维茨"的律师事务所租用了办公设备,然后家具公司把账单寄给了我。我对是否有这样一个律师事务所很好奇,于是开车去了它在萨默维尔市的地址。果真那儿有一个大牌子写着"克拉默—德肖维茨——处理意外事故、交通罚单、离婚纠纷、保险索赔和纳税问题,同时提供公证服务"。我上到二楼的办公室求见德肖维茨先生。前台女士告诉我:"没人能见到教授,他在哈佛工作。克拉默先生可以接待你,之后他会把案子发给德肖维茨教授,然后教授会写好案情摘要和其他法律文件。"她告诉我,克拉默正在"出庭",一会儿就能回来。我等待着。当克拉默走进办公室看到了我,他脸色变得煞白。我当时就认出了他。差不多一年前,我在距离办公室几个街区外的展示厅从他那儿买了一辆沃尔沃。他迅速把我迎进他的办公室,那儿挂着一大幅剪切过的照片,照片上我和他站在我买的沃尔沃旁。他开始抽泣,求我别把他送进监狱。他向我保证他会关了律师事务所回去卖车。我告诉他,我要考虑考虑。

我担心他代表我出了庭,于是立即将这场诈骗告知了律师协会,但他们表示对此无能为力,因为"这人不是个律师"。事实上我很快发现,他根本没从事法律行业。尽管他的秘书百般掩饰,他的"执业"也只限于同保险公司处理车祸纠纷和别的一些并不需要他出庭的事宜。但他显然对外宣称自己是个律师,还是我的合伙人。这对我以及他的"当事人"都构成欺诈。

我还是心软,决定不予起诉,但是克拉默必须告知以前和现在的所有"当事人",他不是律师,和我也没有任何关系。当我几周后回访时,那间办公室已经关了,牌子取了下来,克拉默这次在长岛重新拾起了卖车的老本行。

我声名鹊起(但显然不是由于我的容貌)的另一个实例是一封女

人寄给我的情书。信中写道，我上周在一间酒吧搭上了她，带她到我在缅因州的滑雪别墅共度周末，还在熊熊燃烧的炉火前共赴云雨。她描述了我们共度的美好时光，还问我什么时候能再次见面。唯一的问题是我在缅因州没有滑雪别墅，而且那整个周末我都在纽约，和我妻子、女儿一同度过。根据已知事实，我和我妻子很快猜到是有人冒名顶替了我，并且显然成功地追求并诱惑了一名女性。我挺高兴她确实度过了一段开心时光，因为我可不敢想象和她一同去缅因州的那位"艾伦·德肖维茨"如果待她不周会怎样。

另一个与名字有关的例子发生在亚利桑那州。该州一位法官允许一个声称自己被黑手党悬赏人头的男人改名。这似乎挺合理的，但是他想把名改成"艾伦·德肖维茨"。该法官既没有通知我，也没有给我任何机会反对，就允许该男子改成了我的名字。我给这名法官写信规劝他，如果下次我的一名当事人不得不加入"证人保护计划"换个新身份，我会推荐他改成你的名字。

所有这些名声带来的乱七八糟的经历和一件好事相比都不算什么。那时我受邀参加波士顿犹太慈善联合会赞助的一次单身早餐会，在集会上就"人权的演变"发表讲话。那会儿我还是个单身汉，我刚起身准备讲话，就在观众后排发现了一位美丽的女士。我讲话时喜欢盯着一到两名观众，观察他们的反应，这次我只关注她了。活动一结束，我就冲向观众席的后排要她的名字和电话号码，最终我使出浑身解数也只问到她的名字。一回家我就在电话簿里查找"卡罗琳·科恩"，结果找到五个同名同姓的。我给第一个人打电话问她是否愿意和我共进晚餐，她说虽然乐意，但是她晚上九点必须回疗养院；第二个卡罗琳·科恩也对和我吃晚餐乐意之至，只是想知道能不能带上她丈夫；我的第三通电话，终于打给了我未来的妻子。吃晚餐时我提到这是第一次名声给我带来实在的好处。卡罗琳则立即回答："在决定去听那

第十五章 运用科学、法律、逻辑和经验证伪谋杀

个似乎主题挺有趣的演讲前,我从未听说过你。"

卡罗琳从来不会让名声冲昏我的头脑。有一次我们送女儿去缅因郊区的夏令营,回家路上在一家当地的古董店逛了会儿。店主看着我说:"德肖维茨先生,您能光临本店是我们的荣幸。"我悄悄对卡罗琳说:"连缅因州的人都认识我。"她一边快速答道"那是因为你忘摘他们给你的夏令营名牌了",一边从我领子上取下牌子,上面写着"你好,我是艾伦·德肖维茨"。

> **以色列爱乐乐团**
>
> 辛普森案过后不久,我和我妻子在波士顿交响乐大厅欣赏了以色列爱乐乐团和小提琴家宓多里(Midori)的演出。音乐会结束后,一名女性快速跑下过道。我妻子的座位靠过道,我挨着她坐在里侧。当时我们正起立为宓多里鼓掌,以为这个女性是想上台献花。她不是。她推开我的妻子袭击了我,一边尖叫着:"杀人犯,你根本就不该在这里听音乐!你要为妮可·辛普森(Nicole Simpson)和罗恩·戈德曼(Ron Goldman)的死付出代价!"我妻子比我高,比我年轻,也比我强壮,果断为我挡开了那个女人的拳头,拦着她不让她接近我。我们迅速离开了大厅,之后听说那个女人想让坐我们周围的人作证是我先袭击她的,但是所有人都告诉她,他们只会作证是她袭击了我。不论到哪儿我都带着卡罗琳。她是我的保护者。

通过电视变得广为人知,常使人们产生他们了解你,你也认识他们的错觉,造成不少尴尬。一次,在机场,有人走过来对我说:"我认识你!"我伸手说道:"你好,我是艾伦·德肖维茨。"她却迅速抽走了手说:"不,我知道你是谁。"很显然她把我和电视上看到的别人搞混了。

有些通过媒体认识你的人觉得他们了解你的想法和立场。当你背离了他们心目中的形象时,他们就会"失望"。我收到过不少信,表达对我的观点或是我决定接某一个案子的失望之情。我的标准回答是我的妻子、孩子以及我故去的母亲都有权对我感到失望,但是一个陌生人没有这样的权利。"你可以恨我,对我的观点嗤之以鼻,不认同我,但是你无权对我表达失望。"说是这么说,但仍有人这么做,而且他们表达得激情澎湃,简直无异于人格侮辱。当他们反对你时还会饱含怒火,相较陌生人之间的分歧更像家庭成员间的吵架。

这种情况在陪审团裁定辛普森无罪后尤为严重,犹太人用恐吓信对我进行了连番轰炸,称本来因为我的著作《厚颜无耻》而仰慕我,现在却对我大失所望,因为我作为辛普森的律师站在了"他杀害的犹太人"的对立面。一个写信人控诉道:"你到底站哪边?"还有一个威胁要"对你母亲做你的当事人对罗恩·戈德曼做过的事"。一个失望的粉丝给我寄来他的那本《厚颜无耻》,书被卐字符毁容了。

爱与恨的邮件

名声恼人的一点就是恐吓信,我特意将其展示在我的办公室门上,就是为了让学生明白,一旦成了公众人物将要面对什么。我最近收到的恐吓信中大部分是反犹主义的,因为我毫不隐晦对以色列的支持。其中就有:

亲爱的臭狗屎(与我的名字谐音):

你有本事要求真正的美国男人和女人抛头颅洒热血,干吗不为了以色列把你自己这个肮脏的犹太佬开膛破肚呢?哦,我忘了——犹太佬都是上帝的选民,别人应该为了他们去死。别忘了——成千上万的人恨透了你们这些犹太杂种，对于把你们全部赶进毒气室喜闻乐见得很呢。希特勒的罪行就是杀的还不够多。

艾伦·德肖维茨，阁下您就是个犹太复国主义的法西斯贱人，你这头猪！！！！！！！

艾伦：

你就是个爱敛财的犹太复国主义者垃圾，真该在第三帝国时就被干掉。我代表沉默的大多数对你说：滚出美国！

这封信的签名是个巨大的卐字符。

我收到的另一些与以色列相关的恐吓信来自犹太右翼极端分子，他们认为我支持"巴以分治"的两国方案是对犹太人民的不忠诚。

教授，任何给奥巴马投票的犹太人都是在寻求第二次大屠杀以及以色列和犹太民族的覆灭。我希望你为彻底出卖了犹太人民而感到自鸣得意。

尊贵的阁下，您就是犹大再世。

另一封写着：

你让我想起那些集中营里为纳粹工作的犹太人。去死吧，你这人渣！！！

当我因替辛普森辩护而为公众熟知后，我收到的大半恐吓信就被犹太人占据了。其中一些还暗含反犹主义修辞：

我作为大屠杀的幸存者，对你竟是一名犹太人感到羞耻。你对金钱来者不拒，正符合人们对犹太人的刻板印象。我在此宣布：你根本不是犹太人。

> 还有呢:
>
> > 亲爱的犹太大骗子(记着,我也是一名犹太人):
> >
> > 祝贺你,因为你,一个杀人屠夫逍遥法外了。如果这个黑鬼真的是无辜的,他自己辩解应该不成问题。愿你患上癌症。
>
> 这封精彩的留言来自一位执业牙医,写在了他的处方簿上。这一类的还有:
>
> > 我希望自己能活到听说你得了癌症晚期的那一天,当然你能成为一场蓄意谋杀的受害者就更好了——如此下场对你这样的"垃圾"来说再合适不过。
>
> 我对以色列和公民自由的支持也得到了一些积极反馈,比如柯克·道格拉斯(Kirk Douglas)在写给我的信中说道:"我是你的粉丝。"赫尔曼·沃克(Herman Wouk)给我打了电话,说他万分支持我在以色列问题上的立场,芭芭拉·史翠珊(Barbra Streisand)给我打了好几通电话声援,威廉·布伦南大法官给我写了一封信,克林顿总统、奥巴马总统以及几位以色列的总统与总理给我写过便笺表示赞赏。

作为一名既被仰慕又被憎恨的颇具争议的律师,我觉得有义务在受雇前警告我的当事人。因此我与新当事人的对话总是以如下"警示"开场:

> 你应该深思熟虑后再雇我当你的律师。我肩上背着担子,有好的也有坏的。一般来说人们要么爱我,要么就恨我,基本没人持中立态度。一旦案子扯上了我,它的媒体热度往往会大大增加,有时这是好事,有时是坏事。对上我之后,有的检察官会更努

力,更投入,因为他们把在法庭上击败我这件事看成某种战利品。

听完这番话,有些明智的当事人就跑去雇其他律师了。选择我的一般是这几类人:想把自己案子炒热的当事人;用较为传统规矩的法律手段没指望打赢官司的当事人;案子本身已经名气很大的人;以及相信我无往不胜这一谣传的当事人。

我总是迅速地向当事人明确一点,那就是没有律师能保证赢下官司,我能保证的仅仅是我会尽最大努力,同时借用一句投资经理宣传小册子上的话——过去的表现并不能保证未来的成功。

因为说了些当事人不想听的话——比如他们上诉成功的概率很小,某一种法律论据行不通,或是他们最大的希望是和检方达成协议——我也损失了部分当事人。一名好的律师必须时刻做好告诉当事人真相后被解雇的心理准备,而不是像个啦啦队队员似的一路向注定的败局高歌猛进。但一名好律师也可能绝地反击,成功扭转败局,尤其是在出现了新证据或以前的证据分析错误的情况下。

因为提高了我知名度的死刑案件涉及科学和技术运用,接下来的许多案子也涉及这些学科。被告想让我在他们的案子中运用科学推翻定罪判决。有一个这样的案子,它和冯·布劳案相似到近乎诡异的程度,以至于一开始我以为这是起"模仿犯罪"。

"我的父亲没有杀害我母亲":威廉·赛博思医生案

一名年轻女士来电,恳求我接手她父亲的上诉。她父亲因杀害她母亲——他向她注射了一种使心脏停搏的药物——被定罪。"就和冯·布劳案一模一样,"女儿坚称,"我父亲没有杀害我母亲。他没有向她体内注射任何东西。她是自然死亡的。"(还没有找我帮忙的人宣称自己的案子和辛普森案"一模一样"呢!)

当一名潜在谋杀受害者的女儿对被告的无辜如此笃定时,即便被告是她父亲,这个案子也值得好好重新审视一番。我同意当这个审视的人。

初步审查并不鼓舞人心。受害者的胳膊上有针扎过的痕迹,与注射痕迹吻合。更糟的是,随后的实验室测试检测出了一种名为琥珀酰胆碱的药物代谢残留——一种能使人心脏停跳的麻痹药剂。最后一根稻草是被告当时正有外遇,他还是个医生——是佛罗里达州他所在县的验尸官——这样他既有让妻子心脏停搏的动机,又有这么做所需的知识。所有构成一桩谋杀的标准要素都齐备了——动机、时机、手段以及科学证据,以上全部都指向被告有罪。我很能理解为什么陪审团如此裁决。而且裁决是全票通过,差点就判了威廉·赛博思医生死刑——最终他被判终身监禁。

赛博思案发生在我接到那通电话的十多年前。1991年5月30日,凯·赛博思(Kay Sybers)在睡梦中死去。她时年五十二岁,虽然吃些抗过敏类药物,但总体身体健康。尸检未能查明死因。但是一名调查员觉得她看见了一个针孔。原始死亡证明上写着:"基于未查明自然原因的猝死。"

谣言四起,称赛博思医生和一名实验室技术员有染,然后调查便开始了。一名警官被派到赛博思家,要求仍处于悲痛中的丈夫描述他妻子度过的最后一晚。他告诉调查员,他的妻子在凌晨四点左右被胸部疼痛惊醒。她服过一些药,所以赛博思医生决定抽些血第二天交给她的医生。他没能抽成血,于是就把针筒扔进了垃圾箱。之所以找不到那个针筒是因为垃圾已经被清走了。这些听上去全部都很可疑,所以调查持续了下去。一年多后,州检察官宣布他没有找到任何证明赛博思医生杀妻的实际证据,就此结案。

但是又过了一年,赛博思二十七岁的儿子蒂姆(Tim)在母亲生日当天自杀了。开枪自尽前不久,他在与朋友的通话中谈到了母亲的死,以及他怀疑是父亲杀了母亲。蒂姆的自杀重启了调查。这件案子现在成了"头等大事",还登上了当地报纸的头版。[31]

调查员将目光转向钾这种药物,大剂量的钾可以致死而且很难在尸体中检测出来。对于一名经验丰富、对致死原因有大量经验的验尸官来说,钾是完美的凶器。

迫于舆论压力,佛罗里达州州长任命了一名来自他县的"特别检察官"负责调查此案。他只有一项任务:证明威廉·赛博思医生谋杀了妻子。凭着沙威(Javert)探长般坚定不移的决心,特别检察官开始了将赛博思医生绳之以法的征途。

1997年2月18日,他以一级谋杀罪起诉了赛博思。起诉书上宣称他用一种"不明物质"谋杀了妻子。尽管没有关于任何物质的任何确凿证据,这位检察官却坚信他能找出来。这就是"先起诉后找证据"的实例。

检察官确信赛博思医生给他妻子注射了钾,并且相信全面检验尸检后保存的尸体组织会坐实这个理论。问题在于这个理论的根据是"伪"科学。旨在保存的组织里测出高浓度钾的"实验"缺乏科学依据。其他科学家无法重复这样的实验,实验使用的方法论也未被同行认可。于是,一个法庭拒绝了对凯开棺验尸的申请,另一个法庭裁决不能将钾的证据呈给陪审团。赛博思医生将钾作为凶器的理论不攻自破。

特别检察官肩负一级谋杀起诉,却陷入了没有理论、没有证据,也没有凶器的境地。于是他开始寻找一件新的凶器。他将目光转向了琥珀酰胆碱这种药物。这种麻药本身会很快从人体里代谢掉,但是一位科学家向他保证这种药物的副产物——琥珀酰单胆碱,简称SMC——用一种复杂的测试检测,几年后在组织中仍然有迹可循。他们进行了这个测试,并且声称在凯的身体组织里找到了SMC的痕迹。

尽管有些微的不同,这次实验的结果可以被著名的联邦调查局实验室复制。检察官终于有了确凿的证据——他找到了凶器。而且这次有了大名鼎鼎的联邦调查局背书。

经过一次深入的听证会,之前以"伪科学"为由排除了钾理论的法官裁定琥珀酰胆碱理论有真实的科学依据,可以呈给陪审团。

检察官现在不仅有了科学支持,而且还有笃定能抓住陪审团眼球的性相关动机,即使这样的动机在高技术含量科学证据的衬托下显得索然无味。

州里的科学性案件总能使专家们针锋相对。检方的两名主要证人是操作了实验的科学家和重复了实验的联邦调查局化学家。辩方的专家证人则指出,由于尸体在解剖前采取了防腐措施,任何化学分析都存在已被防腐剂污染的可能。

经过短短几分钟的商议,陪审团便裁定赛博思医生犯下了一级谋杀。他被判终身监禁。他唯一重获自由的希望就是上诉,或者申请重新审判,我和我弟弟就是为了准备重审的辩论被聘用的。

我弟弟内森比我小四岁,他一直是我的秘密武器。从纽约大学法学院毕业后,他作为一名上诉律师在纽约法律援助协会工作,辩过成百上千的刑事上诉案。接着他又在一家大型律师事务所和美国犹太人大会工作,之后开了自己的高端上诉律师事务所。他的律所里还有另两名出色的上诉律师,同时也是他的合伙人,除此之外还有几名受雇律师。我和该律所——"德肖维茨—艾格—阿德尔森"——合作处理过许多我最困难的案子。和其他许多案子一样,他们对赛博思案也大有助益。

同辛普森案和冯·布劳案一样,我们从审查科学证据入手。我们发现那间"找到了"SMC残留的私人实验室既无能又马虎,联邦调查局实验室也有很严重的问题。

第十五章　运用科学、法律、逻辑和经验证伪谋杀

幸运的是,审理上诉的法官中,有一名法官彼得·D.韦伯斯特(Peter D. Webster)具备化学方面的背景。跟每件我参与的上诉案一样,调查审理这次上诉的法官时我就摸清了他的底细。我决定向他陈述我的观点。我不确定他的背景会让他更相信科学证据还是更怀疑,但我知道他会对这个问题感兴趣,而我的工作就是说服他运用法庭多年审判总结出的原则——"新式科学证据"只有"充分确立"获得了科学界的"广泛认可",才能作为刑事案件的呈堂证供。[32]这个原则立即被他据为己有。事后他说道:"法庭不是实验室,因此不是做科学实验的地方",[33]这种证据的"可采性存疑"问题,应当以"使可能的误判最小化"的方式解决。[34]

有了这些原则的帮助,我们开始说服上诉法庭,将赛博思定罪的"科学"根本就不是科学,而是一个急功近利的检察官为了一解其对赛博思医生的怨恨,运用非科学手段(甚至在必要时捏造)得来的"证据"。根据研究,我们确信,由于样本受到了污染,在凯的身体组织里"发现"SMC残留的结果是经典的假阳性实验错误。我们将存在大量污染的新证据和法律争点一并呈交给了上诉法庭。

上诉辩论变成了科学方法的研讨会。刚开始我充当了"老师"的角色,但发现韦伯斯特法官可能比我更精通这方面科学知识后,我就虚心受教了。他很快将我们摘要中列出的论点化作己用,向别的法官问些精心设计的问题以游说他们。我觉得让法官替你说理总比自己辩论好,于是便听从了他的专业意见,附和他咄咄逼人的提问。

这场辩论的几个月后,法庭以检方未能证明其理论的科学性为由,裁定撤销了赛博思的有罪判决。[35]

事后我们了解到,特别检察官有消息渠道可以使他知道或至少怀疑实验结果,该结果往好了说是高度可疑,往坏了说就是完全造假。[36]但他并未向法庭或者辩方透露这一信息。我们还了解到一位狱友(此人谋杀了一位检察官)试图通过宣称赛博思医生向自己坦白了杀妻行径以换取自由。检察官想利用这个"坦白"对赛博思医生形成不利,尽管他知道这个囚犯已经这样宣称过好几次——最后都证明是假的,试图诬陷别的囚犯以换取自由。我们向有关当局提出控告,因为这位检察官的行为已经涉及严重的道德问题了。检察官紧接着提出反诉,荒谬至极地声称对**他**提出控告的这一行为构成了渎职。这不过是那些过分好斗的检察官防止律师投诉他们道德违规行为的手段之一。两份诉状都不了了之[37],但奥巴马总统考虑任命这名检察官为佛罗里达州的联邦检察官时,我们将他的道德失检情况报告给了白宫和参议院司法委员会,于是他们对他不予考虑。[38](据传白宫声称他被拒是因为别的原因。)

赛博思医生和那名彼时是他外遇对象的实验室技术员结婚了。[39]每年圣诞节,这对夫妇都会给我、内森及其律所里的律师寄送贺卡,感谢我们救了赛博思医生。

比尼恩案:他杀还是吸毒过量?

这个经典的惊悚案例就是一部推理小说。像辛普森案那样,谋杀案的事实清晰明了,唯一的疑问就是**谁**干的。就像童谣里唱的:"谁杀死了知更鸟?"

我接的大部分谋杀案都非"谁干的"类型,而是"做没做"——真的有人犯下罪行吗?死亡(或昏迷)是犯罪行为的结果,还是由自然原因、自残或意外引起?

冯·布劳案和赛博思案的争议焦点就在于此。这个问题在1998年9月17日被再度提出,那天,世界扑克大赛起源地——拉斯维加斯马蹄铁赌场——老板泰德·比尼恩(Ted Binion)被发现死在了家中。

比尼恩的同居未婚妻桑德拉·墨菲(Sandra Murphy)——一位年

轻的脱衣舞女——和她同样年轻的情人理查德·塔必什(Richard Tabish)被控谋杀了比尼恩,手段之非同寻常让人仿佛回到了夏洛克·福尔摩斯的年代。迈克尔·巴登(Michael Baden)博士是世界领先的法医学及病理学家(也是我的一位好友),他推断比尼恩是被人"闷死"的。

"闷死"一词起源于十九世纪两位臭名昭著的苏格兰杀人犯,他们杀死受害者,然后将新鲜尸体卖给医学生解剖研究。这个为人唾弃的案件成了罗伯特·路易斯·史蒂文森(Robert Louis Stevenson)[40]短篇小说《偷尸大盗》(*The Body Snatchers*)的蓝本,还改编成了几部电影:一部由鲍里斯·卡洛夫(Boris Karloff)和贝拉·卢戈西(Bela Lugosi)[41]主演,还有一部是我的当事人约翰·兰迪斯导演的《伯克与黑尔》(*Burke and Hare*)[42]。伯克与黑尔压迫受害者的胸部使他们窒息而死,没有留下任何暴力痕迹。

巴登博士认为桑德拉·墨菲和她的情人就是这样杀死比尼恩的。[43]他们恶毒的计划——如果这样的计划确实存在——奏效了,起码短时间内是这样。众所周知,花天酒地的泰德·比尼恩是个吸食海洛因成瘾的瘾君子,而且有证据显示就在他尸体被发现前不久,供货商还向他提供过黑焦油海洛因,因此警方推断这不过是一起拉斯维加斯吸毒过量事件,即便死的是该市最著名的名流之一。[44]又因为警方认为没有犯罪发生(除了毒品有关的指控),死者的家没有被宣告为"犯罪现场",但是,第二天的尸检中,在尸体上发现了多种痕迹,验尸官进行了拍照留证。巴登博士就是因为这些痕迹才推论比尼恩是被闷死的。别的医学专家也认为比尼恩是被谋杀的,但不是被"闷死"的。他们的理论是比尼恩被迫吞下了致死的海洛因、阿普唑仑和安定的混合物——简称"死亡鸡尾酒"。[45]

除开这些科学证据,比尼恩的遗产律师作证,在死前那一天,比尼恩曾对他说:"如果桑迪(桑德拉·墨菲)今晚没杀了我,就把她从遗嘱中去掉吧。如果我死了,你知道是谁干的。"[46]这简直是肥皂剧的情节,几档电视节目也把它当成了肥皂剧。但这是个实实在在的案件,案件的结果会决定桑德拉·墨菲是否在监狱中度过余生。

检方掌握了动机、手段和时机的证据,以"利用窒息和(或)下毒谋杀"起诉了墨菲及她的情人。审判中,他们提供了一种之后被我定义为"单选题"的检控方式[47]:陪审团可以选择闷死或者毒害;他们不需要就谋杀比尼恩的**方式**达成一致,只要他们都同意"他的死是犯罪行为造成的"就行了;如果他们裁决被告有罪,他们也无需告诉任何人他们选择了哪种理论。

陪审团商议了八天后裁决被告有罪。[48]我和我弟弟被聘用,准备打桑迪·墨菲的上诉官司,同时基于新证据申请重新审判。

我们从窒息理论着手调查。因为陪审团可能只根据这一个理论就定了罪,如果我们釜底抽薪,墨菲就必须被重新审判[49],因为陪审团的定罪可能基于错误的理论。我们会将检方的"单选题"变为上诉辩护的利器。

窒息理论的一个重要支柱是照片上比尼恩胸部的"淤青"。鉴于巴登博士没有对比尼恩进行尸检,他只能根据照片判断。巴登博士推定这枚与比尼恩衬衫纽扣形状吻合的淤青是比尼恩被闷死时造成的。我们放大了照片,运用最精密的技术增强了画质。我们把它给世界最出色的皮肤科医生看,他将其"高倍放大",进行检查。他的结论给予了窒息理论当头一击:比尼恩尸体上的痕迹**并非**淤青;其血管构造证明这是一颗比尼恩死**前**多年就有的良性皮肤肿瘤[50],并非由"外部原因"造成。检验过成千上万病变案例的我方专家写道,他从未"见过由压迫造成的此类病变"。

进一步的实地调查把窒息理论和鸡尾酒理论都推翻了。[51]现在我们确信如果墨菲能被重新审判,陪审团肯定会判她无罪。检方的"单选"理论变为"别无选择"几成定局。

现在我们所需要的,就是获得一个重审的机会。我们最大的机会是打赢上诉,而上诉中的最佳争议点——最保险、最完美的一个——是法官裁定允许比尼恩的律师作证,比尼恩在死前那一天告诉过他,如果他死了,墨菲就是凶手。这样的确凿证据必然会影响陪审团,毕竟这事实上是死人的证词。就像莎士比亚的《哈姆雷特》(Hamlet)中那样[52],死者的幽魂指认了凶手。

我们觉得根本没有这样一段对话。墨菲告诉我们这个律师憎恶她,因此编造出这样一段话确保她被定罪。但是陪审团相信了律师的话,我们也不能在上诉中质疑他是否诚实,因为可信度的问题——无论证人席上的人讲真话还是说谎——只能由陪审团判断。不过,我们可以质疑**死者**的可信度——死者虽**无法**出庭作证,但是他的话被律师引用了。鉴于比尼恩无法被交叉询问,陪审员要如何评估他的可信度呢?死人的"证词"是典型的传闻证据[53],而且墨菲无法用宪法赋予她的权利直接诘问一个死人。[54]

检方回应道,比尼恩之所以无法出庭就是因为我的当事人谋杀了他。他们称我们的论据与"厚颜无耻"的经典定义如出一辙:杀害父母的年轻人请求法庭轻判,理由是他是个孤儿。墨菲杀死了比尼恩,现在还要求将他的遗言证据排除,真是胆大妄为!但是墨菲确实杀害了比尼恩的结论又引出了陪审团需要判断的这个问题:真的是墨菲杀了他吗?

尽管传闻证据——就是庭上证人引用庭下另一人的话作为证言——在庭审中一般不予采信,但证据排除规则也有例外。其中之一就是"厚颜无耻的例外":被告不能在杀害了证人后要求排除证人活着时可能说出的证言。[55]这条例外的初衷是防止被告谋杀证人。但要适用这条规则必须明确一点,那就是被告确确实实杀害了这个证人。这时就出现了先有鸡还是先有蛋的问题:陪审团推定墨菲谋杀了比尼恩,但这个结论建立在传闻证据的基础上,而该证据只有在她确实杀了他时才会被采信。

另一个例外是"临终"坦白——一个自知将死之人面对即将降临的死亡说出的话。[56]支撑这条例外的"科学"是这样一个假设:在知道自己将死的情况下,没有人会撒谎。但这同样是伪科学,因为没有任何实际证据可以支持这个假设。更不用说,没有证据(除了被质疑的口供本身)显示比尼恩预见了自己的死亡,或者他是如此虔诚的一个信徒,害怕以谎言之躯去见上帝。

最后一个相关的例外是如果陈述能体现死者"彼时的心理状态",就可以作为证据采信而不再是道听途说。[57]举个例子,如果比尼恩告诉他的律师,他觉得焦虑,正考虑自杀,那么这样的证词就可以呈给陪审团,帮助他们判断之后比尼恩是死于自杀还是谋杀。检方称比尼恩"害怕"被杀证明了他的心态,说明他的死亡不是自己吸毒造成的。此论辩的问题在于,比尼恩的证词**同时也**是墨菲潜在谋杀心理的证据。陪审员不可能只将此爆炸性证词当作比尼恩的心态考虑。就像律师们常说的道理一样:"当你把一只臭鼬扔进陪审席,就算之后你把那臭鼬拿走,臭味还是会经久不散。"在法官未给予陪审团"限制指示"的情况下更是如此,即"此证词**只能**证明**比尼恩**当时的想法而**不是墨菲**的想法"。(我对陪审员是否能落实这样的限制指示深表怀疑,这类指示更像那句警告"别去想房间里那只八百磅的大猩猩"。不管怎么说,法官没有给出这样的指示。)

因为这个严重且造成损害的法律错误(以及其他错误),内华达州最高法院撤销了谋杀判决,指令重新审判。[58]

二次审判的陪审团听取了我们的新科学证据后,宣布墨菲无罪。[59]

他们既不相信窒息理论,也不相信鸡尾酒假说。显然他们作出结论,比尼恩的死更可能是由自己摄入过量海洛因造成的。墨菲现居加州,经营着一家画廊,最近她有了第二个女儿。

协助安乐自杀:彼得·罗齐尔医生案

另一起通过科学确认直接死亡原因的感人案件涉及安乐死,一名医生杀死了他饱受癌症折磨的妻子。这个案子同样引起了深刻而充满争议的道德、宗教以及法律问题。

尽管媒体将帕特里夏·罗齐尔(Patricia Rosier)的死宣传为"安乐死"[60],更恰当的描述应当是"安乐自杀",因为结束生命是她自己一个人的决定。一个理智的成年人安乐自杀并不是犯罪。(尽管历史上自杀确实是犯罪,显然犯罪成功了也没法起诉。自杀未遂有时候倒被告上法庭。)

安乐死——夺去另一人的生命,但此人正在受苦,通常也没有意识——从法律的角度看和安乐自杀是不同的。通常法律条文根本就不把怜悯作为谋杀的抗辩理由:无论是出于爱还是恨,法律将所有蓄意杀人看作谋杀。但自杀不是犯罪——尽管在一些宗教中自杀仍是一种罪恶,即使是为了从痛苦中解脱而在将死时自杀。[61]

然而,协助自杀在大多数司法管辖区仍是一种犯罪。2012年,马萨诸塞州选举中最具争议性的投票议题之一,就是一个旨在将少数情况下的协助自杀合法化的提案。政敌砸下大笔金钱,天主教会也强烈反对,最终提案以微弱劣势被驳回。[62]

自杀与协助自杀的分界并不总是明晰的,有时仅仅是时机与偶然性的一线之差。当一场本该独自完成的安乐自杀必须由他人帮助完成时,在检察官的眼中这便成了安乐死的刑事犯罪。[63]

帕特里夏·罗齐尔安乐自杀这样一个简单案件,最终却使她丈夫彼得站上了被告席,被控一级谋杀以及谋杀共谋。检察官要求死刑,将此案罪行类比为"系列团伙谋杀"。

本案的基本事实没什么疑问,但是这些事实导致的法律后果却引出了佛罗里达州法律史上最受争议、最扣人心弦的案子之一。[64]

彼得·罗齐尔医生是一名病理学家,通过X光检测知道他妻子患了癌症。

帕特里夏在被告知她罹患不可治愈的癌症,只有几周可活而且要经历蚀骨之痛后,作出了一个重大决定,那就是要自己选择什么时候死,怎么死,她不愿在癌症的阴影下惶惶不可终日。当她把这个决定告诉丈夫后,彼得说他愿意与她一同赴死。他们的孩子知道后,求父亲不要一同自杀。彼得同意了。没人试图劝阻帕特里夏的原因有两个:一是她已下定决心;二是这不能算自杀,因为她的行为不过是将自己本该痛苦的死亡提前几周罢了。

帕特里夏选好时间,还规划了一场家庭告别晚会。除了她的丈夫和孩子们,她的继父和两个同母异父兄弟也出席了。

晚宴上有红酒佳肴,也有举杯致意。帕特里夏做了指甲,身着一袭优雅长裙。晚餐后他们一起看了《哈罗德和莫德》(Harold and Maude),这部电影讲述了一位老太太不想"渐渐老去",于是结束了自己的生命。[65]看完电影,彼得和他妻子回到卧室,最后一次做爱。告别了家庭成员,帕特里夏·罗齐尔服下先前选好的二十片药。她迅速陷入昏迷,希望自己不再醒来。

但是昏迷的效果未如预期,彼得不知所措。她会苏醒吗?还是继续昏迷?会有脑部损伤、疼痛或是情绪混乱吗?彼得只知道,他的妻子不愿醒来。他对他昏迷的妻子到底应负怎样的义务?如果他没有帮助妻子实现愿望,达成无痛且有尊严的死亡,他是不是就打破了最后的承诺?他没法问她。只能由他当机立断,但决定权是**她的**——虽然还未完全实现,但她已经作过决定并行动了。

彼得给她注射了吗啡,但还不够。当彼得在屋外来回踱步,泪流满面时,帕特里夏的继父捂住了她的口鼻。她在睡梦中去世了。

帕特里夏的继父跟她的兄弟没有多说,只告诉彼得,帕特里夏去世了。将近一年的时间里,帕特里夏的死因一直成谜。之后,彼得决定就他妻子的决定[66]写本书,他还接受了当地一家电视台记者的采访,节目中他叙述了他认为妻子死亡时的情况[67],彼时他对妻子继父给予的"致命一击"仍一无所知。

采访一播出,地区检察官就展开了谋杀调查。他想采访帕特里夏的继父,但是继父要求给予他和他的儿子们完全的检控豁免权。这本应该使当局怀疑他有所隐瞒,但检察官未在允诺豁免权之前要求"提供信息"——一份真相的概述——就答应了他的条件。

继父供认是他造成了帕特里夏的死。检方铸下了所有执法人员都避之唯恐不及的大错:豁免权给错了人。但是他们不能食言,于是彼得成了唯一可能的替罪羊。

尽管检察官明知事实上彼得没有杀害他的妻子,他的妻子是自愿自杀的,检察官依旧将这位深情的丈夫看成一场精心策划的团伙谋杀案中的行凶者。彼得以一级谋杀和谋杀共谋的罪名被起诉。检方的理论是,继父最后的行为不过是一场家庭共谋的最终阶段,彼得才是谋杀的缔造者与参与者。而根据曾被用于指控哈里·雷恩斯和蒂森兄弟的原则,彼得要为继父的罪行负责。检方进一步宣称,如果彼得没有帮助帕特里夏自杀,她根本就不会死。

彼得·罗齐尔一夕之间锒铛入狱,身处全国死刑执行率最高的州之一,可能被判死刑。帕特里克·布坎南这样的右翼评论员将彼得做的事比作希特勒统治下纳粹的暴行,荒谬至极。[68]罗齐尔在被捕当天从狱中给我打了电话,请求我的帮助。我和他本地的律师合作把他保了出来,一起想一个庭审策略。如果他不幸被定罪,我会当他的上诉律师。

既然罗齐尔没有使帕特里夏窒息而死,我们就首先通过科学手段确立了一点——帕特里夏的直接死因是窒息,而不是吗啡。(当然了,事实上癌症才是符合"若非标准"的原因,因为如果不是帕特里夏得了癌症,她不会试图自杀。)其次,我们必须证明继父闷死他女儿的决定不是彼得同意过的计划或阴谋的一部分。最后,我们必须让陪审员们设身处地地想一想**他们**遇上这样的情况会怎么做,最后让他们得出这样一个结论:当相亲相爱的家人被迫作出一个悲痛的决定,是信守对昏迷中的挚爱许下的诺言,还是在危急关头对她弃之不顾,这种情况下刑法无权评判。

彼得的出庭律师、来自迈阿密的斯坦利·罗森布拉特(Stanley Rosenblatt)成功地说服了陪审团,相信法律上谋杀条款的存在不是为了审判彼得·罗齐尔这样深情的丈夫,而是为了惩罚查尔斯·曼森和泰德·邦迪这样凶残的杀人犯。庭审中他动之以情,晓之以理,请陪审员们想象自己身处那个可怕夜晚,体会彼得进退不得的处境。[69]检察官因在知道真相前就给了帕特里夏的继父豁免权而处于守势,扮演了复仇天使的角色。他要求陪审员们只管就事实适用法律,不用考虑谋杀动机。

陪审团明白爱与恨的区别——尽管检方和帕特里克·布坎南都不懂——明白出于自我意志自愿的死亡和他人强加的死亡之间的区别。庭审数周后,陪审团只用了数小时就将彼得·罗齐尔无罪释放,宣判他不承担任何刑事责任。因为检方要求陪审团将罗齐尔医生与黑帮杀手一视同仁,他们失去了全部的可信度。假如当初检方以协助他人自杀起诉罗齐尔医生——佛罗里达州法律下这是犯罪[70]——他们成功定罪的可能还更大些。但检方以一级谋杀罪**起诉**他,不懂适可而止,反而使陪审团将他们的控告当作了与被告间的仇怨。过度定罪的做法在某些普选出的检察官中很常见。[71]

陪审团的一个重要角色,就是成为社会的良心,在严酷的法律规定面前成为拥有常识的仲裁者。这次的陪审团有好几个写了安乐死志愿书的老人,陪审员们裁定彼得的行为不构成谋杀,即便法律条文严格来说并不允许他帮助妻子选择何时以何种方式面对她即将到来的死亡。

诱导假供的学问:乔纳森·杜迪案

另一起臭名昭著的谋杀案涉及诱供嫌疑犯的黑科学。

1991年,乔纳森·杜迪(Jonathan Doody)——母亲是泰国人,父亲是美国士兵——被控在亚利桑那州屠杀了九名佛教僧尼。受害者被摆在一间佛祠的地上围成一圈,都被有条不紊地爆头。这显然是一群武装抢劫犯的手法,他们还从功德箱里拿走了几百美元。罪行耸人听闻,连十三年前加里·蒂森和兰迪·格林沃尔特在同州犯下的多重谋杀都望尘莫及。区别在于,所有人都知道是谁冷血地杀害了莱昂斯一家,但警方对于这起大屠杀的犯案者却摸不着头脑。刚开始,他们怀疑一个摩托飙车党。经过漫长的审讯,其中四人招供,但很快警方就发现他们明显是屈打成招,于是将他们释放。

当时杜迪十七岁,正上高中。他被逮捕并经受了长达十三小时的讯问。审讯杜迪的方法和逼供飙车党成员的方法极其相似。警方以"米兰达警示"开场:你有权请律师;你有权保持沉默,但你所说的一切都可以并将成为你的呈堂证供。[72]他们接下来就循序渐进地将他"去米兰达化",收回了之前赋予他的所有权利!**只有**当你参与了(谋杀)"你才有权请律师;你"告诉我们"的所有事都"不会泄露出去",也**不会**"呈上法庭";还有,你只需要"敞开了说"——换言之就是供认——到你说为止我们会一直关着你。最终,精疲力竭的十七岁少年供认他**和飙车党有关系**——警方知道这是假话——并参与了屠杀。主要根据这份供词,他被定罪,并被判终身监禁。

我受一位佛教徒的委托为乔纳森的上诉辩护。他告诉我乔纳森没有参与杀害他同伴的暴行。在我准备上诉时,他给了我一个随身携带的小金佛陀,向我保证佛祖会保佑正义得到伸张。我接受了小佛陀,但也坚持展开广泛调查。谋杀现场在一个空军基地旁边,我了解到俄罗斯在卖苏联时期美国的旧卫星照片,我买了谋杀地点的照片,希望在上面找到杜迪之外的其他人犯下罪行的证据。不幸的是那天多云,照片毫无用处。我们只能根据庭审记录辩论,将重心放在警方诱供杜迪上。我对诱供不合作的嫌犯这一"学问"——或者说"技巧"——进行了广泛研究。我了解了审问者会把犯罪现场的物品怎样摆在嫌犯面前,如何暗示他回答,怎样渲染威胁的压迫感,怎样装出警方无所不知,以及如何设法歪曲"米兰达警示"使之为己方所用。

我对严刑逼供感兴趣很久了,还在读法学院时就写过一篇关于虚假供认的论文。我也为戈德堡大法官起草了埃斯科韦多案的多数意见书[73],此案奠定了米兰达规则的基础。作为教授,我也讲授过自认其罪、拷问以及相关主题,并就此撰写论文。[74] 当我听着长达数小时的讯问录音带时,我立即怀疑杜迪的供述是假的。

1996 年的首次上诉中,我同弟弟内森的律师事务所律师一道出庭辩护。亚利桑那州最高法院维持原判。[75] 我弟弟的合伙人维多利亚·艾格(Victoria Eiger)接着担起了准备申请联邦人身保护令的主要责任。我和内森与她密切合作。我坚信允许这般瑕疵供述作为谋杀案定罪基础的先例是危险的,也不符合宪法赋予的"不得强迫自证其罪"的权利。我同样认为,维持杜迪案原判是抨击和忽视沃伦法院取得的进步,是倒行逆施大流的一部分。[76] 沃伦法院取得的进步成就中,很重要的一点就是树立规则,限制了不守规矩的警察使用密室手段诱供的权力——其中就包括臭名昭著的"疲劳询问"。低级法院对杜迪案的判决可能导致此种方式合法化。扼制这股潮流至关重要。不遗余力地保障乔纳森·杜迪的自由也同样重要。

我们决定就拒绝颁发人身保护令向联邦第九巡回上诉法院上诉,该法庭撤销了杜迪的有罪判决,裁定他的供认是出于胁迫,并且下令将他释放,除非亚利桑那州同意重新审判。[77] 接着亚利桑那州就撤销裁判向整个第九巡回法院上诉,该法院将这个案子摆在十二名法官面前辩论。他们同样以九比三作出了有利于杜迪的裁决。[78] 这个案子还没完。亚利桑那州从联邦最高法院那儿申请了调卷令,最高法院将案子发回第九巡回法院重新审议,要求他们将最高法院近期的一个裁决纳入考虑范围。[79] 第九巡回法院重新审议,再次否定了杜迪的有罪判决,认为他的供认出于非自愿行为。[80] 州法院再次向最高法院要求复审。这次他们的请求被拒绝了,[81] 经过将近二十年的诉讼,杜迪的有罪判决最终被彻底推翻。但这个案子还是没有结束。

亚利桑那州在考虑重新审判他。[82] 保释金起点是五百万美元[83],杜迪一家自然付不起,也没有办法筹到这笔钱。

如果迟到的正义就是非正义,那么乔纳森·杜迪无疑被正义抛弃了。他承受了近二十年的牢狱之灾。尽管联邦上诉法院的裁决全部都对他有利,尽管他现在被认为是无辜的,他还是为了他可能从未犯下的可怕罪行坐了牢。

如果杜迪被重新审判,他的供认不会被采信,因为多亏了第九巡回上诉法院作出的裁决,法律现在严禁警方使用逼供手段。至少在现阶段,下级法院判决反映出的危险趋势得到了遏制。

压制科学:杰弗里·麦克唐纳案

科学还未获胜(或者在我看来,正义也未获伸张)的一个案例,是四十岁的不明身份者杀死杰弗里·麦克唐纳(Jeffrey MacDonald)一家的悬案。科学或许可以就这个高知名度案件给出确定的答复,但到目前为止,法庭的大门仍对新发现的科学证据和检方故意压下的证据紧闭。这起案子中的法庭将追求所谓的"终结"置于寻求真相之上。历史和科学是没有尽头的,法律也不应该有,尤其是在一个可能无辜的被告被定罪,而科学可以证明他没有犯下此罪行的情况下。

从1970年2月17日杰弗里·麦克唐纳案可怖的开端起,我就一直在媒体上关注着这个案子的进展。受伤的绿色贝雷帽(美国四大特种部队之一)军医告诉当局,他怀孕的妻子柯莱特(Colette)以及他的女儿们——五岁的金伯利(Kimberlevy)和两岁的克丽丝滕(Kristen)——被嗑药的瘾君子闯入家中杀害。和大多数美国人一样,我怀疑过他的故事。巧得很,它看起来和几个月前发生的极为恶劣的曼森谋杀案仿佛一个模子里刻出来的。我知道数据显示妻子更可能被丈夫而不是陌生人杀害。我想知道为什么,如果真有闯入者的话,他们没有留下任何确凿证据——没有纤维、头发或是指纹。读乔·麦金尼斯(Joe McGinniss)的畅销小说《致命幻影》(*Fatal Vision*)[84]时,我的怀疑被证实了,该书推断麦克唐纳确实有罪,而看了改编的电视电影后[85],他有罪的想法更是根深蒂固。

当我到加利福尼亚州特米诺岛联邦监狱跟另一个因犯协商时,一个头发灰白的犯人向我作了自我介绍。他就是杰弗里·麦克唐纳。他问我能不能占用我五分钟时间给我看些文件。我说可以。那一天和之后我获知的事,坚定了我帮助他的决心。

电视电影里最戏剧化的场景之一,就是调查员挖开受害者们的坟墓,开棺验尸。联邦政府的首席律师[由安迪·格里菲斯(Andy Griffith)扮演]向受害者伤心欲绝的继父和祖父弗雷迪·卡萨布(Freddy Kassab)[由卡尔·莫尔登(Karl Malden)扮演]解释为什么必须掘墓:

我们必须知道柯莱特手里发现的头发是她自己的,还是杰弗里,或是孩子们的……(弗雷迪·卡萨布打断了他)……或是一个戴着宽檐帽的人的。[86]

庭审中,检方将辩论的重点放在主张被害者柯莱特·麦克唐纳手里发现的金发属于她自己,而不是杰弗里·麦克唐纳声称的当晚出现的那位戴着宽檐帽的闯入者的。目前已经确定这头发不是杰弗里·麦克唐纳的,如此一来,如果这头发与柯莱特和孩子们的**都不吻合**,麦克唐纳宣称袭击当晚家中有闯入者的证词就有了支撑——他说闯入者中有一名戴着宽檐帽和穿着靴子的金色长发女性。这也能表明闯入者中起码有一人直接接触了柯莱特。

一位名叫海伦娜·斯托克利(Helena Stoeckley)的女士之前告诉过警方和他人,谋杀当晚她和三个朋友在麦克唐纳家里,是她那些朋友杀的人,不是杰弗里。尽管斯托克利的一面之词没多大用处——她是个瘾君子——她却提供了一些细节,使她说的话印证了杰弗里的故事。她描述了一匹坏掉的摇摆木马,跟在克丽丝滕卧室里找到的一样。在犯罪的时间点,她戴着宽檐帽,一身黑衣还戴着长长的金色假发,这些都与麦克唐纳的描述吻合。谋杀发生后不久,麦克唐纳家附近的一位宪兵也看见了一名符合描述的女性。

然而柯莱特手里的那根头发被证实是她自己头上的,削弱了麦克唐纳的入侵者理论。联邦调查员报告说再没有找到不属于麦克唐纳一家的别的物证——没有头发、纤维、皮肤组织,也没有血液。

如此一来,检方就可以向陪审团证明杰弗里·麦克唐纳说了谎——因为如果真有闯入者,他们肯定会留下些痕迹。一句老谚语说过:"没有证据就是没人来过的证据。"适用到这个案件,检方称没有闯入者留下的证据痕迹,就说明根本没有闯入者。这是个挺令人信服的理由。

此外,尽管海伦娜·斯托克利之前称她记得自己当时在房子里,庭审中她却说自己对谋杀案当晚身在何处失忆了。斯托克利突然没法记起之前描述得那么详细的事,辩方被打了个措手不及,但他们也没办法有力反驳她的失忆声明,因为他们没有丝毫根据可以证明她是被迫忘记自己明知道做过的事——参与了谋杀麦克唐纳一家。

接着情况又发生了惊天大逆转,杰弗里·麦克唐纳的法律团队发现,在庭审前,联邦政府手里有手写的实验笔记,表明调查员们在犯罪现场发现了**不属于**麦克唐纳家任何人的金色长假发。在掘受害者的墓之前,这份证据就已经收入了政府的机密档案。

这还不是检方机密档案中藏起来的全部。手写的实验笔记证实,在杀死柯莱特的凶器上和她的嘴周围发现了黑色的羊毛纤维,这些纤维也不属于杰弗里或是麦克唐纳一家任何人的衣物。(海伦娜·斯托克利经常身着黑色的衣服。)

除此之外,联邦调查员还在每一个受害者的床上用品上找到了其他人的头发,且也不属于任一被害人或杰弗里。但这些头发从未与斯托克利以及她那群人比对过。

实验笔记能够有力地证明,一名戴着金色长假发、穿着黑色羊毛衣物的闯入者在谋杀那晚来过现场。这打击了检方"缺乏证据"的论辩。但是杰弗里·麦克唐纳的律师之前并不知道这些笔记存在。如果他们知道的话,庭审的整个进程就会完全不同。

比如,海伦娜·斯托克利向陪审团作证,她记不清谋杀当晚自己在哪里了。麦克唐纳的律师试图引用六名证人的证词——包括一名警察,她之前向这名警察承认她和她的朋友当晚在麦克唐纳家。因为对斯托克利先前供述的证词构成"传闻证据"——证人对从庭外另一证人处所听说事实的重述——法官裁决只有当存在补强证据可以证明该证言可信时,有关斯托克利供述的传闻证据才能被陪审团采纳。

第十五章　运用科学、法律、逻辑和经验证伪谋杀

该法官——他对手写实验笔记也不知情——裁决没有物证可以补强斯托克利的供述;因此,它们不能被采信。如果他知道补强证据的存在,他就有义务采纳传闻供述,陪审团就会知道斯托克利曾坦白犯下谋杀罪,她的供认也可以被确凿的科学证据证实。但由于检方故意压下了笔记证据,陪审团一直没想过"谁干的"这一问题存在另一个答案。

此外,2005年,之前负责将海伦娜·斯托克利押至法庭的前副警长吉姆·布里特(Jim Britt)站了出来,告诉了麦克唐纳的律师以下信息:

> 他亲眼看见海伦娜·斯托克利向詹姆斯·布莱克本(James Blackburn,检察官)承认,她和其他人在麦克唐纳谋杀案当晚身处麦克唐纳家,他们到那儿去买毒品;吉姆·布里特进一步断言他看见、听见詹姆斯·布莱克本听到海伦娜·斯托克利这么说后威胁她,如果她在庭上这么作证,他会以一级谋杀罪起诉她。

这一威胁迫使斯托克利在证人席上声称,她记不清麦克唐纳谋杀案当晚从午夜至凌晨五点自己在哪儿了——这正好是罪案发生的时间范围。"詹姆斯·布莱克本从未向法庭或辩护律师提过海伦娜·斯托克利在吉姆·布里特面前向他承认的事。恰恰相反,布莱克本在庭审的关键时刻告知法庭,在他与斯托克利面谈时,她否认自己认识麦克唐纳一家,不知道他家什么样,和谋杀案也毫无关系。布莱克本甚至通过诱导发问,使斯托克利在陪审团面前说出的证词和前一天会面时她告诉吉姆·布里特的话完全相反。"[87]

这位联邦检察官的行为已经超过不道德的范围,接近犯罪边缘,因为从本质上来说他教唆证人作了伪证(唆使她犯下伪证罪)。(布莱克本之后因行为不端被吊销了律师资格,但与此事无关。)[88]

这些引人注目的启示最终在杰弗里·麦克唐纳医生搜集自己无罪证据时被暴露在光天化日之下,他从案件的一开始就坚持自己是无辜的。许多年来,他和他的律师一直依据《信息自由法案》(Freedom of Information Act)申请查阅与此案相关的政府文件。他们一步一步地拼凑出了检方藏起来不让陪审团知道的、令人惊异的科学证据故事。

这个故事引发了一个令人不安的问题,那就是为什么联邦政府会压下如此重要的证据。我们没办法了解检察官们在这个案子中的心态,特别是某些人的职责就是让辩方获悉政府档案中可以帮助麦克唐纳的证据。但是,我们可以了解到首席检察官确实知道实验笔记的内容,因为他写给一个法律助理的备忘录中问他是否"(必须)将一份实验报告的详细数据而不是报告的结论公布(给辩方)"。[89]这个问题很重要,因为"详细数据"指的就是金色假发、黑羊毛纤维和人的头发,这些都在手写的实验笔记中有所描述,但不知为何,实验室打印出的最终报告中却只字未提。

首席检察官布莱恩·默塔(Brian Murtagh)拒绝评论,只是含含糊糊地声称"如果存在对辩方有利的纤维证据,麦克唐纳的原审律师应该会发现"。原审律师能审阅的都是一箱一箱的原始证据,这岂不是大海捞针?

我们可能永远没法知道还有多少证明无罪的证据被藏进了政府档案中,甚至是遗失或销毁了。举个例子,在柯莱特·麦克唐纳其中一个指甲缝里发现了一小片人体皮肤。然而,尽管听上去难以置信,检方声称他们把这一极其重要的证据弄丢了。[90]我参与的几个别的案件中,检察官也神秘"丢失"过能证明无罪的证据。[91]如果有了皮肤碎片的证据,就可以通过DNA匹配证明杰弗里·麦克唐纳是不是凶手,一锤定音。

如果检方压下了这些与案情高度相关的实验报告,肯定会重新审判。但仍存在几个难题:首先,大多数看过《致命幻影》一书或电视电影的美国人已经先入为主地"知道"杰弗里·麦克唐纳是凶手了,因为在这些单方面的展示中他确实有罪。展示给观众看的证据——和呈给陪审团的证据一样——并不包括可以补强斯托克利供认的物证,也没有检察官逼迫斯托克利就记忆撒谎的证据。

第二个难题是现行法律下,根据第二或第三张人身保护令申请重启旧案希望渺茫,因为国会严格限制了"大自由令状"的权力,而且退一步说,即使有压倒性证据证明无罪,也不一定能确保重审。[92]事实上,麦克唐纳案中,我就第二次申请人身保护令失败上诉[93]——这个漫长的案子里这是我迄今为止唯一一次出庭——一名法官警告我,让我别再提出申请了。[94]我告诉他如果有证据担保,提出进一步申请便是我的职责所在。

现在就找到了这样的新证据,上诉法院近期要求联邦地区法院将所有新证据"作为整体考量"。[95]这就包括一名被指派在庭审中代理斯托克利的律师的证词,该律师证实了斯托克利确实记得谋杀当晚自己在麦克唐纳家,以及她确实是迫于检方的压力才"忘记了"真相。此外,一名可信度极高的调查员埃罗尔·莫里斯(Errol Morris)写了本新书,其内容支持了麦克唐纳的无罪主张,也写到了庭审的不正当性。[96]所以这个案子还远未结束。我继续就这个案子与哈维·西尔弗格雷特协商,他是我先前人身保护令上诉中的合作律师。

无论发生什么,我都坚信杰弗里·麦克唐纳尚未获得公正的审判。我坚信那是他应得的——美国人民也应当了解事件的全貌,而不是庭审中的简略版或是书和电视电影中片面的故事。一名审理了麦克唐纳案的上诉法院法官曾公开声称:"这案子给我的感觉很不舒服。"[97]鉴于检方不厌其烦地压下真相,隐瞒辩护证据,这很自然。

更重要的是,我认为法庭应当永远对证明无罪的可信新证据敞开大门,同时,能在《大宪章》中找到渊源的"大自由令状"应始终是通往正义的道路上一扇敞开的大门,而不是在现行法律下经常成为真相前的壁垒。

科学如何在过去五十年使谋杀案的侦破日新月异

运用科学侦破谋杀案有两个可识别的趋势——而且这两个趋势还南辕北辙。科学能帮助侦破之前没解决的案件(悬案)以及结果错误的案件。有了DNA新技术,之前被误判谋杀的无辜者洗清了罪名,一直未被怀疑的杀人犯被送上了法庭。[98]有些案子中,虽然发现并检测了凶手的DNA,却没法——暂时没法——与某一个特定的人匹配。在至少一个案件中,检方签发了公诉书,控告了符合"有罪"DNA的无名氏。[99]如果能找到与样本符合的人,即使过了诉讼时效,他也可能会根据公诉书被起诉。最近DNA证据被用来确定臭名昭著的"波士顿勾魂手"(Boston Strangler)的身份,近半个世纪前我为这个案子提供过咨询服务。

这便是科技带来的进步,未来科学会发挥更重要的作用。我在课堂上讲授这些新发展。我就此还写过论文。我也尽力将我的学术知识——无论是关于化学、精神病学、政治学还是别的学科——带上法庭。

与此同时,科学也为刑法带来了新进展,尽管法律本身在退步。想重启"旧案"越来越难,即便是那些徒刑期长、可能执行死刑的谋杀案。

过去几十年来,一个愈加保守的最高法院和一个不关心被冤枉的被告死活的国会向新证据(包括新科学证据)关上了法院的大门,这些证据可能改变一个案件的结果。一些法官和大法官甚至认为处决一个无辜的人或让无辜者接着坐牢并不违宪,只要这个人的定罪判决"原本"合宪。一个造成无辜被告被定罪量刑的程序可能"原本"合宪的说法,让我想起了传闻中亚伯拉罕·林肯在福特剧院遇刺后,玛丽·托德·林肯被问到的一个问题:"除了遇刺这件事,林肯夫人,您觉得这出剧怎么样?"如果一个被告确实是无辜的,就不存在什么"除了遇刺这件事"了。

安东宁·斯卡利亚大法官就这事是这么说的:

> 如果经过完整公正的审判一个被告被判了刑,但之后又使人

身保护令法院相信他"事实上"无罪,本法庭从未裁定宪法禁止对这样的人处以死刑。恰恰相反,我们屡次不处理这个问题,同时对任何基于所谓"实际无罪"的请求的合宪性深表疑虑。[100]

让我解释一下这段话是什么意思。如果历经一次完美合宪的庭审,尽管没找到他妻子的尸体,一个被告仍会因杀妻被定罪量刑,如果他之后带着他活得好好的妻子一起去最高法院,要求基于他妻子仍活着的新证据重新审判,那么斯卡利亚大法官和其他几个大法官真的就会这么告诉他:"听好了,虽然**从科学角度来说**你妻子还活着,但**在宪法的眼里**她已经是个死人了。至于你,无辜的被告先生,你也死定了,因为宪法赋予的权利里可没有因为你无辜就不能处死你这一条。"同理,如果 DNA 证据证明谋杀凶手另有其人,而一位无辜者却即将因此而被处死。依照斯卡利亚的宪法观点,处死这位无辜者,然后再审判、定罪,处死真正有罪之人,完全不违宪。这简直就是法律的倒退,如果更多持有斯卡利亚式过时观点的法官得以任命,情况将会更糟。[101]

目前最高法院就人身保护令下无罪的问题划分为了势均力敌的两个阵营。2013 年 5 月 28 日,最高法院以五比四的多数——斯卡利亚是少数异议派——在"麦克奎金诉珀金斯案"(*McQuiggin v. Perkins*)中作出裁决,即使提交申请的时效已过,"经过证实的实际无罪"仍可成为被告获得司法救济的"渠道"。但是多数意见书上也警告,"站得住脚的实际无罪答辩凤毛麟角",因为被告必须向法官证明"鉴于发现的新证据,在排除合理怀疑的情况下,没有理性的陪审员会投票裁断他有罪"。在这一令人望而却步的标准下,能交出活着的妻子的丈夫会打赢官司,但麦克唐纳就不行,因为可能还有理性的陪审员会裁断他有罪。此外,法庭未能彻底解决"先有鸡还是先有蛋"的问题:一个没有钱、没有律师、没有私家侦探的在押囚犯,要如何在参加有传唤权的听证会**之前**"证明"自己无辜呢?

即便有了这个新裁决,事实上无辜的被告还是有可能锒铛入狱、被处死刑,因为他们跨不过最高法院就证明无罪设下的高门槛。

我与斯卡利亚一家的爱恨情仇

当我还是布鲁克林学院学生会主席的时候,第一次遇见了斯卡利亚一家。尤金·斯卡利亚教授——安东宁·斯卡利亚大法官的父亲,在学校教授罗曼语。时值麦卡锡时代末期,布鲁克林学院开除了一名斯卡利亚教授的同事——哈里·斯洛科沃——理由是他拒绝在国会委员会面前作证,解释数年前自己与共产党的所谓联系。我支持保护斯洛科沃教授继续任教的权利,而斯卡利亚教授则表示反对。

多年以后,斯卡利亚教授的独子成了联邦最高法院的大法官。在他任职后不久,我办公室的电话响了。我接了电话,对面的人说道:"嗨!艾伦,我是尼诺。我接受挑战。"

我问:"哪个尼诺?"

他回答:"就是斯卡利亚大法官。我接受你的挑战。"

我又问:"什么挑战?"

他说道:"啊,他们没跟你说?"

"谁没跟我说?"我问道。

"你一年级的刑法学生呀。"

接着,斯卡利亚大法官向我解释,我班里的几名学生给他打了电话,跟他说我对他的主张颇有微词,问他能不能到课上来,就他的法学哲理与我辩论一场。他打电话来是想告诉我他接受了学生们的邀请,我也立即同意了。几周后,他出现在我的课堂上,一场据理力争的辩论就这样展开了。我被告知,我们的辩论录音带被存进了哈佛档案馆,但是不对公众开放。我也希望它还在。

在斯卡利亚同意佛罗里达州停止重新计票,并以此终结2000年大选,将总统席位移交给他支持的候选人乔治·W.布什后,我们第二次碰面了。我写了本名叫《极端不公》(*Supreme Injustice*)的书,书中将斯卡利亚大法官挑出来狠批了一通。不久之后,他到哈佛做讲座,我被邀请和他共进午餐。他开始回答问题时,我首先发难:"许多人,可能包括在座的各位,觉得如果当时情况恰好相反——如果是布什要求重新计票——你还是会给布什投票。如果这是真话,你不是就违反了就职宣誓中执法不因人偏颇的要求吗?"他愤怒地回答:"我不喜欢被人污蔑,说我违背就职宣言。"我迅速回应:"那你一开始就不该违反它。"他愤愤地扭头不答。接下来,他又答了几个别的问题,见没人举手,我便又想发问。埃琳娜·卡根(Elena Kagan)院长——现在是最高法院斯卡利亚大法官的同事了——假装没看见我举手,显然想要避免发生更多不愉快。但值得称赞的是,斯卡利亚大法官说:"我看见德肖维茨举手了。我不怕他。你想问什么?"于是我继续提出我咄咄逼人的问题,他也毫不退让地尖锐反击。

此后不久,我和他都出访以色列做讲座,于是再度碰面。又是针尖对麦芒。尽管很多旁观者都为我们这种激烈的你来我往感到紧张,我和斯卡利亚大法官却都没往心里去。从2005年7月19日他写给我的一封以"亲爱的艾伦"打头的信,便可见一斑。

他先聊了聊他的父亲,准确地将他描述为"立场坚定的人"。接着他又谈到了我对他在"布什诉戈尔案"(*Bush v. Gore*)中所起作用的批评:

如果我在平等保护意见书上签字是个错误,而这又是我在这个位子上能犯下的最糟的错误,那我会很高兴。毕竟,它既没影响我的表决(换到我更青睐的对方立场,我还是会这么选),也没影响法庭的判决(反正赞成平等保护那方已经有六票了)。坦白说我并没有重新想过这个问题,也没有读与之相关的大量时评(我想大部分是反对的吧)。但是在那个时候,我确实认为自己的立场是正确的。即便你觉得那是错的,考虑到严格的时间限制、作出一个几乎一致意见的压力,以及它没有影响我在这个案件中的表决的事实,你也应该通融一下。至于诉讼中止,我觉得自己可以说服你,那是恰当的。下次有机会再聊——就像你说的,在我俩老态龙钟之前。

他以一句讽刺式恭维结束了这封信:

你也不像我那些右翼朋友想象的那么糟嘛。祝安好。

真诚的,

尼诺

2016年,斯卡利亚大法官猝然离世后,我写就如下纪念文字:

斯卡利亚大法官将以最高法院历任法官中最具开创精神、最重要的大法官之一而被历史铭记。

他主导引入的积极保守主义改变了美国的面貌。他通过在 2000 年总统竞选争议中签发 F 暂停重新计票的决定,帮助乔治·W. 布什当选。

但这并不是他最具影响力的贡献。未来的法律史学家将浓墨重彩地记录他作出判决的方法论以及撰写判决的凌厉风格。

我与斯卡利亚大法官熟知经年,在我眼中,他是法学教授、上诉法院法官、最高法院大法官,以及歌剧迷。尽管我不赞同他作出的许多司法裁决,我对他的学识与勇于直面挑战的态度表示敬佩。

在与人争辩时,他从不以势压人。我就读法学院一年级时,他是我的刑法老师,与我和我的同学们平等争论法律问题,坚称只有最好的观点才能胜出。

思想上,他百无禁忌,即便对于他的司法同仁,他也会通过给他们的某些观点贴上标签而与他们保持距离,因为他坚信这些观点应该被贴上标签。

在最高法院,他不善于与人结为同盟。他更愿意表达他坚信符合宪法的个人观点,而不是为了形成多数意见而对自己的观点作出妥协让步。

他并不看重先例,他曾公开表态,他宣誓捍卫的是宪法,而非确立错误先例的那些法官们。如果你有备而来,与他在最高法院当面争辩,将乐趣无穷。如果你仓促上阵,等待你的将是噩梦般的经历。

对于不熟知事实和法律的律师,他毫不留情。他不厌其烦地通过口头辩论的方式试图说服他的同仁,有时为了表明他持异议的某个观点多么不堪一击,他甚至会戏弄辩护人。

爱恨由人,每个美国人都应对他为美国法律的贡献心存感激。"独一无二"一词通常被人们过度使用,但斯卡利亚的出现打破了陈规。再也不会有他这样的人横空出世。不管出于个人角度还是职业缘由,我都将永远怀念他。

这可不是在暗示无辜的人在美国被例行公事般处决。还有些别的制衡机制,例如州长减刑制度。[102]（尽管有些州就算准予减刑,这种情况也少得可怜。）此外,包括最高法院在内的法院系统,有时也会找出别的办法释放那些明显无罪的人。

真正的难题在于,当法院不给予**可能**无辜的被告自证无罪的渠道时,要怎样才能证明一个人**确定**清白。杰弗里·麦克唐纳案就是这个问题的最好例子。[103]当麦克唐纳称只要有传唤证据证人的机会,他就能证明自己无罪时,该案的法院却一而再、再而三地驳回他的郑重请求。在他的这个案子里,好几位重要证人已经离世。这其中就包括海伦娜·斯托克利和她的男友——这两人可能是真正的凶手以及吉姆·布里特,这位副警长作证检方用不当手段迫使斯托克利"忘记"她看到的事,即让她对自己的记忆撒谎。

麦克唐纳案中,因为法庭而迟到的正义,可能真会使一个无辜男人的正义再也无法伸张。

在法庭拒绝采纳可以开释无辜者、定罪有罪者的新科学证据这件事上,麦克唐纳不是唯一一人。因为法庭拒绝考虑足以证明行凶者另有他人的科学证据,可能有数名无辜者被处以死刑。[104]

有这样一个案子,等我注意到时已经太晚了,没能拦下可能的不公审判。我的办公室在某个周一收到了一封信。我打开信,读到了一个死刑犯希望我重估他的案子的辛酸请求。我收到很多这样的请求,但这次不一样。这封信一开头就告诉了我,当我读到信时,写信的人可能已经被处决了。我查了查,此人在几天前确实已经被处决了。尽管如此,他仍然求我在他死后还他一个清白,这样他的家人就能知道他是无辜的。他已经要求过把毛巾上的血送去进行 DNA 检测,但是他的请求被拒绝了。他相信 DNA 检测能证明凶手另有其人。我立即自费试图将血液送去检测,但是有关当局告诉我,被告已被行刑,相关证据也销毁了。

换句话说,一个无辜的人枉死,而有罪的人极有可能还逍遥法外,因为法院拒绝**搜集**、**检测**能找出真正凶手的新科学证据。

过去五十年重大科学进展的主要教训是,法庭必须对新证据开放,即使这种开放会使那些未获得科学定论的刑事案件难以迎来法律定局。

目前的最高法院明确表示拒绝接受教训。从一件我没参与的2009年案子[105]中,就能推断出赞成多数意见的那些大法官是怎样的思维。持异议的史蒂文斯大法官将庭审时那个相对简单的争议点描述得恰如其分:

> 阿拉斯加州检方手中有物证,如果对其进行检测,就能确凿地证明被告威廉·奥斯本(William Osborne)是否犯下了强奸和谋杀未遂。如果是他做的,那么他已被定罪入狱,正义得到了伸张;如果不是他做的,那么奥斯本就在狱中空耗了数十年光阴,而真正的犯人还未被缉拿归案。奥斯本要求的DNA检测很简单,花销不大,结果更是难能可贵地精准。但是出于某些原因,州法院没能或不愿意弄清楚,它拒绝让奥斯本自费检测证据,一劳永逸地查明真相。[106]

奥斯本主张实体性正当程序和其他权利,要求检测证据,指出他的人身自由权受到了威胁,而且"超过三分之一的免罪案通过DNA检测找出了真凶",这个真凶可能仍逍遥法外。

多数意见拒绝了奥斯本的请求,理由是"[任何]权利的历史上"没有"使用可能证明他无罪的新DNA检测技术的长期实践"。他们引证了一个先例,该案中裁决"如此新颖的请求就足以使人怀疑这不是'实体性正当程序'权利的一部分"。[107]换句话说,新科学本身就构成法庭将其拒之门外的"充分理由",即使那意味着一个无辜的人要继续坐牢。

1897年小奥利弗·温德尔·霍姆斯对法律拒绝接受"新"科学的荒唐之事作出了权威答复：

> 仅仅因为某一法律规则是在亨利四世时代立下的就认为它合理,这样的观点令人作呕。假若其确立根据早已消逝,但该规则却仅是由于因循守旧才继续存在,则更令人反胃。[108]

法庭将科学新进展拒之门外的症结在于对终局规则的抱残守缺,而这类进步本可以释放遭误判之人,将逍遥法外的罪犯绳之以法。

第十六章
死刑、政治、宗教与国际阴谋

夏兰斯基、肯尼迪和乌克兰前总统

276　　尽管我的大部分死刑案件与科学密不可分,也有一些涉及政治、宗教、外交甚至是国际阴谋。一些死刑检控受到了政治的影响。因为他们的政治活动,无辜的被告被锁定,然后被诬告犯下死罪。一些检控就是扎根于政治性争议活动,例如不得人心的战争。一些政坛上风生水起的被告可能得到双重标准的优待,而那些不那么受欢迎者就得在区别对待下遭罪。有的被告试图在谋杀案中用政治为己辩护,而有的被告则声称将要审判他们的法庭本身就是"政治性的",而不是"司法的"。我收到过很多这类案子的求助,接了一些,也拒绝过一些。下面就讲讲他们的故事。

安纳托利(纳坦)·夏兰斯基:为美国从事间谍活动而被判死刑

277　　最使我感同身受的一位当事人被诬告且被判死刑,因为他是苏联的持不同政见者,而且与美国的政治、媒体人物频繁接触。他是一名苏联出身的犹太人,在我为挽救他的生命奋斗的那些年里,我们不曾有一面之缘。他(当时)的名字是安纳托利(现在是纳坦)·夏兰斯基。

　　夏兰斯基是位杰出的人权卫士,他不仅为自己的苏联犹太同胞抗争,也为苏联的所有受害者发声。他与安德烈·萨哈罗夫紧密协作,萨哈罗夫是苏联原子弹之父,之后成为苏联人权运动的领袖人物。

1977年,克格勃因怀疑夏兰斯基是美国间谍逮捕了他——间谍罪的下场是死刑。我之前代理过两名移民被拒的犹太人,他们试图偷一架小飞机,途经瑞典逃往以色列。[1]他们被判处死刑。尽管我们推翻了他们的死刑判决,他们也最终得以移民以色列,但不能保证付出同样的努力就能救夏兰斯基,因为他面对的指控性质更严重——为敌方从事间谍活动。

我和加拿大法学教授欧文·科特勒一起被请去为夏兰斯基辩护。请求来自他在以色列的妻子和他住在莫斯科的母亲,他们没钱请律师,但我们答应尽己所能挽救他的生命,有可能的话还要还他自由。

我们工作的第一步是洗清间谍罪的指控,因为这一指控会导致死刑。由于夏兰斯基被控为美国从事间谍活动,我决定直接去白宫说服卡特总统发布一份声明,明确否认苏联对夏兰斯基是中央情报局特工的指控。[2]中央情报局给卡特施加了巨大压力,要求他坚守美国长期以来对任何人与中央情报局的联系保持的"不承认、不否认"政策。但是在多次申请以及国内政策首席顾问斯图尔特·艾森斯塔特(Stuart Eizenstat)——他是我的学生——施加的压力下,卡特总统最终还是发表了如下声明:

> 我向国务院和中央情报局彻底查问了夏兰斯基先生是否曾与中央情报局发生过任何已知从事颠覆活动的关系,或其他任何关系。回答是:"没有。"我们已反复调查了解此事,我本人也曾对公开声明此事表示过犹豫。可现在我已完全肯定,夏兰斯基先生与中央情报局从未发生过任何关系。

卡特总统前所未见地发表声明后,苏联检方放弃了间谍罪指控,也不再要求死刑。但他们还是决心让夏兰斯基死在监狱里。苏联人称之为"特别体制"——在监狱规定的饮食条件下没人能活得长久。囚犯将其称为"分期付款之死"。

夏兰斯基的妻子恳求我,在他饿死而她超过生育年龄之前,尽快让夏兰斯基出狱。我们已经使他逃过了被处死刑;现在我们要把他从饥饿中救出来。

我们认为救他命的最好方法就是让全世界都知道他。如果人们能将安纳托利看作一个活生生的人,而不仅仅是一个政治犯,那么考虑到全球影响,苏联政府想让他死在古拉格监狱就没那么容易了。一想到这儿,我们就立即着手让他微笑的面庞出现在每一份公开发行的杂志封面、报纸头版和电视节目上。我登上了芭芭拉·沃尔特斯(Barbara Walters)主持的美国广播公司新闻节目,在《新闻周刊》上发表简报,做了几十场演讲,又在许多政府和非政府的听证会上代表他作证——科特勒教授也这样做了。我们让夏兰斯基的妻子(娜塔莎,现用名阿维塔)也加入我们的活动,她美丽而羞涩,很上镜。没用多久,夏兰斯基就成了一个家喻户晓的名字,全世界的人都能认出他来。[3]他妻子请求尽快释放夏兰斯基,让孩子们有个父亲的声音,终于有人听到了——至少在苏联以外获得了广泛同情。

与此同时,我们提交法律摘要,为立法四处游说,还召开了学术会议。

最终,经过九年的不懈努力,感恩节那天,我来到巴黎和一位擅长安排间谍交换的东德律师见了面。我们达成了一个囚犯交换协议,最终释放了一名我在波士顿代理的东德间谍、夏兰斯基以及另外几个犯人。由于夏兰斯基是个人权活动家,不是间谍,他拒绝接受任何"间谍交换"。最后我们各退一步,让夏兰斯基与交换队伍分开,允许他手拿《诗篇》,独自一人走过柏林的格利尼克桥。我们后来才知道,米哈伊尔·戈尔巴乔夫亲自批准了夏兰斯基的释放。

> ### 米哈伊尔·戈尔巴乔夫
>
> 夏兰斯基释放后不久,我邀请苏联总统米哈伊尔·戈尔巴乔夫和我一起在莫斯科共度犹太新年,时值1990年9月,我受邀去克里姆林宫在一次会议上就法律和双边经济关系发表演讲。那是变革的时代,但当时苏联在戈尔巴乔夫的领导下还未解体。
>
> 戈尔巴乔夫参加了谢幕晚宴,当时他刚开完最高苏维埃一场情绪激动的会议,他想在会上寻求应对持续危机的紧急处置权。晚餐时我上前做了自我介绍,然后开始了漫漫长谈。我请他和我一起去犹太教堂谴责反犹主义,就像教皇约翰·保罗二世在罗马犹太大教堂里公开指责"任何时间,任何人对犹太人的憎恨与迫害,以及任何针对犹太人展示出的反犹情绪"。
>
> 戈尔巴乔夫笑了笑,反问我:"你到这儿来是想颠覆我的政权吗?"他说他不能参加犹太人集会,但他保证会谴责反犹主义。那之后不久,他宣布"民主俄罗斯公开指责反犹主义并将尽其所能将这种现象从社会中根除"。

夏兰斯基及时出狱,成为两个漂亮女儿的父亲。在我拜访他和他妻子在耶路撒冷的家时,我挺喜欢这两个小家伙。我如此同情夏兰斯基的原因在于,若非上苍眷顾,让我的祖父母和曾祖父母有离开东欧的先见之明,我也会遭受他那样的苦难。如果夏兰斯基的祖父母去了美国而我的祖父母留在了欧洲,我们俩现在的处境很有可能对调。这就是为什么在挽救夏兰斯基生命一事上我投入了如此之多的个人感情。这个案子需要使出浑身解数才能打赢——法律、政治、外交、媒体、经济、毅力和运气,无所不用其极。

纳坦·夏兰斯基作为杰出的政治和精神领袖,仍在服务犹太人民和全人类的道路上不断前行。

为受到谋杀指控的乌克兰前总统辩护

乌克兰前总统列昂尼德·库奇马(Leonid Kuchma)是一位无法让我轻易对其感同身受的国际级当事人。他因为下令杀死了一名记者而面临一系列指控。求我帮助这名前总统的律师向我保证,这件案子背后有政治动机,那些指控都是"捏造"的。

在T.S.艾略特的著名戏剧《大教堂谋杀案》(Murder in the Cathedral)[4]中,亨利二世国王处心积虑想除掉坎特伯雷大主教托马斯·贝克特。国王不想弄脏了自己的手,于是用问句提出了一个挑战,暗示几个忠心耿耿的骑士实现自己的愿望:"没人能帮我除掉这个烦人的牧师吗?"骑士们认为自己是在遵循国王的命令,于是杀死了大主教。

律师和历史学家们一直就一个问题争论不休:从法律、道德和历史的角度来看,国王应该对贝克特的死负责吗?检察官们觉得库奇马案就是《大教堂谋杀案》的现代翻版。

乌克兰检方因库奇马下令杀死一名记者而对他展开了调查,据传这名记者对政府颇有不满。记者在库奇马总统任内被杀,由此掀起的丑闻风波导致库奇马结束了自己的政治生涯。

接下来的几年里,虽然展开了调查,但调查结果都证明这位前总统无罪。但十年过后的今天,检方称他们找到了确凿证据:一段被秘密录下的对话中,库奇马总统在他自己的"椭圆办公室"里针对被害记者的一番言论,与亨利二世国王就谋杀大主教说的话大同小异。[5]

据传,这段对话由一个小型东芝数字录音机录制,录音机之前被藏在总统办公室的沙发下面。录音里的声音毫无疑问就是库奇马的,而他说的话——如果他真的这么说了——足以将他定罪。

我以前的学生道格·舒恩(Doug Schoen)聘用了我和我弟弟,他是一名出色的政治战略顾问,为前总统一家工作。我们的工作是就这份录音和其他法律以及科学问题为乌克兰律师们提供意见。

我飞到基辅同我的当事人会面。这趟旅程让我百感交集,因为我的家人——包括许多在犹太大屠杀中丧命的人——都来自离那儿不远的地区。试想他们要是知道了我在做的事,该有多震惊啊,自己的后人竟在为一个滋生了反犹主义的国家前总统辩护。

我去了巴比雅(娘子谷),那是屠杀本地犹太居民最多的地点之一。我以前知道,我母亲的家人里,有一些几乎可以肯定就在巴比雅大屠杀成千上万的受害者当中。我震惊地发现,当地基本没有大屠杀犹太受害者纪念碑。一个基辅现居民如果到这个就在市中心外围的地区参观,甚至可能不会知道基辅的犹太住民曾被赶至此处,一个接一个地被枪杀,扔进焚尸坑。一座小小的碑上有一块褪色的牌匾,根本没说清发生过的事。我知道在苏联的统治下否认和沉默是常态。苏联一位持不同政见的诗人叶夫根尼·叶夫图申科(Yevgeny Yevtushenko)写过一首著名的诗,我就是从那儿知道的。诗的开篇如下:

> 巴比雅没有纪念碑,
> 悬崖绝壁像一面简陋的墓碑。
> 我恐惧。[6]

现在有了一座纪念碑,却配不上这个名号。这并不意味着基辅市政府不知道怎么建大型纪念碑。在基辅的市中心有一座博格丹·赫梅利尼茨基(Bohdan Khmelnitsky)的巨型雕像,此人在十七世纪屠杀了数以千计的乌克兰籍犹太婴儿、女人和男人。[7]时至今日,赫梅利尼茨基的画像还装点着乌克兰纸币。我发现我在这样一个国家的领导人身上,实在是无法感到我对安纳托利·夏兰斯基那样的异议者般的同情——夏兰斯基的家庭也来自乌克兰。

这趟去基辅的行程对我、我妻子和我弟弟来说都不好受（我弟弟没和我们一道，而是同他现已过世的妻子玛丽莲一起来的）。这对于我的弟妹玛丽莲来说尤为不易，她父亲的整个家族都曾居住在乌克兰，几乎所有人都在大屠杀中被害。与我合作的一名乌克兰律师死亡后，情况变得更糟了。我们结束了晚上的工作任务，还有几个小时就要晨起接着干活的时候，他被发现死在了自己的床上。至于他的死因，官方说法是心脏病突发，但是克格勃——我们正调查他们在案子中扮演何种角色——是导致对手"心脏病突发"的专家。这也不是调查过程中唯一一起神秘死亡。早些时候，内政部长在预计作证前数小时死亡，据传他就是直接下令让凶手杀死记者的人。尽管在尸体中找出了两颗子弹，官方仍宣称他死于"自杀"。就像英国广播公司报道的："人们在问，他是怎么做到冲着自己脑袋开两枪的？"[8] 没人就这些问题作出答复。但是既然我们到这儿来是为了保卫一名乌克兰政治领袖的自由和生命，我们还是开始认真地工作。

库奇马总统一见面就告诉我，尽管作为确凿证据的录音上确实是他的声音，话却不是原话，起码不是按照译文上的顺序说的。我听了录音，但也不太能分辨出来，因为说的是俄语，很难辨别。

我告诉我的当事人，我也曾是篡改录音的受害者，我的声音和话语经过剪辑和重新编排后，听上去就像我说了原话的反话。[9]这份伪造录音是一个叫戴维·马里奥特（David Marriot）的人制作的，他自告奋勇要在克劳斯·冯·布劳案上作证。他向我要钱，我告诉他为了证词付他钱是不合适的，我们也不会这么做。他将我们的对话偷录在磁带上，然后通过剪切拼接磁带，让我拒绝付他钱的话听上去像是愿意付钱。他拼接的活儿做得太业余了——他用了透明胶带——我们的专家轻易就证明了带子是假的。此外，本着再小心也不为过的原则，我自己也保留了一份我与他之间的电话录音——这段电话对话也被他拼接改变过含义。我无拼接痕迹的录音证明我确实斩钉截铁地拒绝了付他酬金。[10]

但时代在变化,库奇马案中的录音是数字形式的。对一份数字录音做的手脚比录音带难检测得多。我们的任务是证明库奇马的录音和我的录音带一样,也经过篡改改变了原话的含义。在这个录音技术的新纪元里,这是个不小的科学挑战,但是我的团队对付它绰绰有余。我们聘请了世界上最顶尖的音频专家,他们证明了数字形式记录的话语可以被重新排序,从而改变一段对话的含义,并且还不被察觉。

我们也证明了录音设备和这段录音本身曾脱离物证连续保管,因此存在被篡改的可能。最后我们证明了在乌克兰法律下,这段录音的制作和处置均不合法。最终结果是法庭裁定这段录音不能在任何刑事案件中被用来攻击库奇马总统,检方撤回了指控。[11]

科学再一次立了大功,这次它救了一个被政敌陷害的男人。我接这个案子收取费用的一部分是一个保证,我要求将赫梅利尼茨基的画像从乌克兰面值五格里夫纳的纸币上撤下。很可惜,他的脸还在纸币上,这个犯下大屠杀罪行的反犹分子的雕像也依旧矗立在基辅市中心。科学一直在进步,但有些事情永远没法改变。

无头绑架者案

苏联解体后,许多人利用新兴的自由市场体制发家致富。其中就有一位来自格鲁吉亚共和国首都第比利斯的年轻医生。他和他的家人搬到俄罗斯,开始从事油水颇丰的买卖。

与此同时,格鲁吉亚共和国的不法分子们在某些政治领袖的怂恿下,想出了从他们以前那些暴发户邻居身上捞一笔的办法:他们绑架有钱人的亲戚,然后索要赎金。绑架成了一个蒸蒸日上的行当,在新俄罗斯经济体下,交赎金不过是职业风险罢了。

一天,这位年轻医生的父亲被绑架了,绑架者向他索取数百万美元的赎金。医生和绑匪中的两人见了面,就释放他父亲一事进行谈判。到此时为止一切如常。但是在几天之后,有人在挖得很浅的坟墓里发现了这两名绑匪的尸体且身首分离。年轻的医生被逮捕,他的家人——包括被他救下的父亲——找到我,恳求我参与他的辩护。

这一家人让我想起了自己家族一两代之前的样子,只是这家子很富有。他们彼此间密不可分,作为整体又有些避世,但是非常温馨。他们同时也被吓坏了。他们向我保证,这名年轻的医生不可能杀害任何人,更别说是两名武装职业匪徒。但是俄罗斯当局需要一个嫌犯,这名年轻医生就是最明显的靶子,因为他有动机:复仇。

指控看上去具有偶然性且不堪一击,但我非常了解俄罗斯的刑事司法系统,知道除非我们破了案子——除非我们找出真正的凶手——即使这名医生最终得到拖延许久的庭审,被无罪释放,他也已被狱中漫长的时日折磨得形销骨立。我们不仅要证明我们当事人的清白,我们还要扮演佩里·梅森的角色——找出真凶。

我同意帮助医生的俄罗斯律师参与调查,同时尽力从美国以及国际人权活动家处获取支持。

我研究了格鲁吉亚共和国绑架行当的历史,也审查了本案粗略的证据。我们往钱的流向和法医证据指明的方向调查。最终我们推断出这两名绑架者被派他们去绑架的犯罪组织头目谋杀了。杀人动机是封口,斩断可能追查到犯罪头目的证据链,还有他们的脑袋,以防万一他们被捕之后在拷问或胁迫下供出上线。我们还发现,这种结果并不少见,尤其是绑匪和被勒索的人面对面见过后,被勒索者就可能领着警察找上门来。

尽管有了可以将医生无罪释放并指控真正凶手的确凿证据,俄罗斯当局一面宣称正搜捕真正的凶手,一面依然把我们的当事人关在监狱里。这家人怀疑一些当权者试图从家属那儿二次勒索赎金,付钱才能释放这名已经付过一次赎金的医生。他们请我继续从外部造势施压,我也这么做了。在一趟去莫斯科的途中,我与几个有影响力的人物碰面,告诉他们正义一刻得不到伸张,呼声就一刻不会减弱。

身陷囹圄几个月后,这名医生终于得以获释,与家人团聚,他们现在住在以色列。我作为贵宾,受邀参加他的生日宴会暨以色列自由生活庆祝会。从那时起,我与他,还有他们一家一直保持着密切联系。

我最忘恩负义的谋杀案当事人:安杰拉·戴维斯

另一很难让我同情的被"政治迫害"的被告是安杰拉·戴维斯(Angela Davis),她被指控为谋杀罪从犯。

我帮忙打赢了官司的当事人通常有两种反应:一种会表达由衷的(有时是过度夸张的)感激之情。例如克劳斯·冯·布劳,三番五次从伦敦写信给我,感谢我救了他的命。你救过他们的命,这类当事人就愿意为你上刀山下火海。另一种当事人会当案子从未发生过,也没你这么个人。更有甚者,比方说O. J. 辛普森,至今还欠我律师费。我还遇上过以前的当事人故意走到街对面,就为了不用"看见"我。他们不想让人生中那段需要刑事律师、暗无天日的日子再度浮上脑海。然而,只有一个案子的当事人,对我帮她避开谋杀指控一事表现出了彻彻底底的忘恩负义。

有一年我在斯坦福大学高级行为科学研究中心做访问学者,有人请我就安杰拉·戴维斯协助谋杀案的几个方面提供些意见。戴维斯是美国共产党的一名领袖,她被控涉嫌卷入一起发生在马林县法院的枪战,这场枪战是因犯中极端分子未遂的逃离法庭计划的一部分。戴维斯被指控为这些人购买了枪战中使用的霰弹枪。同时,她被怀疑是控制人质未遂计划的主谋,这么做是为了用人质作为筹码,让她爱的一名囚犯获释。在蒂森兄弟案中适用的类似法律原则下,如果戴维斯被定罪,她就可能面临漫长的牢狱之灾。

我就陪审团选任和一些宪法性问题做了些工作。戴维斯声称因为自己是黑人、女性,还是一名共产党员,她就不可能在美国的任何一个法庭获得公正的审判。我接这个案子的部分原因就是为了确保她获得公正审判。经过难熬的数月,她终于被无罪释放。[12]我不知道现在她是否觉得自己被公平审判了。我确实知道的是,紧接着她就被聘为了加州大学圣克鲁兹分校的教授。

此后不久,我听说她要去莫斯科接受列宁和平奖的消息。她说很荣幸能获奖,并且会尽余生之力为解放全世界的政治犯而奋斗。我给她的办公室打电话,给了他们一张苏联境内在押政治犯的名单——大部分是被囚禁的犹太人,他们有的想移民到以色列,有的想了解本族文化传统。我询问她是否愿意为**这些**政治犯发声。几天后,我接到了戴维斯女士秘书回的电话,说经戴维斯查证,名单上没有一个人是政治犯。"他们都是犹太复国主义极右分子,是共产主义的敌人。"戴维斯拒绝为苏联的不同政见者发声。[13]

最近,我在玛莎葡萄园奇尔马克快餐店的门廊上碰到了已年迈的安杰拉·戴维斯。她穿着骑行服,正和一群朋友环岛骑车,其中就有谋杀案中她的庭审律师,现在已经是法官了。在这片富裕资产阶级的堡垒中,看到这群前激进分子享受着资本主义的物质生活,这场景可真够奇怪的。我向戴维斯提到我参与了她的案子,她想起来了。我又提醒她拒绝帮助苏联异见者的事。她回答得十分老练:"这个嘛,已经有很多别的人为他们发声了,我觉得我站不站出来没什么不同。"时间对人们记忆做的手脚多有趣啊。我没逼问她现在是否会为古巴或委内瑞拉的异见者发声,或是为那些勇敢反抗压迫的其他英雄挺身而出。

安杰拉·戴维斯是个极好的例子,她证明了即使是在与她向往的那些国家如此不同的美国,异见者也可以获得公正的审判。当然,关键在于要让审判和她的案子一样进入大众视野,提高媒体关注度。还有很多各种族的无名被告没有得到公正的审判和判决。实现普遍公平和平等对待的奋斗依旧任重而道远。

哈瑞·奎师那谋杀案

我经历过的最匪夷所思的谋杀案,既和政治有关,也和宗教有关。我的当事人是西弗吉尼亚州一名政治上不得人心的奎师那教领袖,被指控的罪名竟从版权侵权到谋杀,凡此种种,不一而足!我的当事人叫基斯·戈登·哈姆(Keith Gordon Ham),但是他称自己为克侬檀阿南达·斯瓦米(Kirtanananda Swami),因为他在西弗吉尼亚建了一个叫新温达文的奎师那教会。他成了这一邪教至高无上的统治者,各教众作证他控制了教会生活的方方面面。温达文成了一块磁铁,吸引着那些想在僧袍下改名换姓、丢掉过去的人,其中不少有犯罪记录和暴力史。这个教会扩展到了占地三千英亩,有五百"信徒",通过教唆搜刮了一千万到一千二百万美元。这些钱中的大部分都来自贩卖各种球队的伪造版权图片,版权侵权的罪名就是这么来的。

法庭对引起谋杀指控的事件描述如下:

> 谋杀信徒以及教会成员查尔斯·圣丹尼斯(Charles St. Denis)的犯罪发生在1983年6月10日。当丹尼尔·里德(Daniel Reid)发现圣丹尼斯强奸了他的妻子,里德就决定杀死圣丹尼斯。在他着手谋杀圣丹尼斯之前,里德咨询了斯瓦米。斯瓦米教导里德说,奎师那经文允许这样的谋杀,但是杀人违背了世俗法律,你可能会被逮捕判刑。斯瓦米让里德去和另一名信徒托马斯·A.

德雷舍尔(Thomas A. Drescher)谈谈。当里德找到德雷舍尔,告诉他斯瓦米是怎么说的之后,德雷舍尔证实自己觉得有责任帮里德杀掉圣丹尼斯。于是某晚,两人将圣丹尼斯引诱至里德家,对他开了枪,还用刀捅了他好几次,之后在他还没咽气时把他活埋在了事前挖好的坟墓里。

还有[另一起]谋杀信徒的事件。1985年,前新温达文信徒史蒂文·布莱恩特发表声明,指责斯瓦米涉嫌同性恋行为,还允许教众性侵儿童。1986年4月前后,洛杉矶奎师那教会成员把布莱恩特住在洛杉矶的事告诉了德雷舍尔。经斯瓦米授权,德雷舍尔收到了新温达文教会给他的两千五百美元。他飞到洛杉矶,找到布莱恩特,对着他的头开了两枪。[14]

斯瓦米和他的几个副手被送上法庭,被判了长期徒刑。我弟弟和我受聘就斯瓦米的判决提出上诉。我们读了庭审记录副本,发现里面全是偏见性证据,和斯瓦米该不该对其信众犯下的罪行负责完全无关。我接手这个案子,不是我赞同斯瓦米的行为,而是我认为,如果最为千夫所指的被告不能得到公正的审判,那么这对所有被告都会构成巨大的威胁。当时还是律师的格莱塔·范·苏斯泰瑞(Greta Van Susteren)——现在是著名电视评论员——获聘担任斯瓦米副手之一的律师。

我认为,检方引入斯瓦米和一名信徒是同性情人的不相关证据,就是故意"往陪审席里扔臭鼬"。对于一个当时的西弗吉尼亚陪审团来说,这样的证据可能对斯瓦米造成严重不利影响。

此外,检方还呈上了教会学校的老师性侵儿童,斯瓦米虽明知但无所作为的证据。最后,他们播放了:

[一档]电视节目录像中的一段,[录像里]显示一个新温达文教会的孩子陈述他"向"斯瓦米祈祷的事,这通常冒犯了一般陪

审员的宗教禁忌。更火上浇油的是,斯瓦米将女人比作狗,而且还拍打他人妻子的臀部作为纪律处分,以示惩戒。[15]

这个案子在另一方面还提出了一个有趣的问题:一名宗教领袖(即使是"邪教"领袖)该不该为寻求并接受了他指导建议的信众的行为承担刑事责任?[16]

我在联邦第四巡回上诉法院的合议庭面前进行了上诉辩论。合议庭是由三名上了年纪的保守派法官组成的,他们来自南卡罗来纳州的查尔斯顿。我反正是想不出还有比这更不同情我当事人的组合了。我的当事人是个哈瑞·奎师那教领袖,犯下了耸人听闻的罪行而且被认定有罪。我担心这些法官也会被那些法律上不相干的证据——他的性取向、性别歧视和那些光怪陆离的宗教观点——干扰。但是我妻子的已故表兄莫里斯·罗森(Morris Rosen)这位来自查尔斯顿的杰出律师劝告我不要灰心。"这些保守的南方人还是关心正义的,而且他们留在这个位子上也没有更大的野心了。只要你不言过其实,他们就会公平对待你的当事人。不对他们拐弯抹角,他们也不会对你耍花招。"他同时暗示,法官们自己有限的经历,会使他们对检方证据可能对陪审团造成的不利影响格外敏感。他提醒我在证明这个问题时要巧妙一点。

罗森本人就是个"乡下小伙儿",简直一语中的。他给我上了宝贵的一课。提普·奥尼尔(Tip O'Neill)评价政治的名言——"所有政治都具有本地性"——也同样适用于法律。了解当地法官的风俗习惯和传统真的很重要。我很低调地发表我的观点,将重点放在本法庭作出的先例上,尤其提了提这三名法官判过的案子。依据法律,他们作出了以下判决:

> 不需要进一步论证,我们认为暗示被告涉嫌性侵儿童、同性恋以及虐待女性构成了不公平的偏见。确实,没有比宣称性骚扰

儿童更不利、更具煽动性的证据了。当被告涉嫌上述行为的证据摆在陪审团面前时,陪审团产生不公正偏见的可能性就更大了。在这种情况下,我们认为,陪审员可能基于自己对被告的蔑视,或者觉得既然被告之前做了那些坏事,他就更可能犯罪,所以才裁定被告有罪。此外,我们对庭审中歧视来自小众宗教被告的情况也予以了格外关注。[17]

法庭撤销了有罪判决。法治战胜了男男女女的政治和宗教偏见。有罪判决被撤销后,被告与检方进行了控辩交易,他们最终被判的徒刑刑期比之前判决的稍短一些。

我至今不能谈论的案子:查帕奎迪克案

对于参议员爱德华·肯尼迪涉嫌的一场带有政治色彩的谋杀案,有些人认为被告的政治声望给他带来了好处。尽管主要涉案人员均已过世,这也是四十年前的旧案,我仍然不能泄露我了解的全部案件实情,因为"律师—当事人保密特权"不因当事人的死亡而消失。我是参与查帕奎迪克案——调查的事件是参议员爱德华·肯尼迪在查帕奎迪克岛上开车坠下大桥,造成玛丽·乔·科佩奇尼溺亡一案——律师中的一员。

那是1969年的多事之夏。我和我妻子在火烧岛上等着看人类第一次登月。当时我不知道这个夏天会变得更加激动人心。

我接到肯尼迪参议员一位助理的电话,告诉我参议员卷入了一起致人死亡的交通事故,让我赶到玛莎葡萄园——这地方之前我还没去过呢。我受邀加入了为应对接下来的刑事调查而组建的法律团队。我最主要的任务是就年轻女士们(她们被称作"锅炉房女孩",因为她们工作的肯尼迪竞选办公室之前是间锅炉房)的权利写一份摘要,事发当时她们正和肯尼迪以及他的几个朋友一起在查帕奎迪克岛度假。

她们被传唤,要去这场悲剧的"调查会"上作证。

没有什么法律对这种混合听证会上证人的权利作出规定,这既不是庭审,也不是大陪审团听证。一个重要问题是,可能要求她们披露个人隐私的证词是否会,或何时会,泄露给媒体,媒体可是正抓住一切机会想知道这件悲剧背后的小道消息和八卦新闻呢。我和我的同事查尔斯·弗里德(Charles Fried)共同起草了一份文件,成功保障了刑事侦查期间女士们证词的保密性。

我也为律师们提供咨询和法律文件检索服务,他们的工作是不让肯尼迪参议员被控犯有驾车杀人罪或其他严重罪行。我们成功了,最终参议员只就一个较轻的罪名认了罪。

尽管我无权披露我知道的事,我却可以心安理得地说,即便真相大白,参议员作为此前半个世纪最著名政治家之一的良好声誉也不会受损分毫。查帕奎迪克案是我与肯尼迪参议员的第一次私人交集。这些年来,我们关系越来越亲密。直到他去世我们都保持着密切联系。1980年,在他身为民主党总统候选人挑战吉米·卡特的那场落败大选中,我作为他的代言人陪同他参加了加利福尼亚州和其他州的各类活动。在帮助苏联移民被拒者移民到美国这件事上,我们的合作尤其紧密。往事历历在目,我仍记得同肯尼迪参议员一道坐车去洛根机场迎接一个移民家庭,他还亲自帮助这个家里生病的孩子移民到波士顿。我和他曾就刑法、宪法、法官任命和人权等众多议题促膝长谈。

肯·费恩博格(Ken Feinberg)曾是他的幕僚长,也担任过很多其他职位。他最近告诉我,在任何有关上述议题的内容发表之前,肯尼迪参议员都会告诉工作人员:"让艾伦看看。"参议员曾在《新闻周刊》上说我的"建议对他来说是无价之宝"。[18]能在这么多事情上对这样一位伟大的参议员有所帮助,是我莫大的荣幸。

我最后一次见他,就在他过世前几个月。2009年4月7日是红袜队赛季的揭幕战,连续好几场他都请我坐在他旁边观赛。他询问起了他帮助移民至美国的苏联移民被拒者的近况。我告诉他,他们中的很多人都过得相当不错——他们成为教授、工程师和交响乐团乐手——他很欣慰。他特别问起了我们在机场迎接的那个生病的婴儿,我告诉他,她很快就要从布兰代斯大学毕业了。他很关心人权问题,不仅仅是在理论上,他还关心活生生的人。尽管查帕奎迪克岛上发生的事可能阻碍了爱德华·肯尼迪成为总统,但却没能阻止他跻身美国历史上最伟大的参议员之列。

为士兵辩护

饱含争议的政治斗争需要替罪羊,士兵们往往就成了这个倒霉角色。由此,还有些别的原因,我有一个准则,那就是为那些冒着生命危险捍卫我们的自由,却被指控在服兵役时犯下杀人罪的士兵辩护,且不收取律师费。我已经为好几位士兵辩护过,最出名的当属迈克尔·斯蒂尔(Michael Steele)上校,他是发生在摩加迪沙的悲剧事件中真正的英雄,这起事件是电影《黑鹰坠落》(*Black Hawk Down*)的原型。[19]我也曾为那些被控非法杀害平民的普通士兵辩护。

伊拉克武装分子对美国军队发动致命袭击后,迈克尔·斯蒂尔上校麾下的几名士兵杀死了"五名手无寸铁的伊拉克人"。[20]斯蒂尔上校因杀人事件发生前对士兵下达的交战规则指示而接受调查。一些高层人士认为他"激烈的言辞"是谋杀的导火索,或至少营造了允许这样杀人的氛围。斯蒂尔上校斩钉截铁地拒绝为此事负责,请我帮助他的军方律师准备抗辩理由,应对任何可能的指控。

往好了讲,针对恐怖组织的交战规则也可以说混乱不清。斯蒂尔上校接到的指令给了他攻击"属于恐怖组织的小队、基层组织以及设施"的权力。恐怖分子常混入平民,因此如何在不对称战争的烟雾里区分平民和恐怖分子,一直是现代战争最艰难的挑战。在针对可适用的法律展开广泛研究后,根据斯蒂尔上校实际上对士兵说的话,我认为他既遵守了战争法的条文,也尊重了其精神,杀害平民的士兵并没有遵循他合法的指令。我们准备了一份摘要,对每一条针对上校的指控进行反驳。

我们证明,斯蒂尔上校的行动是基于保护自己士兵的合理需要,他也成功了:斯蒂尔的伞兵部队死伤人数是其他之前和之后部队死伤人数的一半。

最终斯蒂尔上校没有受到任何罪名的指控。一次调查结果证明他"反复告诉士兵们,在法律的限度内,必须随时准备好使用致命武力"。而且尽管"很显然一些士兵,尤其是那些年轻没经验的,可能错误解读了他的话",斯蒂尔的指挥也没有"鼓励非法滥杀或是过度杀戮"。[21]

尽管调查结果如此,斯蒂尔上校还是被上级责罚了,此人和他素来不和。

《纽约客》上一篇详尽的文章提出,发生杀人事件的这次行动:

> 展现的纪律性多过轻率鲁莽。在这次三天的任务中,上百名伊拉克人被和平收押,而且当上兵们面对道德两难的局面,或是有机会做些违法的事情时,大部分人要么拒绝杀人,要么阻止他人铸下大错。对一个旅级部队的纪律性进行量化并不容易,但是陆军数据显示,2006年伞兵部队武力升级事件数量低于驻守伊拉克部队的中间值。[22]

为了感谢我在此案中的付出,上校送了我一面"曾于伊拉克提克里特第三旅总部上空"在一面"2001年'9·11'事件早晨挂在7号楼里的国旗"旁边"飞扬了9分11秒"的美国国旗。在他随旗附上的信里,斯蒂尔上校解释说,"9·11"恐怖袭击发生后一名警察立即跑进了

第十六章 死刑、政治、宗教与国际阴谋

7号楼进行疏散。在跑向出口时,他看见了中庭里挂着的那面国旗,把它抢了出来。"十分钟后楼就倒塌了。"这位警察把那面国旗送给了上校,让他带旗上战场。斯蒂尔上校在信的结尾写道:"艾伦,我向你致以最诚挚的感谢,谢谢你为我、为伞兵部队做的一切。"这面旗挂在我家庭办公室的显要位置,时刻提醒我不要忘记那些甘冒生命危险捍卫我们自由的人。

反恐战争引起的那些复杂问题不仅出现在伊拉克和阿富汗的战场,也出现在以色列和加沙。我时刻准备好为以色列士兵和指挥官辩护,他们努力在恐怖分子的火箭榴弹炮攻击中保卫以色列平民,却被诬告杀死了巴勒斯坦民众。2011年12月,我到海牙试图说服国际刑事法院的检察官不要根据错误百出的"戈德斯通报告"[23]提出控告,理查德·戈德斯通(Richard Goldstone)自己之后都重新审议了这份报告的结论。[24]检察官认定他确实没有提出控告的管辖权,他对我的投入表示了感谢。

我也代理过摩萨德(Mossad),防止外国政府起诉它的特工。几名摩萨德特工在塞浦路斯被捕,被指控为土耳其获取情报。事实并非如此。他们当时在监控计划袭击以色列平民的巴勒斯坦恐怖分子。我成功帮助他们获释。此后不久,我收到了一封来自这个神秘机构专人递交的感谢信,其中包含以下内容:

> 我还记得当我们向你寻求建议和帮助时你展现的热情。你积极投入了战斗,毫不吝啬你的时间和你远近闻名的咨询服务。
>
> 如你所知,犹太教最重要的一条"戒律"就是"拯救囚徒"——释放囚犯。虽然如此,但不是每个人都愿意和"我们这样的人"打交道。所以你的所作所为,是对我们传统最伟大、最崇高的实践。
>
> 祝你安好;我们感谢你做过的和你愿意去做的事。希望我们都能等到我这样的职业被更令人愉快的职业取代的那一天。在

那一天之前我们还有一段路要走。

令人惋惜的是,现在的世界离那个美好的未来还很遥远,在美国和以色列武装部队、情报机构服务的勇士们还未能追求"更令人愉快的职业"。直到那天到来,我的时间和咨询服务会一直对这些勇士开放,以支持他们以对抗邪恶为目的的高尚、危险而充满争议的付出。

帮助检方将联邦调查局杀人犯打入大牢

我在哈佛的大部分时间里,马萨诸塞州第二有影响力的政治家族是巴尔杰家族(第一是肯尼迪家族)。"比利"·巴尔杰("Billy" Bulger)是马萨诸塞州参议院主席、马萨诸塞大学校长,同时还是州民主党主席,备受总统、州长和其他呼风唤雨的人物的尊敬。比利主持每年的圣帕特里克节游行庆典,庆典上他刁难朋友,嘲讽政敌。对于本地政客而言这个庆典不得不参加,就跟美国总统那样的国家领导人的热线来电非接不可一样。比利的兄长"怀蒂"("Whitey")身为波士顿地区臭名昭著的"爱尔兰帮"杀人如麻的首领,是几十起冷血谋杀的元凶。

多年来,媒体将巴尔杰兄弟描绘成一部 B 级片里的脸谱化角色:兄弟二人,一个是从不干坏事的"好人"比利,一个是从不做好事的"坏蛋"怀蒂。我一直对媒体炒作的这种二分法感到好奇。这作为故事当然不错,但真是这样吗?我对巴尔杰兄弟之间的联系展开了调查并撰写了调查报告。我发现他们之间不仅不是对抗关系,反而合作无间。[25]

两人的成功都离不开对方。兄弟二人携手操控波士顿"红黑两道"(政坛和黑道)长达几十年——二者密不可分,共生共荣。他们之间沟通的渠道是一名腐败的联邦调查局探员约翰·康纳利(John Connolly),他在他们那儿的"南区"长大,是比利的朋友和小跟班。

我第一次接触到巴尔杰的腐败,是因为我的一个当事人被迫向比利支付二十五万美金以获准在波士顿市中心建高楼。在发表了这次敲诈传闻的文章后,我在半夜接到了恐吓电话,警告我"找比利的麻烦就是在跟怀蒂过不去,所以你好自为之"。众所周知,批评"好弟弟"会引来"坏哥哥"的怒火。怀蒂惯于恐吓批评比利的政治评论家已经不是什么新闻了,他在与波士顿市长雷·弗林(Ray Flynn)的一名政治顾问的对峙中曾这样威胁道:"你一直在贬低我弟弟。我不会坐视不管。"[26]怀蒂还威胁要杀了《波士顿先驱报》(*Boston Herald*)专栏作家豪伊·卡尔(Howie Carr),他和我一样揭露了巴杰尔兄弟间的关系。

尽管受到了恐吓,我还是继续谈论这种联系,同时笔耕不辍,结果惹火了波士顿的权势集团。他们必须与比利合作,还要对他表示顺从,利害攸关,必须维持住这位巴尔杰的"好人"神话。这一集团就包括"好政府"中的政治人物,例如州长迈克尔·杜卡基斯(Michael Dukakis),他本该没这么蠢的。还有几个名噪一时的检察官,这些人也本该心知肚明。

政治圈和执法圈子里人尽皆知,帮助怀蒂逃过法律的惩罚,比利就会给予工作岗位或是其他类型的政治奖赏,那些追查怀蒂者则会被严惩。每一次将比利或者怀蒂绳之以法的尝试,都被受贿的联邦调查局探员和害怕打击报复的检察官化解于无形。

比利·巴尔杰成功地利用司法系统保护了他的哥哥。他的势力渗透到政府最高层,囊括了众议院议长约翰·麦考马克(John McCormack)、联邦监狱管理局局长,以及好几个州和联邦的法官、检察官,这些人负责把怀蒂从监狱里捞出来,远离牢狱之灾。[27]

我是一名刑辩律师。和现在的很多刑辩律师不同,我从未当过检察官,虽然我建议我那些想当辩护律师的学生在一个优秀检察官身边工作几年。和一些辩护律师不同,我很欣赏那些既专业又遵守职业道德的优秀检察官。对抗式诉讼制度必须既要有满怀热忱的检方,又要有激情洋溢的辩方。优秀的检察官是正义的"守门人":他们决定哪些送到面前的案子需要提起控告,哪些不用起诉,使用什么罪名指控,什么时候进行辩诉交易,建议法官适用多重的刑罚合适。糟糕的检察官——那些把如此重要的决定基于政治、私人、金钱或别的腐败原因的人——会对我们的司法系统造成极大伤害。我很幸运能在我的职业生涯里认识一些杰出的检察官。我也有幸能帮助揭露一些腐败的检察官、警察和联邦调查局探员。

约翰·康纳利案就是高层腐败的案例。在这个剑拔弩张的案子——这是半虚构电影《无间行者》(*The Departed*)[28]的原型——中,我帮助了一名卓越的检察官,让腐败的联邦调查局探员继续留在大牢里,寻求我帮助的检察官是佛罗里达州戴德县的州检察官。1993年,凯瑟琳·费尔南德斯·朗德尔(Katherine Fernandez Rundle)顶上了珍妮特·雷诺(Janet Reno)的位置,雷诺被克林顿总统任命为美国司法部长。从那时起,她就多次连任,工作也做得极为出色。

约翰·康纳利是波士顿一名联邦调查局高级探员,在波士顿"南区"和怀蒂、比利两兄弟一同长大。比利时任马萨诸塞州参议院主席,接着又成了马萨诸塞大学校长,之后才被当时的州长米特·罗姆尼(Mitt Romney)逼下台,罗姆尼威胁他要把我和豪伊·卡尔加进大学的校董事会,除非比利自己辞职,后来他真的辞去了校长一职。

巴尔杰兄弟"横行"时期,比利充当了"教父"一般的角色,怀蒂则是一个有组织地拉拢、腐蚀警察、金融、法律系统官员的"操刀者"。[29]如果不给"教父""进贡",就什么事也办不成——建不了大楼,担任不了重要岗位,也得不到政治任命。如果有人惹了比利,他就要提心吊胆,因为他可能真的会被怀蒂干掉。如果有人惹了怀蒂,他就要担心自己的政治生涯和"财路"被比利一把掐断。举个例子,一名州警察在洛根机场拦住怀蒂进行了搜查,找出了一个装满钞票的大包,紧接着这名州警就发现自己被降职、抹黑,最后被逼自杀了。怀蒂快要被起诉时,比利的小跟班约翰·康纳利给这个恶棍通风报信,让他及时溜走,整整逃亡了十六年。这期间"好巴尔杰们"——他的兄弟姐妹——一直与他通信,帮他转移钱财、躲避抓捕。就像比利·巴尔杰轻描淡写的那样:"我希望自己不会对任何想抓他的人有所帮助。"这句话是这位"好"巴尔杰在知道自己的坏兄弟冷血谋杀了几十名男女,而且还准备为了保障自由之身杀更多人*之后*所说的。约翰·康纳利也给"好"弟弟比利通风报信,将一场针对他的调查的细节告诉了他——即我代理的那名波士顿建筑商被敲诈了二十五万美金的案子。

这还不是约翰·康纳利给巴尔杰兄弟的全部情报。他为了保护怀蒂和他的同伙,把那些准备告发或者作证的"告密者"(换句话说,就是需要被"封口"的人)的名字给了怀蒂。康纳利提供信息的直接结果就是好几个人被怀蒂干掉了。

作为回报,康纳利也接受了总额超过二十五万美元的现金贿赂,以及许多贵重礼品,再加上比利"兄弟"奉送的油水丰厚的退休计划大礼包。[30]他声称他也从怀蒂那儿得到了怀蒂在犯罪行当的竞争对手——意大利黑手党——的信息,执法部门发给怀蒂"杀人执照"又为他指明什么人该杀,但估计没什么回报。这张腐败巨网的中心是那位"好兄弟"。怀蒂的传记作家写道:

> 怀蒂身陷囹圄时,他的兄弟比尔一直在为他走动关系,反复游说国会议员麦考马克。对于联邦调查局来说比尔就像个幽灵,盘旋在所有事件上空。他对约翰·康纳利来说就像个导师,怀蒂的"冬山帮"(Winter Hill Gang)也坚信康纳利与比尔·巴尔杰的关系是康纳利接触怀蒂的唯一理由。
>
> 这份交易说得通……康纳利摆上台面的是别的探员都没有的东西——南区的生活……以及与兄弟比尔·巴尔杰的亲密关系。康纳利崇拜比尔·巴尔杰。据他的妻子所说,1973年他们搬

回波士顿后,她的丈夫约翰与比尔·巴尔杰在一家私人俱乐部和巴尔杰家"频繁交往"。玛丽安·康纳利注意到比尔·巴尔杰对她的丈夫有着"重大影响"。

这种影响包括确保康纳利一直作为怀蒂的后盾,向他泄露机密信息,告诉怀蒂需要除掉的 FBI 线人。[31]迈阿密地区就发生过一起这样的谋杀,约翰·康纳利被州检方成功以共谋杀人的罪名起诉。问题在于,谋杀案发生与起诉间隔了数年,上诉时康纳利就有了追诉时效已过的合理借口。

州检察官朗德尔请我同她的上诉律师一起商议,替他们做好打一场硬仗的准备。我与这些人以及波士顿的联邦检察官协作起草上诉论辩摘要。我还办了场"模拟法庭"审判,我扮演法官的角色,向他们抛出我能想到的最刁钻的问题。检方打赢了上诉。[32]这是我印象里第一次在听闻检方获胜、维持原判后欢呼雀跃。

没有比腐败的执法官员更能腐蚀司法系统了(也许除了腐败的法官,好几个是比利·巴尔杰任命到"他的"法官席上的)。现在巴杰尔团伙已经成为历史。怀蒂和康纳利锒铛入狱,也许要在狱中度过余生了。[33]比利从政坛"退休",但仍被波士顿的一些人仰慕,这些人不愿意面对现实——没有"好"弟弟的帮助,根本就不会有杀人如麻的"坏"哥哥;没有"好政府"中一些高层公职人员的沆瀣一气,根本就不会有自己堕落又使人腐败的"好"弟弟。[34]

为一个已经认罪的男人辩护

有这么一件涉及国际政治和外交关系的谋杀案,而且法律还要求我为一名我确信有罪的被告辩护。有罪的甚至是杀了人的当事人会向他们信任的律师坦白罪行,这样的谬论在文学作品中广为流传,也反映在倡导律师和当事人建立信任关系的法定保密规则上。[35]现实很骨感,有罪的(有些无辜的)当事人不会将心底最阴暗的秘密说给律师听。大部分人觉得他们的律师为无辜的当事人工作会比为有罪的工作更卖力,所以他们声称自己完全是司法不公的无辜受害者。他们什么都不会承认。

只有一个被控告犯有谋杀罪的当事人向我坦白了他的罪行。鉴于他有罪这一事实是答辩理由中的基本要素,他实在是没有别的退路。这就是前文讨论过的犹太人保卫联盟谋杀案。我的当事人不仅参与了导致一名年轻女性死亡的犯罪,结果证明他还是政府的线人,向警方提供他和他的团体所作所为的信息。

当我接下为谢尔登·西格尔辩护的公益无偿案子时他可能被判死刑,因为杀死艾丽斯·孔尼斯的烟幕弹是他制造的。一开始他向我保证他是无辜的。我怀疑他参与了犯罪,但我万万没想到他在为犹太人保卫联盟制造炸弹的同时还在向政府通风报信。

告密者是奇怪的一拨人,很难弄清他们除利己之外到底站哪边。西格尔赞同犹太人保卫联盟的思想观念,包括他们使用暴力阐释自身立场这一点。但是他也想保住自己的项上人头,他清楚自己制造了那些针对其他苏联目标的炸弹就很可能被起诉。他希望通过选择性地向政府告发犹太人保卫联盟同伙、泄露他们的计划来逃避起诉。他也希望犹太人保卫联盟永远别发现他是根墙头草。他甚至都不告诉自己的律师——直到我们自己把事情查明白。之后他就全盘托出了实情,也告诉了我们他参与谋杀的部分。他还告诉我们为了防止警方出卖他,他暗中用磁带录音机录下了他与警方的一些对话,录音机藏在自己的车里,他们通常在那里交谈。录音带证实了他的说法,警方确实对他许下了一些承诺,但其中并不包括最重要的那一个——他如果告诉警方是谁布下了杀死艾丽斯·孔尼斯的烟幕弹,他们就不能让他指证他的犹太人保卫联盟同伙。西格尔告诉我们,警方是和他在街上谈话时许下的承诺,所以他没法录音。

我想出了让警官萨姆·帕罗拉(Sam Parola)落网,承认他许下过那个承诺的策略——他同我、西格尔在同一片街区长大。首先我假装我们手上没有任何录音,这名警官确信自己可以撒谎而不用担心记录前后矛盾后,否认自己作出过**任何**承诺。

问:你向他作出过承诺,保证只要他给你苏美贸易公司案的信息你就不会公开暴露他吗?

答:没有,先生。

问:关于你向西格尔先生询问枪击苏联外交使团事件的信息这事,你可曾在任何时候告诉过他,只要他给你相关信息,你就不会让他在任何庭审中作证,也不会暴露他告密者的身份?

答:说来也怪,关于这事的信息是西格尔先生主动给我的。

接着我读了真正的录音转录文稿,问他可曾"与谢尔登·西格尔先生进行过下列对话":

问:"你不会把他们二人中的任何一个送进监狱,如果你说这话是我说的,我会否认,然后在一个该死的晚上开卡车撞死你。"

警官被一棒子打蒙了,没反应过来发生了什么事。

答:不,先生,我没这么说过。

问:你确定自己从没有威胁要用卡车撞死他?

答:我从没说过这样的话。

我继续施压。我问他是否曾有过如下表述:

问:"我跟你说话时你再这样糊弄我,或者出卖我,该死的,我会把你脑浆都揍出来。"

帕罗拉这次的回答没那么有底气了。

答:我觉得我没说过。

我继续给帕罗拉读录音带上他自己说过的话,他开始意识到我们可能有他的录音,上面还有之前他发誓自己没说过的事。帕罗拉放松的姿势变了。他要求喝水。他的脸色开始发白。他的手指颤抖。喝水时他差点掉了瓶子。

答:就这事儿我唯一能说的,律师,就是我有时候会骂脏话……

警官自信满满的否认逐渐软化为了模棱两可和突发性健忘:"我不记得了,但是听上去很熟悉";"我可能会说那样的话";"为了保持与线人的融洽关系,我可能会说那样的话"。

现在意识到我们手上绝对有他的录音,警官开始动摇,承认他许诺过**一些**事。

是时候启动之前想好的让他交代真相的计划了,我们要让他承认自己做过不让西格尔就胡洛克案作证的关键承诺。假装录音带上有**那个**保证,我读了我的当事人凭记忆准备的"文稿"。我循序渐进,问警官是否记得和谢尔登·西格尔有过如下对话:

帕罗拉:喂,你之前上哪儿去了?
西格尔:你什么意思?
帕罗拉:我之前告诉过你两点见面吧?
西格尔:没有。你跟我说的是两点到两点一刻之间。
帕罗拉:嘿,别耍滑头。听着,你得帮我们一个忙。如果你在胡洛克这事上帮了我们我会很感激的。我向你保证,谢利,只要给我们名字就行,剩下的不用你操心。这事儿没了你真不行。

我问他:"你记得有过类似对话吗?"帕罗拉嘟哝道:"我们可能是有过差不多的对话。"我接着读"文稿"。

帕罗拉:只要我们知道是谁干的,你觉得我们会拿这些家伙没辙吗?别说笑了,我们肯定能撬开他们的嘴。我告诉你,我们能做到。

西格尔:如果被人发现了怎么办?

帕罗拉:没人会发现的。这次你甚至不用去大陪审团面前作证。我们搞定这事儿甚至用不着你。听着,就告诉我胡洛克那事是谁干的。把他们该死的名字给我就得了。

这时法官也开始提问了:

法官:1972年3月,你是否与西格尔先生有过这样的对话?

帕罗拉:是的,法官大人,我可能确实就胡洛克案有过上述对话。

德肖维茨:(朗读)"我们绝不会让你作证。我们会用你立案,我们会利用你提供的线索。"

法官:你在这段对话中是这样对他说的吗?别用"有可能"糊弄我——我只想知道你说还是没说。

帕罗拉:我相信我之前已公开作证,法官大人,我确实对西格尔先生说过我们可以用他立案。

法官现在是在帮我交叉询问了。我继续[读]道:

"我们不会用你。我们不会也不用那样做。没你我们也能打赢。"

法官:[抬高了声音]你这么说了吗?

帕罗拉:我不记得说过这样的原话,法官大人。

德肖维茨:那你对西格尔说过类似的话吗?

帕罗拉:类似的话我说过。

法官:那么你确实,在某一个时间点对西格尔说过"我们不会让你作证",对吗?

帕罗拉:法官大人,我与西格尔的对话是这样的:"如果我们能用你立案,我们之后就用不着你了。"

法官:我可没问你"如果"的事。我在问你,剔除"如果",你是否对他这么说过。请教授读下那段话的最后几句。

德肖维茨:[朗读]"我们不会用你。我们不会也不用那样做。没你我们也能打赢。"

法官:你对他这么说了吗?

帕罗拉:听上去很熟悉,法官大人。但我不能确定这是原话。

法官:[生气地吼道]别打断我。你说"听上去很熟悉",我就当你记得说过类似的话,即便不是原话?

帕罗拉:只是类似的话,是的……

法官:好吧。

帕罗拉就这样承认了他对西格尔保证过,他不会让西格尔就胡洛克案作证。

使用这一颇有争议的战术和其他法律论证的结果是,上诉法院裁定谢尔登不能成为证人,所有的被告都被无罪释放了。

课堂上我仍在使用这些记录展示警方是怎样施压,将被告转成告密者的,我也用我的交叉询问法鼓励学生们讨论,面对一个敌对的警方证人,交叉询问的合理限度在哪里。我用这个案例想让学生们体验一下,为一个明知有罪的当事人"打赢"官司是什么感觉,这个人是谋杀罪的共犯,杀害了一名无辜的年轻女性——她同他们一般年纪,正值青春年华。我让他们读主审法官的原话,他被要求驳回对犹太人保卫联盟那些凶手的起诉:

你知道今天谁没能上庭吗?是艾丽斯·孔尼斯。有人犯下了卑鄙恶毒,无法宽恕也无法忘记的罪行;我认为这是起谋杀案,但有人却阻碍了正义的伸张。尽管有人真的逍遥法外了,那些故意这么做的人也终将受到法律的制裁。

当鲍曼(Bauman)法官一字一句地念出这最后一段话时,他把目光从被告席转向了我这里,眼神仿佛在说:"还有你,德肖维茨,你也要对挫败了司法、释放了这些杀人犯负责。"

他的眼神摧心剖肝,因为我知道他是对的。某种意义上来说我确实要为此负责。如果我没有使用新颖的法律论证和锋芒毕露的交叉询问法——如果我和我的团队没有夜以继日、想方设法地为西格尔辩护——可能上诉法院就会判他和其他犹太人保卫联盟被告有罪了。

我时常想起艾丽斯·孔尼斯,以及其他我那些当事人的受害者,因为我的法律论证和调查工作,凶手获得了自由。艾丽斯·孔尼斯对我来说是特别的一个,因为她是唯一死于我明知有罪还为其辩护的被告之手的受害人,而且被告被无罪释放了。我怀疑还有这样的受害者,但我能确定的只有艾丽斯·孔尼斯一人,因为那个案子中我的当事人向我也向全世界承认了他有罪。

我想起艾丽斯·孔尼斯还有她家庭的原因——那一家人在哈佛大学和犹太事业中都很活跃——这时刻提醒着我,所有我们共同的朋友和认识的人,我在放走杀死他们亲戚的凶手这件事中扮演了怎样的角色。

尽管我不相信天谴,但是谢尔登·西格尔确实在一次失败的心脏移植手术后年纪轻轻就死了。他的早逝没有减轻我心理上一丝一毫的负担,在他的案件中我确实引致了虽符合法律但有违道德的结果。

约翰·列侬之死

让我觉得难辞其咎的还有约翰·列侬被害一案。1980年,他在曼哈顿的住所前被马克·查普曼(Mark Chapman)枪杀。那灾难性的一天,列侬之所以身在美国,是因为1975年我帮助他避免了被遣返英国的命运。如果我们的法律团队没有成功阻止尼克松政府将列侬驱逐出境的政治尝试——他们捏造了列侬在英国吸大麻的不实指控——列侬可能已经被驱逐而不能再回美国。查普曼就不可能像在中央公园西大道上达科塔公寓旁做的那样,一路跟踪列侬,然后在伦敦或利物浦的街头将他射杀。这个案子由此成了政治、精神病学和名人轶事的混合体。

一位名叫里昂·怀尔兹(Leon Wildes)的杰出律师聘我写一份法律备忘录,写明遣返约翰·列侬的不正当性,以及围绕列侬早年因吸大麻被起诉——这一起诉是遣返他的依据——的几个宪法问题。(我收取的律师费本来该是一张约翰·列侬亲笔签名的唱片:列侬签了;那名律师把它弄丢了;我的孩子们差点没把我杀了!)我们打赢了官司[36],列侬在达科塔公寓继续生活了好几年,直到他被查普曼枪杀。

杀死他的凶手没钱请律师,所以法庭指定了我以前的学生乔纳森·马克斯(Jonathan Marks)为他辩护。马克斯是一名出色且极具创新精神的律师,他想用查普曼的精神状态作为辩护依据。他请我同他一起协商,但我对于帮助一名杀死我以前当事人的被告感到不是很舒服,所以我婉拒了他。马克斯的论辩很有说服力,但是陪审团没有接受精神失常辩护,还是判了查普曼有罪。

几年后,我在一场艺术拍卖会上偶遇了小野洋子。我告诉她我很后悔打赢了那场遣返官司,因为如果我们输了,约翰可能现在还活着。她生气了。"永远别这么想",她劝诫我道,"我们一起在纽约生活的那些年是我俩生命中最快乐的时光。他让我有了儿子肖恩·小野·列侬(Sean Ono Lennon)。你做了件好事。"

真的是这样吗?我不确定。

我回绝的政治谋杀案

我回绝了一些案子,因为我不认同那些当事人想让我使用的"政治"辩护。

每接一个当事人的案子,很遗憾,我就必须拒绝更多。我每周接到几十通要我接手案子的电话、电邮和信件。其中许多都是谋杀案,因为我最出名的案子里有一部分当事人被控谋杀。身为一名专职教授,我能留给实务的时间有限。所以在那么多有价值的案件中,每年我只能接手寥寥几件。我有自己的标准。我极少拒绝当事人可能被判死刑的案件,如果我拒绝了,我会推荐另一名律师——通常是我以前的学生,接下案子。(涉及言论自由的案件也是如此。)

我之前解释过为何对无辜、有罪的当事人一视同仁,但是有几类当事人的案子我几乎是绝不会接的。其中包括从事违法活动的职业罪犯——毒贩、黑手党成员、恐怖分子以及帮派头目。一旦我使他们脱罪,这些人差不多肯定会做回老本行。这些职业罪犯有请律师的权利,但是我可不想成为犯罪家族的法务顾问[还记得《教父》中汤姆·黑根(Tom Hagen)的下场吗][37],也不想当那些正从事犯罪行当的人的顾问。

我通常也不代理那些仍"在逃"的逃犯。律师的工作可不包括帮助当事人非法逃避、摆脱法律制裁。

我尽量接那些会对立法司法产生影响的有趣案件,例如法庭作出不公平裁决的案子,以及落入我本人专业领域(科学、宪法学及心理学)的案子。我接的案子差不多一半无偿一半有偿。我用有偿案子的律师费去抵公益无偿案子的花销。

拒绝的案子中最让我不忍的可能是以色列学生伊格尔·阿米尔(Yigal Amir)的案子,他被指控刺杀了以色列前总理伊扎克·拉宾

(Yitzhak Rabin)。这件轰动全球的罪行发生的几天后,被告的家人来到我家里,请我当他的律师。我与他们见了面,他们告诉我虽然阿米尔事实上扣下了扳机,但从法律上来说他是无罪的,理由在于犹太法律里的"追捕者"法则——这一概念和预防预先性自卫、保卫他人差不多。[38]这一概念起源于一段圣经文章[39],被迈蒙尼德[40]这样的犹太先贤解读为允许杀死即将对群体造成极大伤害的人。杀死拉宾的男子认为拉宾将与巴勒斯坦人展开和谈,和谈内容包括归还"六日战争"中被以色列攻占的"圣地"。他坚信这会威胁到以色列人民的生命,所以他打算通过杀死那个在他眼中危及自己国土和人民的人来阻止和谈。[41]

杀死拉宾凶手的庭审应当会是我职业生涯中最有趣,也是犹太国家历史上最重要的审判之一。尽管罪不至死(除了对犹太民族的种族灭绝罪,以色列已经全面废除了死刑,而犯下种族灭绝罪的阿道夫·希特勒早死了)[42],这个案子却符合我通常接案时考虑的好几条标准。但我决定拒绝。

我的理由是这个案子涉及我无比憎恶的政治辩护。如果每一个公民都有权决定谁该死,那国家就乱套了。"个人的政治观点"会取代法治。"追捕者"辩护在我看来并不是一个合法的辩护依据,而我,身为一名律师,并没有提出此类辩护的义务。

拒绝这个案子还有一个更私人的理由。我深深地仰慕拉宾,我也支持他为巴以和平付出的努力。虽然不太熟,但我们也认识彼此,他在几个问题上还咨询过我,其中就包括可能使他被害的那个想法。

在拉宾被害前八天,以色列驻美国大使让我和预计当月晚些时候到波士顿演讲的总理见个面。我问大使会面的主题是什么,他告诉我,总理对以色列国内愈演愈烈的恶毒言论深感担忧,而且某些宗教政治边缘化人物在鼓吹对政府官员使用暴力。他想和我探讨有没有可能在不侵害言论自由的情况下,控制住这种尖酸刻薄的抨击。

我同意和拉宾见面,还把这次约会记在了日程表上。我还为了这次会面对以色列法律做了点研究。但最终我们没能见面。在按照计划到波士顿的一周前,拉宾被谋杀了。我永远无法从我的日程本,从我的脑海里,抹去这次无人赴约的会面。

我拒绝了代理阿米尔的请求,然后饶有兴致地看着他的律师们试图在一名明显没有丝毫同情的法官面前提出"追捕者"辩护理论。阿米尔被定罪,被判了无期徒刑。[43]他在狱中结了婚,在配偶探监时又有了个孩子。[44]

我拒绝代理的其他被控犯有"政治"谋杀的当事人还包括拉多万·卡拉季奇,他是南斯拉夫种族战争中波黑塞族的领导人。卡拉季奇第一次给我打电话让我代理他时,他还是个逃犯,杀戮也还在进行。我告诉他,我有不代理逃犯和仍在犯罪的人的原则。他问如果情势有所改变,他能不能再给我打电话。我没有说不。

接到这通电话后不久,我出席了一场时任总统克林顿和第一夫人希拉里参加的晚宴。我回绝卡拉季奇的事上了媒体(他或者他亲近的人泄露了消息),于是成了讨论的话题。[45]希拉里强烈反对为这个"屠夫"辩护,但克林顿总统说,如果我以代理他为条件说服他向海牙国际刑事法庭自首,这倒是个合算的交易。卡拉季奇没有自首。多年之后,他终于被捕,他让我到海牙的囚室里与他见面。在他被捕后数日,我见到了他。我们讨论了他的案子,还有几个他以前同伴的案子(我参与了其中一案)。[46]最终我还是没有为他辩护。他仍在海牙受审。

2011年"阿拉伯之春"运动期间,我接到了好几个律师的电话,他们代理埃及下台的总统穆巴拉克和彼时还是个逃犯的利比亚领导人卡扎菲,这两人都被控杀害了无辜平民。

一名和穆巴拉克关系很好的挪威人权活动家问我,愿不愿意到开罗成为穆巴拉克法律团队的一员。我反问他,让一名犹太复国主义的犹太人代理穆巴拉克是否明智。他说如果我加入的话团队里会有三名律师,另两人会由阿拉伯联盟选出。我质疑阿拉伯联盟会想让我加入这样一个团队,但他向我保证他会尽力征得他们的同意。之后就没有下文了。

卡扎菲的利比亚律师提出的邀请就更不吸引人了。卡扎菲的邀请很强硬,直接寄来了签好字的正式聘书与合同。写下这段文字时,那份合同就摆在我眼前不远处。合同的开篇写着"以最高尚、最仁慈的上帝的名义。我们信仰上帝"。最终,我无法同意他们想让我做的事。卡扎菲政府倒台,他本人被刺杀后,这件事也没什么意义了。之后我又被问及是否会考虑在国际刑事法庭上为他儿子辩护,但反对派决定在利比亚审判他,所以这事也不了了之。

被控大屠杀罪的一名下台的非洲国家元首也向我发出过邀请,他提出要用他从自己国家偷出的金砖付我的律师费。鉴于他无权动用那些金砖,不必说,我自然拒绝了他的请求。

一件我回绝的美国谋杀案中,请求来自作家诺曼·梅勒,他请我为杰克·亨利·阿伯特(Jack Henry Abbott)辩护。梅勒告诉我,他一直在督促当局释放阿伯特,此人在谋杀罪服刑期间成了一名伟大的作家。阿伯特写了一本回忆录,名叫《野兽腹中》(*In the Belly of the Beast*)[47],这本书红极一时,评价也极佳。梅勒告诉我,他成功促成了阿伯特的释放,但是出狱后不久,阿伯特就捅死了一名侍者。这件案子当时成了一块政治烫手山芋,每一个帮助阿伯特获释的人都在推卸责任。

无论是谁的错,阿伯特现在都面临着谋杀指控,无论他怎样妙笔生花,一旦被定罪,他就再也呼吸不到自由的空气了。[48]

我同意去阿伯特待审的牢里见见他。他们同意我在外面有人站岗的情况下在律师会见室见他。随着我们交谈的深入,我越来越怀疑媒体报道中梅勒促成了他被释放的真实性。我面前摆着他的监狱记录,经过细读,我觉得阿伯特可能是通过告发别的犯人重获了自由。我犯了个错——我问阿伯特,他是不是个"告密者"。一听到这个词,他就越过桌子掐住了我的脖子。警卫飞速把我从他的钳制下解救了出来。我离开房间时对他说的最后一句话是:"让我当你的律师,门都没有。"

最终,我被请去协助乔治·齐默尔曼(George Zimmerman)的辩护案。这名"社区巡警"被控谋杀了一位名叫特雷翁·马丁(Trayvon Martin)的黑人少年。州长任命一名特别检察官的政治决定——该检察官以手段不入流和过度指控闻名——生生把这个案子从一个实事求是的谋杀案调查变成了一次政治化且造成种族分裂的诉讼。我决定不直接参与齐默尔曼的辩护,这样我就能接着就这个备受争议的案子进行专家评论。在陪审团作出无罪裁决后——刚提出控告时我就料到了这般结果——我接受了全球范围内多家媒体的采访。我支持无罪裁决,因为检方没有尽到排除合理怀疑的举证责任——他们未能证明齐默尔曼杀人不是出于自我防卫。我收到了很多电子邮件,有赞同我的评价的,也有不认同的。最令人感慨的是田纳西州最高法院一名法官助理发给我的邮件,内容如下[49]:

尊敬的德肖维茨教授:

我是丹尼尔·霍维茨(Daniel Horwitz),刚从范德比尔特大学法学院毕业。我们从未见过面,但是自我记事起您就一直是我心目中的英雄。我决定上法学院,想在毕业后成为一名公设辩护人,很大一部分是因为您。我想感谢您,为了您对正当程序毫不动摇的坚守,还因为您可以说是绝无仅有的真正有原则、坚定不移为那些被世界遗弃的被告权利发声之人。

乔治·齐默尔曼审判尘埃落定,我却发现自己已经很久不曾如此迷茫了。看到那么多左派——我一直与这一意识形态有所共鸣——彻底抛弃了作为基石的宪法原则,比如无罪推定原则和被告获得公正审判的权利,我的沮丧难以言表。就在我快要绝望的时候,我听到了您谴责政府滥用检控的自由裁量权,强调在检方明显未能满足举证责任的情况下必须裁决无罪,提醒人们记起法律正当程序的意义——正是这些话语让我重拾了信心。

我上法学院的前一天,和我毕业的后一天,我都读了《致年轻律师的一封信》。我知道您会劝告像我这样的人要"准备好打破对英雄的幻想"。非常遗憾的是,这句箴言应验的次数已经数不胜数了。即便如此,您却坚守着刑事辩护的道德标准,从未让我失望,我会因此永远对您心怀感激。谢谢您对原则的不懈坚持,真的非常非常感谢。

一切顺利!

丹尼尔·霍维茨

第十七章
从课堂走上法庭,以及从法庭走进课堂的死亡案件

射杀尸体与撞毁直升机

我是主要法学院中第一批一直代理刑事被告的专职法学教授之一。我一直认为法律实务让我成为一名更有经验的教师,因为我可以把我的出庭经历带到课堂;我也认为讲授法律使我成为一名更成功的律师,因为我可以把我的学识带上法庭。在决定接哪些案子时,我总是寻找那些事实和法律问题能带进课堂而让学生受益的案子,以及那些能充分利用我的课堂经验,在庭上对当事人有利的案子。在我看来,接这样的案子对学生和当事人来说都是双赢。

这些"学术"案件中最有趣的是,一名来自布鲁克林的年轻人对着一名他以为还活着的熟人开枪,但其实后者在被枪击之前就已经死了。这个案子引发了一个自《塔木德》出现就在全世界的课堂上被不断争论的经典法律难题:试图杀死一个你不知道已死了的人,是谋杀还是谋杀未遂?《塔木德》对这个由来已久的问题给出了下列神学意义上的答复:

> 所有人都同意,如果一个人试图杀一个气管和喉头(咽喉)被切断,或是头盖骨被敲碎的人,那么他无罪(因为他相当于攻击了一个死人)。所有人也同意,如果一个人杀死一个正与天降的病

魔作死亡斗争的人,那么他犯下了死罪。[1]

直到我接下布鲁克林案,这个难题还一直作为《塔木德》中的抽象假设让学生们讨论,因为还没有一个案子真把这样的事实情况摆在上诉法院面前。一则《夏洛克·福尔摩斯探案集》故事中就有这样的课堂"假设":塞巴斯蒂安·莫兰(Sebastian Moran)上校跟踪福尔摩斯,决心杀了这个侦探。为了把这个追捕者诱入陷阱,福尔摩斯做了个跟自己的头一模一样的蜡像,并把"诱饵"摆在了福尔摩斯家的窗边。莫兰上钩了,用大火力来复枪射杀了"夏洛克·福尔摩斯"。子弹射中蜡像,"正中头的后部中央,恰好击穿了'大脑'。"莫兰被捕,供认了他想谋杀福尔摩斯的意图。执行逮捕的警员把莫兰押走时,福尔摩斯问道:"你准备以什么罪名提出控告?"雷斯垂德(Lestrade)探长回道:"什么罪名?自然是企图谋杀福尔摩斯先生了。"这位伟大的侦探考虑了一会儿,摇了摇头,他认为这样适用法律有问题。研究这一假设案件的读者和学生们都无法确定,在英国法律下,一个把假人的"脑袋"射穿的"凶手"——他认为假人是个活人——能否被控告谋杀未遂。当一个有杀人故意的凶手对假人开枪时,他是企图杀了假人——这在法律和事实层面都不可能——还是试图杀害福尔摩斯呢?

从我在法学院就读的第一年起,我就对犯罪未遂的法则抱有极大的兴趣。我最早研究的一个案例中,一个男人用手枪抵着他妻子的脑袋扣下了扳机[2],但那枪没开火,因为男人忘记装弹了!两名警官听见那男人在扣下扳机之后大叫:"它没开火。它没开火。"(没有证据能表明他叫喊是出于安心、失望、惊讶或是绝望。)他被控谋杀未遂,之后他提起上诉,理由是他不可能用一把没上膛的枪杀掉他的妻子。上诉法院维持了原判,推定"如果被告当时认为这是把上膛的枪",那么他扣下扳机时枪并未装弹的事实就"不能为他犯下谋杀未遂开脱"。[3]

我就这个案子为《耶鲁法学杂志》写了篇文章[4],分析了"不可能谋杀"的概念,把"冲着一个表面熟睡的男人开枪,但实际上男人在被枪击前不久就已经自然死亡"作为主要的"假设"。[5]我试着将未遂犯罪分为两类:因为出现了嫌犯无法控制的偶然因素的不能犯(例如开枪时枪却卡壳了),以及因嫌犯展现了些许自我控制而放弃的犯罪(例如一个强奸犯发现他的潜在受害者怀孕之后改变了主意)。[6]引用弗洛伊德的潜意识理论,我推断被告没有将手枪上膛可能反映了他潜意识里对杀妻的矛盾心理。[7]我的论文不过是管窥蠡测,文章中充满了空谈心理学的陷阱,但它引起了我对犯罪未遂法则和不能犯辩护依据的思考。这篇文章也让哈佛法学院的招聘委员会注意到了我。

几年后当我开始讲授刑法学时,我把很大一部分课时专门用来解开刑事犯罪未遂的大网。每年班级都会分成好几个阵营,喋喋不休地争论那个夏洛克·福尔摩斯的故事,以及一个假设案例——"凶手"射杀他以为还活着的敌人,不料却因受害者碰巧在不久前死亡而逃过了谋杀指控。

到课程结束的时候,许多学生的最后结论都是不能犯和因意外情况中止的犯罪间没有本质区别。两种情况下被告都存在杀人故意,而且都竭尽所能造成受害人的死亡。接着我让他们深入思考,从道德层面来说,竭尽全力杀人却失败的被告和最终成功杀死受害者的被告之前存不存在实质差别。我问他们,为何失败与成功的偶然性就能决定被告的刑罚轻重?

我说明这一点时用了这样一个假设:有两名开着车的癫痫患者,他们的医生都警告过他们在没有服抗惊厥药物的情况下不要开车。他们都无视了医生的警告,然后在开车穿过哈佛广场的时候都癫痫发作了。昏迷之后两人出了车祸:一个撞死了正过马路的儿童,另一个把正带着一百万美金逃跑的银行劫匪撞在了墙上。在昏迷的前一刻,从道德和法律层面来说两人都应受同样的惩处,但是撞车后两人的法

第十七章 从课堂走上法庭,以及从法庭走进课堂的死亡案件

312　律责任就截然不同了:因为撞死了孩子,第一个人犯了非预谋杀人罪;而第二个人可能被当作英雄受到表彰。第一个人几乎肯定会被判有罪然后锒铛入狱;第二个人——尽管行为不计后果——却很可能逃脱惩罚。

我问他们,为什么这两种情况的法律后果会有如此之大的差异?从道德角度来看,他们犯下的罪行是同等的。最主要的差异——一个撞死了孩子,一个逮住了抢劫犯——是在两名司机都陷入昏迷而无法控制自己行为**后**发生的偶然事件。第一个司机的确导致一人死亡,第二名司机也的确逮住了抢劫犯,但是为什么法律后果应当由道德层面同等的动机行为所引发的不同偶然后果决定?总领天使加百列和上帝在决定将人贬入地狱、升上天堂或重返人间时,待这些同等罪行的罪人会有所不同吗?如果相同,那人间法律有什么资格待他们如此偏颇?

我特别喜欢与我的学生们讨论这种话题,但是讨论这些假设的死亡和车祸总感觉是在纸上谈兵。于是我开始找寻能为这些虚构案例的骨架添上血肉的真实案件。

我找到的案件,跟1973年梅尔文·杜伽什(Melvin Dlugash)与两名朋友在布鲁克林一间地下室的奇异遭遇有关。

一名我认识的律师问我想不想为他一个朋友的哥哥打上诉官司,被告因射杀一具尸体而被判犯有谋杀罪。

"你一定是在开玩笑!"我嚷道。"这样的案子根本不可能发生,除非是在法学教授和小说家扭曲的脑子里!"

他信誓旦旦地跟我说真有这么个案子。我告诉他,如果这案子的法院记录确实抛出了如此迷人的难题,我当然愿意上庭辩论。它会为我的刑法学事业增添多少色彩!我还告诉他,我的学术背景可能助我打赢这个案子。

记录上是这么写的:他朋友的哥哥,梅尔文·杜伽什,来自布鲁克林本森赫斯特区(该区毗邻博罗公园区)的一个中产阶级家庭。自青春期起,梅尔文就是个问题多多的少年,他开始和不三不四的人厮混。(被迷人的案情吸引住的法学教授时常忘乎所以,忽视了案件背后的人性悲剧。)

1973年12月21日周五的夜晚,梅尔文·杜伽什和他的两个朋友迈克·盖勒(Mike Geller)以及乔·布什(Joe Bush),一起出门喝酒。迈克住在布鲁克林福莱特布什区一间公寓的地下室;乔和他住在一起,本应共摊租金。当晚回到公寓后,迈克反复问乔要他那份租金,乔愤怒地回答说自己没有欠钱。凌晨三点左右,乔和迈克之间的争吵升级了。迈克再次索要租金一百美元,乔则威胁他,再不闭嘴就要动手了。迈克不依不饶地重复自己的要求。

突然,乔从口袋里掏出一把点三八左轮手枪,冲着迈克的心脏开了三枪。梅尔文看着迈克倒地,他胸部的伤口血如泉涌。

接着,乔用枪指着梅尔文说道:"你要是不朝他开枪,我就杀了你。"乔想让这事看上去是他们两个一块儿干的,这样梅尔文就不会告发他了,因为根据纽约法律,一名"共犯"未经证实的证言不足以定罪。[8]犹豫了一番后,梅尔文走向趴在地上、一动不动的迈克,对准他扣下了自己点二二自动手枪的扳机。在乔用点三八口径子弹击穿迈克心脏后数分钟,五枚子弹又击穿了他的头部。梅尔文被判谋杀罪。我同意接手他的上诉。

我据理力争,坚持谋杀定罪必须被撤销,因为科学证据无法证明我的当事人冲受害者头部开枪时受害者是死是活,鉴于片刻前他人冲受害者的心脏开过枪。[9]我引用了有关心脏枪伤以及心脏中枪多久死亡的科学医学文献。法庭认同了我的科学论证,裁定检方没有满足排除合理怀疑的举证责任,未能证明我的当事人用子弹击碎迈克的大脑时他还活着。[10]我接着坚称我的当事人不能被判谋杀未遂,因为从事实角度来说,一具尸体是无法被谋杀的,而事实层面上无法做到的事在法律层面上也没法做到。[11]法庭也认同了这个观点,下令将我的当事人无罪释放。

上诉大获全胜,可惜好景不长,因为州检方就判决向纽约最高法院提起了上诉。第二次上诉庭审我是在阿尔巴尼辩论的,法庭同意不能判我的当事人犯下了谋杀罪,因为"人只能死一次",但是法庭认定他应当被判谋杀未遂。[12]我不愿放弃,于是申请了联邦人身保护令,联邦法院也推翻了谋杀未遂的判决,理由是证明谋杀未遂的动机要求比谋杀既遂要高[13]——再没有比这更学术性的论证了!我的课堂经验确保了我当事人的自由。

现在很多法学院都将这个有趣的案子[14]作为刑法学课程的标准内容。[15]尝试事实层面上不可能的事能否构成法律意义上的未遂——换句话说就是杀死一个已死之人——这个问题继续困扰着新一代法学院学生。

另一起谋杀未遂案涉及一个直接引用自《圣经》的问题。我的当事人被控试图谋杀他妹妹的前男友。这位前男友涉嫌烧毁他妹妹的房子,他妹妹最终死于因此造成的痛苦烧伤。在她还活着的时候,我的当事人——她哥哥——到她前男友家,用刀抵着后者的胸部,说除非他承认自己纵了火,否则就杀了他。警方闯进公寓,在我当事人行凶之前缴了他的刀。我的当事人被判试图谋杀妹妹的前男友,我获聘接手这个上诉官司。

我将此案的案情类比为《创世记》中描述的一个故事,当上帝命令亚伯拉罕牺牲他的儿子以撒时,亚伯拉罕手拿刀站着,准备杀他的儿子,这时上帝的天使下凡叫他住了手。[16]我辩称,我们永远无法知道如果警方没有干预的话,我的当事人到底会不会行凶,就像我们无法确知亚伯拉罕到底会不会履行上帝的旨意。这个案子还有些别的争论点,但我们最终打赢了上诉。[17]州检方拒绝重新起诉,我的当事人被无罪释放了。我在刑法学的讲堂以及法律的《圣经》起源研讨课上都用这个案例进行了教学。

有一个世人皆知的案子引发的争议和那些课堂上讨论的问题十分相似,这个案子是在史蒂文·斯皮尔伯格(Steven Spielberg)、约翰·兰迪斯(John Landis)和其他人导演一部巨制时发生的。这部电影[18]就是根据同名电视剧[19]改编的《阴阳魔界》(Twilight Zone: The Movie)。这部电影分成四个片段制作。约翰·兰迪斯因为导演过《动物屋》(Animal House)、《福禄双霸天》(The Blues Brothers)及其他成功作品,彼时已非常出名,他负责导演越南战争的片段。[20]那一片段的主演是老戏骨维克·莫罗(Vic Morrow)。情节要求莫罗的角色在直升机扫射下,在伸手不见五指的黑暗中扛着两个孩子跑过一片稻田。

兰迪斯想让这一场景看上去尽可能真实,所以他选在夜间拍摄,制造了大片烟火,还让一架真的直升机贴着地面飞行。惨剧发生了,直升机坠毁,砸在莫罗和孩子们身上,使他们当场身亡。兰迪斯被控过失杀人。他是史上第一个因为造成演员死亡而遭到刑事起诉的电影导演。[21]检察官决心让他在军里待上许多年。

兰迪斯案就是两辆车分别撞上孩子和银行劫匪这一课堂假设的翻版。当直升机撞向地面时,它可能往一个方向坠落,也可能坠向另一个方向。如果它往某一方向坠毁,它可能会造成兰迪斯死亡;但因为它实际往另一个方向坠毁,造成了演员死亡。兰迪斯无法控制直升机坠毁时的方向。这样说来,他就像是陷入昏迷后的癫痫司机,但他因为他的执导安排造成了死亡后果而被刑事起诉犯有过失杀人罪。

兰迪斯案还涉及科学和法律上的因果关系这一大难题:是兰迪斯"造成了"受害者的死亡,抑或直升机的机械故障才是实际原因?兰迪斯案的事实将这些问题不加掩饰地摆上了台面。

庭审中的一个重要争议点在于兰迪斯能否预见这起事故的发生。如果一名合理谨慎的导演能够预见一架直升机，置于当时的情境中，存在失灵坠毁的可能，那么当时作出让直升机在烟火中飞行的决定就满足了过失杀人的法律要件。但是如果坠毁不能为理性人所预见，那么这就只能被看成一场事故，兰迪斯顶多负民事责任，而不是被安上刑事罪名。这对兰迪斯和电影行业来说都事关重大。

约翰·兰迪斯拜访了我在坎布里奇的住所，想说服我以庭审顾问的身份参与他的辩护，如果他被定罪再当他的上诉律师。我告诉他，我已经就刑法中因果关系的问题写作教学多年。我知道无论这场刑事诉讼结果如何，它都会成为开创性判例和一个极好的教学案例。我认为自己对这个问题的学术兴趣可以为兰迪斯的辩护提供有益思路，参与兰迪斯案审判也能给我的教学添加有用的内容。

我向约翰·兰迪斯解释，我对他案子的兴趣一部分是出于学术目的，我想在课堂上讨论这个案件。他同意了，说这样他就能从全世界最聪明的那部分法学院学生那儿得到免费的法律建议了。我在课堂上让学生们讨论了该案，学生们果然提出了不少有用的法律和技术性见解。

检方传唤了七十一名证人，其中多数人就坠机原因提供了科学解释，阐述了为什么这样的后果本应被预料到。辩方传唤的科学证人作证，此类事故——烟火燃烧的高温造成了直升机尾旋翼分层——之前从未发生过，因此不可能被预见。我们指出，直升机坠毁的地点距兰迪斯站立的地方很近，如果兰迪斯有任何理由害怕直升机坠毁，他肯定不会将自己的生命置于这般危险中。

陪审团商议了九天，最终裁决兰迪斯无罪。此案没有上诉，但是这次庭审成了法学院教学的重点，被选编进许多案例教科书。

几年后,又有一名导演因为演员的死亡陷入了麻烦,这次是在拍摄《乌鸦》(The Crow)[22]的过程中。身亡演员是布兰登·李(李国豪),他是著名功夫演员李小龙的儿子,李小龙自己也是在拍摄电影《死亡游戏》(The Game of Death)[23]期间去世的。一把本应装着空包弹的枪却意外射出了真子弹,布兰登·李被飞弹击中,一片薄而致命的金属弹片击穿了他的心脏,杀死了他。

刑事调查随后展开,我被请去为道具组的律师们提供建议。最终,律师们成功说服检方不要为了这起悲剧性事故起诉任何人。[24]

兰迪斯和李这两个案件的最终结果是,在拍摄可能对参与者构成极大风险的场景时,所有人都更小心了。有时候,只有发生了悲剧,人们才会提升安全意识。

讲授刑法学时,我用上述每一个案子教导学生因果关系以及规律对结果的重要性,即使它们纯属偶然且被告无法控制。

约翰·杜邦真的疯了吗?

我一直写作并讲授的另一法律领域是法律与精神病学间的关系。我对这一主题的兴趣始于学生时代,那时我跟着约瑟夫·戈尔茨坦和杰伊·卡茨教授做研究,而他们二位都学习过精神分析理论。

这一兴趣在我担任戴维·贝兹伦法官助理期间有增无减,贝兹伦法官是精神错乱辩护方面的司法权威。几十年来,我与艾伦·斯通(Alan Stone)博士共同讲授法律与精神病学以及一些相关学科。当我开始帮人打官司后,我自然而然地被那些精神异常被告被指控犯下的谋杀案吸引。这些案件也涉及科学——虽然此类案件跟生物化学与DNA案件中涉及的科学有所不同。

此类案件中最令人不安的案子之一牵涉到一名杰出而富有的运动员,他毫无来由地冷血枪杀了自己最好的朋友。著名化工企业的继承人约翰·杜邦(John Du Pont)出巨资为奥运摔跤手建了训练场地。摔跤世界冠军及金牌得主戴维·舒尔茨(David Schultz)是他最好的朋友。然而1996年1月26日下午,杜邦开车来到舒尔茨家中,在没有被激怒的情况下,当着舒尔茨妻子的面用点四四马格南手枪近距离开了三枪,杀死了舒尔茨。他开车逃离后躲在自己的别墅里,告诉警方除非他们通知保加利亚大使馆——他声称大使馆会给予他庇护,否则他拒绝自首。

事后发现,杜邦自认为杀死的不是他最好的朋友舒尔茨,而是一个占据了舒尔茨身体的苏联特工。在约十年前杜邦母亲过世之后,杜邦就完完全全地成了一个妄想型精神分裂症患者。他有时觉得自己是耶稣,有时又觉得自己是被废黜的俄国沙皇。同时他还坚信苏联特工一直想杀自己。

如果这个案子发生在约翰·欣克利(John Hinckley)谋刺罗纳德·里根之前,它根本就上不了法庭。所有人都会觉得精神错乱辩护挺合理,杜邦会被送进精神病院接受治疗。但在1982年欣克利因精神失常被宣告无罪后,包括发生杜邦射杀舒尔茨这一案件的宾夕法尼亚州在内的好几个州都修改了精神错乱辩护的法条,引入了"有罪但有精神疾病"的折中概念。[25]多了这种选择,大多数陪审团都会作出折中裁决,而不是因被告精神失常直接裁决他无罪。陪审团的理由是,毕竟被告的确杀死了受害者,所以他有罪,但他也确实有精神病。针对杜邦的情况,这种裁决再合适不过。

于是,约翰·杜邦被判三级谋杀(没有杀人故意)但患有精神病。他请我在上诉中为他辩护。根据时局和他罪行的本质判断,我觉得他赢面不大,但我还是同意和他在宾夕法尼亚本地的律师一起参与上诉。我将此案看成学生讲授精神错乱辩护演变的理想案例。

杜邦被关押时我去见了他好几次。他极其聪明,博览群书而且很有礼貌。我们开启对话的方式总是一成不变,他会问我最近有哪些新闻——他尤其关注外交事务的相关报道。随着他一点点将自己代入新闻报道——尤其是那些关于俄罗斯、保加利亚问题的——他的妄想型精神分裂症症状也开始浮现。到对话结束的时候,他已经完全陷入了另一个世界——这显然是他射杀朋友时身处的世界。他是苏联特工为了防止复辟想尽办法要杀的沙皇,或者他是耶稣,本丢·彼拉多正要把他钉上十字架。

依据宾夕法尼亚州法律,很难适用精神错乱辩护,无论被告的行为和思维过程有多怪异,所有被告都被推定精神正常。被告只能依靠证据优势证明自己有精神病。精神病被定义为"缺乏正常人那样对自己行为性质的辨认能力,就算能辨认自身行为也不知道该行为有错"。[26] 这种"对错检验规则"可以追溯至近两百年前的英国普通法[27] 且很难论证,尤其是在陪审团可以选择裁决被告"有罪"但有"精神疾病"的情况下。

杜邦有精神病这一点不存在争议,但是检方主张他了解自身行为的性质——也就是说他知道自己对着一个人开了枪,也知道开枪杀人是违法的。杜邦的"现实"——他觉得自己射杀的是占据自己朋友身体的苏联特工——在法律上和本案无关,鉴于他知道自己射杀的是一个人。正当防卫抗辩只能适用于杀人的不法侵害正在进行的情况,而不能适用于侵害人还未动手时的假想防卫。在杜邦开那致命的三枪时,无论是舒尔茨还是所谓"占据舒尔茨身体"的"苏联特工"都没有试图杀害杜邦的行为。因此,在法律的眼中杜邦是有罪的,即便他患有严重的精神疾病。

上诉法院认同了这一分析,裁定维持陪审团原判。[28] 奇怪的是,尽管裁定杜邦患有精神疾病,他却没有得到治疗。杜邦余生都在坐牢,2010 年,杜邦的联邦上诉被驳回后不久,在他还未能向联邦最高法院申请复审令前,就死在了狱中。[29]到联邦最高法院他也不大可能打赢,因为宪法是否要求州检方为罪行提供精神错乱辩护还是个未知数。我的学生们就这一悲惨案件争论不休,多数认为像约翰·杜邦这样的人应当以精神疾病为由被判无罪,他应该接受治疗而不是服刑。

被家暴的女性是否有权杀死施暴者?

还有一个我多年教学写作中常涉及的问题,即所谓的受虐妇女综合征。这一综合征从某些方面来看是精神错乱辩护的变体。有些专家认为,许多遭受了丈夫或情人多年身体虐待的女性患有一种精神障碍,让她们无法从施暴者身边逃离,也无法向执法机构寻求帮助。这一诊断颇有争议[30],但当一名声称被丈夫虐待的女性因杀死了自己的丈夫被定罪,请我在上诉中为她辩护时,我同意了,因为她的主张令人信服,这一案件也会成为有趣的课堂讨论材料。

每次我为被控杀人犯辩护,都有人问我,站在受害者家属对立面的感觉如何。即便只是理论上的问题,这也很难回答。此次案件中我则直接被受害者的母亲质问了。

我的当事人是丽萨·鲁宾(Lisa Rubin),她承认开枪杀死了自己的丈夫。她声称丈夫虐待自己,杀了他是出于自卫。问题在于,有证据显示她对着丈夫的头打光枪里的子弹后,又重新填弹对着丈夫的尸体打空了弹匣。她被判有预谋谋杀后请我尽力推翻之前的判决,将罪名降为非预谋杀人。

我在马里兰州上诉法院出庭。[31]我对自己很满意,觉得就如此不利的案情而言也没法做得更好了。就在我志得意满地走出法庭时,一位年长的女性走到我面前。"您表现不错,先生。"她开口道。我谢过她,迈步要走。她礼貌地继续说道:"她杀害的人是我的儿子。我想让你知道我儿子从来不曾虐待她,也不曾试图杀害她。"她直视我的眼睛,坚定不移地说道："他永远不会这么做。他是个善良的年轻人。她只是想要摆脱他,因为她在外面有人了。无论法庭判决如何,我都想让你知道真相。"她向我展示了儿子的照片："看看他。看着他的眼睛告诉我,你觉得他可能试图杀她吗?"

我看着照片,只说了一句"节哀顺变"。这位女士离开时开始痛哭。

我好几天夜不能眠,哭泣的母亲捧着她过世儿子照片的画面挥之不去。也许他没有虐待她。也许他没有试图杀害她。也许我的当事人捏造了这样一个故事为自己冷血的谋杀开脱。也许又不是这样。善面之人常做不善之事。你无法依靠一个人的眼睛——也没法依靠他的母亲判断凶手。我永远无法获知真相。我能依靠的只有庭审中呈上的证据。

时至今日,同我代理过的当事人可能杀害的其他受害者一样,这位受害者母亲的遭遇依旧萦绕在我的心头。宣称自己从不因道德困境和自己角色复杂性而失眠的刑辩律师,要么在撒谎,要么就不配肩负为了防止潜在无辜者被定罪而为可能有罪者辩护的重担。

鲁宾案极其错综复杂。它实际上包含了好几个案件。丽萨·鲁宾声称,被自己射杀的丈夫长年与自己疏远,他曾试图毒害想打她的前男友,并且她有此事的证据。她被双重虐待,接着却和她的调查员之一发展出了"私人关系",同时与好几名出庭辩护律师之间的关系也非同寻常。之后她就这些关系也提出了控告。

2011年7月,我的家人也知道了成为疑似谋杀案的受害者是什么滋味。我弟弟的爱妻玛丽莲在纽约街头骑车时遭遇车祸。玛丽莲是名出色的律师,刚刚从纽约婚姻法院司法调解员的岗位上退休。她的猝然离世击垮了我弟弟、他俩的孩子们和我们全家。她被美国邮政局的卡车撞倒,之后被火速送往医院。一队医生昼夜不休地奋力抢救她的生命,最终他们还是未能留住她。她去世了。

321 　　因为纽约市和许多大城市一样,几乎在每个街区都装上了监控摄像头,我和我的侄子(他是个工程师)便能从好几个不同角度查看这场事故的录像片段。我们看到一辆邮政车和一辆无法识别的货车快速驶过一条窄路,似乎是在竞速。两辆车都不肯给对方让道,所以它们并排在这条窄路上飞速行驶。邮政车撞上了玛丽莲,司机停车后似乎回头看了一下,紧接着就开走了。邮政车在街尾又停了停,然后向左急转进了邮政大楼的地下车库。

　　看过录像,又找目击者谈过之后,我们确信玛丽莲是两起犯罪的受害者:驾车过失杀人以及交通肇事逃逸。一夕之间,我们一家成了向漠然的检察官寻求正义的受害者。这种立场转换十分痛苦,我弟弟要求进行彻查并起诉全部的肇事司机(货车司机一直身份不明,也没被抓到)。我们运用科技和工程学,力图证明邮政车司机的刑事责任。最后,检察官只以逃离事故现场而非造成玛丽莲的死亡对司机提起公诉。庭审后几天,陪审团将司机无罪释放。没有人为她的死受到法律制裁。这次悲剧让我更深地理解了被害人家属的心情。

　　没有比杀人更可怕、更无法改变的罪行;也没有比死刑更残酷、更无法改变的刑罚。死亡是如此不同,风险更高,情绪更激烈,错不可恕。这就是为什么在身为教师、作家和诉讼律师的职业生涯中,我将如此之多的时间精力奉献给了死刑案件中变化发展的法律和科学。然而在我的职业生涯中,还有别的犯罪在法律适用问题上也发生了显著变化。谋杀罪——跟用于证明、反驳它的科学证据不同——从《圣经》的年代起本质上就没什么改变,而强奸罪在我的职业生涯中发生了重大变化。甚至可以说,没有哪一类犯罪像强奸罪这样,对控告人和被告的态度历经了如此之大的转变。

第十八章
强奸罪政策的转变

迈克·泰森、卡恩和抗议学生

我刚走上教学岗位那个年代,想要成功起诉强奸犯可谓困难重重。受害者的证词必须由外部证据进行补强,而在其他犯罪中,有了受害者的证词就已足够。[1]受害者会就她的全部性经历被交叉询问,因此许多强奸受害者都望而却步,不愿意起诉。丈夫强奸妻子,无论他使用了怎样的暴力都不会被定罪,因为根据法律,"丈夫和妻子是一体的","他就是那个整体"。[2]这一荒诞的性别歧视玄学认定"丈夫无法自己强奸自己"。[3]陪审团不愿意宣判因强奸了"放荡"女人(通常指的是没有结婚的非处女)而被控告的"正直"年轻人有罪。[4]更离奇的是,有些法庭认定"穿着性感"就是某种形式的同意[5],因此妓女就不存在被强奸一说,因为她们从事的"行业"就是一个大写的同意。[6]在某些州,仅仅"不同意"还不够定强奸罪,即使受到死亡威胁,受害者都必须要"尽全力反抗"。[7]有些评论员竟然暗示,一个不愿意的女性从生理上来说是不可能被强奸的。[8]约会强奸则根本不算犯罪[9],在某些特定群体,例如大学兄弟会、军队、帮派和运动队中,强奸甚至被看作是彰显男性特权的行为。在某些上述群体中,如果有"弟兄"因强奸女性被指控了,所有其他兄弟就会作证说他们都和控告人发生过性关系。

结果就是许多如狼似虎的男性都逃过了强奸罪的惩罚,因为受害者不愿意发声,检察官不愿意指控,陪审团急于宣告无罪,上诉法院想都不想就推翻有罪判决。

正如我告诉学生的那样,这种对待强奸案的男性中心态度反映出的特殊规则早在一千年前就有了。虽然《十诫》中提到不得觊觎你邻居的妻子[10],《圣经》却并没有明文禁止强奸。《圣经》中,根据男人和女人地位的不同,分为允许的和不被允许的性行为。[11]一个已婚女性不能和丈夫之外的任何人发生性关系,但是一个已婚男性却可以和未婚女性以及妓女做爱。如果性交被允许了,那么通过暴力进行性交也是允许的。[12]如果一名男性强奸了一名仍在她父亲监护之下的未婚少女,那么他损坏这位父亲"财产"的"惩罚"是付给他一定金额的钱,同时还必须娶这个女孩,不得和她离婚。[13]这一制度下到底谁受到了更多惩罚,是犯罪者还是受害人?谁又是"受害人"呢,是女孩还是她父亲?[14]圣经时代和往后的几百年间,其他宗教和文明中也盛行着类似规则。[15]

从建国之初就指导着美国法院的普通法,其所持态度被英国首席大法官马修·黑尔(Matthew Hale)概括为:强奸指控"易于控告但难以证明,被告方更难以辩护,尽管他们从来都不那么无辜"。[16]

就算到了二十世纪早期,著名法学评论家约翰·威格莫尔(John Wigmore)还荒谬地提出指控男性强奸了自己的女性应当接受精神鉴定,因为"当代精神病学家"认为许多"叛逆年轻少女"有些心理情结,导致她们捏造出强奸指控:

> 不洁(姑且这么叫吧)的思维会使……捏造出幻想的性经历,叙述者自己要么是女主角,要么是受害者……然而,这种情形下真正的受害者往往是无辜的男性。[17]

二十世纪下半叶,政治和学术上的女权主义开始把目光集中在强奸罪法律中或明示或暗示的性别不平等上。[18]这股浪潮发端于课堂和学术期刊,紧接着席卷了立法机关和法庭。短时间内,指导了强奸案起诉几千年的那些过时条文就被更改了。强奸受害者的证词不再需要补强。[19]性侵受害者保障法禁止辩护律师询问强奸受害人以前的性经历。[20]丈夫强迫妻子做爱可能被起诉。[21]大部分司法管辖区都修订了对强奸中暴力与反抗要件的要求,只要未得到受害人的同意即构成强奸。[22]约会强奸受到和陌生人强奸同等严重的惩罚。最重要的是人们的态度改变了,至少在某些群体中,成员不再将欺凌弱小的男性当作有男子气概的英雄,也不再将穿着挑逗的女性当作自动同意的性伴侣。

> **陪审团义务**
>
> 在马萨诸塞州所有人都会被叫去当陪审员,甚至连现任最高法院大法官斯蒂芬·布雷耶(Stephen Breyer),在他还是上诉法院法官的时候也当过陪审员。数年前,在一起残忍的强奸儿童案中,我被选中出任陪审员。我很激动,想要从内部了解陪审团审判是什么样的,也想在这样一起重要案件中帮助伸张正义。我通过了第一轮筛选,出庭就座。律师们显然不认识我,但是法官认识。她把双方律师叫到法官席前说道:"你们知道六号陪审员是谁吗?你们想出现在他的下本书里吗?谁都行,求求你们赶紧把他踢掉。"结果,检方把我否了。我密切关注着案件的进展,觉得自己应该会投"有罪"一票。可惜我没这个机会。

在十多年的时间里,几乎所有让起诉强奸犯变得困难的法条都被修订了,过去的男性中心观点变成了女性中心的一边倒。就像许多大幅度的转变一样,鲜少有人留心去保持精确平衡,而这一平衡象征着我们对所有犯罪的一贯做法,即:检方必须担起大部分举证责任,同时宁可放过十个有罪的强奸犯,也不能误判一个无辜的被告。但一涉及强奸,就连这样有益的规则都能受到某些女权主义者的质疑。[23]一个重量级但激进的学者甚至暗示,所有性交从本质上来说都是强奸[24],应当推定所有男人都犯下了强奸罪。[25]这让我的一位同事讥讽道:"有些女权主义者把强奸看得十恶不赦,甚至无辜都不能当辩护理由了。"

总的来说,指导强奸起诉的法律都在往好的方向转变:有更多的有罪强奸犯被成功起诉,强奸案数量也明显减少了。[26]但是这样翻天覆地的变化也付出了相应的代价:更多无辜的被告或是证据存疑的被告被判了刑。当涉及修改指导追诉犯罪的法律时,天下极少有免费的午餐。几乎每一个使定罪罪犯更容易的改变,都多少会让无辜的人更可能被判刑。放到任一特定犯罪或法条上,都要问一个难解的问题:这样的取舍值不值得?

不管在法庭上还是在课堂中,我都经历过,也参与过强奸案件检控和辩护方式的变革。在我职业生涯的开端,那时法规对女性还很不利,我不愿意为被控强奸犯辩护,因为我不想交叉询问受害者的性经历。我觉得这一不公正的手段不是为了测试她们作为证人的可信度,而是为了让强奸受害者对提起控告望而却步。假使那段时日里我真的为一个强奸犯辩护了,我就没有选择,只能运用每一种法律允许的手段。随着规则的改变,我开始为被控强奸的当事人辩护了(以及一些强奸、性骚扰的受害者),我同时也就强奸罪进行教学和写作,因为在受害者权利和被告权利之间总要有所取舍,我的作为可以帮助确保在这两者间维持一种适当的平衡。

有一个例子展现了这种权衡在实践中的运作方式,发人深省,那就是充满争议的起诉迈克·泰森强奸一案,此案中我是他的上诉律师。泰森被指控强奸了德西蕾·华盛顿(Desiree Washington),这位年轻姑娘当时在印第安纳波利斯参加美国黑人小姐选美大赛,泰森作为受邀名流认识了她。凌晨一点四十五分,泰森给她打电话邀请她到自己的酒店房间,两人发生了性关系。她随后声称自己是被他强迫的。泰森则说是两厢情愿。陪审团相信了德西蕾。泰森被定罪后,他的经纪人唐·金(Don King)问我能不能在上诉中为这位前重量级拳王辩护。

迈克·泰森是强奸罪政策转变的受害者吗?

我第一次见到迈克·泰森是在他即将被判刑送进监狱的前夜。迈克在考虑要不要接受唐·金的建议,聘我为他的上诉律师。他当时和随行人员一同住在印第安纳州印第安纳波利斯的酒店房间。在简单聊了聊案件和上诉后,他转向我直白地问道:"那么教授,我有两个问题。你相信我是无辜的吗?你怎么看待我这个人?"我回答道,此刻我还没有足够的根据来判断他有罪还是无罪,因为我还没读庭审记录。他说:"好吧,这是你身为律师说的话。现在,男人与男人之间坦白了说,你觉得我怎么样?"我盯着他的眼睛说道:"如果你真是无辜的,那你就是个蠢蛋。"他转回视线看着我问:"你刚才是在骂我蠢蛋吗?"我说道:"对,如果你是无辜的,那你可真够蠢的,竟然在深夜两点让一个你不熟悉的女性进你的酒店房间,还没有目击证人,她能告你强奸都是你自找的。"他转向随行人员说道:"这个人刚才骂我是个蠢蛋,他一点儿没错。我不知道为什么你们没人这么骂我。他被雇用了。我需要一个在我做蠢事时直言不讳的人。"

这就是迈克·泰森——直白、中肯。准备他的上诉时我到监狱里探望过他好几次。监狱规定要求我们面对摄像头并排坐在一起。每当我说了什么他赞同的话,他就会友善地轻拍我的胳膊和大腿——对他来说是友善的轻拍!回到酒店时我可是浑身青紫了。

有一天我看见一个守卫奚落他,而他则拼命控制着自己。泰森在监狱里过得不容易。我给他送了书——有关他感兴趣的话题,比如古埃及、兴旺的二十年代和拳击史。我去看望他时,他会要我测测他书读得怎么样了,每次他都答得极好。

大多数时候我们在电话里讨论他的上诉。迈克得排数小时的队才能给我打电话。有一次我接电话时,他听见背景里我的小女儿在大哭,于是让我"照顾好你的孩子",说他之后再打过来。他一直很贴心。

尽管有些人很难相信,但迈克是一位非常棒的当事人,他总是彬彬有礼,诚实而可敬,而且一直为别人着想。上诉期间他没钱了,我依旧免费为他辩护。我没想过之后他会还我,但他刚出狱就打了一场比赛,没过几天,他给自己的每个律师寄了支票,把律师费全部付清了。

泰森的初审是场灾难。初审法官下定了决心要把他定罪,他那杰出的白领律师没怎么接触过强奸案,而且好像看泰森也不怎么顺眼。他并不适合为一名有争议的黑人拳击手辩护。尽管他有几名能干的年轻律师做助手,却还是一败涂地。为《今日美国》(USA Today)报道这次庭审的法律专家将之描述为"错误百出",充斥着泰森首席辩护律师犯下的"纰漏和低级错误"。我在媒体上关注了这次庭审,但直到我审阅了庭审记录才意识到泰森经历了怎样不公的审判。同意参加上诉后,我决定从头开始一场新的调查。我的目标是保证这位前重量级拳王能获得重审。

我召集了一支优秀的队伍,其中有我的弟弟内森,我儿子嘉明——他从耶鲁法学院毕业,曾担任马萨诸塞州联邦地区法院首席法官的助理,刚结束在"纽约法律援助协会"为期两年的工作。团队中还有和我一起担任戈德堡大法官助理的李·麦克特南(Lee McTurnan),他是印第安纳州的一流律师。

基于我们的调查以及新发现的证据,我确信迈克·泰森没有强奸德西蕾·华盛顿的意图,他是被冤枉的。

在看过一些新证据后,好几名陪审员也认同我的判断。其中一人说道:"我们[陪审团]当时觉得一个男人强奸了一个女人……[现在]回头再看,似乎是一个女人强奸了一个男人。"另一人告诉媒体,德西蕾·华盛顿这名控告泰森强奸自己的选美大赛参赛者"犯了罪"。

为了理解为什么这些陪审员对先前裁定的态度有了一百八十度大转弯,我们必须回到原审的庭审中,看看德西蕾·华盛顿是怎样把自己描绘成一个受害者的。庭审过程中她拒绝透露自己的姓名,也不暴露自己的长相。她呈现在陪审团面前的形象是一名害羞、年轻、不谙世事、宗教信仰虔诚的女学生,最大的愿望就是彻底摆脱这次不幸的遭遇。

她的家人说他们专门雇了一名律师去"挡住媒体",因为她不想抛头露面。她说她没打算起诉泰森,她也绝对没有为了诉讼聘请律师。当她和她的家人被问及是否和任何律师签订了风险代理协议时——一般只会和考虑要求金钱赔偿的律师签订这种协议——他们都声称自己甚至不知道这个术语是什么意思。当德西蕾的母亲被问到是否和律师讨论过诉讼费问题时,她说没有,而且她发誓"[我们家]和[聘来挡住媒体的]律师之间没签过任何书面文件"。

就像一位陪审员事后说的:"当她[华盛顿]说她不指望获得任何赔偿",这位陪审员相信了她,而且"那时觉得我们作了正确的决定"。另一位陪审员也表示同意,说在庭审时"她看上去非常非常可信",因为她没有理由撒谎,她不想要任何金钱赔偿,也不想从泰森的定罪中获得任何好处。这就是检方呈给陪审团故事的点睛之笔:受害者只想要讨回一个公道,不想要钱。

另一个关键点是,遇到泰森之前,德西蕾·华盛顿是一位没有性经验的处女。她作证声明自己是"一个信仰基督教的好女孩",检察官还告诉陪审团,她觉得自己和泰森约会后回家时还会是"和之前同样的女孩",还会是一个处女。在检察官口中,她是一名"天真,甚至有些幼稚"的姑娘。她知道有本地男孩胆敢试图"尝尝鲜"时要怎么"要他

第十八章 强奸罪政策的转变

们好看",言下之意就是她甚至不会和人搂着脖子亲热,也不会和男孩儿们互相爱抚。华盛顿家乡的一名女服务员这么说:"全美国都觉得这个女孩儿是害羞纯真那一款。"(根据性侵受害者**保障**法,泰森的律师无法撕破她的伪装。检方将性侵受害者保障法当作一把利剑,只凭一面之词描绘出了所谓受害者的形象——事后证明这完全是虚假的。)

检察官同时运用"穿着性感"理论的变体向陪审团进行了反证,告诉他们华盛顿去见泰森时穿着"粉色小圆点内裤"而不是"好莱坞式的弗雷德里克牌内衣",暗示她没有穿着那种女性为做爱特意穿的性感内衣。

最终,德西蕾·华盛顿将自己的形象固定为一个去进行无性柏拉图式约会的女孩,她不过是想在凌晨两点和泰森一起观光。当她坐进去酒店的豪华轿车,迈克试图亲吻她时,对于自己当时的反应,她是这么告诉陪审团的:"他凑近想亲我,我只是惊恐地往后退缩。"

换句话说,摆在陪审员们面前的是一位极其虔诚、天真烂漫、"纯洁无瑕"的女孩,她不与人接吻、爱抚,不耳鬓厮磨,也不穿性感内衣,在她看来,金钱和媒体关注都是远在天边的事情。

难怪陪审员们在这样一个经典的"她这么说,他却那么说"的证词对抗中选择相信了她的话。

调查中我们发现几乎每一句"她说",她的家人都会证实,检方明知道证词高度可疑甚至可能完全是伪造的,却还是呈给了陪审团。华盛顿一家没有像他们声称的那样聘律师"挡住媒体",他们做的恰恰相反——他们把德西蕾的故事卖给媒体大赚了一笔。庭审后,德西蕾的父亲唐纳德·华盛顿(Donale Washington)承认,他和律师谈论过电影版权问题,这名律师正是他对陪审团撒谎说雇来只是为了"挡住媒体"的那位。庭审后他接受采访时也承认:"我希望靠卖电影版权拿钱,那样才能大赚特赚。"

事实证明,华盛顿一家在庭审中作了伪证,他们否认和律师合谋向泰森提起损害赔偿诉讼,否认就该诉讼签订风险代理协议或任何书面文件的证词都是假的。德西蕾·华盛顿和迈克·泰森发生性关系后,华盛顿一家立即去见了一位位高权重的索赔律师。谈话的内容是华盛顿一家要如何利用德西蕾与泰森的约会赚取大笔钱财。他们谈到了电影版权、出版图书以及数百万美元的诉讼。律师仔细解释了什么是风险代理协议,华盛顿一家同意了这样的安排。在她父母的见证下,德西蕾签了该协议,这家人也收到了协议的副本。

检察官对这份风险代理协议心知肚明,也知道他的证人作了伪证。在检察官与德西蕾·华盛顿就交叉询问"彩排"时,他也确实问起过协议的事。但是检察官使出浑身解数不让真相泄露。他安排华盛顿一家避开他们的律师到庭,这样后者便错过庭审,在华盛顿一家作伪证,否认和他签订过任何风险代理协议或书面文件时,不必为道义所迫而站起来戳破他们的谎言。检察官在道德和法律上也有纠正他的证人所作伪证的义务。事实上,因为他就是默许华盛顿一家作伪证的人,他甚至有更大的责任。他不仅教唆了这家人,而且他让华盛顿的律师远离法庭,可以说是在积极地鼓励他们作伪证。

至少在一段时间内,这个计谋很成功。但是这位来自罗得岛的律师很快意识到他的当事人没有对陪审团实话实说。律师在自己的当事人或证人作伪证时有揭发他们的道德义务,于是这位律师开始担心了,他去找了罗得岛职业惩戒律师——这名律师负责执行指导律师行业的职业道德准则——寻求指导。她将这一事项提交至罗得岛最高法院,该法院史无前例地作出判决,判定"律师有义务告知[印第安纳州]刑事法院他签订了风险代理协议"[27],因为这份协议的"存在会影响陪审团的决定"。[28] 律师这样做了,但是印第安纳检方无视这一新证据,尽管罗得岛最高法院作出判决认为该协议可能会影响陪审团的裁决。然而,还有什么能比陪审团不知道的真相更重要呢?德西蕾·华盛顿有数百万美元押在了泰森是否被定罪上,因为如果泰森没有被定罪,她就很难得到金钱赔偿,也很难向媒体卖出自己的故事了。唯一能比前述更重要的,便是她在检方积极的帮助下,就自己控告泰森强奸的牟利动机向陪审团撒谎了。当陪审员们发现检方一名关键证人向他们说了谎,检方的论辩就会分崩离析,更不用说检察官也共同谋划编织了谎言。

事实证明德西蕾根本不是什么她假装的贞洁处女。庭审后她的名字一经公布,许多目击者就作证说德西蕾·华盛顿是一名性生活丰富、常出没于夜店的年轻女人。她的律师似乎也暗示,在华盛顿与泰森做爱的一个月**前**她还接受过性病检查。

德西蕾去见泰森时,穿上的"粉色小圆点内裤"而不是"好莱坞式的弗雷德里克牌内衣"也不是她自己**选的**。检察官知情但没有告诉陪审团的是,泰森打电话邀请时,她的性感内裤刚洗过还潮着,唯一干着的就是小圆点那一套。

陪审团不仅被告知了关于德西蕾·华盛顿平素性癖好的错误信息,他们也不知晓最关键的目击者证词,证词描述了德西蕾去泰森酒店房间之前的几分钟都在干什么。她否认自己在去酒店的豪车上与泰森亲热,事实上她作证说,她断然拒绝了泰森亲吻她的尝试,还"惊恐地往后退缩"。泰森的证词则恰好相反。他发誓当自己亲吻她时,"她回吻了我",去酒店的一路上他和华盛顿一直在"亲吻、爱抚"。因为泰森空口无凭,而且他的证词对己有利,陪审团显然会相信德西蕾的证词。

但实际上有三名目击者——他们都是没有利益关系的局外人——当豪华轿车停下来时正好在酒店门前,看见了泰森和华盛顿下车去房间前车里车外的情况。他们看见两人亲热——"简直是黏在一起难舍难分"——去酒店的路上还牵着手。(德西蕾否认他们亲热过,也不承认他们牵过手。)

当然,他们当时在亲热牵手并不能排除德西蕾之后对性交说"不"的可能。这也不意味着一个做了前戏的女性就不能随时拒绝进一步的性行为。她当然有权这么做,而且如果男性接下来在她不同意的情况下强迫她性交,那就是强奸。但是这些目击者的证词表明了三个重要事实:华盛顿在她没和泰森亲热一事上说了谎;泰森作证说当时他们亲热了,这是真话;最后,酒店大门在他们背后关上之前,华盛顿还在和泰森进行做爱前戏。

尽管在无法对证的"她这么说,他却那么说"的可信度对抗中,三名无利害关系目击者证人的证词十分重要,主审法官还是固执地拒绝让陪审团了解目击者证据。她裁决此证据披露得太迟,陪审团会对检方有"成见"——检方自己都承认这证据很关键。这真是荒唐可笑:这三名证人早在检方结辩**之前**——在他们知道德西蕾·华盛顿否认和泰森亲热后——辩方辩护**还没开始**时,就站了出来。那一大队检察官有充分的时间去准备交叉询问证人,如果他们时间不够,法官还可以暂时休庭。而且,辩方一查实那辆豪华轿车的窗户可以被这些新证人看透之后,就提请了法庭的注意。再退一步说,在刑事审判中突然出现新的辩方证人是很常见的事,《权利法案》也明文赋予了一名刑事被告传唤"对他有利的证人"的权利。[29] 尽管如此,法官还是拒绝让泰森传唤这三名关键证人。"寻求真相"也不过如此,到此而止。

在这么多年刑法教学和执业实务中,我还从来没有听说过有哪一个案子,法官会拒绝让刑事被告传唤能证明自己无罪的目击证人。法律(包括印第安纳州的法律)明确支持泰森这样做。法庭不让这些讲真话的证人出庭,显然犯下了可撤销判决的错误。

然而,这一位主审法官作出如此匪夷所思、史无前例的决定,排除这样关系重大又能为被告辩白的证据,却并不奇怪。主审法官帕特里夏·吉福德(Patricia Gifford)曾是一名专职专业的强奸罪检察官,对五十多起强奸案提起过公诉。她曾表示对强奸深恶痛绝,尤其是所谓的"约会强奸"。她还曾在法庭上训斥过律师,让他们甚至不要使用"约会强奸"这个词[30],她拒绝对陪审团作出传统的约会强奸指示,因为在该指示下,如果陪审团推定被告有合理的理由相信女方表示了同意,即使那不是她的本意,也必须宣告被告无罪。

在读过庭审记录后,我清楚了一点,那就是帕特里夏·吉福德没把自己在强奸案中的角色当作中立的法官,而是当成了和审判结果利益攸关的"另一个检察官"。她想要亲自确保印第安纳史上最著名的"强奸犯"被定罪并关入大牢。吉福德法官作出的每一个重要裁决几乎都对检方有利,包括排除那三名"关键"证人的裁决。

考虑到吉福德法官对强奸的态度和她在强奸案上的专业背景,检方怎么会如此幸运由她来出任泰森案的法官,这不禁使人好奇。然而,幸运并不是法官选择的一部分。根据印第安纳波利斯的法律和实践,检察官能够选择泰森案的主审法官。我不知道这自由世界上还有其他什么地方可以由检察官遴选法官。而本案检察官就算选得不那么公正,也称得上明智。

好几位著名评论员——包括印第安纳州刑事诉讼程序方面的泰斗——得出结论,认为主审法官排除那三名关键证人是犯了严重的法律错误。《美国律师》和《纽约法学杂志》上发表的文章作出了同样的结论,和我讨论过的大部分律师和法学教授也这么认为。

尽管知道这么大的问题会在上诉中被提出来,吉福德法官还是听取了检察官愚蠢的理由,认为这位名人被告能以某种办法悄悄溜走,逃到一个没有引渡条约的国家,于是拒绝了泰森的保释申请。她还裁决所有上诉问题都是"无意义的"——言下之意,既然没可能获胜,那么律师就连提出它们都是违反职业道德的！（我们当然无视了这一荒唐的结论，还是提出了这些"无意义的"论辩，好几位上诉法官认为其有理有据令人信服。）最后，仿佛是为了证明自己是个提倡者而不是个法官，她积极地在媒体上游说反对撤销判决，召开了一场记者招待会，而且根据新闻报道，"表达了对她的裁决被推翻的担忧，尤其还是这样一个光诉讼成本就高达十五万美元的国际知名案件"。她还就"推翻这样一个案件重新审判将耗费的大量时间精力"作了评论。几名本地律师告诉我们，她甚至亲自去游说上诉法院的法官让他们不要撤销判决。如果真有这样的行为，她不仅违反了职业道德，还违反了《司法行为准则》，可能会使她被取消法官资格，但本地媒体却对她大加赞扬。看来在印第安纳州，如果被告是个被鄙视的外州人，那么法官亲自游说也是可以的。

初审中这个案子差点就赢了。吉福德法官一边倒的裁决扭转了本来对泰森有利的形势，否则本来检方是很难占上风的。即使没了解那些能证明泰森无辜的证据，初审的陪审团投票结果也是六比六。最终，那六名投给有罪的陪审员以没理由不相信德西蕾·华盛顿的证词说服了投了无罪的另外六人。但是她的证词十分牵强，尤其是在审查了那些曾被隐藏，但现在一览无余的故事背景之后。

问题来了，对那晚发生的事，德西蕾·华盛顿到底是怎么描述的？

尽管德西蕾·华盛顿坚称她没兴趣和泰森做爱，她却承认自己诱惑了泰森而且行为像是个追星族。德西蕾参加的美国黑人小姐选美大赛的总导演还批评过她，就因为她表现得像"追星族"。他俩第一次见面是在选美大赛彩排期间，她坐在泰森腿上搂着他，给他看了一张自己穿着泳衣的照片，给了他自己的酒店房间号码，并且同意和他出去约会。凌晨一点四十五分，她接了泰森的电话，答应下楼在他的豪华轿车里碰面。接着她就进了浴室垫上护垫，以防自己借来的昂贵裙

第十八章 强奸罪政策的转变

子在接下来的几个小时里被刚来的月经弄脏,她以为他们会去观光、狂欢。凌晨两点,她自愿和泰森一道进了他的酒店房间,和他一起坐在床上,接着进浴室撕掉护垫却没有再换上新的。她是怎么想的,难道就不怕在接下来数小时计划好的观光狂欢中把借来的价值三百美元的衣服弄脏吗?她换掉护垫没有贴上新的,最合理的解释就是她预计会和泰森发生自愿性行为。

何况如果不想做爱,她可以轻易地把自己锁在浴室里,用浴室的电话向外求助。浴室的锁和电话都是好的。然而她自愿走出了浴室,经过一扇通往外面走廊的门,返回了泰森的卧室,然后和他在床上做爱。

根据华盛顿自己的证词,他们做爱时泰森问她想不想试试"上位",她回答说"好啊",然后爬到了泰森身上——这可不是强奸受害者会有的体位!

迈克·泰森有充分的理由相信德西蕾只是一个想和明星运动员做爱的追星族。和粉丝做爱的"潜规则"可是众所周知的。粉丝想和超级明星做爱,然后就能吹嘘自己和"得分王""冠军"或"巨星"上床了。有些像华盛顿这样的粉丝希望明星会爱上自己,为自己带来荣华富贵。确实有几名其他参赛者作证说,遇见迈克·泰森后,德西蕾洋洋自得地称她之所以和他约会是因为"迈克·泰森就这样。他有钱,他很蠢,你看罗宾·吉文斯(Robin Givens)是怎么把他耍得团团转的"。她告诉一个朋友:"罗宾·吉文斯套牢过他,我也能这样……反正他很蠢。"她这么告诉室友:"迈克不需要知道怎么讲话。他来负责赚钱,我来应付媒体。"

泰森作证,当他第一次约她出来——有目击者在场,德西蕾提出想看电影或者共进晚餐。但是泰森拒绝了:"那不是我想(做)的……我想要你。我想上你。"目击者——歌手约翰尼·吉尔(Johnny

Gill)——宣誓证明泰森说过："我想做爱。"之后吉尔问泰森怎么能对女性这么直白,泰森解释说他习惯有话直说。

德西蕾·华盛顿明知道自己进迈克房间时他想要做爱,然而她却作证说她丝毫没料到泰森想上床。令人难以置信的是还真有理性的人相信她的话。她可能觉得失望、受伤,因为泰森只把她当成一个粉丝,而不是可以长久相处的恋爱对象。她意识到自己没法像罗宾·吉文斯一样利用他对自己的性趣达到自己的目的,加上她还害怕家人知道自己和泰森有了一夜情之后的反应。她的一个朋友告诉媒体,她父亲发现她和泰森上床后大发雷霆,德西蕾"只好谎称自己被强奸了"。

我们的调查显示,她之前和高中橄榄球队明星也有过自愿性爱,她的父亲发现后威胁要打她,于是她对父亲撒谎说自己被强奸了,诬陷了橄榄球队员。

我们的调查还显示,德西蕾的父亲有对女儿的暴力史。她的母亲曾以企图伤害和殴击罪起诉拘留过德西蕾的父亲。"在她的口供中,"媒体这样报道,"德西蕾告诉警方自己的父亲'打我,把我的头按在水池底下……他不停地把我的头往墙上和地上撞。我挣开他,抓过一把刀保护自己'。"据报道,她母亲的誓词中称,女儿告诉自己的丈夫"她破处了"之后,他"勃然大怒"——那是德西蕾遇见迈克·泰森很早以前的事。

这一回自愿和泰森上床后,为了再次避开父亲的怒火,德西蕾显然决定再度谎称被强奸了。起初她说泰森"试图"强奸她。而一开始她说自己根本没和他做爱。接着她又说他们是"在地板上做的"。她告诉医院的女牧师,在泰森强迫她之前,自己"参与"了一些行为,也自愿进行了一些肢体接触。她最终确定的供述和她在庭上给出的一致:泰森在床上强奸了她,她先前没有任何自愿参与行为。

除了泰森和华盛顿,没人知道酒店房间紧闭的门后到底发生过什么。没有录像带,也没有任何可以证实华盛顿所说的物证。确实,已有物证完全和她的说法相反。她当时穿着一件镶满金属亮片的衣服,她声称泰森"把她扔到床上"时"扯下了"她的衣服。如果真有这回事,那酒店房间应该到处都是金属亮片。庭审中这条裙子被作为证据小心翼翼地呈上时,金属亮片确实簌簌掉在了法庭地板上。但是在宣称的强暴发生后,泰森的酒店房间里只找到了一片金属亮片。

华盛顿小姐声称泰森"暴力"强奸了她,但在她身上没有发现任何同她供述吻合的伤痕——外在和内在的都没有。她证词中的描述是,泰森压在她身上,将他的前臂交叉于胸前压住了她,然后强行进入了她。[31]

如果重达230磅、肌肉发达的泰森确实对只有105磅的华盛顿这样做了,肯定会留下淤青、伤痕以及挫伤,断了肋骨都有可能。但在性行为发生后仅仅数小时,华盛顿到达医院,身上却甚至连最轻微的淤青都没有。医生只发现了两处微小的擦伤,权威专家称这和两厢情愿的性行为特征完全一致——尤其是在男性阴茎大于平均或女性阴道小于平均时。在两人第一次进行自愿性行为,对彼此做爱时的动作还不熟悉的情况下,也很可能造成这样的小擦伤。另外,迈克·泰森对事件的描述却和物证完全吻合。如果法官没有排除那三名客观目击者的证词——他们看见两人进房间前不久还在亲热接吻——就会发现他们的证词与物证也是一致的。

尽管缺少证实德西蕾·华盛顿说法的物证,陪审团最终还是相信了她,因为不存在什么有说服力的理由不去相信一个年轻、信教、没有性经验的女孩,她也没有潜在动机让自己忍受强奸案审判的折磨。但事实上有充分的理由不去相信她。就像一名陪审员之后说的:"她[在庭审时]非常非常令人信服,但现在她一点都不可信了。放到现在,我不会相信她说的任何话。我愿意签一份宣誓书,我发誓如果当时我们知道案子背后的经济利益,我肯定不会投他有罪那一票。迈克·泰森应该被重新审判。"

鉴于吉福德法官在初审中犯了大量错误,这本该是我打过的上诉官司里最轻松的一个。法律、新证据、初审中的司法错误及检方错误都明确要求撤销原判,重新审判。

读了我们辩论摘要、听过我们口头辩论的法律专家认为我们应该会赢得上诉。法律站在我们这边。事实也站在我们这边。我们的辩论摘要和辩论都比对手强上很多。报道了初审的法律专家观看完上诉辩论后,在《今日美国》上发表的文章中写道:

> 星期一,迈克·泰森在法庭上大获全胜……尽管初审的庭审笔录中满是这位斗士上一任法律团队犯下的疏忽和低级错误,德肖维茨和他的同事们据理力争,坚持必须撤销泰森的有罪判决……泰森付的律师费可谓值回票价……推翻陪审团作出的刑事有罪判决很少见,但是泰森的律师兴许成功切中了可以让他脱罪的要害。

我相信——我觉得大多数观察员也相信——如果泰森在第二次审判中,在陪审团面前摆出全部的新证据,他就会被迅速地宣告无罪。但这可是印第安纳。他们把泰森的定罪当成战利品,而且他们还有这样一位原审法官,她为了阻挠会使自己难堪同时还会开释泰森的重审,违背职业精神,召开了一场记者招待会,可能还不道德地游说了上诉法院法官。

最终印第安纳州最高法院以二比二的投票结果维持了原判,首席大法官则编造了自己不适格的借口没参与判决。在一次耶鲁法学院同学会上,他派他的妻子过来和我讲话。我当时正在和乔治·华盛顿大学的校长聊天,一位女士走到我面前说:"你的纽约风格在印第安纳行不通。"我不知道她是谁,但她一说自己是印第安纳州首席大法官的妻子,我就立即远离了她,说道:"我们不能交谈。"接着首席大法官就把这次刻意的偶遇当作了自己不适格的借口。[32]起初他不肯承认,但在我给出了一份乔治·华盛顿大学校长的宣誓书后,首席大法官不情不愿地承认了他撤换自己的依据。他撤下自己尤为虚伪,鉴于传闻中原审法官游说让他们维持原判的其他法官没一人要求撤换自己。我觉得这位主审法官没判这个案子的真正原因是,他自己先前的判决会要求他撤销原判,但如果他这么做了,公众就会想起他自己被一个法官同事起诉与一名法官助理有不当性行为的事。

我在世界各地进行法律执业的五十年里,还从来没有遇见过比1992年的印第安纳州法院更腐败透顶的司法系统,也没见过比迈克·泰森的初审和上诉更不公正的审判。如果"难案立坏法"[33]①,那么泰森一案就证明不受欢迎的名人被告通常得不到公正裁决。如果迈克·泰森不是个世界闻名的拳击手,出了名的彪悍,如果他有一名热心且处理强奸案经验丰富的出庭律师,又遇上一名公正的法官,他根本不会因为莫须有的强奸而被定罪。即使他被定罪了,他的有罪判决也本该被推翻。泰森遭人算计,付出了沉重的代价——丢了自己的事业,还度过了几年艰苦的牢狱时光,这都是因为他和一个年轻女性有了一夜情。我坚信这场性爱是两厢情愿的,但是那名女性显然后悔同意了泰森,于是决定利用这次一夜情发财。最后她拿到了钱——一大笔钱——尽管她宣誓作证她不想获得任何经济补偿。

我在上诉中为迈克·泰森辩护的决定引起了极大的争议和一些人不加掩饰的怨恨。强奸是个极度敏感的话题,一些极端主义者认为其非黑即白。

一些激进的女权主义者,例如吉福德法官,将熟人强奸——此种

---

① 原意是极端案件不能作为起草一般法律的依据。——译者注

情形下男方确实误解了伙伴的意图,以为获得了同意——看作同陌生人持刀威胁强奸一样罪大恶极。一封读者来信批判了我对约会强奸的看法,信里是这样说理的:

> 德肖维茨真是越来越讨人喜欢了,他认为就约会强奸和熟人强奸而言,不同的认知可能在无意之中造成对模棱两可行为的伪证。让我解释清楚:不就是不。不存在什么灰色地带。

然而在许多约会强奸案中,据称受害人没有说不。她也没说可以。灰色地带还是存在的。

我收到过无数的信件、电话以及谴责我同意为泰森上诉辩护的人身攻击。以下是一些节选:

> 泰森这样的流氓竟然请得起最好的辩护律师,简直没天理了……但是既然你本可以拒绝为他辩护,我责怪你!

> 当你选择为迈克·泰森那样的人辩护时,你的行为也给犹太群体抹了黑……我现在觉得很难理解,你怎么能为一个被定罪的强奸犯进行这般激情洋溢的辩护。

> 如果你在上诉中辩护,艾伦·德肖维茨,那你真不要脸。

最令我吃惊的反馈来自某些哈佛法学院学生,他们本应该理解,我们这种对抗式诉讼制度要求所有被定罪的被告都有获得积极上诉辩护的权利。

我不知道那灾难性的一晚迈克·泰森的酒店房间里发生了什么,但发生的事可能被归入灰色地带。他相信德西蕾·华盛顿是想和自己做爱。她可能心情矛盾,或者传递出了模棱两可的信号(尽管我很怀疑)。这个案件两方势均力敌,泰森也有获得积极辩护的权利。

然而好几个我的学生十分强烈地反对我,他们的老师,去为一个

"被定罪的强奸犯"辩护。其中几个甚至还威胁要控告我"性骚扰",因为我为泰森辩护,对那些认定他有罪的学生来说是创造了"敌对环境"。

抗议还扩大到了我在课堂上讨论强奸罪的方式。在我的刑法学班里,我将强奸罪作为前沿学科的一个范例讲授,这类罪行经常在被告权利与控告人权利间形成激烈的冲突。与往常一样,我在政治正确问题上扮演了"魔鬼代言人"。打个比方,尽管我个人反对死刑,我却为死刑辩护,然后让学生们想出更好的论据反驳我。如果他们不能辩倒我,他们就永远不可能说服支持死刑的大多数美国人和法官。

同样,到了强奸这个主题,我也扮演了学生们不愿意辩护的那方角色,摆出了多数美国人相信的理由。我指出,根据联邦调查局的数据,强奸是暴力犯罪中漏报最多同时谎报也最多的罪行:根据估算,每有一次强奸报案,就有十次强奸没有举报;但是与此同时,所有强奸报案中有相当大的比例事后证明是没有事实依据的,这一谎报的比率比其他任何暴力犯罪都高。[34]

总而言之,我探讨强奸罪的课上往往争论不休,剑拔弩张。大部分学生似乎挺喜欢辩论的过程。有些甚至改变了自己原本的立场。

但是有些学生觉得我作为"魔鬼代言人"提出的观点政治立场不正确。这恰恰是我坚持要表达它们的原因。如果学生们只能听到让他们安心的"正确"观点,那我对他们的教育就是不完整的。我告诉我的学生,我的任务不是让他们对自己的观点有信心,而是质疑每一种观点。这就是法学教育中"苏格拉底式诘问"的根本目的。这也是现实中法律实务的要求。

一小群学生指责我从公民自由角度讲授强奸罪,他们的意思是我把可能的强奸受害者的合法权益同被指控被告的宪法权利放在一杆秤上衡量。我回答道,就像学生们可以不受阻碍地了解关于其他犯罪的各种观点一样,让他们了解关于强奸的各类观点也很重要。我提醒他们,课堂上发言的大多数学生表达的都是政治正确的观点。我也邀请了嘉宾来代表女权主义的观点。对付攻击性的观点不能审查这个观点本身,而要想出一个更好的论据去驳倒它。但这些学生不想听到也不想让自己的同学听到除自己以外其他人的观点。他们自以为了解"真相",就没理由去听令人恼火的"谎言"。

我被告知有几名激进的女权主义学生聚在一起,讨论出一套行动方案,要对我为迈克·泰森辩护的决定予以回击;他们要利用学期末的学生评教警告那些讲授强奸罪时不遵守"党派路线"的教授。有人警告我要做好本学期测评"一塌糊涂"的心理准备。

当我拿到了自己的测评结果,我意识到如果是个没有终身教职的教授,招致政治正确护卫队的怒火该是件多么危险的事。大多数学生挺欣赏我课堂上观点的多样化("勇于讨论敏感话题,说出不受欢迎的观点","非常善于提出不同见解","帮助我更灵活地认识法条","虚心接受批评","公平地呈现很少有人提到的一面","全校参与度最高的课程","我见过的最踏实做学问的教授")。但也有一小群学生利用评教的权力,对我政治不正确的教学进行政治上的打击报复。一名学生说我因为"晦涩的强奸案举例"而"不配在哈佛教书"。另一个声称女性应当有不上我的课的"选择权",因为我"花了整整两天谈论谎报的强奸案"。还有一个要求暂停我的"教学特权"。(至于那些同样是我教的,但强奸罪不在教学大纲里的课程,我的学生评价则几近完美。)

一直以来我都努力根据学生评价改进自身,但我拒绝因为威胁就放弃我觉得最能激发思考的教学方法。我行使自己的学术自由不需要什么勇气,因为我有终身教职。但一个没有终身教职的助理教授有勇气激怒那些政治正确"警察"吗?有其他职位没那么稳固的教师被负面评价(负面评价对终身教职来说是致命的)胁迫改变了自己的教学方式吗？肯定有。这对学术自由和优质教育都构成了真实的威胁。一位刑法学教授告诉我，他在找不包含强奸案的案例教科书："如果书里有但我跳过了那节，我会被骂。如果我讨论了那部分，我还是会被骂。但如果书里本来就没有，那就是书的错了。"瞧瞧什么叫胆小如鼠吧！

我让那些威胁要以性骚扰起诉我的学生们放手去干。我可乐意反驳这样的指控了，我会证明他们滥用了真正的性骚扰这一道德重罪。我为遭受过真正性骚扰的女性——包括一名研究生，她的导师告诉她推荐信写得好不好要取决于她是否和自己上床——辩护过。我理解性骚扰造成的巨大痛苦。那名学生极度不安，她的自信心都被粉碎了。她想要正义，也想确保她身为学者的学术生涯不会因为她拒绝为了一封充满溢美之词的推荐信去"迎合"导师的要求而受到影响。

这才是真正的性骚扰！倾听关于强奸的不同观点才不是性骚扰，那是教育。

至于被性骚扰的研究生，我建议她投诉，同时提起诉讼。我告诉她投诉具体要怎么做，她说她明白了，也准备好接受采证、交叉询问，忍受一切对她个人的诽谤。但是第二天她到我的办公室，告诉我她没法熬过这一关。她害怕极了，觉得对付这样一个有权有势的教授会毁掉自己想当一名学者的前程。但是她也担心如果自己什么都不做，他就会兑现威胁，给她写一封糟透的推荐信。

我建议她去和那位教授谈一谈，告诉他，她咨询过我，但是决定不投诉也不起诉，并且她希望教授能写一封她应得的推荐信。她这么做了，最终拿到了一封出色的推荐信。现在她在一所很好的大学教书，那位教授也是。

我班上的学生没把他们的威胁坚持到底。

有些人撒谎、夸大或记错事实

我继续在教学中挑战我的学生,我既给他们讲有罪的强奸犯被错放的强奸案,也给他们讲无辜的人被诬告的强奸案。重罪中,强奸是漏报最多的犯罪之一,许多强奸犯仍逍遥法外,重复作案,但这一现实不应让我们无视另一个同等重要的事实,那就是强奸也是谎报最多的犯罪之一。我告诉学生,当涉及强奸这一重罪时,相比其他没那么情绪化的犯罪,似乎男性和女性都会更经常地撒谎、夸大或记错事实。我在职业生涯的早期就发现了这一点,当时我遇上了发生在马萨诸塞州普罗温斯敦的一起据称的强奸案。

一位年轻女士和一名男士订了婚,两人正在普罗温斯敦度假,女方是我同事的亲戚。男士出门散步,几个小时后回来时却心烦意乱、衣衫不整。他的未婚妻问他发生了什么,他说他受邀和一群人乘船兜风,然后其中一人强奸了他,而同行的其他人并没有阻止。他将强奸犯描述为在脖子上戴着一颗鲨鱼牙项链的黑人。在他未婚妻的坚持下,他向警方报了案,警方随即发布全境通告,搜捕符合描述的据称强奸犯。

年轻男士的未婚妻给我同事打了电话,请她给自己的未婚夫提供意见。她找我协助。我们去了警局,观察警方讯问这名年轻男子。作为经验丰富的辩护律师,我们很快就对他的故事起了疑心。

我的同事要求和她的当事人独处,然后询问了事件发生时的情形。最终年轻男子松了口,承认他是自愿做爱的。他对她倾诉,说他不确定自己的性向,又因为很快就要结婚了,所以他想试试男性对自己有没有吸引力。他事后对自己的行为感到羞愧,却又不想让未婚妻知道,因为他害怕这件事会终止两人的婚约。我的同事告诉这个年轻人,他有对未婚妻坦白的道德义务,也有对警方坦白的法律义务。

起初这位年轻人拒绝坦白。在和我交换了意见后,我的同事告诉他,他真的别无选择,因为她有举报他虚假报案——这样的罪行将他人的生命自由置于危险之中,只要他们符合戴着鲨鱼牙项链的黑人这一描述——这种持续犯罪的义务。(年轻男子不想给和他自愿做爱的男人惹上麻烦,于是他借用了人们对"黑人"强奸犯的刻板印象。)我的同事告诉他,她会尝试和警方达成协议,这样只要他坦白交代就不用被起诉了。

年轻人把真相告诉了警察和自己的未婚妻。警方取消了全境通告,我的同事也说服了他们不去起诉这位年轻人。我不知道两人的订婚最终怎样了,但我知道自己从这次经历中学到很多,关于性行为的复杂性,以及必须将强奸指控摆在对抗制程序的一贯审查之下。

此外,就熟人强奸和约会强奸来说,不同的认知可能在无意之中造成对模棱两可行为的伪证,这样的行为性质介于侵略性诱惑和性侵犯罪之间。当涉及性行为时,男性和女性经常对同样一段录像展示的内容保有不同的"记忆"。就像分析过好几起谎报强奸的英国记者安吉拉·兰伯特(Angela Lambert)说的那样:"一个女人谎称一个男人强奸了自己可能有很多理由。"她接着论述道:"认为所有女人都很诚实,所有男人都是强奸犯,这样的看法并不能证明我们是好的女权主义者,而是恰恰相反。这说明我们和种族主义者一样抱怀偏见、心胸狭隘又顽固不化。"[35] 我们刑事司法系统的验谎机制绝对不能向某些政治正确概念妥协,认为一牵涉到强奸就只有女性说的是真话。

2011年一起受到广泛关注的案件,很好地说明了即使发生强奸案,男性和女性都有可能说谎。在纽约一家高档酒店工作的一名女清洁工指控多米尼克·斯特劳斯-卡恩(Dominique Strauss-Kahn)——时任国际货币基金组织总裁——强迫她为他口交。[36] 据说他的律师起初否认两人之间发生过任何关系,称当时他正在和女儿共进午餐。[37]但是在女清洁工的内衣和她声称他射精的房间地点找到了他的 DNA 证据后,他的律师承认发生了口交,但坚称那完全是两厢情愿的。[38]DSK(卡恩)——全世界都这么叫他——以性侵罪被起诉了。[39]

几日之内,据称受害人的可信度迅速下降。她在难民申请表上撒了谎,声称她在几内亚曾被轮奸。她和一个在狱中的朋友之间的电话录音同样表明,尽管她说的话(从非洲本地黑话翻译而来)模糊不清,对话也暗示,她想通过起诉那个她说侵犯了自己的有钱男人,从他身上勒索一笔。[40]

最终,曼哈顿地区检察官决定撤销指控。[41]我觉得这是个极好的教学案例,于是把受害者的律师请到了哈佛的课堂上,为此我还签了地区检察官的备忘录请求许可。第二年我又请卡恩的律师过来,让他对学生们讲述他的观点。这些课上学生们兴致都很高,课后有几名学生跟我说他们改变了原先的看法——两方的学生都有。一名学生将这一课比作《罗生门》——起初我觉得他是有罪的,然后又觉得无罪,有罪,无罪,到最后我也不确定了"。我继续问学生,当地区检察官怀疑受害者的可信度时,什么情况下他才能撤回强奸指控,合理的标准又是什么? 一些认为只要地区检察官相信罪行确实发生了,他就应该把问题留给陪审团裁决,让他们根据所有证据,包括 DNA 证据和其他间接证据来判断。另一些则认为只要他不能完全确定受害人讲的是真话,他就永远不应该提起公诉。

为了更生动形象地说明这些抽象论据,我决定在全班面前扮演一个热心积极的检察官,假定他会发表结案陈词:

> 本案中的受害人声称她被卡恩强迫进行口交。卡恩的辩护律师在媒体上、辩论摘要和开场陈述中,都辩解口交完全是出于两厢情愿。
>
> 在你们考虑谁的说法是真,谁的是假的时候,我希望你们承

认一个事实,那就是受害人过去曾说过许多谎言,她不能被完全信任。换句话说,如果除受害人的一面之词外没有其他证据或论据,那么卡恩就可能是无罪的。但是综合考虑本案中的证据和论据后会发现,本案中的口交更有可能是被迫发生而不是自愿的。

首先,我希望你们观察一下事件的两名参与者。她是一名有魅力的年轻女性,穿着连裤袜和内衣。被告的DNA是在她内衣的松紧带上发现的,有力证明了他当时在试图把被告的衣服扯下来。

你们已经看过被告的照片,他在被逮捕后赤身裸体,当时医生正在检查他身上的伤痕。看着这张照片想象一下,像他律师承认他干的那样,卡恩走出浴室,又光着身子进了卧室,当时本案的受害人看到的该是怎样的画面。

如果要接受辩方的自愿口交理论,你们就要相信以下"事实":

受害人看着这个肥胖、身材走形的六十二岁男人,一句话没说就决定,他对她来说是如此有性方面的吸引力,因此她一定要在卧室的小角落里给他口交七分钟让他心满意足。她这么做是在图什么呢?根据辩方的理论,她图的就是给一个矮小肥胖的老男人口交带来的快感。

这大体上就是辩方认为发生的事。现在,我们都知道检方有排除合理怀疑的举证责任,被告不需要站上证人席,也不需要证明自己的清白。但是在本案中,因为被告是公众人物,所以他自己提出了一个辩护理由:她想为他口交,这完全是自愿的。如果你相信这个理由——或者哪怕你可以合理地相信,她可能因为被他吸引了而主动要求给他口交——那你就应该判他无罪。但如果在排除了合理怀疑的情况下,你认为辩方的自愿口交理论完全站不住脚,那你就应该审查能够证实受害人描述——即他强迫她给他口交——的全部证据,然后决定这些证据能否在排除合理怀疑的前提下证实她的故事。

补强证据包括房间里发现 DNA 的地点,她内衣上发现 DNA 的位置;她告诉医生的肩膀疼痛;时间顺序;没有能证明她在事件当时认出了卡恩的证据;还有两名当事人之间的对比,例如年龄、长相、社会地位,以及在房间里发生自愿性行为对两人来说有什么好处和坏处。

当你们考虑到本案中呈上的全部证据和论据,我相信你们对于本案中的口交不是两厢情愿这一点,都不会存在任何合理怀疑。[42]

在听完我"扮演"的论辩后,多数学生认为那位地区检察官撤回指控过于草率。大部分人觉得本案中男方和女方**都**撒了谎,只不过在"同意(口交)"这件事上,男方的谎言比女方的更有关联。

当然,本案可能还有第三种情况:卡恩付钱给受害人让她给自己口交。但是既没有人声称,也没有证据证明存在付款行为——卡恩还公开声明过自己不赞成钱色交易。而且,虽然辩方没有证明任何事情的义务,陪审团和检方却应当根据证据而不是臆测来作出决定。就像卡恩的律师在课堂上说的,受害人可能是因为希望卡恩付钱而自愿给他口交的,但是卡恩没给她钱,于是她决定报案,这样他就别无选择,只能掏钱压下此事,他最后的确也是这么做的。这也是可能的,但这不过是臆测——没有证据,无法支撑期待支付落空或是敲诈动机的理论。

不管从什么客观标准来看,对卡恩的检控都比对迈克·泰森的检控有力得多,因为卡恩案有多得多的补强证据。更何况,泰森案中所谓的受害人说过的一连串谎言动摇了她对所谓强奸的供述,也让人质疑她提出控告的动机。

然而泰森被定罪,针对卡恩的指控却被撤销。强奸罪的检控就是这么变幻无常[43],就像我多年间辩护咨询过的几起其他案子证明的那样,强奸罪的客观真相极少得到证实。

强奸与勒索

强奸罪行本身如此骇人听闻,有时还会引致敲诈勒索。我在职业生涯中参与过好几起案件,我的当事人遭人威胁,说除非他们支付大笔金钱,否则就要被诬告强奸。在我咨询过的这样一个案子里,联邦调查局成功录下了勒索电话,打电话的女人坐了牢。另外一个案子中,男方拒绝付钱,勒索犯也没有把威胁付诸实践。还有一个案子,男人付了钱,勒索犯也遵守约定保持了沉默。

一个有罪的强奸犯自然有可能被敲诈。布鲁克林地区检察官办公室声称博罗公园区的一个案子里就发生了这种事情,那一带是我长大的地方。这也是为什么检察官对被控勒索犯和被控强奸犯均提起了公诉。

我的当事人是个上了年纪的哈西德派教徒,他有一个富有的儿子。一个二十来岁的男性指控他早些年曾不正当地摸过自己,就在自己快过十七岁生日之前(纽约的法定承诺年龄是十七岁)。控告人是个无可救药的瘾君子,他靠闯进犹太教堂偷募捐箱里的钱来买毒品。据认识他的人说,他也通过性交易挣钱购买毒品。年轻男子声称我的当事人允许他开自己的车,还在若干场合与他进行口交。陪审团相信了他的话,法官判了被告三十四年徒刑——这对他来说就是终身监禁了。

被告的儿子请我准备被告的上诉并为被告辩护。他告诉我在初审开庭之前,另一个哈西德派教徒曾找上他,跟他说"付个几十万美元",自己就能"让这场官司烟消云散"。他还给我们放了一段受害人熟人偷偷录下的磁带录音,受害人在录音中承认,被告之所以进了监狱,全是因为他不肯付钱。我同意调查这件事并在上诉中为被告辩护。

我们揭露了利用某些哈西德派教徒中存在性侵犯的悲惨现实进行敲诈勒索的巨大利益链条。就像别的宗教(以及世俗)团体一样,这一群体中也有"家丑不可外扬"的内部压力,禁止成员向执法部门揭发性侵行为。知晓这一双重现象后——性侵泛滥,但又迫于压力不向执法部门举报——敲诈勒索的行业便兴起了,专门针对那些德高望重的哈西德派教徒,他们易受性行为不端指控影响,又拿得出封口费。

我们向检察官提交了调查结果,大陪审团对勒索嫌犯中的两人提起了指控。然而,检察官还是认定我的当事人——勒索的受害人——有罪,尽管控告他的人显然参与了密谋勒索,收钱指证我的当事人,而且我们的调查也证明在"受害人"声称的事件发生时,他本人甚至都不在博罗公园区。

因为警方隐匿了对被告有利的证据(包括勒索的证据),我们打赢了上诉。[44]

利用可卡因强奸?

如果男性没有强迫女性,女性看上去是自愿的,也没有反抗,这种情况还可能构成强奸吗?答案是可能。根据法律,性伴侣必须基于自由意志作出同意表示,在毒品、酒精或其他干扰意志自由的因素影响下作出的"自愿同意"表示均为无效。如果在女方不知情的情况下给她注射毒品就更是如此。[45]这样严重的问题有两种情形:男性将约会强奸用药物加进没有防备的女性的饮料里,以及男性故意将女性灌醉以减少她们的反抗。法律对第一种情形规定得很清楚:使用药物毒品减少女性的反抗不仅构成强奸,违背他人意志下药还单独构成另一类犯罪。而对于男性在约会中不停给女性灌酒,法律的规定就没那么明确了:通常情况下,女性应该对自己的决定负责——喝酒、喝醉或者是同意做爱。但如果男性不当利用了女性的醉酒状态,他的行为可能就会越界而构成强奸。这在本质上就是个程度问题。

几年前我负责的一个案子就涉及若干这样的难题。我的当事人在西部一个州当会计,他因为勾引过自己手下的女秘书们而臭名远扬。[46]勾引自然不算犯罪,但如果被勾引者为勾引者工作,那就可能构成性骚扰。本案中,这名会计办公室的装潢与其说是为了工作,不如说就是为了勾引。办公室里书很少,倒是有厚厚的长绒地毯、沙发、抱枕,还有一个功能齐全的小酒吧。在事件发生的晚上,一名在这间办公室工作的秘书留下来加班,然后和她的上司以及上司的几个朋友一道吃了晚餐,喝了几杯酒。在其他客人离开之后,她和她的上司留了下来。他陪着她进了自己的办公室,她躺在了地毯上。他脱了她的衣服,为她口交,然后两人进行了性交。她没有反对,似乎是同意的——在这间办公室里做过此事的其他人显然也和她一样。

性交过程中他问她有没有采取避孕措施。她说"没有"(no)。因此他没有内射。事后她穿好衣服,他把她送到停车场,亲吻了她,之后她就开车回家了。

问题在于她已经结婚。当她回到家中,她的丈夫感觉到有什么不对劲。在丈夫的逼问之下,她承认与上司发生了性关系,而且还说她肯定是被"下药"了。他们找警方报案,称她的上司给她下了"蒙汗药",使她丧失了反抗能力。她告诉警察尽管她不想做爱,她却无法说"不"(no)。(但她的确说了"no",那是在她所谓的强奸犯问她有没有采取避孕措施的时候。)她还告诉警察——之后她在大陪审团面前也这样作证,她在事件发生当晚之前没有服用过可卡因。当可卡因检测结果显示为阳性时,警方确信她当晚被下的药就是可卡因。

警方决定在这名秘书身上装窃听器,然后让她尽力从上司那儿套话,让他自己承认使用了可卡因诱奸她——也就是,强奸她。窃听到的对话内容主要是会计在和秘书调情,想要诱惑她继续和自己发生关系。秘书反复询问他有没有喂她可卡因,他一直说没有。

会计以强奸罪被起诉。这个案子在本质上就是"他说,她怀疑"之间的对抗,而且有一些法医证据——她体内的可卡因——可以证实她的猜测。但是法医证据的价值完全取决于一点,那就是当她说自己在所谓强奸之前没服过可卡因时,她有没有说真话。如果她在性交前的几天,甚至几周内**用过**可卡因,那么检测结果就不能证明是她的上司给她下的药。

我们想出了检测她的头发寻找可卡因残留的办法。根据之前的研究,我知道,是否在过去使用过可卡因可以通过头发检测出来。事实上,鉴于头发是以相对一定的速度持续生长的,如果头发够长,那么通过头发上发现可卡因残留的位置,就可以确定使用可卡因的大致时间范围。这名秘书有很长的头发。

于是,我们用传票索要她的头发样本。一收到传票,她立即火速赶往最近的理发店——男士理发店——将头发剪得极短,这样用来检测的头发就不够长了。我们努力想找到那家理发店收集她的头发,但没能成功。但是她刚收到传票就销毁证据的行为,证明她在使用可卡因一事上说了谎。

最终,陪审团在了解过证据之后,认定本案存在合理性怀疑,无法确定是会计在她的饮料中加了可卡因,还是她自己决定喝酒,然后和她的上司发生相对自愿的性关系。

宣判无罪当然不意味着会计的做法就值得赞同。但是在法庭上,证明强奸和证明其他每一种重罪一样,都必须排除合理怀疑。而且如果存在合理怀疑,无论陪审员们觉得嫌犯的品行如何,都必须作出对被告有利的判决。

罗生门强奸案

日本经典电影《罗生门》[47]借由几位参与者极其不同的视角展现了一场可怕的罪行。在一些强奸案中,有时也会出现类似的罗生门情节。比如迈克·泰森案中,德西蕾·华盛顿可能(尽管我认为不大可能)并不想同意做爱,但是迈克·泰森——基于她追星族一般的行为和言论——有合理的理由认为她想。这种情形下法律该如何裁断呢?

根据美国法律规定,如果一个人犯了情有可原的事实认识错误,导致了他的犯罪,那么通常来说他是无罪的。打个比方,如果一个人走在路上,看见另一个人手里拿枪气势汹汹地冲他而来且即将扣下扳机,那么他先开枪杀死袭击者就是无罪的,即使事后发现"袭击者"不过是一个正在拍电影的演员,举着只有空包弹的枪。鉴于被告合情合理地误以为自己面临着生命危险,这一情有可原的事实认识错误就构成了谋杀指控的抗辩理由。犯罪构成要求既有犯罪行为又有犯罪故意,如果被告合理地相信他认知的事实可以使其行为合法化,那他就没有主观犯意。另外,法律认识错误却不是抗辩理由,因为每个人都被推定为知道法律。(有个英国笑话是这么讲的:"每个人都应当知晓法律,除了国王陛下的法官,因为如果他们犯了错,上头还有上诉法院帮忙纠正呢。")[48]

然而近些年兴起了一项运动,主张拒绝给予强奸案被告将合理事实错作为抗辩理由的权利,尤其是在女性是否同意这一问题上。不就是不,决不允许任何男人将"不"擅自解读为"可以",解读成"也许"也不行。

法律要求男性理解"不就是不"的做法是正确的。他可以**在主观**

上认为女性**对自己说的**"不"其实是"也许",但在法律上此种认知应被视为不合理。然而在某些情况下,女性并没有说"不",她也没说"可以",她甚至连"也许"都没说。[埃拉·菲茨杰拉德(Ella Fitzgerald)的一首名曲叫《她没有答应我》(*She Didn't Say Yes*),歌词是这样的:她没说可以,也没说不行。她没说留下,也没说要走。][49]现实中,女性(以及男性)常常通过暧昧的暗示传达自己的意图。在我看来,这种情况下男性假定女性同意是不道德的,但如果法律将这种不道德行为认定为强奸,那在法律上也是错误的。灰色地带显然存在,在存疑的情况下,男性应当选择不采取行动,法律则应当选择不予定罪。

我为好几个符合此种情况的当事人辩护过。其中一个受到广泛关注的案件里,被起诉的当事人是波士顿一家顶尖医院的三名杰出医生。

被告中的一名医生在自家为一些医院员工举办派对。派对上,一名护士和几名医生一块儿跳舞,接着其中两名医生又和她在卫生间"鬼混"。派对结束后,三名医生邀请护士和他们一块儿开车去罗克波特,其中一人在那儿有度假屋。她跟着他们去了,照她的原话,是因为她以为他们只是在"闹着玩"。

他们抵达罗克波特的度假屋后,两名医生抽起了大麻,开始脱衣服。护士作证道,当医生们开始脱自己的衣服时她抗议了,告诉他们停下。三名被告都在卧室里和护士进行了性行为。她说自己感到麻木,无法反抗。

晚些时候,他们开车回波士顿,停在海边看风景,吃早餐,给车加满油。其中一名医生把自己的名片给了护士,说自己很有兴趣再次和她缠绵。

每一个被告都作证说性交是两厢情愿的,护士从未说过不行,裙子是她自己脱的,而且从头到尾她一直表现得挺乐意。

这个案件的关键在于,如果陪审团认为护士和医生们从自己角度对事件的重述都是真实的,那他们该怎么做——换句话说,就是他们认为护士并不想和三名医生做爱,但医生们觉得她是愿意的。

庭审三名医生时,陪审团宣判被告有罪,法官判了三人六个月徒刑;从宽的判刑说明法官对证据的充分性有所疑虑。我被请去就上诉进行协商。我接受这项工作,是因为我想在强奸案中废除事实认识错误抗辩的浪潮之下保住这一抗辩理由。

这些被告很不幸,他们的出庭律师没能恰当地提出合理事实认识错误这一抗辩。律师们请求法官向陪审团下达指示,要求这一指示可能使陪审团宣判无罪,即使事实错误并不合理——也就是说即使医生们将"不"理解为"可以"。上诉法院因此裁决:"在同意这件事上犯了真实合理的认识错误能否构成抗辩理由,并不在我们的讨论范围之内,因为即便我们推定它构成,被告也不需要基于合理事实认识错误的陪审团指示。据我们所知,美国的终审法院从未在不考虑错误合理性的前提下适用事实认识错误抗辩。"[50] 因此,上诉法院最终维持了原判。

在接下来一个我没参与的案子中,马萨诸塞州上诉法院裁决,当涉及强奸起诉中有没有获得同意的问题时,即使是合理的事实认识错误也不能作为抗辩理由。[51]

在我看来,这一裁决扼杀了在强奸案中适用哪怕是最合理的事实认识错误抗辩的可能,也许会导致一些极为不公的结果。为了举例说明,让我们回到电影《深喉》的拍摄现场。

哈里·雷恩斯和琳达·洛夫莱斯在镜头前做爱。任何看过电影的人[52]都能看出琳达·洛夫莱斯通过口头语言和暧昧的行为表示了同意。但是根据她写的书中所说,她表面的同意并不是真的;她是被迫假装同意的,因为她的丈夫威胁她,如果不好好进入角色,他就要杀了她。根据马萨诸塞州上诉法院接受的一些激进女权主义者的极端观点,雷恩斯可能被判强奸罪,即便她说过可以,但认定他犯了以为获得她同意的事实认识错误也完全无可厚非。

或者想一想我在课堂上讨论的这个案子[53]吧。来自柬埔寨山区的洪族(Hmong)部落定居美国加利福尼亚州后,这群人还保留着包办婚姻那种结婚仪式的传统。新郎应该去到新娘家里,新娘的父亲会在门口迎接他。新郎要把岳父推开,找到新娘,在她的尖叫大喊中把她从父母的住处扛走。他应当表现得像勇士,而新娘应当表现得像想保住贞洁的处女。这都是做戏,也是传统结婚仪式的一部分。在我讲授的案例中,年轻女子并不是真的同意这门婚事,她的反抗也不是做戏——那都是真的。但是新郎不可能知道这些。他把新娘抢回自己家中,在自以为她假装的"反抗"中与新娘圆房成婚。后来新娘逃走了,向警方举报了这次强奸,警方于是逮捕了这位小伙子。我问我的学生该怎么裁决这样一个案件。

班上的学生们大致分为两派。一些人觉得即使是在"不"应当意味着"可以"的传统结婚仪式中,"不"依旧永远是"不"。另一些人觉得如果将我们的价值观强加到拥有自己文化习俗的少数民族身上,对他们而言是不公平的。

法律变革代价沉重,但墨守成规代价更沉重

有一句挂在许多法院里的格言是这样说的:"已知法律的确定性是所有人安全的保障。"[54]但若要法律绝对确定,它就必须一成不变,而一成不变的法律(静态法)会迅速过时。法律总是在为了顺应现实而不断改变,即使是斯卡利亚大法官这样的(宪法)原旨主义者——他们认为宪法在当下的含义和宪法制定时的含义没有区别,也承认修改制定法和普通法的必要性。[55]在我的职业生涯中,没有第二个法律概念像

强奸罪那样发生了根本性改变。这样的改变造福了许多人,不仅仅帮助了这一可怕罪行的受害人,也完善了我们的一般法律制度。"不"就应当意味着"不","也许"不能被理解为"可以"。强奸罪法律的变化很好地展现了一个以前弱势的群体——在此指女性——能够怎样掌握自己的命运,带来法律、政策以及人们看法的改变。然而,法律变革总是伴随着代价,尤其在过渡时期,人们看法的转变可能跟不上法律变革的速度。

对于那些真心认为自己行为合法的被告来说,这样的代价可能是高昂的,因为他们的行为与变化中的法律格局提出的新要求产生了冲突。这就是进步的代价。可能很难受,但没有进步的生活会更难接受。我作为一位辩护律师、一位教师和一位作家的使命,就是努力在进步的需求和不可或缺的公正与正当程序之间保持适当的平衡。[56]

第十九章
媒体对法律影响的变化

——比尔·克林顿与伍迪·艾伦

　　像 O.J. 辛普森案和克劳斯·冯·布劳案那样事关人命的刑事审判,以及像迈克·泰森案和 DSK 案那样的强奸风波,总能引来铺天盖地的媒体报道,特别是在名人站上被告席的时候。特定类型的民事审判,特别是那些声称涉及不当性行为的,也会被广泛报道。这里我会着重讲两个案件——它们在本质上都是准刑事案件,都涉及对不当性关系的指控——这两个案件反映了媒体对诉讼程序影响的变化,并提醒我们法律并非在"真空"中运行。我也会讨论我参与的一些其他案件,其中牵涉的明星和公众人物都成了媒体关注的焦点。

　　在收音机和电视还没有出现之前,庭审主要靠平面媒体报道。报纸上的文章会介绍臭名昭著的案子,发行的小册子上会有庭审记录的摘录。一些杰出的律师不需要借助电子传媒也能出名——丹尼尔·韦伯斯特（Daniel Webster）、亚伯拉罕·林肯、威廉·詹宁斯·布赖恩（William Jennings Bryan）以及克拉伦斯·丹诺,他们的名字家喻户晓。

　　电视全程报道时代的到来改变了大众对法律的看法,也改变了法律的运作方式。它把律师们包装成明星,把当事人的名字传遍千家万户。如今,每个人都对那些轰动一时的案件有自己的看法,这些看法对公众舆论和法院庭审都会造成影响。没有律师能够忽视这一现象对战术策略带来的影响,尤其是那些在刑法和宪法领域执业的律师。有时在法院台阶上的采访就决定了案子的胜负。

关于庭审报道方式的辩论正进行得如火如荼,主要争议点是庭审应不应该在电视上播放,我在这场争论中也发挥了一定作用。(我认为通常情况下庭审可以在电视上播放,所以我在辩论中、电视上和文章里都拥护这一观点。)[1]我辩护过的几个案子是我国历史上最早在电视上播放且播放范围最广的一批。在其他案件中,我曾作为(我也一直作为)评论员为各大电视台以及法庭频道(Court TV)解说。[2]

在我的整个职业生涯中,我一直努力借助媒体使我的当事人获益,媒体也试图利用我和我的当事人销售广告。有时这是一种共生关系,但敌对的时候更多,中立则基本没有,尤其是涉及名人的时候。

尽管我大部分的当事人都默默无闻,常常还很贫困,但媒体还是经常把我描绘成"明星"律师或是"大牌"律师。我不喜欢他们把我的毕生事业刻画成这样,但他们说的也不全错,毕竟我的许多案子确实被媒体广泛报道过。这是刑法和宪法律师本身的特点,因为我最擅长处理的案件往往事关公众利益。同时我也的确因为这些案子声名大噪,名人开始给我打电话咨询,或是要我为他们辩护。我不喜欢"明星"律师这种表述,因为它在暗示我挑选案件不是根据案子本身的性质和诉因,而是看重当事人的身份地位。大部分明星的请求都被我回绝了,涉及明星当事人的案件也只占我多年实务的一小部分,但就是我接的这一小部分案件,却比那些大多数无名当事人的案件吸引了多得多的舆论关注。

拒绝鲍比·费舍尔(Bobby Fischer)

鲍比·费舍尔是我拒绝的明星之一,当时他在格罗辛格酒店为国际象棋世界冠军赛做准备,我们一家子也正好在那儿过逾越节。费舍尔写了张便条给我,邀我见面。因为他也在布鲁

> 克林长大，上的高中就在我上的犹太学校旁边，所以对于和他见面我还是很激动的。他告诉我，因为听说我是个不错的律师，所以想向我咨询能不能将自己下国际象棋的方法登记为著作权或注册为商标。这个问题挺吸引人的，我本会很乐意为他研究研究。
>
> 我告诉他，我很乐意就这个问题给他写一份法律备忘录，他问我可不可以不收费。我说："当然啦，我会免费给你法律建议，作为交换，你和我儿子埃隆下局棋就好。"他严肃地盯着我说道："我可不是马戏团小丑，我不为小孩子表演。"
>
> 我盯着他的眼睛回应："我也不是马戏团小丑。和一个正在学象棋的孩子下局棋都不肯，我不为连这种小事都不愿做的不知感恩的家伙提供免费法律服务。你还是另请高明，按市价付钱吧。"他一走了之，我再也没有见过他。

我自己作为律师中"明星"的身份无疑喜忧参半。这一身份给我带来了一些以前高不可攀的当事人和案子，同时也让我起码比别的没那么出名的法学教授更富有一些。这也招致了不少嫉妒和怨恨，让我沦为野心勃勃的记者们三番五次攻击的好靶子，还让我和我家人的隐私遭到侵犯。在一次演讲上，一个女人问我的妻子卡罗琳："那么，和艾伦·德肖维茨上床感觉如何？"事实上我的"名声"大多是衍生而来：它源于我这些年**辩护过的**或赫赫有名，或恶名昭彰的当事人。

大多数人只是从银幕上、舞台上、电视上或是赛场上远观名人。他们看见的是名人最好的一面——演戏、摆造型、打比赛、做演讲、接受采访或是投身慈善事业。

而我却能近距离地观察名人，看到他们最糟的一面。他们会在陷入麻烦（通常是大麻烦）的时候找上我。他们的名气再也不能作为挡箭牌替他们挡住每天降临到多数人身上的寻常磨难。当他们找上我时，他们的名气

第十九章　媒体对法律影响的变化

已经变成了刺向自己的利剑。名人通常相当依赖媒体报道，但此时他们被报道压得喘不过气来，转而寻求隐私和匿名。但他们苦求而不得，因为给他们带来财富名声的名人身份现在只会增加他们的麻烦。

357 　　我辩护过、建议过、为他们咨询过的名人不下数十位，有总统、总理，也有世界闻名的运动员、演员、作家和金融家。其中大多数惹上麻烦都有一个首要原因：他们都愿意冒着牺牲自己**有限**事物的风险，获取更多自己本就拥有的无限事物。

　　这听上去像在自掘坟墓，甚至有些匪夷所思，所以我来解释一下。名人们有几个共同特征。他们总拥有某样比普通人多的东西：优秀的运动员有超凡的身体素质；好演员有非同一般的演技；成功的政客有与众不同的个人魅力；金融家有钱，还有挣更多钱的能力。这些特质通常使名人能获得某种生活中的欲求之物：大量的财富和名利能买到的东西，以及这些东西附带的好处，例如众多性伴侣——如果他们选择利用名声获取这样（过度）的福利。

　　我的名人当事人中，许多人有花不完的钱或是做不完的爱，却丢掉了他们有限的"宝贝"——自由、事业、跟至亲至爱相处的时间、健康——就为了获得更多的钱和性。让我举几个这种荒诞冒险行为的案例，它们都在公众可查询的范围内。（如果我能公开名人当事人交给我的机密信息，我就能举更多例子，但我没这个权限。[3]）

　　利昂娜·赫尔姆斯利这位大名鼎鼎的酒店"女王"，在出事的时候银行账户里有超过十亿美元的存款。据政府记载，她把一张服务价目清单上的"音响系统"涂改成了"安保系统"，这样她的会计就能从报税中扣除音响系统的钱。[4]政府还记录，她逃掉了在纽约（有营业税）销售贵重珠宝的营业税，方法是让珠宝商把空盒子寄去佛罗里达（那儿没营业税）。[5]结果，尽管省下了几千美元，她却坐了一年多的牢，彼时她只剩下几年的时间，留给她和她病重丈夫的时间就更少了。用任何理性的观点考量,这都是疯狂行为。

刻薄女王

利昂娜·赫尔姆斯利不仅无趣,还相当愚蠢。她被称作刻薄女王,我只能披露公共场所发生的几件事情。下面这件事情展示了她的称号是怎么来的:我们在她酒店的餐厅里吃早餐时,一名侍者给我上了一杯茶。她注意到有一点茶水滴到了茶托上。她夺过茶杯和茶托,冲着侍者的方向往地上一砸,砸碎了它们。她冲侍者叫骂道:"现在把这些打扫干净,然后求我不要炒了你。"我离开了,并不想和这种公共场合的粗鲁行为扯上关系。

我女儿出生后,利昂娜用她的私人飞机送了一只巨大的毛绒熊到波士顿,接着把熊装进豪华轿车送到了我们家。我女儿非常喜欢这只熊,几年后终于找到机会感谢利昂娜。利昂娜回答说:"这是赃物,我从唐纳德·特朗普那儿偷来的。"接着她解释说,她卖了一家酒店给特朗普,里面有间叫"朗姆布雷米尔家"(Rumplemyer's)的糕点餐厅装点着大型毛绒动物。这笔买卖包含了这些毛绒玩具,但是利昂娜拿走了属于特朗普的玩具熊,送给了我女儿。我告诉利昂娜,我要么把这只偷来的熊还回去,要么就得从特朗普那儿得到留下它的许可。她说:"告诉特朗普,我从他那儿偷了这只熊,看看他怎么说。"我告诉了特朗普,他大笑道:"我一点都不惊讶,熊就让你女儿留着玩儿吧。"

一天,我弟弟——他也是利昂娜的律师——受利昂娜之邀去她家参加生日派对。他带上了母亲。利昂娜知道我母亲并不想面对我弟弟出了家门就不只吃犹太洁食的现实。我弟弟对这一点很敏感,因此在母亲面前只吃犹太洁食。他和我母亲在自助餐区,在烟熏三文鱼和蔬菜之中挑挑拣拣,这时候利昂娜过来了,用震耳欲聋的声音喊道:"当着你妈的面你只吃三文鱼。当着我的面你吃大龙虾。哈哈哈。"这完全是无端伤人,简直太典型了。

迈克·泰森作为世界顶尖拳击手,虽然职业生涯有限,但艳遇可谓应接不暇。就像许多著名运动员一样,女人们对他极其崇拜,寄给他"试镜"录影带,在他会出现的地方等着他,还求着和他上床。然而他却同意和一个刚刚认识的年轻女性在酒店房间独处,冒着被诬告强奸的风险——在我看来他是被诬陷的——就为了获得更多的性。结果就是在他短暂的职业生涯快结束时,他被判了好几年刑,几乎失去了自己奋斗得来的一切。就连他自己之后都对我承认,这种舍本逐末的行为"蠢透了"。

在这两件案子中,两位名人都抛弃了他们余下不多的"宝贝"——赫尔姆斯利抛弃了自己生命的最后一段岁月和陪伴丈夫的时间,泰森抛弃了职业生涯的最后几年——就为了获得更多自己永远无法满足的无限事物:钱和性。当然,因为自己所做之事被定罪不是他们的本意,但他们的行为都伴有导致自己有限的"宝贝"被剥夺的风险。没有哪个经过理性思考的人会在权衡冒险行为的成本与收益后还这么做。但是这些名人——还有许多其他找我咨询的人——偏偏这么干了。

我的一些名人当事人还会因为这样一个原因陷入麻烦:他们想要,或是觉得自己有权即刻得到满足,而不充分考虑自己行为的长期后果,这不仅仅是针对自己和自己的事业,还针对他们的亲人、朋友和同事。他们坚信当报应最终到来时,他们可以快速弥补,使一切完好如初——而且他们常常是对的。总会有人设法把他们留下的烂摊子收拾干净。鉴于大部分成功人士都很擅长搞定麻烦,只有一连串小概率因素的组合以及糟透的运气才会导致灭顶之灾。但即使是名人也要受概率论的制约,到最后——如果他们还一如既往地不计后果——他们也必有一失。

为什么有如此之多的名人——甚至是比较聪明的名人——会如此这般地恣意妄为呢?是他们的明星身份莫名让他们觉得自己对寻

常风险"刀枪不入"了吗?是他们习惯于"全身而退",以至于他们权衡利弊的方式都和一般人不同吗?他们觉得自己有某种特权,认为规则对自己不适用吗?是他们对自己"名不副实"的成功感到愧疚,下意识地希望自己被抓个正着吗?是他们活在粉丝堆里,粉丝鼓励不良行为也不告诉他们行为的真正后果吗?诱惑就那么恰好摆在他们眼前,让他们如此难以抗拒吗?

答案很可能是他们中的一些人一直这么做,从名利俱收前很久就开始了。人们总是难改旧习。我知道无论我现在多富有,我还是无法扔掉只泡了一次的茶包。看到杯子里湿答答的茶包等着被重复利用我家人快被逼疯了,但我就是不能"浪费"这样一个好茶包,它起码还能再泡一杯茶呢。我不是说茶包再利用在某种层面上能类比为偷税漏税或是别的什么金融犯罪和性犯罪,我只是在说明,靠着投机取巧非法获得名利的人有时会继续这么做,尽管他们已经没有继续这么做的经济需求或其他合理理由。本性难移,但是这也能封杀或至少重创那些改不掉违法陋习的人。这可不是在为这种持续的不当行为辩护,实际上恰恰相反,这是为了谴责它——因为名人行为失检找不到什么借口——同时也是为了设法解释为什么陋习在一些名人身上始终存在。

关于有名有权的人自毁长城的动机,我想了很多。我代理过、建议过的名人当事人面对着各种各样的问题,从刑事指控、事业受挫、当众侮辱,到争夺监护权、诽谤中伤、人身威胁,诸如此类。我永远无法将最有趣的一些故事公之于众,因为我在保密的前提下知情,帮助解决问题也是为了让它们永不见天日。但大部分都可供公众查询,我可以自由将这些故事付诸笔端,就这些年我给过建议的名人和他们遇到的问题谈谈我的见解。关于此事,我最常被问到的问题是:当一个明星惹上了法律麻烦,他的名气对他有利,还是有害?我的回答是二者兼有。有时候有利,有时候有害,但总归会有所影响。担任名人的律师,最重要的任务之一就是想办法把他们的名气化为优势而非劣势,至少也要优劣相抵(在我们充斥着名人效应的世界里这样的可能微乎其微)。我记得克劳斯·冯·布劳曾对我说过,在英格兰"阶级和血统"就是一切,但在美国"名誉和声望"才至高无上。在冯·布劳因试图杀妻的指控出名以前,尽管他既有财富又有社会地位,他还是没法在某些高档餐厅得到好的桌位,但是当他的名字和面孔——作为备受瞩目的被告——出现在每张报纸上之后,他在每个餐厅都能得到最好的位子。[6]

一切尽在姓名中

一位富有的朋友邀请我参加一场金融巨头齐聚的派对。"跟唐纳德打声招呼吧。"是特朗普。"这位是朗。"原来是普尔曼。"跟莫特说嗨。"那是祖克曼。接着他把我介绍给一个穿着运动衫的男子。"这是安迪。"我问安迪他是做什么的:"你也是金融圈的?"他答道:"不,我为我妈工作。""她是公司老总吗?"我询问道。"我想你可以这么认为。"他回答。"我听说过她公司的名字吗?"我挺好奇。"大不列颠,"他答道,"我妈是英国女王。"原来和我聊天的是安德鲁王子。

交谈间,安德鲁王子问我可不可以去听一堂我的课,于是我邀请他来到了讨论致命武力使用的课堂上。身为英国军队的一员,他也加入了课堂讨论。之后他给我写了一封信,这样描述了自己的体会:

> 亲爱的艾伦:
>
> 这次经历使我受益匪浅,谢谢你,它让我对法律有了不可思议的深刻理解,也认识到了你面对的严肃主题与困境。你慷慨允许我旁听了你的课程,实乃发人深省,使我获益良多。

> 我接受的教育不同，思维方式……也与你和你的学生们不一样，但我大多数时候都尽力跟上你们的思路，也能明白你的假设是想说明什么。如你所知，我很早就决定在生活的战场上摸爬滚打而不是踏入学术圈，迄今为止我也不曾后悔。但你成功地唤起了我自己都没意识到的潜在兴趣。我想，当我离开皇家海军重返现实世界后，我会有在学术领域深造的机会。但在那天到来之前，能作为学生听仅仅一堂课已经让我大开眼界，我怎样感谢你的好意都不为过。
>
> 我期待着在接下来的几个月里……能再次有跟随你激荡脑力的机会。这次经历棒极了，再次谢谢你。
>
> 谨启
>
> 安德鲁王子

对名人最常见的误解是，他们肯定都"特别迷人"。现实往往正好相反。除了个别特例，我的大部分著名当事人都无趣得很，有些则彻头彻尾令人厌烦。我们易于将他们令人着迷的公众形象和周边环境同他们私底下的个性混淆在一起，而他们私底下的个性通常都乏善可陈且"唯我独尊"。他们中的许多人一没想法，二没洞察力，对自己职业小圈子外的事情知之甚少。尽管通常他们自己都一无所知，我们却听着他们对当下影响世界的重要问题高谈阔论，就因为他们有漂亮的脸蛋、强健的肌肉，或者其他什么和推定他们发表的意见是否可信完全无关的天赋特征。从远处看名人可能令人神魂颠倒，但是凑近了看，现实往往大相径庭。

他们的案件和争议之所以吸引人，一部分是因为他们的身份，一部分是因为他们涉嫌做的事，还有一部分则是出于大众对名人的痴迷。

白兰度

我在纽约有间小公寓,我和妻子周末度假时会去那儿。一个周末我把它借给了我的医生,他在公寓里打电话给我,说他出门的时候有人给我留了言,那家伙学马龙·白兰度(Marlon Brando)学得可像了。他告诉我打电话的人还批评了我留言提示的措辞。我给公寓的座机打了电话,那就是马龙·白兰度。我回了电话,白兰度问我能不能帮忙救他儿子出狱。

克里斯蒂安·白兰度(Christian Brando)最初被指控谋杀,因为他开枪杀死了同父异母妹妹夏延(Cheyenne)的男友,他声称妹妹遭到了来自男友的身体虐待。克里斯蒂安称自己与妹妹男友当面对峙时,两人抢夺起他的枪,枪意外走了火。检方则宣称这是一起克里斯蒂安喝醉后犯下的冷血谋杀。

马龙·白兰度让我和罗伯特·夏皮罗(Robert Shapiro)合作把他儿子从监狱里救出来。白兰度对自己家庭发生的问题感到自责,想要尽全力帮忙。他说他听闻我"可以创造奇迹",并且希望我全身心地投入。我努力打消他"我能立即让他儿子出狱"的念头,但我许诺会和夏皮罗一起全力以赴。最终我们与检方谈妥了认罪协议,克里斯蒂安承认犯下了非预谋杀人。他仅仅坐了五年牢就被释放,让公众和舆论界的很多人大失所望。可惜,这个故事的结局并不美满。1995年,年仅二十五岁的夏延自杀;2008年,时年四十九岁的克里斯蒂安也死于肺炎。

舞台和银幕上光芒四射的马龙·白兰度,在我遇见他时却是个老套乏味的人。他的政治主张带有"好莱坞式"的成见,观念传统,毫无幽默感可言。他习惯了唯命是从的人赞同他的每一个想法,忍受不了批评和不同意见。他爱他的子女,但似乎完全不知道怎样与他们相处。总而言之,在我看来,他是个相当可悲的家伙,和他的公众形象判若云泥。

接下来要讨论的两个案件曾引来铺天盖地的媒体报道。不出意料，两起案件都涉及性丑闻，都是世界知名人士被指控和年轻女性发生了不当性行为。但和大多数名人不同，这两位都很有魅力。

要举一个在全世界媒体的聚光灯下受审的著名人物的例子，那自然要说到被弹劾的总统威廉·杰斐逊·克林顿。在这个案子中我扮演了好几个角色，我是律师、证人、政治拥护者、电视评论员、作者，同时也是他的朋友。

比尔·克林顿总统

1993年的犹太新年，我第一次见到了克林顿总统夫妇。我们在耶鲁法学院有共同的朋友和老师，但之前我们从未真正见过面，直到我邀请彼时正在玛莎葡萄园度假的总统和第一夫人跟我的家人一起参加犹太新年祷告。当我了解到克林顿一家在玛莎葡萄园的住所离我家很近后，我让一位共同的朋友转交了一封信，内容如下：

亲爱的总统先生：

我很荣幸能代表玛莎葡萄园希伯来中心邀请你参加我们的犹太新年祷告。这是犹太人集会传统的一部分，意在祝福总统，以及这个让我们能在没有偏见和歧视的环境下自由进行宗教活动的伟大国家。我们的集会希望将这一祝福亲自送给你，你可以回复以自己的新年问候，也可以默默接受我们的美好祝愿。

在过去的年月里，各个国家的犹太人害怕政府官员会踏入他们的宗教圣所，因为那往往是圣战、异端审判、集体迫害乃至犹太人大屠杀的前奏。百老汇热门歌舞剧《屋顶上的小提琴手》(*Fiddler on the Roof*)中假意为俄国沙皇祈祷的歌词如下："愿主赐福，保佑沙皇远离我们。"当代美国，犹太群体的态度已大不相同：我们张开双臂欢迎我们的总统、[连同]你的家人和幕僚的到来(无论你们是不是犹太人)。

总统接受了我的邀请,也因此成为第一个参加犹太新年祷告的在任美国总统。祷告期间我坐在他旁边,祈祷时大部分时间都和他共用一本玛赫佐尔(mahzor,节日祷告书),我指出祷告词,悄声解释一些词的含义,比如"塔利特"(talit,"祷告巾")和"米茨沃特"(mitzvot,"善行")。我们使用的祷告书有希伯来颂赞歌部分的音译,于是总统和总统夫人一道用希伯来语唱起了圣歌。接着总统发表了讲话,宣称自己"做过最有意义的事情之一"就是推进中东和平进程,他同时祝犹太人民"新年快乐"。他戴着我和妻子给他的白色犹太帽。他和希拉里在上面签了名,我们一直把它看作那个历史性夜晚的珍贵纪念。

我看着总统头戴圆顶小帽做祷告,不由想起了朱尔斯·费弗(Jules Feiffer)的俏皮话:"当身披祷告巾,头戴小圆帽都不能阻止一个人入主白宫时,我们的时代就到来了——当然,除非那就是个犹太人!"[7]

祷告结束后,克林顿夫妇邀请我们到埃德加敦的萨沃尔菲尔餐厅共进晚餐。用餐气氛轻松愉快,总统与我当制片人的儿子讨论起了电影,我和妻子则与希拉里聊起了医保政策。[8]晚餐告一段落,总统举起香槟为犹太新年干杯,我与他碰杯时说了犹太传统祝酒词,"L'Chaim"——"敬生命"。

当年夏天,克林顿一家都在玛莎葡萄园度假,住得离我们很近。我们时常一起用餐、参加派对,甚至一起跳方块舞,就这样成了朋友。我们屡次获邀造访白宫,多次受邀参加总统在玛莎葡萄园举办的生日派对。总统也时不时地寻求我的建议。

有时候我会主动向他提出建议,比如我建议将乔纳森·波拉德的无期徒刑改判为刑期已满,此人在担任美国情报分析师期间将机密信息传递给以色列,他已认罪服法。总统也想减刑,但他不仅遭到了情报机构的反对,几名犹太参议员也施加了阻力。他问我,如果他连让犹太参议员支持减刑都做不到,他又怎能说服坚决反对的情报机构呢?

我最初主动提了建议的另一件事情是莫妮卡·莱温斯基(Monica Lewinsky)丑闻。我关注着事件发展,从中发现了让别的名人陷入麻烦的熟悉模式:追求一时满足而不顾长期后果。

在每一个作出决策的关键节点,总统和他的顾问们都选择了能在短期内得到好的头条和民调结果的政治策略,而没有放眼长远,以防止完全合法的不检点性行为恶化成可能的犯罪行为。

第一个决策节点,自然是总统决定和一名白宫实习生发生性关系,偏偏是在他明知自己正被一位可以说是极端严谨的检察官——肯尼斯·斯塔尔(Kenneth Starr)——严密调查的节骨眼上。

如果像希拉里所说的,等着抓总统"小辫子"的"巨大右翼阴谋"确实存在,那实在很难想出比在椭圆形办公室和一个年轻舌妇做爱更不过脑子的行为了,这个年轻女人可能既想建立一段亲密关系,又想吹嘘自己征服了总统。她是真的愿意口交,她也真的想**谈论**它。事实上她也的确把这事告诉了十多个人。总统获得了一时满足,却不顾长期后果,将他的婚姻、总统职位以及最重要的国家稳定置于危险之中。

在他刚开始和莱温斯基发生关系时,克林顿就知道他可能需要就自己的性生活作证。他心知肚明自己的政敌握有传讯权这一强大武器,能直接威胁到他的总统之位。这可能就是为什么他不愿意进行性交,因为他想要事后可以矢口否认的性爱。结果是性欲未能得到满足,推诿的借口也不令人信服。用陶曼玲(Maureen Dowd)的话说就是:

> 克林顿先生说话做事,习惯让犯下的过错本身包含自己的托

词。结果与其说是撩拨了情欲,倒不如说让人觉得他不正常。9

这不是比尔·克林顿第一次为了一时的性满足拿自己的前途冒险了。但之前的每一次他都成功避开了长期影响。我敢肯定,他一定以为这种短期冒险不会对长期造成影响的规律还会重复。我觉得在他第一次允许莱温斯基用挑逗的方式触摸自己时,应该没有料到这一行为可能导致弹劾。如果他意识到了,他便不会去冒这样大的已知风险。但当人们有过那么多能在获得一时满足同时又不受长期影响的先例,他们就会鲁莽行事,误以为鱼和熊掌可以兼得。

我代理的许多名人当事人的故事,在很大程度上也是另一群被告的故事,他们几年甚至几十年来置自己的事业、家庭生活、财富和自由于危险之中,就为了追求某种形式的"销魂一刻"。当他们的行径最终败露,每个人都会问:"他们怎么能这样顾小利而失大局呢?"大众不知道的是,导致他们落网的"小"事通常只是冰山一角,水面下多的是他们数年来未被发现的不轨行为。因此在他们看来,他们冒的风险很小(不可能这一次就碰巧被发现),得到的却很多(持续经年的微小而短暂的满足,累加起来就值得为之冒些小风险了)。

回头来看,我们之所以觉得这样的行为不计后果,是因为我们在用倒带的方式看待整件事——我们知道他被发现了。但克林顿决定这么干的时候,他可能不觉得这比自己之前作出的类似决定更鲁莽,因为那些行为似乎都没有威胁到他的政治生涯。他可能以前也要过这种"性爱—语言"的伎俩——他有节制地与其他女性性接触,这样就能合理否认自己发生了婚外"性关系"。10但他以前可从未就这些关系宣誓作证过。他不明白风险已经因启动的法律程序大大增加了——葆拉·琼斯案(原阿肯色州政府一位雇员控告克林顿性骚扰),以及肯尼斯·斯塔尔的调查。这些法律程序扩大了风险,它们把私人性行为变成了宣誓作证和独立检察官调查的主体。

比尔·克林顿不大可能把他与莫妮卡·莱温斯基的真实关系对律师团队全盘托出,因为他的首席律师同时也是他妻子的律师。如此一来,如果他不想让妻子知道莱温斯基的事,他就不会对律师说实话。但克林顿的律师们可能已经怀疑他与莱温斯基关系不正常的谣传并非都是空穴来风。毕竟克林顿曾在公开否认他与珍妮弗·弗劳尔斯(Gennifer Flowers)通奸之后,又在作证时承认了此事。更不用说克林顿本人"风流"的名声早已在外。每一个称职的律师就总统的证词作出决策时,都应当推定他与莫妮卡·莱温斯基之间**可能**有性关系。一名出色的律师还应该猜到一个与总统发生了性关系的二十二岁实习生口风不会很严。

克林顿总统在葆拉·琼斯案中的律师罗伯特·贝内特(Robert Bennett)事前知道总统会被问及莱温斯基的问题。只要他调查过两人关系的性质,他就会发现白宫上下对莱温斯基与总统的频繁接触深感不安,他也会获知总统与一名年轻政府雇员之间有过几十次记录在案的会面。这本该引起贝内特的警觉,让他往下深挖。至少他也应该与莱温斯基面谈,把疑虑摊开了说,直截了当地问她问题。他还应该找那些表达了忧虑的白宫官员面谈。然而仅仅是基于总统的保证,他就允许莱温斯基递交了否认一切性关系的宣誓陈述书。

贝内特信赖一份明知可能有假的宣誓证词,怀疑实情并非如此,还让他的当事人作证,撇开这些事情体现出的职业操守问题不谈,总统的律师团队竟允许总统就自己的性生活作证,这一决定到底是出于怎样的战术考虑,让人百思不得其解。

贝内特并非没有收到过警告,他知道让总统在葆拉·琼斯案中就自己性生活作证的风险。1997年5月27日,离克林顿总统在葆拉·琼斯案中宣誓作证还有六个月,我作为《杰拉尔多·瑞弗拉秀》(*The Geraldo Rivera Show*)的专家嘉宾,曾给出如下建议:

第十九章 媒体对法律影响的变化

这个案子根本不该走到这一步。当他能够轻易和解时他就应该尽早了结。除了庭外和解，他别无出路……

要记住，质询取证的范围很广泛。他可能被问到通奸的问题。他也可能被问到之前的性生活。质询取证中一般没有可以成立的关联性异议……

我觉得如果这个案子真的上庭，总统是可以赢的，可惜它不会上庭。如果我是他的律师，我会说："听着，总统的尊严不容他回答这其中任何一个问题。不回答这些问题并不意味着我们承认任何事，但我们知道这么做的后果会受到制裁，就本案实体问题作出的裁决会对我们不利。我们接受制裁是因为我们无法在回答问题的同时维护总统的尊严。现在让我们讨论一下赔偿问题，把重点放在葆拉·琼斯而不是总统身上。"如果这么做的话，事实上他就可以把案子了结了，即便赔偿金很少，又没有道歉声明，对方可能不会善罢甘休。判决会对他不利，但也可以用总统之位的尊严解释。所以如果无法达成庭外和解，这就是我会建议他的律师团队考虑的方案。

接着我又暗示道，总统必须扪心自问："他考虑周全了吗？"[11]

在我看来，总统有三条路可选，但他只看到了其中两条。他知道自己可以试着打赢官司——他最后就是这么做的。他也清楚自己可以试着和解，这样就不用在质询或庭审中作证了。庭外和解需要双方的同意。在琼斯案中，总统表示愿意支付琼斯七十万美金以平息此事，但琼斯坚持要求总统致歉[12]，最后谈判破裂。

琼斯案中**总统不知道的**第三条路，就是根本不出庭。民事案件中每一个诉讼当事人都有缺席的权利——实际上就是通过直接拒绝反驳起诉状中的指控，单方了结案件。试想下面这个假设案例：一名被解雇的高科技企业职工向该企业索赔一万美元的欠付工资。该企业发现,如果要为自己的行为辩护,它就得公开价值一百万美元的商业秘密,还要占用高管层价值二十万美元的时间。它于是提出支付那名员工要求的一万美元以了结此事,但愤怒的员工想要对簿公堂,公开捍卫自己的权益。这时企业就可以直接缺席,让法庭作出对自己不利的判决,然后根据法庭的指令赔付那名员工。不出庭并不一定是承担责任的表示,这不过是基于出庭的成本收益作出的实际评估。

罗伯特·贝内特从未告知克林顿总统他有不出庭、不道歉、直接赔付琼斯这一选项。莱温斯基的事情可能确实泄露了,但总统也用不着回应谣言为自己正名。正是这一本来完全可以避免、让总统一而再地宣誓作证的决定,把一则性丑闻变成了可能导致弹劾的犯罪。

我是怎么知道罗伯特·贝内特从未告诉克林顿总统他可以缺席的呢?因为这两个人都亲口跟我说过。[13]事情是这样的:

1997年1月17日,克林顿总统在葆拉·琼斯案中作证。在质询取证过程中,他被问及与莫妮卡·莱温斯基的关系,问题包括"你与莫妮卡·莱温斯基发生过婚外性行为吗?"

法官就"性关系"一词给出了如下定义:

> 基于本次取证的目的,如果一人明知并参与或引发了下列行为,即可认为此人与他人有"性关系":
>
> 1. 与他人的生殖器、肛门、腹股沟、胸部、大腿内侧或臀部接触,故意激起或满足对方的性欲。
>
> "接触"的定义为故意触摸,分为直接触摸和隔着衣物触摸。

克林顿回答道:

> 我从未与莫妮卡·莱温斯基有过任何性关系。我从未与她有染。

根据法官的定义,口交当然也构成性行为。在琼斯的律师们问完

问题后,总统的律师罗伯特·贝内特问了如下问题:

> 在[莫妮卡·莱温斯基]宣誓陈述书的第八段,她声明:"我从未与总统发生过性关系,他也没有作出过如此提议。"请问这一陈述真实准确吗?

总统回答:"千真万确。"

此后不久,有报告称,琳达·特里普(Linda Tripp)与莫妮卡·莱温斯基之间的录音对话显示总统与莱温斯基之间确实存在过某种性关系。

1998年1月23日,我做客微软全国广播公司(MSNBC),批评贝内特竟让总统踏入了伪证罪的陷阱。我建议总统"雇个新律师,告诉他真相,和新律师坐下来谈谈……[让他给你些]可靠消息"。这名新律师必须"不在乎总统对自己的看法。他的职责就是说出那些总统不想听的事"。

几天后罗伯特·贝内特给我打了电话,抱怨我之前在电视上的发言。贝内特扯着我说了快半小时,说我不懂他在本案中的"策略",指责我批评他的决定是在"放马后炮"。

于是我就问贝内特:"你有没有建议过总统,除了选择与琼斯庭外和解,他还可以直接在案子的责任认定阶段选择缺席?"

贝内特回答说不出席会显得"荒唐可笑",是个"愚蠢的主意",他绝不会如此建议。

我又问贝内特,他在允许总统作证前针对莱温斯基一事进行了怎样的调查。他承认既然有莱温斯基的宣誓陈述书为证,他就直接相信了总统的话。当我问他是否曾询问过莱温斯基时,他只是闪烁其词。他说自己没料到质询取证中会问到关于莱温斯基的那种问题。

我告诉贝内特,我坚信他已酿成大错,把自己的当事人引入了伪证罪的陷阱。他向我保证他对自己在做什么心里有数。我回答道,虽然我希望他是对的,但我还是觉得他走错了一步。

一名律师即使觉得他的当事人可能不会采纳他提出的建议,也负有向当事人解释全部可行法律手段的义务。贝内特没能履行这项职责。他为自己辩解的理由是,如果克林顿在琼斯案中真的缺席了,就会有更多原告"突然冒出来"起诉克林顿,指望他能再次缺席。在我看来这不过是谬论,理由如下:首先,几乎所有针对克林顿当上总统前的绯闻提起的指控——琼斯案就是如此——都过不了法定诉讼时效这一关。其次,更重要的是,一旦总统之前曾提出支付琼斯七十万美金和解费的事情公之于众——此事的确很快就被曝光了,这就足以刺激拜金族们蜂拥而上提起诉讼了。如果克林顿愿意为了平息一场在他看来琐碎至极、无中生有的官司支付七十万美金,那无论他是否缺席然后赔了钱,起诉他的动机都已绰绰有余。

可惜罗伯特·贝内特兴许是斗志昂扬,太想在万众瞩目下大赢一场,竟大意疏忽,没能告诉总统就这件案子来说,**输掉**官司避免作证,远比冒着作假证的风险赢官司好得多。

不出席琼斯案的结果是第二天的头条不会很好看——也许到了下一周还是负面新闻。但是就他的性生活作证会直接构成对克林顿总统之位的威胁——这一威胁会潜伏数月。总统又一次作出了在短期内对自己有益的决定——他没有和解也没有缺席,避开了负面的报纸头条——但这一决定在长远看来害他不浅,而且这种行为模式还会一直持续。

1998年1月26日,在好莱坞制片人哈里·托马森(Harry Thomason)的协助下,克林顿总统决定发表公开声明否认他和莫妮卡·莱温斯基的性关系。他手指摄像机以示强调,说道:"我要你们听我说。我再说一次,我没有和那个女人——莱温斯基小姐——发生性关系。我从没有让任何人去说谎,一次也没有。这些指控都是假的。现在,我必须回去为美国人民工作了。"

这一未经宣誓的声明直接面对美国民众发表,克林顿此举自掘了坟墓。他为什么要发表它呢?他并没有作出任何声明的法律义务。他可以像其他那么多人一样只是说:"鉴于此事正在走法律程序,我的律师建议我不要公开发表任何相关意见。我相信你们能理解。"

然而他却断然否认了之后他被迫承认的事实——他的确和"那个女人"发生过性关系。

总统和他的顾问团再一次选择了权宜之计。他们觉得有必要掐灭这场政治灾难的苗头。通过发表声明坚决否认,总统可以延迟——也许可以一劳永逸地杜绝——他的不当性行为和误导性证词带来的长期后果。在他发表声明的时候,总统很可能不知道莱温斯基留下了沾有精液的裙子,这一证据最终迫使他改变了说法。如果没有那条裙子,这将永远是一个"她这么说,而他那么说"的矛盾问题,一边是总统,一边是一个在特里普的录音带上承认自己经常撒谎的女人,连她的律师都说她易受影响,有时候还会胡思乱想。

最终,沾有精液的裙子被曝光,他们之间发生过性行为的事实无可争辩。克林顿总统只能在电视上承认自己与莫妮卡·莱温斯基之间的行为是"不恰当的"。对他的总统生涯和个人生活来说,这都是一个低谷。

几天后,克林顿总统公开承认自己行为"不当";他坐飞机去了玛莎葡萄园。第二天,我们一起吃了晚餐。总统在他身边召集了一小群人——其中有几名律师——然后开始讨论这个案子。他告诉我们,最高法院作出一致裁定,拒绝将葆拉·琼斯对他提起的诉讼延期[14],又因为琼斯拒绝和解,他别无选择,只能接受关于他性生活的质询取证。在那时,我告诉他,他**曾经**有过别的选择,然后我解释了只要他不出席,支付葆拉·琼斯要求的赔偿金额,案子就了结了。总统看上去很惊讶:"没人告诉过我只要我付钱案子就结了。[我的律师]跟我说必须作证。"

此后不久,贝内特就不再是克林顿总统的律师了,随着他面对的问题——所有问题都是由他本不必去的质询取证造成的——与日俱增,克林顿开始寻求我的法律建议。他差一点就被当着大陪审团起诉。他被众议院弹劾(但最终因共和党控制的众议院票数相近,弹劾案没有通过),律师执业资格证也被吊销了。在这些程序阶段中我都与总统交换了意见,给他和他的律师提供法律备忘录,在"舆论法庭"上讨论他的案件。

我也作为专家证人,在国会委员会面前就伪证罪为总统作了证,彼时委员会正在考虑要不要以伪证罪这一"严重犯罪"为由弹劾总统。[15]委员会主席是共和党国会议员亨利·海德(Henry Hyde)。海德和我一直冲突不断。第二天《华盛顿邮报》头版上登的是我们两个怒气冲冲互相指责的照片。[16]

冲突的根源是在克林顿总统涉嫌伪证罪的听证上,我有选择地将怒火直指国会议员海德和其他共和党议员。我在作证的一开始就将克林顿总统的虚假声明置于更广泛的历史背景下:

> 近二十五年来,我一直以上课、演讲、写作等方式批判伪证给我们的法律系统带来的腐蚀性影响——特别是执法人员知法犯法时尤甚……
>
> 基于我的经验,我认为在这个国家中,没有哪一种重罪比作伪证和虚假陈述更普遍。民事案件取证和庭审中作伪证的现象在各地层出不穷,引用一位德高望重的上诉法院法官的评论:"经验丰富的律师会说,在大城市里,几乎没有一次庭审是每个证人都说了实话的。"刑事案件中涉及搜查和其他证据排除规则时,警方作伪证的情况尤为普遍,圣何塞和堪萨斯城的前任警察局长曾

估计,单单是逮捕吸毒者和毒贩这一项,每年就有成百上千的执法人员犯下伪证重罪。但相较该罪行的发生频率,伪证罪却是全国起诉量最少的犯罪之一。

接下来我区分了伪证的不同类型——重至安排假证人与面临死刑的被告对质,轻至对尴尬的不当性行为含糊其词——我努力将克林顿的虚假陈述行为摆在这个连续体的合适位置。[17]

我认为克林顿总统被指控作出的虚假陈述,毫无疑问应处于这一罪行连续体最不应担责那一类行为的最末端,放在一个常规案件的普通被告身上,根本就不会被起诉。

我继续猛烈抨击委员会,指责他们从没有为警方作伪证——"以谎言作证"——的腐败问题举行过听证。

我警告道:

> 这个委员会将在历史上留下浓墨重彩的一笔,这一笔可不会很好看。这一届国会被记入史册时也不会很光彩。就和出于政治目的不当弹劾安德鲁·约翰逊的那届国会一样,我认为这个委员会和这届国会同样会遗臭万年。

国会议员海德和科尼尔斯(Conyers)继续发问:

> 海德众议员:谢谢你,德肖维茨教授。但我并不赞同你批评我们的动机,我们可不是故意和总统过不去。你一点都不明白我们中的许多人是经历了怎样的痛苦挣扎才问出这个问题。
>
> 我们担心双重标准。这可能对你并不重要……
>
> 德肖维茨先生:这对我来说意义重大。[掌声]贵委员会上一次表达对刑事被告权利的关心是什么时候了?(委员会成员齐声吵吵着"常规决议")……不过是虚与委蛇罢了。

然后国会议员海德就开始愤怒地跟我讲法治的大道理：

> 法治是——你去过奥斯维辛吗？你难道不明白如果没有法治会发生什么吗？

> 我并不是一下子从某个周六下午的总统办公室上升到奥斯维辛集中营，但如果法治没有普及，或者法律不对当权者和平民一视同仁，这两者之间就有相似之处了。

他没给我机会反驳他的奥斯维辛集中营谬论。但当国会议员巴尔（Barr）把我和"真正的美国人"对比，说"真正的美国人会怎样看待这些问题"时，我仍然坚持据理力争。

> 德肖维茨先生：能给我三十秒时间做个回应吗？我认为这是人身攻击。首先，无论何时我听到"真正的美国人"一词，我都认定它是种族歧视的代名词——这同时也是偏执的代名词，这种说法……

> 巴尔众议员：这太荒唐了，教授，你都不感到羞愧吗？这是我听过最愚蠢的事……

> 德肖维茨先生：当我听到你把我描述成真正美国人之外的某种人时——你才可耻。我们或许在这些问题的是非曲直上存在分歧，但我绝不会像你质疑我的美国精神那样非难你，先生。

并非所有国会议员都被我咄咄逼人的证词惹火了。议员罗根（Rogan）将自己的观点总结如下：

> 我知道你充满争议的评论激怒了我的一些同事，但我想让你知道，我个人觉得这些观点很有启发性，因为到目前为止，我没上成哈佛法学院的唯一借口仍是我的平均绩点（GPA）不够（笑）。所以，你向我展示了一些不同视角的观点。

我在国会委员会作证之后,接着又与总统的法律团队紧密合作,处理弹劾以及斯塔尔调查的麻烦。

弹劾危机时期的某个夏日,白宫的总机想联系我却没成功。(白宫找人的本事可谓独步天下。有一次我在民航班机上,机长走出来对我耳语道:"总统在无线电话上找你。"我在驾驶舱里接的电话。)当时我人在海滩,那儿没有手机信号。我进屋时发现有七则急疯了的留言,说总统要马上见我。总统在的地方离我们的房子只有几英里,他待在埃德加敦的迪克·弗里德曼(Dick Friedman)家里。我跳上老旧的沃尔沃直奔弗里德曼家。特勤局的人跟我说总统正在等我,但他们必须要打开我车子的引擎盖检查。我开始找能打开引擎盖的工具。几分钟后,特勤局的人笑了,对我说:"教授,你是不是不知道怎么打开自己这辆车的引擎盖?"我回了他一个杰基·梅森(Jackie Mason)的笑话,讲的是其他人如果听见自己车子的引擎发出咔哒咔哒的声音,他就会一直不停地修,但是一个犹太人一旦听见引擎盖下的异响,他就会立即换个新引擎。[18]特工哈哈大笑,向我展示了撑杆在哪儿。接着我就沿着路开了一小段,到了总统等着的地方。他听说我不懂怎么开我自己的汽车的引擎盖,开玩笑说他不知道自己该不该向这么一个笨手笨脚的家伙寻求建议。虽然这么说,但直到危机解除,他都一直在找我咨询。

此后不久,小约翰·肯尼迪——现在是前总统过世的儿子了——打电话过来,问我是否愿意为他的杂志《乔治》(George)写篇文章。他问我可不可以叙述一下二十世纪的十大法律谬误。下列就是我排的位列第一和第二的大错误:

> 截至目前,二十世纪最大的法律谬误是罗伯特·贝内特犯下的,他是葆拉·琼斯案中克林顿总统的律师。[19]

我接着说明贝内特从未告知总统有缺席这一选项。第二大错误还是归属于贝内特：

> 在把自己的当事人推入伪证罪的坑里之后，贝内特本人又帮助触发了陷阱。他不满足于仅仅让总统回答对方律师的问题，还作出了不可思议之事：贝内特让总统宣誓确认莫妮卡·莱温斯基宣誓陈述书的真实性，而他事先并没有询问莱温斯基，当她说自己没有和克林顿发生过性关系时具体是什么意思。接着贝内特又理解错误，误称这一宣誓书表明了"两人绝对没有以任何形式，在任何关系、任何状态下发生过任何种类的性爱"。最后，在一封寄给法庭意在"明哲保身"的信中，贝内特暗中怪罪自己的当事人误导了法庭，而没有直接坦白是他自己没能发现莱温斯基所指性关系的真实含义。这些失误（对我来说）反而给了贝内特几乎是独一无二的炫耀资本，毕竟他是美国历史上首个在弹劾自己当事人一事上起了推波助澜作用的律师。[20]

在莱温斯基事件的一开始，我接到白宫知情人士的来电，该人士给了我莫妮卡住处的电话号码，敦促我给她打电话。我认为这可能构成利益冲突，于是没有打。几年之后，在一次犹太人活动上，莫妮卡的母亲走到我面前对我说："我希望你当初给莫妮卡打了那通电话。"我常常会想，如果我当初打了电话，同意做莫妮卡的律师，案件的结果会不会就不一样了呢？

不幸中的万幸，尽管我指责比尔·克林顿性行为不检点，批评肯尼斯·斯塔尔的检控策略，我和两个人的关系都还不错。我遇到的大多数名人都特别喜欢斤斤计较。他们已经习惯了万众崇拜，于是连一丝怠慢都永不原谅。克林顿和斯塔尔就大度得多。他们接受批评，尤其是那些他们心里清楚是善意的批评。下面这位名人（和他的律师们）就不是如此了，而我在他的案子中发挥了重要作用。

第十九章 媒体对法律影响的变化

伍迪·艾伦诉米娅·法罗

我那篇二十世纪十大法律谬误的文章里[21],也包括伍迪·艾伦的律师起诉米娅·法罗的决定,伍迪要争夺他和米娅的一个亲生孩子以及米娅收养的几个孩子的监护权。这起官司中我的角色不同寻常。双方的关注重点都是媒体:伍迪担心负面报道(尤其是指控他性侵一名少女的报道)会毁了他的事业;米娅则担心任何报道都会伤害她的孩子。本案中采取的每一个法律手段都顾及了媒体的反应(有时则完全是根据媒体的动向采取的)。

我第一次见到伍迪·艾伦是在他拍摄《曼哈顿》(*Manhattan*)的时候。[22]我们能见面是因为一群朋友送了我一份生日礼物,其中一人在伍迪此前拍摄《正面交锋》(*The Front*)时认识了他。[23]伍迪同意和我一起吃午餐。他不知道他就是我的生日礼物。我告诉了他,他马上开始思索他想见谁作为自己的礼物。"路易斯·阿姆斯特朗(Louis Armstrong)。"他说,这是他的首选。

"他去世了。"我提醒道。

"一点没错,"他回答,"吉米·霍法(Jimmy Hoffa)会是我的第二选择。"

"他失踪了。"我又说。

"完全正确。"他还是一样回答。

接着他问我,作为一名刑事律师,可能的话我会为哪个死人辩护。我毫不犹豫地回答:"耶稣。"

他问:"你觉得你能打赢吗?"

"陪审团都是犹太人的话,也许吧。"

"那些圣经里的犹太人可难对付了。他们没有容忍耶稣那样的捣蛋鬼。他们可能根本不会喜欢我们这种来自布鲁克林的犹太人。"伍迪沉思着。

"说得很对,但是想想看,如果一个犹太律师拯救了耶稣,历史会有多大的不同啊。那样他们就没法指责我们杀死他们的主了。"

"但那样耶稣根本不会成为他们的主。如果你打赢了官司,他就不会被钉上十字架。如果没钉十字架,就不会有基督教。所以如果你真赢了,他们又会谴责犹太人毁灭基督教了。"

我回答:"但那时已经不存在会怪罪我们的'他们'了。"

"总会有个'他们'的。"伍迪微笑着说。

伍迪让我想起了给兰尼·布鲁斯(Lenny Bruce)惹上麻烦的那个段子。布鲁斯打趣道,如果罗马人杀死敌人是用电椅而不是十字架,那成千上万的基督徒就得在脖子上戴小电椅了。

我们讨论了黑名单、麦卡锡主义还有一些其他共同感兴趣的话题。这份生日礼物棒极了。

几年后,伍迪和他当时的女友米娅·法罗在纽约听我就罗森堡案庭审发表演讲。我为一本书给《纽约时报》写了一篇正面书评,书中认为朱利叶斯·罗森堡确实是一个苏联间谍。[24]

伍迪和米娅都坚持认为罗森堡夫妇是无辜的,于是我答应寄给他们证据,证明朱利叶斯是个间谍,埃塞尔如果不是同伙至少也是个通敌者。

接下来的几年中我还见过伍迪和米娅好几次。米娅给我打过几次电话讨论政治问题,伍迪和我则常有书信往来。[25]

然后一切都变了。一天清晨,米娅打来电话。寒暄了几句后我问起伍迪的近况。"他在虐待我的孩子。"她回答。我说:"别开这样的玩笑,这不好玩儿。"她说:"不,是真的。他一直在和我的一个女儿上床,还性骚扰另一个。"我再次问她是否当真,因为这指控一点都不像是伍迪会做的事。她告诉我,她非常认真,还问我能不能开车到她在康涅狄格州的家中和她见面。我回答说当然可以,我还会带上我的妻子,她是名心理学博士,对这类问题有丰富的经验。

我们开车来到米娅在康涅狄格州的住所,她欢迎了我们。她一边修理漏水的屋顶,一边努力照看那么多孩子,其中有一个盲人女孩和一个毒瘾婴儿,两个孩子都是她收养的。她告诉我,伍迪和她收养的韩裔女儿宋宜有私情。当我问她宋宜几岁时,她说没人知道确切的数字,因为宋宜被收养时还是个婴儿,只知道她的年龄在十七岁到十九岁之间。接着她又告诉我,一个保姆看见伍迪用一种不正当的方式触摸她的女儿迪伦(Dylan)。迪伦曾告诉母亲,伍迪把她带到一个阁楼的狭小空间,然后摸了她。米娅给我展示了那个狭小空间。她也向我展示了伍迪给宋宜拍的宝丽来裸照,照片是在伍迪的公寓里找到的,一同发现的还有一张迪伦的裸照。我的妻子随后和迪伦谈了谈她和伍迪的关系。

我震惊万分,问米娅有什么我可以帮忙的地方。这又是一个名人把自己想要获得一时满足的欲求置于多年相伴爱人的需求和她的家庭之上的例子。就算只有关于米娅养女宋宜的指控是真的,伍迪的行为还是展现出了对米娅家庭的极端冷漠。上诉法庭最终对伍迪的行为定性如下:

> 1992年1月,艾伦先生拍摄了(宋宜的)照片。艾伦先生(作证)说他拍照是因为(宋宜的)提议,他认为这些照片性感但并不色情……我们并不认同艾伦先生对照片的描述。我们认为,艾伦先生在仍对(宋宜的)两个弟妹负有正式法律责任时拍摄这种照片是完全不可接受的。艾伦先生称他将(宋宜和)法罗女士的其他孩子区别对待……这样的理由本庭无法认可。孩子们自己并没有作出艾伦先生那样的区分,艾伦先生(与宋宜)的关系对整个家庭造成的深远影响就是可悲的证明。艾伦先生的证词,称"拍

摄照片"是"两个成年人之间你情我愿的事……"证明他故意向法罗女士、他的子女隐瞒(他和宋宜的)关系。他继续这一关系……说明他明显缺乏判断力。这证明了……艾伦先生有过度重视自己的欲求,而最小化甚至是忽视子女需求的倾向。这至少也能说明艾伦先生没有任何为人父母的技能。[26]

我们在她家见面的那一天,米娅请求我打电话给伍迪,让他收手。她说伍迪很欣赏我,一直在他床头柜上留着一本我写的《厚颜无耻》。[27]

我告诉米娅,让伍迪打电话给我。他没有打,于是我决定给他写封信,并让他的律师代为转交。我在信中力劝伍迪设法私下解决此事:

> 我依然坚信此事可以在进一步升级而对各方造成更大伤害之前解决。你和米娅都知道,我很欣赏你的作品,我也不想眼睁睁看着你的事业和生活毁于一旦。现在你已踏上了那条毁灭之路,必须采取措施阻止灾难的发生。这不仅是为了你自己,也是为了你的孩子们,为了米娅。

我不知道他有没有收到信。我没有收到任何回复。随后米娅又请我和他的律师们联系,看有没有办法在不披露任何信息的情况下解决此事。我给他的律师们打了电话,他们同意和我在纽约会面。我会面时带上了我在法学院的同学戴维·莱韦特(David Levett),他是康涅狄格州的一位杰出律师,通晓康涅狄格州在这类问题上的立法。我们和米娅的目标是在不曝光的前提下解决这件麻烦事,她觉得一旦公开,自己的孩子们肯定会受到伤害。

会议进行到半程,我们收到通知说伍迪的律师——也就是我们正谨慎地与之谈判的那群律师——已经公开起诉了米娅,伍迪马上就要召开新闻发布会指控米娅诽谤。

第十九章 媒体对法律影响的变化

我被这种两面三刀的行为震惊了——我还不习惯对付用这种手段误导对手的律师。

伍迪·艾伦在诉状中要求获得米娅原先收养的几个孩子的监护权，以及他们两人亲生孩子的监护权。艾伦的律师们此举愚蠢至极，因为在伍迪·艾伦提起监护权诉讼的时候，他几乎不了解这些孩子和他们的兄弟姐妹，不知道他们有哪些朋友，不知道他们儿科医生的名字，事实上，他基本没有参与养育这些孩子的过程。相反，米娅·法罗则是一位事必躬亲的母亲，她参与到自己孩子生活的方方面面。

庭审中，伍迪的律师们使用了一个更愚蠢的策略。他们宣称我和莱韦特力图悄悄解决此事，是在"勒索"伍迪，想在和解协议中为米娅谋好处。鉴于米娅只在乎自己孩子的幸福，根本不考虑钱的问题，这一说法可笑至极——法官也得出了相同结论。法庭的观察员们简直不敢相信伍迪的律师竟迫使我作为证人出庭，因为他们知道我肯定会站在米娅那一边，尽全力维护她对孩子们的监护权。但是由于他们诬告我试图勒索伍迪，我别无他法，只能出庭就已经公开的事作证。我会出庭作证完全在预料之中，特别是当伍迪的律师们确保了媒体知悉他们对我的指控。没人明白为什么伍迪的律师决定采用让我成为证人的策略。但我知道些别人不知道的事，所以我推断律师们使我陷入如此境地并不是想帮助伍迪，因为我的证词无论如何都不可能支持他的诉求。他们诬告我敲诈勒索，就是想对**我**不利。

为什么他们宁愿不帮自己的当事人也要陷我于不义呢？因为代理伍迪的那家律所的高级合伙人是个名叫罗伯特·莫尔维洛（Robert Morvillo）的前检察官，我没让他当成纽约东区联邦检察官，因此他便伺机报复。那是他梦寐以求也即将到手的职位，但当时我在一起代理的案件中揭露了他作为检察官的渎职行为。事实上,他收买了一名政府的关键证人,而贿赂金是一个破产企业欠债权人的钱。他知道钱藏在加勒比的一个秘密账户里,于是安排这名证人获取破产基金。莫尔维洛的这种行为构成了两项重罪:贿赂证人,以及协助侵占破产基金。主审此案的联邦地区法院法官写了份措辞严厉的意见书,谴责莫尔维洛的行为。这篇意见书作为头版头条登上了《村之声》(标题是《触犯法律的检察官?》)[28],使得莫尔维洛接到联邦政府任命的希望彻底破灭。莫尔维洛气急败坏,他甚至在《村之声》上威胁下次见到我时要把我"揍趴下"。[29]他始终没找到机会揍我一拳,所以在我看来,他是决定利用伍迪·艾伦的官司将我一军。我敢打赌他从没告诉过伍迪自己别有所图。[30]

任何一个正派的律师都能猜到,这一诡计最终将适得其反。我写给伍迪的信,再加上其他参与谈判律师的证词,足以证明我的目的只在于保护孩子们,不在于勒索伍迪。我作证道,我争取"进行初步讨论,是想着或许这样孩子们就可以不用忍受那种舆论氛围,可惜伍迪·艾伦的律师已经把他们推入深渊了"。

总的来说,我的证词有力地支持了米娅保留孩子们监护权的努力,毫不留情地抨击了伍迪抹黑她的企图。

法官采信了我的证词,在每一个问题上都作出了对伍迪·艾伦不利的裁决,不仅拒绝给予他孩子们的监护权,还下令若无严格限制,伍迪不得探视自己的亲生儿子。就我所知,伍迪·艾伦之后再也没见过他亲生儿子。他的儿子已经长成了一位出色的成年人,因自己在人权事业上的贡献获得了罗德奖学金。[31]直到今天,我怀疑伍迪仍不知道罗伯特·莫尔维洛曾试图利用**他**的官司找**我**算账。

伍迪·艾伦诉米娅·法罗案中我将帮助米娅辩护,此事公开后不久,我接到一通电话。我拿起电话,另一头的人说道:"你好啊,艾伦,我是弗兰克。"

我问："哪位弗兰克？"

对方听上去没料到会有这个问题："弗兰克·辛纳屈（Frank Sinatra）。"

凯蒂·凯利（Kitty Kelley）那部把辛纳屈写得声名狼藉的传记[32]即将出版时，辛纳屈曾给我打过电话。当时辛纳屈问我愿不愿意帮他打一场起诉凯利诽谤的官司。我向他描述了一场官司会怎样影响他的生活质量，然后跟他说我觉得起诉不是个好主意。

"听到你的声音真好，辛纳屈先生。"我答道。

他直奔正题："我爱米娅。我们俩毕竟结过婚。她是个好女孩儿，而伍迪在试图虐待她，绝对不能让他得逞。我能帮上些什么忙？"

我告诉辛纳屈先生，十分感谢他的来电，但是案子的一切皆在掌控之中。他很快回答："好吧，但在案子之外我能做些什么让伍迪停手？"

我听说过辛纳屈的火爆脾气，于是有点紧张地告诉他把事情留给律师处理，如果擅自对伍迪·艾伦下手，不仅会对米娅不利，可能还会搬起石头砸了自己的脚。

几个月后的夏天，安德烈·普列文（André Previn）——米娅的又一位前夫——在玛莎葡萄园举行演出。我和妻子去听了他的演奏会，又参加了随后的一场招待会。和辛纳屈一样，普列文也告诉我他有多么爱米娅。

他还说："我真想冲到伍迪的公寓，敲开他的门，然后一拳揍在他脸上。"

我回想起辛纳屈打的那通电话，不由笑出了声："如果让我选一位米娅的前夫给伍迪·艾伦来个下马威，我会选弗兰克·辛纳屈而不选你，普列文先生。"他大笑着表示同意。

我和米娅一直保持持着友好关系。伍迪·艾伦最终和宋宜结了婚,他们收养了几个孩子,似乎过得还不错。

出人意料的是,伍迪·艾伦这场愚蠢官司引发的大规模报道并没有使他事业受挫,似乎也没有对他的生活质量造成任何负面影响。在庭审阶段,媒体的报道丝毫不留情面,但庭审结束后,艾伦和法罗都开始了新的生活。

我努力从每个案件中学到些东西。伍迪·艾伦和米娅·法罗的案子,以及克林顿和莱温斯基的案子,让我认识到了当涉及知名当事人时,不去和解而选择对簿公堂是多么危险的一件事。

你没法在法学院里学会处理这类案件。没有什么规则指导,经验就是唯一的老师。这么多年来办理过数十起备受瞩目的案件之后,我现在正尝试教导学生躲开那些不可避免的错误,或至少将损害减到最小。下面是我总结出的一些处理高知名度案件的守则:

1. 永远不要仅仅因为当事人是个名人,或者案件"引人注目"就随便接案子。要确保案件中的争议点是你所擅长的领域。

2. 如果你确实受理了案件,不要和这个名人深交。永远不要假设当事人是你的朋友。你们之间是业务关系,照常收取律师费,不打折,不加价。

3. 尽一切可能和解。如果对簿公堂可能给你的当事人带来**负面**舆论或任何不利影响,就不要让上庭审的案件可能给**自己**带来的好名声干扰你的判断。

4. 永远不要向任何人透露当事人或案件的情况,除非你想看它登上《纽约时报》《国家询问者》(*National Enquirer*)或是《赫芬顿邮报》(*Huffington Post*)。要记住,法官、陪审员和检察官,他们的亲朋好友以及同事都会看电视、读报纸。舆论环境可能影响他们的决定。

5. 每次和当事人会面,都要做好因为透露了他不想听的事而被解雇的准备。名人总是为同一个原因得不到好的治疗和法律建议:医生和律师不想冒犯他或惹他不高兴。比起告诉他痛苦的事实,他们更关心怎么留住自己的病人和当事人。

6. 不要装作你涉及名人的案件或高知名度案件跟别的案件没有区别。媒体会盯着你的一举一动,你作出的每一个决定都要考虑到媒体可能会有的反应。这并不是说你要完全根据媒体来决定采不采取正确的行动,而是说你要仔细考虑正确的那步棋到底是什么。

7. 高知名度案件和涉及名人的案件常常会扭曲法律体系的作用,因为法律总是对名人区别以待——可能更好,也可能更糟。俗话说"难案立坏法",高知名度案件亦常如此。

8. 名人们几乎总是令你失望。其中大多数人往往无趣、陈腐又"唯我独尊"。接一个高知名度案件无疑有利有弊。就算你的职业生涯中没遇上过一起涉及名人的案件,你也没有任何可遗憾的。

9. 无论是民事案件还是刑事案件的当事人,他们不仅要在身穿长袍的法官和地位相当的陪审团面前受审,也要在"舆论法庭"上受审。每一个公民都有权在"舆论法庭"上就案件的法律和道德方面投上自己的一票。对一些身为公众人物的当事人来说,"舆论法庭"作出的"裁决"可能和陪审团作出的裁决一样重要。一名律师必须在面对媒体时做好准备,因为通常的证据规则对媒体不适用。一名律师还必须知晓"舆论法庭"的不同"规则",习得在这一重要法庭上获胜的技巧。

10. 尽管媒体报道常常会扭曲司法系统的作用,媒体却可以作为制衡法官、检察官和刑辩律师的有力武器。宪法第一修正案保障了新闻出版的自由,但有时也会和保障公平审判的其他宪法修正案发生冲突。尽管两者间很难达到适度平衡,这一平衡却对民主治理至关重要。

我的七十五岁生日派对

2013年夏天,我们一家在玛莎葡萄园筹办派对,准备庆祝我的七十五岁生日。在此期间奥巴马总统一家计划要在我家隔壁的房子度假,于是我同意让出我家旁边一片不用的空地让他们停放通讯指挥车。工人们开始安装通讯设备时,其中一人提到了我的生日派对。当我问他是怎么知道这个派对的时候,他回答:"总统此次出行的代号名为'艾伦·德肖维茨的生日派对'。"

第二十章
无端被告

过去的半个世纪里,我代表了数百名被告,他们被指控的罪名林林总总,从大规模谋杀到内幕交易。我很少确切知道他们是否有罪,或介于有罪无罪之间。在我1982年出版的第一本通俗著作《最好的辩护》中,我承认我所代理的大多数刑事被告可能都有罪,因为在美国,大多数被控犯罪的人"事实上都有罪"。这是件好事(套用我以前的当事人玛莎·斯图尔特的话)。尽管完全无辜的人有时也会被指控犯有严重罪行,但在法治下运行的刑事司法系统很少以此为荣。所以当我接手某件刑事案件时,我从有罪推定开始:我假设我的当事人可能犯了事,即使我希望我是错的——有时我确实错了。

一般来说,刑事辩护律师接手案件后,假定当事人有罪比假定其无罪更安全。如果我假定我的当事人无罪,我可能会犯让他们接受警方讯问的错误。我可能会让他们同意搜查他们的住所或电脑。我可能还会允许他们上电视,宣称自己无辜,并锁定他们对事情经过的描述,这一切可能都会被证明是错误的。

如果我有一个案件,我确信我的当事人无辜(比如我有一个我的当事人在犯罪行为发生时在另一个洲的视频),我很可能放弃他的权利,并鼓励警察对他进行盘问和搜查。我可能还会鼓励他上电视,宣称自己无辜,讲述他的故事,甚至播放该视频。毕竟,如果当事人是无辜的,有什么可隐瞒的呢?为什么要让当事人维护自己权利的行为都看起来有罪呢?但我从未遇到过一个我能确信绝对清白的当事人,直到2015年新年的前一天。

那个当事人就是我!

那一天,我得知一个我从未谋面,也不知其名的三十一岁女人指控我十五年前,也就是她十六岁的时候,与她发生了性关系。她的律师也提交文件指控我与其他未透露姓名的年轻女性发生过性关系。

这一虚假指控源于我代理杰弗里·爱泼斯坦(Jeffrey Epstein)的一个案件,他是一名富有的理财经理,被控与未成年女性发生性关系。指控我的那个女人当时不在所谓的受害者之列,但她正试图加入一场诉讼,这场诉讼的既定目标是撤销爱泼斯坦的认罪协议,这样她就可以通过起诉他大赚一把。我是爱泼斯坦的律师之一——与肯尼斯·斯塔尔、罗伊·布莱克(Roy Black)和其他人一道——安排了认罪辩诉交易,爱泼斯坦承认了两项教唆和拉皮条的罪名。对于这一广为人知的案件而言,这个结局争议颇大。许多人对一个"罪不可赦"之徒得到如此"轻"的判决愤怒不已。最难过的是一些此案中所谓的受害者,她们没有在辩诉交易前得到通知。

我从未见过任何所谓的受害者,对指控我的那个女人也一无所知。这是一个荒谬的指控,我和我结婚近三十年的妻子都没有认真对待。我开玩笑说,我从未与未成年女性发生过性关系——即使我未成年时也没有过!我的第一次婚姻是在我二十多岁少不更事的时候,和我十六岁时在犹太夏令营遇到的第一个正式女朋友结为夫妻。在那个年代,正统犹太人婚前什么都不会发生。结婚证可不同于驾照,不允许无证驾驶!

但在得知这一虚假指控后的几个小时内,我的手机开始响了,我的邮箱也被蜂拥而至的邮件填满,因为我和英国约克公爵安德鲁王子在一份公开的法庭文件中被指控,正如我后来作证的那样,这份文件很可能会泄露给媒体。这个故事正在世界各地广泛流传,尽管由于王子的缘故让我得到了二次宣传。

387　　指控我的人——我很快得知她名叫弗吉尼亚·罗伯茨[Virginia Roberts,现名为弗吉尼亚·乔佛里(Virginia Giuffre)]——最初坚持在诉讼中匿名,尽管她在2011年接受了一家英国小报的采访,获得了十六万美元的报酬,在采访中她提到了安德鲁王子和其他人(但不是我),并同意具名。因此,媒体很快认出了她,并告诉我她的名字和照片,但两者我都不熟悉。最初提到我并引起公众广泛关注的那份诉状并不包括宣誓声明。除了口头指认,她从来没有提供任何其他证据来支持她的指控,也没有证据可以提供,因为指控是虚假的。她也没有给出声称和我发生性关系的日期——甚至哪个月或哪个季节。她只是把我的名字和王子的名字写进一份法院诉状,在这个案件中我们都不是当事人。这就像把我的名字潦草地写在浴室墙上,只是通过把它写进法庭文件,她试图获得免受诽谤诉讼的豁免权。此外,通过向法院提起诉讼,她给予媒体豁免权,可以在不做任何调查的情况下发表它,即使他们不相信这是真的,几名记者也确实告诉我,他们对此指控难以置信。仅仅提交这份文件就使之"具有新闻价值",并保护其免受诽谤诉讼。当然,她可以像对她指控的许多其他人一样——其中不乏杰出的政治和金融人物——不动声色地进行指控。但正如我后来从罗伯茨的好友处得知并作证的那样,公开对我指控,却私下指控他人的决定,是一个精心策划的阴谋的一部分,目的是从一个没有公开姓名的富人——至少目前没有——那里弄一大笔钱。

几天后,我在《华尔街日报》上发表了一篇题为"你可能会遭遇的无端指控的噩梦"的文章,文章中我写了我发现自己所处的法律困境以及"我们法律体系中的漏洞",这些漏洞允许某些肆无忌惮的个人对他人进行无端指控,而不会产生任何法律或经济后果。根据现行法律,不道德的律师可以在没有丝毫证据的情况下,向法院公开起诉,指控无辜者犯下最令人发指的罪行,即使他们认为指控毫无依据,也不用担心会因诽谤而遭起诉。如果无辜者在媒体上公开否认指控,他可能会被诉诽谤。这使无端指控的无辜受害者处于站不住脚的境地。如果他面对错误的指控保持沉默,这种沉默将被视为有罪的证据,但如果无辜受害者强烈否认指控,他将面临一场花费不菲且耗时的诉讼。

我选择了后者。当我得知这一虚假指控后,我同意回复世界各地主要媒体的采访请求。我明确断言,不仅我是完全无辜的,而且对我的指控在物理上也是不可能的:我有确凿的文件证据证明,在相关时间段里,在原告说她和我发生性关系的五个地点中,有四个地方我不可能出现在现场。其中包括一个加勒比海私人岛屿、一个新墨西哥州的牧场、一座棕榈滩大厦和一架私人飞机上,这些都归爱泼斯坦所有。(第五个地点是纽约市,包括我在内的数千万人都曾经过这里。)我答应拿出证据——旅行证明、手机、信用卡和其他记录——来最终证明我是无辜的。我确实有视频显示相关时间段我在世界各地的电视露面。我可以解释这个女人声称被作为"性奴"被"四处转运"的**那些日子里我的行踪**,我可以用无可争辩的证据证明我不可能出现在她声称和我发生性关系的地方。

我同意放弃诉讼时效,提交一份宣誓证词,如果是假的,我将受到伪证罪的指控。我要求原告出示任何照片或其他物证来证实她的说法,我知道这些照片或物证不可能存在,因为我从未见过她。我要求他们确认声称遭我"蹂躏"的其他未成年女性。我知道没有这样的人,因为在相关的时间里,除了我的妻子,我从来没有和任何人发生过性关系。我还要求她和她的律师在电视上重复对我的指控,这样我就可以起诉他们。当然,他们没有这么做。

简而言之,我做了我绝不允许任何当事人做的事情。我这样做是因为我知道对我的指控纯属捏造。我就是那个唯一一个我绝不怀疑其绝对清白的当事人。所以我准备打破我所有的规则,以及其他优秀辩护律师的操作规则——当他们代理那些他们永远不能绝对肯定无罪的被告时所使用的规则。

最终,提出虚假指控的律师撤回了指控,并公开承认对我提出不当性行为指控是一个"错误"。[1]此外,前联邦调查局局长和前联邦法官路易斯·弗里(Louis Freeh)的独立调查也得出结论,认为没有"证据支持对[我的]不当性行为指控","在一些情况下,证据与[针对我的]指控直接矛盾","调查期间发现的全部证据驳斥了[对我的]指控"。詹姆斯·帕特森(James Patterson)和两名调查记者的一项调查显示,"除了对德肖维茨的指控,什么也没有发现"。

其中一名提交文件指控我与其他未成年女性发生性关系的律师——前联邦法官、现为法学教授的保罗·卡塞尔(Paul Cassell)——在宣誓证词中承认,他说不出任何此类女性的名字,也没有与其中任何女性说过话。事实上,他无法提供任何实际证据——因为根本就没有——来证实他令人发指的指控。当他被问及据称与我发生了性关系的其他未成年女性的名字时,他是这样说的:"我脑海中有二十四个名字,德肖维茨**可能虐待过或根本没有虐待过的**受害者。我还不能准确指出发生了什么。"[黑体为笔者所加]这些名字取自一份警方报告,其中提到杰弗里·爱泼斯坦,但没有提到我。这是一个明显的在当事人及其律师间进行"连坐"的例子。最糟糕的是,这份麦卡锡式的声明不是由一位普通律师发表的,而是由一位"杰出"的教授和前法官发表的,他将自己无可挑剔的专业精神用来支持错误的指控。

不足为奇的是,接收到这一虚假指控的联邦法官表达了愤怒,将其作为对律师的"制裁",从记录中删除,并提醒律师遵守法庭规则下的道德义务。但是这个积极的结果花了好几个月的时间、大笔诉讼费,并造成了相当大的麻烦。它给我的健康和名誉留下了挥之不去的伤疤。如果代表弗吉尼亚·罗伯茨的律师更负责任一些,如果法律体系没有不公平地偏向于保护那些提出虚假指控的人,这种情况就绝不应该出现,也不会出现。

我现在讲这个故事是为了推进法律改革,以保护无辜的人将来不会被诬告。我本人就是一项虚假指控的受害者,我认为受害者必须公开反对他们遭受的不公正。"我也是"(Me too)运动令人称道地促使公众关注"猎艳"男性对弱势妇女的猖狂骚扰。必须鼓励遭受性虐待的妇女揭露虐待者。但是那些遭到无端指控的人——特别是像我这样的人,他们被故意当作获取巨额经济利益的目标——也必须被鼓励揭露对他们进行错误指控的人。因此我才会写下这一章。

一切是如何开始的

我一听说对我的诬告,就怀疑事关金钱。罗伯茨在她的诉状中声称,除了我和安德鲁王子,她还和许多"政治家、有权势的公司高管、外国总统、一位著名首相和其他世界领袖"发生了性关系。最终,她说出了其中许多人的名字,但只是在一份不公开的证词中。甚至在她作证之前,我自己的调查确定这份名单包括一位杰出的前参议员、一位前内阁成员、另外两位教授、一位亿万富翁慈善家以及其他知名和受人尊敬的人物。为什么她在公开的诉状中提到我们两个而不是其他人?我很快开始怀疑我被一个阴谋利用,作为掩饰,以便从这些尚未被透露姓名者那里获取金钱。我相信,并作证说,对尚未被透露姓名的人而言,不那么微妙的威胁信息是,如果他们不想让发生在我身上的事情——也就是说,作为一个被指控的恋童癖者,我的名字将传遍全世界——发生在他们身上,她的沉默是有代价的,就像她向《每日邮报》公开指控安德鲁王子是有代价的一样。正如我后来作证时所说,我认为这是对那些未被透露姓名的人的一种鼓励,鼓励他们要"为[他们的名字]不被提及或透露付钱"。

我知道我**不是**这个阴谋的可能目标。我知道这一点有几个理由:首先,我没有那种能激励任何人诬告我的财富;其次,勒索的目标并没有公开披露,因为公开披露的**威胁**正悬于受害者的头上;再次,任何认识我的人都会意识到,我绝不会花一分钱去收买一个诬告者的沉默;最后,没人向我要钱。对我的诬告被用来向别人施压似乎合乎逻辑。至少我是这么认为的。但我不知道会是谁。我知道一定是某个有钱人认识杰弗里·爱泼斯坦。爱泼斯坦有许多富有的朋友,可能是他们中的任何一个或多个。

罗伯茨为什么会选择诬告我?

在我接受媒体采访时,我经常被问到以下问题:如果不是真的,罗伯茨为什么要指控你?她指控你有什么好处?她一定知道你会反击。我也对这些问题感到困惑。我认为金钱是无端指控的核心,但我不知道她会向**谁**要钱。

突然,在毫无征兆的情况下,我一下明白了。罗伯茨的老朋友,一个叫丽贝卡(Rebecca)的女人,通过她的丈夫联系了我。她不愿意卷入其中,但她对发生在我身上的事感到很难过。她刚刚和罗伯茨在一起,她们详细讨论了我。丽贝卡告诉我,罗伯茨之前从未提到我是她声称与之发生性关系的人之一,她不想在律师提交的法律文件中指控我,但她的律师让她"倍感压力",要把我包括在内。

然后丽贝卡告诉我,她认为真正的目标是谁:她不知道他的名字,但她知道他是俄亥俄州的一个富商,拥有"利米特"(Limited Too)和

"维多利亚的秘密"(Victoria's Secret)。我立刻知道她指的是莱斯利·韦克斯纳(Leslie Wexner),他是杰弗里·爱泼斯坦的密友和长期商业伙伴。丽贝卡允许我记录我们的谈话,这是她告诉我的:

> 她[弗吉尼亚·罗伯茨]刚刚说他拥有"维多利亚的秘密"和"利米特",而且他有很多钱。你懂的,他是个亿万富翁……他们想起诉他至少要他一半的钱……她说得好像他们已经和他摊牌了……已经在起诉他了……她还对我说……当谈到艾伦·德肖维茨时,她确实感到压力…… 她觉得有压力要做这件事,她不想专门去找你,她觉得自己迫于律师的压力要做这件事。

我立即打电话给莱斯利·韦克斯纳——我之前在西蒙·佩雷斯、约翰·格伦和杰弗里·爱泼斯坦等人参加的他家的一次晚宴上见过他——告诉他,除非他花钱买下罗伯茨的沉默,否则他可能会成为一个威胁公开曝光他的阴谋的目标。我联系到了他的妻子阿比盖尔,她证实罗伯茨的律师一直与他们保持联系,并将他们的律师约翰·齐格(John Zieger)介绍给我。我给齐格打了电话,齐格证实罗伯茨的律师已经联系了他。戴维·博伊斯(David Boies)——美国最杰出的律师之一,也是我认识多年的一个人——在我的名字被公开的同时,他联系了韦克斯纳,并会见了齐格。

齐格告诉我,博伊斯曾对他说,他的当事人弗吉尼亚·罗伯茨指控韦克斯纳在未成年时多次与她发生性关系。在地点、频率和其他细节方面,与对我的指控惊人地相似。但是有一个重要区别:罗伯茨还指控韦克斯纳让她穿着"维多利亚的秘密"售卖的女童内衣。如果这项指控被公之于众,将会对"维多利亚的秘密"公司品牌和韦克斯纳的领导形象造成毁灭性影响。

韦克斯纳的律师告诉博伊斯,这些指控毫无依据。他们还指出,任何索赔都远远超出了任何诉讼时效,因为据称这些事情均发生在将近十五年前。那么,为什么戴维·博伊斯会从他繁忙的日程中抽出时间去追查一个被诉讼时效所禁止并且没有机会在法庭上胜诉的案件呢?博伊斯是一位杰出律师,足以认识到这一点。[2]那么,当他花了几个小时会见韦克斯纳的律师,详细描述罗伯茨对这位亿万富翁的指控时,他的计划是什么?此外,为什么罗伯茨的律师团队在公开起诉文件中指控我,却没有提到韦克斯纳?[3]为什么他们决定私下接触韦克斯纳,讨论罗伯茨对他的指控,却公开说出安德鲁王子和我的名字?正如丽贝卡告诉我的那样,尽管诉讼时效法规不支持任何诉讼,罗伯茨仍在向韦克斯纳寻求巨额索赔,这是真的吗?

我不知道弗吉尼亚·罗伯茨指控莱斯利·韦克斯纳在她未成年时多次与她发生性关系是真是假,尽管我怀疑这是假的。我不知道戴维·博伊斯认为这是真是假。但是如果博伊斯相信这是真的,那么为什么韦克斯纳没有像我一样被公开指控呢?为什么他只被私下指控?如果博伊斯认为对韦克斯纳的非常具体的指控是错误的,他怎么能继续代理一个他认为编造了一个关于韦克斯纳的故事的人,试图从他那里获得十亿美元呢?如果他知道她对韦克斯纳和其他人撒了谎,为什么他还要继续相信她呢?

我让读者来回答这些问题——或者让博伊斯来解释。

直到2015年4月丽贝卡提醒我当时深信不疑的罗伯茨的计谋,我才知道戴维·博伊斯与韦克斯纳律师的会面。事实上,我不知道博伊斯甚至代理罗伯茨,直到他的律师事务所其他人主动提出为**我**辩护,反对罗伯茨对我提出的虚假指控。的确,这是一个奇怪的故事,也是一个引发法律伦理重要问题的故事。

它始于2015年1月22日,当时我出现在全国广播公司(NBC)的《今日秀》上,并说了以下内容:

> 我从未见过她,也从未与她会面……她绝对是在撒谎,捏造

整件事……我什么都不怕。我什么都没隐瞒。她害怕在公开场合透露这件事。她害怕给出日期或细节……在回答每一个问题时,我都非常坦率。

那天晚些时候,我收到了戴维·博伊斯的一个合伙人发来的电子邮件,这个人名叫卡洛斯·西里斯(Carlos Sires),几年前我曾和他一起处理过一个案子,当时还有另一个合伙人西格丽德·麦考利(Sigrid McCawley),在劳德代尔堡的"博伊斯、席勒和弗莱克斯纳"律师事务所(下文简称 BSF)办公室工作。西里斯说:"如果我能为你做什么,请告诉我。"显然,我不知道他的事务所已经代理了那个诬告我的女人。事实上,和博伊斯一起成为罗伯茨主要律师的合伙人就是西格丽德·麦考利本人。她和西里斯也是朋友,在之前的案件中曾和我一起工作过。我不清楚西里斯是否知道他的搭档代理的是一个女人,这个女人在他提出代理我时诬告我。我对此表示怀疑,因为他在电话中告诉我,他不相信对我的指控,他认为提起指控的律师行为不当。

当听说我被指控时,西里斯并不是唯一提供帮助的律师。几十名以前的学生、同事,甚至陌生人都提出加入我的法律团队。他们包括前法官、前检察官和一名美国前司法部长。他们对罗伯茨律师不负责任的行为感到愤慨。最终,我组建了一个核心法律团队,由我的朋友和同事肯尼斯·斯韦德(Kenneth Sweder)牵头,他带领我经历了因虚假指控而面临多重诉讼的复杂困境。[4]但现在,让我们再讲讲西里斯。

西里斯告诉我,在他同意代理我之前,他必须和律师事务所的管理合伙人商量一下。这是很常见的,因为律师总是要核查他们或他们的事务所代理的当事人之间是否存在利益冲突。没有什么比在不通知被告的情况下既代理原告又代理被告更明显的冲突了。那天夜里晚些时候,西里斯给我发了一封电子邮件,说他已经和管理合伙人斯图尔特·辛格(Stuart Singer)核实过,"斯图尔特和我认为我们可以提供帮助",并且"斯图尔特和我期待着跟你一起工作"。西里斯还鼓励我发送与罗伯茨律师的争议相关的书面材料。当然,我假设他们做了冲突审查,不存在任何冲突。基于这一合理的假设,我对西里斯的请求作出了回应,并向他发送了他熟悉案情所需的相关材料。他收到的文件中包括我手头的详细且高度机密的律师—当事人备忘录,我在备忘录中描述了我打算采取的策略,包括一个旨在使我的对手落入法律陷阱的战术步骤。西里斯收到、阅读并评论了这份高度机密的备忘录,并寄给我一些额外的材料,他说这些材料可能会支持我的立场。

就我而言,西里斯及其律师事务所在我的法律团队中,我可以与他们分享我需要向法律对手保密的重要信息。如果我知道博伊斯的律师事务所是我的对手——他们代表的正是那个诬告我的女人——我肯定不会把我的法律秘密向他们和盘托出。

想象一下当我得知真相时的惊讶。起初,博伊斯方面告诉我,由于事务所的合伙人之一乔纳森·席勒(Jonathan Schiller)担任哥伦比亚大学董事会主席,因此事务所不能代表学术界人士。那个虚假的封面故事甚至没有通过最简单直接的测试。我知道这不是真正的原因,但我不知道真正的原因是什么。

当我发现真正的原因——他们长期以来一直在代理诬告我的人——我对戴维·博伊斯感到愤怒,他是负责任的冠名合伙人。戴维和我一直关系很好,但我仍然很难相信他事务所两位高级合伙人,包括劳德代尔堡办公室的管理合伙人,会主动提出代理一位知名律师,而博伊斯在不知情的情况下与他保持着友好的关系。事实上,当西里斯告诉我,在同意代理我之前,他必须核实一下,我告诉他,博伊斯和我是朋友,并主动给他打了电话。西里斯说,这没必要,他将与管理合伙人核实。更令人怀疑的是,西格丽德·麦考利不知道西里斯提出要代理我,她和西里斯是同一个事务所的合伙人。她一定知道博伊斯代理我的原告。我后来得知,博伊斯的律师事务所因利益冲突而多次受到制裁。例如,2013 年,纽约南区联邦地方法院的一名法官命令 BSF 支付其对手的诉讼费,理由是"无法想象更明显的利益冲突。一个法学院一年级学生都看得出来。BSF 自称是全美最优秀的律师事务所之一,但事实并非如此"。戴维·博伊斯本人也卷入了一些利益冲突的情况。2005 年,博伊斯没有透露与三家文件公司的个人联系,他向这三家公司介绍了几个当事人。最近,《纽约时报》报道称,博伊斯正处于一场利益冲突的中心,这场冲突涉及他在一家名为塞拉诺斯(Theranos)的血液检测公司中的双重角色。同样是最近,博伊斯在代理哈维·韦恩斯坦(Harvey Weinstein)的同时也代理《纽约时报》,并参与了针对报道韦恩斯坦的《纽约时报》记者的调查。[5]《纽约时报》解雇了博伊斯,称他的利益冲突是"严重的背叛"。如果我知道 BSF 的肮脏历史,当他们提出代理我时,我会更加怀疑和谨慎。

当我抱怨这种利益冲突时,博伊斯建议我们见一面。我们的会面算不上"谈判"。事实上,他一再强调,他无权试图解决任何悬而未决的诉讼。博伊斯告诉我,当他同意代理罗伯茨时,他不知道她会以不当性行为指控我。他告诉我,如果他知道她会指控我,他绝不会同意代理她。他还告诉我,将她对我的指控向联邦法院提交的做法是"错误的",并且有"问题"。他同意查看我的旅行记录,如果支持我的说法,他答应试着去说服罗伯茨,把我当成和她发生性关系的男人之一是错误的。

博伊斯和我在纽约私下会面了好几个小时,审查证据。我们通了十几次电话。在审查了我的旅行和其他记录后,他在几名证人面前明确表示,我不可能在他当事人声称的相关时期出现在与其当事人发生性关系的不同地点。这些地点包括杰弗里·爱泼斯坦的私人岛屿、他位于新墨西哥州的牧场、他的私人飞机上和他的棕榈滩豪宅里。这些记录最终证明,在罗伯茨声称与我在这些地方发生性关系的两年里,**我从未涉足过这些地方**。我当然去过纽约,但博伊斯向我保证这无关紧要,因为"很多人都曾路过纽约",而且很明显,我不可能去罗伯茨非常具体地指控我的其他地方。博伊斯和他的搭档麦考利花了几个小时和我以及我的律师助理尼古拉斯·梅塞尔(Nicholas Maisel)在两个不同的场合查看记录。我用当时的笔记记下了他告诉我的话,引用了他的原话。在其他几名律师在场的情况下,博伊斯一再表示,他确信在相关时间内我不可能出现在这些地点,罗伯茨一定是把其他人误认为我了。他答应我,除非罗伯茨承认她错误地指控了我,否则他别无选择,只能终止对她的代理。他答应安排与罗伯茨会面,以便给我回复。但是他一直为没有和她见面找各种借口。

最后,我打电话给他,直接告诉他:"既然您确定在相关时间段内我不可能在现场,您打算怎么办?"他告诉我,下一步将是他和麦考利会见罗伯茨,并告知她,他们现在已经审查了文件证据,并确信她对我的指控是"错误的"。他说他会告诉她:"有一点很清楚——您的结论完全错了。"

他后来违背了诺言,所以我提交了一份引用这些对话的宣誓书。《纽约时报》报道了我的描述,并请博伊斯回应。他是这么说的:"我从未对他说过我断定我的当事人的说法是不正确的……我没那么说。我没说过那样的话。"我向他提出质疑,要他发誓重复否认,警告他,如果他这样做,他将涉嫌犯下伪证罪。他随后提交了一份声明,其中说:"德肖维茨先生在他的宣誓书中断言的大部分内容是误导性的、断章取义的或完全不实的"——这显然是一个为了避免伪证罪指控的软弱表述。博伊斯明确告诉我,当他的当事人认出我是和她发生过性关系的人时,她是"错误的",罗伯茨对我的看法是错误的,这一证据在博伊斯发表声明后变得更加有力。

如果博伊斯对他的当事人罗伯茨的可信度有任何疑问,他可以通过一个电话轻松解决。罗伯茨告诉媒体,她在杰弗里·爱泼斯坦的岛上见过前副总统戈尔。早在 2011 年,在接受英国小报《每日邮报》采访时,她就相当详细地描述了这次会面:

> 弗吉尼亚透露,克林顿的副总统戈尔和他的妻子蒂珀(Tipper)也是爱泼斯坦在岛上的客人……"当我遇到戈尔夫妇时,他们似乎是一对伉俪。我只知道戈尔先生是杰弗里和吉丝蕾恩(Ghislaine)的朋友。杰弗里没有让我给他们按摩。那次旅行中可能还有其他几个女孩在那里,但我从来没有想到这个家伙会做错什么。等我满十八岁,我打算投他的票,我觉得他棒极了。"

唯一的问题是戈尔和他的妻子从未去过杰弗里·爱泼斯坦的岛上。他们根本不认识杰弗里·爱泼斯坦,甚至从未见过他。罗伯茨编造了整个故事,就像她编造了一个在岛上与前总统克林顿共进晚餐的类似故事一样。[6]

戴维·博伊斯曾在 2000 年的选举案中代理戈尔。他可以很容易拿起电话打给戈尔。如果这样的话,戈尔会直截了当地告诉他,罗伯茨所描述的她与他的相遇,纯属谎言。我特别要求博伊斯打电话给戈尔,但他说没必要,因为他已经确信她把别人误认为了我,她的总体可信度没有问题。但是,她的可信度的确存在问题。如果她故意撒谎,并要把她和戈尔的故事卖给小报,她肯定会毫不犹豫地在涉及我的事情上撒谎,并弄到更多的钱。

现在已经很清楚她与我的"故事"是如何演变成诬告的了。我们现在有证据表明,罗伯茨在遇到她的律师之前从未指控我与她发生过性关系,而且——据她最好的朋友说——即使在她聘请了律师之后,她也不想将我的名字列入诉状,但她"觉得自己迫于律师的压力",要她将我包括在内。

在两年的时间里,她和杰弗里·爱泼斯坦在一起——2000年(当她十七岁时)到2002年(当她十九岁时)——她告诉几个人,她和一些名人发生了性关系。她提到的人中有她当时的男朋友、父亲和她最好的朋友。所有这些证人都证实,她从未提到我曾与她发生过性关系。几年后,当她和联邦探员谈话时,她没有指控我。我知道这些是因为负责调查的助理检察官告诉我和我的律师,如果她指控我,我就不会被允许代理爱泼斯坦就他的辩诉交易与政府进行谈判。我当然积极参与了这些谈判。此外,有文件证明,联邦检察官办公室不认为我是爱泼斯坦涉嫌犯罪的共犯:助理检察官玛丽亚·维拉法纳(Maria Villafaña)2007年9月发来的电子邮件列出了爱泼斯坦事件中"参与犯罪活动"的十三个人——包括爱泼斯坦本人以及他的几个同伙,但没有提到我。

罗伯茨第一次公开提及我的名字是在2014年12月30日的诉状中。我们目前正在寻找我们所知存在的更确凿证据——它是在罗伯茨和吉丝蕾恩目前之间的诽谤诉讼中产生的,但已经被罗伯茨的律师封存——来证明罗伯茨捏造了她对我的指控。对此,罗伯茨和她的法律团队采取了一项旨在"压制信息的策略……使我免予被控性行为不端,同时允许乔佛里女士和她的盟友公开传播那些他们认为支持她对我指控的'事实'"。这些被压制的文件包括"由乔佛里准备的手稿草稿""彻奇尔(Sharon Churcher)和乔佛里之间的电子邮件"以及"彻奇尔提交的部分回复摘要"。很难想象这些文件——最终证明故意诬陷我纯属出于金钱目的——如何提出"隐私"诉求。被压制的手稿显然是打算广泛出版的。电子邮件是在乔佛里和莎伦·彻奇尔之间往来,莎伦·彻奇尔是《每日邮报》《国家问询报》和《雷达》的八卦作者,早些时候,他们发表了乔佛里对安德鲁王子的指控。他们显然打算发表更多关于个人的流言蜚语。该简报由彻奇尔的律师提交,是一份关于这些问题的法庭文件。然而,法官拒绝了我和《迈阿密先驱报》的申请,拒绝公开这些证明犯罪阴谋的非私人开脱罪责的文件。结果是"乔佛里女士的虚假指控……保留在公共记录中,而遭她诽谤的无辜受害者将被禁止"披露开脱罪责的证据。罗伯茨的律师在**未封存的**公开文件中对我提出虚假指控,然后**封存**文件,最终证明我是被陷害的,这种不公平应该是每个人都清楚的。然而法官已经封存了这些开脱罪责的文件。我对他的命令提出上诉,并相信真相最终会被公之于众。我们认为,宪法第一修正案和基本公平不应允许法官对公众隐瞒"开脱"和毫无疑问地表明我是"出于经济原因被蓄意陷害"的自我证明文件。这个封存令的效果是对我在公开场合说实话施加了一个预先的限制,以此来反驳一个仍然在公共领域肆意传播的谎言。

提交诉状指控我性行为不端的律师现在承认这样做是错误的。但对我来说,这是一个代价高昂的错误,因为错误的指控——最近的捏造——已经发布并传播到世界各地。错误的指控不能简单地被打击、撤回或被称为错误。包含虚假指控的最初报道,比随后关于法院命令驳回指控、联合声明撤回诉状并承认提交诉状是一个错误,以及联邦调查局前负责人进行的"驳斥"虚假指控的调查受到了更多的关注。

很难描述被指控犯下与你毫无关系的可怕罪行的感觉。这不像某些白领犯罪,比如诈骗,通常只是程度问题。这也不像是对熟人强奸的指控,在这种强奸中发生了性行为,而且对这种行为是否出于自愿存在争议。我甚至从未见过罗伯茨。我不认识她,也从未听说过她。不存在程度的问题,更没有灰色地带。这是一个完全虚构的故事,由金钱驱动。

然而,在"舆论法庭"——与真实法庭不同——举证责任在我身上。这是一个沉重的负担。我必须作出否认证明——我必须最终证明这一点。排除合理怀疑显然还不够。不能存在一丝一毫的疑问——不管是否合理。

尽管我的原告拒绝为她的指控提供任何时间范围,超过了她声称认识杰弗里·爱泼斯坦的三年时间,我还是准备承受这个负担。但是她故意撒谎,甚至在这个如此宽泛的时间范围问题上。起初,她声称自己在十五岁时遇见杰弗里·爱泼斯坦。她清楚地记得和杰弗里·爱泼斯坦度过了"甜蜜的十六岁"生日。她说,她在唐纳德·特朗普位于棕榈滩的马拉加度假村工作时,遇到了爱泼斯坦的朋友吉丝蕾恩,她父亲开始在那里工作后,她在那里也找了份工作。但是马拉加的就业记录确凿地证明,她的父亲直到罗伯茨快十七岁时才开始在那里工作,几乎可以肯定她是在2000年秋天遇见杰弗里·爱泼斯坦的,当时她已经过了十七岁,而不是她谎称的十五岁。根据她自己的叙述,她直到遇见爱泼斯坦后大约九个月才开始与爱泼斯坦的朋友发生性关系——这意味着她在第一次与爱泼斯坦的熟人发生性关系时接近十八岁,而在随后的交往中则远超过十八岁。她谎报年龄的原因是,在她声称与杰弗里·爱泼斯坦的朋友发生性关系的大多数地方,法定同意性行为年龄都是十七岁。如果她超过了十七岁,并获得了与安德鲁王子做爱的报酬——她说她获得了一万五千美元——那就说明犯罪的是她。当然,她的年龄与我无关,因为我**从未**与任何年龄的她发生过性关系。但这证明她故意谎报年龄,就像她说在杰弗里·爱泼斯坦的岛上遇见阿尔·戈尔、蒂珀·戈尔和比尔·克林顿一样。她谎称和我做爱了。

然而,她仍然是一个自由的女人,没有受到任何惩罚,即便她多次在宣誓的情况下撒谎,并出于经济动机蓄意破坏无辜受害者的名誉。我也不是她被迫公开作伪证的唯一受害者。即便一个虚假的性侵害"受害者"因谎言而被捕,真正的性侵害受害者也会遭受苦难,就像罗伯茨一样。

在一份法庭文件中,我向检察官发出了以下邀请:

> 我从未和乔佛里女士有过任何形式的性接触……我如此发誓其实是有意置自己于伪证罪起诉的风险之下,如果我没有说实话,我将被吊销律师资格。如果乔佛里女士提交一份宣誓书,重复她对我的不实指控,我将接受并配合任何检察机关对乔佛里女士或我是否作伪证进行刑事调查。不可否认的是,我们中的一个人在宣誓后说了谎。我知道不是我。

我认为,未能起诉成年女性——她就她和我的"事情"撒谎时已经三十多岁了——作伪证,这些成年女性为了钱而诬告男性犯下令人发指的性犯罪,在一个寻求依法实现两性平等的社会中是不可接受的双重标准。我致力于法律的改变,确保其他任何无辜的人都不应该忍受被错误地指控犯罪,而不能在法治下求助。目前,律师、当事人和证人可以在公开法庭文件和证词中发表诽谤性声明,而不用担心民事诉讼。正是这条规则允许罗伯茨和她的律师错误地指控我犯了罪,却完全不受任何惩罚——他们认为我不能起诉他们,因为他们的指控包含在提交给法院的诉状中。更荒谬的是,通过否认罗伯茨的指控并认为他们编造谎言,我将自己置于潜在的诽谤诉讼之中。

学者们一直抱怨,绝对诉讼特权使诽谤受害者处于不公平的地位。法院的普遍回应是,与任何人就其个人名誉所拥有的利益相比,司法程序的真相调查任务更重要。

那该怎么办呢?

有两个主要途径可以避免他人未来陷入我所处的卡夫卡式困境。律师在没有进行充分尽职调查的情况下提出虚假指控应受到纪律处分。必须允许在诉讼特权范围内提出诽谤指控的受害者以最强烈的措辞否认指控,而不必担心诽谤诉讼。根据现行法律,通行的观点偏向于虚假指控原告,对遭受虚假指控的受害者不利。法院必须通过给予被诬告者诽谤的对等豁免,在被告和原告之间建立公平的竞争环境,以便他们能够在"舆论法庭"充分为自己辩护。

一个既致力于发挥法院在争端解决中的作用,又致力于保护言论自由的国家,没法给出完美的解决方案。最终,体面的律师有责任拒绝对无辜者提出毫无根据的指控。我让读者来定夺弗吉尼亚·罗伯茨的律师是否履行了这一职责。

第四部分

追求平等与公正：永不止步

第二十一章
改头换面的种族问题

从"色盲"到依据具体种族的救济

我成长在"布朗诉教育委员会案"之前的时代,那是一个强制种族隔离政策合理合法的时代。当时所有正直人士的共同目标就是不以"色"取人。正如马丁·路德·金在数年后的那场著名演讲中所言:

> 我梦想有一天,我的四个孩子将生活在一个不是以肤色的深浅,而是以品格的优劣作为评判标准的国家里。[1]

不管是我的朋友还是家人,我们都梦想美国成为一个不以"色"取人的国家,个人的成功将基于其能力,而非种族、宗教信仰、性别、来自哪里、民族、阶层、性取向(实现这一点还需时日),或任何其他不相关或不公平的因素。

我们儿时的偶像就是杰基·罗宾森,他凭借娴熟的球技、速度、优雅的品行打破了肤色藩篱,成为我最钟爱的布鲁克林道奇队的最佳球员,率领球队屡创佳绩,并夺得球队历史上首个世界大赛冠军(仅在其职业生涯后期被草率地转会至我憎恨的纽约巨人队,而他以退役拒绝了这一转会,保留了自己的尊严)。

上大学后,我心目中的英雄是约翰·霍普·富兰克林教授(John Hope Franklin),首位在一所历史上非黑人大学担任系主任的非洲裔美国人。

就读法学院时,我有一对双胞胎非洲裔美国人同学,一个后来成为纽约最高法院法官,另一个成为法学教授。

为获取成功,这些人以及其他英雄们需要的全部条件就是消除种族壁垒,实现"色盲"。其实对犹太人何尝不是如此。一旦宗教壁垒得以消除,犹太人立即就在法律界、医学界和学术界崭露头角。[2]我坚信,所有遭遇种族及其他形式歧视的受害者都曾感同身受。他们所需要的仅仅是平等的机会、平等的路径,以获得平等的成果。我之所以对此深信不疑,是因为我亲眼所见——至少在我心目中的英雄身上。

我亲历了民权运动,起初远观,后来直接介入。十五岁时,最高法院对"布朗诉教育委员会案"作出了裁决,强制取消公立学校的种族隔离。读着该案裁决,为其结论和其中蕴含的社会科学方法论欢呼的情景至今仍记忆犹新。该案是将马丁·路德·金的平等梦想化为现实而迈出的重要第一步。

二十世纪五六十年代,很少有人谈论基于特定种族的平权措施,即基于特定个人的种族作出积极而非负面决定。我们相信,这足以在决策过程中**消除**种族考量。我们还坚信,这一做法的结果一定会是平等机会和个人成功,正如杰基·罗宾森、约翰·霍普·富兰克林和我的法学院同学一样。

我们对教育、经济、医疗、营养等领域广泛存在的贫穷状况一无所知,而这一状况可能会使众多黑人至少在短时间内享有真正平等成为泡影,即便消除法律上的不平等也是如此。

我本该对此有深刻认识,特别是我曾在民权运动如火如荼之时两度前往美国南方之后。第一次去是在二十世纪六十年代初,当时我是在哈佛法学院受训成为民权运动"观察员"的学生组织成员。短暂的停留没能使我与当地黑人居民直接接触。我确实见到了几位黑人律师和民权人士,但他们与我背景相似。1965年初夏,哈佛法学院派我独自前往南方的几个传统黑人大学,招募学生参加我们发起的为少数族裔学生就读法学院设立的特别预备项目。我到访了黑人占绝对多数的几所大学,并在学校住了些时日。我还与学校的学生和教授见面,他们中很多都来自中产阶层家庭。

我还走访了几家位于西南部的大学,见了一些美国原住民学生和拉丁裔学生。我坚持认为,我们招募的对象不应仅限于非洲裔美国学生。即便在当时我也无法轻松地仅仅基于种族作出任何决定,更别说平权决定了。不管当时,还是现在,我都坚信平权措施的理想目标是为了确保**未来**平等,通过为**曾**遭受不公待遇的人们提供**当前的**优惠待遇,以使其与他人处于同一起跑线上。但这是理论上的理想状态,即确保以品行和其他素质标准评判个人。很快我就发现实践中其他因素会不可避免地参与进来。真正的问题是,如何在理论上的理想标准和现实需要之间达成某种平衡。

这个问题在我曾介入的一系列备受争议的最高法院裁决中显现出来。首先是1974年的德夫尼斯案。[3]该案由一位名为马可·德夫尼斯(Marco DeFunis)的白人学生提起,此人申请华盛顿大学法学院遭拒。他声称,如果他是黑人,就会依据学校的平权措施计划被录取。学校并未对这一主张提出异议,但认为学校有权招收"合理代表性"的部分少数族裔学生。

初审法院作出了有利于德夫尼斯的判决,下令学校给他发放录取通知书。该案上诉至最高法院时,他已快毕业。但学校告诉大法官们,即便最高法院作出对他不利的裁决,学校也会让他顺利毕业。因此,最高法院以无实际意义为由拒绝受理上诉,进而推迟决定是否实施基于种族的平权措施计划。但威廉·O.道格拉斯大法官——可能当时是最高法院最开明的成员,还是一位在华盛顿州长大的大法官——想要对这一问题作出裁决。他撰写了一份代表传统自由派观点的异议意见,对我们这一辈的很多人影响颇深。他认为,平等保护条款并不禁止法学院依据申请人曾克服的障碍来评判该生的先前表现。

> 一位来自贫民区的黑人学生申请人经过努力学习进入一所大学,他的身上可能会表现出目标明确、持之以恒的可贵素质和能力,并会让任何一个持有公心的录取委员会相信他比那位毕业于哈佛、成绩优异的富有校友之子更适合学习法律。这位申请人可能会被录取,不是由于他的肤色,而是由于他身上表现出的潜质,而那位哈佛学生却没能好好利用手中把握的良机。由于出身贫贱,这位黑人申请者可能会在法学院学习的第一年没有意识到他的潜质,甚至三年学习期间都一无所知,但他未来长期的法律职业生涯所获得的成就,可能会远超那些根据常规标准成绩比他优秀的同学们。[4]

道格拉斯承认,实际操作过程中,黑人申请者可能会是此种种族中立录取政策的"主要受益者",但他同时指出,"一位来自阿巴拉契亚山区的贫穷白人,或一位来自旧金山的二代华人,或其他一些血统混杂到种族标签已不明显的美国人,可能也会表现出类似的潜质,因而也应该受到录取委员会的认真对待"。[5]

事实上,道格拉斯大法官说的就是他自己来自华盛顿州的背景。[6]他的自传将他对宪法所持的观点展露无遗[7],就像他所裁决的案件一样。[8]接着,他在他所描述的录取方式和华盛顿大学法学院的录取方式之间进行了对比,后者的录取决定完全基于种族因素。

他的结论是,由于平等保护条款的"明确且核心目的"是"在各州消除所有来自官方的种族歧视",因此,应以"种族中立的方式"审核每位申请者的表现。[9]道格拉斯还否定了学校为实现少数族裔"代表份额"而作出的努力：

> 华盛顿大学的目的不能是为黑人培养黑人律师,为波兰人培养波兰裔律师,为犹太人培养犹太裔律师,为爱尔兰人培养爱尔兰裔律师,而应该是为美国人培养优秀律师。[10]

道格拉斯大法官的异议观点迅速成为像我和我众多朋友这样的自由派的标准策略(尽管在我脑海深处,我仍对他曾是一家歧视性会所会员的事实以及与贝兹伦法官的争辩记忆犹新)。

我成了在哈佛推进实施非种族标准的平权措施计划的积极倡导者。我参与了学校和各学院数不胜数的会议辩论,坚信自己站在正义一边,支持这一既能促进多元,又不会违反宪法规定的种族平等条款的制度。

然而,并非所有自由派人士都接受道格拉斯大法官的种族中立做法。许多黑人团体领袖并不将这一问题视为**个人**权利问题,而将其视为族群的**整体**期望。依据这一观点,全体黑人在公立和私立大学各学生组织和其他机构拥有某种"合理代表"的集体权利。一些人甚至提出"代表的比例",这一观点导致固定名额的设定,可能会将录取或雇佣的人数限制在一定人口比例之内。

对"名额"或"代表比例"的反感,随着全国各地的一些学校将平权措施计划落实到数字上而愈发高涨。一些学校对录取的黑人学生事先设定"计划数目",还有一些学校则规定"最低数目"。而那些遭到实施此类计划的学校拒绝录取的非黑人学生则纷纷提起了法律诉讼。

随着此类诉讼愈发增多,非洲裔美国人领袖和犹太社区领袖间也发生了冲突。[11]多数(但非全部)非洲裔美国人领袖都极为支持基于特定种族的平权措施计划,给予**所有**黑人申请者优惠待遇,而不管其**个人**背景。多数大学也倾向于这一群体做法,因为简单而易于操作;此外,比起那些来自内城(inner city)、更贫穷、受教育程度不高的"困难"黑人学生,他们更喜欢录取富有的、接受过良好教育的"优质"黑人申请者。曾先后担任过哈佛法学院院长和哈佛校长的德里克·博克（Derek Bok）曾直言道，格罗顿中学、菲尔德斯顿中学和圣保罗中学的黑人毕业生相比来自内城公立学校的黑人毕业生，更容易融入哈佛。[12]

许多（但非全部）犹太领袖担心"种族名额"将危及犹太学生得之不易的进入顶尖学校学习的机会。[13]他们痛苦地回忆起曾将犹太学生申请人被大学录取的比例规定为不到两位数的"名额"制。[14]当然，"最低录取人数"和"最高录取人数"之间还是存在差别的。黑人期望的是依照平权措施获得最低录取人数：即**不低于**10%～15%。犹太学生的待遇则是"最高录取人数"：即**不高于**7%～8%。（1959年我被耶鲁法学院录取时，我注意到学校的校训是希伯来文——光明与真知。我问一个从耶鲁毕业的朋友为何校训是希伯来文，他说："如果你读不出来，你就进不来！"）但录取政策是一个零和游戏，多录取黑人学生，必定会少录取犹太学生。犹太领袖们担心的事情正在发生。这一现实导致了著名的"面包圈"交锋的出现：

> 哈佛大学招生处主任蔡斯·彼得森（Chase N. Peterson）最近对一群担心哈佛大学将会缩减录取犹太学生的犹太教员讲话。他断言，哈佛绝对不会缩减哪个特定"人群"或某个特定区域的录取人数。正相反，他说，"大城市周边的'甜甜圈'（doughnuts）"在哈佛招生委员会看来没有以前出色……"现在，我们必须对来自城郊著名高中的那些成绩优异的学生，那些表现良好、举止得体却乏善可陈的申请人严格筛选。"彼得森心目中的"甜甜圈"代表包括纽约的韦斯切斯特和长岛、新泽西郊区，以及俄亥俄的谢克海茨等地。《哈佛深红报》曾报道，当彼得森向犹太教员描述这些区域时，一位教员站起来说："彼得森博士，你说的这些地方不是甜甜圈，他们是面包圈（bagels）。"[15]

在这次"交锋"见报后，我收到许多愤怒校友和申请者父母的来信来电,他们纷纷担忧哈佛会在录取新生时重新采用名额制。

在巴基案1977年上诉至最高法院时,人们的担忧加剧了。[16]哈佛率先为其曾采用的基于种族的平权措施计划进行辩护。那时,我弟弟内森正担任美国犹太人大会——一个普遍激进的社会活动组织——首席律师。他让我为巴基案撰写一份法庭之友意见书,表达犹太人的观点:即犹太人支持民权运动,但担心基于种族的平权措施计划会影响犹太申请者。这是一项艰巨的任务,需要具备高超的平衡技巧。

巴基案的当事人艾伦·巴基(Allan Bakke)是一位申请加州大学戴维斯分校医学院的白人学生。他声称学校由于他的种族拒绝了他的申请。这次不可能有"无实际意义"的主张了,因为巴基并未被医学院录取。法院必须直面基于种族的平权措施所带来的尖锐问题。

我们撰写的法庭之友意见书首先坚定支持平权措施作为一项弥补过去"教育不公"和确保学生多样化政策的积极意义。但我们也反对每个种族、宗教团体或少数族裔都应享有一定比例代表或名额的做法。

> 一个普遍存在种族、族裔、宗教和性别比例代表的社会完全不是我们所熟知的美国社会……基于种族和族群的分类将会"登堂入室"而被社会各界正式认可。每个行业或政府机构的工作人员都会被认为是他们所来自群体的代表,他们自己也会这么认为……个人抱负将受限于其所在群体的比例设置。[17]

我们支持基于实际经验的个性化倾向:

> 如果某个申请戴维斯医学院的黑人学生曾因歧视待遇遭受经济困难,就读种族隔离学校或生活在种族隔离社区,这些事实应引起录取委员会的注意,并在评估其申请时纳入考量。任何仅仅基于曾遭到歧视待遇的某个以肤色或相貌划分的群体成员所

施行的倾向性做法,只会导致一个结果,即种族意识和群体标签将会成为社会运行的重要驱动力,因而使种族歧视合理合法化,而非逐渐减少。[18]

我们在意见书中还援引了反对"比例代表"的一些黑人领袖的观点,诸如罗伊·维尔金斯(Roy Wilkins):

> 没有哪个能力超群之人愿意受限于某个随意确定的配额,或心甘情愿忍受平庸之辈仅因某种种族配额的存在而鸠占鹊巢……
>
> 黑人遭受故意不公待遇天知地知。即便耗费巨资,也应采取一切可行举措纠正这一种族主义。
>
> 但不得因此降低标准。[19]

我们敦促法院要求医学院施行的平权措施计划符合"不以色取人"的美国梦:

> 学校可以,我们认为也应该,依据申请人的背景,是否来自缺少文化氛围的家庭,就读学校的特点和质量,家庭环境是否要求学生半工半读,学生是否有机会参加体育运动、乐队、校报、校刊、学生自治组织工作,学生是否有机会通过参政议政或为贫病疾苦人士从事志愿者活动,进而对社会问题表现出兴趣和关注,以及学生是否具备领导才能、勤奋刻苦、严于自律和抱负远大等方面,评估其综合表现。[20]

我们进一步提出,如果申请人认为当前的医疗卫生行业未能服务社会底层人士,"录取过程中可明确考虑让拟录取的学生承诺为城市贫民聚居区、少数族裔聚居区或印第安保留地居民服务一段时间"。[21]

我们的观点是,这些弥补措施将与**所有**"经济贫困,文化贫乏"

的申请者拥有的教育机会相呼应,不使宪法平等保护条款在实施过程中走样。[22]

最高法院在巴基案裁决中采纳了我们提出的反对戴维斯医学院适用种族配额的观点。但裁决肯定了哈佛本科学院施行的平权措施计划,即赋予招生委员会极大的决定权。由五位大法官组成的多数意见裁定,戴维斯医学院适用的录取政策未达到宪法标准,而哈佛本科学院的做法则达到了宪法标准。[23]鲍威尔大法官的意见构成了判决的主要部分,他还特意单独赞许了哈佛本科学院的做法,大段引用哈佛大学、斯坦福大学、哥伦比亚大学和宾夕法尼亚大学提交的法庭之友意见书中描述的哈佛做法。[24]鲍威尔明显觉得,比起确定满足先法和法律标准的因素,指向一个现存做法要容易得多。

我觉得,鲍威尔选择哈佛本科学院作为戴维斯医学院的楷模有失偏颇,因为医学院的录取政策有别于一般本科录取[25],而且哈佛的申请人数远高于戴维斯的申请人数。[26]但鲍威尔有充分的理由赞许哈佛本科招生政策——该政策模糊不清,录取人员权力极大。将决定大权集于一群柏拉图理想主义的坚定捍卫者之手,他们的任务就是以模糊不清的方式"拼凑"一个多样化程度最高的新生班级。哈佛的招生官可能无法指出优秀申请者应具备的要素,但一定能在一众申请者中一眼认出哈佛想要的人。

在我看来,巴基案判决标志着模糊不清和任意裁量战胜了清楚明确和光明磊落。鲍威尔谴责戴维斯医学院为每个新生班级预留一定数量的少数族裔名额的做法,却赞许哈佛本科学院采用规避"为黑人学生预留名额"的做法,同时却允许"申请人仅仅因其地域来源或农村生活经历即可获得相比其他申请人的优势"。[27]

最后,鲍威尔的意见书只字未提平权措施,只是赋予大学充分的裁量权决定多元化的程度和定义,不管是否包含种族因素,只要他们认为可以提升学生的教育体验即可。

哈佛本科学院的做法未能表现哈佛大学长期以来为确保学生整体质量的一致所作出的巨大努力。哈佛(与其他常青藤高校一样)一直极为看重学生的谱系,即申请人的父母或其他家庭成员是否曾就读哈佛。由于哈佛过去的毕业生来源单一,这一"祖父政策"确保了哈佛本科学院每一届学生甚至每个班学生的高度同质化。[28]

布莱克门大法官对戴维斯和哈佛做法的差异提出了疑问,认为"愤世嫉俗者"会说"哈佛的做法其实就是悄悄地实现戴维斯公开推行的目标"。[29]鲍威尔大法官并未对此提出异议。他的回答貌似即便两种做法殊途同归,戴维斯的做法因其公然承认适用种族配额,"将会被公众及申请学生普遍认为极为不公"[30],而哈佛对诸多无法量化的因素含混不清的考量,则不会引起公众或未成功申请者的反感。

但哈佛的做法在一个方面可能不及戴维斯的做法公平。为了得到饱受质疑的戴维斯分校招生制度的"青睐",申请者本人必须**同时**具备来自弱势群体**和**少数族裔两个条件。根据法院认可的哈佛做法,申请者的种族类别本身"可能会对其有利",即便申请者来自有钱有势的家庭,曾就读名校且本人从未经历任何种族歧视。[31](实际上,一些申请者获得了双重优待:身为黑人,以及哈佛校友的后代。)鲍威尔大法官首肯的哈佛做法产生的效果就是偏向富有的黑人申请者,而非贫穷且饱受歧视的黑人或其他白人申请者。实际操作中,哈佛可能比戴维斯更考虑种族因素。但哈佛的做法具有典型的哈佛特点:低调,不宣传,外人知之甚少。而且,哈佛历史上将"地理区域划分"作为特定宗教信仰名额的托词[32],使人们对其标榜的对多样性的善意追求产生了挥之不去的疑问[33],至少在巴基案判决公布时,情况如此。

一旦最高法院决定将录取与否的决定权交由大学招生委员会裁定，法院的作用就开始大幅度减弱了。事实上，连最高法院裁决究竟对录取工作能有多大影响也不清楚。正如法律的生命力在于经验而非逻辑[34]，大学的生命力也深受其经验影响，而非法律逻辑。经验表明，基于种族的平权措施效果明显，使大学的课堂更多样化，课堂讨论更有趣，毕业生也更具代表性。当然，这些积极成效的实现也需付出代价——即马丁·路德·金梦想中的"不以'色'取人"的社会将推迟实现。平权措施中的种族意识让我们身处的社会发生了深刻变化[35]，正如许多重要的社会问题一样，变革必须付出代价。

> **本·沙恩的版画**
>
> 民权运动如火如荼之时，我买了一幅本·沙恩（Ben Shahn）的版画，画中一只白人的手正拉起一只黑人的手，还有用希伯来文和英文写的"不要以他人的血脉取人"。这幅画在我们家挂了多年，直到有一天我儿子嘉明把画换了个方向，画变成两只牵在一起的手，互相扶持。

曾有一些大法官、法官、学者和评论人士建议为宪法允许的作出录取决定时考虑种族因素的做法设定一个期限——二十五年。应将这一做法视为临时的紧急措施，而不是宪法作出的长期固定规定。[36]在我写作本书时，最高法院裁定，针对某个具体的基于种族的平权措施，要想符合宪法标准，各州大学必须证明"其政策系根据个人量身定制以达到"某种程度的多样性，涵盖"广泛的资格要素和品行要素，尽管重要，种族或族裔因素仅是其中需考虑的因素之一"。因此，最高法院将录取过程中在多大程度上考虑种族因素的决定权完全交由各州大学。在法律的其他方面，经验仍占上风，平权措施仍可继续执行，种族仍会是一个重要的考量因素,这一问题仍会继续在善意的人们中造成分裂。

具有讽刺意味的现实情况是,强调种族意识的平权措施使我们更接近一个"不以'色'取人"的社会,某个候选人、申请人,甚至配偶的种族都没以前那么重要了。我想,马丁·路德·金可能会赞同这一社会变化,尽管要实现他的梦想,仍是"路漫漫其修远兮"。

第二十二章
坍塌的政教分离之墙
使美国基督教化的尝试

宪法中的"平等保护条款"[1]并非唯一确保平等的制度安排。该条款对政教分离的制度设计旨在确保宗教平等。历史表明,如果某一宗教被官方认可,或政府官员需经受宗教考验,那么其他信仰或完全没有信仰的人就会沦为二等公民。美国是历史上第一个明令禁止确立宗教或宗教考验做法的国家。美国还是首个在理论上——如果实践中并非如此的话——将犹太人视为一等公民的国家,这绝非偶然。

记忆中,我初次意识到政教分离是在二十世纪五十年代,当"上帝之下"被加入效忠宣誓的誓词时。[2]我就读的宗教学校老师非常爱国,要求我们在集会时背诵该誓词,一些老师甚至要求学生在班上每天朗读。

多数孩子都讨厌改变,因此当把"上帝之下"加入誓词时,怨声四起,并非因为新加的这个词,而是因为与我们熟知的方式不一样。

我记得曾想过这个新词的意思。**哪个**上帝之下?**谁的**上帝之下?美国人宣誓效忠的上帝只有一个,还是不同宗教信仰里有不同的"上帝"?三位一体又算什么呢?耶稣是上帝吗?信奉天主教的孩子所称的"圣灵"又是什么?真主安拉和耶洛因(Elohim)都是一样的神吗?[3]那么耶和华这一我们绝对禁止的发音又是什么呢?

我们恰恰不能对这些神学问题深究。我们只管遵令行事即可,**能**

做什么，**不能做什么**——去犹太教会堂，不能吃虾——遇到这些深奥问题，我们应向拉比求助，只有他们才能给出符合宗教教义的正确答案。然而，誓词中新增的这两个词不仅引发了我的深思，还让我——生活在美国这个基督教信仰为主的国家持怀疑态度的年轻正统犹太人——思考如何将这两个词融入我的生活。学校教育我们，即便美国是一个基督徒占多数的国家，乔治·华盛顿在写给纽波特图罗犹太教堂信徒的著名信件中，曾向这个新兴共和国的犹太人保证："现在再也不能容忍这种说法了，即人们行使其固有自然权利是因为他人的恩赐。"[4]在这片土地上，所有美国人"都拥有同样的追求良知的权利，作为公民不受追究"，因为我们的政府"不得排挤异见，亦不得加以任何迫害"。[5]

美国国父掷地有声的名言就悬挂在我们宗教学校的墙上，仿佛是为美国犹太人制定的《大宪章》。[6]

然而，对我们的偏见无处不在。没有犹太人当选这个国家的总统，当时，也没有犹太人能出任大公司总裁[7]或大学校长。[8]我们清楚，大多数常青藤学校对招收的犹太学生都有名额限制。[9]但我们仍坚信这是一片机遇之地，我们大有可为，即便存在某些限制，即便这些限制措施逐渐减少但还未完全取消，我们也对此坚信不疑。

我知道，宪法条文也提及了宗教。在我们就读的宗教学校，我们学到的主要宪法内容就是第一修正案对宗教信仰自由的保护。但当我深读宪法条文，很快我就发现宪法在三个地方提及了宗教。首先，宪法正文部分宣称出任政府公职"无需要求进行宗教审查"。[10]当时我就想，为何没有出现一位犹太人总统呢？为何最高法院只有一个"犹太席位"？对我来说，宗教审查似乎肯定**得以**适用，这不得不使我深思书本上的法律和实践中的法律之间的差异。

我还发现，宪法第一修正案除了确保宗教信仰自由，还有一个条文措词怪异,确保"国会不得立法确立国教"。[11]当时有两个词我不明白。第一,该条文中的"尊崇"(respecting)究竟何意?一直以来,我都用这个词表示一种对他人的积极正面的尊敬态度。显然,宪法第一修正案中的该词有其他含义,更接近于"关于、涉及"。第二,条文中的"确立"(establishment)一词何意?我不明白,因此开始着手查查资料,结果我发现了英文中最长的一个单词——antidisestablishmentarianism(反对废除国教),指英国那些反对废除英格兰圣公会为国教的人们所持的观点。但我仍对"确立"宗教的准确含义一头雾水。准确回答绝非易事,经过六十多年的思考、著书立说和教学,我仍对这个词的含义不甚了了。[12]

效忠誓词中新增的"上帝之下"对我而言也有好的一面。不仅促使我思考,还让我有机会与朋友甚至同仁们就此辩论,直到今天。

不好的一面,即便在当时,就是不管禁止"确立宗教"一词究竟何意,似乎都与国会通过将其加入誓词强迫男女学生表明其宗教信仰水火不容。因此,虽然我笃信上帝(或者可以说从未有其他想法),我决定绝不当众说出来。我继续诵读老版本的誓词,并坚信我(而非增补誓词的那些人)才最忠实于宪法本意,最爱国。可能我算最早的宪法原旨主义者,通读宪法我发现杰斐逊和麦迪逊可能都不会赞同让小孩子公开表明信仰上帝。[13]

时光回到1971年,我的大儿子埃隆在我们举家搬至加州那年也曾有过类似经历。我们让孩子们就读帕洛阿尔托的一所公立学校,十岁的埃隆因拒绝诵读"上帝之下"惹了麻烦。放学回家后,我问他怎么注意到这个词的,因为他在坎布里奇上小学时有时也会诵读誓词。他告诉我,美国正进行越南战争,而"上帝之下"(Under God)在波士顿口音中是"保护之下"(Under Guard)。直到加州老师将誓词写在黑板上,他才发现诵读的誓词中有"上帝"一词。当时,最高法院已作出裁

决,不得要求不信教者诵读誓词,大法官们的理由如下:

> 如果我们的宪法星空存在一颗永放光芒的星星的话,那就是任何官员,不管地位高低,都不得……强迫公民通过言语或行为宣示其信仰。[14]

后来,埃隆再没被要求诵读誓词。

埃隆并未因其宗教异见遭受任何负面影响,但波士顿地区一所高中的十七岁学生苏珊·夏皮罗(Susan Shapiro)的遭遇就另当别论了。当她行使其不参加誓词诵读活动的权利时,老师认为这无异于向"大卫之星"(Star of David)吐唾沫。她被同学咒骂,并被要求"滚回以色列"。(其实她出生在美国。[15])我答应为她代理,在我们威胁提起诉讼后[16],学校允许她不参加誓词诵读,并告知其他学生她有权这么做。[17]

几年后,我处理了一起引起高度关注的案件,该案涉及一位刑事被告不因其宗教信仰受到歧视的权利,即使该被告本人被控利用宗教信仰欺诈其教友。案件关涉通过电视传播福音的吉姆·巴克(Jim Bakker),他娶了塔米·费伊·巴克(Tammy Faye Bakker)为妻。在他被定罪欺诈PTL[意为"颂扬主"(Praise the Lord)和"有爱之人"(People That Love)]俱乐部会员后,我获邀对量刑裁决提出上诉。这些会员都出资购买了一家基督徒家庭度假中心的入住权,但未能入住。控方指控巴克超卖数千"会员资格",并将数百万销售款"挥霍一空",导致"绝大多数会员并未享受巴克承诺的福利"。[18]

经过漫长且极富情绪化的审判,巴克被陪审团裁定罪行成立。法官作出了服刑四十五年的量刑决定。在解释这一漫长刑期时,被称为法院"重判法官鲍勃"的罗伯特·波特(Robert Potter)法官针对"宗教问题"在他自己和巴克之间作了一个不恰当的对比:"我们这些笃信宗教的人们被大把捞钱的牧师们讥讽为人傻钱多。"[19]

巴克在狱中给我写了封长信,恳请我出任他的上诉律师,帮助他免遭终身监禁之苦。在上诉状提交之前，我已没有足够时间接手整个上诉，但我对量刑和法官作出量刑裁决的宗教依据感到震惊。因此，我同意在上诉中针对量刑提交诉状并出庭(得克萨斯州的一个律师团队很早之前就接手了针对定罪裁决的上诉)。《纽约时报》对此案进行了如下报道：

> 他仅负责巴克先生上诉的一小部分，即罗伯特·波特法官作出的量刑决定。德肖维茨先生坚持隐身幕后。
>
> 但后来证明，此举就像乔治·斯泰因布里纳(George Steinbrenner)说"约吉·贝拉(Yogi Berra)下半年就是我的经纪人了"一样。到巴克上诉案1月开庭时，德肖维茨先生已然成为上诉的中心人物……
>
> 甚至他的两位来自得州、擅长雄辩的律师同事也对法庭上的情景惊诧不已。"就像欣赏一位杰出大师的歌剧表演，"欧文先生和威斯先生将法庭表现称为"令人炫目"，"他貌不惊人，略显笨拙，穿着一件貌似从百货公司地下商场买的廉价西服……但他所说的每个字都牵动着法官们神经，让后者对他的观点全盘接受。"

我们等了几个月才盼来了上诉裁决。上诉法院认为，定罪决定有效，但四十五年的量刑显然过重。为撤销量刑决定，上诉法院针对在决定惩罚力度时使用其自身宗教信仰作为考量因素的法官确立了一个有力的先例：

> 法院……不得以法官的个人认知为基础，宣示其个人对宗教的认识，同时惩罚违反这一认识的被告，并将其确立为量刑之必要程序。[20]

上诉法院将量刑决定交由"另一位地区法官作出，以确保正当程序的目的得以实现"。[21]

这正是我们期望的结果:由另一位法官而不是"重判法官鲍勃"再次量刑。鲍勃一定会作出同样的量刑,只是这次可能不会再提及他的宗教信仰了。新确定的法官最终将量刑减为八年,巴克在监狱服刑四年多后释放,大大低于"重判法官鲍勃"起初裁定的四十五年。[22]

上诉获胜后,塔米·费伊·巴克夸我独自一人就让她重拾对律师的信任,她将裁决称为"基督教的伟大胜利"。我回应道:"犹太律师鼎力相助的事实,只是说明这是对所有美国人而言的一次伟大胜利。"她还说,她"现在最大的心愿就是和[艾伦]见面……他和我们是一路人"。[23]

最后,我确实和她见了面。她对我又是拥抱,又是亲吻,不停地让上帝保佑我,把她脸上的化妆品蹭了我一脸,我花了好几分钟才擦掉。

几周后,我收到塔米寄给我的一件礼物——一本逾越节诵读的《出埃及记》故事集。我们收藏有许多此类故事集,一些已有百年历史,多数都附有精美插图。在我们的全球逾越节晚宴上,通常都会有不同宗教背景的客人参加,我们会向他们散发不同的故事集,让他们每人读一段。我会选择与客人背景相关的段落让其诵读。我特意将塔米送我的故事集发给一位乐于表现,更多关注个人表演而非内容的朋友。他以我们为什么在逾越节吃薄饼开始了他的诵读。

这就是以色列人逃离埃及时吃的饱含苦难的食物。

还不错。但接着,故事集开始描述为什么薄饼有小孔:

薄饼上的小孔代表我们的救世主——耶稣——受难时身体上的伤口。

这完全不是传统的犹太逾越节故事集!塔米·费伊寄给我的是一本基督教福音派仿制的逾越节故事集,就是为了让犹太人在逾越节上使用。在发给朋友们诵读之前,我已通读了一遍,因此我对其中内容心知肚明。听到这段，我们都开怀大笑起来。

> **卡米莉亚·萨达特**
>
> 一位参加逾越节晚宴的客人带来了当时埃及领导人安瓦尔·萨达特的女儿卡米莉亚。她从未参加过逾越节晚宴，我担心她听到犹太人打败埃及人和他们的法老时，会感到不适。开始诵读故事集时，我让她站到我身边，简单地给她讲了故事概要，希望她不要感到不快。可她却说："我为什么要不高兴？"我回答道："因为你是埃及人啊。"她说："但现在我们是穆斯林，因此我们站在摩西一边，共同抗击异教徒统治者法老。"她开心地加入了诵读。

这些故事和案例部分展示了美国尝试政教分离遭遇的尴尬境况。美国所做的当然仅仅是尝试。美国也是世界历史上第一个至少在理论上实行政教分离的国家。[24]我们的宪法条文仍是世界上最有力的法律，然而我们也是世界上最笃信宗教的民主国家，信仰上帝，定期前往教堂礼拜的美国人比其他任何民主国家都多。（即使是百分之二十左右不信上帝的美国人，在重要宗教节日前往教堂和礼拜堂也极为寻常。）事实上，为了当选，候选人必须不断大声宣称笃信上帝，"信仰"（该词已成为政治家们的时髦用语）坚定。[25]

这是一种讽刺吗？我们宪法规定的政教分离和众多人民笃信宗教之间存在某种因果联系吗？我认为应该是后一种情况。

"分离之墙"背后的理论是保护教会的神圣性免受世俗国家影响的侵蚀。创造这一提法的罗杰·威廉姆斯（Roger Williams）是十七世纪罗得岛普罗维登斯的一位浸礼会牧师。他坚信，"神圣的教会和野蛮俗世之间的屏障或隔墙"[26]对保护宗教，以及确保信仰自由极为必要。而且这面墙可以达到这两个目的。[27]

教会在美国蓬勃发展,但不像许多欧洲国家拥有很长历史的教会。如果政府支持教会,针对政府的怨恨就会不可避免地蔓延至宗教领域。另外,美国出现的针对政府的怨恨不会转变为针对教会的怨恨(国会的支持率一直不高)。正相反,对政治的不闻不问可能恰恰会让一些人更投身于教会。

因此,我相信可能美国宪法中最重要的保障功能恰恰是并未明确列出的,即政教分离。尽管宪法正文或第一修正案中都没有出现这个词,毫无疑问,开国元勋们构建的这个制衡机制要求政教分离。政教不分的话,教会(代表有组织宗教活动的机构)就无法对政府的过度世俗干预构成制约,政府也无法通过法院对教会过度介入政府管理以及干涉宗教人士和非宗教异见者的权利构成制约。我们这一制衡体制的妙处就在于,它不仅要求政府的各个分支——行政、立法、司法——相互制约,还通过宪法第一修正案规定的自由权利鼓励其他机构制约政府。除了教会(此处包括广义上的所有宗教组织),还有媒体、学术界、商界,特别是拥有投票权、集会权和请愿诉冤权的"人民"。

在《独立宣言》五十周年纪念日前夕,也就是两位主要起草者杰斐逊和亚当斯去世前夕,杰斐逊就《独立宣言》的目的写下了下面的文字:

> 《独立宣言》就是要向全世界传递这样的信号:唤起人们挣脱束缚他们的无知和迷信枷锁,赋予人们自治的权利。我们取而代之的制度将恢复人们不受限制行使理性决定和自由表达个人观点的权利。人民的权利意识已然觉醒,或正在觉醒。科学之光普照大地,真理深入人心,没有人与枷锁共生,也没有人能假借上帝之名,理所应当地生而奴役他人。[28]

任总统期间,杰斐逊曾给丹伯里浸礼会致信,讲述"全体美国人民要求立法机关'不得立法确立国教,也不得立法禁止人们信仰宗教的自由',**因此**在教会和政府之间构建了隔墙"。[29]

更早以前,在亚当斯任总统、杰斐逊任国务卿时期,他们共同与的黎波里的巴巴里(Barbary)海盗政权签署了一份条约,条约清楚明确地表明"美国政府**无意**以基督教立国"。

因此,对任何理性个人,特别是对极为看重宪法原初含义的人而言,很难对杰斐逊的结论提出任何异议,即宪法第一修正案在政教之间树立了隔墙,基督教并非我国的立国之本。

尽管存在这段历史,仍有人继续坚称美国法律上是一个基督教国家。我个人在1988年卷入了这场纷争,当时亚利桑那州共和党提议通过一项决议,宣称美国是"一个严格依照圣经的……基督教国家"。[30]

牵头提议者[被已故该州参议员巴里·戈德华特(Barry Goldwater)称为"一群疯子"][31]写信给联邦最高法院大法官奥康纳,要求她给予支持:

> 共和党在这个由民主党严密控制的领域取得了一些进展。我们正提议通过决议,承认最高法院1892年作出的一项裁决,认可美国是一个基督教国家。如阁下能特撰此信,将使我们受益匪浅。[32]

尽管这一事项纯属彻头彻尾的党派之争,且与奥康纳宣誓捍卫的宪法水火不容,她仍同意协助,在最高法院信笺上写下了下面的文字,并同意在大法官中传阅亚利桑那州共和党的提议:

> 你们近期写信询问本法院针对美国是基督教国家的裁决意见,可见下列案件的法律意见:"圣三一教会诉美国案"(*Church of the Holy Trinity vs. United States*);"佐拉奇诉克劳森案"(*Zorach vs. Clauson*);"麦高恩诉马里兰州案"(*McGowan vs. Maryland*)。[33]

奥康纳不仅不应该写**任何**信件支持这一明显违宪、纯属党争的愚蠢提议，而且还犯下法律和事实错误，为其最高法院大法官历史留下污点。[34] 首先，如果美国是一个"基督教"国家，其基督教形式绝对应该是新教。天主教徒将成为二等公民。事实上，《独立宣言》的初衷至少部分是保护美国人民不受天主教会影响，包括亚当斯和杰斐逊在内的一众开国元勋们都曾对此有过明确表态。（"封闭无知"就是指天主教会。[35]）其次，根本不存在此类"裁决"。最后，她提到的第一个案例（如果没有遭到批判的话，也早已遭弃）的法官意见部分由最高法院历史上最偏执的大法官之一戴维·布鲁尔（David Brewer）执笔，充斥着最高法院历史上最偏执的用语。

在一桩不起眼的移民案件中，布鲁尔在法官意见中将"穆罕默德"称为"欺世盗名之徒"[36]。在他的其他著述和讲稿中，他还大肆诋毁摩门教及其他非基督教信仰。他既反天主教，也反犹太教。他坚信美国是一个新教国家，在一起根本就没提及这一问题的案件中，强行将"基督教国家"塞进法官意见。[37]

布鲁尔1892年撰写奥康纳引述的那份语义偏狭的大法官意见时，美国还是一个以白人新教徒为主的国家。近百年后，时过境迁，到奥康纳写这封信时，美国的人口结构已发生翻天覆地的变化，法律也相应反映了此种剧变。

1892年后，最高法院就从未将美国称为"基督教国家"或"新教国家"。事实上，大法官们尽力做到兼容并包。比如，威廉·道格拉斯大法官在支持纽约公立学校一项允许学生每周接受一小时宗教指导的做法时，特别举了"一位犹太学生［请求］老师允许其请假参加犹太赎罪日活动"的例子，以示宗教包容。[38] 然而，奥康纳大法官在引述证明美国是一个基督教国家的证据时，对此却视而不见，充耳不闻。[39]

奥康纳的信公布后,她发了个声明,对信件"被用于政治争议"表示遗憾,最高法院媒体部门也声称,奥康纳对该信会被用于政治目的"不知情"。[40]但这并非实情,因为对奥康纳大法官的请求明确提到,她如能撰写亲笔信,作为共和党提议通过一项基督教国家的决议的一部分,将会使他们"受益匪浅"。这足以表明她是获邀撰写亲笔信,专门用于一项使共和党"在这个由民主党严密控制的领域取得了一些进展"的政治活动。

当我得知奥康纳大法官的亲笔信后,我为《纽约时报》写了篇言辞刻薄的专稿,批评她的司法道德以及误用法律的事实。文章指责她:

> 协助并鼓励共和党主张。她的悔意表达太晚,且在公众批评之后作出。她的所作所为……使自己的名声和司法部门的声誉受到不当利用……公然违反《司法行为准则》对在任法官不得参与政治活动的要求……最高法院大法官的职位并不使就任该职位者免除恪守职业操守规范的义务。有必要提醒一下奥康纳大法官,她宣誓效忠的不再是亚利桑那州共和党,而是全体美国人民,无论其归属哪个党派,来自哪个地区,或信奉哪个宗教。[41]

几位法官助理告诉我,在我的文章见报后,奥康纳大法官对其行为深感不安,在后来任职的年月里再未犯过类似错误。

诚然,奥康纳大法官不是第一个(或最后一个)利用基督教支持党派政治的公职人员。这一问题在1984年总统选举时进一步恶化。沃尔特·蒙代尔(Walter Mondale)发现有必要提醒一下罗纳德·里根(Ronald Reagan),跟英国女王不一样,美国总统并非"某种宗教信仰的捍卫者",而是"宪法捍卫者"。[42]

2012年,共和党总统候选人里克·桑托勒姆(Rick Santorum)说,约翰·肯尼迪在竞选总统时阐述的政教绝对分离的概念"让他想呕吐"。[43]其他候选人,尽管不像这样露骨地表达,也曾表示了对政教分离的反对。"信仰"在许多人心里已成为"价值观"的代名词,尽管二者没有绝对必然联系。事实上,一些想要将其信仰强加于他人的人所秉持的"价值观"应该受到高度质疑。这些"价值观"包括将同性恋人士排除在平等保护之外,剥夺女性(以及年轻女孩)选择堕胎的权利,甚至在某些极端情况下,连避孕的权利也一并剥夺。通常这些保守政治"价值观"与宗教毫无关系,比如低税政策、拥枪权、死刑以及无处不在的审查制度。[44] 对这些问题的争论,特别是同性恋权利和堕胎权,已成为教会违反宪法精神(如果不是字面的话),施加不当影响,引起人民分裂的矛盾。

同性恋获得绝对平等待遇的权利

年少时,我们绝对不能对非洲裔美国人使用任何贬损称谓(我们称他们为"黑人"或"有色人种"),不能贬损其他宗教信仰或少数族裔("二战"时对德国人和日本人除外),也不得贬损女性。但诋毁同性恋男孩却完全可以接受(我们甚至不知道还有女同性恋)。其实,我们常常对不爱运动或有女孩长相的男同学恶语相向。我们其实从未在生活中遇到真正的同性恋(至少我们不知道),但我们清楚那些同性之间相互性吸引的人有些"不对劲"。

我们的偏见并非来自宗教,尽管我们知道圣经禁止男人之间发生性关系[45](可能圣经的作者和我们一样也不知道还有女同性恋存在)。我们只是不喜欢"同志",如此而已。相互憎恨需要人教[46],而我们受到的教育是对所有人平等相待,同性恋除外。

今天的年轻人和我们当时大不一样,至少在我熟知的世界如此。多数我熟知的年轻人都不理解为什么有人会因其性取向或性偏好遭受歧视。

今天,针对同性恋人士的歧视确实来自宗教信仰,至少很大程度上如此。在谴责同性恋时,圣经被频繁引用为权威来源,而且男女婚姻的圣洁(宗教用语)就是反对同性婚姻的主要理由。

从我青年时期开始,为同性恋争取平等待遇的运动获得了长足发展,尽管不断招致宗教群体和一些正统犹太人士的反对。众多教会以及保守人士和犹太教改革派的支持,淹没了宗教权利对这一问题的冲击。要不了多久,我预计,对多数美国人而言,这将不成问题。

> **在首席大法官致辞的场合安静离场**
>
> 1986年,最高法院支持了佐治亚州一部将双方同意的成人间同性性行为定罪的法律。[47]首席大法官沃伦·伯格在其协同意见中全面"妖魔化"同性恋,以赞许的口吻引用威廉·布莱克斯通,将同性恋界定为"违背天理的无耻犯罪",比强奸罪恶更深重的罪行,简直是"一项难以言表的犯罪行为"。[48]这一裁决作出后不久,我参加了美国律师协会的一次会议,首席大法官将在会上致辞。当主持人介绍他后,我起身安静离场,以示对他偏执意见的抗议。

在2004年总统大选开始前一年,马萨诸塞州最高法院作出了全美第一份裁决,裁定将婚姻限于异性之间违宪。[49]这一裁决真是一把"双刃剑":对同性恋来说,堪称他们手里的"法宝";同时,对持保守观点的候选人来说,不啻是件"大礼",他们可以利用这一裁决作为向多数相信婚姻应限于异性之间的美国大众进行的呼吁。

我决定写篇专栏文章,呼吁将同性婚姻作为"引起人们分裂的问题",从即将到来的政治活动中剔除出去。[50]我的观点是,如果婚姻是圣经规定的仅限于男女之间的圣洁之事,那么婚姻就不应在我们的公民社会中占据一席之地,因为我们认可世俗社会和神圣社会之间的分离,即政教分离。正如政府从不干预洗礼、割礼或其他宗教仪式一样,政府也不应对神圣的婚姻伸出"干预之手"。

当然,政府有合法的理由关注与神圣婚姻相伴相生的世俗权利和责任:离婚的经济后果、子女监护、社会保障和医疗福利等。

我的建议是彻底切断政府行为与婚姻的宗教结合形式之间的联系,并与公民的世俗结合区别对待。根据这一建议,两个人,不管性别为何,都可以注册为公民结合,获得政府认可,拥有权利和责任。

信仰宗教的夫妻仍可以前往他们选定的宗教机构举行婚礼。这些宗教机构对认可何种婚姻拥有完全的决定权。天主教会不会为同性恋举行婚礼,正统犹太教堂也不会为一个犹太人和一个不信仰犹太教的非犹太人举行婚礼。而那些选择主持同性婚礼的宗教机构也可以"成人之美"。这应由宗教机构在政府行为范围外自主决定。

根据这一安排,婚姻仍能保持其圣经规定的神圣性,与每一个教会对婚姻的解释保持一致,而同性结婚的双方也能够获得政府认可的、与异性婚姻双方一样的民事权利。他们仍需说服教会接受他们的观点,但这与世俗政府无关。

这一建议不仅有利于同性恋者和那些基于宗教原因反对同性婚姻的人士,也能通过将神圣结合的事务完全交由教会处理,同时将世俗结合的事务完全交由政府把控,强化政教分离。

我的这篇专栏文章引发激烈争论。我受邀在电视节目出镜,参加电台节目,支持和反对同性的婚姻双方都对我"火力全开":同性恋人士指责我"畏首畏尾",而反同性恋的宗教人士则指责我"步子太大"。

在我的专栏文章见报后不久,我接到时任马萨诸塞州州长罗姆尼的电话,他告诉我,他对我的提议很感兴趣,并让我起草一项立法,他可能会考虑提交至国会,尝试打破僵局。我拟好了立法草案并发给了他,然而却石沉大海。我提交这个立法草案时,罗姆尼已决定竞选总统。几乎可以确定,他担心如果他流露出些微赞同任何类似同性婚姻的迹象,一定会得罪右翼人士,而他需要右翼人士的选票以获得提名。

从那以后,好几个州都批准了同性婚姻或公民结合,这一趋势明显是朝着同性恋男女获得完全平等待遇的方向发展。基于当前我的学生们对这一问题的反应,我预计下一代人甚至都不会明白为何上一代认可同性恋者享有平等待遇会费时如此之久。2015 年 6 月 26 日,最高法院认可了同性婚姻享有宪法权利。[51] 不过,在 2018 年 6 月 4 日,大法官们又裁决支持了一位面包师,此人基于自己的宗教立场,拒绝为一对同性伴侣制作婚礼蛋糕。说到底,公众对给予同性恋者平等待遇的接受态度,远比最高法院的裁决重要。

女性选择堕胎的权利

解决同性婚姻问题——政治上和宪法上给予所有婚姻或公民结合充分平等——有多简单,作为一个宪法事项,解决堕胎问题就有多难。政治上,我始终支持女性有权选择堕胎,因为当一位女士决定不想再继续怀孕时,我不认为此时的早期胚胎是"人"。[52] 在我看来,堕胎决定纯属一个程度问题,孕妇应对作出堕胎决定承担责任。但作为一个宪法事项,不管是隐私权,还是平等保护权,都不足以给予女性终止怀孕的权利,特别是当胎儿正常发育时。多数国家的法律制度都将产道生产确立为人道方式,但子宫里九个月大的胎儿与脱离母体的胎儿还是差别巨大。(事实上当小袋鼠生出来后,仍会时不时回到母亲的外子宫获取营养。)九个月和九个半月的胎儿都能生长,但法律必须对此作出区分。

堕胎争论中的宗教因素清楚明确。对一个虔诚的天主教徒以及多数新教徒而言,一旦受孕,即为生命。如果我也和他们一样认为堕胎就是杀害有灵有肉的人,那我可能也会到堕胎诊所前游行,阻止他们杀害这些无辜的"孩子"。而我之所以和他们的想法不一样,主要是由于我成长过程中所接受的宗教教育。有学者认为,他们可以证明天主教立场的错误性是一个哲学"真理"。我觉得这纯属狂妄无知。[53]还有一种错误观点也无法说服我,即如果天主教徒和其他人真正相信胚胎就是"人",那他们应将堕胎的人施以死刑,以示惩罚,但他们没这么做就证明他们并不真正相信胚胎就是"人"。这一观点错在下面几个方面。首先,确实有宗教极端分子确信应将施行堕胎的人处以死刑。事实上,他们也曾杀害过帮助堕胎的医生。其次,一些天主教徒即使对杀人犯也反对执行死刑。这其实也是梵蒂冈的立场。[54]最后,人们可以相信堕胎属谋杀,但也认为存在从轻处罚的因素。

最高法院对"布什诉戈尔案"[55]作出裁决后,我写了一本书[56],书中我提出"布什诉戈尔案"的"种子""早由妇女堕胎权宪法化运动种下了"。[57]

我认为,堕胎问题本质上是一个政治问题,涉及意识形态冲突,甚至世界观。与平等问题不同,堕胎争议的双方不存在绝对的对错之分,不管是在道德上还是在宪法上。[58]今天的人们都承认种族隔离既不道德也违反宪法。美国要做的就是,由最高法院强力推进其他民主国家早已进行的事项,但还是因民主渠道被比例失调的立法机关和其他民主程序的症结所堵塞而处于僵持状态。最高法院耗时数年推行其打破种族隔离道义举措,并最终疏通了堵塞的民主渠道。虽非完美,但终于奏效。在一个异见纷呈、高度分裂的民主国家,尽善尽美几无可能。接下来的就是由国会制定相应的选举、住房、教育等其他立法。今天针对同性恋者平等待遇问题又在重复类似程序。

堕胎问题不一样。从最高法院作出裁决[59]至今已过去四十多年,但人们对这一问题的态度变化不大,原因是那些认为堕胎就是谋杀的人们和当年那些认为种族隔离天经地义的人们不一样。前者坚信自己占据了道德高地,**如果**他们观点的前提——胚胎即人——正确的话。不管是哲学家还是最高法院大法官,都不会提出理性观点反对将这一事实作为前提。与涉及种族隔离或同性恋权利不一样,经验也不会对这一前提带来任何改变,而经验却给种族隔离及同性恋权利带来了显著变化。

此外,整个国家至今仍对堕胎是否合乎道德极为分裂,不管是在抽象语境中,还是在各种具体场合下。主张女性有权选择堕胎的人士,可以在政治上组织起来以在政府的民选分支里获得这一权利(至少在多数情况下,对多数女性而言)。根据 ACLU 的统计,

> 1967 年至 1971 年期间,在女性权利运动的巨大压力下,十七个州宣布堕胎无罪,公众观点在这一时期也发生了转变。1968 年,只有百分之十五的美国人支持堕胎合法,到 1972 年,这一比例上升至百分之六十四。最高法院 1973 年宣布其具有里程碑意义的"罗伊诉韦德案"裁决,正在大步跟上公众观点。[60]

但"跟上"公众观点应是民选立法分支和行政分支的事,而非由任命产生的最高法院的事。支持堕胎选择权的运动耗费巨大资源参与诉讼,目的是让最高法院宣布堕胎权符合宪法,却没有继续致力于赢得立法机关和公众舆论。运动的效果显著,支持堕胎的运动却不得不面对在一个又一个州组织活动并筹措款项的艰难政治任务。最高法院的大法官们伸出了"援手",仅用一个判决就否定了多数有关堕胎的法律规定。

将堕胎问题宪法化的短期效应,对支持堕胎运动是积极有力的。然而,我认为长期效应却是灾难性的。"罗伊诉韦德案"为宗教右翼人士和共和党中的保守派提供了能想到的最佳组织理由和集结号。反对堕胎运动因这一裁决力量倍增,成为联邦以及多数州中最具实力的政治力量之一。同时,支持堕胎的运动变得不思进取,沉醉于这一巨

大司法胜利,且至少一开始完全忽视了艰难的组织以及筹款工作。正如 ACLU 指出:

> 反击来得激烈凶猛。反堕胎势力迅速发动起来,致力于推翻罗伊案裁决。1974 年,ACLU 成立了生殖自由计划,全面推动生殖权利。[61]

诉讼继续成为捍卫女性堕胎权利的不二选择。

我认为,"罗伊诉韦德案"通过给予罗纳德·里根一个"自由"问题,帮助他保住了总统宝座。之所以说这是个自由问题,在于他以及其他反堕胎的共和党人士能够强烈反对一切形式的堕胎,而不用担心离间那些支持女性自由选择权,又确信不管里根及其他人说什么做什么,最高法院仍会继续保护该权利的共和党温和派。堕胎成为右翼宗教狂热分子极为看重的选举问题,却成为支持堕胎权,同样也支持共和党的经济及其他政策的温和派不那么看重的问题。"罗伊诉韦德案"因此导致共和党中的前温和派(所谓的洛克菲勒式共和党人)将席位拱手相让,并驱使诸如老乔治·布什这样的前温和派全面右转。(起先他是一位支持堕胎的共和党人,最终变成了一位被最高法院捆住手脚的反对堕胎的共和党人。[62])

本质上看,"罗伊诉韦德案"和"布什诉戈尔案"代表了在更应交由政治程序决定的那些领域里涌动的司法能动主义之潮的两个相反方向。法院不应介入具有政治本质并能够由民选政府解决的那些争议,即便解决过程并非一帆风顺或一蹴而就。法官们并非天赋异禀、能力超人,或手中拥有无上权利,能在同样迫切的两种道德诉求间作出裁决(比如堕胎争议),或在两种同样迫切的政治诉求间作出裁决(比如手动计票或因计票标准模糊不清而停止重新计票)。在缺乏清楚明确的宪法原则的情况下(上述两个事例),这些问题就应交由政治解决,而非仰赖于五名大法官的武断裁定。[63]

诚然,"罗伊诉韦德案"和"布什诉戈尔案"存在相当大的差异。不管人们对罗伊案的批评之声多大,没人指责投票赞同该案裁决的大法官具有党派倾向性,但在"布什诉戈尔案"中投票支持停止重新计票,并把总统席位拱手交给布什的五位共和党大法官都在选举日将选票投给了布什。[64]

今天,女性选择堕胎的权利和同性恋结婚的权利,已成为将宗教右派人士与其他人区分开来的割裂问题。但还有其他一些问题也会使全国人民依据宗教界线选边站队。一些问题直接关涉宗教,比如是否允许在公立学校进行祷告,是否允许宗教团体及个人不受广泛适用的法律约束,以及法律上或事实上存在的针对无神论者、不可知论者或小众宗教信仰或"邪教"成员的宗教歧视。

在一个多元民主国家,宗教信仰自由和同样重要的不信宗教的自由之间的平衡——宪法第一修正案的一体两面——永远不可能轻易达成。这将一直是一项要求各方小心谨慎的"走钢丝运动"。同时还要求最高法院愿意在这一高度敏感领域顶住民众压力,而这一领域又被宪法起草者们有意从少数服从多数的政治中移除。至关重要的是,所有政治派系的公共官员应共同作出决定,赞同不再以信仰捍卫者的面目参选,终止究竟谁更笃信宗教或具有坚定"信仰"的争执。正如杰斐逊所言,宗教和信仰纯属个人私事,不应以"超越物理或几何观点之上的宗教观点"对任何人进行评判。[65]念及此,让我以本人为政治候选人总结的"十条劝言"①结束本章。

1. 不要宣称上帝与你同在,或上帝在某个问题上站在你这一边。

2. 不要公开宣扬你献身某个宗教、归属某个宗教或进行了某些宗教活动,或以此攻击你的对手。

---

① 作者在此用 commandament(戒条)和 ammendment(补充)二词的合体 commendment 作为对政治候选人的劝言。——译者注

3. 不要将那些与你就宗教在公共生活中应居何位持不同观点的人指责为反宗教,或对宗教持有不包容的态度。

4. 不要让你的政治活动充斥着宗教装饰或标识。

5. 敬仰并尊重这个国家的多元文化,随时忆及许多美国人之所以背井离乡,就是为了逃离强制性的宗教一致,以及近些年,越来越多的人来到这个国家,也是为了逃离整齐划一的强制性反宗教政策。

6. 如果某一宗教领袖给教友强行施加支持或反对某个候选人的宗教义务,则不要寻求该宗教领袖的支持。

7. 不要指责那些抵制正式宗教的人们不道德。我们国家的某些伟大领袖也不接受正式的或非正式的宗教。

8. 不要在道德和宗教之间画等号。尽管一些伟大的道德导师都笃信宗教,也有许多人假宗教之名无恶不作。

9. 当某一问题既关涉宗教,又关涉政治,请重点关注该问题的政治层面。

10. 牢记每个信仰都有可能在某个地方处于少数,就当你的信仰最为小众那样行事。

第二十三章
从"人之权"到"人之过"

强硬左派如何绑架人权议程

美国宪法保障法律面前人人平等,但世界上还有很多人得不到类似法律保护。人权不应受到地理或政治边界的限制,应适用于所有人类,不管国籍、种族或宗教信仰。我毕生多数时间都致力于在国际上将这一理论变为现实。

我成长在人权发展的黄金时期,我们心目中的英雄是埃莉诺·罗斯福、勒内·卡森(René Cassin)、阿尔贝特·施韦泽(Albert Schweitzer)。我们的希望就是联合国,以及《世界人权宣言》。[1]我们以富兰克林·德拉诺·罗斯福的"四大基本自由"为信条,即言论自由、宗教信仰自由、免于匮乏的自由和免于恐惧的自由。[2](我在纽约的公寓正对河对面的四大自由公园。)

人权的敌人也清楚明确:法西斯主义、种族主义、宗教歧视、麦卡锡主义、专制主义、奴隶制、种族隔离以及极右势力和极左势力发起的其他形式压迫。

所有善良的开明人士,比如我的朋友们、邻居和教友,都是天然的人权支持者。为什么不支持呢?任何正直人士都不会反对四大基本自由及其他普遍人权,诸如种族和宗教平等、旅行自由、获得公正审判的权利、参加工会的权利以及就公平薪金和工作条件进行集体谈判的权利。

我们都很景仰联合国,将其视为和平捍卫者和人权保护者。为什么会这样?联合国诞生于同盟国战胜纳粹前夕,同盟国成员多数都是民主国家,携手与德国、日本及其他法西斯轴心国战斗。联合国最早采取的行动之一就是将英国治下的巴勒斯坦分割为两个国家——一个犹太国家,一个阿拉伯国家——因而为以色列建国创造了条件。我清楚地记得和我父亲在一台小黑白电视机前看联合国投票,并为支持两个国家解决方案的投票结果而欢呼(以色列接受这一结果,而阿拉伯国家和巴勒斯坦阿拉伯人拒绝接受)。[3] 当年,支持联合国和支持美国及其民主盟友——以色列——两者之间不存在任何冲突。

我与联合国的首次对抗

我早期的人权活动经历(除了为罗森堡夫妇签署请愿书,让我既赢得了父母的尊重,又让他们倍感担心,以及为了反对拥有奴隶的沙特阿拉伯国王而实施的抗议举动,差点让我被警察拘捕)都牵涉到了联合国。

读初中时,联合国计划引入一个统一日历,将"每年的最后一天设为平淡日(bland day),破坏了七天的犹太安息日周期"。[4]

正统犹太群体对这一提议议论纷纷,因为这一提议将改变犹太安息日的自然顺序。根据传统日历,安息日就是星期六。而根据这一"开创性"提议,犹太安息日可能出现在一周的任何一天。犹太人们(以及基督复临安息日会教友)极力争取将周六定为多数工作场所和学校的休息日。依据联合国的提议,遵循犹太安息日的人们将会在安息日为周一至周五的任何一天时停止一切活动。

当时,我是"犹太中学理事会"的主席。这是一个在学校禁止我参选本校学生组织主席后,我自己成立的组织。我利用这一新近成立的组织发起了一场阻止统一日历的活动。我们并不认为这一提议反犹，纯属由善意的统一化愿望所驱使。我们只是将其视为不顾及特定群体的宗教感受。

为了加强反对的力量，我主动联系了基督复临安息日会的教友（他们加入了我们的活动）、穆斯林（他们似乎不怎么关心他们的休息日是否和联合国的"星期五"一致），以及其他宗教团体。结果就是举行一场"明信片"运动（我仍留着当时的明信片），给联合国寄出数千份印有下列信息的明信片：

致美国驻联合国大使亨利·卡伯特·洛奇（Henry Cabot Lodge）
尊敬的大使先生：

作为纽约希伯来教会学校的一名学生，在此我反对即将提交联合国审议的世界日历改革建议。根据这一建议，犹太安息日将可能被定为一周的任意一天，这将对犹太人的宗教生活带来灾难性影响，因而限制我们所珍视的宗教自由。

犹太中学理事会　敬上

用后来的标准衡量，这次活动相当克制，没有游行、静坐或诉讼，但活动却取得了成效。联合国取消了该提议，我们的小团体也获得了媒体的赞扬。《纽约邮报》——当时我所生活社区的"必读报纸"——以《日历改革在联合国超越了中国台湾问题》为题报道了我们取得的胜利：

日历改革，而非中国台湾问题，成为联合国收到最多信件的议题（209封）。这些信件源于"犹太中学理事会"发起的一场运动。来自宗教团体——包括各种宗教信仰——对日历改革的反对最终获胜。美国已知会联合国秘书长哈马舍尔德，美国不会支持任何联合国对现行历法的修订。美国提交给联合国的函件说：

"众多美国民众反对这一计划。"⁵

我们都为我们组织的活动获得胜利激动不已,其实并没有报道中所谓的"众多"民众参与。我们将其视为宗教自由的胜利。这一胜利让我明白,小小举动也可能对大型组织形成冲击,这一认识伴我终身。这次胜利也使我对联合国景仰有加,因为其表现出对宗教少数群体的关注。

读中学期间,我们班曾数次赴联合国参观,旁听联合国大会。我们还就"联合国是否应该接纳红色中国"进行辩论。(我是支持一方。)还有几个同学加入了"联合国协会",我们也积极参与"模拟联合国"活动,每位同学扮演某一国家驻联合国代表。当时,没人能预料联合国很快就沦为一个对种族灭绝、恐怖主义以及其他人类过错行为漠然处之,甚至一些成员国还积极推进这些事情发生的一个机构。

人权是什么?

在我上大学和就读法学院期间,我的主要关注点在国内民权。

成为教师和律师后,我参与的人权运动不管在学术上还是政治上范围都有所扩大。我在哈佛法学院与特尔福德·泰勒教授和欧文·科特勒教授共同讲授人权课程,就这一主题撰写了多篇学术论文。

学术研究中,我开始探究"人权"一词的涵义,以及其与"**民权**""公民**自由**"和"**政治**权利"的区别。⁶成为一名**人权**支持者意味着超越自己所在的特定小群体。一位仅仅抗击反犹主义的犹太人只是某一**特定**权利的支持者,就如一位与种族主义斗争的非洲裔美国人,一位反对性别主义的女性,一位与反同性恋人士作斗争的同性恋人士,或一位仅仅支持左翼观点的左派人士一样。这些人参与的活动都值得赞许,但他们都不算**人权**支持者。⁷正如加入"宪法第一修正**案**俱乐部"

要求积极捍卫表达自由一样[8],同理,加入"人权俱乐部"也要求人们积极投身于**所有**人享有普遍权利的运动,即使有些权利你不赞同,甚至鄙视。不幸的是,依照这个标准,尽管很多人认为加入上述两个"俱乐部"使其拥有了受人景仰的"光环",其实不然。

成为"人权俱乐部"成员并不要求停止为其个人所在群体(不管哪个群体)争取权利。但确实也要求进行更普遍的权利斗争。可用犹太传奇人物希勒尔(Hillel)的名言代表这一"俱乐部"的信条:"如果我不为己,谁会为我?如果我只为己,我算什么?如果现在不行动,更待何时?"[9]我曾努力谨遵此言——这几句话就挂在我办公室的墙上——并始终致力于"人权俱乐部"的活动,尽管我关注的重点会随某一群体受到的威胁而有所改变。

作为一位年轻律师,尽管在律师事务所、社会团体及一些大学和社区仍存在反犹主义情绪,但我没发现美国对犹太社群有什么威胁。我直面这些残余的偏见,并与其斗争,但整体趋势在向好的方向发展:从上至下针对犹太人的反犹主义和精英歧视大势已去。我觉得犹太人不需要我的帮助,当然其他群体并非如此。

越南战争

越南战争如火如荼之时,我代理了许多被告、抗议者和民间异议人士。我还给那些正控告政府,致力于停止他们认为的非法战争的律师们出谋策划。关于这场战争是否符合道义、是否合法、是否有效,哈佛法学院的教师群体出现了分裂。教师餐厅充斥着对这些问题的讨论,参与的人有阿奇博尔德·考克斯、欧文·格里斯沃尔德、艾布拉姆·蔡斯和保罗·弗罗因德(Paul Freund)。我觉得,这样的讨论应让学生知道,因此我组织了法学院第一门关于越南战争的课程。我觉得针对越南战争的争论是学生学习的绝佳机会,我们应该抓住这个机会。我着手准备了一系列材料,邀请了持不同观点的多位教授与学生分享他们的观点。结果这门课程受到学生广泛好评。学生们争相选修这门课程,媒体也进行了报道。《纽约时报》以《四百名学生选修哈佛的"越南战争中的法律问题和律师角色"课程》报道了这一情况:

> 十几位教授自愿授课,包括即将出任法学院院长的德雷克·博克教授。
>
> 德肖维茨教授说,参与授课的教授们"观点不一"……该门课程将是美国法学院开设的前所未有的课程。他说道,"我们希望这门课成为全国法学院的先锋和示范课"……
>
> 他还表示,该门课程将不带任何"偏见和政治倾向",但会"以超然的律师视角和学者方式探究这些问题"。[10]

《时代周刊》也发表了一篇文章:

> 哈佛教授艾伦·德肖维茨刚结束一门持续两周的全新课程的首次授课,该门课程名为"越南战争中的法律问题和律师角色"。这门课程没有考试,也没有学分,但要求学生除常规学习外,进行大量阅读。尽管如此,该门课程创下选课纪录,四百多名学生申请选修该课,成为法学院一百五十年历史上最受欢迎的课程之一。[11]

一些考虑提起诉讼反对战争的律师和一些法学院教师济济一堂。其他学院的一些教授也纷纷向我索要课程材料,并要求向其学生开设该门课程。对我而言,这是我后来教学生涯始终遵循的做法的开端:开设与当前问题高度相关并能提高教师教学兴趣的课程。我在哈佛法学院从教的五十多年里,几乎每年都开设新课,许多课程都与当时社会冲突引发的人权问题有关。

除了授课,我也就人权问题撰写文章,对侵犯人权的情况提起诉讼。我也积极参与取消种族隔离、反对越南战争和其他针对人类的过错行为组织的政治活动。早期参与人权活动的经历使我获得古根海姆学者奖及其他一些荣誉,媒体也给我冠以"全球监督者"的称号。[12]在一篇以这一称号为名的文章中,一位记者就人权的核心理念对我进行了采访。我的观点是:

> 每个人都应自由表达自己的意见和观点,阅读自己选择的书籍,对政府管理过程中有所影响,可自由离开所在的国家。个人还不受任意逮捕和审判、酷刑和死刑。[13]

我告诉记者:

> 我尽力做到在左右之间平衡,即只要对……右翼压制性政府进行一次攻击,就会相应对左翼压制性政府进行一次攻击。[14]

我进一步解释道:

> 实践中,在这一代贯彻人权可以有很多作为,但在教育中你还可以做得更多,为以后的人权进步播下种子。[15]

尽管我深度参与人权工作,我仍想知道我是否能对世界问题构成显著影响。与在美国法院进行诉讼不同,后者结果会立竿见影,而通过请愿书、专栏文章、国会决议和其他常规人权活动对外国政府施加的影响则没那么显著或直接。

我永远不会忘记一次相遇的经历,正是这一经历让我对这一看来毫无回报的工作坚定了信心。大提琴家姆斯蒂斯拉夫·罗斯托罗波维奇(Mstislav Rostropovich)离开苏联几年后,我曾参加过一场他的音乐会。由于他曾被莫斯科认为是一个"危险"的人权活动家,我很想和他见个面。因此,演出结束后,我排队等着和他握手。当我作了自我介绍后,他给了我一个大大的"熊抱"。他告诉我:"你给了我们希望。我们知道你一直在为我们的权利斗争,尽管我们从未谋面,但你让我们感到更安全。"

我不知道罗斯托罗波维奇,或那些我们为其权利鼓与呼的艺术家或异见人士是否知道我们的存在,或是否知道我们为他们所做的一切。但他给我的拥抱,以及他的话,就是对我们为全世界所有异见人士和艺术家所做的全部义务工作的最大回报。

良师益友——埃利·威塞尔

我对帮助苏联异见者辩护的兴趣,缘起于埃利·威塞尔的作品《沉默的犹太人》(The Jews of Silence)[16],书中对苏联犹太人和非犹太异见者遭遇的苦难深深警醒了我。此书开阔了我的眼界,在很多方面改变了我的人生方向,不管是专业上还是个人生活上。读罢全书,我必须再次确定人权事业的重心。身在遥远国度的教友仍受压迫,而我之前却对他们的苦难浑然不觉,这让我深感内疚。威塞尔可能以一种对我犹太背景的过度强调,让我认识到,我的所作所为其实就是希勒尔的第二条训诫("如果我只为己,我算什么?"),而不是他的第一条训诫("如果我不为己,谁会为我?")。我决心全身心投入当时还算新兴的人权斗争领域。(在犹太人辩护联盟谋杀案中代理谢尔登·西格尔也对我产生了不小的影响。)

威塞尔写作的小册子还让我产生了与这位全球最具影响力的大屠杀幸存者会面的强烈想法。我曾读过他对奥斯维辛-比克瑙集中营生活的描述,但我仍无法想象他在那段黑暗时期的悲惨生活。现在,他又开始通过写作披露当前出现的危机,而我们这代犹太人可以对此有所作为。一位我们共同的朋友——纽约律师伯纳德·菲什曼——安排我们见面,从那以后,埃利成了我的引路人和良师益友。我就许多问题向他寻求建议,他对我也是如此。我们共同工作,对人权受到践踏感同身受,并与其他人一道,尽力改变这一状况。

作为一位公法教授,我有幸受邀推荐诺贝尔和平奖候选人。1986年,我提名埃利·威塞尔获得此奖。在推荐信中,我写下了如下内容:

> 放眼当今世界,没有人比埃利·威塞尔更适合获得诺贝尔和平奖。
>
> 只要想象一下没有威塞尔的世界将会怎样,就不难理解威塞尔教授对和平独一无二、不可估量的贡献。
>
> 为威塞尔颁发此奖的理由很多,但没有哪个理由比他在言传身教大屠杀幸存者及其后代方面所起的作用重要。他教会他们以建设性和平和正义的方式应对这一普遍存在的种族灭绝阴谋,包括大规模杀戮、大规模沉默和大规模冷漠。威塞尔教授毕生致力于教育这一少有人幸免的惨剧幸存者,帮助他们重燃生活热情,以平和的心态面对这个不值得原谅的陌生世界。他还向世界呼吁,面对种族灭绝,保持沉默就是助纣为虐。威塞尔毕生的事业完全配得上任何荣誉,特别是来自保持沉默、袖手旁观的人们的认可。

还有许多人也撰文力推威塞尔,最终他获颁此奖。

几年后,我建议诺贝尔委员会以埃利·威塞尔为典范选择未来的诺贝尔和平奖获得者,原因如下:

> 许多诺贝尔和平奖得主[仅为]其所来自的族群作出贡献,但埃利·威塞尔的工作则要广泛得多。他不以宗教、种族、主义,甚至对其自身所在族群的恶意而对人区别对待。任何人遭受苦难,只要自己不是侵略者,他都不会坐视不理,即便冒生命危险也在所不惜。而且对埃利·威塞尔来说,人权是一项只争朝夕的事业。[17]

多年来,在涉及苏联异见者、亚美尼亚种族灭绝、卢旺达和达尔富尔地区大屠杀、否定以色列合法地位及其他人权问题上,埃利和我紧密合作,并肩战斗。

> **密特朗(François Mitterrand)的笑话**
>
> 一次,埃利夫妇邀请我到其纽约家中参加有时任法国总统密特朗参加的私人晚宴。埃利夫妇能说流利的法语,而我和出席的另两对夫妇都不会说法语。密特朗讲英语还过得去,但他坚持讲法语,一位英国人为他翻译。席间,他讲了个笑话,但在座会说法语的人没一个笑。翻译将他的笑话用英语又讲了一遍,所有人都开怀大笑起来。我问埃利,这个笑话用英语讲是不是比用法语讲更好笑,他回答道:"完全不是这样,只是密特朗不会讲笑话,而他的翻译很会讲而已。"

1982年,埃利获邀为我颁发反诽谤联盟的威廉·O.道格拉斯奖。颁奖时,他给了我极高评价:"如果二十世纪三十年代至四十年代有像艾伦·德肖维茨这样的人,欧洲犹太人的历史将大不一样。"尽管我始终认为他言过其实,没人能阻止希特勒杀害欧洲犹太人的疯狂举动,我仍会尽最大努力达到他的期望。每当我有丝毫懈怠或未尽全力保护人权遭受践踏的受害者时,他的话都会言犹在耳。

埃利2016年因病辞世,我写下了下面的文字,以示缅怀:

> 埃利一生都在赋予"人权"一词中"人"的意义,在这方面,现代历史上无人能与其比拟。无论受害者是犹太人、基督徒、穆斯林、黑人、白人、左派还是右派,对他而言都是受害者。人权平等地适用于所有人。
>
> 埃利代表苏丹达尔富尔地区、卢旺达、南斯拉夫、柬埔寨和中

东种族屠杀的受害人深度介入维护人权的活动。我和他最后一次实质性交谈涉及当前发生在叙利亚的种族屠杀,由于无法溯源的冲突,数十万穆斯林遭到杀戮。他对国际社会在停止屠杀方面的无所作为感到悲哀。"难道我们的教训还不够吗?"他愤然反问道。对埃利·威塞尔而言,最大的恶就是直面邪恶的沉默。最糟糕的犯罪就是对种族屠杀的漠然,而最坏的人就是那些无动于衷站在邻居鲜血边的人们。虽然他和他的家人都是大屠杀的受害者,但他不愿多言个人遭受的苦难,而是将注意力放在当前正遭受苦难的人们身上。

埃利·威塞尔是第二次世界大战后最重要的人物之一。面对强权,他直抒真相,不管掌握强权的是谁。他深深崇敬罗纳德·里根总统,但他也极力劝阻里根总统不要前往德国比特堡纪念曾效力党卫军的纳粹刽子手。当众人沉默时,他高声呼喊。为他人权利鼓与呼,无人能出其右。因此,他荣获诺贝尔和平奖,实至名归。

我有幸成为他获奖的提名人之一,而他将这一奖项作为与不公进行斗争的另一个平台。他总是语调平和,以致人们必须靠近他才能听清他的喃喃细语。但他的话语催人奋进,激励人心,言必行,行必果。他通过不事张扬的代理,拯救了许多人的生命。他直接跟许多领导人通电话,呼吁他们采取行动维护人权,从不将这些领导人拯救生命的功劳据为己有。

埃利最持久的贡献就是他的回忆录《黑夜》(*Night*),此书已进入全球很多国家学校的必读书目,不断影响着年轻人加入与不公斗争的伟大事业。

埃利一生成就斐然。他笔耕不辍,亲自出面代理案件,还与他妻子玛丽安共同管理一个人道主义基金。但无论何时被问及他的工作,他总是回答:"我是一名老师。"他热爱教学胜过一切。他深爱着他的学生们,学生们也深爱着他。他把世界视为一个巨大的教室,而他就是这个教室中众多教师之一。在他罹患绝症前不久,埃利和我决定共同在波士顿大学讲授一门课程。我们已安排好首次共同授课,但他的身体每况愈下,我们只有延期开课。最终成为憾事。即便已离我们而去,埃利·威塞尔教授仍将以他充满激情的著述和毫不妥协的垂范,继续成为一代又一代学生的良师。

余生每日,我都将思念我的好友埃利。只要对正义的追求不止步,埃利就将永驻人心。

你们中有多少人仍能感受到大屠杀带来的恐怖?

在一次给汉堡的律师所做的演讲中,我问在座的听众:"你们中有多少人仍能感受到大屠杀带来的恐怖?"几位较年长的律师举起了手。我接着问道:"你们或你们的家人中有多少人患有癌症、冠心病、糖尿病或中风?"几乎每个人都举起了手。我停顿了一下,接着问道:"你们如何确定这些疾病会随奥斯维辛或特雷布林卡焚尸炉冒出的浓烟而消散?"会场一片沉默。讲座后,几十个德国律师跟我说:"我们仍能感受到大屠杀带来的恐怖。"

1973年,埃利让我和他一起去苏联为那里的犹太人和其他因参与人权活动面临判刑的人们提供法律服务。二十世纪七十年代至八十年代,我数次前往苏联,代表异见者、申请移民被拒的犹太人和其他人提交法律意见书。我的另外一本书专门详述了这方面的人权工作[18],在此不赘述。可以这样说,我不愿将我的代理活动仅限于苏东国家的

犹太人,也为诸如安德烈·萨哈罗夫和瓦茨拉夫·哈维尔等非犹太异见者辩护,这一做法引起一些犹太组织和以色列组织的不满,但我仍坚持认为,保护人权应囊括所有受压迫的人们。

希尔瓦·萨尔曼森(Sylva Zalmanson)是当时我在苏联的当事人之一,被监禁于古拉格多年后,她终获自由。当她辗转抵达美国,我和她的其他美国律师安排跟她在曼哈顿的一家犹太餐厅共进午餐。这将是我们首次与我们从未谋面的当事人"团聚",希望还会有很多类似相聚。我们对这次相聚都很激动。得知希尔瓦喜欢一切和犹太相关的东西,我们决定为我们周五的午餐点一些真正的老派犹太菜。第一道菜是豆角、土豆、大麦和少量牛肉在一种美味酱汁中炖煮数小时的烩菜。上菜时,我向希尔瓦解释这道菜是安息日时犹太人家家都会吃的传统菜式。她尝了尝,脸色立即变得悲伤起来,接着又一边大笑一边感叹道:"这是传统犹太菜?这是俄国的标准牢菜!我在古拉格吃这道菜吃了四年!"至此我才意识到,我们"打牙祭"的老派菜是农民菜,目的是尽量少用肉。根据我们农民祖先节衣缩食的持家理念作出的菜肴居然进了监狱机关的"菜单"。我们全部大笑起来,我又为我们的客人单独点了一份烤牛肉。

一次我去莫斯科时,遇到一位年轻人,他既是异见者又是申请移民被拒人员,但他曾因一些活动被征召入伍。他想将他用蹩脚英语录制的一段寻求全球人权机构支持的音频偷偷带出国。录音机在当时的苏联属于禁用品,而且私自携带磁带出国属于违法行为。但他居然弄到了一个老式卡带录音机,给我带来一盒在苏联销售的柴可夫斯基的磁带。为了防止磁带被再次复录,磁带被动了手脚。我的苏联当事人知道如何恢复,将他的话录在了《柴可夫斯基第五交响曲》的第三乐章部分。他告诉我,把声明录在音乐中间是个好主意,因为苏联当局只会听听磁带的开头和结尾部分,看有没有违禁内容。我设法将录有他声明的磁带带到了美国。不久之后,他获释来到美国,住在我家中,准备申请就读的学校。

尽管埃利·威塞尔的书激发了我参与苏联犹太人运动的兴趣,但另一个人的亲身经历让我直接投身一起涉及一个罗马尼亚家庭的案件。1971年,我在加州帕洛阿尔托的斯坦福行为科学高级研究中心进行学术研究期间,遇到一位来自罗马尼亚的研究员迈克尔·塞尼。他当时是布加勒斯特大学社会学和人类学系主任,也是一位罗马尼亚共产党员。犹太新年前的一天,他邀我一起到树林散步。当我们走出可能存在的监控范围后,他告诉我,他之前的名字是莫伊什·卡兹(Moishe Catz),而且他还是一个犹太人,非常想和他的家人一起逃离罗马尼亚,前往美国或以色列。他让我发誓保密,并求我在这一肯定会耗时长久的计划中,免费为他提供法律服务,因为他的家人仍在罗马尼亚被扣为人质。我立即表示了同意,并邀请他当晚在我家晚餐。我们通宵长谈,聆听他已有三十多年没听到的犹太音乐。当音乐响起时,他的眼泪禁不住夺眶而出。

几年后,我们终于找到安排他和他妻子同时出国的机会,两人一起出国参加学术会议。我安排他们到前往国家的美国大使馆申请政治避难。两人同时获得了离开罗马尼亚的机会,但他们不得不把两个孩子和迈克尔年迈的母亲留在罗马尼亚。经过我们的不懈努力,向国会议员、国务院和白宫递交请愿书,一年后,他们终获许可离开罗马尼亚。参议员泰德·肯尼迪起了非常重要的作用。他们的女儿当时已到读大学的年龄,搬到我家,我帮助她入读布兰代斯大学,她现在是一名医生。我们从那以后一直保持着紧密的联系。

另一位先是当事人,后来成为亲密朋友的人是纳坦·夏兰斯基,现为以色列杰出的公众人物。前面的章节我已提到过为他代理的情节,但考虑到他在以色列政府中担任要职,我还是想提一下,他被捕时,以色列政府不想插手他的案子,因为他们将他视为人权异见者,而不是一名因宣扬犹太复国主义而被捕的犯人。当然,他二者皆是。当他最终获释时,那些为他与以色列政府作激烈斗争的人也是首先对他的获释表达感谢的人。

我永远忘不了我看着我的当事人走过——其实是跳着走过——格利尼克桥进入安全的西方世界的场景。我知道他状态良好,即便从电视上也看得出来。不久后我终于得以与他首次见面。他伸开双臂紧紧拥抱了我,并对我用希伯来语耳语了一句话,意思是"祝福帮助我重获自由的人们"。几年后,我参加一档电视节目,主持人问我收取的最高律师费是哪个案子。他觉得我可能会提到迈克尔·米尔肯案或利昂娜·赫尔姆斯利案,但我告诉他是夏兰斯基案。他表示惊讶,并说他不知道夏兰斯基有这么多钱。我说他没有钱,但当他拥抱我对我耳语的那句话,就是我曾收到的最大一笔律师费。

对我所从事工作的另一个"报酬",是1991年在卡内基音乐厅代表瓦茨拉夫·哈维尔和其他异见艺术家发表演讲的机会。[19]几位曾为受审查的艺术家争取人权的美国人获邀参加了一个遭禁作品朗读讨论会。我曾在二十世纪七十年代与一些律师共同工作,帮助哈维尔和其他捷克异见者从监狱获释。参会的朗读者包括加里森·凯勒(Garrison Keillor)、马文·哈姆利奇(Marvin Hamlisch)、彼得·乌斯蒂诺夫(Peter Ustinov)、威廉·沃菲尔德(William Warfield)、马丁·格博斯(Martin Garbus)和莫里斯·桑达克(Maurice Sendak)。我也有幸参加这一聚会。我母亲乐于向朋友展示将我列为"表演者"的卡内基音乐厅节目单。她还会向她们讲一个她自己做了点改动的老笑话——一个人问一位拿着小提琴琴盒的音乐家:"你怎么能到卡内基音乐厅表演?"我母亲的回答是:"像我儿子一样,不断打官司(Practice, Practice,

Practice law)。"

再一次见到哈维尔是在耶路撒冷以色列六十年国庆庆典上。[20]哈维尔、夏兰斯基和我都参加了一个人权讨论会。会后,我们和米哈伊尔·戈尔巴乔夫乘同一部电梯下楼。(听起来像一个不怀好意的笑话的开头:"哈维尔、夏兰斯基、戈尔巴乔夫和德肖维茨进了同一部电梯……")戈尔巴乔夫对我说:"你就是那个把他们弄出监狱的大律师啊!干得好!但我干得更好,我把他们都弄出来了。"我们一起大笑。随后,哈维尔问戈尔巴乔夫:"你为什么没早点把我们弄出来?"戈尔巴乔夫回答道:"我干得还不够好。"

与生活中的种族隔离作斗争

我关注南非施行的种族隔离政策,始于1961年我担任《耶鲁法学杂志》主编时期。一篇论述种族隔离制度法律架构的论文放在了我的案头。[21]当时,此种严格管制措施的法律意义少有人知,而这篇长文对此进行了分析。我的工作是对这篇长文进行编辑以使美国读者能读懂。令我感到震惊的是,纳粹德国颁布的纽伦堡法律才过去几十年,一个拥有英国和荷兰传统的"文明"国家,竟能构建一个公然基于歧视的法律制度,并根据该制度让居于少数的白人控制一个黑人占多数的国家,依据种族分类决定谁能选举、担任公职、生活在特定区域、接受良好的医疗服务、参与公共事务以及入学。我下定决心打破这一制度,并积极参与到与这一制度的斗争中去。但我不愿意支持将那些在南非表演过的艺术家列入"黑名单"。对我而言,这一做法即便出于正义理由,也是某种反向麦卡锡主义的延续。

我在1985年的一篇文章中写道:

> 将遭禁演的演员艺人"登记在册"并经联合国将1981年以来在南非演出过的演员名单公之于众。所有该名单上的演员都不

得参演联合国资助的任何演出。其他组织也同样使用联合国的这一名单屏蔽政治上不可接受的艺术家……

上了黑名单的……艺术家有雷·查尔斯(Ray Charles)、琳达·朗丝黛(Linda Ronstadt)、弗兰克·辛纳屈、沙滩男孩、雪儿(Cher)、戈尔迪·霍恩(Goldie Hawn)、莎娜娜(Sha Na No)、欧内斯特·博格宁(Ernest Borgnine),以及英国的皇后乐队。

摇滚乐队"芝加哥"主动提出在非洲饥荒赈灾音乐会上进行演出,但该乐队位列黑名单。由于黑名单上的艺人被绝对禁止参演联合国资助的活动,演出活动不得不推迟举行。讽刺的是,一些非洲黑人儿童可能因联合国的黑名单而死于饥饿。[22]

伍迪·艾伦上了黑名单

我把文章寄了一份给我的朋友伍迪·艾伦。他是种族隔离政策和黑名单做法的强烈反对者。[23]他的回信写道:

这个问题表面上看似乎是黑名单问题。我敢肯定,他们能找出很多理由证明联合国抵制艺人这一合法措施的合理性,但我也可以确定,如果我和你一样认真研究,我会发现这样做毫无依据。谢谢你让我知道这一切。祝好,伍迪。

南非实行种族隔离政策期间,我受邀在约翰内斯堡的威特沃特斯兰德大学演讲。该校很多人都是反对种族隔离的先锋,我也急于通过传递某种强烈的人权信息给予他们支持。当我到南非驻波士顿总领事馆申请签证时,总领事手里拿着那篇发表在《耶鲁法学杂志》上由我编辑的文章。他想要一份我的演讲稿。我拒绝了他的要求,他也拒绝了我的签证申请。我首次前往南非是在种族隔离政策被废除之后。

450　　我曾希望能到罗本岛与被囚禁的纳尔逊·曼德拉会面。我与曾和我在哈佛法学院共同讲授人权课程的欧文·科特勒教授一起努力，希望通过复杂的法律手段让曼德拉重获自由。

我们的计划从一名东德教授在波士顿被捕，并被控间谍罪开始。我接到一位东德律师的电话，询问我是否能代理这位教授。这位以"间谍交换"闻名的东德律师告诉我，他愿意为我的当事人安纳托利·夏兰斯基安排一次"间谍交换"。我告诉他，我的当事人不是间谍，因此这一提议未实施。他接着又提议可以安排"在押犯人交换，包括被控间谍罪，但实际无辜的在押犯"。

我马上给欧文·科特勒打电话，他正着手处理夏兰斯基案和曼德拉案。他建议我们可以查查苏联东欧国家监狱里是否有南非间谍，以及南非是否愿意以释放曼德拉来与这些间谍交换。

最终，安纳托利·夏兰斯基与一位东德教授（其他律师为他代理）进行了交换，但我们从非洲人国民大会的律师那儿得知，曼德拉拒绝参与任何在押犯交换计划。他希望南非政府接受他的条件将他释放，即使这一决定将让他在监狱里一直待到南非政府接受他的条件为止（最终到1990年）。

我与东德律师的谈判在秘密状态下进行，颇有几分约翰·勒卡雷（John Le Carré）谍战小说的味道。我们通过电话用密码进行交流，会面选择的时间地点也极不寻常。他说到做到，总能兑现他的承诺。柏林墙倒塌后，他被控一系列罪名，向我寻求帮助，我很乐意地提供了协助，最终，他洗清了所有针对他提出的指控。

以色列的人权

一起涉及一位以色列阿拉伯人的人权案件对我致力于普遍人权的使命提出了挑战，此人被以色列指控协助恐怖主义，并遭行政拘押，而不是正式指控。当时我正在以色列就行政拘押撰写一篇长文[24]（美国政府将这一做法称为"预防性拘押"）。我对这一做法持批评态度，尽管我理解为何一些以色列人认为这一做法对打击恐怖主义极有必要。与这位以色列阿拉伯人在拘押中心会面并重新梳理案情后，我得出结论，针对他的拘押不合理。我与以色列官员见面，敦促他们重新审视这一案件。他们听从了我的建议，将他释放。获释后，他移居黎巴嫩，成为巴勒斯坦解放组织中温和派的积极成员。据我所知，他再未参与任何恐怖主义活动。

我也曾帮助过其他几个巴勒斯坦犯人和遭拘押人员。我也撰文批评并亲自参与诉讼，以反对某些以色列的政策，包括使用不可接受的讯问手段、过度使用窃听手段、针对妇女的宗教歧视，以及针对以色列阿拉伯人的事实歧视。从二十世纪七十年代早期开始，我就坚定反对以色列在约旦河西岸和加沙地带扩大定居点。[25]黎巴嫩战争后，我抗议过度使用集束炸弹，因为此举尽管合法，但会极大地威胁平民生命。[26]我从不认为我对以色列的坚定支持，与我反对和批评以色列一些违反人权中立原则的具体政策相互矛盾。

内塔尼亚胡的问题

我曾帮助出谋划策的公众人物中，有一位是以色列总理本杰明·内塔尼亚胡。我和他相识于二十世纪七十年代早期，当时他还是麻省理工学院的一名学生。在他出任以色列驻联合国代表后，我们的交往频繁起来。他曾到我家与我们共进晚餐，我们也曾去他家聚会。多年来，他一直就一些政府事务和法律事务向我咨询，但不涉及以色列国内政治，他知道我对此不会插手。

> 他首次出任总理不久的一个周五下午,邀请我到他办公室。我妻子、女儿和我在大卫王酒店外等出租车,但所有的车都急着赶回家过周末。看起来我们可能会迟到。这时,一辆车停在我面前,车上坐着耶路撒冷市市长埃胡德·奥尔默特(Ehud Olmert)。他说:"艾伦,周五下午可打不上出租车,你要去哪儿?"我告诉了他,他同意送我们去。正在我准备上车时,一辆出租车停了下来,司机高声说:"我没想过当市长,你却要当出租车司机!别抢我的生意!"
>
> 到达总理办公室后,内塔尼亚胡请我进到他的私人办公室。他说:"我有事情要问你。"我以为他要就一些关键的安全问题征求我的意见。他搂着我,对我耳语道:"辛普森杀人了吗?"我大吃一惊,但我马上反问他:"总理先生,以色列有核武器吗?"他严肃地看着我说:"你知道,我没法回答你这个问题。"我看着他说:"呵呵!"他明白了我的意思,我们一起大笑起来。

不断变化的人权共识

到二十世纪七十年代中期,关于人权的共识开始发生变化——至少对许多极左人士而言。尽管苏联很早就开始使用"人权"(以及"民权")等语言作为反击西方民主的"大棒",但当苏联外交官在联合国痛陈美国自身污点,同时又大肆关押异见者,无视公正,将整个国家置于铁腕控制之下[27],少有人对其虚伪的腔调表示赞同。

但苏联的批评开始被美国和欧洲的一些极左人士利用。诸如麻省理工学院的乔姆斯基教授和普林斯顿大学的理查德·福尔克(Richard Falk)教授等极端人士声称,美国才是全世界最恶劣的人权践踏者。²⁸(福尔克后来还成了那些将"9·11"恐怖袭击和波士顿马拉松爆炸案归咎于美国和以色列的阴谋论者的支持者。)诸如威廉·孔斯特勒等极左律师拒绝对苏联、古巴或其他"社会主义"国家的人权状况发表任何批评意见,却不断攻击美国及其盟友违反人权的状况。

> **艾比·霍夫曼对"犹太律师"不满**
>
> 我曾是芝加哥七君子案的法律辩护团队成员,此案由1968年民主党全国大会期间的示威游行引发。据称,我的当事人、被告之一艾比·霍夫曼针对他的"犹太律师"更重视以色列而非美国的做法,发表了一些激烈的批评。当我打电话向他询问时,他亲笔书写了一封饱含愤怒情绪的两页信件回复,部分内容如下:
>
> > 我从未对我的"犹太律师"说过什么坏话。我可能曾说过肯定巴勒斯坦解放组织的话,但我绝不会发表任何你听闻的反犹言论。如果你读读我近期出版的自传,就会明白我随时随地都从不避讳我的"犹太血统"。
>
> 霍夫曼写下那些评论时,巴勒斯坦解放组织还是一个劫持飞机、杀害平民、炸毁犹太教堂的恐怖组织。以色列还未开始在占领区建立定居点。

丹尼尔·贝里根(Daniel Berrigan)神父是一位天主教牧师,由于积极参加反对越战的活动而成为极左人士的"最爱"。他开始将美国和以色列称为"罪犯国家"。²⁹乔姆斯基极力为柬埔寨独裁者波尔布特(Pol Pot)实施的种族屠杀辩护,坚称西方媒体报道的数百万柬埔寨人遭屠杀纯属夸大其词,是一种栽赃陷害。³⁰全美律师公会(National Lawyers Guild)将针对柬埔寨政权的指控称为"迫害",该组织还成为包括恐怖分子的反以色列极端分子们的"法律打手"。他们支持这些当事人不是基于人权原则,而是基于对这些人政治观点的认可。到二十世纪七十年代晚期,我正式与全美律师公会决裂。曾几何时,我曾与这个中立的人权组织联系紧密,共同战斗。在《美国律师》上发表的一篇广为传阅的文章中[31],我讲述了全美律师公会如何从一个真正的人权组织沦为一个为这个世界上最糟糕的"人之过"鼓与呼的机构。

全美律师公会作为与美国律师协会针锋相对的机构成立于1937年,后者当时正抵制罗斯福新政,将黑人律师排除在外,并反对劳工运动。公会起初极力支持以色列谋求独立的斗争,在美国国内声名鹊起,并为民权、劳工和反战运动提供法律援助。二十世纪七十年代早期,反战运动如火如荼,一些来自新左派的更年轻、更激进的律师接手了公会。[32]法学院学生和其他"法律工作者"也得以加入,年轻极端人士在公会的比重持续增加,真正律师的比重降至一半以下。

1973年10月19日(正值以色列艰难挫败埃及和叙利亚发动的突然军事袭击后不久),在一次引起人们高度关注的讲话中[33],丹尼尔·贝里根神父将以色列描述为"一个罪行累累的犹太社会",犯下了"反人类的罪行","奴役人民",支持"种族主义意识形态",不禁让人联想到纳粹,所作所为都是为了证明"犹太人比其镇压的人们具有种族优越性"。这一切都发生在以色列允许在约旦河西岸和加沙地带建立定居点**之前**,以及以色列右翼开始赢得选举**之前**。这番讲话与其说是对以色列政策的攻击,不如说是对以色列作为犹太人民族国家这一概念的攻击。贝里根还怒斥世界各地的"犹太人""默许或支持尼克松任意妄为的个性",导致"东南亚六百万人"失去生命、残肢断腿和家园尽毁。贝里根将六百万这一极具象征意味的数字称为"我们认为'随意编造'的特定事实之一"。[34]而真相是,正是这些"犹太人"领导了反战运动,对尼克松总统投下了反对票,但贝里根在其"对犹太人"和犹太国家的"怒骂"中完全无视这些事实。

针对贝里根观点的反应出现得既迅速又尖锐,特别在代表左派事业和个人的律师中。"战线"很快就划分清楚。一些人支持贝里根,比如威廉·孔斯特勒。另一些人对贝里根的反犹言论深感震惊,比如曾代理过贝里根和孔斯特勒的律师们。贝里根已成为全美律师公会的"灵魂人物",该公会立即同意动用"公会一切资源继续扩大国内政坛对巴勒斯坦问题的了解"。[35](他们并未对"古巴问题"或"苏联异见者问题"表现出些许兴趣。)

为实现这一目的,公会派出一个代表团前往中东,由巴勒斯坦解放组织资助。根据一位代表团成员的描述,获得巴勒斯坦解放组织资助的代表团为表示感激,首先从巴勒斯坦解放组织营地开始其事实调查,访谈也仅限于巴勒斯坦解放组织首肯的巴勒斯坦人和以色列的反犹太复国主义人士。最后形成的调查报告没有超出人们的预料:报告将以色列讥讽为一个压迫他人的极权社会。长达一百二十七页的报告中只字未提让以色列和约旦河西岸人民深受痛苦的巴勒斯坦解放组织恐怖主义行径。事实上,全文唯一一处提及恐怖主义的地方是,以色列当局针对约旦河西岸的阿拉伯平民进行的"恐怖主义行为"。这篇完全一边倒的"报告"成为"试金石":"基本上出现了这样一种情况:一群第三世界的人们想要确保公会的犹太律师们强行选边站队,而犹太人在公会几乎占了绝大多数。"[36]

我决定也搞一个我自己的"试金石",质疑公会仍自视为一个中立人权组织的主张。我请求公会派出一位观察员参加苏联对安纳托利·夏兰斯基的审判。公会的副会长告诉我,他怀疑公会可能不会愿意派出一位观察员旁听苏联的审判,因为"现实"情况是公会的大量成员都赞同苏联的做法,不愿意批评苏联的一起司法诉讼:

第二十三章 从"人之权"到"人之过"

问题是我们不愿纯粹出于人权角度介入此类事务。我们也将关注某一特定国家违反人权的情况视为极其重要。就苏联而言,我们未曾有过任何讨论,或就关注其人权问题是否恰当作出任何决定。

我的文章给公会提供了一个选择：

> 如果公会决定继续介入国际政治,就必须作出选择:要么继续推行其人权的双重标准,这将一定会使其国内活动失去支持;要么如实报告世界各地的人权状况,这将使其失去巴勒斯坦解放组织和苏联的支持。[37]

公会决定放弃任何关于中立报道人权问题的措辞。结果,公会作为一个人权组织彻底失去了公信。

公会并非失去公信力的唯一机构。其他一些基于中立人权原则成立的组织,比如人权观察(Human Rights Watch)[38]、卡特中心(Carter Canter)和大赦国际(Amnesty International)[39],都遭极端意识形态"绑架",片面关注民主国家的人权瑕疵,而无视专制政权更严重的侵犯人权状况。

在我看来,从"人之权"向"人之过"的转变过程中,联合国难辞其咎。当我的良师益友阿瑟·戈德堡1965年被任命为美国驻联合国大使时,他让我以私人身份作为他的人权和国际法事务顾问。

我在许多此类事务上与他紧密合作,定期与他在纽约会面。1967年,以色列赢得"六日战争"后,戈德堡让我为起草联合国安理会242号决议出谋划策,该决议寻求为这一冲突不断的地区提供和平解决方案。决议以谨慎的外交语言写就,敦促以色列归还"领土"(并非全部领土或在这场自卫战争中占领的领土),以换取阿拉伯国家的认可和安全的边界线。[40]这一计划旨在允许以色列出于安全考虑作出必要的边界调整。[41]以色列接受了242号决议,但阿拉伯国家在喀土穆举行会议,发布了臭名昭著的"三不"策略:"不和平,不谈判,不认可"。[42]以色列驻联合国代表阿巴·埃班(Abba Eban)戏称"[这是]历史上第一次出现这样的战争:战后胜利者因和平被诉,而战败者要求胜利者无条件投降"。[43]

从那以后,联合国(特别是联合国大会、人权理事会、联合国教科文组织和其他几个机构)开始偏离中立原则,愈发沦为一个几乎仅关注诸如美国和以色列等民主国家的人权瑕疵,而无视非民主国家实施的种族灭绝和大规模压迫行为。

当波尔布特屠杀其人民时,联合国毫无作为。其主要机构甚至拒绝对杀戮行径进行谴责,直至杀戮结束,数百万人失去生命。联合国大会直至大屠杀结束近一年后的1979年11月,在其决议中只字未提柬埔寨。[44]即便那时,决议也以主权为由没有提及任何具体的侵犯人权状况,更别说种族灭绝了。[45]

柬埔寨的暴行开始数月后,联合国大会通过了其历史上极具争议的3379号决议,宣称"犹太复国主义是一种种族主义和种族歧视"。[46]七十二个国家投下了赞成票,讽刺的是,其中包括柬埔寨。三十五个国家投下了反对票,三十二个国家弃权。联合国大会的这一决议以及其他类似举动促使阿巴·埃班宣称,如果阿尔及利亚提出一个地球是平的,而以色列让地球更平的决议,联合国大会也会以164票对13票通过,26票弃权。[47]美国时任驻联合国代表丹尼尔·帕特里克·莫伊尼汉(Daniel Patrick Moynihan)难掩愤怒,宣称"美国向联合国大会和全世界声明,决不承认,决不遵守,也决不会默认这一臭名昭著的决议"。[48]

这一决议的后果就是"犹太复国主义者"被列入"黑名单",禁止在规定有"反种族歧视"言论政策的大学发表演讲。在一个种族灭绝、蓄奴、凭空消失、酷刑折磨、集体强奸、谋杀异见者和其他严重违反人权的行为长期存在于某些成员国的世界里,犹太复国主义和以色列成为联合国的头号公敌,谴责以色列的决议比谴责其他国家的所有决议总和还多。

犹太复国主义—种族主义决议最终在1991年被联合国大会投票废除[49],但仍继续影响联合国,特别是通过"人权理事会"(前身为"联合国人权委员会")的行动。2001年,人权理事会举行了首次"德班会议",反对"种族主义、种族歧视、仇外心理和相关的排斥行为"[50],主要针对的就是以色列,完全无视种族灭绝、蓄奴及其他显而易见的种族主义和歧视行为。最后的预备会议在德黑兰举行,以色列和犹太非政府组织被排斥在外。

据参加德班会议的欧文·科特勒描述,会议充斥着仇恨言论,诸如"大屠杀结束得太早真是太糟了"。会议成了"之前从未在其他任何地方经历过的仇恨盛会"。对科特勒来说,这是"我们二十一世纪看到的最危险的反犹主义"。[51]而这一切都假联合国之名公然进行。[52]

加州前国会议员汤姆·兰托斯(Tom Lantos)写道:

> 每次会上提到"大屠杀",一位伊斯兰代表,通常都是埃及代表,就会打断发言,要求将"Holocaust"改为"holocausts"(单数变为复数,意为多次屠杀)。更让人难以接受的是,同样的代表们反复要求在"holocausts"出现的地方,后面必须加上"以及在历史上巴勒斯坦地区进行的对阿拉伯人的种族清洗"。[53]

第二次德班会议于2009年在日内瓦举行。尽管美国、加拿大、意大利和其他几个国家抵制了这个显然已成为仇恨大会的会议,我仍决定前往日内瓦,尽力让人权事业回归其"本来面目",或者如果不行,退而求其次,揭露联合国人权理事会的"真实面目"——中立和普遍人权的敌人。这将会是场艰难的斗争,因为会议主办方邀请的主旨发言人是否认大屠杀的时任伊朗总统内贾德(Mahmoud Ahmadinejad)。

我与几个真正的人权组织一起工作,努力使联合国人权理事会扩大其议程,将非洲和世界其他地方发生的严重人权事件包括在内。我们将联合国无视的卢旺达、达尔富尔和其他地方的种族灭绝受害人集中起来,与德班会议同时召开平行人权会议,让这些受害人提供联合国拒绝接受的人证物证。我还在会上就"人之权"向"人之过"的转化发表了演讲。

当时,我和内贾德入住同一家酒店。我和我妻子在酒店大堂休息,内贾德和他的随从也正走过大堂。他看了看我,向我微笑。我走向他的一个随从,介绍了自己,并告诉他,我想和总统就大屠杀进行一场辩论。随从问我:"在哈佛吗?"内贾德之前曾在哥伦比亚大学发表过演讲,我觉得他可能不会拒绝哈佛的邀请。我回答道:"不,在奥斯维辛进行辩论,那里有证据。"随从说他会把这个建议告诉要去出席新闻发布会的总统。我想直接问内贾德本人是否接受在奥斯维辛和我辩论。很快,我就被瑞士警方拦截并被赶出酒店,而且警方还告诉我,出于"安全原因",我不得再回酒店。我坚称"安全原因"并非保护总统回避尖锐问题的合理理由。他们告诉我,我的行李已从酒店取出,而且还更换了房间钥匙。我立即给奥巴马政府里的一个熟人打电话,他与美国驻日内瓦总领事通了话,我才得以获准再回到酒店,而且酒店也向我进行了道歉。我被酒店强行赶出的照片传遍了全世界,图片说明是这样的:

> 2009年4月19日,在伊朗总统马哈茂德·艾哈迈迪-内贾德和瑞士总统汉斯·鲁道夫·梅尔茨会面数分钟之前,哈佛大学法学教授艾伦·德肖维茨在宣称计划质疑伊朗总统关于大屠杀和以色列的观点后,被强行带离。[54]

第二天,内贾德如期进行大会发言。我们不被获准进入主会场,但被安排在另外一个房间观看他的演讲直播。我们聚在一起看到内贾德受到与会代表的鼓掌欢迎。当他开始演讲时,我们发现他用波斯语发言,而翻译只传到会场,传不到我们所在的会议室。我领着大家进入了主会场,坐在几位缺席代表的位子上。只要内贾德的讲话中一否认大屠杀——其实他讲话一开始就否认了大屠杀——我就站起来高喊"无耻",并起身离席,直接从他站立的讲台前走出会场。其他一些人也和我一起离开会场,包括几个欧洲代表。内贾德的演讲成了一出闹剧,受到媒体广泛报道。在我们的努力下,他自取其辱。

次年,德班人权会议在纽约举行。我们再次同时举行平行会议。在我的讲话中,我发表了如下观点:

> 中东无法实现和平的一个重要原因可以归结为:联合国。这一表面上致力于和平事业的机构纵容恐怖主义,无视种族屠杀,为否定大屠杀者提供讲台,还阻止巴勒斯坦人民进行巴以两国的谈判……
>
> 沙特阿拉伯、古巴、委内瑞拉、津巴布韦、伊朗、巴林、叙利亚、白俄罗斯和其他难以计数的暴政国家凭什么……对以色列的人权指手画脚?还有镇压自己境内库尔德人和亚美尼亚人的土耳其,以及镇压车臣人民的俄罗斯凭什么……对以色列大讲特讲和平?
>
> 还有没有羞耻一说……"虚伪"一词失去意义了吗……还有没有人承认人权有一个单一中立的标准?人权难道现在成了大肆实施"人之过"的人们首选的攻击他人的利器?简直无耻至极![55]

最恶劣的情况优先

如果某个组织,不管是政府组织还是非政府组织,始终秉持人权的普遍原则和中立原则,必定会将其资源优先用在最紧要的事务上。"最恶劣的情况优先"应是其指导标准。"最恶劣的情况"包含两个主要要素。

首要的是"人之过"的性质和范围:种族屠杀、大规模谋杀、对异见者的普遍迫害、强奸、奴化、真正的种族隔离、普遍的性歧视[56]以及其他类似践踏人权的行为。其次是受害人无法从其所在国家或地区司法机关、人权组织、媒体及其他国内渠道获得救济。无法优先应对上述问题一定就意味着有失偏颇和缺乏中立。今天的联合国和多数"人权"非政府组织都无法达到这一标准。[57]

我极力捍卫西方民主(特别是以色列)免遭故意夸大的侵犯人权指控的行为,给我的美国犹太人这一双重身份带来了一个切实的挑战。2010年,时任以色列总理内塔尼亚胡力荐我出任以色列驻联合国大使。他告诉我,为了履职,我需要成为以色列公民,同时我可以保留我的美国公民身份。我立即意识到,我不能接受这一职位,尽管我本人会非常乐意从事这一工作。一想到能揭露联合国的虚伪和双重标准就让我兴奋不已。但我是美国人,不是以色列人。让我转向,即便是转向一个美国的亲密盟友,也会引起人们对犹太人持有的双重忠诚的担忧,而这由来已久,可以追溯到犹太人在埃及和波斯作为少数人群生活的时期。[58]

经过数次讨论,我说服了内塔尼亚胡。如果我接受这一职位,对我个人可能是好事,但对美国的犹太人或对以色列则未必是好事。在向总理作出承诺——我将作为一名国际律师、一名美国人继续帮助以色列免遭国际刑事法院、国际法院以及其他联合国机构提出的不公正指控——后,我拒绝了这一提议。而且这样我还能以个人名义继续批评以色列的人权纪录,直至其所作所为与普遍人权标准一致。

第二个六百万

人权议程逆转的悲惨现实,特别是在联合国层面,导致许多无辜民众白白送命。自从第二次世界大战结束后,全世界承诺"永不重蹈覆辙",构建旨在兑现这一承诺的组织机构及法律制度,但仍有另外六百万无辜生命惨遭杀戮,而这一切本可避免,整个世界却再次以沉默相对。

柬埔寨、卢旺达、苏丹达尔富尔地区发生的惨剧只是开始。联合国对布隆迪、南斯拉夫、叙利亚和其他一些国家深陷绝望之中的平民也未能施以援手。联合国将其时间和关注点聚焦于一个国家——以色列——同时却无视其成员国正在进行的惨绝人寰的杀戮行为。联合国各机构,特别是联合国大会和人权理事会对以色列的谴责频率和严厉程度,远高于对其他所有国家的总和。

联合国如此"看重"以色列,并不一定就是对种族屠杀无所作为的唯一原因,但一定是一个重要因素。与所有机构一样,联合国也资源有限,人手短缺。但当其耗费众多资源用于批评以色列,一定会降低其有效应对种族屠杀的能力。联合国花费大量时间在其有失偏颇的决议中一而再、再而三地谴责以色列,那么它就会在防止甚至谴责种族屠杀上**少花时间**,认识到这一点非常重要。[59]

假设柬埔寨大屠杀**期间**,联合国大会通过一项决议谴责暴行,而不是浪费时间争论犹太复国主义是否属于种族主义,结果会怎样?假设2006年至2007年联合国大会期间,哪怕对苏丹达尔富尔地区的种族屠杀进行一次谴责,而不是通过二十多个决议谴责以色列,达尔富尔地区的情况是否会不一样?

如果联合国未能阻止苦难的情况没有那么严重的话,人们可能不会在意联合国纠缠以色列的做法。联合国本可以更迅速、更有力地介入,挽救数百万人的生命。但联合国已成为一个四分五裂的机构,只有终止对以色列的纠缠,联合国才能有所转变。而且联合国的一些高层人士对此心知肚明,但无能为力,因为联合国成员中反以色列(以及反美)国家占了多数,反以色列的决议自然而然就会得以顺利通过。

联合国完全可以通过有所为有所不为,改变过去四十多年来在人权事务上的扭曲局面。

这一扭曲局面的真正受害者并非屡遭联合国谴责的以色列和其他西方民主国家,恰恰是那些因联合国以关注以色列和其他民主国家为借口——"幌子"——而惨遭其有意忽视的苦难人民。借由这一"幌子",联合国掩盖了自己对控制了多数联合国议程的国家所实施的人道灾难无所作为的恶果,而这些犯下暴行的国家反而得以免遭联合国的谴责或干预。"永不重蹈覆辙"成了"再三重蹈覆辙"。"人之权"的标签堂而皇之地成了大行"人之过"的"幌子"。我们心目中的英雄们——埃莉诺·罗斯福、勒内·卡森、阿尔伯特·施韦泽——会死不瞑目,因为他们亲手创建的保护无助人民免受压迫和屠杀的机制被用于大行"人之过"。

可悲的是,许多当前打着"人权"旗号的组织造成的问题比解决的问题多。我绝不允许这些假人权之名的组织对人权的中立和普遍原则"上下其手"。我将为人权在国际社会回归其正当地位奋斗终生。

结语
总结陈词

464　　步入我法律执业和教学生涯的下一个五十年,即便来日无多,我仍常带着怀旧和对我的个人生活以及职业生涯惊奇不已的心情回首过往。我力求让我的学生们对他们的整个职业生涯准备充分。由于现在一个律师的职业生涯可持续五十多年,我必须时不时地思考,当我现在的学生在2065年左右结束其职业生涯,也就是当他们到我现在这个年龄时,我们的法律制度会是什么样子。我先前的一些学生现在正步入职业生涯的巅峰,而且还会持续若干年。埃琳娜·卡根是其中的佼佼者,到二十一世纪中叶,她很有可能仍是最高法院的一名大法官。

　　回首已走过的岁月,我心中无憾,心存感激。事业上,我获得了之前从未预期的成就;生活上,作为一个在布鲁克林工薪家庭出生的人,我也过上了从未想过的日子。与诸多勤劳移民的子孙一样,我实现了美国梦,经历了我所生活时代的激情。我很幸运,至少到目前如此。[1](我可不想给自己一个"护身符"。)就像伍迪·艾伦的电影《西力传》中的同名主人公西力一样[2],成年后,我有幸经历了这个时代的一些最重要的法律和政治事件。我主动自愿参与了其中的一些事件,还有一些是受人之邀。有时,我是一个直接参与者,有时是一个积极观察者和报道者。我将试着总结一下我在这些亲身参与的重要法律事件和政治事件中的作用,并对我们未来的法律制度试着做些预判。

小奥利弗·温德尔·霍姆斯将律师的角色视为一位未来法律裁决和趋势的预言者。[3]但是,《塔木德》告诫我们,预言都以第二座神殿的崩塌结束,而且任何试图预言未来的人要么是傻瓜,要么是无赖。[4]或者如当代传奇人物约吉所言:"很难作出任何预言,特别是对未来进行预言。"[5]我赞同预言未来是一个艰难的挑战,但律师和法学教授们必须直面这一挑战,因为我们工作中最重要的一个内容就是指出趋势和未来的重要发展方向。因此,我将谨记这些告诫,从我过去的经历,力求推测一位五十年后的律师如何看待现在。

我当前的生活

在回顾过往、展望未来之前,我想先讲讲我现在的生活。我对我职业生涯的每个阶段都保持积极的情绪。下面,将我以写下这些文字作为开端的一周的日程简要描述如下:

周日早上,一辆加长豪华轿车接我到贝德福德机场,登上被称为史上最富有的犹太人之一、美国巨富谢尔登·阿德尔森(Sheldon Adelson)的私人波音747飞机。尽管我俩政治分歧极大——他是一位保守共和党人,为金里奇和罗姆尼的竞选赞助数千万美元,而我是一位开明的民主党人,参与了奥巴马的竞选活动——我们就诸多犹太事务拥有共同观点,特别是教育。阿德尔森是波士顿一个出租车司机的儿子,通过在拉斯维加斯、中国澳门和新加坡建设并经营众多赌场而积累了巨额财富,并将许多财富捐给了慈善事业。他这架私人飞机的上一个主人是文莱苏丹,这架飞机简直可称为一座飞行宫殿。机上有一个卧室、一个起居室,配有一名厨师,并有其他奢华炫目的辅助设施。飞行中的大部分时间我都在和谢尔登夫妇商谈。玛丽安·阿德尔森

(Miriam Adelson)是研究成瘾机制和药物依赖导致的心理问题方面的专家。飞机快降落前,我获邀进入飞机驾驶舱,从空中俯瞰胡佛大坝和拉斯维加斯。到达后,我被带到以二人名字命名的学校参观。随后,拉里·鲁沃(Larry Ruvo)接上我,带我参观了由弗兰克·盖里(Frank Gehry)设计的为纪念他父亲修建的大脑研究所。鲁沃将这一研究所的落成归功于我。在当地大学因缺乏资金撕毁与他的协议后,我以他的名义写了封言辞激烈的信,最后的结果就是与全球顶尖医疗机构——克利夫兰医院——达成协议。参观结束后,我前往威尼斯人酒店,代表阿德尔森学校发表演讲,并获赠一块用耶路撒冷的石头制成的纪念品。学生们送给我一本他们为我画的画册,代表他们眼中的正义。(几天后,我在为大学生讲授道德研讨课时,在学生中传阅了这本画册。)晚上十点,我被送至机场,登上了一架小一点的湾流私人飞机,次日早上五点半到达纽约。

我在纽约的公寓睡了几个小时后,一位律师助理开车接上我,前往赖克斯岛女子监狱,会见被控谋杀的当事人吉吉·乔丹(Gigi Jordan)。在得知孩子曾多次遭到其生父性侵虐待后,她向多个政府和社会服务机构求助,结果无济于事,然后她杀害了患自闭症的儿子并试图自杀。

从赖克斯岛回来后,我乘车来到布鲁克林学院,存放在那里的我全部的法律和私人文件——存放在1600个箱子里的数百万文字材料——向公众开放阅读。我将我的所有文件献给我的母校。我在布鲁克林学院向包括我妻子、孩子、老朋友、曾经的同学、我就读时和现在的老师们以及在读学生就这些文件和我读书时的经历发表了演讲。经过半个世纪,回到对我而言意义非凡的学校,向曾对我的生活影响颇深的人们表示谢意,让我百感交集。

周二,我代表我的当事人吉吉·乔丹在纽约州最高法院出庭。出庭后，我乘火车回家，美美地睡了一个安稳觉。

周三早上，我与国际刑事法院的首席检察官路易斯·莫雷诺·奥坎波(Luis Moreno Ocampo)共进早餐。他邀请我与他讨论当时悬而未决的巴勒斯坦当局要求被国际刑事法院认可为合法政府的申请，目的是对以色列在加沙发动的战争和约旦河西岸建设定居点提出指控。我们进行了漫长但富有成效的讨论。

随后，我回到法学院，准备当天下午一点至三点的法律伦理课程的第一堂课。上课前，我在教员餐厅简单吃了午餐。吃饭时，我和一位老朋友——联邦第一巡回上诉法院法官、哈佛法学院兼职教授迈克尔·布丁(Michael Boudin)坐在一起。法律伦理课程的前半段内容是讨论一个复杂的问题，即如果当事人给予律师某一物证，而持有该物证即为犯罪，此时律师该如何做。此类证据可能会包括儿童色情视频、失窃物品或其他违禁品。我们提到一个案例：一位法律援助律师被告知他的当事人将其杀害的一名大学生掩埋的地方，而且当事人的父母和警方对此一无所知。我们还讨论了乔·帕特诺案，当时的新闻正报道此案，而且此案还引发是否有义务举报严重不当行为的问题。[6] 奥坎波检察官在课程的后半段参与进来，讨论了国际检察官面临的伦理问题。整堂课以讨论保密的范畴，以及如果当事人宣称无辜并愿意证明其无辜，而律师坚信他有罪时，律师该怎么做等问题来收尾。

课后，我花了一个小时准备下一堂为哈佛本科新生讲授的课。主题是："你的道德感来自何处？"我们讨论了间谍活动和其他针对敌国的隐秘行动的边界。

下课后，我直接去了亨廷顿剧院，受邀对一部展现抓获阿道夫·艾希曼的剧目进行评论。[7]我花了一个小时向导演和观众讲述抓获后产生的法律问题和以色列对他进行的审判，并回答了提问。

周四其实是我的休息日。我整天都在写作一些短小的文章，查查资料,并完成包括写作本书在内的一些进行中的工作。周四晚上是我在家陪夫人的唯一一个晚上,我们一起看了一部很搞笑的电影——《疯狂愚蠢的爱》(Crazy, Stupid, Love)。[8]

周五开始进行一年一度的体检,然后与诺顿防毒软件的研发者彼得·诺顿(Peter Norton)一起午餐。我和诺顿及其妻子格温(Gwen)在哈维斯特共进午餐,我们边吃边讨论了利用电脑病毒攻击伊朗核设施的问题。饭后,我收到一封代理卡扎菲的律师给我发出的电子邮件,卡扎菲刚在利比亚被抓获。他的律师想请我代理他在国际法院出庭,并努力让他在海牙而不是的黎波里接受审判。我请这位律师提供更多信息供我参考,以便作出决定。整个下午,我都在写作,然后回到哈佛法学院参加由哈巴德派和犹太法科学生会组织的六点半安息日晚餐。我是这两个组织的教师顾问,并在晚餐前作了一个简短的演讲。然后,我和妻子在桑德斯剧院听了场音乐会。

次日清晨,我飞往首都华盛顿,作为主旨演讲人出席一场由伊朗异见者组织的活动。其他发言人包括前国土安全部部长汤姆·里奇、前民主党全国委员会主席霍华德·迪恩、前国会议员帕特里克·肯尼迪及其他前任和现任政府官员。会后,我乘火车回到纽约,希望能去大都会歌剧院听场歌剧。但我实在太累了,回到公寓,十点就上床睡觉,结束了忙碌的一周。我妻子以我能承认自己的局限为豪,她说,五年前,我绝不会因为太累而错过任何想做的事情。一个心理分析师朋友将我的这个习惯称为"FOMS",即"担心错过任何事情"(fear of missing something)。我接受这一诊断。

这样"马不停蹄"的一周属于常态。两周后,我和妻子一同前往以色列,接受以"对犹太人民的贡献"为名而颁发的奖项,并在耶路撒冷和特拉维夫进行了几场演讲。出访以色列期间,我们还抽空飞往巴黎(有个会谈)和海牙(处理人权事务)。回到以色列后,我与总理和其他政府官员进行了多次会面。我还参加了一个经济会议,在内塔尼亚胡之后发言。他的发言这样开头:"首先,我要祝贺会议主办方极具远见地邀请了艾伦·德肖维茨,我也要对艾伦说,对以色列的支持,对真理的捍卫,无人能与你匹敌。"他的发言经以色列电视台播出后不久,我的手机接到了奥巴马总统的电话,我们就伊朗发展核武器进行了切实的讨论。他还邀请我几周后到白宫与他继续深谈。

离开以色列后,我孙女在维也纳和我们会合,我们一起听歌剧,品美食,然后又获美国大使邀请去了布拉格,在捷克的一所大学作了一个演讲,前往刚去世的瓦茨拉夫·哈维尔遗体停放的教堂吊唁,还参加了美国大使馆举行的光明节点燃蜡烛的仪式。

我不知道这样的节奏还能保持多久。现在,只有秋季学期我才在哈佛法学院授课,尽管通常我会把四到五门课程压缩在一个学期讲完。在完成本书写作的同时,我还要讲授一门大课"职业责任:刑事案件中的策略和伦理",与艾伦·斯通(Alan Stone)共同讲授一门研讨课"莎士比亚悲剧中的正义和道德",与拉里·鲁奇诺(Larry Lucchino)共同讲授另一门研讨课"棒球法"(The Law of Baseball),为哈佛本科新生讲授"你的道德感来自何处?"的研讨课,以及参与一个"为普罗大众撰写法律问题文章"的阅读小组活动。十二月秋季学期结束后,我们搬到海边,继续写作、上课以及进行案件咨询。我尽量少接案件,但我发现自己很难拒绝那些有趣的案子(可能是我的FOMS症在起作用)。我也无法对不断上升的不公和偏狭置之不理。我仍热衷于直面挑战,随时准备应战。我不愿败下阵来,也永不会放弃。

如果过去是未来的序幕[9],我的生活哲学——感受时代的脉搏——永不改变。但天意难违,体能不可避免地衰减,我不得不作出选择,分出先后。我着手处理事务的轻重缓急将仍由过失的严重程度决定。

本书的主题是变化,即自由表达的变化,谋杀和强奸案起诉和辩护方式的变化,媒体对高曝光率案件报道性质的变化,人们对种族问题所持态度的变化,宗教和政府间关系的变化,"人权"概念的使用和误用的变化,以及讲授和学习法律方式的变化,等等。因此,以过去我个人生活和职业生涯中所经历的变化,以及未来我期望经历的变化作为本书的结尾,我认为极为恰当。

不断变化的生活

人们最常问我的问题,有时也是我自问的问题,就是我生活中的重要变化,以及这些变化发生的**原因**。回到我十来岁的时期,我如何能在几个月的时间里,从中学的一个成绩为 C 和 D 的差生,变为一个在大学和法学院成绩为 A + 的学生?这一变化发生得既剧烈又突然,就在 1955 年夏天高中毕业后到进入大学学习之初,十六岁至十七岁半之间。这段日子究竟发生了什么,可以使在全班五十个学生中排名倒数的我摇身一变,成为在一个竞争激烈的大学同年级两千名学生中的名列前茅者,然后又在竞争更加激烈的耶鲁法学院一百七十名同年级学生中名列第一?是因为我变了?还是学校变了?

二者皆有。我认为,在我高中的最后一年,变化在我身上悄然发生,但由于我在老师眼中"声名远播",老师们对我的认识早已"根深蒂固",因此他们并未察觉我的变化。即便我在全州统考中获得 A 的成绩,老师们仍给我的学期成绩评定为 C 和 D。课堂上,我时不时的不俗表现被视为"傻小子撞大运"。还有一些老师认为,只要我考试获得高分,必定是作弊所得。因此,我自己也怀疑,可能我永远不会在高中"冒尖",即便我最喜欢的老师也坚称我不过就是个"75 分学生",而且只会是个"75 分学生"。(我并未超过他对我的判断,以不到 75 分的平均分毕业。)

而且,我就读的中学是一所犹太学校,一所"教会学校",而我却不是一个持有偏狭宗教思想的人。我没把多数老师放在眼里,显然他们也是这么看我的。标新立异绝对得不到允许,死记硬背却受到表扬。"尊敬权威"不仅是对我们的要求,还成为评判我们的一个标准。这方面我的分数是 U,即差强人意。如果我如母亲所愿,就读犹太大学,我高中攒下的"名声"就会"如影随形"。而且,尽管犹太大学很大程度上不像中学那样宗教色彩浓烈,但仍是一个宗教机构,绝不允许天马行空的"胡思乱想"。进入布鲁克林学院后,我发现这是一个鼓励标新立异、摒弃死记硬背的地方,而尊重需要靠言行赢得,并非来自拉比们的头衔。在犹太学校让我获得 C 和 D 的那些挑战权威的答案,在大学和法学院里让我得到了 A。

就读学校的不同并非唯一促成变化的因素。我个人在那个夏天也发生了很多变化。我在一个新的夏季营地——枫湖——成为一名助理顾问。我表现出色,因为我在为"颜色战争"创作歌曲过程中表现出的才华和工作中的领导才能,屡获表扬。其实,我一直以来都是"领头者",即便在中学"最黑暗"的时期,只不过学校完全无视我的领导才能,担心其他学生会被我"带坏"。我总是精力充沛,但在中学老师眼中,纯属"不务正业"。

在枫湖营地的那个夏天,我的才华获得了认可,结果就是我的自信心得到大大提升。

我还在那儿遇到一位心仪的年轻女士,开始了我的第一段正式恋情,并于四年后步入婚姻殿堂,开始了我的第一段婚姻。突然之间,我成了"才华横溢""相貌迷人""众人好评"的青年才俊。那个夏天真是大学生涯美妙的前奏。

我心里还憋着一股劲,就是要证明那些认为我将一事无成的中学老师,以及劝说犹太大学别录取我的中学校长"看走了眼"。我已整装待发,迫不及待地投入全新的生活。

大学期间,尽管我获得的成功大大超出我的想象,我仍怀有深深的疑问,究竟我是不是如我的成绩一样优秀。我不断地做着同样的噩梦:考试未通过,暴露出我"假货"的"本来面目"。我还常常想,布鲁克林学院是不是比犹太大学学起来容易,因为我们不会花半天时间专门学习宗教。但我并未让这些疑问挡住我走向成功的道路。我深深热爱布鲁克林学院,而且布鲁克林学院也深深爱着我,至今依然。[10](犹太学校现在也对我另眼相看,授予我"年度校友"奖和荣誉博士学位,反映出他们对过去我们之间不愉快关系的选择性遗忘。)

回首早年,我本应该有更多的自信。确实,我是一位在犹太学校成绩不好的学生。但我却展现了其他方面的能力。我显然具备领导才能:几乎所有我参加的组织都选举我为领导人。我是中学和大学辩论队队长、犹太高中理事会主席、犹太教堂唱诗班班长、夏令营游戏组织者、大学宿舍舍长、布鲁克林学院学生会主席、《耶鲁法学杂志》主编。对犹太学校的拉比们来说,我的领导才能不值一提,反而成为我给"好"学生带来负面影响的危险因素。当我升入大学和法学院,同样是这些才能,却给我带来了回报。

从十几岁进入二十岁,我发现了另一个困扰我的问题:我为什么会变?而且变化如此剧烈,发生得如此仓促?从一个严格遵循戒律的犹太人变成了一个基本不遵循什么戒律的世俗犹太人?在不长的时间内,我就从一个每天都要祷告,**从不吃**任何非洁食食物,甚至连纳贝斯克饼干都不吃的正统犹太人,变成一个一年到头只去犹太教堂十几次,仅在家里保持洁食传统(这样我父母就可以在我家里吃饭)的世俗犹太人。

这些变化发生在我二十五岁之后,并非任何神灵显现,而是想要成为自我,而不是成为父母生活方式追随者的理性决定。对我来说,一直遵守戒律也不是什么难事。到我作出决定的时候,我的事业已小有成就。作为一个谨守戒律的犹太人,我已被哈佛法学院录用。一直这样下去,也不会对我有什么负面影响(除了法学院院长偶尔会问我一些奇怪问题)。事实上,从职业发展角度看,如果一直保有正统犹太人的身份,可能还会对我的事业有所助益。我可能会成为全世界最成功的正统犹太律师和犹太法学教授。放弃犹太正统后,我只是众多成功的犹太律师和教授之一。

我常常想,如果我继续是现代犹太正统"俱乐部"的一员,我的生活和家庭会是什么样子。"未选之路"总是看起来比走过的路要顺畅些。但我无怨无憾。

我的许多坚守犹太正统的朋友们都不理解我的决定。和我一样,他们也是怀疑论者和不可知论者,但这并不会阻止他们继续遵循犹太戒律。正如一位老朋友所言:"年龄越大,信得越少,但遵循的规矩却越多。"他们喜欢成为正统犹太人的一员,这要求他们谨守一系列规则,而非笃信一系列信条。由于我在世俗生活和履职过程中极为重视规则,因此遵循宗教规则对我而言不是什么难事,但我选择了与众不同的道路,至少与那些和我一起长大的朋友们相比是一条不同的道路。这就是一切差别的源头,不管对我还是我的孩子们,好坏参半。我只不过不想将**父母的**规则强加给我的**孩子们**。父母将他们的规则强加给了我,但我想让我的孩子们自由地选择他们的生活方式。当然,没有人可以完全不理会父母的影响,自由选择只是程度问题。

进入三十岁,我作出了另一个重要选择。作为一个纯学者,在哈佛任职五六年,撰写了十几篇法学论文、两本案例分析专著,举行了几百场学术讲座后,我变得不安起来。我需要更多实干。"我**思**,故我在"[11](即便笛卡尔言之有理)已无法让我满足。我想**亲力亲为**。"我**做**,故我在"更符合我的个性和精力。但我仍热爱教学工作,不想离开教师这个岗位。

我也一直不情愿在好东西中作出选择。我的选择总是一个不落。("FOMS"重症患者!)我妻子总对我提起一句意第绪名言:"一个屁股不可能同时在两场婚礼上跳舞。"可能确实如此,但试试又何妨。为什么只有两场,如果有三场呢?(我当制片人的儿子埃隆最近制作了一部有意思的动画短片,片中我打破了玛莎葡萄园的纪录,一晚上参加了五场派对!)

因此,由于我终身厌恶选择,我的选择就是不选择。我决定保留我的教授身份,同时接手具体案件,并深度参与我认可的事务。

一旦接触法律实务,我就不会停下来。我深爱法庭的紧张对峙气氛,这对我而言恰恰如鱼得水。我绝不会重走回头路。法律实务让我成为一名更优秀的教师,而教学工作也让我的实务能力不断提升。

年过四十,我又作出了另一个改变职业生涯的决定。我不再撰写法律论文,转而开始为普罗大众撰写法律书籍。我的第一本书《最好的辩护》[12]在我四十岁出头时写就,一出版就成了全国畅销书,至今仍有售。此后,一发不可收拾,我出版了二十八本书,其中六本上了畅销榜。我的书被译为十几种文字,全球总销量超过百万册。其中那本《厚颜无耻》,是《纽约时报》畅销书排行榜和其他一些榜单的冠军。作为一位广受欢迎的作家(作品包括非小说和小说),我深感荣耀,特别是当读者告诉我,我的书影响了他们的思想和生活的时候。我将写书视为我教师工作的一部分,既为哈佛法学院那些我的学生们,也为我众多的读者们。

这段时期,我也常常在全国电视节目中亮相,解释法律,宣扬公民自由。我频繁地上泰德·科佩尔(Ted Koppel)、拉里·金、芭芭拉·沃尔特斯(Barbara Walters)的节目,以及其他收视率较高的电视节目。因此,我也成了位公众人物,结果当然也是好坏参半。我还遇到了我的第二任妻子卡罗琳·科恩,开始更稳定、更美满的家庭生活。

年过五十,我的生活又有所改变。由于我已是一名成功律师,加上我在媒体上的曝光率,以及我出版的书籍,我开始受到一些知名人士的注意,他们纷纷希望我成为他们的律师。我的律师事务也发生了极大的变化,尽管半数我接手的案件都不收取任何费用,收费案件的费用标准却涨幅很大,我第一次品尝到富有的滋味。到我们的女儿埃拉出生的时候,我们在坎布里奇买了一座漂亮的房子,还在玛莎葡萄园买了一座度假小屋。我们开始购置一些艺术品,并邀请学生到访,在家里组织一些慈善活动。不久后,我儿子嘉明跟芭芭拉结婚,并有了两个孩子——罗莉和莱拉——让我成了位"年轻"的爷爷。

包括一些亿万富翁在内的当事人蜂拥而至,但我还是会选择性地接手一些案件。我力求在我接手的案件中保持平衡,但媒体只关注我那些有钱有势的当事人。突然之间,我成了个"明星"律师。我不喜欢这个并未准确反映我日常工作的称号,但只要关于我的消息见报,人们就会用这个称号,可能未来我的讣告也会用吧。

在波士顿花园体育馆投篮和在芬威棒球场投球

其实,最令我感到满意的表现并非发生在法院。我曾是大学篮球队的队员,但中学时从未打过篮球。我甚至在麦迪逊花园广场还上场了两分钟。杰出的体育律师鲍勃·沃尔夫(Bob Wolfe)向我提出挑战,让我在老波士顿花园体育馆当波士顿凯尔特人队比赛中场休息时参加投篮比赛,我欣然同意,尽管我知道他曾是波士顿学院篮球队的前锋。这个投篮比赛纯粹是为了慈善,而且我一直是不错的射手。

我的儿子们帮助我进行准备练习。嘉明反复提醒我,胜负没有关系,只要"你别在第一次投篮时投空,因为所有人都会嘲笑你"。我反复练习,避免投空遭到羞辱。

我们获准在开始比赛前练习几个小时,而且我们还被安排了一个"教练"。鲍勃的教练是拉里·伯德(Larry Bird),因为他是伯德的代理人。我的教练是凯文·麦克海尔(Kevin McHale)。

比赛时,球场里座无虚席,凯尔特人队进行的是一场向全国直播的周日下午比赛,我简直比出庭还要紧张。

不出所料,我的第一次投篮就成了篮外空心,既未入筐,也没有碰到篮板。不出所料,所有人都对我报以嘘声。

鲍勃的第一次投篮是一记漂亮的空心球,应声入筐。儿子们觉得我一定感到丢脸了。

但我却越挫越勇。接下来我打起精神,投了十九次,中了十三次(每人在两分钟内各投二十次)。而鲍勃只投中六个。人们欢呼我的表现,我也为我关心的慈善组织赢得了一张支票。

几周后,我们邀请鲍勃夫妇参加犹太逾越节家宴。开始吃饭前,鲍勃说他想给我们看看投篮比赛的一段短视频。好吧!结果他把视频进行了编辑,放出来的是他投中二十个空心,而我则投了二十个篮外空心。他说,这个视频是他为他的孙儿们编的。

几年后,我儿子埃隆安排我在芬威公园棒球场开球,以庆祝我的七十岁生日。我又一次进行了"训练",而且,再一次无比紧张。可这次就没第二次机会了。

成败在此一掷。我朋友戴维·金斯伯格(David Ginsberg)名下有一些波士顿红袜队的股份,他给我提了些建议:"你不习惯在投球区土墩上投球,因此你投出的球自然会在本垒板上弹起来。所以你要往高处掷球。"

> 我照他的建议做了，给凯文·尤卡利斯（Kevin Yorkalis）投掷了一个球。我有一段未经编辑的照片可以证明。我的七十岁生日，以位于中场看台下的布里奇酒吧将纽约的一种五香熏牛肉三明治命名为"德氏三明治"而画上完美句号。每次看球时，只要我去点"德氏三明治"，他们都会悄悄给我打大大的折扣。

我事业上的下一个变化发生在我的花甲之年。这时，我开始将主要精力和时间用在捍卫以色列作为犹太国家免遭"抹黑"和"非法化"上。年逾古稀，回首我过去从事的事业，我看到法律的大趋势还是在向一个积极的方向发展：尽管干扰不断，表达自由仍在不断扩大；尽管法院还未跟上技术发展的步伐，科学正以前所未有的程度在谋杀案件的侦破上起着愈发重要的作用；尽管还未最终实现，与我成长的时代相比，种族、性别、宗教，甚至性取向之间的平等从未像现在这样接近实现。然而，如今却出现了一个朝错误方向发展的重要问题：由持不同观点的内部人士、意识形态上的极左派和伊斯兰极右势力发起的"抹黑"以色列的运动。以色列的缺点（哪个国家又没有缺点呢？）正成为这些最古老偏狭观点合法化的"外衣"。在我看来，马丁·路德·金被暗杀不久前在反犹太复国主义和反犹主义之间划出的界线正变得愈发模糊。成年后，我第一次发现对犹太人（特别是支持以色列的犹太人）的仇恨正在上升。

此外，这股反以色列的狂热无法用理性的政策术语进行解释。以色列这个"犹太之国"正被众多极左人士和伊斯兰右翼势力以千年之前犹太人曾遭遇的方式对待，即毫无理性的仇恨，加上煽动针对犹太人实施暴力行为。这一变化深深震惊了我。

在我1991年出版的《厚颜无耻》一书的结语中[13],我预测了美国主流意识形态中自上而下反犹主义的终结,以及其被反犹太复国主义取而代之的发展趋势。我还预测了"美国大学生中以色列支持者的骤减",而这些人将会成为未来各行各业的领袖人物。[14]我并未意识到新型的反犹太复国主义至少在某种程度上会变形为反犹太主义。我本该有此先见,因为对以色列的仇恨如此非理性,如此极端,只有用对以色列的犹太民族特点的仇恨才能解释。2004年我亲身经历的一次对抗就是明证。

这件事发生在美国独立自由的发祥地——法尼尔厅(Faneuil Hall)。[15]当时,我正在那儿接受一个颁奖,并在这个充满历史感的大厅发表一个关于恐怖主义时代公民自由的演讲。活动结束后,我手里拿着奖杯,被一大群高喊口号、手举反以色列标语的愤怒年轻人围着,离开法尼尔厅。手持标语牌的人们向我大喊着已超出文明底线、无异于偏执的咒骂语言。"德肖维茨和希特勒是一路人,唯一的区别是名字。"在这些辱骂我的人眼中,我"罪孽深重",足以将我与那个杀害了我十几个亲人的人相提并论,而正是这一幕使我更加坚定地支持以色列。

这些人完全不在乎我也支持巴勒斯坦建国,结束以色列对巴勒斯坦的占领,以及拆除多数犹太人定居点的观点。示威人群接着喊道:"德肖维茨和吉培尔(错误发音,应为戈培尔)是一路人,唯一的区别是名字。"他们甚至连这个反犹屠夫的名字都念错了。

一个手持标语牌的人高喊道,支持以色列的犹太人比纳粹还坏。另一个人叫嚣把我处死。让我震惊的不是他们的恶言恶语,而是他们眼里的仇恨。如果不是十几个波士顿警察奋力保护我,恐怕我很有可能遭到人身攻击。抗议者眼中燃烧着疯狂的怒火。

女权主义作家菲利斯·切斯勒(Phyllis Chesler)准确地用"欲火中

烧"描述一些年轻人针对以色列和犹太国家支持者的仇恨。[16]这正是我亲眼所见:充满激情的仇恨给他们带来了狂热快感。这早已超出了观点的差异。

可以确定的是,这些抗议者对我的语言攻击完全属于宪法保护的范畴,正如纳粹分子在斯科基的游行一样。但他们对我的辱骂则完全属于精心算计的个人威胁。

当我如往常遇到此种情形一样,试图回应对我的一个偏执咒骂者时,负责保护我的警官礼貌而坚决地要求我直接上车,不要和抗议者纠缠。这是给我下的一个命令,是根据现场形势,出于保护我人身安全的精心考虑,完全正确。

这位警官和我一同上车,直到远离抗议现场才下车。这次对我的威胁达到了目的,我被噤声,而曾回荡在法尼尔厅附近广场上的错误恐怖言论没有得到任何纠正。

同样的经历我在世界其他地方也遭遇过:加州、多伦多、特隆赫姆、开普敦、伦敦和巴黎。每当我公开发表支持以色列的言论时,都需要警方保护,有时甚至需要盾牌和防弹背心。

我开始经历的这种旧仇新恨最怪异的一面就在于,此种情绪居然来自一些自称是犹太人或以色列人的人们(或曾为犹太人或曾为以色列人)。一些人甚至试图焚毁证明他们是大屠杀受害人或幸存者子孙的证明文件。这一幕发生在马萨诸塞大学波士顿校区,一群反以色列学生在一位自称大屠杀幸存者后代的犹太教授带领下,试图通过将我赶下台阻止我发言。他们成功地在活动计划结束之前"搅黄"了整个活动。

面对这一危险现象,我不可能保持沉默。因此,我决定,只要这一威胁仍存在,我就将从法律和人权角度捍卫以色列和犹太人的工作放在首位。

结语　总结陈词

我曾想写一本名为《和平的理由》(The Case for Peace)的书,书中我会批评阿拉伯—以色列冲突双方都没有尽力达成和平协议。然而,我 2003 年却决定先写《以色列的理由》(The Case for Israel)[17],目的是为学生提供事实依据,以反驳弥漫在校园里的不实传言。(后来我确实写出了《和平的理由》一书。)《以色列的理由》出版后在校园里和世界各地很快成为畅销书,还被译为多种文字,根据该书内容还拍摄了一部纪录片。我相信,这本书改变了很多大学争辩的基础,也改变了很多人的想法。其中有一个例子非常让我感到欣慰。一位名为卡西姆·哈菲兹(Kassim Hafeez)的阿拉伯人 2012 年 4 月写了一篇名为《从反犹到支持犹太复国主义》的文章。[18]文中,他这样描述他的心路历程:

> 成长在英国一个穆斯林社区,我从小就接触谴责以色列的各种材料,将犹太人描绘成掠夺者和杀人犯……
>
> 我也常常被人们无意之中流露出来的反犹主义情绪围绕。我父亲会将希特勒吹捧为英雄人物,还说他唯一失败的地方就是犹太人杀得还不够。
>
> 是什么让我的观点发生了变化呢?一天,我在水石书店,发现自己无意中走到有关以色列和巴勒斯坦书籍陈列的地方。即使今天,我也不明白是什么促使我从书架上选了这本书。我选的是艾伦·德肖维茨写的《以色列的理由》。
>
> 我的世界观告诉我,犹太人和美国人操控了媒体,因此,瞥了一眼这本书的封底后,我冷冷一笑,心想"邪恶的犹太复国主义宣传品"。
>
> 但我决定掏钱买下这本书,迫不及待地想要通读此书,以便揭露以色列的真实面目,并证明支持巴勒斯坦事业是个人的明智之举。
>
> 随着我读到德肖维茨系统揭露我所熟知的针对以色列的谎

言,我深切体会到一种真正的良心危机。我无法不赞同他的观点,也找不到驳倒他的事实依据。我不知道该相信谁。我可能盲从太久,但这时,我开始质疑我是不是错了?

所以,我决定前往以色列一探究竟。我亲眼看到犹太教堂、伊斯兰清真寺和基督教堂同处一地,犹太人和阿拉伯人共同生活,从军队到法院,少数族裔在以色列社会的方方面面占据着重要地位。我感到震惊,大开眼界。这并非我曾熟知的邪恶犹太复国主义泛滥的以色列。

经过一番深思,我明白我曾坚信的是不对的。我一定要站在以色列一边,支持这个自由、民主,在医学、科技研发上走在世界前列,却深受几乎毁掉我的那些谎言和仇恨所害的小国。[19]

并不是所有人都受到了正面影响。英国一位女士向一家大型书店的经理询问《以色列的理由》一书,经理的回答是:"以色列没有理由。"[20]

七十岁之后,我的多数时间都用在为以色列辩护上(同时继续批评其执行的许多政策,特别是针对定居点的政策)。这让我赢得了"公众舆论场中犹太国家首席辩护律师"[21]和"全美最知名的犹太人捍卫者"[22]头衔。当然,我也获得了"犹太复国法西斯主义者""犹太纳粹""利库德集团(Likud)打手"和"以色列至上分子"的头衔。[23]

正是这些"恶名"让我在年逾八十后发生了最新的变化。直到最近,人们一直认为我是一名开明的民主党人,政治上与泰德·肯尼迪、前总统克林顿、前国务卿希拉里、参议员休伯特·汉弗莱、大法官阿瑟·戈德堡和大法官威廉·布伦南、马丁·路德·金牧师以及戴维·贝兹伦法官结成了政治同盟。我联系最紧密的组织是我曾在其地方和全国委员会都任过职的 ACLU。我最关心的事业是言论自由、反对死刑、对刑事案件嫌疑犯和被告施行正当程序、政教分离,以及种族、性别、宗教、经济和性取向平等,还有政治责任。事实上,一旦我被提名法官和其他任何需要参议院确认的政府职位,我都会被贴上"太过开明"的标签而被拒绝。

今天,我对上述问题的观点基本没有发生变化,但由于我对以色列的支持态度,尽管也时常批评其政策,我已被人们视为是一个"保守分子",一个"右派"、一个共和党人、一个"叛徒",甚至一个法西斯分子。许多大学生对我持有的区别自由和保守这一核心问题的观点一无所知(尽管这种分类本身就极不准确)。他们只知道我为以色列说话,这已足以让他们给我扣上"政治不正确"以及更严重的"帽子"。下面就是曾为一家民主党智库工作过的网络写手罗森伯格的言论:

> 德肖维茨并非民主党人。他唯一在乎的问题,唯一不厌其烦、反复提及的问题就是以色列。与绝大多数美国人(可以说百分之九十九的美国人)不同,德肖维茨对任何与以色列无关的问题都没有主见。

罗森伯格对以色列诸多不足"咬住不放"的态度已蒙蔽了他和他的追随者们,使他们无视我写作的大部分书籍、文章、辩护词,以及我从事的事业都与公民自由、刑法和宪法相关。尽管现实如此,由于我对以色列的支持,乔姆斯基荒谬地称我为"公民自由的激进反对者"。[24]而且,尽管我一直以来反对以色列建立新的平民定居点和"大以色列"运动,安德鲁·苏利文仍谎称我为"大以色列的狂热鼓吹者"。[25]不管这些谎言是出于无知、故意视而不见还是恶意,都已在互联网上广泛散布,并大大改变了我在一些缺乏头脑的以色列仇恨者心目中的形象。

我对以色列的核心观点也导致支持以色列的强硬右翼人士对我采取排斥态度,他们的很多追随者对我支持巴以分治解决方案的态度,以及反对以色列定居政策的观点感到惊讶。我被他们称为"犹太人的叛徒""无趣空谈的左翼分子""盲目的伪君子""自由至上,犹太复国主义其次",以及一个"永远不会发表哪怕只有一丝政治不正确观点"的人。[26]

这一最后的变化,即强硬左翼人士试图抹去我长久以来对开明政策的支持历史,以及强硬右翼试图抹去我长久以来对犹太复国主义和以色列的支持历史,并非出于**我**个人观点或行为的改变,也非早前一些变化的理由。我的所作所为始终如一。我对以色列、巴以分治、犹太定居点政策的观点在过去四十五年没有任何改变。改变的是我身边的世界对以色列的看法,因此对我的态度也随之发生了变化。我将对我坚守的原则一以贯之。可能我年岁已高,思维已定型,即便我想要有所改变,也难以为之,而且我还不愿意作出改变。我不会改弦更张,迎合他人的变化,特别是我坚信这些变化并不正确,纯属偏见,我更不会作出任何改变。但我必须承认,许多人对我的看法发生了改变。随它去吧。

年近八十,特别是在唐纳德·特朗普当选总统后,人们认为我已严重背离了我的自由主义原则,这种看法与日俱增,因为我批评了将特朗普总统采取的经宪法授权的(但可能政治上有问题的)行动定为犯罪的努力。当共和党人试图将克林顿总统的私人投资和性生活定为犯罪时——这一努力最终导致他被众议院弹劾,并被参议院宣告无罪——我也表达了同样的观点。特朗普领导的共和党人对希拉里·克林顿大喊"把她关起来",并要求任命一名特别顾问对她展开调查时,我也表达了同样的观点。

作为一名终生不渝的公民自由主义者,我一直试图将原则置于党派之上,甚至早在二十世纪七十年代初尼克松总统接受调查时,我就提议当时我曾任职其全国委员会的 ACLU 支持他的正当程序权利和宪法权利,而不是加入要求对他弹劾的"合唱"。作为一名开明的民主党人,我个人支持弹劾尼克松,但是我相信——并且至今仍然相信——ACLU 的职责不是在政治争议上选边站队。其职责应该是捍卫包括总统在内的所有美国人的宪法权利。我还抗议将国会议员汤姆·迪莱、州长里克·佩里、参议员鲍勃·梅内德斯和特德·史蒂文斯以及两党其他人参与的政治行为定为刑事犯罪。

我试图在 2017 年出版的一本名为《捏造：将政治分歧定罪如何危及民主》(*Trumped Up*: *How the Criminalization of Political Differences Endangers Democracy*)的书中解释我的公民自由立场：

> 我把自己的角色视为捍卫公民自由,我毕生都在为此奋斗……这意味着我将采取有时似乎支持特朗普政府,有时与其"唱反调"的立场。政治上,我是一个狂热支持希拉里·克林顿的民主党开明人士……但作为一个公民自由主义者,我不允许政治出现在正义的天平上。之所以如此,纯粹出于我的公民自由视角,与我立场的政治含义无关。

2018 年,我写了另一本成为《纽约时报》畅销书的作品——《反对弹劾特朗普的理由》(*The Case Against Impeaching Trump*)。此书对宪法第二条的弹劾和免职条款进行了分析,并认为总统被免职之前,他必须由参议院审判并判定犯有实际的重罪或轻罪,而不能仅仅因为管理不善或政策不佳。我作为公民自由主义者和宪法捍卫者的角色已经导致许多观察家误解了我的立场,或者当他们确实理解我的立场时,错误地表述了我的立场。许多人错误地将我视为唐纳德·特朗普的政治支持者,而不是公民自由和宪法的支持者。有人认为我是民主党、自由主义甚至犹太传统的叛徒。我的电子邮件证实了这些误解和歪曲。它们也显露出了更深层次的问题：在一个高度党派化政治的时代,有原则的公民自由主义者的无党派观点几无立足之地。尽管半个世纪以来,我所做的一切都没有改变——捍卫我不同意的人的公民自由和宪法权利——但我的批评者有时指责我"变了",因为他们不愿意看到当前我捍卫公民自由的做法帮助了一位他们鄙视的总统。

我没有变。我现在对特朗普总统采取的公民自由立场与我职业生涯中对两党政治家采取的立场并无二致。正如政治新闻网（Politico.com）的一篇文章恰当地指出的：“也许问题不在于艾伦·德肖维茨发生了什么变化。也许问题在于我们发生了什么变化。"选举前夕，当希拉里·克林顿似乎会获胜时，我写道："这次选举加剧了长期存在的将政策分歧定罪的问题。我们急于把政策上的差异和犯罪行为的指控混为一谈。在这次选举中，双方都指责对方有犯罪行为。刑法应为故意犯下明确界定的罪行所设。在政治分歧的背景下，我们正远离对犯罪概念的准确理解，而走向犯罪概念的危险扩展。"

尽管我长期以来一直要求刑事司法非政治化和政治分歧非刑事化，但当我的公民自由立场被视为支持他们的对手时，我却遭到了双方的攻击。随它去吧。当公民自由成为高度党派政治斗争的第一批受害者之一，当ACLU屈服于此种政治"痼疾"，我别无选择，只能坚持自己的原则。作为一名有原则的公民自由主义者与作为一名刑事辩护律师极为相似：当你保卫他们的朋友时，人们爱你；当你保卫他们的敌人时，人们恨你。几乎没有人想要为他们的政治对手伸张正义。

我的一些朋友和同事理解我的立场，但很多人不理解——或者有意误读。我曾经的学生杰弗里·图宾（Jeffrey Toobin）在美国有线电视新闻网（CNN）节目上对我进行了攻击，他转向我说：

> 艾伦，我不知道你怎么了，这是怎么回事。[你]一直对唐纳德·特朗普表示支持。[这]可不是以前的你。[你]究竟怎么了？

我回答道：

> 我没支持他。我说的和我五十年来说的完全一样。杰弗里，

你是我的学生,你应该明白。现在对特朗普的态度与当年对比尔·克林顿的态度不一样,这正是像你这样的人反对我的原因。

这次"交锋"让我想起了二十世纪七十年代末我和母亲的一次争执,当时我极力反对审查新纳粹分子,他们在伊利诺伊州的斯科基市游行,传播仇恨。"你是支持哪一边?纳粹分子还是犹太人?"我母亲质问道。"我支持宪法第一修正案。"我回答道。"别对我说那个,"她坚持道,"我是你母亲。二选一,不要站在纳粹分子一边。"我母亲虽然谙熟世事,但她不是律师,也没上过大学。图宾可和她不同。他不应该像我母亲那样,要求我在政治上选边站队,而不是选择站在为所有人争取公民自由一边。

但还有一些人也把这件事当成了私事,指责我这样做就是"为了钱",或者是因为我在"为成为特朗普的律师进行演练"——我曾多次说过我不会接受这一"角色"。

其他人认为我之所以帮助特朗普总统是因为人们认为他比奥巴马总统更支持以色列。然而,我支持的是希拉里·克林顿,并为她助选,尽管她曾担任过奥巴马的国务卿。事实上,我正就以色列—巴勒斯坦和平进程为特朗普政府出谋划策,我之前也为克林顿总统和奥巴马总统出过主意。基于此,我已经三次会见特朗普总统,包括在白宫与他共进午餐和晚餐。但是我会对任何一位总统表达同样的公民自由和宪法观点,不管他们对中东问题持有何种看法。

我的一位密友这样说:"你所说的一切完全没错,但该死的,你就不能闭嘴吗!"答案是否定的。我几十年如一日地公开反对滥用刑法,如果我现在"闭嘴",那就会将党派偏见置于原则之上。

我曾开玩笑,用"特朗普饮食法"减下去七磅,因为我的左翼朋友不再请我吃饭了。最终,《纽约时报》邀请我发表一篇专栏文章,证明我所说的将政治分歧定罪的危险性:

作为一名自从1952年就为阿德莱·史蒂文森助选以来,支持每一位民主党总统候选人的忠诚的自由主义者,我敲响了警钟。然而,由于我强烈反对无确定目标的刑法适用方式,一些左翼批评家指责我已成为"特朗普总统的走狗"。这简直就是无稽之谈。我竭力阻止唐纳德·特朗普当选,自他宣誓就职以来,我一直对他的许多做法持批评态度,包括旅行禁令、取消对"梦想法案受益者"的保护、针对俄罗斯人收集情报的表态,以及未能谴责白人种族主义者在夏洛茨维尔进行的挑衅行为。但是刑法的灵活适用不应延伸到涵盖特朗普总统行使宪法授予的权力。当总统要求联邦调查局局长放弃对前国家安全顾问迈克尔·弗林的调查,或解雇联邦调查局的詹姆斯·科米,或向俄罗斯人提供机密信息时,他是在宪法权力范围内行事。他行使这些权力可能应受指责,但不应被视为犯罪。对此类行为是否明智进行评判的适当工具应该是投票箱,而不是陪审团。

即便特朗普竞选团队与俄罗斯特工勾结、共谋或合作,这本身也不是犯罪,除非竞选团队要求他们或协助他们实施黑客攻击等犯罪行为。

当前,对唐纳德·特朗普及其竞选团队进行的调查充斥着政治意味。去年(和当前发生的事情如出一辙)的矛头直指希拉里·克林顿——正如当年她丈夫受到的调查一样。接下来"倒霉"的是伯尼·桑德斯和他的妻子,他们在佛蒙特州共和党官员的要求下接受调查。

一部过于灵活、容易扩展的刑事法规是一种能够被激进的检察官向几乎任何目标发射的装有子弹的武器。是时候把武器保存到真正需要的时候了——而不是下次有人想伤害他的政敌的时候。

这篇被广泛传阅的评论文章改变了一些人的想法，但是对我的攻击依然存在，尤其是来自高度党派化的民主党的攻击。

在我半个世纪的职业生涯中，我曾因坚持我的公民自由原则而失去了朋友，疏远了同事，惹恼了亲戚，还让我过去的支持者困惑不已，无论这些原则的受益者是纳粹分子、色情分子、有罪的罪犯还是共和党政客。几十年的批评和个人诽谤使我变成了"厚脸皮"。我希望我能说我"厚脸皮"可以保护我免受伤害。事实却并非如此，尤其是当家庭成员卷入其中的时候。但是我仍会持之以恒，继续坚守我的原则，绝不动摇。

法律的变化

我们的法律制度在未来五十年会有什么样的变化？我在法律的黄金时代开始我的法律职业生涯。当年，最高法院至少在我的同行、同事和家庭成员间是备受尊重、高高在上的政府机构。[27]大法官们终结了种族隔离，制约了麦卡锡主义的泛滥，在政教之间筑起高墙，保护刑事被告的合法权利，公正地执行法律，完全不受党派利益影响。

当时的联合国被视为普遍人权的守护者，正用法律替代战争。

青年才俊涌向法学院，胸怀改造世界、利国利民的梦想。法律职业也广受人们尊重。

当然，这一理想化的图景在现实中远非完美。律师事务所还在各自为政。司法腐败在一些地方也呈泛滥之势。麦卡锡主义的残渣余孽仍处处限制自由表达。种族主义、性别歧视、仇视同性恋在一些地方的法律职业从业者中仍广泛存在。世界上大多数地方的人们还不知道人权为何物。但发展的趋势始终向好——朝向平等、公正和法治。

今天的发展趋势指向何方呢？这一趋势对未来五十年的法治意

味着什么呢?

这些问题没有简单易行、方向明确的答案,但一些令人担忧的迹象业已浮现,清晰可见。

最高法院日渐式微

宪法起草者们在宪法诞生之时根本没有想到最高法院会拥有现在的权力。[28]根据《联邦党人文集》(*The Federalist Papers*),司法系统应是政府分支中"最不危险"的部门,因为它既没有行政分支手里的"剑"(指行政权力),也没有立法分支兜里的"钱包"(指立法权)。"可以说,司法系统既无执行力,也无法贯彻其意志,只能照法裁判。"[29]换句话说,最高法院获得的任何权威都必须来自其"判决"的合理性,以及公众的认可,即大法官们应是选民"期待中的"秉持正义、超越党派政治的政府分支。

这一权威的赢得过程始自首席大法官约翰·马歇尔时期,直至二十世纪末,中间也出现了一些转折。而且与这一过程相伴相生的就是不断出现的争议,不管是在导致美国内战的时期、新政时期,抑或"司法能动主义"占上风的沃伦法院时期。但直至二十一世纪开始前,最高法院大法官从未被指责为大搞党派政治,极力促使裁决案件的结果有利于其所在政党及候选人。然而,众多美国人——如非多数——坚信这就是最高法院在"布什诉戈尔案"[30]和"公民联合案"[31]如是判决的幕后原因。我在《极端不公》一书中写道,"布什诉戈尔案"中,五位共和党大法官违背其先前判决的原则,一致投票确保一位共和党总统候选人当选。"公民联合案"中,他们再次如法炮制。根据杰弗里·图宾在《纽约客》上撰写的报道,首席大法官约翰·罗伯茨在裁定如何解决"公民联合案"提出的复杂争议问题时,适用了这样的一个标准:怎么做对共和党最有利?如果真是如此,则让我想起了我祖母专一的思维方式。一次,我看完布鲁克林道奇队的比赛回家后,告诉她道奇队主场获胜的消息,我祖母问道:"哦,但道奇队赢了对犹太人是好还是不好?"但我祖母并不是联邦最高法院的首席大法官,后者的职责包括在判案时不受党派政治干扰。[32]

之前发生争议时,大法官们之间的分歧更多按照意识形态划线,而非党派。罗斯福新政遭到两党总统任命的大法官一致反对。投票通常倾向于开明的厄尔·沃伦(一名开明的共和党人)和威廉·布伦南(一名开明的民主党人),他们都由一名共和党总统任命。

一个信奉司法能动主义的最高法院,不管左倾还是右倾,不可避免地会逐渐沦为党派政治至上的司法机构。如果法院仅将自己的职能局限于裁决狭义法律问题,并只影响特定诉讼参与人,公众不会在乎谁当法官。但当法院积极介入存在高度争议的政治问题,比如堕胎、总统选举、同性恋者权利等问题,并可能影响每个人时,普罗大众就会开始关心他们的命运由谁决定了。法官的提名和确认变得愈发争议不断,党派色彩愈发浓重。政客们并不想"蒙眼瞎干"。他们要对被任命的人对他们自己的影响心知肚明,而且他们只会"青睐"那些会对其政治倾向投赞同票的法官。

这一变化发生在全世界许多地方,是联合国首开先河。

即使在最高法院"作茧自缚"而信誉大减之前,许多学者、媒体分析人士和公众也大大高估了大法官们的权力。毕竟,**最高法院也就是一个法院**,负责裁决当事人提交的具体案件中的法律问题,并不会**发起**政策变更。最高法院是一个被动而非主动的机构,即便"司法能动主义"在最高法院居于主导时亦如此。阿瑟·戈德堡、威廉·O.道格拉斯、沃伦·伯格和安东宁·斯卡利亚等大法官可能曾试图将一些积极主动的议程带入最高法院,但他们很快就意识到,通过一个既没有"剑"(执行力),也没有"钱包"(立法权),同时缺乏能力确保其他政府分支执行其倾向性政策的机构,想要实施这些议程有多难。

当然,大法官们也不都是道德楷模。小肚鸡肠者有之,偏狭固执者有之,甚至在法律上没什么建树者亦有之。正如杰克逊大法官精辟地指出:"我们的决定之所以一锤定音,不是因为我们的决定毋庸置疑。我们的决定毋庸置疑,只是因为我们的决定无处申诉而已。"[33]

正如我在本书第六章中所述,最高法院坚决拒绝我提出的"代受侵扰"为宪法原则,即人们仅因得知**他人**可能在观看色情作品即受到侵扰。但公众却接受了我的这一观点,现在已成为全国接受的实践法则。死刑问题也是同样的情况,具体适用的例子越来越多,如果人们仅仅阅读最高法院判决的话。但自1976年最高法院大法官重新将死刑作为宪法问题以来,法律实践大大减少了死刑执行的数量。这一现象也出现在基于种族的平权措施领域,极有可能继续下去,而不管大法官们持何种态度。同样的情况还表现在最高法院极力维持政教分离,却发现实践中,他们筑起的政教分离"高墙"正被认为些微宗教意味不会伤害任何人的学校管理者和其他官员"拆毁"。最高法院也无法逆转同性恋者获得平等待遇的大势,不管他们作出何种裁决。

基于过去五十年的所见所闻,我预测最高法院的道德权威在未来五十年仍会进一步削弱。法治的黄金时代已遭法律的政党政治化趋势蒙蔽,最高法院在"布什诉戈尔案"中的裁决首当其冲——此案对整个司法系统造成难以挽回的"自残"。

同时,立法机关的权力也将继续缩减,而行政机关的权威将持续扩张。随着快速、有效行动需求的不断提升,总统已拥有了新的权力。这导致我们制衡制度的不断弱化,程序屈从于结果,而结果愈发依赖财力。

最高法院的政治化倾向在唐纳德·特朗普当选总统后极有可能

继续,甚至可能会与日俱增。他曾表态要以已故的安东宁·斯卡利亚为标准任命大法官。最高法院有一个斯卡利亚可能是好事,但如果最高法院充斥着"斯卡利亚式"的大法官,可能他自己都会感到不适。特朗普的前两个任命似乎都符合这一标准,而且他可能还会有更多机会提名最高法院大法官。

随着最高法院日趋政治化,其对人民的道德影响力却每况愈下,因为人民会将其视作政府的另一个政治分支,而不是中立的法律裁判者,特别是针对宪法问题。当年,共和党占多数的参议院拒绝允许巴拉克·奥巴马总统提名因斯卡利亚大法官去世留出的空缺。他们拒绝召开听证会或就提名人选投票确认,使提名泡汤。一些学者,政治家和作家曾指出,参议院中的民主党少数也应该像当年共和党多数对奥巴马杯葛一样对待特朗普总统,即阻止特朗普总统填补斯卡利亚留下的空缺。他们认为这一空缺本应该由奥巴马总统的提名人选填补,也就是说由一位民主党人士填补。特朗普总统的人也不能填补这一空缺。应该将这一空缺一直保留至下一届总统大选。为支持这一立场,他们引述参议员泰德·克鲁兹的观点,他说,即便最高法院长期只有八位大法官,也没什么问题。克鲁兹的立场是,"历史上,最高法院曾有少于九位大法官的先例。我要指出,就在最近,布雷耶大法官认为,大法官职位空缺并未影响最高法院的日常工作"。事实上,一些共和党人士曾发誓,如果希拉里·克林顿当选总统,决不让她任命任何人填补空缺。特朗普宣誓就任总统不久就提名尼尔·M. 戈萨奇(Neil M. Gorsuch)法官填补斯卡利亚留下的空缺,而且参议院很快就确认了这一提名。然后,当安东尼·肯尼迪大法官2018年宣布退休时,特朗普总统提名布雷特·卡瓦诺(Brett Kavanaugh)接替这一职位。特朗普总统在宣布提名前曾征求我的意见,并表示未来提名前都会与我商量。卡瓦诺获提名后不久,三位女士指控他在十八九岁时曾对她们性侵。他愤怒地否认这一指控。尽管卡瓦诺并非我中意的人选——梅里克·加兰（Merrick Garland）才是——我还是发声捍卫卡瓦诺的正当程序权力和无罪推定权力。我反对 ACLU 推定他有罪并准备花费数百万美元阻止他获提名的决定。我也明确反对哈佛法学院学生要求学校在冬季学期开除其长期教职的要求。我发表的数不胜数的专栏文章和电视评论，都在为一位遭受不端性行为指控的保守派获提名者应享有的正当程序和无罪推定呼吁，但这些并未为我赢得左派朋友，可这就是为所有美国人捍卫公民自由值得付出的代价，不管其持有何种党派的意识形态观点，也不管其遭受何种性质的指控。

联合国的权威将不断弱化

一个类似的破坏性程序也消减了联合国及其机构的道德权威，特别是人权理事会和国际法院。除非联合国切实作出组织结构的改变，这一程序将会持续下去，而改变实属不易。联合国日渐消减的公信力也会对非政府"人权"组织，特别是那些对西方要么一边倒地叫好，要么一边倒地反对的组织产生影响。国际刑事法院到目前为止一直坚持不表现出任何偏颇，未来如何只有拭目以待。由于各式各样的组织机构拒绝遵循"最恶劣的情况优先"的正确原则，全球人权状况将持续恶化。

以色列的未来

犹太民族国家仍将会是一个饱受威胁的民主国家。当今世界，以色列是唯一一个遭到其他不少国家和上亿民众反对存在的国家。由于针对以色列的仇恨主要来自宗教，非理性而且根深蒂固，维持美国和苏联间和平共处的通常冷战规则，在以色列和其他世俗阿拉伯国家（如穆巴拉克的埃及和阿萨德的叙利亚）之间效果不佳，而且也不能确保作出理性决定。效果不明的"阿拉伯之春"运动、伊朗对核武器的追求、土耳其背离世俗主义的走向，以及到目前为止解决巴以冲突的徒劳无功，都使预测难上加难。但以色列成为一个"正常化"的中东国家并被其邻国接受，机会渺茫。无论如何，以色列仍会在科技、经济、军事上，以及其他仰赖其自身人力资源和创新精神的领域不断发展。

随着大屠杀淡出人们的记忆，披着反犹太复国主义外衣的反犹主义将在欧洲以及其他地方加剧。即便以色列与巴勒斯坦和平相处，这一状况在一些欧洲人中也会很快回到大屠杀发生前的水平。

国际法将很大程度上被跨国法取代

国际法——即由诸如国际法院等国际组织适用的法律——处在生死存亡的关头，可能会走向非正式消亡。而跨国法——国内法院适用于跨国犯罪和交易的法律——正蓬勃发展，并极有可能取代许多传统国际法规则。国际法可能消亡的原因与美国联邦最高法院和联合国的权威不断消解的原因类似。适用国际法的机构已愈发呈现党派倾向和政治偏见。此外，由于没有国际"立法机关"（除联合国外），学术界不恰当地扮演了解释国际法的角色。这也直接导致针对西方国家的意识形态偏见。结果就是，法院先例和学者著述对国际法的解释越多，国际法所呈现出的党派政治和意识形态"烙印"就越明显。稍有理性的人都不会太在意国际法院或与联合国有关的机构发出的声明，他们也对学术界的偏见心知肚明。可他们却相当看重可信度高的国内法院或仲裁机构解决跨国争端的做法。

并非由联合国创建，而是由多国条约创建的国际刑事法院成了这一趋势的例外。这一机构的声望将取决于能否抵制来自成员国政府及其意识形态倾向明显的雇员的压力，也取决于是否还能坚持以独立、中立的方式作出裁决。

言论自由的未来：言论与审查一并增长

纵观世界，未来的言论既会更加种类繁多，也会享有更多自由，但同时也会出现更多管制言论的做法，特别是在国际层面。每一项新技术，从印刷术到互联网，都会增加言论审查的难度，也会使政府人士认为言论审查愈发重要。从人类首次能够与他人进行沟通交流开始，通过审查手段限制言论的行为也相伴而生，可能来自部落首领、宗教领袖或政府。起初，此种审查属于"就事论事"，而且不讲形式，但随着言论民主化对体制的威胁日增，审查也随之变得更正式、更完备。促使书籍大规模印刷从而更便利传播的活字印刷术出现之前，审查并不被认为是维护教会、君主和政府权力的必备手段，因为只有受教育人士和富足的精英才能接触到印制的书籍，而且多数体制内的人士（马丁·路德和伊拉斯谟是极少的例外）都希望保持这一状况。

书籍的大规模传播催生了民主运动，带来了变革。正如霍布斯所言，利维坦有必要拥有决定人们可以读什么书、不能读什么书的权力。一切政府，包括美国政府，都试图控制公众的所见所闻，但我们的宪法第一修正案对政府审查的方式设置了极大的障碍。快速更新换代的技术也使政府审查愈发困难。

借助互联网和其他新技术对书面文字和口头语言的传播，催生了对公众读什么、听什么进行控制的需求。联合国曾就一套普遍性言论准则进行过辩论，该准则试图保护敏感的宗教和少数族裔群体免遭冒犯。一些人要求对信息传播进行选择性把控，比如，防止泄露间谍名单、披露军事计划和武器发展计划，或其他合法的政府、商业与个人机密，这一要求还算合理，只要别像通常那样过度强调。其他一些要求（比如保护一些敏感的宗教免遭冒犯）纯属不合理，尽管提出者来自联合国和其他国际组织。全面自由表达和制度性控制言论的冲动之间的博弈,将持续出现在技术和法律的"战场"。最终,相对于法律,技术将稍胜一筹。

争端解决的未来

宗教教义和理性之间的冲突,将随着传统社会以新式"武器"(特别是恐怖主义)挑战现代性而加剧。这一趋势将在非对称战争中进一步模糊作战人员和平民之间的区别,作战人员常将平民作为盾牌和攻击的"利剑"。这一趋势还将让针对冲突解决方法达成共识愈发艰难,因为对一方而言完全合理的要求和解决方式,对另一方往往完全不可理喻。"理性时代"正面临来自强硬右翼的宗教教义和强硬左翼的意识形态规则持续不断的挑战。

隐私权的未来

作为价值观的个人隐私将逐渐消减。无处不在的社交媒体,特别是年轻人中间,就是价值观发生变化的前兆:对许多人而言,"圈子"被认为比隐私更重要。一些年轻名人甚至允许将自己的性隐私拍成视频,并上传网络与所有人分享。即便对极为看重隐私的那些人而言,技术也使隐私保护愈发困难。遍布街头的摄像头、手机上的 GPS 定位功能、DNA 银行留存的样本,这些只不过是政府和企业侵犯个人隐私的冰山一角,而且不为人知。法律将以降低"隐私期望"来应对这一新情况,而"隐私期望"恰恰正是宪法第四修正案的精华所在。

法律职业的未来

过去几十年来,法律职业的道德权威和社会地位持续走低。法律曾被视为一个"有教养的职业"。今天,这一职业已被人们视为一些成功律师事务所和一些"大牌"人身伤害律师大赚特赚的无底线生意。尽管可以理解,但这一"沦丧"完全没有理由。事实上,自从我开始执业以来,法律职业在几乎每一个相关环节都进步极大。律师事务所在招募律师及其升迁政策方面比之前公平许多。他们为穷人提供了更好的服务,尽管还不够好。法律执业过程中的腐败(从直接贿赂法官到"老朋友关系网")也较以前愈发减少。整个法律职业的透明度更高,责任感更强,尽管仍需进一步努力。总而言之,法律职业较五十年前发展更好,而且还在向好的方向继续前进。

那么,为何律师们的道德权威和社会地位在下降呢?答案很简单:金钱。律师们,至少那些居于这个职业顶端的律师,不仅比以前挣得更多,而且他们的收入现在已为公众所知,由《美国律师》和其他媒体公之于众。当我初入此行时,律师的收入就像他的性事一样——羞于启齿。今天,**这两件事**都可公开讨论,甚至四处炫耀。

律师事务所之间为承揽业务和"能人"公开竞争。他们在投资银行家和商业顾问的建议下"合纵连横"。他们还可以申请破产,以获取技术上和战略上的优势。[34]

他们的所作所为、对外形象、行事方式与卖肥皂、家具和内衣的商业企业毫无二致。

他们的主要作用与那些对冲基金经理人一样,帮助超级富豪更富有,交更少的税,规避环保、卫生和福利管制规定以及拉低底线。

因此,人们将律师与从事其他商业活动的人士等同视之,便毫不意外。区别在于许多律师确实在做好事:免费为穷人代理;挑战政府权威,让其所作所为遵循宪法;维护并扩大人们享有的自由;为弱势群体在我们这个有待完善的法律制度中的"沟沟坎坎""冲锋陷阵"。

法律和任何体制一样,走过了"五味杂陈"的半个世纪,虽然法律高扬的旗帜压过了其反面,但法律的对立面仍清晰可见。因此,越来越多的公众对律师和法律持有不信任的态度。

法律职业的领袖们知道,如果这一职业要想在其他职业中以及其他国家的法律职业中保持相对较高的地位,法律执业活动必须作出改变。因此,我预测,未来五十年我们将看到法律执业活动发生极大的变化。许多律师都被不是那么昂贵的辅助职业人士、调查专家、电脑和其他形式的服务取而代之。仲裁和其他替代性争端解决机制将取代费时费钱的审判。法律将会"瘦身",变得高效,易于适用。多数律师将没有现在挣得多。

法律教育的未来

如果法律执业活动在未来五十年将必然发生变化,法学院为其法律学生们的未来职业做好准备了吗?除非法学院能更好地适应法律执业发生变化的现实,否则完全没有准备。今天多数法学院在教学生成为"昨天"的律师,而非"明天"的律师。它们在使用十九世纪中叶发展出的教学方法,教育即将在二十一世纪中叶进行法律执业活动的学生们。

以刑法为例。讲授刑法的方法主要是通过分析多年前裁决的刑事上诉案例,或学习我职业生涯开始时由缺乏实践经验的学者们起草的标准刑法典。基于这些不合时宜材料的课程,无法让学生们学会如何应对当前的现实:审判已少之又少,律师的核心角色就是"讨价还价",不管是检察官还是刑事辩护律师。为数不多的审判也非围绕课堂上学习的法律问题——传统犯罪的要件,比如谋杀和盗窃;因果理论;普通法上的辩护理由,如遭到胁迫、自卫和精神失常——而是围绕前沿问题,如网络诈骗、内幕交易、诈骗操纵和贿赂组织、复杂深奥的阴谋以及新兴辩护策略。当前的许多犯罪行为都涉及跨国或多州因素,因为当今的犯罪活动几乎都会跨越联邦边境和各州之间的界线。

呈堂证供已变为专家的 DNA 分析、血痕再现,以及展示其他现代法庭科学技术的成果。检察官们除进行传统的住处、办公室和人身搜查外,还要检查计算机、服务器、云存储、卫星和无人机画面、医疗记录和信用卡记录。量刑需基于精密规则指导下的计算,而非由法官"拍脑袋"决定。

要使学生未来能有效地代理当事人,教授们就需要有实践经验,不与时代脱节。但这样的教授往往得不到聘用的机会,至少在多数顶尖法学院如此——比起实践工作经历,这些法学院更看重哲学、经济学和历史学的博士学位。法学院的教师选聘和教学环节必须在理论和实践之间求得平衡。

此外,法学院和律师事务所应清楚许多消费者早已明白的道理:许多支付给律师大笔费用让其履行的惯常任务,比如起草遗嘱、合同、离婚协议,以及填写纳税表格或进行一些基本的调查工作,完全可以由法律助理、接受外包业务的调查事务所、计算机和标准化表格实惠而高效地完成。[35] 这必将导致诸多法律工作(以及其他"基于知识的行业"里的工作)消失,这些工作将在互联网上由准专业人士完成,花费更低。法律对于普罗大众而言已是一项相当昂贵的服务,高不可攀,甚至对很多其他行业也是如此。而且,就读法学院的花费也一路飙升:今天的花费(哈佛和耶鲁大约每年五万美元)是我读法学院时(大约每年一千五百美元)的二十五倍多。[36] 飙升的学费并未带来好处的增加,越来越多的法学院毕业生无法找到满意的工作,或者根本就找不到工作。法学院应想办法控制学费,而律师事务所应想办法控制获取法律服务的费用。

在这些趋势作用下,近些年法学院申请量大幅下滑就不足为奇了。(根据《纽约时报》,2004 年有十万申请者,2013 年这一数字为五万四千人,其中只有三万八千人会被录取。[37])许多大学毕业生并不认为法学院总共六位数的学费和授予的学位是一项值得的投资。他们在考虑其他选项，特别是商业领域。正如一位法学院院长所言："学生们会算账……多数法学院都学费高昂，学生们毕业时负债累累，而找到一份六位数收入(年薪)的工作希望渺茫。"[38]

数年前，我曾提议改变法学院的教育结构，即学术部分在两年内完成，第三年专注于学生的职业选择。对那些想从教的学生而言，第三年应包括一个小型博士项目，注重学术研究、学术写作和教学；对那些有意进入政府工作的学生而言，在当地、州、联邦政府机构或国际组织参加有指导的实习；对那些希望未来进行法律执业的学生而言，则予以相关领域的专业化实践训练。在这一年有别于传统教学的时间里，学生们要通过互动式电子方式与老师保持联系。第三年学习结束后，每位学生回到学校参加为期一个月的讲座和研讨会，将前两年的学术课程学习和第三年的实践经验结合起来。

此种"两年+"法学学位模式已受到一些法学院和法律教育工作者的关注。[39]明天的法学院将与昨天和今天的法学院大不一样，如果法学教育要为下一代法律人应对激变的行业和世界有所准备的话。

整个教育都将发生变化，人们的学习将不局限于传统的教室，通过电脑、互联网，在家里、工作场所，甚至上下班路上，无处不学习。大学的录取标准也将发生变化，不那么强调种族和性别，而更看重阶层。

我的未来

当然，我们唯一能绝对确定的未来就是我们的死亡。我们甚至无法确知我们离开尘世后，后人如何追忆我们，或者甚至是否会记住我们。正如埃里奇·西格尔(Erich Segal)所言，"人鲜有不畏惧死亡的。但此种畏惧的背后其实是对不再举足轻重、不再被人忆及、不再发挥任何作用的恐惧"。[40]请容我加上如下内容：人们不应为了确保死后获得后人积极正面的评价而活,正如作家著书立说、剧作家创作剧本不是为了获取正面评论一样。但否认公众人物在行将就木之时不考虑后人的评价,也遮蔽了现实。他们担忧的是后人仅因鸡毛蒜皮的小事而记起他们,或者他们曾涉足的"重要大事"完全被人遗忘。

七十五岁到八十岁这五年成为我这已争议不断、精彩纷呈一生中最具争议性也是最精彩的五年。我遭受的不端性行为的错误指控,以及我极力捍卫特朗普总统公民自由的做法,使我招致了之前从未经历过的人品攻击。但我拒绝在我坚持的原则问题上妥协让步,而且我还会直面不合理的人身攻击,决不保持沉默。这五年间,我完成了九本书的写作,参与了许多重要案件的诉讼。八十岁时,我欣喜地得知,我被"政治"网站列入"对政治最具影响力的五十人"名单。我希望能继续对公民自由和法治发挥影响。

在我帮助克劳斯·冯·布劳、辛普森和其他名人打赢官司后,我觉得,这些名人将会成为后人对我评价的焦点。现在,我认为,捍卫以色列也会成为焦点。由于我不获知最后结论绝不满足,我给本书编辑写了下面这封信,并将在我去世后寄出:

亲爱的编辑:

我不想让你觉得我不在乎我去世后人们对我发表的溢美之词,但我毕生都遵循一个重要原则:确保关于我的任何文字描述都符合事实。而且我驾鹤西去绝不能成为改变这一原则的理由。可以理解,你会着重关注我曾代理的那些名人案件,但这会忽略我为众多普通当事人免费代理的诸多案件,进而扭曲我的职业记录。我早已定下规则:我的从业时间至少一半用于非收费案件和其他事业。

其中的一项事业就是捍卫以色列免遭不公正的攻击。但我不是一个盲目鼓吹犹太民族国家的支持者。相反,我对有真凭实据的批评极为重视,特别是涉及以色列定居点政策的批评意见。我对以色列的支持并非违背我的自由主义思想,而是恰恰出于此种理念,因为我始终坚持捍卫正当事业免遭不公正的攻击。

我力求坚守原则,始终如一。但坚守原则也让人们总会对我的所作所为和代理的案件产生误解。这就是为何我坚持对涉及我个人的记录进行更正的原因。我承认,我总试图对最终结论进行影响。以上即为我离开这个世界后对编辑的话,也绝对是我最后的话。

艾伦·德肖维茨
写于不知何处

我希望此信暂不面世,但我怀疑此信将与我的讣告相关。行吧!就当我最后一次站上辩护席,为自己辩护一次吧。

致　谢

一位证人站上证人席之前,一群律师、律师助理和律所工作人员会帮助他做好准备工作。对于一位自传作者而言,何尝不是如此。在完成本书的过程中,阿伦·沃洛·德绍尔(Aaron Voloj Dessauer),一位杰出的年轻律师,在资料检索和注释方面给予了我极大的协助。伸出援手的当然不止他一人,还有米奇·韦伯(Mitch Webber)和阿伦·拉比诺维茨(Aaron Rabinowitz),以及将我的所有著述进行分类整理,使我方便查询的布鲁克林学院档案馆的所有工作人员。

我的助手莎拉·尼利(Sarah Neely)更是一人分饰多角,功不可没。她将我所有手稿输入电脑,编排整理图片,利用谷歌搜索查询,安排我的日程,还负责接听成千上万个打给我的电话,回复写给我的信件。

一些亲属和朋友成为本书的第一批读者,并给我提出了很有价值的意见和建议。包括我的妻子卡罗琳·科恩,我的孩子埃隆、嘉明和埃拉,我的弟弟内森,以及我的挚友麦克·米勒(Michael Miller)、罗利·萨维奇(Rollie Savage)、亚历克斯·麦克唐纳(Alex MacDonald)、汤姆·阿什(Tom Ashe)、肯·斯韦德(Ken Sweder)、默尔·伯格(Merle Berger)以及尼克·斯蒂文斯(Nick Stevens)。再次向阿伦·沃洛·德绍尔致谢,感谢他对本书平装版进行的修订工作。

最后,我还要向所有那些帮助我完成本书谈到的事业,而我又无法一一提及的众多朋友表示谢意。

注 释

序

1 Alexis de Tocqueville, *Democracy in America* 357 (1862) ("Scarcely any political question arises in the United States which is not resolved, sooner or later, into a judicial question").

2 Frank Lloyd Wright said he had to "choose between honest arrogance and hypocritical humility." He chose the former. Meryle Secrest, *Frank Lloyd Wright: A Biography* 159 (1998). Lord Chesterfield perceptively quipped that "modesty is the only sure bait when you angle for praise." *The Beauties of Chesterfield* (Alfred Howard, ed.) 249 (1828).

3 *Reversal of Fortune*, Warner Bros. (1990).

4 The "Johnson brothers" of the film were a play on the "Tison brothers" in real life. See infra in Chapter 14.

5 Alan M. Dershowitz, *The Best Defense* (1983).

6 Alan M. Dershowitz, *Reversal of Fortune* (1985).

7 Alan M. Dershowitz, *Reasonable Doubts* (1997).

8 Alan M. Dershowitz, *Chutzpah* (1991).

9 Some overlap is, of course, inevitable. I discussed some of my most significant earlier cases, though in different contexts, in previous books.

10 Rene Descartes, *Principles of Philosophy* (1644), part 1, art. 7. Half a millennium earlier, Augustine expressed a similar view, focusing on "doubt." Augustine, *City of God* (Penguin Classics) 460 (2003).

11 The ability to think is inborn—a biological and genetic endowment. The content of one's thinking—the nature and quality of our ideas—is more nurture than nature. Without human experiences there could be no well-formed ideology, merely simple inborn reflexes based on instinct and genetics. There is no gene, or combination of genes, that ordains the content of our views regarding politics, law, morality, or religion. Biology gives us the mechanisms with which to organize our experiences into coherent theories of life, but without these experiences—which begin in the womb and may actually alter the physical structures of our brain over time—all we would have would be the mechanics of thought and the potential for formulating complex ideas and ideologies.

12 Perhaps, of course, had my forbears remained in Poland, my father might not have met my mother (although their families lived in neighboring shtetels). Accident, timing, and luck determine virtually everything relating to birth.

13 In 1999, I wrote a novel, *Just Revenge*, that reflected my deep feelings about the unavenged murders of so many of my relatives.

14 My mother's father did travel by boat to Palestine in the 1930s, hoping to move there, but after a few weeks, he determined that he couldn't make a living there and he returned to Brooklyn.

15 In a recent documentary about American Jews, Justice Ginsburg asks and answers the following question: "What is the difference between a bookkeeper in the garment district and a Supreme Court justice? One generation." *The Jewish Americans: A Series by David Grubin*, PBS (2008).

16 French politician François Guizot remarked, "Not to be a republican at twenty is proof of want of heart; to be one at thirty is proof of want of head." John Adams expressed a similar idea. In a 1799 journal entry, Thomas Jefferson quotes Adams as having quipped, "A boy at 15 who is not a democrat is not good for nothing, and he is no better who is a democrat at 20." Fred Shapiro, *John Adams Said It First*, August 25, 2001, http://www.freakonomics.com/2011/08/25/john-adams-said-it-first/.

17 *People v. Dlugash*, 51 A.D.2d 974, 380 N.Y.S.2d 315 (1976). For a discussion, see infra at pp. 311–313.

18 *United States v. Sabhnani*, 599 F.3d 215 (2d Cir. 2010).

19 Matter of Baby Boy C., 84 N.Y.2d 91 (1994).

20 *Lucido v. Cravath, Swaine & Moore*, 425 F. Supp. 123 (S.D.N.Y. 1977).

21 See infra at pp. 172–175.

22 Transcript for John A. Farrell, *Clarence Darrow: Attorney for the Damned*, http://thedianerehmshow.org/shows/2011-06-16/john-farrell-clarence-darrow-attorney-damned/transcript. Farrell also mentioned my friend and colleague Roy Black. The comparison to Darrow, while flattering, is also

troubling, since it is likely that Darrow bribed jurors, witnesses, and judges in an era when this was all too common. See Alan M. Dershowitz, *America on Trial*, 213–17, 260–61 (2004). *The Boston Phoenix* described me as "probably America's most famous attorney" (Scott Kearnan, "At Home with Alan Dershowitz," October 31, 2012); and Nabeal Twereet said I was "the best known criminal lawyer in the world" (Nabeal Twereet, LawCrossing, available at http://www.lawcrossing.com/article/900005794/Alan-Dershowitz-Is-the-Best-Known-Criminal-Lawyer-in-the-World/#).

23 More than one hundred of my submissions have been published by the *New York Times* since 1969. More than one thousand have been published by other media. See *Albany Law Review* 71, pp. 794–859 for a list through 2008.

24 These include *Sports Illustrated*, *TV Guide*, *Good Housekeeping*, *Penthouse*, *Parade*, *New Women*, *American Film*, *Newsweek*, the *New York Review of Books*, the *Saturday Review*, the *Atlantic*, the *Daily Beast*, the *Huffington Post*, and *Harpers*.

25 See Alan M. Dershowitz, "Lox on Both Their Houses," *New York Times*, August 18, 1988.

26 "Activism," *Forward*, November 14, 2003.

27 *Jewish Daily Forward* 50, 2007, available at http://forward.com/forward-50-2007/.

28 Steve Linde, "World's 50 Most Influential Jews," *Jerusalem Post*, May 21, 2010.

29 Oliver Wendell Holmes, Address delivered for Memorial Day, May 30, 1884, at Keene, New Hampshire.

第一部分
从布鲁克林到坎布里奇
第一章
布鲁克林出生,接受宗教教育

1 My great-grandfather "Zecharja Derschowitz," who was born in Pilsno in 1859, was a tailor who sewed small coin purses. He emigrated to the United States in 1888. His wife, Lea, and their four children, including my grandfather Leib (Louis) followed in 1891. My maternal grandparents arrived during the first decade of the twentieth century.

2 My paternal grandfather is credited with having been the cofounder of Torah V'Daas.

3 My uncle Morris Ringel moved to California to work in the aeronautics industry. In 1951, he wrote the family a letter in which he said that he was being hounded by the House Un-American Activities Committee, who wanted to question him about possible Communist associations. He asked that no one try to contact him. He was never seen or heard from again. In 1971, when I lived in California for a year, I tried to locate him, but without success.

4 The origin of the name Dershowitz is unclear. According to my uncle Zecharia, the only living member of my father's generation:

> The name "Derschowitz" or "Deresiewicz" is reported to be a derivative of Derzow or Derzowci (a powerful Jewish leaseholder in Galicia). "Dereszewicz," "Dershovitz," or "Derschovitz" are also reported to be derivatives of *deresz* (a roan—a reddish-gray horse). Finally, "Derschowitz" is also reported to derive from the town Derschowitz in Moravia. It was also the name of a Polish patriot in the 17th Century.

Family legend also relates our name to the Hebrew words *drash*, *doresh*, and *darshan*, which mean "interpretation" or "interpreter," particularly of the Bible. There is also a town near the Polish-German border called Dershov, from which it could derive. My great-grandfather's original name, Derschowitz, lost the "c" somewhere along the way, either by design or by a transcription error at Ellis Island.

5 And another (sung to the melody of "My Country, 'Tis of Thee"):

> My country, 'tis of thee
> Sweet land of Germany
> My name is Fritz
> My father was a spy
> Caught by the FBI
> Tomorrow he must die
> My name is Fritz.

6 For my seventieth birthday, my brother found a card that commemorated the superhero phase of my life; it showed an elderly Superman standing on a ledge, ready to fly, but wondering, "Now, where is it I'm supposed to be flying?"

7 My Grandmother Ringel, who was recovering from a heart attack, took me to a rehabilitation home in Lakewood, New Jersey, where several wounded or shell-shocked soldiers were also being rehabilitated.

8 A few weeks earlier, we had cried over Roosevelt's passing, which I heard of while listening to the radio, and broke the news to my grandmother Ringel, who was taking care of me. She refused to believe it, until she herself heard it on the radio. Then she cried. Roosevelt (which she pronounced like "Rosenfeld") was the hero of our neighborhood (and other Jewish neighborhoods).

9 With regard to this cultural stereotype, Steven Pinker writes:

> It cannot be taken for granted that Jewish culture favors achievement in physics, philosophy, or chess. In his autobiography, the eminent social psychologist Stanley Schachter wrote that "I went to Yale much against my father's wishes. He couldn't have cared less about higher education and wanted me to go to a one-year laundry college (no kidding) out in the Midwest and join him then in the family business. I never have understood what this intellectually driven Jewish immigrant business is all about. It wasn't true of my family, and I know very few families for which it was true. . . . To me, Jewish love of learning has always seemed a myth perpetrated by a few rabbis' sons who weren't good at anything much but going to school and then spending the rest of their lives writing novels about it. (Steven Pinker, "The Lessons of the Ashkenazim: Groups and Genes," New Republic, June 26, 2006)

10 Decades later, I saw my FBI file. It was quite thick, but there was no reference to the Rosenberg petition.

11 For a fuller account of my collection, see Alan Dershowitz, *Finding Jefferson* 3–25 (2007).

12 Stephen Jay Gould, "Nonoverlapping Magisteria," *Natural History*, March 1997.

13 Half a century later, my daughter, Ella, was graded down by her teacher at Milton Academy for raising her hand too frequently in class.

14 One of my jokes did get chosen recently for the online version of *Old Jews Telling Jokes*. It can be accessed at www.gocomics.com, dated January 6, 2013.

15 To David Snir, November 10, 1963, translated from the Hebrew.

16 For a fuller account of this episode, see Alan M. Dershowitz, *The Best Defense* 12 (1983).

17 The classic Jewish joke reflecting this xenophobia is about Moishe, who says to his wife, "It's too hard to be a Jew. I'm converting to Christianity." He goes to church, converts, and goes home to sleep. Next morning his wife wakes up and sees Moishe wearing his *talit* (Jewish prayer shawl) while davening (praying in Hebrew). "What are you doing, Moishe?" she asks. "You're a Christian." Moishe replies, "I forgot! Goyisher Kup."

18 Joshua Prager, "For Branca, an Asterisk of a Different Kind," *New York Times*, August 14, 2011.

19 Alan M. Dershowitz, *The Genesis of Justice* (2001).

20 I'm reminded of the joke about the pollster who approaches four random people in Times Square and says, "Excuse me, I'd like your opinion on the meat shortage." The first one, an Ethiopian replies, "There's a word I don't understand. What 'meat' is?" The second, an American, also says there's a word he doesn't understand: "What's 'shortage'?" The third, from China, also doesn't understand something: "What's 'opinion'?" Finally, the Israeli too says there's something he doesn't understand: "What's 'excuse me'?"

We never said "excuse me." Conventional politeness was not part of our language. Nor was rudeness. We simply didn't regard interrupting someone as rude, as long as everyone eventually got to say what he wanted.

21 I still have the letter from Production Services Company at 667 Madison Avenue informing me that the results of my written examination "are gratifying" and inviting me for the personal interview I failed.

22 Shoftim, Deuteronomy 16:18–21:9.

23 Similar differentials are still at work today, but they operate beneath the radar screen, under the rubric of "diversity" and "discretion." An admissions officer at an elite college told me that he turns down many students with perfect SAT scores. When I asked him who these rejected students were, he acknowledged that they were almost exclusively of Asian and Jewish background: "If we took everybody with perfect SAT scores, there would be little diversity," he explained. He too apparently believed in the "*Yiddisher* (and Asian) *kop*" theory. According to a recent study examining more than nine thousand students applying to selective universities, white students were three times more likely to be admitted than Asian students with the same academic record. See Carolyn Chen, "Are Asians Too Smart for Their Own Good?" *New York Times*, December 20, 2012.

24 Alan Dershowitz, "Collectible Adolescence," *New York Times*, May 31, 1987.

第二章
我的世俗教育

1 Larry Ruttman, *American Jews and America's Game* (2013).

2 For years, I had been telling people that the flights were canceled, but a couple of summers ago I was at a party with a man (now married to a prominent public figure) who was at Brooklyn College with me. He and several of his friends were also going to Havana for the same reason. "I made it to Havana," he boasted. "But the flights were canceled," I replied. "No, they weren't. The State Department just issued a warning that it was a little bit dangerous." I guess he was more determined to lose it than I was. His wife, who was then his college girlfriend, said that she didn't "touch him for a year after that."

3 In my application, I wrote the following:

> *I believe that my college career has been a period of moral and intellectual growth throughout which time I have felt an increasing responsibility to my conscience in matters of self improvement. I felt this personal responsibility so strongly in college because I had almost completely neglected it throughout high school. A firm determination to show myself, as well as my high school contemporaries, that I could become an outstanding student in college has been a most potent motivating force.*

I also listed my academic, political, and athletic achievements, and promised that if admitted to Oxford

> *I would read for the Oxford B.A. in the Honor School of Jurisprudence and then enter Law School in the United States.*

4 Brooklyn College received its first Rhodes Scholarship in 1991. See James Barron, "Brooklyn College Firsts: Marshall and Rhodes," *New York Times*, December 12, 1991.

5 One of the reasons I chose Yale was that I was thinking—even back then—of becoming a professor. An article in the Brooklyn College paper about my tenure as president of the student council included the following:

> *Alan's leisure time has somehow stretched to include pitching for Knight House's baseball team, listening to music (his tastes run to early Classical, late Baroque, choral music), watching wrestling on television, teaching a Sunday school class, contributing to the activities of the Young Israel of Borough Park and commuting between New York and Bayonne, New Jersey, where his fiancée, Sue Barlack, is a Rutgers sophomore.*
>
> *His future plans are almost as impressive as his past activities. He plans to become a professor of law.*

6 The Finzi-Continis were a wealthy Jewish-Italian family whose destruction was immortalized in the Giorgio Bassani novel *The Garden of the Finzi-Continis* (1962) and the Oscar-winning movie of the same name (1970).

7 The current chairman of Sullivan & Cromwell is an ordained Orthodox rabbi. Cyrus Sanati, "For Law Firm's New Chief, Challenges Abound," DealBook, *New York Times*, January 4, 2010.

8 *Lucido v. Cravath, Swaine & Moore*, 425 F. Supp. 123 (S.D.N.Y. 1977). For a full account, see Alan M. Dershowitz, *Chutzpah* 54–55 (1991).

9 Alan Dershowitz, *A Pragmatic Approach to the Effect of the 5th Amendment upon Administration of Justice*, Political Science 34, Prof. Wilson (Brooklyn College, New York, 16 May 1958). From the Brooklyn College Archive.

10 Alan M. Dershowitz, *Is There a Right to Remain Silent?* (2008).

11 Alan M. Dershowitz, "Why Do Criminal Attempts Fail? A New Defense," 70 *Yale Law Journal* 160 (1960).

12 Alan M. Dershowitz, "Increasing Community Control over Corporate Crime—A Problem in the Law of Sanctions," 71 *Yale Law Journal* 280 (1961).

13 See Alan M. Dershowitz, *Chutzpah* 166–70 (1991).

14 Guido Calabresi, "Some Thoughts on Risk Distribution and the Law of Torts," 70 *Yale Law Journal* 499 (1961).

15 Joseph Goldstein and Jay Katz, "Dangerousness and Mental Illness: Some Observations on the Decision to Release Persons Acquitted by Reason of Insanity," 70 *Yale Law Journal* 225 (1960).

16 Jay Katz, Joseph Goldstein, and Alan M. Dershowitz, *Psychoanalysis, Psychiatry, and the Law* (1967).

17 See Telford Taylor, *Courts of Terror: Soviet Criminal Justice and Jewish Emigration* (1976) (with Alan Dershowitz, George Fletcher, Leon Lipson, and Melvin Stein).

18 John F. Kennedy, Yale University Commencement, New Haven, Connecticut, June 11, 1962.

# 第三章
法官助理

1 David Lat, "The Supreme Court's Bonus Babies," *New York Times*, June 18, 2007; Adam Liptak, "San Francisco Led in Fighting Marriage Ban," *New York Times*, March 19, 2013, 1, 12 ("Signing bonuses are now in the neighborhood of $280,000.00.")

2 Mory's did not allow women until 1972, three years after Yale College had became coeducational. See http://www.morys1849.org/Home/test.aspx. Eventually (and resentfully), Rodell moved his seminar to a classroom after several women complained.

3 For my views on Bickel's constitutional jurisprudence, see my review of his *The Morality of Consent*, *New York Times Book Review*, September 21, 1975, 1–2.

4 See Noah Feldman, *Scorpions: The Battles and Triumphs of FDR's Great Supreme Court Justice* 430 (2010).

5 The Harvard Club of New York started to accept women in 1973. Jeffrey R. Toobin, "The New York Harvard Club: Changing Traditions on West 44th," *Harvard Crimson*, January 3, 1979.

6 A variation on this story was told by Judge Learned Hand: "I remember once I was with [Justice Holmes]; it was a Saturday when the Court was to confer. It was before we had a motor car, and we jogged along in an old coupé. When we got down to the Capitol, I wanted to provoke a response, so as he walked off, I said to him: 'Well, sir, goodbye. Do justice!' He turned quite sharply and he said: 'Come here. Come here.' I answered: 'Oh, I know, I know.' He replied: 'That is not my job. My job is to play the game according to the rules.'" Judge Learned Hand, "A Personal Confession," in *The Spirit of Liberty* 302, 306–7 (Irving Dilliard, ed., 3d ed., 1960).

7 Deuteronomy 16:20. The traditional translation "pursue" doesn't quite capture the essence of the Hebrew words "*Tzedek, Tzedek, Tirdof,*" since *Tirdof* comes from the root that means "to run or chase after."

8 Sanhedrin 32b.

9 *Durham v. United States*, 214 F.2d 862, 875 (D.C. Cir. 1954) abrogated by *United States v. Brawner*, 471 F.2d 969 (D.C. Cir. 1972).

10 As I wrote these words, I was working on a pro bono case with Judge Bazelon's granddaughter, Lara Bazelon, a clinical law professor at Loyola Law School. I told her about her grandfather's demanding approach and promised not to replicate it with her.

11 The Bazelon Center, *He the Pebble, We the Ripples on the Pond: Reminiscences About Judge David L. Bazelon by 58 of His Clerks, Colleagues and Friends, Written for the Center's 1993 Rededication to Honor His Pioneering Role in Mental Health Law* (1993).

12 This changed with the District of Columbia Court Reform and Criminal Procedure Act of 1970 (84 Stat. 473). See Federal Judicial Center, Federal Courts of the District of Columbia, http://www.fjc.gov/history/home.nsf/page/courts_special_dc.html.

13 309 F.2d 234 (1962).

14 372 U.S. 335 (1963).

15 For an account of Ely's involvement in the case, see Anthony Lewis, *Gideon's Trumpet* 122–29 (1964).

16 *Miller v. United States*, 320 F.2d 767 (1963).

17 Ibid. 768.

18 Ibid. 776.

19 Jay Katz, Joseph Goldstein, and Alan M. Dershowitz, *Psychoanalysis, Psychiatry, and the Law* (1967).

20 Ibid. 771 (quoting *Wigmore on Evidence* 173 [1940]).

21 Ibid. 772 (quoting Sigmund Freud, "Psychoanalysis and the Ascertaining of Truth in Courts of Law" [1906]), in *Collected Papers* (1959), vol. 2, p. 13.

22 Ibid. 772 n.10. Centuries earlier, the Jewish scholar Maimonides had provided an even more nuanced psychological insight. "The Sanhedrin . . . is not empowered to inflict the penalty of death or of flagellation on the admission of the accused. For it is possible that he was confused in mind when he made the confession. Perhaps he was one of those who are in misery, bitter in soul, who long for death, thrust the sword in their bellies, or cast themselves down from the roofs. Perhaps this was the reason that prompted him to confess to a crime he had not committed, in order that he might be put to death." Maimonides, *The Book of Judges* 53 (1949).

23 Ibid. 775.

24 See Alan M. Dershowitz, *Reasonable Doubts* 58 (1997); Alan M. Dershowitz, *The Best Defense* 51 (1983).

25 *Mapp v. Ohio*, 367 U.S. 643 (1961).

26 Alan M. Dershowitz, *The Best Defense* xxi–xxii (1983).

27 Alan Dershowitz, "A Judicial Hero Retires," *Gainesville Sun*, May 31, 1985.

28 A popular column in the *New York Post*, *The Lyons Den*, made my family heroes in the Jewish community by reporting that Justice Goldberg and I

> met when Dershowitz came to be interviewed for the coveted job of law clerk to Goldberg, then on the Supreme Court. All went well, and Dershowitz said he felt compelled to add one vital fact, that he's Orthodox.
> This meant he couldn't work on Saturdays, not even answer a phone. Goldberg had him meet the young man who'd be the other law clerk, Lee McTiernan. The Justice told them: "Lee can work on Saturdays, Alan on Sundays, giving me a functioning staff seven days a week." *(Leonard Lyons,* The Lyons Den, New York Post, September 5, 1969, p. 47.)

29 *Youngstown Sheet & Tube Co. v. Sawyer*, 343 U.S. 579 (1952).
30 See, e.g., David Stebenne, *Arthur Goldberg: New Deal Liberal* 277, 354 (1996).
31 Quoted in Potter Stewart, *Reflections on the Supreme Court*, Litigation 8, 9 (1981–1982).
32 See Jeffrey Toobin, *The Nine: Inside the Secret World of the Supreme Court* 57 (2008).
33 Alexander M. Bickel, *The Least Dangerous Branch* 111 (1986, 2d ed.)
34 S.C. Res. 242, U.N. SCOR, 22d Sess., 1382d mtg. at 8, U.N. Doc. S/INF/22/Rev.2 (1967).
35 The French movie *Les Amants (The Lovers)* was the matter of dispute in *Jacobellis v. Ohio*, 378 U.S. 184 (1964).
36 John Cleland, *The Life and Adventures of Miss Fanny Hill* (1748). The Supreme Court discussed the redeeming social value of this book a few years later in *Memoirs v. Massachusetts*, 383 U.S. 413 (1966).
37 For a detailed account, see Laura Kalman, *Abe Fortas: A Biography* 322 (1990).
38 Cert. granted on January 7, 1963, 371 U.S. 946 (1963).
39 Hats are still not permitted in the courtroom. Supreme Court of the United States, *Guide for Counsel in Cases to Be Argued Before the United States Supreme Court*, October Term 2011 19, available at http://www.supremecourt.gov/oral_arguments/guideforcounsel.pdf.
40 Numbers 5:18. For a discussion of the Talmudic codification of this rule, see Rabbi Mayer Schiller, "The Obligation of Married Women to Cover Their Hair" 30 *Journal of Halacha* 81 (1995).
41 Today, the Supreme Court will not hear any oral arguments on Yom Kippur, even if it coincides with the first Monday of October, the legally mandated beginning of the new term. For a history of this recent tradition, see Tony Mauro, "Glasnost at the Supreme Court," in *A Year at the Supreme Court* (Neil Devins and Davison M. Douglas, eds.) 204–5 (2004).
42 This principle is known in Jewish law as *Pikuach nefesh*. See Alan M. Dershowitz, *The Genesis of Justice* ii (2000).
43 See, e.g., Paul C. Bartholomew, "The Supreme Court of the United States, 1963–1964," 17 *Western Political Quarterly* 595 (December 1964) ("With a consistency that seems to know no bounds, the Supreme Court during the recent term continued the history-making course it has been following for some time. Seldom has the Court caused as much controversy as in recent years, and perhaps never have the matters in controversy covered such a broad field of legal issues."); Philip B. Kurland, "The Supreme Court, 1963 Term," 78 *Harvard Law Review* 143, 160 (1964) ("In his sophomore year on the Court he [Goldberg] gave ample evidence that he would run second to none in effectuating reforms in our body politic").
44 *Escobedo v. Illinois*, 378 U.S. 478 (1964).
45 *Miranda v. Arizona*, 384 U.S. 436 (1966).
46 *Escobedo v. Illinois*, 490.
47 See Alan Dershowitz, "Visibility, Accountability and Discourse as Essential to Democracy," 71 *Albany Law Review* 731 (2008).
48 This story has been corroborated by Goldberg's biographer. David Stebenne, *Arthur J. Goldberg: New Deal Liberal* 108.
49 That was later confirmed by the CBS News producer Fred Friendly. When he asked President Eisenhower whether appointing Warren was *one* of the mistakes he had made during his tenure, Eisenhower reportedly put up two fingers and said, "Two. They're both sitting on the Supreme Court: Earl Warren and William Brennan. Brennan is just as bad. Those two were very important jobs and I didn't do a good job with them." Seth Stern and Stephen Wermiel, *Justice Brennan: Liberal Champion* 139.

第四章
学术生涯

1 Thomas S. Johnson, "The Psyche and the Law: The Twain Do Meet," *Harvard Law Record*, October 22, 1964, 3.

2 In addition to first-year students, there were graduate students, Neiman Fellows, and other auditors.

3 Joseph Goldstein, Alan M. Dershowitz, and Richard D. Schwartz, *Criminal Law: Theory and Process* (1974).

4 Once I was teaching about a criminal concept that required the prosecution to build a wall separating information obtained under grant of immunity from information independently secured through investigation. The courts described this as a "Chinese Wall" because it had to be impenetrable. I was raising the possibility that one prosecutor may have improperly leaked information to another, and I described it as follows: "There may have been a chink in the Chinese Wall." A Chinese-American student in the class immediately took offense, erroneously believing that I was referring to Chinese people with that racial epithet. The thought had never occurred to me, but I never used that particular phraseology again.

5 *Annie Hall* (United Artists 1977) in Woody Allen, *Four Films of Woody Allen* 16 (2003).

6 For a picture of the lithograph, see Alan Dershowitz, *Finding Jefferson* 10 (2007).

7 My mother loved to write me letters at Harvard, and she would always address me as "Ass Prof," the abbreviation for assistant professor. Naturally, a student came upon one of the envelopes, and the word got around that my mother was calling me "the Ass Professor." My grandmother couldn't get the pronunciation right, calling me the "Profresser" (in Yiddish, *fresser* means "overeater").

8 Thomas S. Johnson, "The Psyche and the Law: The Twain Do Meet," *Harvard Law Record*, October 22, 1964, 3–4.

9 Ibid. 3.

10 Ibid.

11 Ibid.

12 Ibid. 4.

13 Arthur Auslander, "Course Termed 'Unreal,'" *Harvard Law Record*, November 5, 1964, 16.

14 Arthur J. Goldberg, "Dershowitz Defended," *Harvard Law Record*, November 19, 1964, 15.

15 Victor S. Navasky, "The Yales vs. The Harvards," *New York Times Magazine*, September 11, 1966.

16 *Malcolm X: Speeches at Harvard* (Archie Epps, ed.) (1968).

17 See infra at pp. 195–197, 296–302.

18 Women were first admitted in 1950, as members of the class of 1953. See Paul Massari, "HLS Fetes 50 Years of Women Graduates," *Harvard Gazette*, May 8, 2003.

19 Alan M. Dershowitz, "Psychiatry and the Law: A Knife That Cuts Both Ways," 51 *Judicature* 370 (1968).

20 Thomas Paine, *Dissertation on the First Principles of Government* (1795).

21 Among my early articles on prevention were the following: "Psychiatry and the Legal Process: A Knife That Cuts Both Ways," 51 *Judicature* 370 (1968); "The Law of Dangerousness," 23 *Journal of Legal Education* (1970); "Pretrial Preventive Detention, Legal Thought in the United States Under Contemporary Pressures: Reports," for *Am. Assn. for the Comp. Study of L* (1970); "The Law of Dangerousness: Some Fictions About Predictions," 23 *Journal of Legal Education* 24 (1971); "Imprisonment by Judicial Hunch," *ABAJ* (1970); "Preventive Detention of Citizens During a National Emergency: A Comparison Between Israel and the United States," 1 *Israel Yearbook of Human Rights* 295 (1971); "Preventive Disbarment: The Numbers Are Against It," *American Bar Association Journal*, August 1972 815; "The Role of Law During Times of Crisis," *Civil Disorder and Violence* (1972); "Could It Happen Here? Civil Liberties in a National Emergency," in *The Seventies* (Howe, ed.) (1972); "Abolishing the Insanity Defense: The Most Significant Feature of the Administration's Proposed Criminal Code—An Essay," *Criminal Law Bulletin*, January 1973, 434; "Constitutional Dimensions of Civil Commitment," 6 *Drug Use in America: Problem in Perspective*, Appendix (1973) (technical papers on the Second Report of the National Commission on Marijuana and Drug Abuse); "Preventive Confinement: A Suggested Framework for Constitutional Analysis," 51 *Texas Law Review* 1277 (1973); "Towards a Jurisprudence of Harm Prevention," in XV *The Limits of Law*, Nomos 135 (1974); "Dangerous as a Criterion for Confinement," *Bulletin of the American Academy of Psychiatry and the Law*, September 1974; "Indeterminate Sentencing as a Mechanism of Preventive Confinement," *Report to the Ninth Congress of the International Academy of Comparative Law* (1974); "The Origins of Preventive Confinement in Anglo-American Law," 43 *University of Cincinnati Law Review* (1974) (parts I and II); "Indeterminate Confinement: Letting the Therapy Fit the Crime," 123 *University of Pennsylvania Law Review* (1975); "Karyotype, Predictability and Culpability," *Genetics and Law* 63 (1976); "Criminal Sentencing in the United States: An Historical and

Conceptual Overview," *Annals*, American Academy of Political and Social Science, January 1976, 117. For a complete list of my scholarly publications, see "Symposium: Conference Honoring the Scholarship and Work of Alan M. Dershowitz," *Albany Law Review* 788–94, vol. 71, no. 3 (2008). (Hereinafter, "Symposium.")

22 In 1960, 1,887,000 residents of the United States were classified as inmates of institutions. Of these, only 346,000 were incarcerated in correctional institutions, while fully 630,000 resided in mental hospitals. U.S. Bureau of the Census, *Statistical Abstract of the United States: 1971*, Table 52 (1971) 41.

23 Alan Dershowitz, "The Origins of Preventive Confinement in Anglo-American Law—Part I: The English Experience," 43 *University of Cincinnati Law Review* 1 (1974); Alan Dershowitz, "The Origins of Preventive Confinement in Anglo-American Law—Part II: The American Experience," 43 *University of Cincinnati Law Review* 781 (1974).

24 Ibid. 59.

25 Ibid.

26 Ibid. In recent years, thousands of alleged sexual recidivists have been held in a form of preventive detention following completion of their prison sentences. They are held until they can demonstrate they no longer pose a risk. This constitutes, in practice, indeterminate confinement based on questionable predictions. The Supreme Court upheld the constitutionality of these practices: see *Kansas v. Hendricks*, 521 U.S. 346 (1997); *Kansas v. Crane* 534 U.S. 407 (2002).

27 Ibid.

第二部分
言论自由的变调
第五章
宪法第一修正案的变迁

1 Congress originally voted to submit twelve amendments to be ratified by the states. (I own an original copy of the *Congressional Record* containing the Bill of Rights as proposed by Congress.) The First and Second—which dealt with the size of Congress and the compensation of senators and congressmen—were not ratified and the Third Amendment became the First. See, e.g., Akhil R. Amar, "The Bill of Rights as a Constitution," 100 *Yale Law Journal* 1131, 1137 (1991).

2 Charlton Heston, "The Second Amendment: America's First Freedom," speech to the National Press Club, Washington, D.C., September 17, 1997, available at http://www.c-spanvideo.org/program/90857-1.

3 Quoted in *Critical Essays on H. L. Mencken* (Douglas C. Stenerson, ed.) 37 (1987).

4 See, e.g., Lauren A. E. Schuker, "Dershowitz Accused of Plagiarism," September 29, 2003. For a rebuttal of these phony charges, see Alan Dershowitz, *The Case for Peace* 180–87 (2005).

5 Michele Steinberg, "Professor Francis Boyle: Israel Is Committing Genocide," February 2, 2010, available at http://www.scoop.co.nz/stories/HL1002/S00026.htm. See also Alan Dershowitz, "The Brooklyn College BDS Debate and Me: The Critics' Real Agenda," *Guardian*, February 8, 2013.

6 For a full account, see Alan Dershowitz, *Finding Jefferson* 135 (2007).

7 For more on my views on the "marketplace of ideas" justification for freedom of speech, see Alan Dershowitz, *Finding Jefferson* 127 (2007).

8 Thomas Hobbes, *Leviathan Book II (of Common Wealth)* (1651), chapter 18.

9 See Alan Dershowitz, *Rights from Wrongs* 108 (2005).

10 The rarely invoked Tenth Amendment makes this clear: "The powers not delegated to the United States by the Constitution, nor prohibited by it to the States, are reserved to the States respectively, or to the people." U.S. Constitution Amendment X. For a concise overview of the creation and ratification of the Constitution, see Erwin Chemerinsky, *Constitutional Law: Principles and Policies* 9 (2006).

11 Richard H. Fallon, Jr., *The Dynamic Constitution* 32 (2005).

12 Noah Feldman, *Divided by God* 31–32, 47 (2006).

13 See, e.g., Akhil R. Amar, "Did the Fourteenth Amendment Incorporate the Bill of Rights Against States?" 19 *Harvard Journal of Law and Public Policy* 443, 447 (1995–1996).

14 U.S. Constitution, Amendment XIV, section 1.

15 The Third Amendment is only incorporated in the Second Circuit, *Engblom v. Carey*, 677 F.2d 957 (2d Cir. 1982). The Sixth Amendment's right to a jury selected from residents of the state where the crime occurred, the Seventh Amendment's right to a jury trial in civil cases, and the Eighth Amendment's protections against excessive fines have all been held not to be incorporated by the Fourteenth Amendment. The Ninth Amendment has not been incorporated since it is not a separate source of individual rights. See Laurence H. Tribe, *American Constitutional Law* 776, n.14 (1998).

16 For a discussion on how the First Amendment has become applicable to the states through the Fourteenth Amendment, see Jerold H. Israel, "Selective Incorporation Revisited," 71 *Georgetown Law Journal* 253, 305 (Dec. 1982).
17 403 U.S. 15 (1971).
18 Ibid. 27.
19 Bob Woodward and Scott Armstrong, *The Brethren* 156 (Simon & Schuster paperback 2005).
20 Ibid. 170
21 Ibid.
22 *Miller v. California*, 413 U.S. 15 (1973), affirming *Roth v. United States*, 354 U.S. 476 (1957).
23 Cohen v. California, 403 U.S. 15 (1971).
24 I wrote about originalism in *Rights from Wrongs* 224 and *Is There a Right to Remain Silent?* 129.
25 *Schenck v. United States*, 249 U.S. 47, 52 (1919).
26 An additional, quite controversial, mechanism involves the financing of political campaigns. See *Citizens United v. Federal Election Commission*, 558 U.S. 50 (2010). Some critics argue that allowing unlimited corporate contributions to political campaigns drowns out the voices of those who cannot begin to match these contributions. See, e.g., "When Other Voices Are Drowned Out," *New York Times*, March 25, 2012. Civil libertarians are divided over this issue. Compare Ronald Dworkin, "The Decision That Threatens Democracy," *New York Review of Books*, May 13, 2010, with Floyd Abrams, "Citizens United and Its Critics," 120 *Yale Law Journal Online* 77 (2010), available at http://yalelawjournal.org/forum/citizens-united-and-its-critics. I have not yet litigated cases in this area, though I have participated in several controversies growing out of it. After David Harris, the president of the National Jewish Democratic Council (NJDC), called on Jewish Democrats to sign a petition demanding that Mitt Romney stop taking campaign contributions from Sheldon Adelson on unfounded allegations that Adelson's money was "tainted," I yelled foul and wrote an op-ed in Adelson's defense. Alan M. Dershowitz, "NJDC Doesn't Speak for Me on Adelson," *Huffington Post*, July 6, 2012. The NJDC subsequently removed the petition from its website. However, it would not apologize for deliberately spreading lies regarding Adelson's business practices. Adelson brought a defamation lawsuit against the NJDC in the Southern District of New York, on which I have consulted. Nicholas Confessore, "Adelson Libel Lawsuit Seeks $60 Million," *New York Times*, August 9, 2012.
27 Tom Stoppard, *Rosencrantz and Guildenstern Are Dead* 60 (1966).
28 Richard Polenberg, *Fighting Faiths: The Abrams Case, the Supreme Court and Free Speech* 213 (1987).
29 Thomas Healy, *The Great Dissent* 91, 97 (2013).
30 *Schenck v. United States*, 249 U.S. 47 (1919).
31 The core analogy is the nonverbal alarm, and the derivative example is the verbal shout. By cleverly substituting the derivative shout for the core alarm, Holmes made it possible to analogize one set of words to another—as he could not have done if he had begun with the self-evident proposition that setting off an alarm bell is not free speech.
32 *Gertz v. Robert Welch, Inc.*, 418 U.S. 323, 339 (1974).
33 See infra at pp. 184–187.
34 Lewis M. Steel, "Where Rocker's Rights End," *New York Times*, February 12, 2000.
35 See Alan M. Dershowitz, "Baseball's Speech Police," *New York Times*, February 2, 2000.
36 *Smith v. Collin*, 439 U.S. 916, 919 (1978) (J. Blackmun dissenting). Outside court the analogies become even more absurdly stretched. A spokesperson for the New Jersey Sports and Exposition Authority complained that newspaper reports to the effect that a large number of football players had contracted cancer after playing in the Meadowlands—a stadium built atop a landfill—were the "journalistic equivalent of shouting fire in a crowded theater." An insect researcher acknowledged that his prediction that a certain amusement park might become roach-infested "may be tantamount to shouting fire in a crowded theater." The philosopher Sidney Hook, in a letter to the *New York Times* bemoaning a Supreme Court decision that required a plaintiff in a defamation action to prove that the offending statement was actually false, argued that the First Amendment does not give the press carte blanche to accuse innocent persons "any more than the First Amendment protects the right of someone falsely to shout fire in a crowded theater." Quoted in Alan M. Dershowitz, "Shouting 'Fire!'" 263 *Atlantic Monthly*, January 1989.
37 In one case in which the fire analogy was directly to the point, a creative defendant tried to get around it. The case involved a man who calmly advised an airline clerk that he was "only here to hijack the plane." He was charged, in effect, with shouting fire in a crowded theater, and his rejected defense—as quoted by the court—was as follows: "If we built fire-proof theaters and let people know about this, then the shouting of 'Fire!' would not cause panic." *Bauge v. Jernigan*, 671 F. Supp. 709, 711 (D. Colo. 1987).
38 Abbie Hoffman, *The Best of Abbie Hoffman* 196 (1993).
39 Alan M. Dershowitz, "Shouting 'Fire!'" 263 *Atlantic Monthly*, January 1989.

第六章
色情作品导致的直接和代受"侵扰"

1 At common law, truth was not a defense to defamation, because a "truthful defamation was deemed more harmful than a false one." See Alan Dershowitz, *Finding Jefferson* 104–5 (2007).

2 There is a strong case for some restrictions on the use of such epithets by some people in some contexts—such as a teacher calling a student by such names. See 184–187 infra. Alan M. Dershowitz, "Visibility, Accountability and Discourse as Essential to Democracy," 71 *Albany Law Review* 731, 758 (2008).

3 *F.C.C. v. Pacifica Found.*, 438 U.S. 726 (1978). The issue of whether the FCC can regulate "indecency" as defined in the *Pacifica* decision was recently addressed by the court. *F.C.C. v. Fox Television Stations, Inc.*, 556 U.S. 502 (2009).

4 The exposure of such material to children raises separate issues, but the Supreme Court has ruled that the potential exposure of children does not by itself justify censoring adults. See *Butler v. Michigan*, 352 U.S. 380 (1957).

5 See Alan M. Dershowitz, *The Best Defense*, chapter 5 (1983).

6 *Williams v. Hathaway*, 400 F. Supp. 122 (D. Mass. 1975).

7 See Nikki Craft, "Alan Dershowitz, Joseph Mengele and Me," 1987.

8 The issue is somewhat complicated, because it may be true that certain kinds of violent pornography (as well as violent nonpornography) are contributing factors in certain people's decision or propensity to rape, just as alcohol or other drugs may be contributing factors. What is undeniably clear is that only a minuscule fraction of men who view pornography go on to rape or commit violence, and that a great many rapists do not view pornography. See Alan M. Dershowitz, "Why Pornography?" in *Shouting Fire* 1630–75 (2002).

9 The young girl who played the lead role, and later appeared in an Ingmar Bergman film *Autumn Sonata* (1978), recently died at the age of sixty-six, thus bringing home to me how much time had passed. Dennis Hevesi, "Lena Nyman, Star of 'I Am Curious' Films, Is Dead at 66," *New York Times*, February 5, 2011.

10 354 U.S. 476 (1954).

11 394 U.S. 557 (1969).

12 For an elaboration of the argument in my appellate brief, see *Byrne v. Karalexis*, 1970 WL 136414 (U.S.) (U.S., 2004).

13 28 U.S.C.A. § 1253.

14 The prologue read as follows:

> *There are a number of scenes which show the young girl and her lover nude. Several scenes depict sexual intercourse under various circumstances, some of them quite unusual. If you believe that you would be offended or embarrassed by the showing of such scenes, you are invited at this time to obtain a refund of your admission at the box office.*

15 *Griswold v. Connecticut*, 381 U.S. 479 (1965).

16 *Byrne v. Karalexis*, 306 F. Supp. 1363, 1365 (D. Mass. 1969).

17 Ibid. 1366. The court continued:

> *The question is, how far does Stanley go. Is the decision to be limited to the precise problem of "mere private possession of obscene material," is it the high water mark of a past flood, or is it the precursor of a new one? Defendant points to the fact that the court in Stanley stated that Roth v. United States was "not impaired by today's holding" and in the course of its opinion recognized the state's interest there upheld in prohibiting public distribution of obscenity. Yet, with due respect, Roth cannot remain intact, for the Court there had announced that "obscenity is not within the area of constitutionally protected speech or press," whereas it held that Stanley's interest was protected by the First Amendment, and that the fact that the film was "devoid of any ideological content" was irrelevant.*

18 Ibid.

19 Ibid.

20 Ibid. 1367.

21 *Byrne v. Karalexis*, 401 U.S. 216 (1971).

22 413 U.S. 15 (1973).

23 *Paris Adult Theatre I v. Slaton*, 413 U.S. 49 (1973).

24 *Paris Adult Theatre I v. Slaton*, 413 U.S. 49, 57.

25 Ibid. 57–58.

26 As my colleague Richard Fallon has observed: "*Miller* has done little to stem a mounting flood of sexually explicit materials into American popular culture. The Court's conservative stand against

sexually licentious material thus appears to have little practical significance." Richard H. Fallon, *The Dynamic Constitution* 48 (2005).

27 Nor would this be my last encounter with Chief Justice Burger. See infra at 409.

28 See Alan M. Dershowitz, *The Best Defense* 174–78 (1983).

29 I was also involved—either as a defense lawyer, consultant, or commentator—in the defense of several magazines and books. See, e.g., Alan M. Dershowitz, *Shouting Fire*, chapters 18–20 (2002).

30 During a preview of a film about the *Deep Throat* controversy—*Inside Deep Throat* (Universal Pictures, 2005)—I saw some soft-core excerpts. They were awful.

31 Tom Goldstein, "Notables Aid Convicted 'Deep Throat' Star," *New York Times*, June 29, 1976.

32 Nat Hentoff, "How to Make the First Amendment Obscene," *Village Voice*, June 28, 1976. A follow-up story appeared in the next issue: Nat Hentoff, "But What If the Supreme Court Won't Listen?" *Village Voice*, July 5, 1976, 36.

33 It also generated numerous other stories—presenting our side of the case. The headlines include the following:

> KING OF THE PORNO ACTORS FINDS HIMSELF IN DEEP THROES
> IN TROUBLE UP TO HIS THROAT
> HOW HARRY GOT REAMED
> DEEP THREAT
> PORN'S DEEP GOAT
> REEMS SHAFTED IN BIBLE BELT

34 The *New York Times* described a joint appearance at the Harvard Law Forum:

> *Harry stood with a portrait of Supreme Court Justice Felix Frankfurter beaming down on him. Beside him sat Alan Dershowitz, looking like a tweedy Marx Brother with his wild nimbus of ash-blond hair, saying that he felt Harry Reems' trial was the most significant First Amendment conspiracy case since Dr. Spock. (Tom Goldstein, "Notables Aid Convicted 'Deep Throat' Star," New York Times, June 29, 1976)*

> *Dershowitz acted as a sort of kibitzer for Harry. He noted that the crew of the Glomar Explorer, [which] had been shown a videotape of* Deep Throat, *had more to do with transporting obscene material in interstate commerce than Harry Reems did. Would Larry Parrish prosecute them? When I asked Parrish, he said: "They're not insulated against prosecution." (Ted Morgan, "United States Versus the Princes of Porn," New York Times, March 6, 1977)*

35 Mike Royko, "Free Speech Costs Plenty But the Price Can Get Too High," Chicago Daily News Service, August 3, 1976.

36 I relate the other legal theories on which we might have won the case in *The Best Defense* 155–74 (1983).

37 Margalit Fox, "Harry Reems, Star of 'Deep Throat' Film, Dies at 65," *New York Times*, March 20, 2013.

38 Lisa J. Goodall, "A Younger Dershowitz Argues Porn Case," *Harvard Crimson*, December 5, 1987.

39 Gloria Steinem, "Linda Lovelace's Ordeal,'" *Ms.*, May 1980.

40 Linda Lovelace (with Mike McGrady), *Ordeal* (1980).

41 *Lovelace* (Millenium Films 2013)

42 "200 Protest Film Screening, Citing Sexism and Violence," *Harvard Crimson*, May 17, 1980.

43 "Two Arrested for Showing Deep Throat," *Harvard Crimson*, May 17, 1980.

44 *Miller v. California*, 413 U.S. 15 (1973).

45 *Paris Adult Theatre I v. Slaton*, 413 U.S. 49, 57 (1973).

46 *Brown v. Entertainment Merchants Association*, 131 S. Ct, 2729 (2011).

47 François de La Rouchefoucauld, *Collected Maxims and Other Reflections*, vol. 218 (Oxford's World Classics) 63 (2008).

48 Thomas Babington Macaulay, 1 *History of England from the Accession of James the Second*, chapter 2, 159 (1849).

49 Even if there were evidence that it harmed the viewer, that would not be a good enough reason for banning it, so long as there was no evidence it harmed others.

50 Indeed, since my last obscenity cases, there have been very few successful prosecutions and even fewer appellate affirmances of obscenity convictions.

51 Alan M. Dershowitz, "Why Pornography?" reprinted in *Shouting Fire* 163–75 (2002).

52 Ibid.

53 Ibid.

54 Ibid.

55 James Madison to William T. Barry, August 4, 1822, in James Madison, *Writings 1772–1836* (Library of America) 790 (1999).

第七章
泄 密

1 This phrase is attributed to Oliver Wendell Holmes. See, e.g., Oliver Wendell Holmes, Jr., *The Path of the Law and the Common Law* (foreword by J. Craig Williams, Esq.) vii (2009).
2 For an account of how small groups, like NGOs and media watchdogs, serve as a check on executive secrecy, see Jack Goldsmith, *Power and Constraint* (2012).
3 *Kennedy v. Mendoza-Martinez*, 372 U.S. 144, 160 (1963).
4 Gertrude Samuels, "The Fight for Civil Liberties Never Stays Won," *New York Times*, June 19, 1966.
5 Deuteronomy 16:18–20.
6 Thomas Paine, *The American Crisis, Number IV: Philadelphia, September 12* (1777).
7 See Alan M. Dershowitz, "Stretch Points of Liberty," *Nation*, March 15, 1971.
8 Alan Dershowitz, "They Were Virtual Strangers, Yet the Government Charged Them with Conspiracy," *New York Times*, September 14, 1969.
9 Frank Snepp, *Decent Interval* (1977).
10 *Snepp v. United States*, 444 U.S. 507 (1980).
11 I discuss the Snepp case in *The Best Defense* 225–40 (1983).
12 Mike Gravel, *The Pentagon Papers* (1971).
13 *Gravel v. United States*, 408 U.S. 606 (1972).
14 *New York Times Co. v. United States*, 403 U.S. 713 (1971).
15 Transcript of oral argument in *New York Times v. United States* (Pentagon Papers (case)), available at the Oyez Project at IIT Chicago-Kent College of Law, http://www.oyez.org/cases/1970-1979/1970/1970_1873.
16 Erwin N. Griswold, "Secrets Not Worth Keeping," *Washington Post*, February 15, 1989.
17 See Gabriel Shoenfeld, *Necessary Secrets* 271–72 (2010).
18 See Alan Dershowitz, "The Trouble with Rape Prosecutions," *Daily Beast*, July 1, 2011.
19 The checks don't always work, as evidenced by the Murdoch scandals.
20 See, e.g., Geoffrey Stone, *Perilous Times*, chapter 1 (2004).
21 Ibid.
22 I can only disclose material that is in the public record or that he has given me permission to disclose.
23 Erwin N. Griswold, "Secrets Not Worth Keeping," *Washington Post*, February 15, 1989.
24 Charlie Savage, "Soldier Admits Providing Files to WikiLeaks," *New York Times*, March 1, 2013.
25 Ibid.
26 See Joachim Hermann, "The Rule of Compulsory Prosecution and the Scope of Prosecutorial Discretion in Germany," 41 *Univeristy of Chicago Law Review* 468 (1974); John H. Langbein, "Controlling Prosecutorial Discretion in Germany," 41 *University of Chicago Law Review* 439 (1974).
27 See, e.g., Steven D. Clymer, "Unequal Justice: The Federalization of Criminal Law," 70 *Southern California Law Review* 643, 713, 713 n. 300 (1997).
28 The Supreme Court has recognized, in the context of the First Amendment, that a law purporting to regulate speech or press, in order to survive the "strict scrutiny" standard of review required by the First Amendment, must not be overinclusive or underinclusive. See *Brown v. Entertainment Merchants Assn.*, 131 S. Ct. 2729, 2740–42 (2011).
29 *New York Times Co. v. Sullivan*, 376 U.S. 254, 276 (1964).
30 See Alan Dershowitz, "Who Needs to Know," *New York Times*, May 28, 2010. See also debate available at http://www.npr.org/2011/06/13/137086637/does-freedom-of-the-press-extend-to-state-secrets.
31 Alan Dershowitz, *Finding Jefferson*, 30–31 (2007).
32 As I wrote in *Shouting Fire*:

> Though [students who seek to censor "offensive" speech] insist on being governed by the laws of the outside world when it comes to their personal lives, railing against visitor rules and curfews, they want their universities to adopt rules that restrict their First Amendment rights of free speech in order to shield them from the ugly realities of prejudice. (Alan M. Dershowitz, *Shouting Fire* 192–93 [2002]).

33 See Alan M. Dershowitz, "Visibility, Accountability and Disclosure as Essential to Democracy," 71 *Albany Law Review* 731, 757 (2008).
34 Randall Kennedy, *Nigger: The Strange Career of a Troublesome Word* (2003).
35 In 2007, I taught a university-wide course with Professor Steven Pinker on the issue of taboo. The question was whether there are issues that are so delicate, sensitive, controversial, or disgusting that they should be treated as "taboos," even on a university campus. The idea for the class was stimulated by the forced resignation of Harvard president Lawrence Summers for having

suggested that women may be less suited by their biology to excellence in certain demanding intellectual pursuits.

We searched for a *theory of taboo*—a description or prescription of genres of expression that lie outside the presumption of discussability and are, or should be, subject to suppression, censorship, or tabooization. Professor Pinker presented evolutionary and psychological arguments for the existence and utility of some taboos. I discussed the legal and moral arguments for and against any exceptions to the general presumption of free expression. In the end, there was little agreement, except that there is and should be a difference between societal taboos, enforceable by social sanction, and official governmental censorship, enforceable by the power of the state. We also agreed that notwithstanding the clear words of the First Amendment, Congress *must* have the power to make *some* laws banning the disclosure of *some* secrets for *some* time.

第八章
挑起暴力并打断演说者的言论

1 The leading case here is *Chaplinsky v. State of New Hampshire*, 315 U.S. 568 (1942) (stating that "there are certain well-defined and narrowly limited classes of speech, the prevention and punishment of which has never been thought to raise any Constitutional problem. These include . . . the insulting or 'fighting' words—those which by their very utterance inflict injury or tend to incite an immediate breach of the peace. It has been well observed that such utterances are no essential part of any exposition of ideas, and are of such slight social value as a step to truth that any benefit that may be derived from them is clearly outweighed by the social interest in order and morality" (Ibid. 571–72). Although the court continued to uphold the doctrine, it substantially narrowed the grounds on which fighting words are thought to apply, as evidenced by the recent Westboro Baptist church case, *Snyder v. Phelps*, 562 U.S. 131 S. Ct. 1207 (2011).

2 The "clear and present danger test" was penned by Oliver Wendell Holmes in a case we encountered earlier: *Schenck v. United States*, 249 U.S. 47 (1919). ("The question in every case is whether the words used are used in such circumstances and are of such a nature as to create a clear and present danger that they will bring about the substantive evils that Congress has a right to prevent." Ibid. 52.) Although *Schenck* was never formally overturned, the court later articulated a new test, the "imminent lawless action test," which remains the law today. *Brandenburg v. Ohio* 395 U.S. 444 (1969).

3 As I note elsewhere, how the balance between the right of the speaker and the right of the potential victim should be struck is context-specific and may differ from one democracy to another: "Modern-day Germany has criminalized Holocaust denial, as have several other democracies. The United States is the exception to the rule of placing any restraints on specific genres of dangerous hate speech. I would not want to see the United States change . . . but what is right for the United States—especially near the edges of absolute freedoms—may not necessarily be right for every democracy facing different problems" (Alan Dershowitz, *The Case for Peace* 85 [2005]).

4 The law regarding the "heckler's veto" is not entirely clear. The Supreme Court repeatedly held that a speaker cannot be preemptively stopped because of fear of a heckler's veto, but in the immediate face of violence, the police may ask the speaker to cease his action to satisfy the hecklers, provided the police are motivated not by a desire to silence the speaker but rather by a concern for the preservation of order. *Feiner v. New York*, 340 U.S. 315 (1951). However, the court criticized this approach in later cases, finding "governmental grants of power to private actors" to be "constitutionally problematic" in cases where "regulations allowed a single, private actor to unilaterally silence a speaker even as to willing listeners." *Hill v. Colorado*, 530 U.S. 703, 735 (2000).

5 Erwin Chemerinsky, "Criminal Charges Against Hecklers Go Too Far," *Orange County Register*, February 8, 2011.

6 Available online at http://www.youtube.com/watch?v=7w96UR79TBw.

7 "In Defense of UCI Muslim Student Union," open letter to O.C. district attorney Tony Rackauckas from the Council on American-Islamic Relations, Greater Los Angeles Area, available at http://www.baitcal.com/UCIMuslimStudentUnion.html. The letter was also signed by Chuck Anderson, president of the ACLU chapter, Orange County, and Hector Villagra, the incoming executive director of the ACLU of Southern California.

8 Ibid.

9 For a more detailed discussion, see my letter to the editor, "Lawyer Alan Dershowitz Decries ACLU Support of UCI Muslim Students," *Orange County Register*, May 12, 2011.

10 Erwin Chemerinsky, "Criminal Charges Against Hecklers Go Too Far," *Orange County Register*, February 8, 2011.

11 Hamed Aleaziz, "Should Heckling Be Illegal?" *Mother Jones*, September 26, 2011, available at http://www.motherjones.com/mojo/2011/09/should-heckling-be-illegal.

12 Had the school administered appropriate discipline, I could understand an argument against

piling on with a misdemeanor prosecution, but "the red badge of courage"—the minor discipline—given to them by the college only served to encourage repetition of their censorial conduct.

13 Vik Jolly and Larry Welborn, "UC Muslim Students Get Probation, Fines," *Orange County Register*, September 23, 2011.

14 Alan M. Dershowitz, "'Irvine 10' Conviction Constitutionally Sound," *Orange County Register*, September 27, 2011.

第九章
篡改历史和科学的权利

1 StGB§ 130 Public Incitement (1985, Revised 1992, 2002, 2005). ("(4) Whoever publicly or in a meeting disturbs the public peace in a manner that assaults the human dignity of the victims by approving of, denying or rendering harmless the violent and arbitrary National Socialist rule shall be punished with imprisonment for not more than three years or a fine.")

2 National Socialism Prohibition Law (1947, amendments of 1992). ("§ 3g. He who operates in a manner characterized other than that in § § 3a–3f will be punished (revitalizing of the NSDAP or identification with), with imprisonment from one to up to ten years, and in cases of particularly dangerous suspects or activity, be punished with up to twenty years imprisonment. § 3h. As an amendment to § 3 g., whoever denies, grossly plays down, approves or tries to excuse the National Socialist genocide or other National Socialist crimes against humanity in a print publication, in broadcast or other media.")

3 Law No 90-615 of July 13, 1990, *Journal Officiel de la République Française* [J.O.] [Official Gazette of France]. (" . . . to repress acts of racism, anti-semitism and xenophobia (1990) Art 9. ('Art. 24 (a): those who have disputed the existence of one or more crimes against humanity such as they are defined by Article 6 of the statute of the international tribunal military annexed in the agreement of London of August 8, 1945 and which were a carried out either by the members of an organization declared criminal pursuant to Article 9 of the aforementioned statute, or by a person found guilty such crimes by a French or international jurisdiction shall be punished by one month to one years imprisonment or a fine.")

4 Turkish Penal Code, Article 301, which makes it a crime "to publicly denigrate Turkishness." In January 2012, France enacted a law that makes it a crime to *deny* the Armenian genocide.

5 For examples of Faurisson's stances, see Robert Faurisson, "The Leaders of the Arab States Should Quit Their Silence on the Importance of the Holocaust," Institute for Historical Review Beirut Conference, March 24, 2001, accessible at http://www.ihr.org/conference/beirutconf/010331faurisson.html; and Robert Faurisson, "The Diary of Anne Frank: Is it Genuine?" *Journal of Historical Review* 19, no. 6, http://www.ihr.org/jhr/v19/v19n6p-2_Faurisson.html.

6 For example, Faurisson relies on an entry, dated October 18, 1942, from the diary of SS doctor Johann-Paul Kremer written during the three months he spent at Auschwitz in 1942. An eminent scholar checked Faurisson's use of the entry and demonstrated that Faurisson's "research" was fraudulent. The diary entry read: "This Sunday morning in cold and humid weather I was present at the 11th special action (Dutch). Atrocious scenes with three women who begged us to let them live."

Faurisson concludes that this passage proves (1) that a "special action" was nothing more than the sorting out by doctors of the sick from the healthy during a typhus epidemic; (2) that the "atrocious scenes" were "executions of persons who had been condemned to death, executions for which the doctor was obliged to be present"; and (3) that "among the condemned were three women who had come in a convoy since the women were shot and not gassed."

Faurisson, who said he had researched the trial, knew that his own source, Dr. Kremer, had testified that the gas chambers did exist. Yet he deliberately omitted that crucial item from his book, while including the fact that the women were shot. Faurisson also knew that the three women were "in good health." Yet he led his readers to believe that Dr. Kremer had said they were selected on medical grounds during an epidemic. Finally, Faurisson states that those who were shot had been "condemned to death." Yet he knew they were shot by the SS for refusing to enter the gas chambers.

A French scholar named George Wellers analyzed this diary entry and the surrounding documentation for *Le Monde*. He did *actual* historical research, checking the Auschwitz record for October 18, 1942. His research disclosed that 1,710 Dutch Jews arrived that day. Of these, 1,594 were sent immediately to the gas chambers. The remaining 116 people, all women, were brought into the camp; the three women who were the subject of the Kremer diary must have been among them. The three women were, in fact, shot—as Faurisson concludes. But that fact appears nowhere in Kremer's diary. How then did Faurisson learn it? Professor Wellers was able to find the answer with some simple research. He checked Dr. Kremer's testimony at a Polish war crimes trial. This is what Kremer said at the trial: "Three Dutch women did not want to go *into the gas chamber* and begged to have their lives spared. They were young women, *in good health*, but in spite of that their prayer was not granted and the SS who were participating in the action shot them on the spot" [emphasis added].

This type of pseudo-history is typical of Faurisson in particular, and of Holocaust denial "research" in general. Yet Chomsky was prepared to lend his academic legitimacy to Faurisson's "extensive historical research."

7 Robert Faurisson, *Mémoire en Défense* (1980), préface de Noam Chomsky.
8 Scot Lehigh, "Men of Letters," *Boston Phoenix*, June 16–22, 1989, 30.
9 Alan M. Dershowitz, "Chomsky Defends Vicious Lie as Free Speech," *Boston Globe*, June 13, 1989.
10 *Today Show* with Katie Couric, NBC Universal, February 10, 1999.
11 In re Hale, Comm. of Character & Fitness (Ill. App. Ct. 1998) reprinted in Geoffrey C. Hazard et al., *The Law and Ethics of Lawyering* 875 (1999).
12 Jodi Wilgoren, "40-Year Term for Supremacist in Plot on Judge," *New York Times*, April 7, 2005.
13 In a debate in Canada on laws criminalizing Holocaust denial, I took my usual position in favor of freedom of speech:

> *I regret to say this, but I think that Holocaust denial speech is not even a close question. There is no persuasive argument that I can think of in logic, in law, in constitutionality, in policy, or in education, which should deny [anyone] who chooses to the right to take whatever position he wants on the Holocaust. The existence of the Holocaust, its extent, its fault, its ramifications, its political use are fair subjects for debate. I think it is despicable for anybody to deny the existence of the Holocaust. But I cannot sit in judgment over the level of despicability of anybody's exercise of freedom of speech.*
>
> *Of course I agree that sticks and stones can break your bones, and words can harm you and maim you. That's the price we pay for living in a democracy. It's not that speech doesn't matter. If speech didn't matter, I wouldn't devote my life to defending it. Speech matters. Speech can hurt. That's not why those of us who defend free speech, particularly free speech of this kind, do it. We do it because we don't trust government. (International Human Rights Conference, Panel IV: "Words That Maim—Freedom of Expression, Freedom from Expression," McGill University, Montreal, November 3–4, 1987.)*

My remarks can be found in *Nuremberg Forty Years Later: The Struggle Against Injustice in Our Times* (Erwin Cutler, ed.) 131 (1995).

In response, a prominent Canadian judge, Maxwell Cohen, said that anyone who holds such views "ought not to be a law teacher." I disagree. Professors must defend the right of those they disagree with to express wrongheaded views, while insisting on their own right—indeed obligation—to express disagreement with such views.

14 Alan Dershowitz, *The Case for Peace* 29 (2005).

15 Even university professors seem to misunderstand this important distinction. I encountered this intellectual muddleheadedness in 2010 when I received an honorary doctorate from Tel Aviv University and was asked to deliver a talk on behalf of the honorees. In my talk, I defended the right of professors at the University of Tel Aviv to call for boycotts against Israeli universities. This is part of what I said:

> *Israeli academics are free to challenge not only the legitimacy of the Jewish state but even, as one professor at this university has done, the authenticity of the Jewish people. Israeli academics are free to distort the truth, construct false analogies, and teach their students theories akin to the earth being flat—and they do so with relish and with the shield of academic freedom. So long as these professors do not violate the rules of the academy, they have the precious right to be wrong, because we have learned the lesson of history that no one has a monopoly on truth and that the never-ending search for truth requires, to quote the title of one of Israel's founders' autobiographies, "trial and error." The answer to falsehood is not censorship; it is truth. The answer to bad ideas is not firing the teacher, but articulating better ideas which prevail in the marketplace. The academic freedom of the faculty is central to the mission of the university.*

After defending their right to freedom of expression, I exercised my own right to express my own views about the merits and demerits of their ideas:

> *But academic freedom is not the province of the hard left alone. Academic freedom includes the right to agree with the government, to defend the government, and to work for the government. Some of the same hard leftists who demand academic freedom for themselves and their ideological colleagues were among the leaders of those seeking to deny academic freedom to a distinguished law professor who had worked for the military advocate general and whose views they disagreed with. To its credit, Tel Aviv University rejected this attempt to limit academic freedom to those who criticized the government.*
>
> *Rules of academic freedom for professors must be neutral, applicable equally to right and left. Free speech for me but not for thee is the beginning of the road to tyranny.*

Following my talk a group of Tel Aviv professors accused me of McCarthyism and of advocating censorship. *The Chronicle of Higher Education* "reported" that I was pressuring the university to take action against professors who support boycotts against Israeli universities. I responded: "I continue to oppose any efforts by any university to punish academics for expressing anti-government views. But I insist on my right to criticize those with whom I disagree. Surely that is the true meaning of academic freedom. I urge your readers to read the full text of my controversial talk at Tel Aviv University." (May 12, 2010. The full text of the speech is available at http://www.haaretz.com/full-text-of-alan-dershowitz-s-tel-aviv-speech-1.289841).
16 John E. Mack, *Abduction: Human Encounters with Aliens* (1994).
17 Ibid. at 417.
18 Alan M. Dershowitz, "Defining Academic Freedom," *Harvard Crimson*, June 30, 1995.
19 Ibid.
20 Christopher B. Daly, "Harvard Clears Abduction Researcher John Mack," *Washington Post*, August 4, 1995, 1.

第十章
诽谤和隐私

1 William Shakespeare, *Othello*, Act 3, Scene 3.
2 Although some scholars have advocated group libel laws. See, e.g., Dan Kahan, "A Communitarian Defense of Group Libel Laws," 101 *Harvard Law Review* 682 (1988); Jeremy Waldron, *The Harm in Hate Speech* (2012).
3 In fact, a midlevel appeals court recently decided that it is no longer slander per se in New York to falsely say that someone is gay. The New York court overturned decades of previous cases, which were "based on a false premise that it is shameful and disgraceful to be described as lesbian, gay or bisexual." "Label of Gay Is No Longer Defamatory, Court Rules," *New York Times*, May 31, 2012.
4 See Alan Dershowitz, *Finding Jefferson* 104 (2007).
5 *New York Times v. Sullivan*, 376 U.S. 254, 280 (1964).
6 Ibid. 298–99.
7 In a 1990 column, Mike Barnicle wrote in 1983, I had said to him: "I love Asian women, don't you? They're . . . they're so submissive." Barnicle simply fabricated this quote, as well as the meeting during which the statement was allegedly made. Alan M. Dershowitz, "There Was No Discussion of Asian Women," *Boston Globe*, December 13, 1990.
8 I discuss this story in Alan Dershowitz, *Finding Jefferson* 135 (2007).
9 Maurizio Molinari, "*È la Magna Charta del terrorismo*," *La Stampa*, January 27, 2005.
10 Ibid.
11 *Hustler Magazine v. Falwell*, 485 U.S. 46, 54–55 (1988).
12 *Bowman v. Heller*, 420 Mass. 517, 520 (1995).
13 Ibid. 525.
14 When my book *The Case for Israel* hit the *New York Times* bestseller list, Noam Chomsky asked Finkelstein to savage it. Finkelstein then accused me of plagiarism for quoting a frequently used paragraph by Mark Twain and citing it to *Twain*, rather than to the secondary source in which he erroneously claimed I had originally found it. His charge was preposterous on its face and so found after I asked Harvard to investigate it. I recount this episode in *The Case for Peace*, chapter 16 (2005). Shortly after Finkelstein falsely accused me of plagiarism, he came up for tenure at DePaul University, and the former chairman of his department invited me to catalogue "the most egregious instances of [his] dishonesty." I did so. I also wrote an op-ed for the *Wall Street Journal* (Alan M. Dershowitz, "Finkelstein's Bigotry," *Wall Street Journal*, May 4, 2007). He was denied tenure.
15 Norman Finkelstein, "Should Alan Dershowitz Target Himself for Assassination?" *Counterpunch*, August 12–14, 2006.
16 The cartoon is still widely available on the Internet, for instance on the flickr-website of the cartoon "artist." http://www.flickr.com/photos/96755483@N00/222216939/.
17 Samuel D. Warren and Louis D. Brandeis, "The Right to Privacy," 4 *Harvard Law Review* 193 (1890).
18 Ibid. 193.
19 *Shields by Shields v. Gross*, 563 F. Supp. 1253, 1256–1257 (S.D.N.Y. 1983).
20 *Florida Star v. B. J. F.*, 491 U.S. 524 (1989).

第十一章
"支持"恐怖主义分子的言论

1 18 U. S. C. §2339B.

2 My talk continued:

> Fulfillment of contractual obligation was deemed so important by the framers of our Constitution that they prohibited the states from "impairing the obligation of contracts," and required the government to satisfy all debts "contracted and engagements entered into" even before our Constitution. These provisions were referring to contracts involving money and property. How much more sacred is a contract involving life. Our Constitution places life before property in ordering our rights.
>
> Our Constitution empowers Congress "to make all laws which shall be necessary and proper for carrying into execution" the power vested in the government or its officers. You have the power to make our government keep its promise—satisfy its contractual obligations—to the residents.
>
> The President must enforce the laws and obligations of the United States.
>
> And the judiciary is the ultimate guarantor that the government complies with the due process of law and other constitutional provisions.
>
> As you may know, there is now a case pending before the courts of this district mandamusing the government, particularly the secretary of state, to delist the organization with which the residents of Ashraf are associated.
>
> I have the high honor of representing a group of distinguished Americans who have asked me to file a friend of the court brief supporting delisting. This group includes the former attorney general of the United States, the former head of the FBI, the former secretary of Homeland Security, and numerous generals, admirals, and others who have not only served our country with distinction, but at the risk of their lives.
>
> We place our sacred honor at risk by supporting this humanitarian cause—the saving of innocent lives, and the obligation of our government to keep its commitments. But we have little choice because we love our country, we love liberty (not Camp Liberty but real liberty), and we believe that promises made by our government must be kept.
>
> As a constitutional lawyer, I am confident that we are on the right side of this lawsuit, even though some of my dear friends are on the other side. We hope and expect that the courts will demand that our government provide due process and apply the law, which demand quick action in responding to a petition to delist.
>
> As soon as delisting occurs, the free nations of the world—which do not include Iran or, tragically, Iraq, which is now under the sway of Iran—will be willing to accept the residents of Ashraf as refugees. (Alan Dershowitz, Washington, D.C., April 6, 2012)

"Senate Briefing: Iran's Nuclear Threat: Impact of Sanctions & Policy Options," May 15, 2012, 10–12, available at http://www.iaca-mo.org/senate.pdf.

3 Scott Shane, "Iranian Dissidents Convince U.S. to Drop Terror Label," September 21, 2012.

4 This quotation is attributed to Voltaire but its original source is unknown. It first appeared in Evelyn Beatrice Hall, *The Friends of Voltaire* 199 (1906). Voltaire did apparently write the following: "I detest what you write, but I would give my life to make it possible for you to continue to write."

5 The opposite side of the private self-censorship coin is the private circumvention of governmental censorship. Private hacking groups such as Anonymous will do everything in their power to thwart governmental censorship of any kind, including the use of unlawful means, even violence, to subvert or retaliate for legitimate restrictions on publication. This means that the future battles for freedom of speech are likely to be fought on private as well as governmental battlefields and may well involve violent actions on all sides. William J. Bennett and Alan M. Dershowitz, "A Failure of the Press," *Washington Post*, February 23, 2006.

6 See Nina Shea, "A Perverse Process," *New York Post*, December 16, 2011.

第十二章
介入法律事业的生活

1 The original quotation, according to Boswell's famous biography, is as follows: "When a man knows he is to be hanged in a fortnight, it concentrates his mind wonderfully." James Boswell, *The Life of Samuel Johnson* 612 (Penguin Classics, 2008).

2 Alan M. Dershowitz, *The Best Defense*, chapter 1 (1983).

3 See Alan M. Dershowitz, *The Best Defense*, chapter 7 (1983); Alan M. Dershowtiz, *Chutzpah*, chapter 8 (1991); Telford Taylor (with Alan Dershowitz, George Fletcher, Leon Lipson, and Melvin Stein), *Courts of Terror* (1976).

第三部分
刑事司法
第十三章
"死刑不一样"

1 *Gregg v. Georgia*, 428 U.S. 153, 188 (1976).

2 I have litigated or consulted on more than three dozen cases involving the death or intended death of human beings. These cases fall into three categories: (1) cases in which the defendant faced the death penalty; (2) cases in which the defendant was charged with killing someone; and (3) cases in which the defendant was accused of attempting, intending, or conspiring to kill.

3 The Tison brothers case was made into the movie *A Killer in the Family* (Warner Bros., 1983); the Claus von Bülow case was the basis for my book *Reversal of Fortune* (1985) and the film of the same name (Warner Bros., 1990); the O. J. Simpson case was the subject of many documentaries and books, including my own *Reasonable Doubts* (1997); the Jeffrey MacDonald case was made into an award-winning TV miniseries, *Fatal Vision* (1984), named after the bestselling book by Joe McGinniss (1983); the Sybers case was featured on the A&E TV show *Cold Case Files* (episode: "The Perfect Murder," season 4, episode 29, first aired April, 2, 2000); the Borukova case was the subject of Janet Malcolm, *Iphigenia in Forest Hills* (2011); the Sandy Murphy case was featured in several books and movies, including the TV movie *Sex and Lies in the City* (Lifetime, 2008), starring Mena Suvari; the John Connolly case inspired the Academy Award–winning movie *The Departed* (2006); the Angela Davis case was the subject of Bettina Aptheker's *The Morning Breaks* (1975); the murder of John Lennon was the subject of numerous books and movies, including *The Killing of John Lennon* (2006) and Jack Jones, *Let Me Take You Down* (1992); the murder case of Dr. Peter Rosier was the subject of Stanley Rosenblatt's *Murder of Mercy* (1992); the Chappaquiddick incident was also subject to many scandalous treatments, including A&E's *Investigative Report—Chappaquiddick* (2008), Leo Damore's *Senatorial Privilege* (1995), Jerry Shaffer and Leslie H. Leland's *Left to Die* (2010), and Richard and Thomas Tedrow's *Death at Chappaquiddick* (1980); the JDL murder case was the subject of several books and documentaries, including my own *The Best Defense*, chapter 1 (1983); the Lucille Miller case inspired the essay "Some Dreamers of the Golden Dream" (1966), in Joan Didion, *Slouching Toward Bethlehem* 3–28 (2008).

4 *Rudolph v. Alabama*, 375 U.S. 889 (1963).

5 Evan J. Mandery, *A Wild Justice: The Death and Resurrection of Capital Punishment in America* (2013).

6 For the original understanding of the Eighth Amendment, see John D. Bessler, *Cruel and Unusual: The American Death Penalty and the Founder's Eighth Amendment* 171 (2012).

7 Other misspellings on the debate card included "clen" for "clean" and "of" for "off."

8 Evan J. Mandery, *A Wild Justice: The Death and Resurrection of Capital Punishment in America*, 16 (2013).

9 "Judaism was the starting point, but the core of the true force of their bond was a shared intellectual commitment to civil liberties and tolerance. They worked together through scholarship and advocacy against the death penalty for the remainder of Goldberg's life. It is difficult to imagine that Goldberg could have found a more willing and able confederate than Alan Dershowitz." Evan J. Mandery, *A Wild Justice: The Death and Resurrection of Capital Punishment in America* 21 (2013).

10 *Trop v. Dulles*, 356 U.S. 86, 99 (1958).

11 I published my draft, decades later, in Alan M. Dershowitz, *Shouting Fire* 279–89 (2002).

12 *Weems v. United States*, 217 U.S. 349 (1910).

13 *Rudolph v. Alabama*, 375 U.S. 889 (1963).

14 Ibid. 889–91.

15 "U.S. Supreme Court Trio Encourages Rape," *New Hampshire Union Leader*, In Chambers: *Stories of Supreme Court Law Clerks and Their Justices* (2012).

16 *Sims v. Balkcom*, 220 Ga. 7, 11–12 (1964).

17 Ibid. 11.

18 Herbert L. Packer, "Making the Punishment Fit the Crime," 77 *Harvard Law Review* 1071, 1081–82 (1964).

19 Michael Meltsner, *Cruel and Unusual: The Supreme Court and Capital Punishment* (1973).

20 *McGautha v. California*, 402 U.S. 183, 185 (1971).

21 *People v. Anderson*, 6 Cal. 3d 628, 633, 493 P.2d 880, 882 (1972).

22 408 U.S. 238 (1972).

23 Ibid. 375 (Burger, C.J., dissenting).

24 See, e.g., Arthur J. Goldberg and Alan M. Dershowitz, "An End to the Death Penalty," *New York Times*, June 6, 1971; Arthur J. Goldberg and Alan M. Dershowitz, "Declaring the Death Penalty Unconstitutional," 83 *Harvard Law Review* 1773 (1970).

25 *Glossip v. Gross*, 135 S. Ct. 2726, 2755 (2015) (Breyer, J., dissenting).
26 Alan M. Dershowitz, *Jerusalem Post*, 1987.
27 Ibid.
28 Alan Dershowitz, *The Guardian*, April 22, 2013.
29 Chris Hedges, "Acquittal in Jerusalem; Israel Courts Sets Demjanjuk Free, But He Is Now Without a Country," *New York Times*, July 30, 1993.
30 "Munich: Demjanjuk Found Guilty of Helping Kill 27,900 Jews," *Jerusalem Post*, December 5, 2011.
31 Robert D. McFadden, "John Demjanjuk, 91, Dogged by Charges of Atrocities as Nazi Camp Guard, Dies," *New York Times*, March 17, 2011.

第十四章
未杀人者获死刑

1 I previously wrote about an early aspect of the case in my book *The Best Defense*, chapter 9 (1983). A variation on the facts of the case was featured as a subplot in the film *Reversal of Fortune* (Warner Bros., 1990).
2 Under the so-called Pinkerton rule: "So long as the partnership in crime continues, the partners act for each other in carrying it forward. . . . An overt act of one partner may be the act of all without any new agreement specifically directed to that act." *Pinkerton v. United States*, 328 U.S. 640, 646–47 (1946).
3 The felony-murder doctrine can be traced back to English common law, but England, as well as other common law countries, abolished the doctrine some time ago. Civil law countries do not have such a doctrine. As the comparative law scholar James Whitman put it: "The view in Europe is that we hold people responsible for their own acts and not the acts of others." Quoted in Adam Liptak, "Serving for Providing Car to Killers," *New York Times*, December 4, 2007. For this reason, criminal conspiracies are also not part of the civil law tradition, but there is an emerging concept of group crime in some jurisdictions, growing in part out of the fear of terrorist organizations.
4 408 U.S. 238 (1972).
5 *A Killer in the Family* (Warner Bros., 1983).
6 458 U.S. 782 (1982).
7 Ibid. 799.
8 Only four votes are needed for the court to grant a writ of certiorari, but five votes are needed to reverse a conviction.
9 The oral argument in this case can be accessed at the website of the Oyez Project at IIT Chicago–Kent College of Law, http://www.oyez.org/cases/1980-1989/1986/1986_84_6075.
10 *Tison v. Arizona*, 481 U.S. 137, 150 (1987).
11 Ibid. 157.
12 Ibid. 157–58.
13 The majority sloppily used two different formulations: "reckless *disregard*" and "reckless *indifference*," the former sounding as if it required a more affirmative finding of evil intent than the latter.
14 Another one of my clients, a far more sophisticated one, did convert to Judaism—on a weekly basis. He discovered that all the Jews in a particular federal prison were taken out every Friday night to have Shabbos dinner in the homes of local Jews, where they were treated to wonderful home-cooked meals. He told me that since he had become a Jew, he had gotten to love "those balls made out of fish and the other balls that they put in the chicken soup." I reminded him that he had always been a very religious Catholic, and he said, "Oh, I'm still a religious Catholic. My priest has given me permission to be a Jew on Friday night as long as I go back to being a Catholic for Sunday morning."

第十五章
运用科学、法律、逻辑和经验证伪谋杀

1 Oliver Wendell Holmes, *The Common Law*, Lecture I: "Early Forms of Liability" 1 (1881). Whether he knew it or not, Holmes was echoing the views of the fifteenth-century Jewish sage Isaac Abravanal, who observed that "experience is more authoritative than logic." *Don Isaac Abravanel: Statesman and Philosopher* (Benzion Netanyahu, ed.), 174 (1998).
2 Genesis 4:3–17. I discuss this story in Alan M. Dershowitz, *The Genesis of Justice*, chapter 2 (2001).
3 Genesis 4:9.
4 William Shakespeare, *Hamlet*, Act 1, Scene V.
5 Genesis 39:7–20. For my interpretation of the story, see *The Genesis of Justice*, chapter 10 (2001).
6 William Shakespeare, *Othello*, Act 2, Scene 1.

7 Fyodor Dostoyevsky, *Crime and Punishment*, part 6, chapter 8 (1866).

8 In nineteenth-century America, sheriffs would tell uneducated suspects that if the corpse bled in their presence, it proved their guilt. See George and Ira Gershwin, *Porgy and Bess*, Act 3, Scene 2 (1935).

9 Henry J. Friendly, "Is Innocence Irrelevant? Collateral Attack on Criminal Judgments," 38 *University of Chicago Law Review* 142 (1970). Judge Friendly starts his lecture by quoting Justice Black's statement that "the defendant's guilt or innocence is at least one of the vital considerations in determining whether collateral relief should be available to a convicted defendant." *Kaufman v. United States*, 394 U.S. 217, 235–36 (1969) (Black, J., dissenting).

10 Federal Rules of Evidence 103(a). ("A party may claim error in a ruling to admit or exclude evidence only if the error affects a substantial right of the party."); Federal Rules of Criminal Procedure 52(a). ("Any error, defect, irregularity or variance which does not affect substantial rights shall be disregarded.").

11 See the Jewish Defense League case, *U.S. v. Huss*, 482 F.2d 38 (1973).

12 In one case, a client who was acquitted of murder was subsequently convicted of an entirely different type of crime. I did not represent him the second time. He was convicted.

13 In some jurisdictions the defendant is given no opportunity to present exculpatory evidence to the grand jury. See also *United States v. Williams*, 504 U.S. 36 (1992) (holding that a district court may not dismiss an indictment because the prosecution failed to disclose "substantial exculpatory evidence" in its possession).

14 *Missouri v. Frye*, 132 S. Ct. 1399 (2012).

15 U.S. Department of Justice, *United States Attorneys' Annual Statistic Report, Fiscal Year 2010*. For state prosecutions, the conviction rate is similarly high.

16 Annual Report of the Administrative Office of the U.S. Courts. For the twelve months that ended March 31, the reversal rate for 2012 was 6.4 percent, for 2011 it was 5.6 percent, and for 2010 it was 5.8 percent.

17 According to the Court Statistics Project of the National Center for State Courts (NCSC), the reversal rate in state courts ranges from 1 percent in New York to 9 percent in Wyoming.

18 When Justice Ruth Bader Ginsburg was a civil liberties lawyer with a special interest in promoting feminist causes, she often took cases involving male clients whose cases would establish precedents favorable to women.

19 Joseph Stropnicky, 19 M.D.L.R. 39, 41 (1997).

20 See *The Best Defense* 413–14 (1983). For a more recent account of lawyers being underzealous, see Adam Liptak, "Lawyers Stumble, and Clients Take Fall," *New York Times*, January 7, 2013.

21 See Alan M. Dershowitz, *The Genesis of Justice* 85–92 (2001).

22 Lally Weymouth, "Von Bulow's Appeal Strategy," *New York*, May 10, 1982, 9.

23 Stephen Bello, "How Can You Sleep at Night," *Esquire*, 1983, vol. 99.

24 William Wright, *The Von Bülow Affair* 330 (1984).

25 Alan M. Dershowitz, *Reversal of Fortune* (1985); Alan M. Dershowitz, *Reasonable Doubts* (1997).

26 Alan M. Dershowitz, *Reasonable Doubts* 24–25 (1997).

27 *Miller v. California*, 389 U.S. 968 (1967).

28 At a panel in New York, Darden suggested that Johnnie Cochran may have tampered with the glove before O.J. was asked to try it on, but no one on the defense team had access to the glove until after O.J. tried it on. See, e.g., Clayton Sandell, "O.J. Simpson Trial Prosecutor Accuses Johnnie Cochran of Tampering with Evidence," ABC News, September 9, 2012.

29 *State v. von Bülow*, 475 A.2d 995 (R.I. 1984).

30 I was a major character in a novel called *Hope: A Tragedy* by Shalom Auslander (2012).

31 The case made local headlines for years.

32 *Sybers v. State*, 841 So. 2d 532, 541 (Fla. Dist. Ct. App. 2003) (quoting the *Frye* standard governing the admissibility of scientific evidence in Florida).

33 Ibid. (internal quotations omitted).

34 Ibid. (internal quotations omitted).

35 Ibid. 532.

36 The Rules of Professional Conduct prohibit a lawyer from offering evidence that he reasonably believes to be false. *Model Rules of Professional Conduct* (2004), Rule 3.3: Candor Toward the Tribunal (3)(a).

37 "Governor Won't Investigate Prosecutor," *Miami Herald*, November 15, 2003.

38 Paul Pinkham, "Won't Be U.S. Attorney," *Florida Times Union*, June 9, 2010.

39 "Facing Retrial, State Drops Murder Case," *Herald Tribune*, March 13, 2003.

40 Robert Louis Stevenson, "The Body Snatchers" (1884).

41 *The Body Snatcher* (RKO Radio Pictures, 1945).

42 *Burke and Hare* (Ealing Studios, 2010).

43 Glen Puit, "Doctor: Marks Prove Binion Murdered," *Las Vegas Review-Journal*, October 27, 2004.
44 Angie Wagner, "'Ted Binion Overdosed on Sedatives, Authorities Believe," *Las Vegas Sun*, September 19, 1998.
45 "Autopsy: Binion May Have Had Fatal Cocktail," *Las Vegas Sun*, July 16, 1999.
46 Angie Wagner, "Binion Feared Girlfriend Would Kill Him, Attorney Testifies," *Las Vegas Sun*, August 27, 1999.
47 I had used this phrase before in describing the prosecutors' tactic in the von Bülow case. See Alan M. Dershowitz, *Reversal of Fortune* 213 (1985).
48 Peter O'Connell, "Guilty All Counts," *Las Vegas Review-Journal*, May 20, 2000.
49 The same was true with regard to the "cocktail of death" theory, since no one could know which theory formed the basis for the conviction, or if some jurors found the first, while others found the second. If either theory failed, there would have to be a new trial.
50 Glen Puit, "Binion Forensic Evidence Crucial," *Las Vegas Review-Journal*, November 27, 2004.
51 Ibid.
52 William Shakespeare, *Hamlet*, Act 1, Scene 5.
53 Federal Rules of Evidence 801.
54 The Sixth Amendment provides that "in all criminal prosecutions, the accused shall enjoy the right . . . to be confronted with the witnesses against him." U.S. Constitution, amend. XI.
55 Federal Rules of Evidence 804(b)(6). ("Not excluded by the rule against hearsay [is] . . . [a] statement offered against a party that wrongfully caused—or acquiesced in wrongfully causing—the declarant's unavailability as a witness, and did so intending that result.")
56 Federal Rules of Evidence 804(b)(2). ("Not excluded by the rule against hearsay [is] a statement that the declarant, while believing the declarant's death to be imminent, made about its cause or circumstances.")
57 Federal Rules of Evidence 803 (3). ("Not excluded by the rule against hearsay [is] . . . [a] statement of the declarant's then-existing state of mind.")
58 This is what the court ruled:

> Assuming that the statement was relevant to rebut the defense theories, we conclude that the district court abused its discretion under Shults in admitting the statement without an appropriate limiting instruction. The prejudicial impact was great: the statement strongly implied Murphy killed Binion. Moreover, the relevance of the statement was equivocal, even though there was little other evidence of Binion's state of mind before his death. But if the statement was relevant to show Binion's state of mind at the time he made the statement, the exception still does not allow the statement to be used as evidence of the intent or conduct of anyone else—in this case, Murphy. The district court did not give a limiting instruction advising the jury that the statement was only admissible for the limited purpose of showing Binion's state of mind.

Tabish v. State, 119 Nev. 293, 310–11 (2003).
59 Glen Puit, "Reversal of Fortunes: Jurors Acquit Tabish, Murphy of Murder," *Las Vegas Review-Journal*, November 24, 2004.
60 See, e.g., "Doctor Freed in Mercy Killing of Ailing Wife," *Los Angeles Times*, December 1, 1988.
61 Christianity views suicide as a grave sin against God. Since one's life belongs to God, suicide amounts to asserting dominion over what is God's property. Another line of reasoning is that committing suicide is a violation of the Sixth Commandment, "Though shalt not kill." See, e.g., *The Catechism of the Catholic Church* 2281 and 2325. Judaism also condemns suicide—unless it is committed as an act of religious martyrdom. See, e.g., Sidney Goldstein, *Suicide in Rabbinic Literature* (1989). Islam, the youngest monotheistic religion, prohibits suicide as well. As the Quran instructs, "And do not kill yourselves, surely God is most Merciful to you." Quran, Sura 4:29. Some imams obviously believe that suicide bombing of any enemy is not only forbidden, it is to be praised and rewarded in paradise. For a nuanced account of the theological justifications for jihad advanced in the name of Islam, see Noah Feldman, "Islam, Terror and the Second Nuclear Age," *New York Times*, October 29, 2006.
62 "Backers of Mass. Assisted Suicide Measure Concede," *Boston Globe*, November 7, 2012.
63 There is a third category that combines mercy killings with mercy suicides. In another one of my cases, a mother was accused of engaging in the combined act of trying to kill her autistic and sexually abused son and trying to kill herself. She succeeded in the former and failed in the latter. She reasonably believed that the child's biological father was repeatedly abusing the eight-year-old autistic boy and that her former husband was planning to kill her, which would leave the child in the hands of his father. This phenomenon too has a name: altruistic filicide-suicide. We are raising a defense based on necessity (choice of evils), justification (killing to protect her son), and duress (killing under fear of death). That case is pending as I write these words.

64 See, e.g., "When Is Death a Matter of Mercy?" *Miami Herald*, December 17, 1988; "A Conflict That Won't Rest Easy, Rosier Case Stirs Up Old Debate on Mercy Killing," *Orlando Sentinel*, December 5, 1988; "Acquittal Renews Euthanasia Debate," *Miami Herald*, December 3, 1988; "Doctor Freed in Wife's Death," *New York Times*, December 2, 1988; "Was His Act of Mercy Also Murder?" *New York Times*, November 7, 1988; "Euthanasia an Issue as Jurors Picked in Doctor's Murder Trial," *Orlando Sentinel*, November 2, 1988.

65 *Harold and Maude* (Paramount Pictures, 1971).

66 Peter Rosier, *The Lady*.

67 In the interview with the local WBBH-TV, he admitted: "I administered something to terminate her life." "Man's TV Admission He Killed Wife Spurs Probe," *Miami News*, November 14, 1986.

68 A strange analogy for Buchanan, who has expressed admiration for Hitler and doubt that the Nazis gassed Jews during the Holocaust. See Alan M. Dershowitz, *Chutzpah* 162–64 (1991).

69 Rosenblatt subsequently wrote a book about the case. Stanley M. Rosenblatt, *Murder of Mercy: Euthanasia on Trial* (1992).

70 Fla. Stat. Ann. § 782.08. ("Every person deliberately assisting another in the commission of self-murder shall be guilty of manslaughter, a felony of the second degree.") The Supreme Court left this issue to the state after holding that there is no right to physician-assisted suicide in the Constitution. *Washington v. Glucksberg*, 521 U.S. 702 (1997); *Vacco v. Quill*, 521 U.S. 793 (1997).

71 See, e.g., Jeff Weiner, "State Attorney Candidates Slug It Out in Debate," *Orlando Sentinel*, July 25, 2012 (quoting a veteran state attorney in central Florida as having served in an office "where prosecutors feel pressure to overcharge cases and take weak ones to trial").

72 *Miranda v. Arizona*, 384 U.S. 436 (1966).

73 *Escobedo v. Illinois*, 378 U.S. 478 (1964).

74 I subsequently wrote *Is There a Right to Remain Silent?* (2008).

75 *State v. Doody*, 187 Ariz. 363, 930 P.2d 440 (Ct. App. 1996).

76 Chief Justice Earl Warren had presided over the high court from 1953 to 1969, and his court had handed down many important decisions expanding civil rights, civil liberties, defendant's rights, freedom of speech and press, and other rights.

77 *Doody v. Schriro*, 548 F.3d 847 (9th Cir. 2008).

78 *Doody v. Schriro*, 596 F.3d 620 (9th Cir. 2010).

79 *Ryan v. Doody*, 131 S. Ct. 456 (2010).

80 *Doody v. Ryan*, 649 F.3d 986 (9th Cir. 2011).

81 *Ryan v. Doody*, 132 S. Ct. 414 (2011)

82 "Buddhist Temple Killing Retrial Begins," CBS 5 KPHO, January 25, 2012.

83 "$5 Million Bond Set in Temple Killings Case," CBS 5 KPHO, February 15, 2012.

84 Joe McGinniss, *Fatal Vision* (1983).

85 *Fatal Vision* (NBC, 1984).

86 Ibid.

87 *United States v. MacDonald*, 641 F.3d 596, 604–605 (4th Cir. 2011).

88 *In re Blackburn*, 174 N.J. 380 (2002).

89 Ross Gelbspan, "New Allegations in MacDonald Case," *Boston Globe*, October 20, 1990.

90 Memorandum from Thomas McNamara (U.S. attorney) to Carl W. Belcher (Crime Division, Department of Justice), re: Captain Jeffrey MacDonald Murder Case, June 26, 1973. ("Colette's right ring finger when examined for fingernail scrapings, revealed the presence of human skin. However, this skin was apparently lost.")

91 In another case, in which I am currently involved, the government lost crucial blood evidence that could establish whether my client tried to commit suicide after killing her son. See, e.g., Colin Moynihan, "Evidence Lost in Murder Case," *New York Times*, August 1, 2011.

92 Most notably, in 1996 Congress passed the Anti-Terrorism and Effective Death Penalty Act (AEDPA) (28 U.S.C. 2254), which imposes significant restrictions on the ability of federal courts to grant relief to state prison inmates. It is therefore not surprising that, just a year later, in 1997, the Court of Appeals for the Fourth Circuit refused to grant MacDonald's habeas review. See Harvey Silverglate, "Jeffrey MacDonald, Innocence, and the Future of Habeas Corpus," Forbes.com, October 18, 2012. But even before the enactment of the AEDPA, the chances of obtaining relief in state criminal proceedings were slim. As my colleague Daniel Meltzer put it, three years before Congress passed the AEDPA: "Of every 100,000 persons committed to state custody, no more than about 30 obtain federal habeas relief." Daniel J. Meltzer, "Habeas Corpus Jurisdiction: The Limits of Models," 66 *Southern California Law Review* 2507, 2523–24 (1993).

93 *United States v. MacDonald*, 966 F.2d 854 (4th Cir. 1992).

94 See Harvey Silverglate, "Jeffrey MacDonald, Innocence, and the Future of Habeas Corpus," Forbes.com, October 18, 2012.

95 *United States v. MacDonald*, 641 F.3d 596, 599 (4th Cir. 2011).

96 Errol Morris, *A Wilderness of Error: The Trials of Jeffrey MacDonald* (2012).
97 *U.S. v. MacDonald*, 688 F.2d 224, 236 (1982).
98 According to the Innocence Project, which was founded by my cocounsels in the O. J. Simpson case Barry Scheck and Peter Neufeld, in almost 50 percent of postconviction DNA testing exonerations, the actual perpetrators have been identified through DNA testing as well. Innocence Project, Innocence Project Case Profiles, available at http://www.innocenceproject.org/know/.
99 *Com. v. Dixon*, 458 Mass. 446 (2010). See also Jonathan Saltzman, "SJC Ruling Extends Reach of DNA Cases," *Boston Globe*, December 10, 2010.
100 *In re Davis*, 130 S. Ct. 1 (2009) (Scalia, J., dissenting).
101 In 2009, I challenged Justice Scalia, who had written that he would have to leave the Supreme Court if his constitutional views conflicted with his obligation to the Catholic Church, to debate this issue:

> *I hereby challenge Justice Scalia to a debate on whether Catholic doctrine permits the execution of a factually innocent person who has been tried, without constitutional flaw, but whose innocence is clearly established by new and indisputable evidence. Although I am neither a rabbi nor a priest, I am confident that I am right and he is wrong under Catholic Doctrine. Perhaps it takes chutzpah to challenge a practicing Catholic on the teachings of his own faith, but that is a quality we share.*
>
> *I invite him to participate in the debate at Harvard Law School, at Georgetown Law School, or anywhere else of his choosing. The stakes are high, because if he loses—if it is clear that his constitutional views permitting the execution of factually innocent defendants are inconsistent with the teachings of the Catholic Church then, pursuant to his own published writings, he would have no choice but to conform his constitutional views to the teachings of the Catholic Church or to resign from the Supreme Court* (Alan M. Dershowitz, "Scalia's Catholic Betrayal," Daily Beast, August 18, 2009).

Scalia did not take up my challenge.
102 Most prominently, Governors George Ryan of Illinois, Winthrop Rockefeller of Arkansas, and Toney Anaya of New Mexico granted blanket commutations to all death-row inmates before leaving office. See, e.g., Jodi Wilgoren, "Citing Issue of Fairness, Governor Clears Out Death Row in Illinois," *New York Times*, January 12, 2003.
103 This is what the Court of Appeals for the Fourth Circuit said in the Jeffrey MacDonald case:

> We acknowledge that MacDonald has a daunting burden ahead in seeking to establish that he is eligible for habeas corpus relief solely because of his "actual innocence." The Supreme Court has only "assume[d], for the sake of argument . . . that in a capital case a truly persuasive demonstration of 'actual innocence' made after trial would render the execution of a defendant unconstitutional." Herrera v. Collins, 506 U.S. 390, 417, 113 S. Ct. 853, 122 L. Ed. 2d 203 (1993). The Court has yet to come across any prisoner who could make the "extraordinarily high" threshold showing for such an assumed right. Ibid.; see Dist. Attorney's Office v. Osborne, 129 S. Ct. 2308, 2321, 174 L. Ed. 2d 38 (2009). ("Whether [a federal constitutional right to be released upon proof of 'actual innocence'] exists is an open question. We have struggled with it over the years, in some cases assuming, arguendo, that it exists while also noting the difficult questions such a right would pose and the high standard any claimant would have to meet.")

United States v. MacDonald, 641 F.3d 596, 616–617 (4th Cir. 2011).
104 See, e.g., David Grann, "Trial by Fire: Did Texas Execute an Innocent Man?" *New Yorker*, September 7, 2009.
105 *Dist. Attorney's Office for Third Judicial Dist. v. Osborne*, 557 U.S. 52.
106 Ibid. 88 (2009) (Stevens, J., dissenting).
107 *Dist. Attorney's Office for Third Judicial Dist. v. Osborne*, 557 U.S. 52, 72 (2009), quoting *Reno v. Flores*, 507 U.S. 292, 303 (1993).
108 Oliver Wendell Holmes, "The Path of the Law," 10 *Harvard Law Review* 457, 469 (1897)

第十六章
死刑、政治、宗教与国际阴谋

1 Those were the original Prisoners of Zion: Mark Dymshitz and Eduard Kuznetsov. I discuss their case in Alan M. Dershowitz, *The Best Defense* 238 (1983).
2 I used to view President Carter as a man of integrity and principle, and even campaigned for him. But recent disclosures of Carter's extensive financial connections to Arab oil money and his bias regarding the Middle East have deeply shaken my belief in his integrity. See Alan Dershowitz, *The Case Against Israel's Enemies* 17–19 (2008).

3 On July 24, 1978, he appeared on the cover of both *Newsweek* and *Time*.
4 T. S. Eliot, *Murder in the Cathedral* (1935).
5 Michael Schwirtz, "Ex-President of Ukraine Is Implicated in Journalist's Death," *New York Times*, March 22, 2011.
6 Yevgeny Yevtushenko, *Selected Poems* 82 (2008).
7 Orest Subtelny, *Ukraine: A History* 127–28 (2000).
8 Irena Taranyuk, "Ukraine Gongadze Case: Court Convicts Journalist's Killer," *BBC News Europe*, January 29, 2013.
9 In another situation, a television ad by the organization J Street showed a video of my lips moving and a voice—not mine—saying words that I didn't say.
10 Alan M. Dershowitz, *Reversal of Fortune* 149 (1985).
11 Glenn Kates, "Former Ukrainian President's Murder Charge Is Dismissed," *New York Times*, December 14, 2011.
12 Earl Caldwell, "Angela Davis Acquitted on All Charges," *New York Times*, June 5, 1972.
13 See also Alan M. Dershowitz, *Chutzpah* 81–82.
14 *United States v. Ham*, 998 F.2d 1247, 1250–51 (4th Cir. 1993).
15 Ibid. 1252.
16 See Alan Dershowitz, *Finding Jefferson* 34–37 (2007).
17 Ibid. 1252–53.
18 February 20, 1978, p. 76.
19 *Black Hawk Down* (Columbia Pictures, 2001).
20 The story first appeared in the *New Yorker*. Raffi Khatchadourian, "The Kill Company: Did a Colonel's Fiery Rhetoric Set the Conditions for a Massacre?" *New Yorker*, July 6, 2009.
21 Raffi Khatchadourian, "The Kill Company: Did a Colonel's Fiery Rhetoric Set the Conditions for a Massacre?," *New Yorker*, July 6, 13, 2009, pp. 40–59.
22 Ibid.
23 U.N. Human Rights Council, *Fact-Finding Mission on the Gaza Conflict, Human Rights in Palestine and Other Occupied Arab Territories* 1884, 1895, U.N. Doc. A/HRC/12/48 (September 25, 2009). For my critique of the Goldstone Report, see Alan Dershowitz, "The Case Against the Goldstone Report," *Huffington Post*, February 1, 2010. A longer version of my critique is available at http://www.alandershowitz.com/goldstone.pdf.
24 Richard Goldstone, "Reconsidering the Goldstone Report on Israel and War Crimes," *Washington Post*, April 1, 2011.
25 See Alan M. Dershowitz, "Blood Brothers," *Boston* magazine, June 2000. I also wrote a few shorter follow-ups to this: Alan M. Dershowitz, "With Bulger Brothers, the Cover-up Continues," *Boston Daily*, July 8, 2001; Alan M. Dershowitz, "Oh, Brothers," *Boston* magazine, July 2002.
26 Dick Lehr and Gerald O'Neill, *Whitey* 217–18 (2013).
27 Ibid. 201
28 *The Departed* (Warner Bros., 2006).
29 When Connolly retired from the FBI, Billy arranged for him to get a high-paying job that included lobbying Billy at the State House.
30 Dick Lehr and Gerard O'Neill, *Whitey* 200, 201 (2013).
31 Ibid.
32 *State v. Connolly*, 2006 WL 6164733.
33 "Ex-FBI Agent John Connolly Sentenced to 40 Years," *Boston Herald*, January 16, 2009. Whitey Bulger was arrested in June 2011. Adam Nagourney and Ian Lovett, "Whitey Bulger Is Arrested in California," *New York Times*, June 23, 2011.
34 This was not the only time I offered to help prosecutors fight against evils. On September 12, 2001, I wrote a letter to the attorney general of the United States, offering to work—for a dollar a year—on the prosecution of terrorists, such as the ones who perpetrated the 9/11 attack against the United States. In my letter, I explained that as an experienced defense attorney, who had helped to defend several accused terrorists (including members of the Jewish Defense League), I knew all the tricks of the defense trade and how to combat them in the interests of justice. I received no reply to my letter.
35 ABA Model Rules of Professional Conduct 1.6 (b)(1)-(3). I discuss the lawyer-client relationship in my first novel, *The Advocate's Devil* (1995).
36 *Lennon v. Immigration Serv.*, 527 F. 2d 187 (2d Cir. 1975).
37 *The Godfather* (Paramount Pictures, 1972); *The Godfather Part II* (Paramount Pictures, 1974).
38 Babylonian Talmud, Sanhedrin 73a.
39 Leviticus 19:16.
40 Maimonides, Mishneh Tora, Hilkhot Rotze'ah U-Shmirat Nefesh I:9.
41 I am comfortable describing this "defense," since it was made public by him and his family. See, e.g., Jessica Stern, *Terror in the Name of God* 91 (2003).

42 See, e.g., William A. Schabas, *The Abolition of the Death Penalty in International Law* 65 (3d ed. 2002).
43 Excerpts of the sentencing decision from March 27, 1996, are available at http://www.mfa.gov.il/MFA/MFAArchive/1990_1999/1996/3/Excerpts+of+Yigal+Amir+Sentencing+Decision+-+March.htm?WBCMODE=PresentationUnp?.
44 Jonathan Lis, "Wife of Jailed Rabin Assassin Yigal Amir Gives Birth to Son," *Haaretz*, October 28, 2007.
45 "Defense Lawyer Alan Dershowitz May Defend Serb Leader Radovan Karadzic According to Harvard Crimson," PR Newswire, May 8, 1998.
46 I wrote a brief on joint criminal enterprise in the Momčilo Krajišnik case. *Prosecutor v. Momčilo Krajišnik*, IT-00-39-A, Appeal Judgement (March 17, 2009).
47 Jack Henry Abbott, *In the Belly of the Beast: Letters from Prison* (1981).
48 Mailer later expressed remorse over having secured Abbott's release. See, e.g., Claudia Wolffs and Dean Brelis, "In the Belly of the Beast," *Time*, August 3, 1981.
49 For some of my views on this case, see Alan M. Dershowitz, "Zimmerman Prosecutor Threatening to Sue Harvard for My Criticism," Newsmax.com, June 5, 2012; Alan Dershowitz, "New Forensic Evidence Is Consistent with Zimmerman's Self-Defense Claim," *Huffington Post*, May 21, 2012; Alan M. Dershowitz, "Drop Zimmerman's Murder Charge," *New York Daily News*, May 18, 2012; Alan Dershowitz, "The 'Rorschach' Facts in the Killing of Trayvon Martin," *Huffington Post*, April 11, 2012; Alan M. Dershowitz, "Prosecutor's Quandary: Zimmerman May Be Indicted, Then Acquitted," CNN, April, 10, 2012.

第十七章
从课堂走上法庭,以及从法庭走进课堂的死亡案件

1 New Edition of the Babylonian Talmud (Section Jurisprudence—Damages) (Michael L. Rodkinson, ed.), Tract Sanhedrin, chapter IX, 229 (1903).
2 *State v. Damms*, 100 N.W.2d 592 (Wis. 1960).
3 Ibid. 597.
4 Alan Dershowitz, "Why Criminal Attempts Fail? A New Defense," 70 *Yale Law Journal* 160 (1960).
5 Ibid. 163.
6 Ibid. 164.
7 Ibid., citing Sigmund Freud, *A General Introduction to Psychoanalysis* 48 (Permabook ed., 1958).
8 N.Y. Crim. Proc. Law § 60.22 (McKinney).
9 *People v. Dlugash*, 51 A.D.2d 974, 380 N.Y.S.2d 315 (1976) aff'd as modified, 41 N.Y.2d 725, 363 N.E.2d 1155 (1977).
10 Ibid. 317.
11 Ibid.
12 *People v. Dlugash*, 59 A.D.2d 745, 398 N.Y.S.2d 560 (1977).
13 *Dlugash v. People of State of N.Y.*, 476 F. Supp. 921 (E.D.N.Y. 1979).
14 I wrote about this case in far more detail in Alan M. Dershowitz, *The Best Defense*, chapter 2 (1983).
15 Virtually every standard criminal law casebook discusses the case. See, e.g., Sanford H. Kadish, Stephen J. Schulhofer, and Carol Steiker, *Criminal Law and Its Processes: Cases and Materials* 587 (8th ed., 2007); Wayne R. LaFave, *Modern Criminal Law: Cases, Comments and Questions* 296 (3d ed., 2000); Russell L. Weaver, Leslie W. Abramson, and John M. Burkoff, *Criminal Law: Cases, Comments, and Questions* 249 (3d ed., 2008); John Kaplan, Robert Weisberg, and Guyora Binder, *Criminal Law: Cases and Materials* 678 (5th ed., 2004).
16 Genesis 22:1–12. For my interpretation of this story, see Alan M. Dershowitz, *The Genesis of Justice*, chapter 6 (2001).
17 *State v. Eldridge*, 951 S.W.2d 775 (Tenn. Crim. App. 1997).
18 *Twilight Zone: The Movie* (Warner Bros., 1983).
19 *The Twilight Zone* (CBS, 1959–1964).
20 First Segment ("Time Out").
21 See, e.g., Paul Feldman, "John Landis Not Guilty in 3 'Twilight Zone' Deaths: Jury Also Exonerate Four Others," *Los Angeles Times*, May 29, 1987.
22 *The Crow* (Miramax, 1994).
23 *The Game of Death* (Golden Harvest, 1972).
24 See, e.g., Terry Pristin, "Brandon Lee's Mother Claims Negligence Caused His Death," *Los Angeles Times*, August 11, 1993.

25 18 Pa. Cons. Stat. Ann. § 314 (West).
26 Id.
27 M'Naughten Case UKHL J16 (June 19, 1843).
28 *Com. v. duPont*, 1999 PA Super 88, 730 A. 2d 970 (Pa. Super. Ct. 1999).
29 Jeré Longman, "John E. du Pont, Heir Who Killed an Olympian, Dies at 72," *New York Times*, December 9. 2010.
30 I have written critically about its occasional misuse. See Alan M. Dershowitz, *The Abuse Excuse* (1993).
31 *Rubin v. State*, 325 Md. 552, 555, 602 A.2d 677, 678 (1992).
32 *Rubin v. Gee*, 292 F.3d 396, 398 (4th Cir. 2002). Another murder-abuse case that I was involved in and that was eventually overturned was *DeLuca v. Lord*, 77 F.3d 578 (1996).

第十八章
强奸罪政策的转变

1 One critic summed up the resulting injustice in a poignant headline: Martha Weinman Lear, "Q. If You Rape a Woman and Steal Her TV, What Can They Get You For in New York? A. Stealing Her TV," *New York Times*, January 30, 1972.

2 Blackstone articulated this so-called unity of person principle in his *Commentaries*: "The very being or legal existence of the woman is suspended during the marriage, or at least is incorporated and consolidated into that of the husband: under whose wing, protection and [cover] she performs everything." William Blackstone, *1 Commentaries on the Laws of England* 430 (1765).

For a history of the marital immunity doctrine, see Jill Elaine Hasday, "Contest and Consent: A Legal History of Marital Rape," 88 *Cal L. Rev.* 1373, 1392–406 (2000).

3 In his legal treatise *The History of the Pleas of the Crown*, Sir Matthew Hale reasoned that "the husband cannot be guilty of a rape committed by himself upon his lawful wife, for by their mutual matrimonial consent and contract the wife hath given up herself in this kind unto her husband, which she cannot retract." Matthew Hale, *1 Historia Placitorum Coronae: The History of the Pleas of the Crown* 628 (1778).

4 As Harry Kelven and Hans Zeisel observed, jurors were led to believe that the rape victim assumed some risk for what they deemed her "contributory fault" and thus often acquitted the defendant. Harry Kelven and Hans Zeisel, *The American Jury* 249–54 (1966).

5 As New York's highest court once put it: "Will you not more readily infer assent in the practiced Messina, in loose attire, than in the reserved and virtuous Lucretia?" *People v. Abbot*, 1838 WL 2949 (N.Y. Sup. Ct. 1838).

6 As one Tennessee court observed, "It would be absurd and shock all sense of truth for any man to affirm that there was not a much greater probability in favor of the proposition that a common prostitute had yielded her assent to sexual intercourse, than in the case of a virgin of uncontaminated purity; that all would readily assent to the proposition that she who follows prostitution as a trade would not be so likely to depart from her degraded habit and resist an offer for indulgence of illicit vice as would the woman of perfect purity." 140 A.L.R. 364 (originally published in 1942).

7 Susan Estrich, "Rape," 95 *Yale Law Journal* 1087, 1099 (1986). One court put it this way: "If the carnal knowledge was with the consent of the woman, no matter how tardily given, or how much force had therefore been employed, it is no rape." *Reynolds v. Nebraska*, 27 Neb. 90 (1889).

8 In the Talmud, one commentator suggested that some women may enjoy being raped: In Sotah 4:5, 19d, "A woman came to Rabbi Yohanan and said to him: I was raped. He said to her: And did you not enjoy it in the end? She said to him: If a man dips his finger in honey and puts it in his mouth on Yom Kippur, is it not bad for him, and yet he does enjoy it? And he accepted her argument." Quoted in 3 *The Talmud Yerushalmi and Graeco-Roman Culture* 209 (Peter Schaefer, ed.) (2002).

9 Those are the kinds of cases that Susan Estrich famously called "simple rape"—where the victim knows the rapist and violence is not necessarily involved. Susan Estrich, *Real Rape*, supra n. 582, at 1092 (1988).

10 Deuteronomy 5:21.

11 Compare the story of a concubine who is gang-raped and subsequently cut into twelve parts by her husband (Judges 19) with the story of Dina, one of the matriarchs of the Israelites, whose rape was avenged by her brothers (Gen. 34). For my interpretation of that story, see Alan M. Dershowitz, *The Genesis of Justice*, chapter 8 (2001).

12 The corollary is that if a sexual encounter is prohibited—such as between an unmarried man and a woman engaged to another—mutual consent is no defense.

13 Deuteronomy 22:29. For a general overview of the issue of rape in Jewish law, see Beth C. Miller, "A Comparison of American and Jewish Legal Views on Rape," 5 *Columbia Journal of Gender and Law* 182 (1996).

14 Alan M. Dershowitz, *The Genesis of Justice* 157 (2001).
15 See Susanne Scholz, "Religion," in *Encyclopedia of Rape* 206–9 (Merril D. Smith, ed.) (2004).
16 Matthew Hale, 1 *Historia Placitorum Coronae* 635 (1778).
17 John Wigmore, 3 *A Treatise on the Anglo-American System of Evidence in Trial at Common Law* § 924a at 736 (1970). There is no scientific basis for this sort of psychobabble.
18 See, e.g., Susan Brownmiller, *Against Our Will* (1975); Susan Estrich, "Rape," 95 *Yale Law Journal* 1087 (1986).
19 Three states—New York, Ohio, and Texas—still impose the corroboration requirement for certain sexual offenses. N.Y. Penal Law § 130.16 (McKinney); Ohio Rev. Code Ann. § 2907.06 (West); Tx Crim Pro, Art. 38.07. For a discussion of the legacy of the corroboration requirement, as well as other rules that made successful rape prosecutions so difficult, see Michelle J. Anderson, "Legacy of the Prompt Complaint Requirement, Corroboration Requirement, and Cautionary Instructions on Campus Sexual Assault," 84 *Boston University Law Review* 945, 968–69 (2004).
20 For a current list of such statutes, see http://www.ndaa.org/pdf/NCPCA%20Rape%20Shield%202011.pdf.
21 There are spousal rape laws in all states and in Washington, D.C. New York is the only state that still has a complete marital exemption on the books, but the court of appeals declared this exemption unconstitutional, finding "no rational basis for distinguishing between marital and nonmarital rape." *People v. Liberta*, 64 N.Y.2d 152, 163 (1984).
22 A few states still have resistance requirements written into their criminal codes. See Michelle J. Anderson, "Reviving Resistance in Rape Law," 1998 *University of Illinois Law Review* 953, 954 n.12 (1998). Some scholars observe that, despite this legislative change, some courts still inquire about the victim's resistance to establish nonconsent. Susan Estrich, "Rape," 95 *Yale Law Journal* 1123–24 (1986).
23 Catherine MacKinnon, "Palm Beach Hanging," *New York Times*, December 15, 1991
24 Catherine MacKinnon, *Professing Feminism* (Daphne Patai and Noretta Koertge, eds.) 129 (1994). ("In a patriarchal society all heterosexual intercourse is rape because women, as a group, are not strong enough to give meaningful consent.") Andrea Dworkin, *Intercourse* 154 (1997).
25 Andrea Dworkin, *Letters from a War Zone* 142 (1993). ("All men benefit from rape, because all men benefit from the fact that women are not free in this society; that women cower; that women are afraid; that women cannot assert the rights that we have, limited as those rights are, because of the ubiquitous presence of rape.")
26 The dramatic reduction in rapes coincided with an equally dramatic increase in the easy availability of pornography, thus disproving the causation claim made by some radical feminists: that pornography causes rape. See Alan M. Dershowitz, *Shouting Fire*, chapter 19 (2002).
27 *In re Request for Instructions from Disciplinary Counsel*, 610 A.2d 115, 117 (R.I. 1992).
28 Ibid.
29 U.S. Const., amend. VI.
30 "Drop Term Date Rape, Sentencing Judge Says," *Ludington Daily News*, March 28, 1992.
31 The quotations above are from the record of the case and the briefs.
32 *Tyson v. State*, 622 N.E.2d 457 (Ind. 1993).
33 *N. Sec. Co. v. United States*, 193 U.S. 197 (1904) (Holmes, J., dissenting).
34 For a summary of these reports, see Stuart Taylor and K.C. Johnson, *Until Proven Innocent*, 373–76 (2007).
35 Angela Lambert, "No Smoke Without Fire: The Case of Rape," *Ottawa Citizen*, February 16, 1992.
36 Al Baker and Steven Erlanger, "I.M.F. Chief, Apprehended at Airport, Is Accused of Sexual Attack," *New York Times*, May 14, 2011.
37 "Strauss-Kahn Lawyers See Alibi in Sex Case," Reuters, May 16, 2011.
38 William K. Rashbaum, "Strauss-Kahn May Claim Consensual Sex as Defense," May 17, 2011.
39 John Eligon, "Strauss-Kahn Is Indicted and Will Soon Leave Jail," *New York Times*, May 19, 2011.
40 Jim Dwyer, "Housekeeper's False Tale About Gang Rape, Strauss-Kahn Case Crumbles," *New York Times*, August 23, 2011.
41 John Eligon, "Strauss-Kahn Drama Ends with Short Final Scene," *New York Times*, August 23, 2011.
42 See John Solomon, "Alan Dershowitz Convicts DSK," *Daily Beast*, March 5, 2012.
43 Several years ago, I gathered a series of cases that seemed to be based on truthful accounts that turned out to be false. Here are some of them:

> *A Dedham, Massachusetts, woman accused four men of rape. Several days later the charges were dropped because the accuser recanted when approached by the district attorney with inconsistent forensic evidence along with information that she had falsely accused other men.*

St. Paul, Minnesota, police determined that within one week, two reported rapes were false. In the first case, a woman reported being abducted and raped by a man who hid in her car as she gave a talk to a chemical dependency treatment group at a local high school. When police checked the story, they found that the treatment group had never heard of her and that she didn't have a car. In the second case, a sixteen-year-old girl claimed to have been abducted at a downtown bus stop, imprisoned in a closet, and sexually assaulted by a man and his son over a thirty-three-hour period. In reality, the woman had been seen with her boyfriend several times over that thirty-three-hour period and had apparently been bruised by him. In both cases the women gave police detailed descriptions of their attackers and in both case the alleged assailants were black.

A seventeen-year-old girl from Washington State accused three twenty-year-old men of holding her down and raping her. Several days after the men were arrested, the woman recanted, saying she had made the whole thing up out of spite.

In Rhode Island, a college student reported that her former boyfriend raped her at gunpoint. She admitted that she made up the entire story after learning that the man she accused was fifteen hundred miles away at the time.

In New York, a woman who claimed she was raped at gunpoint in Central Park was arrested after it was discovered that she had filed eleven false reports of rape.

In Nebraska, a woman was required to broadcast an apology to a man she had falsely accused of raping her in order to "get the attention of her husband."

In Great Britain, a nineteen-year-old woman from Lincolnshire accused her former boyfriend of raping her after she spent the night with a different man. A jilted nurse falsely accused her former lover of beating her and also falsely accused his best friend of raping her.

These are among the cases some radical students complained about being discussed in class. We also discussed cases in which guilty rapists were wrongly acquitted or not prosecuted.

In recent years numerous inmates serving time for rape based on eyewitness identification have been exonerated by DNA. In these cases, the rapes occurred, but the victim misidentified the rapist. Many of these cases involved black defendants misidentified by white victims. See Alan M. Dershowitz, "When Women Don't Tell The Truth," *The Bryan Times*, May 19, 1992.

44 *People v. Lebovits*, 94 A.D. 3d 1146, 942 N.Y.S. 2d 638 (2012).

45 Under the Model Penal Code, which many states have adopted, a man is guilty of rape if he has sexual intercourse with a woman who is not his wife and "has substantially impaired her power to appraise or control her conduct by administering or employing without her knowledge drugs, intoxicants or other means for the purpose of preventing resistance." MPC §213.1(b).

46 I have changed some identifying features of this case, but not the essential facts, at the request of my former client.

47 *Rashomon* (RKO Radio Pictures, 1951).

48 Glanville Llewelyn Williams, *Criminal Law, The General Part* 386 (1953), attributes this statement to Judge Maule.

49 *Ella Fitzgerald Sings the Jerome Kern Song Book* (Verve 1963).

50 *Com. v. Sherry*, 386 Mass. 682, 697 (1982).

51 *Com. v. Simcock*, 31 Mass. App. Ct. 184, 192 (1991) (holding that defendants were not entitled to instruction on reasonable mistake).

52 I have never seen the entire film (see pp. 130–131 supra), but during the preview of a documentary about the film, I saw excerpts from it.

53 *People v. Moua*, No. 315972 (Fresno Super. Ct. 1985).

54 Sir Edward Coke, *Systematic Arrangement of Lord Coke's First Institute of the Laws of England* (1644), Vol. III, Epilogue 574 (J. H. Thomas, ed.) (1836).

55 Antonin Scalia, "Common-Law Courts in a Civil-Law System: The Role of the United States Federal Courts in Interpreting the Constitution and Laws," in Antonin Scalia and Amy Gutmann (eds.), *A Matter of Interpretation: Federal Courts and the Law* 3–47 (1997).

56 Once I take a case, however, my role changes: I become a single-minded advocate for my client, whether he or she is an accused or an accuser.

第十九章
媒体对法律影响的变化

1 Alan M. Dershowitz, "Court TV: Are We Being Fed a Steady Diet of Tabloid Television? Yes...," *American Bar Association Journal* 46 (May 1994).

2 In 2013, I argued against televising a civil trial in which Sheldon Adelson was a witness. His security consultant, a former deputy director of the U.S. Secret Service, testified that televising his

testimony would constitute a security threat to him and his family. The court allowed his testimony to be televised.

3 See Larry David's "Mister Softee" episode on *Curb Your Enthusiasm*, where a psychiatrist tells Larry about his celebrity patients, without disclosing the names, while identifying them by unique characteristics: e.g., "a well-known film director who directed *Star Wars*." *Curb Your Enthusiasm*, season 8, episode 9, see http://www.hbo.com/curb-your-enthusiasm/episodes/8/79-mister-softee/synopsis.html.

4 *United States v. Helmsley*, 941 F.2d 71, 77 (2d Cir. 1991).

5 Ibid. 79.

6 This conversation suggests an important distinction between different types of celebrities and their relationship to the legal process.

The first type consists of individuals who were already very famous before they got into trouble or before they needed my legal advice. The second are those who were not well known to the public but whose alleged crimes made them famous.

A third category would include people who were somewhat well known, but whose trial brought them considerably more fame and/or infamy.

A final category includes very famous celebrities who have hired me to keep their name and alleged wrongs out of the media. I have had several such cases, and for obvious reasons, I cannot disclose the names of these celebrity clients. Nor can I disclose the names of clients who have successfully used their celebrity to avoid the consequences of their actions.

7 Wallace Markfield, *You Could Live If They Let You* 87 (1974).

8 The President told a joke that wasn't particularly funny. My family has very high standards of humor, so we didn't laugh. The President, apparently thinking we didn't hear or get the punch line, repeated it. This time, we laughed—a bit. When the dessert was brought, the waiter put a large chocolate bombe in front of the President. My son thought it was large enough to be shared by the table and so he raised his spoon to take a piece. The President stared him down, saying with his eyes, "That's all mine!" Elon dropped the spoon and the President consumed the entire bombe. (Today, Bill Clinton is a vegan—no more bombes for him!)

9 Maureen Dowd, "Maladroit Du Siegneur," *New York Times*, September 30, 1998. ("He would be laughed out of any locker room in the country.")

10 Prior to the Lewinsky matter becoming public, there were widespread reports that the President limited his extramarital sex to oral gratification since he believed that it did not constitute biblical adultery and it gave him verbal deniability regarding sexual relations. This history actually strengthens his legal claim that he did not commit perjury when he denied having what *he regarded* as sexual relations with Lewinsky. A twenty-eight-year-old waitress was quoted by *Newsweek* as saying that as Clinton continues to define sex more and more narrowly, she begins to think of herself as a virgin! Quoted in Alan M. Dershowitz, *Sexual McCarthyism* 269 (1998).

11 *The Geraldo Rivera Show*, May 27, 1997, quoted in Alan M. Dershowitz, *Sexual McCarthyism* 14 (1998).

12 Paula Jones's lawyers have subsequently revealed that the Jones lawsuit could have been settled at one point for no money, with just a simple apology from President Clinton that made it clear that Paula Jones did not do anything wrong in the hotel room.

13 For a full account, see my *Sexual McCarthyism* 17 (1998).

14 *Clinton v. Jones*, 520 U.S. 681 (1997).

15 *Testimony Before the Judiciary Committee's Impeachment Hearings*, December 1, 1998.

16 Juliet Eilperin, "Both Sides Harden Impeachment Views; Widening of Probe Irks Democrats," *Washington Post*, December 2, 1998.

17 "Historically I think we can all agree that false statements have considerable variation and degree. The core concept of perjury grows out of the Ten Commandments, 'bearing false witness,' a term that consisted in accusing another falsely of a crime. Clearly the most heinous brand of lying is the giving of false testimony that results in the imprisonment of somebody who is innocent. Less egregious, but still quite serious, is false testimony that results in the conviction of a person who may be guilty, but whose rights were violated in a manner that would preclude conviction if the police testified truthfully. . . . The least culpable genre of false testimony are those that deny embarrassing personal conduct of marginal relevance to the matter at issue in the legal proceeding."

18 Quoted in Joseph Telushkin, *Jewish Humor: What the Best Jewish Jokes Say About the Jews* 21 (1992).

19 Alan M. Dershowitz, "Top 10 Legal Blunders," *George*, April 1999, 56.

20 Ibid.

21 Ibid.

22 *Manhattan* (United Artists, 1979).

23 *The Front* (Columbia Pictures, 1976).
24 "Were Julius and Ethel Rosenberg guilty of transmitting American atomic secrets to the Soviet Union in the 1940's, or were they scapegoats of the cold war whose execution was a grave miscarriage of justice? That both are true is the intriguing argument of [the new book.]" Alan M. Dershowitz, "Spies & Scapegoats," *New York Times Book Review*, August 14, 1983.
25 See infra p. 430.
26 *Allen v. Farrow*, 197 A.D.2d 327, 331 (1994).
27 Alan M. Dershowitz, *Chutzpah* (1991).
28 Timothy Crouse, "Prosecutor Beyond the Law? Morvillo: His Informant Raided a Bankrupt Firm," *Village Voice*, May 15, 1978.
29 I recount this instance of prosecutorial misconduct more fully in *The Best Defense* 377 (1983).
30 I wrote these words while Morvillo was alive. He has since died.
31 "Ronan Farrow, Son of Mia and Woody, Lands Rhodes Scholarship," *Washington Post*, November 21, 2011.
32 Kitty Kelley, *His Way: An Unauthorized Biography of Frank Sinatra* (1987).

第二十章
无端被告

1 This acknowledgment and withdrawal were part of a joint statement as part of a resolution of the lawsuit they brought against me, and the countersuit I brought against them.

2 It is clear that Boies understood that the statute of limitations barred any lawsuit against Wexner: rather than pursuing more serious charges related to Roberts's alleged abuse fifteen years earlier against Ghislaine Maxwell—one of Epstein's associates—Boies decided to sue Maxwell for defamation, based on statements Maxwell made recently through her agent.

3 I also found out that Roberts's representatives had reached out to ABC in January 2015 to secure an interview for their client, shortly after her allegations about me had gone public. During that interview, Roberts studiously avoided mentioning Wexner's name. Again, I leave it to Roberts's legal team to provide an innocent explanation for this omission. The interview was scheduled to be aired on *Good Morning America*, *ABC World News Tonight*, and *Nightline*. After I provided ABC with information proving Roberts was lying, they declined to air her interview.

4 Other lawyers on my core team included Andrew G. Celli, David Lebowitz, Charles H. Lichtman, Richard Simpson, Mary Borja, Kendell Coffey, Harvey Silverglate, and Bruce Rogow. Numerous other lawyers assisted as well.

5 In 2018, I was retained by Benjamin Bratman, who was representing Weinstein, to consult with him regarding a constitutional issue in the case.

6 Clinton too was never on the island—a fact that Boies or any of Roberts's lawyers could easily have ascertained by filing of a Freedom of Information Act request for Mr. Clinton's Secret Service records. An investigation headed by the former FBI director Louis Freeh did exactly that, and found that according to Secret Service records, "former President Clinton did not in fact travel to, nor was he present on, Little St. James Island between January 1, 2001, and January 1, 2003."

第四部分
追求平等与公正：永不止步
第二十一章
改头换面的种族问题

1 Martin Luther King, Jr., "I Have a Dream (Washington, D.C., August 28, 1963)," in Martin Luther King, Jr., *A Testament of Hope: The Essential Writings and Speeches of Martin Luther King, Jr.* (James M. Washington, ed.) 219 (1990).

2 After President Eliot diminished Harvard's religious traditions, making Harvard "undenominational," and introduced College Entrance Examination Board exams in 1905 to attract a geographically more diverse student population, Jewish enrollment skyrocketed. By 1922, Jews made up more than 20 percent of the incoming freshman class. The same was true for other Ivy League schools, such as Princeton and Yale. Columbia University even had a 40 percent Jewish enrollment. This soon changed under President Lowell, who imposed anti-Jewish quotas. Jerome Karabel, *The Chosen: The Hidden History of Admission and Exclusion at Harvard, Yale and Princeton* 119 (2005).

3 *DeFunis v. Odegaard*, 416 U.S. 312 (1974).

4 Ibid 331–32 (Douglas, J., dissenting).

5 Ibid.

6 As a legal historian described it: "'The future justice attended Whitman College in Washington and not a more prestigious institution because only Whitman offered him a scholarship; when he left for Columbia University Law School, he traveled part of the way on a freight car, alongside sheep. "In a real sense Marco DeFunis . . . was William O. Douglas, many years earlier, waiting on tables and carrying two other jobs in Walla Walla stores to put himself through school and supported his widowed mother.'" Dennis Deslippe, *Protesting Affirmative Action: The Struggle over Equality After the Civil Rights Revolution* 140 (2012).

7 For this view, see Noah Feldman, *Scorpions* 322 (2010) (arguing that Justice Douglas developed a jurisprudence of individual rights as a reaction to his tumultuous personal life).

8 This is, of course, not only true for liberal judges. When Justice Alito was asked at his 2006 confirmation hearings about how his Italian immigrant roots influence his judging in immigration cases, he openly admitted, "I do say to myself, 'You know, this could be your grandfather, this could be your grandmother.' "

Confirmation Hearing on the Nomination of Samuel A. Alito, Jr. to Be an Associate Justice of the Supreme Court of the United States: Hearing Before the Senate Committee. on the Judiciary, S. Hrg. No. 109–277, at 475 (2006).

9 *DeFunis v. Odegaard*, 416 U.S. 337 (1974).

10 Ibid. 342.

11 Paul Finkelman (ed.), 1 *Encyclopedia of African American History, 1896 to the Present: From the Age of Segregation to the Twenty-First Century* 207 (2009) (noting that "in the 1974 and 1978 affirmative action cases, black and Jewish organizations had for the first time taken opposite positions regarding a civil rights issue").

12 William Bowen and Derek Bok, former presidents of Princeton and Harvard, respectively, found that 80 percent of black students who entered Ivy League colleges in 1989 came from middle- or high-income families, compared to 49 percent of black college-age students nationwide. William Bowen and Derek Bok, *The Shape of the River: Long-Term Consequences of Considering Race in College and University Admission* (1998).

13 DeFunis received amicus briefs support from four Jewish organizations: the Jewish Rights Council, the American Jewish Congress, the Anti-Defamation League, and the American Jewish Committee.

14 "Jews have deserted the civil rights coalition," wrote Nina Totenberg, "because they see the DeFunis case as a matter of quotas, and quotas are anathema to Jews because they have been used for so many centuries to keep Jews out of universities.'" Dennis Deslippe, *Protesting Affirmative Action: The Struggle over Equality After the Civil Rights Revolution* 127 (2012) (quoting Nina Totenberg, "Discriminating to End Discrimination," *New York Times*, April 14, 1974).

15 See Alan Dershowitz and Laura Hanft, "Affirmative Action and the Harvard College Diversity-Discretion Model, Paradigm or Pretext?," 1 *Cardozo Law Review* 379, 414 (1979) (quoting Michael E. Kinsley, "Admissions Policy: From Dollars to Doughnuts," *Harvard Crimson*, January 27, 1971).

16 *Regents of the University of California v. Bakke*, 438 U.S. 265 (1978).

17 1977 WL 188015 (U.S.) (Appellate Brief) 35–36.

18 Ibid. 37.

19 Ibid. 44.

20 Ibid. 56–57.

21 Ibid.

22 Ibid.

23 *Regents of the University of California v. Bakke*, 438 U.S. 265, 316 (1978).

24 Ibid. 316–17; 321–24 (appendix to Justice Powell's opinion).

25 See Alan Dershowitz and Laura Hanft, "Affirmative Action and the Harvard College Diversity-Discretion Model, Paradigm or Pretext?," 1 *Cardozo Law Review* 384, n.15 (1979).

26 Furthermore, the policies and actions of Harvard, a private university, are not considered "state action" and therefore not subject to constitutional scrutiny. Ibid. 385 n.17 (citing *Krohn v. Harvard Law School*, 552 F.2d 21, 25, 1st Cir. 1977).

27 *Regents of the University of Southern California v. Bakke*, 438 U.S. 265, 316 (1978).

28 According to its dean of admissions, Harvard's admission rate for legacy children is around 30 percecnt—more than four times the regular admissions rate. Justin Worland, "Legacy Admit Rate at 30 Percent," *Harvard Crimson*, May 11, 2011. For a critique of this legacy boost, see Daniel Golden, *The Price of Admissions* 21–48 (2006).

29 *Regents of the University of Southern California v. Bakke*, 438 U.S. 265, 406 (Blackmun, J., concurring in part).

30 Ibid. 318, n. 53.

31 As my colleagues Henry Louis Gates and Lani Guinier point out: While 8 percent, or 530, of Harvard's college student body is black, two-thirds of them are children of West Indian immigrants or children of biracial couples rather than African-Americans—i.e., descendants of slaves whose families have been historically disadvantaged by the legacy of Jim Crow laws, segregation, poverty, and inferior schools. By contrast, students of West Indian descent are a "highly motivated, self-selected group"—they often come from wealthy areas, went to private schools, have more highly educated and more affluent parents, and, having encountered less discrimination in their upbringing, they are psychologically less disadvantaged by the stigma of race. As Professor Waters, a sociologist at Harvard, observed: "You need a philosophical discussion about what are the aims of affirmative action.... If it's about getting black faces at Harvard, then you're doing fine. If it's about making up for 200 to 500 years of slavery in this country and its aftermath, then you're not doing well. And if it's about having diversity that includes African-Americans from the South or from inner-city high schools, then you're not doing well, either." Sara Rimer and Karen W. Arenson, "Top Colleges Take More Blacks, But Which Ones?," *New York Times*, June 24, 2004.

32 For a detailed account how Harvard's quota system was used to exclude Jewish applicants, see Alan Dershowitz and Laura Hanft, "Affirmative Action and the Harvard College Diversity-Discretion Model, Paradigm or Pretext?," 1 *Cardozo Law Review* 387 (1979).

33 The current dean of admissions at Harvard College, William Fitzsimmons, genuinely seeks diversity and has worked hard to recruit inner-city blacks. But at the time of the *Bakke* decision this was not nearly as true.

34 Oliver Wendell Holmes, *The Common Law*, Lecture I: "Early Forms of Liability" (1881).

35 For my evolving views on affirmative action, see also Alan Dershowitz, "Visibility, Accountability, and Discourse as Essential to Democracy," *Albany Law Review* 784–87 (2008).

36 *Grutter v. Bollinger*, 539 U.S. 306, 343 (2003). ("We expect that 25 years from now, the use of racial preferences will no longer be necessary to further the interest approved today.")

37 *Fisher v. University of Texas*, 136 S.Ct. 2198 (2016).

第二十二章
坍塌的政教分离之墙

1 U.S. Const., amend. XIV, sec. 1

2 Congress added the words in 1954. Pub.L. 83-396, Chap. 297, 68 Stat. 249, H.J.Res. 243, enacted June 14, 1954.

3 In a public high school in Colorado, some Muslim students substituted the words "one nation under Allah" in the pledge they recited over the loudspeaker. http://www.dailymail.co.uk/news/article-2270944/Rocky-Mountain-High-School-Outrage-high-school-recites-Pledge-Arabic-saying-One-Nation-Under-Allah.html

4 George Washington, *Letter to the Hebrew Congregation in Newport, Rhode Island*, August 1790.

5 Ibid.

6 Most of the words were borrowed by Washington from the letter written to him by the rabbi of the Touro Synagogue. Moses Seixas, *Address to the President from the Hebrew Congregation*, August 17, 1790.

7 According to one historian, the big breakthrough for American Jews came in 1973, when Irving Presser, the son of a Lithuanian-born pants presser, became the chairman and CEO of Du Pont Corporation, then America's largest chemical company and the nation's oldest corporation. Edward S. Shapiro, *A Time for Healing: American Jewry Since World War II* (1995).

8 A turning point came in 1968, with the election of Edward H. Levi, the grandson of rabbis, as the president of the University of Chicago. Edward S. Shapiro, "The Friendly University: Jews in Academia Since World War II, *Judaism: A Quarterly Journal of Jewish Life and Thought* (Summer 1997).

9 See supra, ch. 20.

10 U.S. Const., Art. VI, par. 3.

11 U.S. Const., amend. I. The third reference to religion in the Constitution can be found in the free exercise clause of the First Amendment. Ibid.

12 When these words were written, they had a clear meaning: The *federal* government could not make any particular religion the official national one, though states were free to establish a particular church, as several did. The "incorporation" of the First Amendment to the states via the Fourteenth Amendment applied the establishment clause to the states as well.

13 Alan M. Dershowitz, *America Declares Independence*, 82–84 (2003). Nor would the composer of the original pledge, who was an early socialist. See Greg Beato, "Face the Flag: The Surprising History of the Pledge of Alliance," *Reason*, December 16, 2010.

14 *West Virginia State Board of Education v. Barnette*, 319 U.S. 624, 642 (1943).

15 Chris Chunland, "For Shapiro, Sitting Was an Act of Defiance," *Boston Globe*, December 6, 1984.
16 "Randolph Student Wants Court to Affirm Her Right Not to Join in Allegiance Pledge," *Boston Globe*, April 6, 1985.
17 "Girl Who Wouldn't Stand for Salute Gets Apology," *New York Times*, June 15, 1985.
18 *Teague v. Bakker*, 35 F.3d 978, 982 (4th Cir. 1994).
19 Quoted in *United States v. Bakker*, 925 F.2d 728, 740 (4th Cir. 1991).
20 *United States v. Bakker*, 925 F.2d 728, 740–741 (4th Cir. 1991).
21 Ibid.
22 "Jim Bakker Freed from Jail to Stay in a Halfway House," *New York Times*, July 2, 1994.
23 David Margolick, "At the Bar: Dershowitz Wows 'Em Again! (Is There No Escaping This Guy?)" *New York Times*, February 15, 1991.
24 See, e.g., Noah Feldman, *Divided by God* 22 (2005).
25 According to a 2011 Gallup poll, 49 percent of Americans said that they would not vote for an atheist. Lydia Saad, "In U.S., 22% Are Hesitant to Support a Mormon in 2012," June 20, 2011, available at http://www.gallup.com/poll/148100/Hesitant-Support-Mormon-2012.aspx.
26 Roger Williams, "Mr. Cotton's Letter Lately Printed, Examined and Answered" (1644), in *The Complete Writings of Roger Williams* (Samuel L. Caldwell, ed.) 392 (1963).
27 The irony is that the wall was essentially a contribution made by Baptists to America but is now being attacked by many Baptists.
28 Thomas Jefferson to Roger C. Weightman, June 24, 1826, in *The Life and Selected Writings of Thomas Jefferson* (Adrienne Koch and William Peden, eds.) 666 (1998).
29 Thomas Jefferson, Reply to Danbury Baptist Association, January 1, 1802, in ibid. 307 (emphasis added).
30 T. R. Reid, "Republicans Rue Mecham's Return; Arizonan's Maneuvers Embarrassing National Party Leaders," *Washington Post*, March 14, 1989.
31 Ibid.
32 Quoted in Alan M. Dershowitz, "Justice O'Connor's Second Indiscretion," *New York Times*, April 2, 1989.
33 Ibid.
34 See Alan M. Dershowitz, *Supreme Injustice*, 246 n. 67 (2001). See also Eric M. Yoder, Jr., "Justice O'Connor's Unfortunate Letter," *Washington Post*, March 19, 1989.
35 For such an interpretation of Jefferson's letter, see, e.g., Allen Jayne, *Jefferson's Declaration of Independence: Origins, Philosophy, and Theology* 173 (1998).
36 *Holy Trinity Church v. United States*, 143 U.S. 457, 471 (1892).
37 Actually, recent scholarship suggests that Brewer was not an across-the-board bigot. Some scholars point out that he was involved in the antislavery movement and quite sympathetic to women. See, e.g., J. Gordon Hylton, "The Judge Who Abstained in Plessy v. Ferguson: Justice Brewer and the Problem of Race," 61 *Mississippi Law Journal* 315 (1999).
38 *Zorach v. Clauson*, 343 U.S. 306, 313 (1952).
39 In at least one case, Justice Sutherland said—in passing—that "we are a Christian *people*." But he then quickly added in the same sentence that we are a people who accord "to one another the equal right of religious freedom" (emphasis added). *United States v. Macintosh*, 283 U.S. 605, 625 (1931). Justices Holmes, Brandeis, Stone, and Hughes dissented. Justice O'Connor failed to mention this case.
40 "Justice Regrets Her Letter's Use in 'Christian Nation' Debate," *St. Louis Post-Dispatch*, March 16, 1989.
41 Alan M. Dershowitz, "Justice O'Connor's Second Indiscretion," *New York Times*, April 2, 1989.
42 Walter Mondale, address to B'nai B'rith, Washington, D.C., September 6, 1984.
43 Rick Santorum on ABC's *This Week*, February 26, 2012.
44 Even the term "values voters" used during the last few presidential campaigns suggests that nonreligious or secular voters do not have strong moral values. The fact that this derogatory term is uncritically used not only by the religious right but also by the mainstream media shows how successful those in the religious right have become in turning "secularism" and "humanism" into dirty words. Alan Dershowitz, *Blasphemy* 116–17 (2007).
45 See, e.g., Leviticus 18:22. Interestingly enough, the story of Sodom and Gomorrah, though in many aspects the most obvious passage dealing with homosexuality, has not been interpreted by Jewish and Christian theologians as being about sexual sins but rather as being about inhospitality. John Boswell, *Christianity, Social Tolerance, and Homosexuality* 93 (2005).
46 The phrase is from the song "Carefully Taught," in Richard Rodgers, Oscar Hammerstein, Joshua Logan, and James Albert Michener, *Rodgers and Hammerstein's South Pacific* 77 (1956).
47 *Bowers v. Hardwick*, 478 U.S. 186 (1986).
48 Id, at 197.

49 *Goodridge v. Dep't of Pub. Health*, 440 Mass. 309 (2003).
50 Alan M. Dershowitz, "To Fix Gay Dilemma, Government Should Quit the Marriage Business," *Los Angeles Times*, December 3, 2003.
51 *Obergefell v. Hodges*, 135 S.Ct. 2584 (2015).
52 If a woman wants to carry her fetus to term, and someone deliberately aborts it, say by kicking her in the stomach, that should be a serious crime akin to murder.
53 Alan Dershowitz, *Rights from Wrongs* 169–70 (2005).
54 *Catechism of the Catholic Church*, 2265–67 (1997).
55 531 U.S. 98 (2000).
56 Alan M. Dershowitz, *Supreme Injustice* (2001).
57 Ibid. 191.
58 Ibid. 194.
59 *Roe v. Wade*, 410 U.S. 113 (1973).
60 ACLU Position Paper, *The Right to Choose: A Fundamental Liberty* (fall 2000), available at http://www.aclu.org/FilesPDFs/ACF4E49.pdf.
61 Ibid.
62 See, e.g., David Lauter and Douglas Jehl, "Parties Seek Abortion Issue's Middle Ground," *Los Angeles Times*, July 26, 1992, stating that Bush was pro-choice until 1980, when he switched sides and became Reagan's running mate.
63 Whether the same is true of the debate over capital punishment is a more complex issue, because of the unfairness and inequality in administering the death penalty. See supra, chapter 13.
64 Alan M. Dershowitz, *Supreme Injustice* 192–95 (2001).
65 Thomas Jefferson, The Virginia Act for Establishing Religious Freedom (1786).

第二十三章
从"人之权"到"人之过"

1 *The Universal Declaration of Human Rights* (1948).
2 Franklin D. Roosevelt, "State of the Union (Four Freedoms), January 6, 1941," in *FDR: Selected Speeches of President D. Roosevelt* 135 (2010).
3 U.N. General Assembly Resolution 181 (II), A/RES/181(II), Nov. 27, 1947.
4 Joseph P. Lash, "Calendar Reform Tops Formosa Issue in Letter to U.N.," *New York Post*, April 21, 1955, p. 34, quoting a U.S. note to Secretary General Dag Hammarskjöld.
5 Ibid.
6 I also explored the concept of animal rights. See Alan Dershowitz, *Rights from Wrongs* 193–99 (2005).
7 Alan M. Dershowitz, *Chutzpah* 231 (1991).
8 See supra p. 187.
9 Pirkei Avot 1:14.
10 "400 Enroll in a Harvard Course on 'Law and the Lawyer' in the Vietnam War," *New York Times*, February 18, 1968.
11 "Student Lawyers & Viet Nam," *Time*, March 1, 1968.
12 Ellen J. Miller, "Global Watchdog," *Harvard Law School Bulletin*, summer 1978, 24–28.
13 Ibid. 24–25.
14 Ibid. 26.
15 Ibid., at 28.
16 Elie Wiesel, *The Jews of Silence* (1966).
17 Alan M. Dershowitz, "Nobel Laureate Works for Peace," *Boston Herald*, December 8, 1992.
18 See *The Best Defense*, chapter 7 (1983); *Chutzpah*, chapter 8 (1991); Telford Taylor (with Alan Dershowitz, George Fletcher, Leon Lipson, and Melvin Stein), *Courts of Terror* (1976).
19 American Booksellers Foundation for Free Expression, *Performers, Artists and Authors for Free Expression*, Carnegie Hall, New York, May 31, 1991.
20 Tomorrow: The Israel Presidential Conference 2008, ICC International Convention Center, Jerusalem, May 13–15, 2008.
21 Elizabeth S. Landis, "South African Apartheid Legislation I: Fundamental Structure," 71 *Yale Law Journal* 1 (1961); Elizabeth S. Landis, "South African Apartheid Legislation II: Extension, Enforcement and Perpetuation," 71 *Yale Law Journal* 437 (1962).
22 Alan M. Dershowitz, "Look Who's Blacklisting Now," February 22, 1985, reprinted in Alan M. Dershowitz, *Taking Liberties* 94–96 (1988).
23 Allen's film *The Front* (Columbia Pictures, 1976) dealt critically with blacklisting.
24 Alan M. Dershowitz, "Preventive Detention of Citizens During a National Emergency: A Comparison Between Israel and the United States," 1 *Israel Yearbook of Human Rights* 295 (1971).

25 For my early criticism of the settlements, see, e.g., "Dershowitz Calls for Mideast Peace: 'Israel Should Give Up Arab Land,'" *Harvard Crimson*, March 20, 1974.

26 See, e.g., Jennifer Mishory, "Dershowitz Shifts Focus to World Outside Israel," *Daily Bruin*, November 8, 2006.

27 An old Soviet dissident joke went this way: The leader of Czechoslovakia asked his Soviet masters for money for a Department of the Navy. The Soviet replied, "But you're a landlocked country and don't need a Department of the Navy." The Czech leader replied: "Well, you have a Department of Justice."

28 See, e.g., Noam Chomsky, "If Nuremberg Laws Were Applied" (delivered around 1990), available at http://www.chomsky.info/talks/1990----.htm

29 Daniel Berrigan, *Address to the Association of Arab-American University Graduates*, Washington, D.C., October 19, 1973.

30 See, e.g., Edward S. Herman and Noam Chomsky, *After the Cataclysm* 138–39 (1979). In his unmatched hatred against America and his penchant to defend the most violent dictators, Chomsky also asserted that "it seems fair to describe the responsibility of the United States and Pol Pot for atrocities during the 'decade of genocide' as being roughly in the same range." Edward S. Herman and Noam Chomsky, *Manufacturing Consent* 264–65 (1994). Along similar lines, Chomsky praised the Khmer Rouge regime by asserting that "at the end of 1978 Cambodia [under the Khmer Rouge] was the only country in Indochina that had succeeded at all in overcoming the agricultural crisis that was left by the American destruction." Noam Chomsky, *Language and Politics* 245–46 (2004). Edward S. Herman and Noam Chomsky, *After the Cataclysm* 160 (1979).

31 Alan Dershowitz, "Can the Guild Survive Its Hypocrisy?," *American Lawyer*, August 11, 1978.

32 As George Conk, an admiring guild historian and a former editor of the monthly *Guild Notes*, described it: "At the Boulder [Colorado] convention in 1971, the young veterans of the antiwar movement found they had the Guild in their own hands, and many older members withdrew from active membership."

33 Daniel Berrigan, *Address to the Association of Arab-American University Graduates*, Washington, D.C., October 19, 1973.

34 Ibid.

35 "Special Report, The Malpractice of the National Lawyers Guild," 2 *Moment* 10, 10 (October 1, 1977).

36 Ibid.

37 Alan M. Dershowitz, "Can the Guild Survive Its Hypocrisy?," *American Lawyer*, August 11, 1978.

38 Alan M. Dershowitz, "What Are They Watching?," *New York Sun*, August 23, 2006. See also Robert L. Bernstein, "Rights Watchdog, Lost in the Mideast," *New York Times*, October 20, 2009.

39 See, e.g., Alan M. Dershowitz, "Amnesty International's Biased Definition of War Crimes: Whatever Israel Does to Defend Its Citizens," *Huffington Post*, August 29, 2006; Alan M. Dershowitz, "The 'Human Rights Watch' Watch, Installment 1," *Huffington Post*, August 21, 2006; Alan M. Dershowitz, *The Case Against Israel's Enemies* 33–34 (2008).

40 United Nations Security Council Resolution 242 (S/RES/242).

41 As the historian Benny Morris explained, this formulation was intended "to convert [Israel's] stunning military victory into a political achievement: the conquered territories could be traded for peace." Benny Morris, *Righteous Victims* 328 (2001).

42 Fourth Arab Summit Conference, *The Khartoum Resolutions*, September 1, 1967.

43 Abba Eban, "Israel's Dilemmas: An Opportunity Squandered," in Stephen J. Roth (ed.), *The Impact of the Six-Day War: A Twenty-Year Assessment* 25 (1988). See also Alan M. Dershowitz, *The Case for Israel* 205 (2004).

44 Tvuia Saa, "An Ignored Country," *New York Times*, December 1, 1977.

45 The record of the UN Commission on Human Rights (UNCHR) on the matter is much the same. In March 1978 the United Kingdom petitioned the UNCHR to appoint a special rapporteur for human rights in Cambodia. Syria, the Soviet Union, and Yugoslavia blocked the move. Instead of appointing a rapporteur, the commission invited comment by the Khmer Rouge, referred the matter to a subcommittee, and (despite the ongoing genocide) delayed consideration of the matter until 1979. By the 1979 meeting of the commission, Vietnam had already invaded Cambodia and effectively ended the killings. Yet again, however, the commission delayed consideration of the Cambodia matter. Only in 1980, nearly five years after the atrocities began, did the UNCHR finally pass a resolution condemning the genocide.

46 A/RES/337 Elements of All Forms of Racial Discrimination (Nov. 10, 1975).

47 Quoted in Alan M. Dershowitz, *Chutzpah* 224 (1991).

48 Quoted in Paul Hofmann, "U.N. Votes 72–35, to Term Zionism Form of Racism," *New York Times*, November 11, 1975.

49 A/RES/46/86 (Dec. 16, 1991).
50 The conference was authorized by UN Resolution A/RES/52/111 (Feb. 18, 1998).
51 The United States Holocaust Memorial Museum, *Voices on Anti-Semitism* podcast series, June 5, 2008, transcript available at http://www.ushmm.org/museum/exhibit/focus/antisemitism/voices/transcript/?content=20080605.
52 Even the UN high commissioner for human rights—Mary Robinson, no friend of Israel—was appalled at what she was witnessing. The Arab Lawyers Union distributed a booklet of anti-Semitic cartoons that could have been published by *Der Stürmer*. The *Jerusalem Post* reported Robinson's reaction:

> Waving a book of anti-Semitic cartoons distributed at the anti-racism conference in Durban, UN High Commissioner Mary Robinson—in a dramatic act of identification with the Jews vilified in the pamphlet—declared "I am a Jew" at an NGO dinner there Wednesday night. *(Herb Keinon and Janine Zacharia, "Robinson in Durban: I Am a Jew," Jerusalem Post, August 30, 2001.)*

53 Tom Lantos, "The Durban Debacle: An Insider's View of the UN World Conference Against Racism," 26 *Fletcher Forum of World Affairs* 1, 7 (winter/spring 2002).
54 AFP News Agency, April 20, 2009.
55 *The Perils of Global Intolerance: The United Nations and Durban III*, New York, September 22, 2011. A video of my speech is available at http://www.pjtv.com/?cmd=mpg&mpid=457&load=6057.
56 In March 2013, the Muslim Brotherhood issued a statement in which it ordered women "to be confined within a framework that is controlled by the man of the house." It forbade married women to "file legal complaints against their husbands for rape" and "required the husband's consent in matters such as travel, work or contraception." David Kirkpatrick and Mayy El Sheikh, "Muslim Brotherhood Statement on Women Stirs Liberals' Fear," *New York Times*, March 14, 2013. Such sexism is pervasive in numerous Muslim countries, like Saudi Arabia, Egypt, the Gaza Strip, and Iran. Yet at the same time, "the U.N.'s top women's rights body [condemned] only one state for violating the rights of women anywhere in the world"—Israel. Anne Bayefsky, "'Human Rights' Are a Weapon in the Political Arsenal of Israel's Enemies," *Human Rights Voices*, March 18, 2013.
57 I've elaborated on the "worst first principle" before in the context of the International Criminal Court, which, to its credit, has not failed this test yet. See Alan M. Dershowitz, "For the International Criminal Court to Work, the Worst Must Come First," *Huffington Post*, February 10, 2009.
58 Exodus 1:8–10. ("Then a new king, to whom Joseph meant nothing, came to power in Egypt. 'Look,' he said to his people, 'the Israelites have become far too numerous for us. Come, we must deal shrewdly with them or they will become even more numerous and, if war breaks out, will join our enemies, fight against us and leave the country.'") Book of Esther.
59 *UN Watch Report: UN, Israel & Anti-Semitism*, available at http://www.unwatch.org/site/c.bdKKISNqEmG/b.1359197/k.6748/UN_Israel__AntiSemitism.htm.

结语

1 Yiddish corruption of the Hebrew for "evil eye."
2 *Zelig* (Orion Pictures, Warner Bros., 1983).
3 Oliver Wendell Holmes, "The Path of the Law," 10 *Harvard Law Review* 457 (1897).
4 Babylonian Talmud: Tractate Baba Bathra, 12b.
5 It is not clear who [actually] coined this bon mot. Besides Berra, the physicist Niels Bohr is often credited with it, as are Samuel Goldwyn and Mark Twain. See David Katzenberg, *All Things Considered*, National Public Radio, April 7, 2000.
6 As is frequently the case, the discussion in class inspired me to write an article. Alan M. Dershowitz, "Is Paterno Getting a Bum Rap?" *Huffington Post*, November 18, 2011, http://www.huffingtonpost.com/alan-dershowitz/is-paterno-getting-a-bum-_b_1101933.html.
7 Evan M. Wiener, *Captors* (2011).
8 *Crazy, Stupid, Love* (Warner Bros., 2011).
9 William Shakespeare, *The Tempest*, Act 2, Scene 1.
10 Though not the Political Science Department, in which I majored. See Alan M. Dershowitz, "Brooklyn College Political Science Department's Israel Problem," *Huffington Post*, January 30, 2013; Alan M. Dershowitz, "Does Brooklyn College Pass the Shoe on the Other Foot Test?" *Huffington Post*, February 1, 2013; Alan M. Dershowitz, "Did Brooklyn College's Political Science Department Violate the First Amendment?" *Huffington Post*, February 12, 2013.
11 René Descartes, *Principles of Philosophy*, Part 1, Art. 7 (1644).
12 Alan M. Dershowitz, *The Best Defense* (1983).
13 Alan M. Dershowitz, *Chutzpah* (1991).
14 Ibid. 353.

15 I wrote about this ugly encounter in Alan M. Dershowitz, "Hatred at Faneuil Hall," *Jerusalem Post*, March 21, 2004.

16 Phyllis Chesler and Nancy Kobrin, "Psychological Roots of Islamic Rage," *Jewish Press*, August 9, 2006.

17 Alan Dershowitz, *The Case for Israel* (2003). I eventually wrote *The Case for Peace* in 2005.

18 Kasim Hafeez, "From Antisemite to Zionist," *Jewish Chronicle*, October 7, 2011.

19 Ibid.

20 Jenni Frazer, "Fertile Mind," interview with Dame Ruth Deech, *Jewish Chronicle*, April 22, 2005.

21 *Jewish Daily Forward* 50, 2007, available at http://forward.com/forward-50-2007/.

22 "Activism," *Jewish Daily Forward*, November 14, 2003.

23 See Alan M. Dershowitz, "The Brooklyn College BDS Debate and Me: The Critics' Real Agenda," *Guardian*, February 8, 2013.

24 Democracy Now, April 17, 2007.

25 "How Obama Legitimated Torture," February 19, 2013, blog.

26 See, e.g., Andrew G. Bostom, "The Unbearable Lightness of Alan Dershowitz," *The American Thinker*, May 1, 2013; Alan M. Dershowitz, "Jews Who Boo Efforts to Make Peace," *Jerusalem Post*, May 5, 2013.

27 Today, the approval rating of the high court is at the lowest in decades. Adam Liptak and Allison Kopicki, "Approval Rating for Supreme Court Hits Just 44% in Poll," *New York Times*, June 7, 2012.

28 For the original understanding of the court's authority, see, e.g., Akhil Reed Amar, *America's Constitution: A Biography* 209 (2005).

29 *The Federalist Papers* 78 (A. Hamilton) 464 (C. Rossiter, ed., 2003).

30 531 U.S. 98 (2000).

31 *Citizens United v. Federal Election Commission*, 558 U.S. 50 (2010). For an excellent discussion of the behind-the-scenes struggles among the justices leading up to the Citizens United decision, see Jeffrey Toobin, "How John Roberts Orchestrated Citizens United," *New Yorker*, May 21, 2012. Three of the four dissenters in *Bush v. Gore* were appointed by Democratic presidents. The fourth, Justice Stevens, was appointed by a moderate Republican, Gerald Ford, at the recommendation of his Democratic attorney general, Edward Levy.

32 See also Ronald Dworkin, *The Supreme Court Phalanx* (2008). In his decision upholding the Obama health care law, Chief Justice Roberts sought to balance a desire to preserve the integrity of the high court against his views regarding the commerce and taxing clauses of the Constitution. See Alan M. Dershowitz, "The Health Care Decision Is Good in the Short Term, Questionable in the Long Term," *Newsmax*, June, 28, 2012.

33 *Brown v. Allen*, 344 U.S. 443, 540 (1953).

34 As the *New York Times* reports, several former partners of the now defunct firm of Dewey & LeBoeuf have asked a judge to reject the bankruptcy plan that the firm had proposed on the grounds that the plan "was designed and conceived to perpetuate a fraud on the firm's former partners." The article also cites a former partner who claims that the firm, which at one time employed more than fourteen hundred lawyers in twenty-six offices worldwide, owed both $38 million in compensation. Peter Lattman, "Several Former Partners Ask Judge to Overturn Dewey's Bankruptcy Plan," *New York Times*, February 16, 2013.

See also Peter Lattman, "With a Judge's Decision, Dewey Is Officially Dissoved," *New York Times*, February 28, 2013

35 As I write these words, the *New York Times* reports that the American Bar Association's Task Force on the Future of Legal Education is considering the establishment of the legal equivalent of nurse practitioners. Ethan Bronner, "Lawyers Call for Drastic Changes in Educating New Lawyers," *New York Times*, February 10, 2013.

36 As Professor Tamanaha notes in a recent blog spot, "From 1985 through 2009, resident tuition at public law schools increased by a staggering 820 percent—from $2,006 to $18,472 (non-resident tuition increased by 543 percent, from $4,724 to $30,413)—while tuition at private law schools went up by 375 percent—from $7,526 to $35,743. These increases far outstripped the rate of inflation. Had tuition merely kept pace with inflation, average resident tuition at public law schools today would be $3,945, less than a fourth of what it is, and average private school tuition would be $14,800, less than half of what it is. Law school would still be affordable if law schools had not extracted such a large premium over inflation." Professor Tamanaha goes on to examine the tuition fees at Yale Law School, which are roughly the same as Harvard's: "Tuition at Yale Law School was $12,450 in 1987; in 1999 it was $26,950; in 2011 it was $50,750—an increase of nearly $24,000 in just the last dozen years. Factoring in projected living expenses ($18,900), Yale students without scholarships (half of the class) who commenced their legal studies in 2010 will pay more than $200,000 to obtain their law degree. If the recent rate of increase continues, ten years hence tuition at Yale Law School will exceed $70,000 annually. That might

sound impossible, but ten years ago many would have scoffed at the suggestion that the tuition at Yale would be $50,000 today." Brian Tamanaha, "The Responsibility of Yale Law School for the Rise of Tuition Nationwide—And What to Do to Help," *Balkanization*, November 21, 2011, available at http://balkin.blogspot.com/2011/11/responsibility-of-yale-law-school-for.html.

37 Ethan Bronner, "Law Schools' Applications Fall as Costs Rise and Jobs Are Cut," *New York Times*, January 30, 2013.

38 Ibid.

39 Peter Lattman, "N.Y.U. Law Plans Overhaul of Students' Third Year," *New York Times*, October 17, 2012. The article also states correctly that the "traditional third year of study is largely filled by elective courses. While classes like 'Nietzsche and the Law' and 'Voting, Game Theory and the Law' might be intellectually broadening, law schools and their students are beginning to question whether, at $51,150 a year, a hodgepodge of electives provides sufficient value."

40 Erich Segal, *The Class* 513 (1986)

索 引*

Abbott, Jack Henry, 307
Abortion, 408, 426, 430–433
Academic freedom, 172–175
Adams, John, 231, 423–425
Adelson, Miriam, 465
Adelson, Sheldon, 465
Affirmative action, 397, 406–415, 487
Ahmadinejad, Mahmoud, 459–460
Aldrich, Bailey, 93–94, 122–127, 129, 130, 140
Ali, Muhammad, 6
Alien abductions, 172–175
Alien and Sedition Laws, 148, 152–153
Allen, Woody, 6, 34, 59, 86, 377–382, 449, 464
American Bar Association, 428
American Civil Liberties Union (ACLU), 96–98, 101, 144, 158, 160–165, 206, 209, 431, 432, 479, 480, 482
Amir, Yigal, 304–306
Andrew, Prince, 361–362, 386, 387, 390, 392, 399
Animal House (movie), 135, 314
Annie Hall (movie), 85
Anti-Defamation League, 94
Antiwar cases, 145–147
Apartheid, 448–450
Arafat, Yasser, 171
Armenian genocide, 166, 443
Assange, Julian, 6, 148–152
Assisted suicide, 256–257

Babi Yar massacres, 281
Baden, Michael, 252–254
Bailey, F. Lee, 237
Baker, Bobby, 82
Baker, Jeanne, 196
Bakke, Allan, 410
Bakke case, 6, 410–412
Bakker, Jim, 419–421
Bakker, Tammy Faye, 419, 421
Baldwin, Roger, 144
Barshay, Hyman, 33–35
Bartholet, Elizabeth, 91
Battered woman syndrome, 319–320

Bazelon, David, 58–74, 81, 94, 96, 98, 127–128, 191, 206, 316–317, 408, 478
Beacon Press, 145, 147
Beck, Bernie, 23
Ben-Gurion, David, 36
Bennett, Robert, 367–372, 376
Bennett, William, 85
Beria, Leverenti, 231
Berra, Yogi, 465
Berrigan, Daniel, 454, 455
Berrigan brothers, 145
Best Defense, The (Dershowitz), 3, 70, 196, 385, 473
Bettelheim, Bruno, 190, 191
Bickel, Alexander, 54, 55, 57, 58, 75, 89, 95–96, 100, 145–146
Bill of Rights, 109, 205, 331
Binion, Ted, 252–256
Bird, Larry, 474
Bitburg, Germany, 444
Black, Conrad, 6
Black, Hugo, 56–58, 72, 108–109, 111, 187
Black, Roy, 386
Blackburn, James, 265–266
Blackmun, Harry A., 413
Blackstone, William, 428
Boies, David, 391–397
Boies Schiller & Flexner, 393–395
Bok, Derek C., 91, 409, 439
Boston Marathon bombing, 184, 212, 229, 453
Botnick, Victor, 33
Boudin, Michael, 467
Bowman, Sylvia Smith, 179–180
Brandeis, Louis, 75, 180
Brando, Cheyenne, 363
Brando, Christian, 362–363
Brando, Marlon, 362–363
Brennan, William, 56, 58–60, 72, 76, 82, 206–208, 246, 478, 486
Brennan, William, Jr., 51, 206
Brewer, David, 425
Breyer, Stephen, 76, 82, 83, 211, 324, 488

---
* 索引中所标示的页码为原书页码，即本书边码。

Britt, Jim, 265, 266, 273
Brooklyn College, 45–50, 53, 466, 470, 471
Brooklyn Dodgers, 38–39, 405
Brooks, Mel, 34
Brothers Karamazov, The (Dostoyevsky), 69
Brown v. Board of Education (1954), 80, 406
Bruce, Lenny, 377
Bryant, William Jennings, 354
Buber, Martin, 174
Buchanan, Patrick, 258, 259
Buckley, William, 10
Bulger, Billy, 293–297
Bulger, Whitey, 293–297
Bundy, Ted, 259
Burger, Warren, 62, 69, 70, 127–130, 139, 140, 211, 222, 427–428, 486
Burns, Frank, 194
Bush, George H. W., 433
Bush, George W., 271, 272
Bush, Joe, 312–313
Bush v. Gore (2000), 6, 270–271, 430–431, 433, 485, 487
Byse, Clark, 84, 86

Calabresi, Guido, 50, 55, 57, 58, 100
Cambodia, 454, 458, 462
Capital punishment, 6, 75–76, 92, 101, 121, 203–214, 218–226, 237, 257, 304, 305, 339, 426, 430
Cardozo, Benjamin, 62–63
Carlin, George, 119–120, 154
Carter, Jimmy, 277–278, 289
Cas Against Impeaching Trump, The (Dershowitz), 481
Case for Israel, The (Dershowitz), 477–478
Cassell, Paul, 389
Cassin, René, 435, 463
Castro, Fidel, 49
Censorship, 101, 107, 111, 113, 116–118, 144, 154–156, 158, 163, 164, 187–189, 426, 490
Center for Advanced Study of the Behavioral Sciences, 100, 159, 190–192, 285, 446
Cernea, Michael, 190, 197, 446–447
Chapman, Mark, 303
Chappaquiddick, 6, 183, 289–290
Chayes, Abram, 61, 439
Chemerinsky, Erwin, 162–164
Chesler, Phyllis, 476
Chicago Seven, 5, 144
Chomsky, Noam, 18, 166–168, 170, 171, 176, 453, 454, 479
Churchill, Winston, 5

Chutzpah (Dershowitz), 3, 9, 245, 379, 473, 476
CIA (Central Intelligence Agency), 145, 277
Citizens United v. Federal Election Commission (2010), 485
Civil liberties, 96–98, 142, 160, 161, 339, 480–484, 495, 496
Civil rights movement, 55, 60, 406, 414
Clark, Marsha, 239–240
Clark, Thomas Campbell, 56
Clear and present danger, 157, 159–161
Clinton, Bill, 6, 83, 92–93, 246, 295, 306, 364–376, 381, 397, 399, 478, 480, 482, 483
Clinton, Hillary, 92–93, 186, 306, 364, 365, 367, 478, 480–483, 488
Club of Odd Volumes, 93–100
Cochrane, Johnny, 239–240
Coffin, William Sloane, 144
Cohen v. California (1971), 111
Comey, James, 483
Connolly, John, 294–297
Connolly, Marianne, 296
Cotler, Irwin, 277, 278, 438, 450, 458–459
Couric, Katie, 168–169
Cox, Archibald, 97, 439
Cranston, Alan, 6
Crosby, David, 6
Cruel and Unusual (Meltsner), 210
Cruz, Ted, 488
Cuban Missile Crisis, 5, 61

Damiano, Gerard, 132, 135
Darden, Christopher, 238
Darfur, 443, 459, 462
Darrow, Clarence, 8, 134, 354
Davis, Angela, 284–286
Deathbed confessions, 255
Debs, Eugene, 134
Decent Interval (Snepp), 145
Declaration of Independence, 423–425
Deep Throat (movie), 6, 131–139, 351–352
Defamation, 176–180
DeFunis, Marco, 407
DeLay, Tom, 480
Demjanjuk, John, 6, 55, 211–212
Democratic National Convention (1968), 144, 454
Dershowitz, Barbara, 473
Dershowitz, Carolyn Cohen, 39, 200, 243–244, 356, 378, 386, 451, 468, 472, 473
Dershowitz, Claire, 13–14, 16–19, 21–27, 29–33, 35–37, 39–42, 44–46, 50–52, 79, 100, 158, 171, 244, 358, 448, 470, 482

Dershowitz, Eiger and Adelson, 250, 252
Dershowitz, Ella, 13, 23, 200, 243, 357, 451, 473
Dershowitz, Elon, 2, 23, 50, 55, 72–73, 84, 92, 190–194, 197–200, 238, 241, 356, 418–419, 473, 474, 475
Dershowitz, Harry, 13, 15, 16, 18, 21, 23, 24, 26, 27, 32–34, 41, 46, 52, 72
Dershowitz, Hedgie, 40
Dershowitz, Jamin, 23, 61, 84, 197, 199, 327, 414, 473, 474
Dershowitz, Lori, 473
Dershowitz, Louis, 14, 15
Dershowitz, Lyle, 473
Dershowitz, Marilyn, 281, 320–321
Dershowitz, Nathan, 13, 232, 250, 252, 253, 261, 280, 281, 287, 320, 327, 358, 410
Dershowitz, Sue, 50, 61, 84, 92, 192, 195, 196, 471
Descartes, René, 3, 472
DeWolfHowe, Mark, 96
Dlugash, Melvin, 312–313
DNA, science of, 229, 238, 268, 269, 273–274, 343–345, 493
Dole, Liddy, 91
Doody, Jonathan, 260–262
Dostoyevsky, Fyodor, 69
Douglas, William O., 56, 58–60, 81, 94, 207, 208, 407–408, 425, 486
Dowd, Maureen, 366
Draft resistance movement, 145
Droney, John, 137
DSK case, 343–345, 354
Du Pont, John, 317–319
Dukakis, Michael, 294
Duncan, Charles, 67
Duncan, Todd, 67
Durban Conferences, 458–460
Durham, Monte, 64
Durham Rule, 64

Eban, Abba, 457, 458
Edelman, Artie, 21–23
Eichmann, Adolf, 54, 205, 305, 467
Eiger, Victoria, 261
Eighth Amendment to the Constitution, 101, 205
Eisenhower, Dwight D., 82
Eizenstat, Stuart, 277
Elefant, 195
Eliot, T. S., 280
Ely, John Hart, 68
Emerging preventive state, 98–100

Enmund v. Florida (1982), 218–225
Epps, Archie, 90–91
Epstein, Jeffrey, 386, 388–391, 395–399
Escobedo case, 80, 261
Expression, freedom of (*see* Speech and expression, freedom of)

Falk, Richard, 453
False accusations, 385–401
False confessions, 260–262
Falwell, Jerry, 117, 178–179
Farrow, Dylan, 378
Farrow, Mia, 6, 377–382
Farrow Previn, Soon-Yi, 378–379, 381
Fatal Vision (McGinniss), 263, 267
Faurisson, Robert, 166–168, 176
Federal Communications Commission (FCC), 65, 120
Feiffer, Jules, 365
Feinberg, Ken, 290
Feminism, 135–138
Fifth Amendment to the Constitution, 53–54, 105
Fighting words doctrine, 157–159, 188
Finding Jefferson: A Lost Letter, a Remarkable Discovery, and the First Amendment in an Age of Terrorism (Dershowitz), 154
Finkelstein, Norman, 18
First Amendment to the Constitution, 6, 34, 101, 105–118, 120–124, 127–129, 134, 136, 140, 144, 146–148, 152, 153, 158, 160–161, 163, 165, 166, 172, 173, 176, 178–180, 182–184, 186–189, 384, 398, 417–418, 418, 423, 424, 433, 482, 490
"First Principles of Government" (Paine), 97
Fischer, Bobby, 355–356
Fishman, Bernard, 442
Flowers, Gennifer, 367
Flynn, Michael, 483
Flynn, Ray, 294
Flynt, Larry, 117
Fortas, Abe, 68, 78, 82
Fourteenth Amendment to the Constitution, 109, 110
Fourth Amendment to the Constitution, 122
Frank, Anne, 167
Frankfurter, Felix, 56, 57, 62, 108–109, 206
Franklin, Bruce, 6, 159–164
Franklin, John Hope, 49, 387, 406
Freedman, Monroe, 66–67
Freedom of Information Act, 266
Freeh, Louis, 388–389
Freud, Sigmund, 26, 57, 69, 106, 174, 191, 311

Freund, Paul, 439
Fried, Charles, 289
Friedman, Dick, 375
Friendly, Henry, 229
Furman v. Georgia (1971), 211, 214, 218

Gay rights, 426–429, 433
Geller, Mike, 312–313
Genesis of Justice: Ten Stories of Biblical Injustice That Led to the Ten Commandments and Modern Law (Dershowitz), 39
Gergen, David, 85
Gershwin, George, 191
Gideon v. Wainwright (1963), 68
Gideonse, Harry, 49
Gifford, Patricia, 332–333, 336–338
Gilbert, Fran, 73
Gill, Johnny, 334
Ginsberg, David, 475
Givens, Robin, 334
Glazer, Nathan, 190
Glenn, John, 391
Glossip v. Gross (2015), 211
Godfrey, Arthur, 20
Goldberg, Arthur, 56, 62, 72–83, 88, 101, 121, 144, 177, 205–209, 211, 245, 261, 327, 457, 478, 486
Goldberg, Dorothy, 73, 82
Goldman, Ron, 244
Goldstein, Abraham, 51, 58
Goldstein, Joseph, 54, 55, 58, 68, 85, 316
Goldstone, Richard, 292
Goldwater, Barry, 424
Gorbachev, Mikhail, 278–279, 448
Gore, Al, 396–397, 399
Gore, Tipper, 396–397, 399
Gorsuch, Neil M., 426, 488
Gould, Elliott, 34
Gould, Stephen J., 6, 9
Graham, Katharine, 78
Gravel, Mike, 145
Greenawalt, Randy, 213–219, 221–223, 227, 260
Greenberg, Yitz, 44
Griswold, Erwin, 86–87, 93, 94, 96, 146–147, 439
Grove Press, 121, 124, 127

Hackett, Buddy, 34
Hafeez, Kassim, 477–478
Hagen, Nathan J., 137–139
Hair case, 6

Hale, Matthew, 168–170, 176, 323
Hamilton, David, 182
Handler, Milton, 53
Harlan, John, 73
Harlan, John II, 56, 73, 76
Harlan, Mrs. John, 76
Harman, Avraham, 77
Harvard College, 8, 9, 54–56, 135, 136, 145, 412–414
Harvard Law School, 50, 65, 81, 83–98, 100, 101, 155–156, 338, 375, 388, 410, 438–440, 467, 469, 472, 494
Harvard Medical School, 172–175
Havel, Václav, 445, 447–448, 469
Hays Code, 203
Hearst, Patricia, 5
Heller, David, 179
Helmsley, Leona, 6, 152, 357–359, 447
Hentoff, Nat, 133–134
Hersh, Seymour, 149–150
Heston, Charlton, 105
Hillel, 439, 441
Hinckley, John, 317
Hitler, Adolf, 16, 23, 166, 258, 443
Ho Chi Minh, 159
Hobbes, Thomas, 108, 490
Hoffman, Abbie, 117, 454
Holmes, Oliver Wendell, Jr., 112–118, 228, 274–275, 465
Holmes, Oliver Wendell, Sr., 10, 63, 101, 148
Holocaust, 3–4, 15, 16, 18, 157, 158, 280, 281, 441–445, 489
    denial of, 166–168, 172, 459, 460
Holtzman, Elizabeth, 91
Homosexuality, 287, 426–429, 433
Hoover, J. Edgar, 81–82
Horwitz, Daniel, 308
Hospers, John, 49
Human rights, 435–463, 484
Humphrey, Hubert, 478
Hurok, Sol, 91, 195, 299, 301
Hyde, Henry, 373–374

I Am Curious (Yellow) (movie), 5, 121–132, 222
"I Have a Dream" speech (King), 5, 73
Insanity defense, 316–319
Irons, Jeremy, 241
Irvine Ten, 162–165

Jackson, Robert H., 486
Javits, Jacob, 58
Jefferson, Thomas, 36, 134, 177, 418, 423–425, 434

Jeffries, Leonard, 174
Jewish Defense League (JDL), 91, 195–197, 297–302, 441
Jews of Silence, The (Wiesel), 441, 446
Jim Crow, 55, 233
John Paul II, Pope, 279
Johnson, Andrew, 374
Johnson, Lady Bird, 82
Johnson, Lyndon B., 53, 74, 77, 78, 82
Johnson, Samuel, 192
Jones, Paula, 367–372, 376
Jordan, Gigi, 466
Julian, Anthony, 122–126

Kagan, Elena, 271
Kahane, Rabbi Meir, 195
Kaplan, Ben, 84
Kaplan, Henry, 191
Karadzic, Radovan, 306
Kassab, Freddy, 263
Katz, Jay, 55, 68, 316
Kavanaugh, Brett M., 426, 488
Kaye, Scholer, Fierman, Hays, and Handler, 53
Kelley, Kitty, 382
Kennedy, Anthony, 415, 488
Kennedy, Edward M., 6, 183, 289–290, 447, 452, 453, 478
Kennedy, John, Jr., 375–376
Kennedy, John F., 5, 55, 61, 74, 77, 426
Kennedy, Joseph, 61, 81
Kennedy, Robert F., 61, 74
Kessler, Friedrich, 57–58
Khmelnitsky, Bohdan, 281, 283
Killer in the Family, A (movie), 214
King, Don, 325, 326
King, Martin Luther, Jr., 5, 73, 158, 405, 406, 414, 415, 459, 475
Kinsey, Alfred, 87
Klein, Joel, 160
Kones, Iris, 195, 196, 298, 302
Kopechne, Mary Jo, 183, 289
Kosslyn, Stephen, 9
Koufax, Irving, 39
Koufax, Sandy, 39, 197
Krash, Abe, 68
Kronheim, Milton, 58–59
Kuchma, Leonid, 280–282
Kunstler, William, 144–145, 453, 455

LaGuardia, Fiorello, 18
Lakoff, George, 190
Lakoff, Robin, 190

Lambert, Angela, 343
Landis, John, 6, 314–316
Lantos, Tom, 459
Lauren, Ralph, 38
Lee, Brandon, 316
Lee, Bruce, 316
Legal Defense Fund, 210
Lennon, John, 6, 303
"Letters to a Young Lawyer" (Dershowitz), 308
Levett, David, 379–380
Lewinsky, Monica, 365, 366, 370–371, 376, 381
Lin Biao, 160
Lincoln, Abraham, 43–44, 77, 354
Lodge, Henry Cabot, 161–162, 437
Lovelace, Linda, 135–136, 138, 351–352
Lucchino, Larry, 469
Lyman, Richard, 159, 160
Lyons family, 215–219, 221, 223, 224, 226, 260

Macaulay, T. B., 140
MacDonald, Collette, 263, 264, 267
MacDonald, Jeffrey, 262–267, 270, 273
MacDonald, Kimberley, 263
MacDonald, Kristen, 263, 264
Mack, John, 172–175
MacLeish, Eric, 173
Madison, James, 36, 141, 418
Mailer, Norman, 240–241, 307
Maimonides, 305
Maisel, Nicholas, 396
Malcolm X, 90–91
Mandela, Nelson, 6, 450
Mandery, Evan, 205–206
Mann, Sally, 182
Manning, Bradley, 151–152
Manson, Charles, 259
Manson murders, 263
Mao Zedong, 159
Mapplethorpe, Robert, 182
Marks, Jonathan, 303
Marriot, David, 282
Marshall, John, 51, 485
Marshall, Thurgood, 58, 80, 81, 121, 123
Martin, Trayvon, 307
Marx, Karl, 174
Mason, Jackie, 34, 375
Maxwell, Ghislaine, 397–399
McCarthyism, 21, 24, 48, 78, 233, 484
McCawley, Sigrid, 393, 394, 396
McCormack, John, 294, 296
McGinniss, Joe, 263

索 引 589

McHale, Kevin, 474
McLuhan, Marshall, 86
McQuiggin v. Perkins (2013), 269
McTurnan, Lee, 327
Mead, Margaret, 87
Meir, Golda, 77
MEK (People's Mujahedin of Iran), 184–186
Meltsner, Michael, 210
Mencken, H. L., 107, 120, 121
Menendez, Bob, 480
Mercy suicide, 256–260
Midori, 244
Milken, Michael, 6, 447
Miller v. California (1973), 130
Miranda decision, 80, 260, 261
Mitterand, François, 443
Mohammad, 188
Mondale, Walter, 426
Morgan, Daniel Jackson Oliver Wendell Holmes, 66–67
Morris, Errol, 267
Morrow, Vic, 314–315
Morvillo, Robert, 380–381
Mossad, 292–293
Moynihan, Daniel Patrick, 439
Mubarak, Hosni, 306, 489
Murder in the Cathedral (Eliot), 280
Murphy, Sandra, 252–256
Murtagh, Brian, 266

"N" word, 155–156
NAACP (National Association for the Advancement of Colored People), 55, 81, 170, 209
National Lawyers Guild, 454–457
National security, 13, 142, 146, 147, 150, 151
Netanyahu, Benjamin, 451–452, 461–462, 468
Neufeld, Peter, 238
New York Times v. Sullivan (1964), 78, 177
Night (Wiesel), 444
9/11 terrorist attacks, 184, 453
Nixon, Richard M., 5, 97, 98, 152, 210, 480
Norton, Gwen, 467
Norton, Peter, 467
Nozick, Robert, 9, 86, 190

Obama, Barack, 246, 252, 465, 468, 482, 483, 487–488
Obscenity, 78, 111, 113, 119–142
Ocampo, Luis Moreno, 466, 467
O'Connor, Sandra Day, 216, 218, 224–225, 424–426

Olmert, Ehud, 451
O'Neill, Tip, 288
Ono, Sean, 303
Ono, Yoko, 303
Oren, Michael, 162–163
"Origins of Preventive Confinement in Anglo-American Law, The" (Dershowitz), 98–99
Osborne, William, 273–274
Oswald, Lee Harvey, 74, 78

Packer, Herbert, 209
Paine, Thomas, 97, 134, 144
Palestinians, 171, 436, 451, 454–457
Paper Chase, The (movie), 85
Parola, Sam, 298–302
Parrish, Larry, 132–134
Paterno, Joe, 467
Patterson, James, 389
Paul, Weiss, Rifkin, Wharton, and Garrison, 53, 72
Pentagon Papers, 5, 106, 111, 145–147, 151, 152
Peres, Shimon, 391
Perlestein, Moshe, 17
Perlman, Ron, 361
Perry, Rick, 480
Peterson, Chase N., 410
Pettine, Raymond, 122
Pinker, Steve, 9
Pledge of Allegiance, 416, 418–419
Pol Pot, 454, 458
Police perjury (testilying), 69–70
Pollak, Louis, 55
Pollard, Jonathan, 6, 365
Pornography, 116–117, 120, 121, 124, 132–142
Potter, Robert, 419, 420
Powell, Lewis F., 412–413
Predictive Justice: Toward a Jurisprudence of Harm Prevention (Dershowitz), 190
Previn, André, 382
Privacy, right to, 180–183, 491
Proportional representation, 409, 411
Psychoanalysis, Psychiatry and the Law (Katz, Goldstein, and Dershowitz), 55, 68

Qaddafi, Muammar, 306–307
Qaddafi, Seif, 468

Rabin, Yitzhak, 304–305
Race, 79–80, 405–415

Rape, 120, 123, 140–141, 208, 209, 320, 321–354
Rashomon (movie), 349
Reagan, Ronald, 317, 426, 432, 444
Redgrave, Vanessa, 170–171, 176
Reems, Harry, 131–134, 138, 141, 213, 258, 351–352
Rehnquist, William, 218
Religion, 416–434
Reno, Janet, 295
Reversal of Fortune: Inside the von Bülow Case (Dershowitz), 3
Reversal of Fortune (movie), 2, 241
Ribicoff, Abraham, 58, 62
Ridicule, 178–179
Rifkin, Simon, 53, 72
Ringel, Grandmother, 25–27, 72–73, 485
Roberts, John, 485
Roberts (Giuffre), Virginia, 387–401
Robinson, Jackie, 38–39, 405, 406
Rockefeller, Nelson, 83
Rodell, Fred, 57, 58
Roe v. Wade (1973), 432–433
Romney, Mitt, 295, 429, 465
Roosevelt, Eleanor, 435, 463
Roosevelt, Franklin D., 18, 24, 435
Rosen, Morris, 288
Rosenberg, MJ, 479
Rosenbergs, Julius and Ethel, 5, 21, 203, 378, 436
Rosenblatt, Stanley, 259
Rosencrantz and Guildenstern (Stoppard), 114
Rosier, Patricia, 256–260
Rosier, Peter, 256–260
Rostow, Eugene, 52
Rostropovich, Mstislav, 441
Roth v. United States (1954), 121, 122
Royko, Mike, 134
Rubin, Lisa, 319–320
Rudolph v. Alabama (1963), 207, 210
Rundle, Katherine Fernandez, 295, 296
Rushdie, Salman, 188
Ruvo, Larry, 465–466
Rwanda, 443, 459, 462

Sadat, Anwar, 171, 421
Sadat, Camelia, 421–422
Sakharov, Andrei, 277, 445
Sanders, Bernie, 483
Santorum, Rick, 426
Sassoon, Vidal, 17
Scalia, Antonin, 49, 218, 220–222, 269–273, 352, 486, 487

Scalia, Eugene, 49, 270, 271
Scheck, Barry, 238
Schenck, Charles, 114, 116
Schenck v. United States (1919), 114–116
Schiller, Jonathan, 394
Schoen, Doug, 280
School prayer, 433
Schultz, David, 317
Schweitzer, Albert, 435, 463
Scientific evidence, 228, 229, 238, 239, 241, 247–251, 253, 256, 259, 262–268, 273–274
Scottsboro Boys, 203
Second Amendment to the Constitution, 105
Secrets, 142–156
Security Council Resolution 242, 76, 457
Segal, Erich, 495
Selective prosecution, 152–153
Self-censorship, 187–189
Sexual assault allegations, 385–401
Sexual harassment, 340–341, 348
Shahn, Ben, 414
Shapiro, Robert, 363
Shapiro, Susan, 419
Sharansky, Anatoly (Natan), 6, 277–279, 281, 447, 448, 450, 456
Sharansky, Natasha, 277–279
Shields, Brooke, 181–182
Shields, Teri, 181–182
Shilito, John, 191
"Shouting fire" analogy, 112, 113–118, 148
Siegel, Sheldon, 195, 196, 297–303, 441
Silver, Ron, 2, 241
Silverglate, Harvey, 196, 267
Simpson, O. J., 3, 6, 237–239, 245, 246, 248, 250, 252, 284, 354, 452, 496
Sinatra, Frank, 381–382
Singer, Stuart, 393–394
Sires, Carlos, 393–394
Six Day War of 1967, 76, 305, 457
Sixth Amendment to the Constitution, 6, 183, 320
Skokie case, 117, 157–159, 164, 476, 482
Slochower, Harry, 270
Smith, Charles E., 191
Snepp, Frank, 6, 145
Soboloff, Simon, 58
Socratic Method, 85, 339
Sohn, Norman, 22, 45
Soviet dissidents, 151, 285, 290, 441, 443, 445–447, 453, 456

Speech and expression, freedom of, 6, 96, 97, 105–107, 109–119, 142, 143, 148, 154–165, 167–171, 184–189, 476–477, 490–491
Speech codes, 154–156
Spock, Benjamin, 5, 144
Stalin, Joseph, 18, 151, 159, 161, 231
Stanley v. Georgia (1969), 121–123
Starr, Kenneth, 365, 366, 375, 376, 386
Steel seizure cases of 1952, 75
Steele, Michael, 291–292
Steinberg, David, 17
Steinem, Gloria, 135, 136
Stevens, John Paul, 274
Stevens, Ted, 480
Stewart, Martha, 50, 385
Stewart, Potter, 146, 154
Stoeckley, Helena, 263–267, 273
Stone, Alan, 316, 469
Stoppard, Tom, 114
Stork, Carl, 137–139
Strauss, Peter, 65
Strauss-Kahn, Dominique, 343–345, 354
Stunkard, Albert, 190
Suicide, 256–257
Sullivan, Andrew, 479
Sullivan & Cromwell, 52
Supreme Court of the United States, 56–58, 62, 67–68, 72–83, 108, 121, 126–130, 133, 139–140, 145, 147, 177–179, 183, 210, 218–226, 231, 237, 261, 262, 268–274, 406, 407, 410, 412, 414–415, 419, 424–433, 431, 484–488
Supreme Injustice (Dershowitz), 271, 485
Swami, Kirtanananda (Keith Gordon Ham), 286–289
Sweder, Kenneth, 393
Sybers, Kay, 248–249, 251
Sybers, Tim, 249
Sybers, William, 247–252
Syrian genocide, 444

Tabish, Richard, 252, 253
Taft, William Howard, 51
Talmud, 309–310, 465
Taylor, Telford, 54, 55, 438
Terrorism, 113, 116, 155, 184–187, 291, 450–451
Thomason, Harry, 371
Tison, Donny, 215–217
Tison, Gary, 213–219, 221–224, 260
Tison, Raymond, 213–227, 258, 285
Tison, Ricky, 213–227, 258, 285

Tison v. Arizona (1987), 212, 218–227
Tocqueville, Alexis de, 1
Toobin, Jeffrey, 482, 485
Torah, 63–64
Tripp, Linda, 370, 372
Trotsky, Leon, 21
Truman, Harry, 189
Trump, Donald, 358, 361, 426, 480–483, 487–488, 496
Trumped Up: How the Criminalization of Political Differences Endangers Democracy (Dershowitz), 481
Tversky, Amos, 190
Twilight Zone: The Movie (movie), 314
Tyson, Mike, 6, 325–340, 345–346, 348, 354, 358–359

United Nations, 188, 435–438, 449, 457–463, 484, 488–491

Van Susteren, Greta, 287
Vicarious offensiveness, 119–141, 187
Victoria's Secret, 391, 392
Vietnam War, 82, 144, 145, 159, 439–440
Villafaña, Maria, 398
Voltaire, 187
Von Bülow, Claus, 3, 6, 230, 236, 237, 240–241, 247, 248, 250, 252, 282, 284, 354, 360, 496
Von Bülow, Sunny, 240–241

Wagner, Richard, 23, 26
Walzer, Michael, 190
Warren, Earl, 51, 56, 58, 73, 78, 80, 82, 206, 486
Warren Commission, 78
Warren Court, 5, 67–68, 261
Washington, Desiree, 325–331, 333–338, 346, 348, 358
Washington, Donald, 329, 335
Washington, George, 417
Webster, Daniel, 354
Weems v. United States (1910), 207
Weinstein, Harvey, 395
Wexner, Abigail, 391
Wexner, Louis, 391–392
White, Byron, 80, 218, 220–221
White, Theodore, 111
Wiesel, Elie, 197, 441–446
Wiesel, Marion, 443, 444
Wigmore, John Henry, 68, 323
WikiLeaks case, 6, 106, 147–149, 151–152
Wild Justice, A (Mandery), 205–206

Wildes, Leon, 303
Wilkins, Roy, 411
Williams, Roger, 422
Wolfe, Bob, 474–475
Wolfson, Louis, 78
Women Against Pornography, 136
Woodward, Bob, 149–150
World War II, 15–16
Wright, J. Skelly, 58

Yale Law School, 50–52, 54–57, 65, 88, 92, 95, 96, 98, 206, 327, 409, 494

Yevtushenko, Yevgeny, 281
Yom Kippur, 79, 197

Zalmanson, Sylva, 445–446
Zelig (movie), 59, 464
Zhou Enlai, 111
Zieger, John, 391–392
Zimbardo, Philip, 190
Zimmerman, George, 307–308
Zuckerman, Mort, 361
Zuroff, Rabbi, 36–37, 45

著作权合同登记号　图字:01-2015-1469
图书在版编目(CIP)数据

一辩到底:我的法律人生/(美)艾伦·德肖维茨著;朱元庆译. —北京:北京大学出版社,2020.4
ISBN 978-7-301-30682-6

Ⅰ.①一…　Ⅱ.①艾…　②朱…　Ⅲ.①律师业务—美国—文集　Ⅳ.①D971.265-53

中国版本图书馆CIP数据核字(2020)第053960号

书　　　名	一辩到底:我的法律人生 YI BIAN DAODI: WO DE FALÜ RENSHENG
著作责任者	〔美〕艾伦·德肖维茨　著　朱元庆　译
责任编辑	柯　恒　陈晓洁
标准书号	ISBN 978-7-301-30682-6
出版发行	北京大学出版社
地　　　址	北京市海淀区成府路205号　100871
网　　　址	http://www.pup.cn　http://www.yandayuanzhao.com
电子邮箱	编辑部 yandayuanzhao@pup.cn　总编室 zpup@pup.cn
新浪微博	@北京大学出版社　@北大出版社燕大元照法律图书
电　　　话	邮购部 010-62752015　发行部 010-62750672 编辑部 010-62117788
印　刷　者	涿州市星河印刷有限公司
经　销　者	新华书店
	880毫米×1230毫米　A5　19.25印张　463千字 2020年4月第1版　2024年8月第5次印刷
定　　　价	108.00元

未经许可,不得以任何方式复制或抄袭本书之部分或全部内容。
版权所有,侵权必究
举报电话: 010-62752024　电子邮箱: fd@pup.cn
图书如有印装质量问题,请与出版部联系,电话: 010-62756370